예수와 복음서

크레이그 L. 블롬버그 지음
김경식 옮김

기독교문서선교회

기독교문서선교회(Christian Literature Crusade: 약칭 CLC)는
1941년 영국 콜체스터에서 켄 아담스에 의해 시작되었으며
국제 본부는 영국의 쉐필드에 있습니다.
현재 약 650여명의 선교사들이 59개 나라에서 180개의 본부를 두고,
이동도서차량 40대를 이용하여 문서 보급에 힘쓰고 있으며
이메일 주문을 통해 130여국으로 책을 공급하고 있습니다.
CLC는 청교도적 복음주의 신학과 신앙을 선포하는
국제적, 초교파적, 비영리 문서선교기관으로서, 하나님의 뜻에 합당한 책을 만들고
이 책을 통해 단 한 영혼이라도 구원되길 소망하며
이를 위해 주님이 오시는 그날까지 최선을 다할 것입니다.

Jesus and the Gospels

by
Craig L. Blomberg

translated by
Kyoung-Shik Kim

Copyright © 1997 by Craig L. Blomberg

Originally published in English under the title as
Jesus and the Gospels by Craig L. Blomberg
Published by Broadman & Holman Publishers, Nashville, Tennessee.

All rights reserved.

Translated and used by the permission of Broadman & Holman Publishers through the arrangement of KCBS Literary Agency, Seoul, Korea.

본 저작물의 한국어판 저작권은 KCBS Literary Agency를 통하여 Broadman & Holman Publishers와 독점 계약한 기독교문서선교회에 있습니다. 신 저작권법에 의하여 한국 내에서 보호받는 저작물이므로 무단전재와 무단복제를 금합니다.

Korean Edition
Copyright © 2008 by Christian Literature Crusade
Seoul, Korea

목차

약어표 • 7
추천사 • 9
저자서문 • 10
역자서문 • 12
서론 • 15

제1부 복음서 연구를 위한 역사적 배경

제1장 정치적 배경—신구약 중간기에 대한 개관 • 23
제2장 종교적 배경—헬라적, 그리고 유대적 종교 • 55
제3장 사회 경제적 배경—신약 시대의 일상 • 96

제2부 복음서 연구를 위한 비평적 방법

제4장 복음서에 대한 역사 비평 • 129
제5장 복음서에 대한 문학 비평 • 164

제3부 사복음서 서론

제6장 마가복음 • 187
제7장 마태복음 • 205
제8장 누가복음 • 227
제9장 요한복음 • 251

제4부 그리스도의 삶에 대한 조망

제10장 역사적 예수-탐구와 연대기 • 285

제11장 예수의 출생과 유년기 • 314

제12장 예수 사역의 시작 • 339

제13장 예수의 갈릴리 사역-초기 단계 • 365

제14장 예수의 갈릴리 사역-후기 단계 • 404

제15장 예수의 다른 가르침들 • 449

제16장 예수의 유대 사역 • 480

제17장 고난과 십자가와 부활 • 518

제5부 역사적, 신학적 종합

제18장 복음서의 역사적 신뢰성 • 571

제19장 예수의 신학 • 599

주제 색인 • 651

약어표

성경, 외경, 위경, 사해 사본 등을 위해서는 모든 표준적 약어표가 사용되었다. 다른 고대 자료들은 약어를 사용하지 않고 완전히 명기했다. 덧붙여, 아래 약어가 이용된다.

ABD	*Anchor Bible Dictionary*
AJT	*Asia Journal of Theology*
b.	Babylonian Talmud
BA	*Biblical Archaeologist*
BAR	*Biblical Archaeology Review*
BBR	*Bulletin for Biblical Research*
BI	*Biblical Interpretation*
BIP	Biblical Institute Press
BJRL	*Bulletin of the John Rylands Library*
BSac	*Bibliotheca Sacra*
BTB	*Biblical theology Bulletin*
BZ	*Biblische Zeitschrift*
CBQ	*Catholic Biblical Quarterly*
chap(s).	chapter(s)
CSR	*Christian Scholar's Review*
CUP	Cambridge University Press
DJG	*Dictionary of Jesus and the Gospels,* ed. Joel B. Green, Scot McKnight, I. Howard Marshall 편 (Leicester & Downers Grove: IVP, 1992)
EQ	*Evangelical Quarterly*
ExpT	*Expository Times*

약어표

GTJ	Grace Theological Journal
IDB	Interpreter's Dictionary of the Bible
ISBE	International Standard Bible Encyclopedia, 개정판
IVP	InterVarsity Press
JAAR	Journal of the American Academy of Religion
JBL	Journal of Biblical Literature
JETS	Journal of the Evangelical Theological Society
JRH	Journal of Religious History
JSNT	Journal for the Study of the New Testament
JSOT	Journal for the Society of the Old Testament Press
JTS	Journal of Theological Studies
Neot	Neotestamentica
NIDNTT	New International Dictionary of New Testament Theology
NovT	Novum Testamentum
NTS	New Testament Studies
OUP	Oxford University Press
p.	Palestinian Talmud
par(s).	and parallel(s)
PEQ	Palestine Exploration Quarterly
PRS	Perspectives in Religious Studies
SCM	Student Christian Movement
SJT	Scottish Journal of Theology
SPCK	Society for the Promotion of Christian Knowledge
sv.	sub verbum (under the word)
SWJT	Southwestern Journal of Theology
TDNT	Theological Dictionary of the New Testament
TPI	Trinity Press International
TS	Theological Studies
TynB	Tyndale Bulletin
v(v).	verse(s)
WTJ	Westminster Theological Journal
ZNW	Zeitschrift für die neutestamentliche Wissenschaft

추천사 1

예수와 복음서라는 주제보다 더 중요한 주제는 없다. 크레이그 L. 블롬버그의 책은 이 주제에 대한 개론서를 원하는 사람들에게 추종을 불허하는 책으로, 그 범위에 있어 폭넓고, 최신의 자료를 포함하고 있으며, 학적이면서도 쉽게 이해할 수 있는 보수적이면서도 지적인 책이다.

데이빗 웬함(David Wenham) 박사
_ 옥스포드대학교 교수

추천사 2

사복음서, 이들의 배경, 저작, 내용 그리고 이 복음서들이 제시하고 있는 예수의 생애와 가르침에 대한 이 개론서는 명확하고, 군더더기가 없고 균형감을 가지고 저술되어서, 대학과 신학대학원의 신약과목 과정에 필수 교재로 그 자리를 즉시 차지하게 될 것이다. 여러 해 동안 나는 1, 2학년 학생들에게 예수의 삶과 가르침에 대해 이들이 꼭 필요한 것을 제공할 수 있는 책을 찾고 있었다. 이제 학생들이 그런 책을 가지게 되었다!

하워드 마샬(Howard Marshall) 박사
_ 영국 아버딘대학교 교수

저자서문

나는 이 책의 출판에 도움을 주신 많은 분들에게 감사의 말씀을 드린다. 이 주제들 가운데 많은 것에 관한 내 생각을 맨 먼저 정리하도록 도움을 준 것은 내가 1978년 트리니티 복음주의신학교(TEDS)에서 들었던 더글러스 무(Douglas Moo) 박사의 강의였다. 나의 박사학위(Ph.D.) 지도 교수이셨던 아버딘(Aberdeen)대학의 하워드 마셜(I. Howard Marshall) 교수는 그 주제들을 훨씬 더 명확하게 할 수 있도록 도움을 주셨다. 팜 비치 애틀란틱(Palm Beach Atlantic)대학에서 나에게 3년 간 배운 대학생들, 그리고 덴버신학교(Denver Seminary)에서 9년 간 배운 대학원생들의 도움에 감사드린다. 이들은 본서가 출판되기 전의 자료를 통해, 내가 전달하고자 했던 질문들 외의 추가적 질문들을 더 볼 수 있도록 도움을 주었으며, 또한 내가 생각이 명확하지 않을 때 부단히 내 생각을 일깨워주었다. 1996년에 덴버대학(University of Denver)이 나에게 방문 교수로 초청해 대학생들과 대학원생들로 함께 구성된 수업 시간에 예수의 생애와 가르침에 관해 강의할 수 있도록 해주신 것에 대해서도 감사드린다. 비록 거기에서 나는 상당히 광범위한 독서 숙제를 부과했지만, 그러한 경험을 통해 대학의 종교 연구 분과의 다소 신학적이지 않는 환경에서도 본서 대부분의 내용이 사용될 수 있고 그 가치를 인정받을 수 있다는 사실을 확신하게 되었다.

나는 또한 본서가 처음 출판되기로 결정되었을 당시 브로드만 출판사(Broadman Press)의 학문 서적 편집장이셨던 데이빗 닥커리(David Dockery) 박사에게도 감사를 드린다. 그분과 역시 브로드만에서 일하셨던 트렌트 버틀러(Trent Butler) 박사는 내가 마음속에 그리고 있던 교과서로 쓸 수 있는 책을 출판해 보라고 많이 격려해 주셨다. 보다 최근에는 존 랜더스(John Landers)

박사와 스티브 본드(Steve Bond) 박사가 편집과 마케팅 과정에서 상당히 많은 도움을 주셨다. 대서양 저 건너편에서는, 데이빗 킹돈(David Kingdon) 목사와 IVP의 프랭크 엔트위슬(Frank Entwistle)이 가장 많은 도움을 주셨다. 데이빗 갈랜드(David Garland) 박사, 데이빗 웬함(David Wenham) 박사, 윌리엄 클라인(William Klein) 박사는 전체 원고를 읽고 논평하고, 그 내용을 다양한 방식으로 개선할 수 있도록 도와 주셨다. 비벌리 더함(Beverly Durham)이라는 제자는 나에게 수많은 인쇄상의 오류와 문체상의 부적절한 표현 등을 직시하도록 도왔다. 그리고 언제나 그러하듯이, 내 아내 프랜(Fran)은 나에게 가장 철저한 비평가였다. 그녀는 본서 전체를 철저하게 음미하며 완독하면서 무수히 많은 건설적인 제안으로 도와주었다.

비록 본서가 내가 단독으로 저술한 다섯 번째 책이지만, 나는 아직까지 한 번도 두 딸에게 책을 헌정한 적이 없다. 그도 그럴 것이, 과거에 두 딸은 글을 읽고 그러한 헌정사를 이해할 만큼 나이가 많지 않았기 때문이었다. 그러나 이제 그들은 이해할 수 있다. 그래서 엘리자벳(Elizabeth), 그리고 레이첼(Rachel), 너희들에게 감사하다고 말하고 싶다.

너희들을 돌보아야 했을 수많은 시간에 나는 이 책을 읽고, 쓰고, 타이핑을 했는데 너희들은 혼자, 그리고 함께 너무나 즐겁게 놀아준 것에 대해 고맙다는 말을 하고 싶구나. 너희들이 어린이 같은 순수한 신앙으로 예수님을 사랑하는 것에 대해 감사한다. 나의 가장 큰 기도 제목은 너희들이 성장해 가면서 신앙까지 더불어 성장하는 것이다. 나는 또한 내가 왜 이 프로젝트에 그렇게 많은 시간을 투자해 작업을 했는지 너희들이 이해할 수 있기를 원한다.

내 인생에서 가장 큰 열망이 하나 있다면, 가능한 한 수없이 많은 사람들이 복음서의 예수님을 제대로 알았으면 하는 것이다. 복음서의 예수님은 우리가 교회에서나 학교에서 배우는 그분에 대한 모습과 언제나 동일한 모습인 것은 아니다.

하나님께 모든 영광을!

_ 크레이그 L. 블롬버그

역자서문

미국 덴버신학교 신약교수인 크레이그 L. 블롬버그가 1997년에 저술한 책 『예수와 복음서』(Jesus and the Gospels)가 우리말로 번역되어 나오게 되어 한국 신학생들에게 읽혀질 수 있게 되어 큰 보람을 느낀다. 블롬버그는 이미 복음주의 신약학계에서 이름이 널리 알려진 신약학자이다. 독일어로도 번역된 이 책은 복음서 공부에서 거의 독보적인 자리를 차지하고 있는 유용한 책이다. 역자가 이 책을 처음 접한 것은 미국 트리니티 복음주의신학교에서 『예수의 가르침』(The Teachings of Jesus)이라는 과목을 수강할 때이다. 역자는 블롬버그의 이 책을 한 장 한 장 읽어가면서 복음서에 대한 그렇게 방대한 내용과 최근 복음서 연구의 동향을 일목요연하게 정리하여 초보자들도 이해하기 쉽게 해 놓았다는 사실에 감탄을 했다.

이 책에서 저자 블롬버그는 복음서 연구에 필수적인 다섯 개의 주제를 논리정연하게 다루고 있다. 5부에 걸쳐 저자는 신약배경, 신약연구방법론, 신약의 서론적 이슈, 예수의 생애, 그리고 각각의 복음서 파편을 종합하고 정리한 복음서의 신학을 다룬다. 블롬버그는 또한 각각의 장 마지막에 일목요연한 참고서적들을 열거하는데, 이 부분이야 말로, 이 책의 깊이를 더해주는 역할을 하고 있다. 개론적 연구가 아닌 한 차원 높은 복음서 연구를 위해 저자가 제시하는 서적들은 석사(Th.M)과정 이상의 학생들에게 좋은 길잡이가 될 것이다.

블롬버그는 1부에서 복음서 연구를 위한 역사적 배경을 살피는데, 신약 복음서뿐 아니라, 신약성경 전체를 이해하는데 필수적인 정치적, 종교적, 사회경제적인 내용을 재미있게 다루고 있다. 이 부분에서 가장 인상적인 점이라면 다른 여타 신약배경사를 다루고 있는 따분한 책들과는 차별되게, 각각의 신구약중간기 시대의 역사가 신약성경의 역사와 어떻게 연관되어 나타나는지를 하나하나

짚어준다는데 있다. 신약배경사는 교수들이 가르치기도 힘들고, 학생들 또한 배우기 힘든 영역이다. 이런 애로사항을 고려해서인지 다른 개론서 책들을 보면, 사진이나 도표를 많이 넣어서 그 단조로움을 탈피하려고 한다. 하지만, 블롬버그는 한걸음 더 나아가 신약연구와 깊은 관련이 있는 정치, 종교적 사건과 역사가 신약성경에 어떻게 등장하고, 언급되고 암시되는지를 짚어 주는 세심함을 보여주고 있다.

이 책의 2부에서 그는 복음서 연구방법론을 다룬다. 역사비평과 더불어 최근 부각되어 지속적 관심을 받아오고 있지만, 아직 복음서 개론서에서는 많이 다루어지고 있지 않은 문학비평에 대해서 소개하고 있다. 실제 예를 들어 복음서 본문을 어떻게 해석할 수 있는지를 보여주는 대목은 이 책을 읽는 재미를 더한다.

3부에서는 네 복음서의 개론적인 문제들을 다룬다. 여기에서도 블롬버그의 학생들에 대한 배려가 두드러지게 나타나는데, 가장 눈에 두드러지는 것은 각 복음서의 구조를 알기 쉽게 도표로 처리한다는 점이다.

4부에서 블롬버그는 예수의 생애를 다루는데, 4부는 블롬버그의 관심사를 가장 잘 드러내는 부분이기도 하다. 그는 이 대목에서 역사적 예수탐구에 대한 연구사를 개관한 다음, 예수의 생애를 최대한 연대순으로 배열하려고 노력하고 있다. 최근의 복음서 연구의 방향이 각각의 복음서가 가지고 있는 신학적 독특성을 강조하려는 방향으로 가고 있는데, 이 점에 동의하면서도 저자 블롬버그는 복음서 연구의 또 다른 중요한 부분을 부각시킨다. 즉, 각각의 복음서 배후에 있는 역사적 상황들을 재구성하기 위해 네 복음서의 이야기를 종합할 수 있어야 한다는 측면이다. 각각의 독특성에 대해 종합의 기술을 강조하는 것이다. 이와 더불어, 블롬버그 책의 백미는 복음서에 기록된 사건들의 역사적 진정성을 증명하는 대목에서 절정에 이른다. 블롬버그는 복음서에 기록된 사건 그리고 기적들은 논리적인 기준들에 의해 그 역사적인 진정성이 증명될 수 있다고 주장한다. 이런 논리적 기준들을 예수의 생애에서 일어난 사건들에 적용하면서 역사성을 증명해 내려는 시도는 복음서에 대한 개론서에서는 아직까지 그 유래를 찾아볼 수 없는 너무나 신선한 분야이다.

블롬버그는 이미 복음서의 역사적 진정성을 증명하려는 시도를 여러 차례 해 왔다. 그가 1987년에 저술한 또 다른 책 『복음서는 믿을 만한 것인가?』(the historical reliability of the gospels)가 2008년에 수정증보판으로 나왔고, 2001년에 저술한 『요한복음의 역사적 진정성』(the historical reliability of the fourth gospel) 역시, 복음서들에 기록된 사건들의 역사성을 증명해 보려는 저자의 관심사를 잘 보여준다. 이 책들은 우리가 복음서들의 역사적 진정성에 대해서 블롬버그의 논의를 주의 깊게 귀 기울여 보아야 함을 일깨워준다.

마지막, 5부는 복음서의 신학을 종합하는 작업을 하고 있다. 이 마지막 장의 진수는 그가 복음서 저자들의 신학을 설명하는 것에서 한 걸음 더 나아가 예수 자신의 신학을 설명하려고 했다는 점이다.

블롬버그 교수는 그의 책 서두에서 언급하는 것처럼, 이 책 한권으로 복음서 공부에 필요한 모든 것을 한 번에 다 제공하려고 시도한 것이 분명하다. 의심의 여지없이 본서가 신학생들에게 복음서 연구를 위한 좋은 길잡이 역할을 할 것이라 생각한다. 예전에 본인의 강의를 듣는 학생에게 복음서에 관한 좋은 책이 있으면 한권 소개해 달라는 부탁을 받은 적이 있다. 그때 블롬버그의 이 책이 제일 먼저 떠올랐다. 이렇게 내실 있는 복음서 연구 입문서가 많은 신학생들에게 복음서에 대한 이해의 폭을 넓혀주고, 특별히 그 역사적 진정성을 확신시키는데 유익을 줄 것이다.

아울러 블롬버그 교수는 『예수와 복음서』 후편으로 『오순절 성령강림에서 밧모섬까지』(From Pentecost to Patmos)를 「기독교문서선교회」(CLC)에서 동시에 출판함으로서 신약학계에 크나큰 도움이 되리라 확신한다. 본서의 번역 출간을 더할 나위 없는 큰 보람으로 여기며 하나님께 영광을 돌린다.

_ 2008년 5월
김 경 식 識

서론

본서는 복음서에 관한 강좌를 위한 "원 스톱 구매"(one-stop shopping) 교과서로 고안되었다. 본서가 폭넓은 학문의 형세에 대한 최근 입장을 찾고 있는 목사들과 학자들뿐 아니라, 자신들의 성경적 뿌리를 깊게 하고자 열망하는 생각이 깊은 평신도들에게까지 흥미를 유발할 수 있기를 바란다. 그러나 본서는 무엇보다도 신학생들을 염두에 두고 기록되었다. 비록 복음서의 학적 연구에 대한 나의 관심은 내가 대학생 시절 종교에 관해 들었던 첫 번째 강의에서 생겨난 것이었지만, 본서는 그 주제에 관해 내가 12년 동안 가르친 부산물이다. 나는 복음서에 관해 먼저 대학생으로, 그 다음 대학원생으로 공부하면서, 그리고 유사한 강의를 대학생들과 대학원생들에게 가르치면서, 교수들이 일관적으로 소개하고 싶어 하는 다섯 가지 주제를 발견했다. 그것은 다음과 같다. (1) 예수와 1세기 이스라엘을 연구하는 데 필요한 역사적 배경으로서, 구약과 신약 중간기의 간략한 역사 (2) 학자들이 마태, 마가, 누가, 요한복음과 같은 문서들을 연구하기 위해 사용하는 비평적 방법들 (3) 각 복음서 "고유의 서론" 즉 저자가 누구이며, 언제 기록되었고, 어디에서 기록되었으며, 누구에게 기록되었으며, 어떤 구조로 되어 있으며, 어떤 상황에서 기록되었으며, 어떠한 독특성을 가지고 있는지 등에 대한 논의 (4) 예수의 주된 가르침과 행위에 대한 논평과 더불어 그리스도의 생애에 대한 조망 (5) 예수 자신의 역사성과 신학을 둘러싸고 있는 주요 이슈들의 종합 등이다. 그러나 나는 이 모든 다섯 개의 주제들을 조직적으로 다루고 있는 교과서를 본 적이 없다. 따라서 나는 결코 단 하나도 서로 양립하지 않는 다양한 자료들을 스스로 읽었으며, 또한 다른 사람들(학생들)에게 읽도록 해야만 했다.

물론, 이러한 유형의 교수법은 지당한 근거를 가지고 있다. 많은 교수들은 그들 자신의 강의를 보다 더 보충적이거나 주변적인 독서 숙제를 내주는 방식으로 해 나감으로써 강좌의 핵심을 삼는다. 나 역시 그런 식으로 강의를 시작했지만, 복음서를 연구하기 위한 흥미롭고 가치 있는 주제들이 너무나 많기 때문에 그러한 방법에 금방 싫증이 나버렸다. 빠른 속도의 구술로 강의하는 것을 피하기 위해, 또한 내가 통상 하는 속사포의 거침없는 강연으로부터 학생들이 받아쓰기를 해야 하는 부담감 때문에 겪는 그들의 좌절감을 피하기 위해, 나는 다루고자 하는 주요 주제들에 관한 상세한 개관을 미리 인쇄된 형태로 만들기 시작했다. 이러한 강의안은 결국 스프링으로 묶어 제본하여 복사한 노트가 되어, 학기가 시작될 때 학생들이 구입하여, 수업 시간 전에 미리 읽게 되었다. 나는 이와 같은 방법을 통해, 내가 강의 시간에 강조한 주제들에 관해 훨씬 더 선택적으로 다룰 수 있었고, 보충적인 "미니 강의"를 할 수 있었으며, 질문과 토론을 할 수 있는 시간이 충분했다.

그러나 나는 그 정도로 만족하지 못했다. 개요만 너무 많이 전달되었기 때문에, 나는 여전히 수많은 비밀스런 기입 사항을 수업 시간에 명확하게 해야만 했다. 게다가, 오늘날 신학 교육에서 주요 결함들 가운데 하나가 학생들이 이론에서 적용으로 연결할 수 있도록 도와주는 것인지에 대한 논란거리이다. 단순히 교수들은 너무나 오래 동안, 주어진 주제들이 만약 적용될 수 있다면 삶과 사역의 실제 세상에 어떻게 적용되는지 파악하는 것을 그들의 학생들에게 맡겨버렸다. 유식한 학자들에게는 명백해 보이는 연관성들이라고 해도 자연스럽게 다른 누군가의 마음속에 들어오는 것은 아니다. 그리고 학생들은 전형적인 학생 조직체의 성장하는 성숙성과 다양성으로, 한 때 규범이었던 것보다 그들 자신들의 경험을 통해 공유할 수 있는 것들을 더 많이 찾는다. 그러나 학생들은 신학적으로 생각하도록 가르침을 받아야 하며, 실제 생활의 문제들을 성경적 관점으로부터 분석해야 한다. 불행하게도 이러한 일은 오늘날 자유분방한 실용주의에 의해서 지배되는 기독교 단체들에서 아주 드문 현상이다. 그러나 이 모든 것을 할 수 있는 때는 언제일 것인가?

결과적으로, 나는 내 제자들이 반드시 알아야 한다고 판단한 모든 것들을 한 글자 한 글자 글로 쓰게 되었다. 다시 말해서, 본서를 쓰는 데 전념했다. 이제 나는 내 수업을 들은 제자들이 이 책 한 권에 정통한다면, 그들은 사복음서에 대한 매우 견고한 서론의 핵심을 알게 될 것이라고 그들에게 말해 주고 싶다. 나는 주의 깊은 독서를 돕기 위해 매 장의 끝에 복습 질문들에 기초를 둔 매주 퀴즈를 만들어 놓았다. (이탤릭체로 된 표현들은 외국어와 중요한 용어들 및 독자에게 더 많은 도움이 될 개념들을 강조하는데, 이는 수많은 하위 제목들이 하는 바와 같다). 나는 여전히 수업 시간에 각 섹션에서 강조하고자 원하는 가장 중요한 개념들을 두드러지게 하고 역설하기 위해 몇몇 퀴즈들을 사용하지만, 추가적인 간략한 강의, 질문과 대답, 토론, 적용, 사례 연구 등을 위해 상당한 시간을 남겨 놓는다. 나는 지금껏 2년 동안 학생들과 함께 본서를 원고 형태로 테스트했으며, 지금껏 결과에 만족하고 있다. 그러므로 나는 다른 많은 교수들도 본서가 마찬가지로 유용하다는 점을 발견하기 바란다.

사실상, 본서가 작은 강의실이나 큰 강의실에서 함께 사용될 수 있는 몇 가지 길을 생각해 본다. 나는 본서가 상급으로 분류되는 대학과 예비적인 신학생들이 읽을 수 있도록 수준을 정했다(영국에서는, 각각 대개 일반적으로 대학교 1학년 학생들 및 보다 더 특별하게는 B.D. 학생들에게 해당한다). 미국에 있는 많은 대학들과 신학교들은 공관복음서나 그리스도의 생애에 관한 강의를 단지 반 학기(quarter) 강의나 한 학기(semester) 강의에만 할당한다. 다른 나라에서는 사복음서 전체를 다 망라한다. 복음서와 사도행전을 함께 합치는 경우는 얼마 없다. 나는 본서가 그와 같은 모든 과정의 교수들에 의해 동등하게 사용될 것을 바란다. 대부분의 경우에, 본서는 다른 책들을 읽음으로써 보충될 필요가 있고, 어떤 경우에는 특정한 장들을 건너 띄어도 된다. 비록 섹션과 장들은 논리적 순서로 연결되어 있기는 하지만, 반드시 자료가 나타나 있는 순서대로 읽어나갈 필요는 없다. 나는 각 장들이 비교적 독립적인 장이 되도록 노력했지만, 이와 동시에 본서의 다른 곳에서 이용 가능한 주제에 관한 자료들을 앞 뒤 참조하여 무수히 찾아볼 수 있도록 고안해놓았다. 결과적으로, 논의들 사이에 이따금씩 중복되는 부분이 있기는 하지만, 그러한 중복이 본서를 처음부터 끝까지 읽어나가는 가운데 주의가 산만해질 정도는 아니라고 생각한다.

그토록 많은 자료를 명확하게 관리 가능한 크기로 다루려고 노력한다는 것은 각각의 논의가 간략해야만 하고 서론적이어야 한다는 것을 의미한다. 그러나 학생들이 가가이 주제에 관하여 최대한 많이 알 필요가 있다고 생각하는 것의 핵심에 도달하려고 애를 썼다. 물론 그것은 또한 내가 분명히 나타내고자 하는 수많은 입장들을 상세하게 변증하는 것이 불가능함을 의미한다. 나는 각주로 독자를 압도하려고 하지는 않지만, 관심 있는 학생들이 가장 중요하고 논란이 많은 주제들을 더 자세하게 연구할 수 있도록 도울 만큼은 각주를 사용하였다. 각 장들의 마지막에 있는 참고문헌들 역시 이 목표를 도울 것이며, 상당히 다양한 관점을 반영하는 많은 작품들을 포함한다. 단지 극히 드문 몇몇 경우만을 제외하고, 나는 영어로 된 작품들만을 인용한다. 물론 나는 스페인어, 프랑스어, 독일어로 된 저서들을 통해 보다 상세한 내용들을 읽기는 했지만 말이다.

내가 채택하는 관점은 폭넓은 복음주의적 관점이다. 이것은 내가 애초에 받은 신학 교육에서 배운 접근법이 아니라, 복음서에 대한 나 자신의 학적인 연구를 통해 얻은 관점이며, 수년 동안 수없이 많은 방법들을 통해 보강된 것이다. 나는 내가 가르치는 학교나 내 책을 출판하는 출판사가 나에게 부과한 이전의 교리적인 제한에 속박당하여 글을 쓰지 않는다. 오히려, 나는 그들의 견해가 내가 이전에 도달한 관점과 양립 가능하기 때문에 이 공동체들을 섬기는 것이다. 그러한 이전의 학적인 순례 가운데 대부분은 먼저 『복음서의 역사적 신뢰성』(The Historical Reliability of the Gospels)이라는 내 책 가운데 나타나는 주장의 근거가 되는데, 나는 이 독자들이 여기에서 채택된 접근법들을 보다 더 잘 이해하도록 이 책을 참조했으면 한다.[1] 간략한 최신 정보는 『논란이 되고 있는 예수』(Jesus under Fire)라는 책 가운데 있는 "우리는 예수에 대한 연구를 어디에서 시작하는가?"(Where Do We Start Studying Jesus?)라는 부분에서 나타난다.[2] 나는 나와 언제나 의견을 같이하지는 않는 교수들과 학생들이 다음과 같은 점에서 나에게 동의하기를 희망한다. 즉 나는 자료를 조사하여 상당히 폭넓은 학문을 대표했다는 사실 및 현재 이 교과서가 어떤 면에서 보다 더 보수적인 결론에 도달하거나 보다 더 진보적인 결론에 도달하는 많은 사람들 가운데서 동시에 사용될 수 있다는 사실이다.

정치적 정확성의 다양한 형태에 대해 찬성하고 반대하는 등의 극단적인 반응을 하는 시대에, 나는 독자에게 내 문체의 어떤 특징들에 관하여 먼저 간략하게 논평해야 할 필요를 느낀다. 한 출처를 인용하는 때를 제외하고,[3] 나는 사람들을 지칭할 때 포괄적 언어를 사용하려고 노력했다. 신성의 경우에 전통적인 남

---

1) (Leicester and Downers Grove: IVP, 1987).
2) Michael J. Wilkins and J. P. Moreland 편 (Grand Rapids: Zondervan, 1995), p. 17-50.
3) 별다른 지적이 없으면, 성경 인용은 NIV(New International Version)에서 된 것이다. 비록 포괄적 언어로 된 판본이 간행되고 있기는 하지만 내가 이 작품을 위해 그것을 이용할 수는 없었다.

성 대명사를 폐기하지 않고 사용했다. 비록 내가 이러한 선택을 한 이유가 있기는 하지만, 여기에서 그런 선택에 대해 변호하는 것은 적절치 않다고 생각한다. 만약 내가 어떠한 경우에든 독자들의 심기를 불편하게 한다면, 단지 독자들에게 나를 좀 이해해 달라고 요청할 뿐이다. 주로 다양성을 위해, 즉 "예수"라는 이름을 반복적으로 되풀이하는 것을 피하기 위해, 나는 그에 상응하는 대명사인 "그리스도"라는 명칭을 사용했다. "그리스도"라는 칭호의 사용에 대해서는 제19장에서 명확하게 설명되어 있다. 다른 경우에, 나는 독자들에게 내가 하나의 어법에만 엄격하게 매달리지 않고, 아주 다양한 표현법을 취사선택할 수 있다는 것을 알리기 위해, 용어를 다양화시킨다. 즉 "신구약 중간"(intertestamental) 또는 "제2 성전"(second temple) 기간, 히브리어 성경, 토라, 또는 구약, 이교도(heathen), 이교도(pagan), 이방인(Gentile), 또는 그레코로만(Greco-Roman) 그리고 기타 등등. 다시 한번 말하거니와, 나는 이러한 언어를 사용함으로써 어떠한 의제를 추구하는 것도 아니고, 누군가의 기분을 상하게 하려는 것도 아니다.

나는 특히 하나의 교과서로서 가지는 본서의 유용성과 관련해서, 나의 독자들의 건설적인 비판을 물리치지 않겠다. 만약 본서가 복음서의 예수를 더 잘 이해할 수 있도록 독자들을 돕는다면, 본서는 그 목적을 달성하는 것이 될 것이며, 나는 매우 감사하게 생각할 것이다.

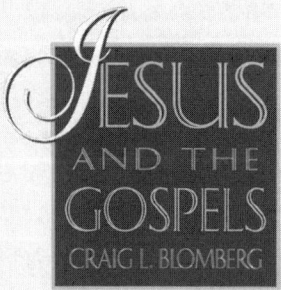

제1부

복음서 연구를 위한 역사적 배경

어떤 종교에 대한 이해도 그 종교의 탄생을 둘러싼 역사적 상황에 크게 의존한다. 이것은 유대교와 기독교에 특히 사실인데, 왜냐하면 이 두 종교의 독특하게 역사적인 본질 때문이다. 하나님의 백성으로 불리는 개인들의 독특한 공동체들과 시간과 공간상에서 하나님께서 관련되신 거룩한 이야기들을 말해 주는 성경에 중심을 둔 유대 기독교 주장들은 그러한 이야기들의 진실성과 함께 뜨거나 쇠한다. 기독교의 중심 이야기는 예수의 삶과 죽음과 부활이다. 그리고 이 이야기가 신약 사복음서의 주제를 형성하고 있다.

그리스도의 생애나 복음서에 관한 많은 강의들이 신약 전체를 개관하는 강의 시리즈 가운데 첫 번째 시리즈이기 때문에, 본서의 제1부는 신약에 관련된 역사적 배경을 보다 일반적으로 포함한다(즉 사도행전, 서신서, 요한계시록을 포함함). 그러나 본서의 주요 중심점은 학생들이 마태, 마가, 누가, 요한 및 이들이 말하는 사건들에 대해 집중적으로 연구할 수 있도록 준비시키는 것이다. 주된 세 개의 장, 즉 정치적, 종교적, 사회 경제적 배경을 다루는 장들은 특히 교회와 국가의 분리를 전혀 알지 못했던 세계를 연구할 때 분명히 중첩된다. 그러나 그렇게 장을 구분하는 것은 역사적 배경의 주요 주제들을 배열하여 연구자로 하여금 복음서를 민감하고 폭넓게 읽을 수 있도록 준비시켜 주는 데 편리한 방법이다.

제1장

정치적 배경 – 신구약 중간기에 대한 개관

수세기 동안 기독교 학자들은 주전 5세기 마지막 사사분기부터 주후 1세기까지의 기간을 신구약 중간기(intertestamental period)로 지칭해 왔다.[1] 이 기간을 자연스럽게 구약 시대의 최고점이나 귀착점으로 연구할 수도 있을 것이다. 그러나 구약의 개관이 신약 연구보다 다루어야 할 자료가 훨씬 더 많기 때문에, 신약이나 복음서에 관한 교과서들은 보통 이 다섯 세기에 대한 개관이 나타나는 자리이기도 하다. 더욱이, 신약에 대한 어떠한 깊이있는 독서도 이 시기의 사건들을 익숙히 아는 것을 필요로 한다.

그리스도의 생애에까지 이르고 그 생애를 포함하는 여러 세기들 동안 이스라엘의 정치적 발전을 보여주는 고대의 주요 자료는 요세푸스(Josephus)의 『유대 고대사』(Jewish Antiquities)인데, 이 책은 유대 백성의 역사에 관한 스무 권으로 된 작품이다. 그리스도 직후의 수십 년을 알기 위해서는, 요세푸스의 『유대 전쟁』(Jewish War)이 가장 유용하다. 요세푸스(주후 37-100?)는 자기 자신을 한 때 바리새인이었고 로마에 대항한 전쟁(66-70)에서 군대 장군이었던 걸로 묘사했는데, 그는 후에 로마의 충성스러운 지지자가 되었고, 로마 제국 황실의 후원을 받으면서 많은 책들을 저술했다. 비록 요세푸스는 분명히 친 로마적 성향으로 글을 썼지만, 비교적 믿을 만한 역사가로 간주될 수 있다. 더욱이 어떤

---

[1] 이것은 분명히 신약이 히브리 성경(기독교의 구약)에 이어 하나님으로부터 온 두 번째 계시 묶음이라는 믿음에 기초한 기독교 용어이다. 에큐메니칼 교계에서는, "제2 성전기"(the Second Temple era)라는 용어가 종종 선호된다. 이 용어는 주전 6세기 후반기에 완공된 유대 성전의 재건 때로부터 시작해서 주후 70년 파멸된 때에 끝나는 기간을 지칭한다. 약어 B. C.(Before Christ, 그리스도 이전)와 A. D.(Anno Domini, 즉 "우리 주님의 시대에")는 종종 B. C. E.(Before the Common Era, 공동 시대 이전)와 C. E.(the Common Era, 공동 시대, 즉 유대교와 기독교가 공존하는 때)라는 약어로 대체된다.

기간에 대해서는 그의 작품만이 우리가 가지고 있는 모든 자료이기도 하다.[2]

다른 정보는 구약 외경(apocrypha)과 위경(pseudepigrapha)에서 조금씩 수집할 수 있다. 외경("감춰진"이라는 헬라어에서 유래)은 전통적으로 로마 가톨릭이 구약 정경의 일부로 받아들여 온 열다섯 권의 짧은 책들의 모음을 지칭한다.[3] 이 책들은 다니엘과 에스더와 같은 더 오래된 정경 작품들을 추가한 것, 잠언과 유사한 지혜 문헌의 책들(예컨대, 솔로몬의 지혜와 집회서), 교훈적인 소설(토빗, 유딧), 역사 설화(마카비 1, 2서) 등을 포함한다. 위경("위조된 글들"이라는 헬라어에서 유래)은 육십 권 이상의 책들을 포함한다.[4] 이러한 책들 중 일부는 고대 유대의 영웅들의 이름(예컨대, 에녹, 모세, 레위, 아브라함)으로 기록되었으며, 그래서 위경이라 불린다. 그러나 이러한 책들 가운데 단 한 권도 유대교나 기독교의 공식적인 입장에서 영감된 것이나 정경적 작품으로 수용된 적이 없다. 그것들은 묵시 문헌, 죽어가들 지도자들의 마지막 "유언", 구약 이야기의 부연, 지혜와 철학적 문헌, 시편, 기도와 서정시, 다른 다양한 수필집 등을 포함한다. 이 책들 가운데 역사적 이야기라고 주장하는 것은 몇 권 되지 않지만, 그것들의 주제는 그 책들이 기록된 다양한 기간 동안 유대인들의 관심을 사로잡았다. 이 문서들 가운데 신구약 중간기 이스라엘 역사를 재구성하기 위해 필요한 가장 중요한 문서는 외경 마카비 1, 2서이다. 이 두 책은 주전 2세기 중엽 시리아에 대항해 일어난 유대인들의 폭동에까지 이르는 사건들 및 그 폭동을 포함한 사건들을 이야기한다. 마카비 2서는 마카비 1서보다 신빙성이 약한 것으로 간주된다.

많은 유대인들은 구약의 마지막 선지자인 말라기 이후 이스라엘에서 예언이 중지되고, 오직 메시아의 도래 및 그의 왕국을 둘러싼 사건들과 관련해서만 다

---

[2] 요세푸스의 생애와 작품에 대한 훌륭한 개관을 보기 위해서는 Tessa Rajak, *Josephus: The Historian and His Society* (London: Duckworth, 1983; Philadelphia: Fortress, 1984)를 보라. 그의 작품들의 표준 판본들은 고대 헬라어와 라틴어 저자들의 로엡 고전 도서관(Loeb Classical Library) 시리즈에서 발견된다.

[3] 표준 영어 번역본과 판본은 *The Oxford Annotated Apocrypha*, Bruce M. Metzger 편 (New York: Oxford, 1977)이다.

[4] 주석이 곁들여져 있는 영어 번역본 표준 묶음은 *The Old Testament Pseudepigrapha*, James H. Charlesworth 편, 제2권 (Garden City: Doubleday, 1983-85)이다. 외경과 위경 모두에 있는 문헌 유형에 대한 간략한 서론은 신약 연구를 위한 그것들의 중요성 및 선별 참고 문헌과 더불어, Craig A. Evans, *Noncanonical Writings and New Testament Interpretation* (Peabody, Mass.: Hendrickson, 1992), p. 9-47에 나타난다.

시 나타날 것이라고 믿게 되었다.[5] 말라기의 타당한 저작 시기는 주전 433년이며,[6] 요세푸스는 주전 424년에 죽은 아닥사스다 왕의 통치 이후에 어떠한 성경도 기록되지 않았다고 주장했다(*Against Apion* 1.8.40-41). 그래서 신구약 중간기에 대한 개관은 포로 유배지에서 이스라엘로 귀환하여 성전을 재건하고 그들의 땅에서 그들의 하나님을 다시 한 번 섬기기를 원했던 많은 본국 송환 유대인들과 함께, 구약이 그만 둔 곳에서부터 시작한다.

왜 이 시기가 복음서에 대한 배경으로 연구하는 데 중요한가? 정치적으로, 그리고 사회 경제적으로, 중요한 사건들이 발생했는데, 이 사건들에 대한 이해는 예수 시대에 살았던 유대인들의 상황을 정확하게 해석하는 데 필수적인 것이다. 종교적으로, 유대교는 종종 구약 종교와 상당히 다른 믿음과 행위 체계로 바뀌었다. 그리고 역사에서 섭리의 손길을 보려는 경향이 있는 사람들을 위해서는, 1세기의 세계가 역사상 다른 많은 기간보다 복음의 메시지를 더 잘 수용할 수 있도록 하게 한 수많은 사건들이 발생했다.

1. 신구약 사이에 존재한 시간의 시작: 유대인들이 페르시아 통치 하에서 계속 지내다(CA. 주전 424-331년)

세속 역사가의 관점에서 보면, 이것은 새 시대를 시작하는 지점이 아니다. 아닥사스다의 죽음과 더불어 땅을 진동시킬만한 일은 발생하지 않았다. 느헤미야, 학개, 말라기 시대와 마찬가지로 삶은 계속되었다. 어느 정도 일관성에서의 차이는 있었지만, 페르시아의 통치자들은 주전 539년 고레스(Cyrus) 통치 하에서 시작된 정책을 계속해 나갔다. 그 정책은 포로 유배지의 유대인들이 그들의 고토로 되돌아가 그들의 하나님을 자유롭게 섬기고 모세 율법을 순종하도록 허락하는 것이었다. 물론 유대인들은 왕권을 다시 확립하지는 않았지만, 그들

---

5) 이 주장은 도전을 받지만, Benjamin D. Sommer, "Did Prophecy Cease? Evaluating a Reevaluation," *JBL* 115 (1996), p. 31-47을 보라.
6) Pieter A. Verhoef, *The Books of Haggai and Malachi* (Grand Rapids: Eerdmans, 1987), p. 160. 한편, 다른 의견들의 논의에 대해서는, p. 156-59를 보라. 물론 많은 비평가들은 종종 다른 구약 책들을 훨씬 더 후대로 그 저작 시기를 정한다.

이 그렇게 할 수 있는 미래를 고대하기 시작했다. 율법에 대한 증가된 관심은 그들의 과거 포로 유배가 불순종에 대한 심판이라는 확신 및 하나님께서는 그들이 그의 말씀에 대한 순종을 실질적으로 달성할 때 그들에게 완전한 자유를 주실 것이라는 확신에 근거했다.

그러나 1세기 유대교의 변화를 위해 씨앗을 뿌린 페르시아 기간 동안에, 세 가지 중요한 새로운 사건이 발생했다. 이 가운데 첫 번째 두 가지 사건은 회당(synagogue)의 발생 및 구전 율법(oral Law)의 시작이었다. 사실상, 두 제도의 기원을 확실히 아는 사람은 아무도 없으며, 어떤 사람들은 하나나 둘 모두가 훨씬 더 이른 시기에 발생했거나 더 늦게 발생했을 것이라고 추정한다. 그러나 포로 유배와 귀환의 사건이 둘 모두에 실질적인 영향을 미쳤을 것이라고 생각하는 것이 합리적일 것이다. 유대인들은 함께 모이는 성전, 또는 희생 제사를 드리도록 신적으로 권한이 부여된 장소에 나아가지 않는 환경에서, 예배를 드릴 각 지역의 장소에 모이기 시작했다. 그들은 "순종이 제사보다 낫다"는 사무엘상 15:22과 같은 성경 본문에 관심을 가졌으며, 속죄 제사를 회개 기도와 선행으로 대체하였다. 그들은 토라(율법)를 생활의 모든 영역에 적용하려고 노력했다. 그래서 구전(즉 해석과 적용)의 체계가 기록된 모세의 율법의 수준 가까이 성장해, 새 시대와 장소에서 그 명령을 어떻게 시행할지를 설명했다. 회당과 구전 율법 모두 수세기 후 유대교에 대한 예수의 반응에서 두드러진 역할을 하였다.

세 번째 사건은 이스라엘을 포함하여 페르시아 제국 여러 지역에서 상업과 국제 교역을 위한 주요 언어로서 아람어가 공식적으로 사용된 사건이었다. 어원이 동일한 동종 언어인 성경 히브리어와 아람어는 팔레스틴 유대인들 사이에서 매일 사용되는 모국어가 되어 1세기까지 계속되었다. 사실상, 그리스도의 시대 무렵에, 많은 유대인들은 히브리어를 능통하게 말하지 못했을 것이다. 이는 그 언어가 주로 성경을 읽을 때만 제한적으로 사용된 언어가 되었기 때문이었다.[7]

---

7) 예루살렘에 중심으로 모인 기독교와 유대교 학자들 가운데 작은 그룹은 이 주장에 대해 격렬한 논쟁을 벌이는데, 심지어 복음서가 처음에 히브리어로 기록되었다고 주장하기도 한다. 그들의 논증은 *Jerusalem Perspective*라는 저널에서 출판된 다양한 논문에서 발견되지만, 많은 사람들을 설득하지는 못했다.

2. 알렉산더 대왕과 헬라 시대(주전 331-167년)

구약 시대가 끝난 이후 중동 역사의 첫 번째 주요 새 시대는 헬라가 페르시아를 물리친 것과 함께 시작하였다. 변화의 바람은 주전 338년 마케돈의 필립 2세(Philip II of Macedon)가 아테네를 물리침으로써 예고되었다. 오늘날 그리스의 북쪽에 있던 이 작은 왕국은 팽창주의 의도를 가지고 있었다. 헬라 역사가이자 철학자였던 이소크라테스(Isocrates)는 필립에게 다음과 같은 자신의 유명한 선언으로 도전하였다. "당신이 만약 페르시아 백성을 당신의 휘하에 두신다면, 당신이 신이 되시는 것 외에는 아무것도 남지 않을 것입니다."[8] 그러나 필립은 2년 후에 암살당하였고, 그러한 목표를 달성하려고 애쓰는 일이 그의 아들 알렉산더(Alexander)에게 주어졌다.

주전 356년에 태어나, 아리스토텔레스(Aristotle)에게 배우고, 아킬리스(Achilles, 일리아드⟨Iliad⟩에 나오는 전사)에 의해 영감을 받은 알렉산더는 많은 사람들에 의해 지금까지 존재한 가장 위대한 군대 지휘관으로 여겨졌다. 그는 겨우 13년 안에(336-323) 사실상 이전 페르시아 제국의 모든 지역을 정복하고 통치했으며, 이에 덧붙여 전에 페르시아의 통치권 하에 들어가 있지 않았던 영토까지 정복했다. 그의 통치는 그리스에서 인도까지, 남부 러시아에서 북부 아프리카까지 확장되었다.[9]

1) 알렉산더 하의 헬라 통치(주전 331-323년)

이스라엘은 알렉산더의 군대가 동쪽으로 휩쓸던 주전 331년에 헬라의 통치권 아래 들게 되었다. 정복된 다른 대부분의 민족들처럼, 유대인들 역시 그들이 헬라의 충성스런 백성으로 남아 있는 한, 페르시아 통치 하의 시절과 동일한 예배와 정부의 자유를 누릴 수 있도록 허가되었다. 그러나 알렉산더는 분명히 자신의 제국의 동방과 서방을 통합시켜 문화, 종교, 민족 모두를 헬레니즘적

---

8) Helmut Koester, *Introduction to the New Testament*, 제1권 (Berlin and New York: de Gruyter, 개정판, 1995), p. 8.
9) 훌륭한 전기에 대해서는, Robin Lane Fox, *Alexander the Great* (Boston: Little, 1980)을 보라.

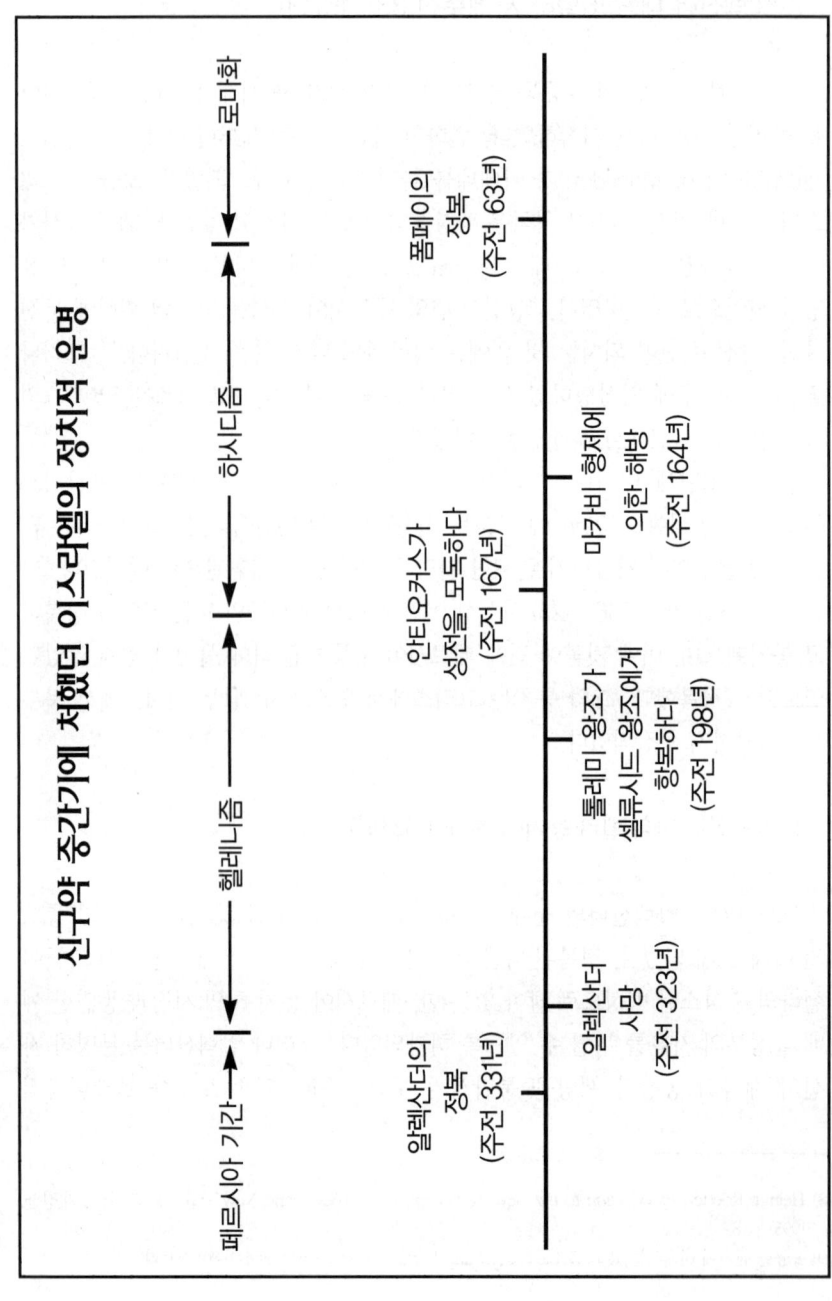

(*Hellenistic*)¹⁰⁾ 문화와 영향력이 두루 스며들어간 새로운 혼합 문화를 만들 것을 희망했다. 예를 들어, 1세기 전기 작가 플루타르크(Plutarch)는 알렉산더가 70개나 되는 새로운 도시를 설립했다고 주장하는데(*Life of Alexander* 1), 물론 대부분의 역사가들은 이 숫자가 매우 과장되었다고 생각한다.

페르시아 통치 하에서 그랬던 것처럼, 많은 유대인들의 자발적 분산이 계속되었는데, 이는 더 많은 경제적 소득을 이스라엘 밖 그 제국의 다른 많은 지역들에서 얻을 수 있었기 때문이다. 사실상, 팔레스틴에 없는 가장 큰 유대인 공동체가 알렉산더가 이집트에서 자신의 이름을 따 새롭게 설립한 도시들 가운데 하나인 알렉산드리아에서 발생하였다. 이 도시는 주후 2세기 경 중요한 기독교 센터가 되었다. 특별히 2세기말 신학자 오리겐(Origen)을 따르는 그리스도인들 뿐 아니라, 1세기 중엽 작가 필로(Philo)의 영향을 받던 유대인들은 알렉산드리아에서 주해의 풍유적(allegorical) 형태를 개발시켰다. 이러한 주해 방식은 최고의 헬라 철학을 유대, 또는 기독교 종교와 조화시키려는 노력이었다.

그리스에서, 알렉산더와 그의 군대는 민주주의적 이상의 역사와 함께 헬라의 여러 도시들에서 오게 되었다. 그는 동방으로 진군해가면서, 자신들의 통치자들을 신과 구주로서 환호하거나 심지어 예배를 드리던 민족들을 만났는데, 그러한 모습은 특히 애굽 사람들이 그들의 바로에게 하던 관행이었다. 처음에 알렉산더는 새로운 백성들이 자신에게 유사한 갈채를 보내는 경향에 충격을 받았지만, 결국 그것을 수용했으며, 심지어 나중에는 자신의 고국 사람들 중 많은 사람들이 혐오하거나 구역질날 정도로까지 그것을 요구하기에 이르렀다. 알렉산더의 도덕성도 그의 생애 말엽으로 갈수록 부패하였다. 그는 한바탕 큰 술잔치를 벌이고 난 후, 열 감기, 어쩌면 말라리아에 걸려 죽었는데, 그때가 그의 서른한 번째 생일 직전이었다. 그의 생애는 너무 일찍 끝나버렸던 것이다.

알렉산더의 정복의 수많은 결과들이 로마 시대 및 기독교 발흥의 때까지 존속되었다:

(1) 헬라의 통치는 시골 중심적이라기보다 도시 중심적이 된 제국 안에서 생활수준 및 행정의 효율성을 개신하였다. 이것은 대중 전달을 촉진했으며, 복음

---

10) 즉, 그리이크(Greek); 그리스를 나타내는 그리스어 헬라스(*Hellas*)에서 유래함.

을 포함한 소식들은 각 영토의 주요 도시들을 중심으로 하여 급속히 확산될 수 있었다.

(2) 헬라화는 제국주의의 결과로 확장한다. 헬라의 문화와 영향력은 어디에서나 발견될 수 있었다. 유대인들에게 이것은 그들의 율법에 불순종을 유도하는 중대한 유혹이 되었다. 모든 피정복 민족들은 헬라의 폭넓은 종교와 철학에 노출되었다. 주요 도서관들(특별히 알렉산드리아에 있는)과 대학들(특별히 다소에 있는)이 설립되었다. 유대인들은 헬라주의적 요소들을 공부하고 배워 그들의 생활방식으로 통합시키는 것이 수용할 수 있는 것인지 없는 것인지에 대해 의견이 분분하였다. 마카비 2서 4:10-17은 주전 150년보다 더 늦은 170년 후반에 만연했던 헬레니즘의 유혹들 중 일부를 묘사한다. 즉 우상 숭배와 관련된 헬라의 의복이 그들에게 부착되었으며, 헬라의 체육관에서 남성 운동 경기가 유대의 윤리 관념에 반대되는 옷을 다 벗은 누드 상태로 진행되었으며, 사람들이 스포츠에 너무나 깊이 빠져 있어서 예배와 희생 제사가 등한시되었다! 처음부터 헬라주의적 영향력 하에서 시작한 유대인들의 생활 방식을 타협하라고 유대인들에게 주어진 다른 압력들은 종교적으로 노골적인 헬라 극장에 관객으로 참여하거나 배우로 참가하라는 것과 정결하지 않은 음식을 먹으라는 것 등을 포함하였다. 이 시대의 긴장은 오늘날 서방 세속주의와 이슬람 근본주의라는 상호적인 압력이 다양한 아랍 국가에 살고 있는 사람들에게 휘두르고 있는 긴장과 비교될 수 있을 것이다.

(3) 알렉산더의 정복 가운데 가장 널리 미친 결과는 의심할 여지없이 헬라 언어 자체의 확산이었다. 모든 도시 중심부에 자리 잡게 되었던 헬라의 병사들 및 상인들과 사업을 해야 했던 거의 모든 사람들은 헬라어를 조금이라도 말할 수 있도록 배워야만 했다. 아티카(아테네) 헬라어의 단순화된 형태가 발전되었는데, 지금 이 언어는 단순히 헬라주의적 헬라어로 알려져 있다. 이 헬라어는 그 고전적 헬라어들보다 덜 화려하고 어의론적으로 정확성이 떨어졌다. 신약 시대의 헬라어는 코이네(koine, "공통의"를 의미하는 헬라어)로 알려지게 되었으며, 로마 사람들이 링구아 프란카(lingua franca, "공통의 언어"를 의미하는 라틴어)로 부른 것을 반영하였다. 따라서 심지어 1세기에도 팔레스틴에 살고 있던 많은 유대인들은 적어도 세 나라 언어를 조금씩이라도 말할 수 있었을 것이다. 히브리어(아마 종교적 문헌을 사용하는 데 제한적으로 쓰인 언어)에 대한 지식

이 있어야 했고, 아람어는 그들의 공통 일상어로 사용되었으며, 헬라어는 사업, 상업, 군대 및 정치 당국과 관계를 맺기 위해 필요한 언어였다.[11]

헬라 언어의 확장의 정도를 아마 가장 잘 예증해 주는 것은 디아스포라(diaspora) 유대인들(즉 외부 이스라엘 사람들)이 주전 3세기 중엽 히브리 성경을 헬라어로 번역할 필요를 느꼈던 사건일 것이다. 왜냐하면 심지어 일반적으로 폐쇄적이고 긴밀하게 밀착된 유대인 공동체들 가운데서도 히브리어는 더 이상 사용되지 않았기 때문이다. 우리가 구약이라고 부르는 이 번역본은 로마 시대에 셉투아진트(Septuagint, 70인역)로 알려지게 되었는데, 이 단어는 "70"을 의미하는 라틴어에서 유래하였다. 70명(또는 72명)의 학자들이 이 번역본을 만들어내기 위해 위임되었다는 전통이 발전되었으며, 이 전통보다 더 늦게 발생한 한 전설은 이 학자들 모두가 독자적으로 일해 단어 하나하나가 정확하게 일치되는 복사본을 만들어냈다고 주장했다![12] 그러나 이 후자의 주장은 명백히 틀렸다. 현존하는 사본들은 히브리 성경과 헬라어 신약 성경이 그러하듯이, 본문 변형의 구성 및 발전에 관한 복잡한 역사와 전통을 입증한다.

그래도 신약 연구를 위한 70인역의 중요성은 아무리 강조해도 지나치지 않다. 상당히 많은 경우, LXX(관행적으로 이러한 축약어로 사용함)은 종종 신약에서 인용되는 판본인데, 심지어 헬라어 번역이 어떤 중대한 측면에서 히브리어와 다를 때에도 인용된다. 70인역은 1세기 대다수 디아스포라 유대인들에게 분명히 "성경"(the Bible)이었다. 이제야 겨우 관심을 받기 시작하는 중요한 학문 영역은 70인역의 다른 판본들과 히브리어 구약의 고대 사본들 사이의 관계를 포함한다. 사해 두루마리가 발견되기 전까지, 가장 오래 된 것으로 알려진 히브리어 판본은 그리스도 이후 9세기와 10세기에 만들어진 마소라 본문(MT)의 사본들이었다. 반면 70인역의 부분들은 이보다 500년 더 오래 되었다. 그러

---

11) 복음서에 기록되어 있는 예수의 대부분의 말씀이 전도자들의 번역을 반영하고 그가 원래 아람어로 말한 것이 헬라어로 바뀌 기록된 것이라는 이론이 정규적으로 그리고 옳게 추정된다. 그러나 우리는 복음서가 경우에 따라 원래 헬라어 대화를 보존했을 가능성을 평가절하 해서는 안 된다. Stanley E. Poeter, "Jesus and the Use of Greek in Galilee"를 보라. 이 논문은 칠튼(Bruce Chilton)과 에반스(Craig A. Evans)가 편집한, *Studying the Historical Jesus: Evaluations of the State of Current Research* (Leiden: Brill, 1994), p. 123-54에 있다. 더 일반적으로는, M. O. Wise, "Languages of Palestine," DJG, p. 434-44를 참조하라.

12) 가장 오래된 설명은 위경 아리스테아스의 편지에서 발견된다. 더 나중의 전설은 Philo, *Life of Moses*, 2.7에 나타난다.

나 이제 우리는 히브리어로 되어 있는 대부분의 구약 책들 가운데 기독교 이전 시대에 만들어진 사본들과 단편들을 가지고 있다. 가끔씩, 이러한 더 오래된 독법은 마소라 본문과 다르지만 70인역을 지지한다. 그래서 분명히 신약 저자의 모든 경우가 다 구약 본문을 멋대로 변경하는 것은 아니다. 오히려 몇몇 경우에, 70인역은 우리가 처음에 생각한 것보다 근원적인 히브리어를 더 정확히 번역하는 것 같다. 그러나 신약 저자들이 구약을 독특하게 사용하는 데에는 다른 많은 이유들이 있으며, 아직 이 분야에서 떠맡아야 할 많은 유익한 연구가 남아 있다.[13]

2) 톨레미 왕조 하의 애굽 통치 (주전 323-198년)

알렉산더가 죽었을 때, 그는 자신의 왕국을 계승할 어떠한 상속자도 남기지 못했다. 그래서 그의 휘하 장군들 사이에서 왕위 계승권을 둘러싼 투쟁이 시작되었다. 주전 323년부터 301년까지, 이 권력 투쟁의 결과는 불확실했다. 이 시기는 디아도키(*Diadochi*, "계승자들"을 의미하는 헬라어)의 기간으로 알려져 있다. 처음에, 그 제국은 네 부분으로 나눠졌고, 다음에는 세 부분으로 나눠졌으며, 마지막으로 알렉산더가 이전에 소유하고 있던 영토의 대부분을 통제한 두 왕조가 셀류쿠스(*Seleucus*)와 톨레미(*Ptolemy*)에 의해 설립되었다. 시리아를 근거로 한 북쪽 절반은 셀류시드(*Seleucid*) 통제권 하에 들게 되었으며, 그 통치자들은 일반적으로 셀류쿠스나 안티오커스(*Antiochus*) 이름 중 하나를 취

---

[13] 구약 본문 비평의 서론에 대해서는, Ralph W. Klein, *Textual Criticism of the Old Testament: From the Septuagint to Qumran* (Philadelphia: Fortress, 1974), 그리고 Ernst Würthwein, *The Text of the Old Testament* (Grand Rapids: Eerdmans, 개정판, 1994)를 보라. 사해 두루마리와 신약에 있는 구약 본문에 대한 비교 연구에 대해서는, 와드(J. de Waard)가 저술한 이 연구와 동일한 제목의 책, *A Comparative Study of the Old Testament Text in the Dead Sea Scrolls and in the New Testament* (Leiden: Brill, 1965)를 보라. 다만, 사해 두루마리가 계속 번역되고 있는 견지에서 정확히 상당히 업데이트 된 작품이 필요하기는 하다. 신약 저자들이 구약을 사용하는 다양한 방식의 간략한 개관에 대해서는, Darrell L. Bock, "Evangelicals and the Use of the Old Testament in the New," *BSac* 142 (1985), p. 209-23, 306-19, 또한 Moisés Silva, "The New Testament Use of the Old Testament: Text Form and Authority"를 보라. 실바(Moisés Silva)의 이 논문은 칼슨(D. A. Carson)과 우드브리지(John D. Woodbridge)가 편집한, *Scripture and Truth* (Grand Rapids: Zondervan, 1983), p. 147-65에 있다. 세부적으로는, 칼슨(D. A. Carson)과 윌리엄슨(H. G. M. Williamson)이 편집한, *It Is Written: Scripture Citing Scripture* (Cambridge: CUP, 1988)를 참조하라.

했다. 이집트에 근거한 남쪽 절반은 톨레미 왕가였으며, 그 지도자들은 일관적으로 톨레미의 칭호를 채택하였다. 이스라엘은 정확히 이들 두 권력 사이에 있는 비옥한 땅의 유일한 연장선상에서 불안정하게 위치해 있었기 때문에, 양편 모두의 팽창주의 의도에 시종일관되게 공격받기 쉬운 입장이었다.

주전 311년부터 계속해서, 이스라엘은 톨레미 왕조의 손 안에서 안전하게 있었다. 톨레미 왕조 기간은 유대인들에게 있어서 상당히 훌륭한 생활수준을 영위한 비교적 평화와 자유의 기간이었던 것으로 보이지만, 이 시대에 관한 정보의 출처는 부족하다. 현존하고 있는 한 출처는 제논(Zenon) 파피루스인데, 이것은 주전 3세기 전반기에 세금 징수 도급인 제도가 발달했던 것을 묘사한다. 이 제도 하에서 유대인들을 포함한 지역 사람들에 헬라 당국을 위한 중개인으로서 세금 걷는 일이 위탁되었다. 이 관행은 로마와 신약 시대에까지 계속되었으며, 우리가 복음서에서 보는 세리들에 대한 유대인의 증오에 기름을 끼얹었다. 3세기의 후반기에, 오니아스(Onias)와 토비아스(Tobias)라고 불린 두 남자의 가속들 사이에 경쟁 관계가 생겨났다. 오니아스 가문은 유대인들의 점증하는 헬라주의 생활을 반대한 대제사장 가족이었으며, 토비아스 가문은 톨레미 왕조의 부유한 지지자였으며, 헬라 문화를 더 선호하는 경향이 있었다. 이 긴장 역시 몇 세기 동안 계속되었다.

이 시대 동안 가장 유명하고 강력한 통치자는 과학적 연구를 장려한 톨레미 3세(Ptolemy III, 주전 246-222년)였다.[14] 그의 천문학자들 가운데 일부는 심지어 지구가 평평하지 않고 둥근 구형으로 되어 있다고 주장하기까지 했으며, 그 원주를 비교적 정확하게 계산하였다. 그러나 이 정보는 1600년대 초반 갈릴레오(Galileo)의 발견이 있기 전까지는 널리 믿어지지 않았다.

3) 셀류시드 왕조 하의 시리아 통치(주전 198-167년)

주전 198년에 셀류시드의 안티오커스 3세는 권력의 균형을 남쪽에서 북쪽으

---

14) 또는 주전 221년. 고대 세계에서 일어난 많은 사건들의 날짜는 종종 현대 교과서늘의 한 방향이나 다른 방향에서 1-2년 정도 다르게 나타난다. 이는 달력들의 불확실성 및 날짜를 사용하는 다른 고대 관례의 불확실성 때문이다. 대체적으로, 본서는 이러한 불일치의 경우를 지적하지 않고, 단순히 광범위하게 지지되는 날짜를 채택한다.

로 옮기면서, 이스라엘을 정복해 점유하였다. 다음 수십 년 동안, 유대인들은 이집트가 아닌 시리아에 종속당했다. 안티오커스 3세(주전 222-187년 통치)와 셀류쿠스 4세(187-175년)는 이스라엘에게 자유와 자치 정부를 제한하는 톨레미 정책을 계속해나갔다. 그러나 그들은 또한 그들의 서쪽에서 점차 그 세력이 증가하는 로마와 우호관계를 유지하기를 원했다. 주전 188년 안티오커스에 의해 체결된 평화 조약은 로마에게 상당한 매년 조공을 약속했으며, 이 때문에 셀류시드 왕조는 그들의 백성들에게 점점 더 무거운 세금을 부과하였다.

안티오커스 4세는 175년에 권력을 잡았다. 그는 셀류시드 왕조와 이스라엘에 사는 유대인들 사이에 지속되어 왔던 예전의 따뜻한 관계를 크게 바꾸기 시작했다. 처음의 그의 동기는 엄격하게 경제적인 것으로 보였다. 그는 로마에 조공을 대기 위해 세금을 극심하게 증가시켰다. 그러나 그는 또한 헬라화를 보다 능동적으로 조장하기 시작했으며, 결국에는 자기 자신을 신이라고 선포할 지경에까지 이르렀다. 즉 자신을 안티오커스 에피파네스(*Epiphanes*, "분명히 나타나다"는 의미의 헬라어에서 유래)라고 불렀다. 후대의 역사가 폴리비우스(Polybius)는 안티오커스를 비방한 자들이 그를 오히려 에피마네스(*Epimanes*, "미친 사람")라고 불렀다고 논평했다(*Histories* 26.1a)!

안티오커스와 점점 성장하는 헬레니즘을 반대한 신실한 유대인들 사이의 관계는 점차적으로 악화되었다. 이 유대인들은 점점 하시딤(*Hasidim*, "경건한 자들"이라는 의미의 히브리어)으로 불렸다. 대제사장직의 합법적인 계승자(오니아스 3세)의 동생이었던 야손(Jason)이라는 사람이 그 직위를 지명받기 위해 안티오커스에게 많은 뇌물을 바쳤을 때, 충돌이 불가피해 보였다. 베냐민 지파 소속이자 합법적으로 제사장이 결코 될 수 없는 메넬라우스(Menelaus)가 야손보다 더 많은 뇌물을 바쳐 잠시 후에 대제사장으로 임명되었을 때 문제는 더 악화되었다. 안티오커스가 이집트에서 군사 원정을 마친 후에, 예루살렘 전 지역에 그가 살해당했다는 거짓 소문이 확산되었으며, 그 소문은 모든 사람들이 공개적으로 즐거워하고 축하할 만큼 그들의 분위기를 앙양시켰다. 시리아 자기 집으로 돌아가고 있던 안티오커스는 이 소식을 듣고, 길을 돌려 예루살렘 성전의 성소로 들어가, 수백만 달러 가치의 거룩한 물건들과 엄청나게 비싼 보물을 끄집어냈다. 그는 또한 전하는 바에 의하면, 하루에 유대인 4만 명을 학살하였다.

안티오커스의 다음 번 이집트 원정을 끝내고 돌아온 후에, 그는 또 다시 예루살렘을 약탈했다. 도시의 이곳저곳에 불을 놓았으며, 유대인들이 저항하지 못하는 안식일에 수많은 사람들을 학살하였다. 게다가 그는 사실상 유대교의 모든 독특한 것들을 불법적인 것으로 규정하고 가장 거룩한 율법을 범하였다. 즉 성전을 제우스 올림피우스로 개명을 하고, 그곳에 이방 제단을 세우고 그 제단에 돼지를 제물로 드리고(돼지는 유대인들의 눈에 가장 더러운 동물 가운데 하나), 할례와 안식일 준수를 금시하고, 토라의 복사를 금하고 토라 사본들을 불태우고, 나라 전역에 있는 수많은 제단들에 이방 신들에게 희생 제사를 드리라고 명령함으로써, 거룩한 율법을 범했다. 다니엘 11:1-30은 페르시아 제국의 때부터 안티오커스 4세(비록 그의 이름이 구체적으로 언급되지는 않았지만)의 시대까지 발생한 정치적 사건들을 구체적으로 예언했기 때문에, 많은 유대인들은 다니엘의 유명한 "멸망케 하는 미운 물건"이라는 어구가 나오는 31-35절을 안티오커스가 성전을 더럽힌 사건을 지칭하는 것으로 보는데, 이는 이해할 만하다.[15] 마카비 1서 1:54은 이 사건을 주전 167년 기슬르 월(대략 12월) 15일에 발생한 사건들과 구체적으로 연관시킨다. 비록 그 구체적 본질이 묘사되지는 않았지만, 그때, "그들은 번제단 위에 황폐케 하는 모독적인 것을 세웠다." 나중에 예수는 이 장면을 주후 70년 로마가 성전을 파괴시킬 사건으로 다시 적용하셨으며(막 13:14), 몇몇 해석자들은 요한계시록 11:2의 모습이 그리스도의 재림 직전 인간 역사의 종말에 보여지는 황폐함과 유사하다고 해석한다.

3. 마카비 폭동과 하스모니아 왕조(주전 167-63년)

두말 할 필요도 없이, 유대의 폭동을 촉발하기 위해서는 조금만 더 성질나게 하기만 하면 되었다. 나이가 지긋이 든 제사장 맛타디아(Mattathias)는 모데인(Modein)이라 일컬어지는 북서 유대 지방에 있던 한 작은 마을에 안티오커스가

---

15) 다니엘에 대한 인기 있는 비평적 해석은 다니엘서가 전적으로 고대 예언의 모습을 가장하여 안티오커스 통치 사건들 이후에 기록된 것으로 본다. 이 견해에 대한 비평에 대해서는, 예컨대, Stephen R. Miller, *Daniel* (Nashville: Broadman & Holman, 1994), p. 22-43을 보라.

세운 불법적인 제단들 가운데 하나에 희생 제사를 드리라는 명령을 받았다. 그러나 그는 거부했으며, 동료 유대인 한 명이 왕의 명령을 수행하러 왔을 때, 맛타디아는 그 고향 사람과 희생 제사를 감독하던 병사 한 명을 살해했다. 곧이어 그 제사장과 그의 다섯 아들은 유대 구릉지로 도망쳤으며, 유대 반란군 도당을 조직했다. 그들은 잘 사용되지 않았던 게릴라 전투 전법을 통해 그들보다 훨씬 더 큰 규모의 시리아 군대를 반복적으로 급습해 그 전초 부대들을 물리쳤다. 그들의 전술은 그들이 은신하고 있던 산악 지대의 은신처에서 야음을 틈타 공격을 하고, 그들 스스로를 보호하며, 안식일에도 싸우는 것이었다.

맛타디아는 주전 166년에 죽었지만, 마카베오(*Maccabeus*, "망치질하는 사람"을 의미하는 헬라어에서 유래)라는 별명으로 불린 그의 아들 유다(Judas)는 계속해서 공격을 이끌었다. 시리아 지휘관 리시아(Lysias)는 유대의 반란군에 전적으로 신경 쓸 수 없었다. 왜냐하면 셀류시드 왕조 안의 내적 분열 및 북쪽의 파르티안 사람들의 공격 때문이었다. 그래서 마카비 형제들은 비록 수적으로 6대 1의 열세를 안고 싸웠지만 계속해서 승전하였다(마카비 1서 4:28-29 참조). 주전 164년 기슬르 월 25일에, 유다는 성전 경내의 통할권을 다시 획득하는 데 성공했으며, 성소를 "정결케" 했다. 이스라엘이 이방 통치로부터 자유를 얻은 해방 가운데 이 결정적 사건은 오늘날에도 유대인들에 의해 매 12월에 하눅카(*Hanukkah*, "봉헌"의 축제)라는 이름으로 경축되고 있다. 요한복음 10:22은 정확히 이 절기 때 예수께서 성전에서 하신 가르침 하나를 소개한다.

비록 유다는 예루살렘 아크라(Acra) 요새로부터 시리아 군대를 완전히 제거하지는 않았지만, 일시적인 평화가 협상되었다. 유대인들에게 운 좋게도, 안티오커스 4세는 164년에 죽었으며, 그의 계승자 안티오커스 5세는 유대인들을 더 우호적으로 다룰 준비가 되어 있었다. 로마 역시 우정을 약속하는 편지를 보냈다(마카비 2서 11:34-38). 그러나 기회가 주어져 있을 때, 유다와 그의 형제들은 셀류시드의 존재가 142년 이스라엘로부터 완전히 제거될 때까지 시리아 군대와 계속해서 싸웠다. 이것은 대략 8년 간의 독립을 가져왔으며, 이러한 독립은 유대 민족주의의 황금기로 안내했다. 로마가 주전 63년 이 시대를 끝낸 후, 유대인들은 제2차 세계 대전 후 나라를 다시 세울 때까지 이스라엘에서 자유롭고 전적으로 스스로를 통할하는 백성으로 두 번 다시 살지 못했다.

그때까지 있었던 여러 사건들과 마찬가지로, 마카비의 폭동 역시 구약 시대에

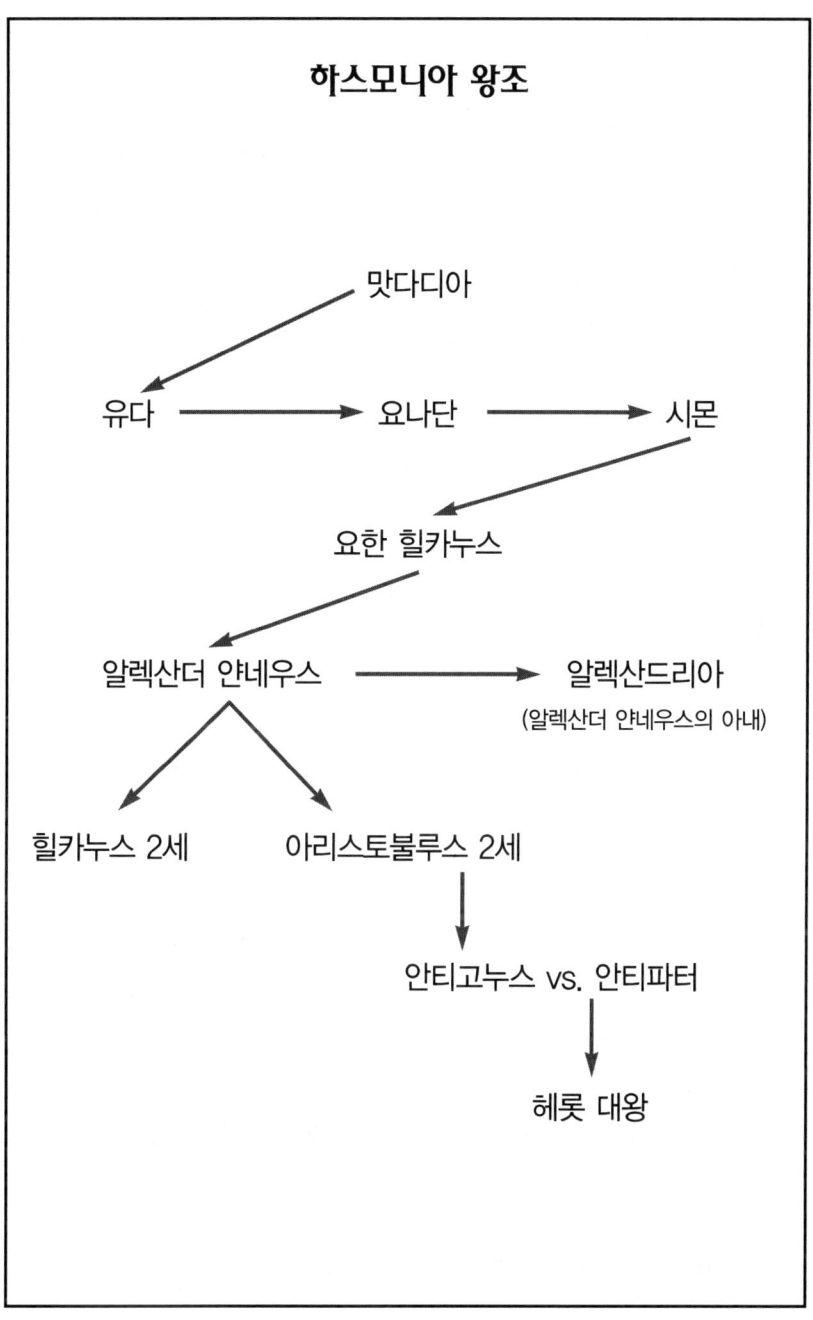

서 볼 수 없을 정도로 유대인-이방인의 증오를 심화시켰다. 이러한 적대감은 유대의 민족주의와 더불어, 신약 사건들을 이해하는 데 중요한 현상이다. 예를 들어, 바울이 예루살렘에 모인 무리에게 했던 사도행전 22:3-21의 연설을 생각해 보라. 바울은 그가 헬라인들을 성전 안으로 데리고 들어갔다는 거짓 소문 때문에 두들겨 맞아 거의 죽을 뻔 했으며, 그를 체포한 로마 병사들에 의해 유대의 폭도들로부터 겨우 구원 받았다(21:27-29). 그가 무리에게 아람어로 말했을 때, 그들은 잠잠해져 그의 변호를 들었다(21:40-22:2). 그들은 나사렛 예수에 관한 그의 주장과 그의 극적인 개종 이야기를 인내심을 가지고 들을 수 있었다. 그들이 참지 못한 것은 주의 명령에 대한 그의 설명이었다. "떠나가라. 내가 너를 멀리 이방인에게로 보내리라"(22:21). 이 말을 듣자마자 그들은 그들의 목소리를 높이고 소리를 질러댔다. "이러한 놈은 세상에서 없이 하자! 살려 둘 자가 아니라!"(22절).

유대의 독립 시대는 또한 회복된 왕권에 대한 오래 동안 잠복해 있던 소망을 다시 불러 일으켰다. 점차적으로, 유대교의 어떤 요소들은 이 소망을 메시아적 언어로 표현하였다. 로마 사람들이 훗날 이스라엘을 유린했을 때, 위경 솔로몬의 시편 저자는 이 소망을 정경 시편에서 나오는 단어들을 간접적으로 사용함으로써 표현하였다.

> 보소서, 오, 주여, 그들을 위해 그들의 왕, 다윗의 아들을 일으키소서.
> 오, 하나님, 당신은 정해진 시간에
> 그가 당신의 종, 이스라엘을 통치하도록 선택하셨나이다.
> 그리고 그에게 힘으로 띠 띠워, 그가 불의한 통치자들을 박살내게 하시고,
> 예루살렘을 짓밟아 멸망시킨 이방인들로부터 예루살렘을 정결케 하소서.
> 그로 하여금 유업으로부터 죄인들을 지혜롭고 의롭게 내쫓게 하시고,
> 죄인의 교만을 토기를 깨뜨림같이 박살내게 하시고,
> 그들의 모든 자원을 철장으로 산산조각 내게 하소서.
> 그가 그의 입의 검으로 무법한 이방인들을 멸망시키도록 하소서.
> (솔로몬의 시편 17:21-24)[16]

---

[16] 번역은 Ralph P. Martin, *New Testament Foundations*, 제1권 (Grand Rapids: Eerdmans, 1975), p. 110-11에서 나온 것이다. Martin은 또한 이 구절들이 들어가 있는 더 큰 기사에 관한 간략한 논평까지 제공한다.(109-14)

주후 1세기경에, 이 희망은 특정 집단에서는 병적 열광의 정도로까지 상승했으며, 다양한 혁명 운동을 야기하였다.

유다 마카베오는 주전 160년경에 죽었으며, 그의 동생들인 요나단(160-143)과 시몬(143-34)이 그를 계승했다. 시리아 사람들이 이스라엘의 일부 지역을 여전히 통제하고 있었지만, 그들은 요나단을 대제사장으로 임명하였다. 물론 모든 사람들은 그가 그 직책에 적법한 계승자가 아니라는 사실을 잘 알고 있었다. 이 조처는 일반적으로 비상 상황을 고려한 일시적인 미봉책으로 받아들여졌다. 요나단이 죽고 시몬이 군대 지도자 및 정치 지도자로서 그를 계승했을 때, 시리아 존재의 마지막 자취를 그 민족으로부터 제거하기를 원했던 "유대인들과 그들의 제사장들은 진정한 예언자가 나타날 때까지 시몬을 영구적인 지도자, 대제사장으로 삼을 것을 결의하였다"(마카비 1서 14:41). 이렇게 해서 결국 "제사장-왕"의 새로운 세습 체제가 생겨났으며, 이 체제는 **하스모니아** 왕조(맛타디아의 증조부의 이름을 딴 것)로 알려지게 되었다.

시몬이 죽은 후에, 유대의 통치권은 마침내 그 다음 세대, 시몬의 아들 요한 힐카누스(John Hyrcanus, 주전 134-104년)에게로 이양되었다. 원래 마카비 형제들이 품었던 이상은 조금씩조금씩 사라져갔다. 힐카누스는 자신의 통치권을 주로 영토의 확장 및 개종을 강요하는 데 할애하였는데, 이 개종은 그중에서도 특히 유대의 남방, 훗날 헤롯 대왕이 출현한 이두매 사람들에 대한 것이었다. 힐카누스는 또한 사마리아인들이 그들의 영토 안에 있는 그리심 산에 세웠던 성전을 파괴함으로써, 신약 시대까지 계속 이어지게 된 유대인들과 사마리아인들 사이에 증대된 적대감을 형성시켰다(요 4:9). 예배를 드리기 위한 이 대안의 장소는 요한복음 4:20에 기록된 바와 같이 우물가에 있던 사마리아 여인이 언급한 동일한 신학적 논쟁을 반영한다. 사마리아인들은 주전 722년 앗수르 침략 이후 이스라엘에 정착한 외국인들의 후손들이었으며, 유대인들은 그들과 종종 불법적으로 결혼을 하곤 했다. 신약에서, 그들은 자신들을 이스라엘의 하나님을 믿는 자들로 여기지만, 그들의 성경을 오경에만 제한했다. 이 오경은 그들 자신들의 방언으로 기록된 약간 다른 번역본으로 존재했다. 그들은 타헤브(Taheb, "회복자")로 불린 메시아를 대망했는데, 그 메시아는 아마 틀림없이 솔로몬의 시편에서 기대된 바와 같은 전사-왕이라기보다 교사의 측면을 더 가지

고 있었다.[17]

마카비 폭동을 종교적인 이유에서 지지한 하시딤은 원래적인 이상의 부패에 항의하며, 또 심지어 하스모니아 왕조까지 장려하기 시작한 성장하는 헬라화를 항의하기 위해 이제 다시 출현했다. 아마도 바리새인들은 이 그룹에서 발생한 것으로 보이며, 그들은 유대인들에게 그들의 율법에 신실하게 순종하라고 촉구했다. 힐카누스의 아들 아리스토불루스(Aristobulus)의 짧은 1년의 통치(주전 103년) 이후, 힐카누스의 둘째 아들 알렉산더 얀네우스(Alexander Jannaeus)가 기나긴 통치를 시작했으며(주전 103-76년), 그 기간 동안 그는 사실상 마카비의 이상을 말살해버렸다. 일찍이 그는 자신의 정책에 항의한 바리새인들 가운데 800명 이상을 십자가에 매달아 처형해버렸다. 이로써 친 헬라주의와 반 헬라주의 입장이 확고해졌으며, 이러한 양극화는 신약 시대에도 풀리지 않는 문제로 남아 있었다.

얀네우스는 자신의 아내, 알렉산드라(Alexandra)가 그를 계승하도록 결의했다. 그녀는 주전 76년부터 67년까지 통치했으며, 유대 율법을 훨씬 더 지지하는 입장을 취했고 인정을 받았다. 그녀가 죽자, 그녀의 아들들 힐카누스 2세와 아리스토불루스 2세 사이에 권력 투쟁이 뒤따랐다. 힐카누스 2세는 장남으로서 그의 어머니의 지지를 받았지만, 아리스토불루스 2세가 더 강하고 야망이 더 컸다. 둘은 모두 그 지역의 가장 강한 정치권력으로 부상해 있던 로마에 지원을 요청했다. 로마는 개입을 했고, 로마 장군 폼페이(Pompey)는 주전 63년에 예루살렘에 침입해, 성전의 지성소에 들어감으로써 성전을 더럽혔고, 유대 독립의 한 세기를 끝장내버렸다.

4. 로마 시대(주전 63년-전체 신약 시대까지)

로마는 적어도 주전 280년부터 계속해서, 의도적인 팽창 정책을 통해 천천히

---

17) 사마리아인들에 관한 더 많은 정보는, John Macdonald, *The Theology of the Samaritans* (Philadelphia: Westminster; London: SCM, 1964), 그리고 John Bowman, *The Samaritan Problem* (Pittsburgh: Pickwick, 1975)를 보라.

성장하고 있었다. 예를 들어, 주전 148년경, 마세돈(Macedon)은 로마 군대에 함락되었다. 그 이후 1세기 가까이 계속된 내전으로 인해 로마는 더 많은 영토를 보다 빨리 정복하지는 못했지만, 폼페이의 침입 무렵, 로마는 이미 이스라엘의 문을 두드리고 있었다. 이집트가 주전 30년에 멸망했으며, 로마 제국은 주후 2세기까지 계속해서 성장했다. 그리고 그 무렵 로마는 고대의 한 정치적 행정부를 통해 그때까지 있었던 통합 가운데 가장 큰 지리적 팽창을 이룩해냈다. 그리하여 로마의 영토는 이전의 페르시아와 헬라 제국 영토 뿐 아니라, 오늘날 영국, 프랑스, 스페인, 독일의 주요 지역들까지 확장되었다.

폼페이가 예루살렘에 들어왔을 때, 아리스토불루스 2세는 저항하기로 결의했지만 패배하고 말았다. 폼페이는 힐카누스 2세가 로마에 더 충성할 것으로 인식해서, 그를 대제사장으로 임명했다. 얀네우스가 유대 지역 행정 장관으로 세웠던 사람의 아들인 안티파터(Antipater)라는 이름의 한 이두매 사람은 그 동일한 이름으로 지역 정치 지도자로 세워졌다. 일반적으로, 로마는 지방이나 지역 수준의 "예속 왕"(client-kings)을 세웠다. 안티파터는 주전 63년부터 43년까지 통치하였다. 이 기간 동안 로마 황제는 줄리어스 시저(Julius Caesar)였다. 주전 47년 안티파터가 알렉산드리아에서 로마 제국 군대를 결정적으로 도운 일이 있었는데, 이 때문에, 줄리어스는 이스라엘의 세금을 감해 주고, 예루살렘 성벽을 재건하고 다른 성읍들을 요새화하도록 허락했으며, 예루살렘에 독특한 종교의 자유를 주었다. 이것은 **릴리기오 리시타**(religio licita, "합법적 종교"라는 의미의 라틴어)로서의 유대교의 기원이었으며, 이로 인해 훗날 유대교는 자신들 스스로를 신이라고 믿게 되었던 로마 황제들에게 희생 제사를 드려야 하는 의무로부터 면제를 받을 수 있었다.

주전 42년부터 40년까지, 또 다른 권력 투쟁이 뒤따랐는데, 이번에는 안티파터의 아들인 헤롯(Herod)과 아리스토불루스 2세의 아들이자 하스모니아 왕위에 오를 합법적인 상속인이었던 안티고누스(Antigonus) 사이에 벌어졌다. 40년부터 37년까지 안티고누스는 주도권을 잡았지만, 주전 37년경, 헤롯이 마침내 승리하였다. 그는 다음 33년 동안 이스라엘을 예속 왕의 자격으로 통치하였다. 대제사장직은 분리된 제도로 남아 있었고, 그 직위에 오르는 사람들은 로마의 지명을 받은 자들이었다. 예를 들어, 이 사실은 복음서가 왜 그리스도께서 안나스(Annas)와 그의 사위 가야바(Gaiaphas) 앞에서 심문을 받는 모습을 묘사하는지를 설명해 준다(요 18:13). 비록 유대의 율법에는 대제사장직이 평생직이었지만, 로마 통치 하의 정치적 운명은 안정성이 없었다. 안나스는 주후 6년에 대제사장으로 임명을 받아 15년에 폐위되었다. 가야바가 짧은 기간 재직한 세 사람 이후 곧 대제사장직에 올라 37년까지 그의 직분을 유지하였다.

헤롯은 본장에서 역사가들이 "대왕"(Great)이라는 칭호를 붙여준 인물로 개관된 두 번째 인물이다. 그는 주전 37년부터 4년까지 이스라엘을 통치했다.[18] 그의 통치는 막대한 건축 사업으로 특징지을 수 있는데, 그러한 사업을 위한 자금은 무거운 과세와 자신의 풍부한 개인 재산을 통해 조달되었다. 그 모든 사업 중에서도 가장 놀랄만한 사업은 예루살렘 성전이었다. 그는 예전의 성전 잔재가 완전히 없어진 후에 땅바닥에서부터 다시 세웠다. 비록 헤롯의 성전이 주후 70년 로마 군대에 의해 완전히 파괴되기는 했지만, 성전 경내 주변 서쪽에 서 있는 벽은 파괴되지 않았다. 그것은 "통곡의 벽"으로 알려지게 되었는데, 신실한 유대인들은 오늘날까지 그곳으로 가서 기도한다. 잔재가 여전히 눈에 보이는 다른 프로젝트들은 예루살렘 정 남쪽 헤로디온(Herodion)에 있는 요새들, 사해를 내려다보는 거대한 자연 암반 꼭대기 마사다(Masada)에 있는 요새들, 그리고 가이사랴 마리티마(Caesarea Maritima)에 있는 원형 극장(지금은 회복되었음)과 수로 등을 포함한다. 헤롯은 또한 사마리아 도성을 재건하여 그것을 세바스테(Sebaste, "아우구스투스"에 상응하는 헬라어)라고 이름 지었다.

헤롯의 통치가 시작되기 전에, 줄리어스 시저가 암살을 당했다(주전 44년). 시저와 원래부터 동맹 관계에 있던 사람들, 시저의 조카인 옥타비안(Octavian), 그리고 마크 안토니(Mark Antony)는 결국 권력을 쟁취하기 위해 경쟁하였다. 옥타비안이 주전 31년 악티움(Actium)에서 안토니를 물리침으로써, 안토니와 그의 아내 클레오파트라(Cleopatra)는 자살하고 말았다. 옥타비안은 아우구스투스(Augustus)라는 칭호를 가지고 새로운 황제로 등극하여 주후 14년까지 통치하였다. 헤롯은 원래 안토니의 철두철미한 지지자였으나, 그는 아우구스투스에게 자신이 그에게도 동일한 충성을 바칠 수 있다는 것을 확신시켰다. 대다수 역사가들은 헤롯의 성공의 비결이 로마와의 원만한 관계에 있었다고 한다. 사

---

18) 그리스도가 탄생하셨을 때 유대의 통치자였던 헤롯이 '그리스도 이전'(before christ) 4년에 죽었다는 변칙에 대해 설명한 것으로는, 본서의 제10장, '그리스도의 탄생'(p. 301) 부분을 보라.

실상, 그는 이스라엘 내에서 적극적인 헬라화 정책과 로마화 정책을 추구하였지만, 그의 선임자들보다는 더 미묘하게 했으며, 그러는 가운데서도 그는 유대교에 진실한 개종자로서 유대교에 순종하는 사람이라고 주장했다. 그는 비록 유대 대중에게 결코 지지를 받지 못했지만, 그의 후예의 왕조를 계속해서 지지한 아주 밀접한 추종자들을 상당히 가지고 있었다. 그들은 복음서에서 두 번 정도 나타나며, 단순히 헤롯당으로 알려져 있다(막 3:6; 12:13).

그러나 그의 생애 말년으로 갈수록, 헤롯은 잠재적인 쿠데타에 관하여 점점 과대망상의 증세를 보였으며, 그의 아들들 가운데 몇 명과 그의 가장 사랑하는 아내 마리암네(Mariamne)를 처형함으로써, 그가 두려워하는 것이 자신을 전복시키지 못하도록 아예 기선을 제압해버렸다. 어떤 점에서, 아우구스투스는 자신이 헤롯의 돼지(유대인들은 돼지를 죽이지 않음)가 될지언정 그의 아들(헤롯이 죽임)이 되지는 않겠다고 아이러니컬하게 말했다. 비록 그 표현이 라틴어로 기록되어 있긴 하지만, 아마 그것은 헬라어의 언어유희를 나타내는 것 같다. 왜냐하면 **후스**(헬, 돼지)와 **휘오스**(헬, 아들) 사이의 유사성 때문이다.[19] 따라서, 비록 헤롯이 베들레헴의 어린아이들을 대량으로 학살하라는 명령을 내린 마태복음 2:16의 이야기를 확인시켜 줄 만한 다른 독립적인 기록이 없지만, 위의 기록은 그가 왕으로 재직하던 말년 그가 보여준 성격과 행동에 전적으로 일치한다.[20]

헤롯은 죽어가면서 자신의 유언을 몇 번이나 바꾼 후에, 마침내 자신의 왕국을 생존한 아들들 가운데 셋인 아켈라우스(Archelaus), 안티파스(Antipas), 빌립(Philip)에게 유증하였다. 헤롯이 죽었을 때, 아켈라우스는 유대 지방 사람들에게 몇 가지 압제적인 조치를 취했는데, 이때문에 유대인들이 유언의 처리를 호소하기 위해 로마에 대사를 파견했다. 결국 세 아들 모두 소환에 응해, 아우구스투스는 유대(이두매를 포함한) 지방과 사마리아를 아켈라우스에게 주기로 결정하고, 안티파스는 갈릴리와 베뢰아를 받았으며, 빌립은 갈릴리 바다 북쪽과 동쪽의 나머지 지방을 받았다(눅 3:1 참조). 왕국을 받기 위해 먼 지방으로

---

19) Macrobius, *Saturnalia*, 2.4.11을 보라.
20) 세부적인 사항은, 특별히 Richard T. France, "Herod and the Children of Bethlehem," *NovT* 21 (1979), p. 98-120을 보라.

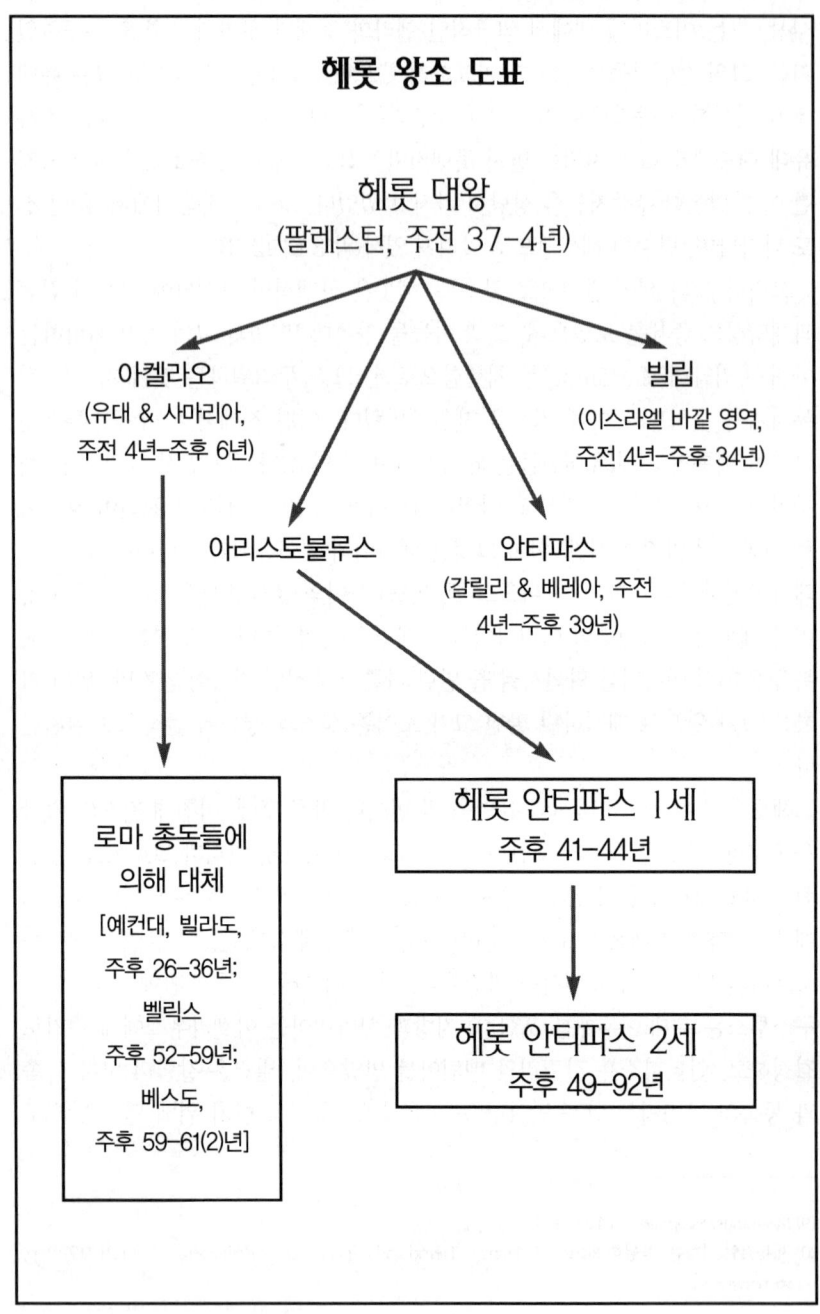

떠나면서 백성들의 사절단에 의해 반대를 당한 한 귀인에 대한 예수의 비유는 (눅 19:11-27) 아마 이 사건들을 반영하는 것 같다. 그러나 유대인들에 대한 아켈라우스의 잔인한 행동은 계속 되었으며, 그로 인해 유대 백성들은 로마에 항의를 해 그는 주후 6년에 추방되고 말았다. 마태복음 2:22-23은 아켈라오가 남부의 지도자로서 그의 부친을 대신해 즉위한 후에 예수의 가족이 유대 지방을 피해 갈릴리로 돌아간 것을 묘사하는데, 이는 조금도 이상할 일이 아니다.

안티파스의 갈릴리 통치는 훨씬 더 온화했으며, 그는 세포리스(Sepphoris)를 재건하고, 갈릴리 해안에 아우구스투스를 계승한 황제를 기념하여 디베랴라는 이름의 새로운 도성을 건축했다.[21] 세포리스는 20년대 초반 나사렛으로부터 약 5마일 정도 떨어진 곳에서 건축 붐을 경험했기 때문에, 학자들은 요셉과 예수가 그들의 목공 제품 얼마를 거기에 팔지 않았을까 생각한다. 그러나 복음서는 그 어느 도시도 전혀 언급하지 않는다. 아마 예수는 적어도 그의 사역 기간 동안만큼은 헬라화와 로마화의 이들 거점을 의도적으로 피해갔을 것이다.[22] 안디파스는 자신의 "사분 영지"(tetrarchy)를 주후 39년까지 보유했으며, 그때 그는 마침내 로마의 미움을 사서 추방되고 말았다. 안티파스는 복음서에 기록된 예수의 성년 생애 전체를 통해 몇 번 나타나는 헤롯이다(특히, 막 6:14-29; 눅 13:31-33; 23:6-12).

아켈라가 유대 지방에서 추방된 후에, 로마는 이스라엘 남쪽 절반에 총독들, 또는 제독들을 임명하기 시작했다. 로마 통치자들은 더 직접적인 연결고리 맺고 제국에 의한 통제를 확실하게 하기 위해 그들을 파견했다. 성경에 나타나는 것으로 인해 그 당시 가장 유명한 총독은 본디오 빌라도(Pontius Pilate, 주후 26-36년)였다. 빌라도는 그의 모든 선임자들보다 더 유대인들을 소외시키는 데 성공했다. 요세푸스는 빌라도의 총독권을 둘러싸고 발생한 주요 세 가지 사건을 기록한다(*Jewish Antiquities* 18.3.1-2; 18.4.1-2). 첫째, 예루살렘에 로마제국의 이미지가 새겨진 군대의 기장과 방패를 설치했는데, 이는 십계명 중 두 번째 계명을 위반한 것이었다. 둘째, 수로를 건설하기 위해 성전 보물 창

---

21) 전체 헤롯 가문에 대해 광범위하게 다룬 중요한 주요 작품은 Harold W. Hoehner, *Herod Antipas* (Cambridge: CUP, 1972)이다.
22) Richard A. Batey, *Jesus and the Forgotten City: New Light on Sepphoris and the Urban World of Jesus* (Grand Rapids: Baker, 1991)를 보다 더 참조하라.

고로부터 기금을 유용했다. 셋째, 사마리아인들의 폭동을 진압했다. 첫 번째 사건은 유대인들의 비폭력적 항의로 평화롭게 끝났다. 그러나 마지막 두 사건은 엄청난 피를 뿌렸다. 누가복음 13:1-2이 이 사건들 가운데 어떤 사건에도 정확하게 들어맞지는 않지만, 그것은 요세푸스가 묘사하는 빌라도의 모습과 일치한다.

복음서에 나타난 잔인하기보다는 유약한 모습의 빌라도는 요세푸스가 묘사한 것과 모순되지 않는다. 만약 그리스도의 십자가 처형이 주후 33년에 있었다면, 그 사건은 로마에서 집정관 세자누스(Sejanus)가 31년에 서거한 직후에 발생했을 것이다. 세자누스의 이전 행위들은 그를 반 셈족(anti-Semitic) 인물로 비공식적으로 낙인찍었다. 로마제국의 지지가 없어졌기 때문에, 빌라도는 전에 그랬던 것처럼 유대인들에 대해 더 이상 압제적인 태도를 견지할 수 없었을 것이다. 그러나 설령 십자가 처형이 주후 30년에 발생했다 할지라도(이 논쟁에 관해서는, 본서의 제10장, '그리스도의 십자가 처형' 부분(pp. 305-307)을 보라), 빌라도는 막대한 힘을 가진 위치에 있지 못했을 것이다. 아켈라오의 경우에서처럼, 유대인들을 너무나 많이 따돌린 것이 면직을 초래했을 수 있었다. 이와 동시에, 유대 총독은 그가 "가이사의 친구가 아니다"(요 19:12)는 비난을 상당히 심각하게 받아들여야 했다. 통제하기 힘들고 반역적인 유대를 통치하러 파견된 것은 절대로 위대한 로마인의 영예가 아니었으며, 어떤 의미에서 그러한 총독들은 대단한 "진퇴양난"에 처했을 것이다.

안티파스가 갈릴리에서 추방된 후에, 이스라엘 모든 사람들은 안티파스의 조카, 헤롯 아그립바 1세(Herod Agrippa I, 41-44) 아래서 임시적으로 다시 연합하였다. 유대교에 호의적이었던 아그립바는 티베리우스(Tiberius, 14-37) 황제를 계승한 칼리굴라(Caligula, 37-41) 황제의 친구이자 정치적 피지명자였다. 헤롯 아그립바 1세는 사도행전 12장에 나오는 헤롯으로서, 먼저 야고보 사도를 죽였고, 다음 베드로는 옥에 가뒀으며, 마지막으로 그의 신성모독으로 인해 (하나님께) 맞아 죽었다. 아그립바가 죽었을 때, 글라우디오(Claudius, 41-54) 황제는 유대와 사마리아를 총독들의 손에 다시 돌려주었다. 사도행전은 바울의 투옥과 관련하여 그 총독들 가운데 두 사람, 벨릭스(Felix, 52-59)와 베스도(Festus, 59-61, 또는 62)를 언급한다. 그러나 아그립바 2세는 결국 갈릴리에서 예속 왕(client-king)으로서 그의 부친을 계승해, 거의 반세기를 통치하였다

(49-92). 그러는 동안 그는 헤롯 대왕이 원래 소유하고 있었던 정도의 영토를 통제할 때까지 점차적으로 영토를 다시 획득하였다.

로마 황제 네로(Nero, 54-68)가 이탈리아에서 64년부터 68년까지 그리스도인들에 대해 짧지만 집중적인 박해를 가할 때까지, 이스라엘에 대한 로마 통치의 기간, 그리고 사실상 제국의 나머지 기간은 기독교 확장에 주로 긍정적 기간이었다. 일곱 가지 주요 요인들이 열거될 수 있다. 첫째, 헬라어는 계속해서 제국의 공통어(lingua franca)로 사용되었다. 정치적으로 연합된 영역은 언어적으로 연합된 사람들을 보존했다. 비록 라틴어를 군대와 무역에서 사용하는 사람들이 있기는 했지만, 이탈리아 밖에서 대중들에게 그 라틴어를 사용하라고 강요하는 경우는 없었다. 로마가 한 때 점거했던 영토에서 오늘날 사용되는 열두 개 언어 또는 그 이상의 언어를 비교해 볼 때, 우리는 공통어를 가지고 의사소통을 하는 혜택을 이해할 수 있다.

둘째, 팍스 로마나(Pax Romana, 로마의 평화)는 중동 역사에서 과거에 비교할 수 없는 장기간의 전쟁으로부터의 자유를 제국의 심장에 가져다주었다. 사실상, 로마는 북동쪽의 파르티아(Parthia)와 북쪽의 독일과 여러 작은 전투를 계속했지만, 이러한 전투들은 신약에 묘사된 땅에 살고 있던 대부분의 사람들의 일상생활에 직접적으로 영향을 미치지 않았다.

셋째, 첫 번째 두 요소의 직접적인 부산물은 고대 세계의 가장 발달한 운송수단과 의사소통 시스템이었다. 이러한 시스템은 아마 1500-1600년대 종교개혁 유럽의 시대까지 결코 다시 필적할 만한 것을 만나지 못했을 것이다. "로마 정부의 우편 서비스는 하루에 75km를 감당해낼 수 있었던 것으로 추정된다. 중계국을 사용하여 말을 타고 일한 우편배달부들은 하루에 약 100km를 갈 수 있었다. 병사들은 매일 30km를 행군할 수 있는 것으로 기대되었다."[23]

넷째, 특히 도시에서는 국가적 장벽을 초월하는 세계주의적 정신이 성장했다. 옛날의 부족적인 독특성들과 정체성은 깨졌으며, 사람들은 간격들을 메워주는 새로운 종교나 이데올로기를 기대하게 되었다. 복음은 사람들에게 이러한 풍조에서 절실한 필요들을 충족시켰을 것이다. 다섯째, 이와 밀접하게 관련된 것은, 문화적이고 정치적인 통합이 증가하고 있었기 때문에, 새로운 세계관의

---

23) Koester, Introduction, p. 314.

유포 및 대화를 가로막는 수많은 초문화적인 장벽들의 제거이다.

여섯째, 기독교가 단지 또 다른 유대교 종파로 간주되는 한, 합법적 종교 (religio licita)로서 보호를 받았다. 약 62년(네로 박해 이전)경까지 완전히 마무리된 사도행전 사건 전체를 통해, 로마의 통치자들은 일관되게 그리스도인들, 특히 바울을 구해 주었다. 단지 60년대의 10여 년 동안 모든 사람들에게 기독교는 그 유대적 뿌리를 크게 초월하고 있었으며, 주요 세계 종교가 되고 있었다는 사실이 분명해졌는데, 그 점에서 기독교는 예전에 즐겼던 법적인 지위를 더 이상 누릴 수 없었다.

마지막으로, 로마는 아마도 고대에서 가장 계몽되고 진보된 재판 절차를 수행했을 것이다. 물론 로마에는 품행이 흐트러진 폭군들과 독재자들이 있었던 것이 확실하지만, 법의 정당한 절차는 정의를 가져왔고, 적어도 시민들에게는 법이 다른 고대 제국들에서보다 더 시종일관하게 공정하게 적용되었다. 물론 예수는 로마의 시민이 아니었지만, 바울은 시민이었으며, 우리는 그가 그의 시민권의 법적 혜택을 받는다는 것을 여러 차례 읽을 수 있다(특히, 행 16:35-39; 22:23-29; 25:10-11).[24] 많은 기독교 역사가들이 갈 4:4("때가 차매, 하나님이 그 아들을 보내사")을 신학적으로 적용할 뿐 아니라 역사적으로도 적용한다는 것은 조금도 놀랄 만한 일이 아니다.

신구약 중간기에 대한 이 개관은 이미 그리스도의 생애, 그리고 심지어 사도행전의 사건들의 시기를 넘어갔다. 그러나 로마 지배하에 있었던 이스라엘의 주요 사건들을 계속해서 간략하게 개괄적으로 진술할 필요가 있다. 그 이유는 첫째, 이 기간의 논리적 종착점이 적어도 2세기 초기까지는 오지 않기 때문이며, 둘째, 복음서 및 신약 나머지의 저작이 십중팔구 적어도 1세기 말까지는 끝나지 않았기 때문이다.

유대에서 벨릭스와 베스도의 통치가 끝나고, 이스라엘을 폭동의 폭풍전야로 몰아갔던 두 명의 압제적이고 무자비한 총독들이 임명되었는데, 그들은 알비누스(Albinus, 62-64)와 게시우스 플로루스(Gessius Florus, 64-66)이다. 북쪽

---

24) Harry W. Tajra, *The Trial of St. Paul* (Tübingen: Mohr, 1989), 그리고 Brian Rapske, *The Book of Acts and Paul in Roman Custody* (Grand Rapids: Eerdmans; Carlisle: Paternoster, 1995)의 중요한 연구를 보다 더 참조하라.

의 갈릴리는 비교적 번영하고 있었지만, 과세가 꾸준히 증가하였다. 많은 농부들은 부재지주(absentee landlords)들에게 그들의 땅을 상실했다. 부재지주들은 방대한 토지와 재산을 소유하고 있었으며, 마치 오늘날 불법이민 노동자들에게 하는 것처럼 최소한의 임금으로 비정규적 일에 노동자들을 고용하여 일을 시켰다. 증가하는 빚은 저당권을 찾는 권리 상실을 초래했으며, 극단적인 경우에는, 채권자의 감옥에 들어가는 구류형이 내려지기도 했다.

합법적 종교(rekigio licita)로서의 유대교의 보호에도 불구하고, 유대인들과 로마인들 사이에 모든 것이 순조롭게 진행되지는 않았다. 41년에, 칼리굴라는 예루살렘 성전 안에 자신의 동상을 세우려 했다. 만약 칼리굴라가 갑자기 죽었다는 소식이 이스라엘에 도착하지 않았더라면, 맹렬한 항의는 거의 확실히 끔찍한 대량 학살을 초래했을 것이다. 40년대 말, 글라우디오 체제 하에서, 제국은 유대에서 가장 극심했던 것으로 보이는 기근을 경험했다(행 11:27-30; 고후 8-9장 참조). 글라우디오는 로마에서 모든 유대인들을 쫓아냈는데(이들 중 많은 사람들이 그가 죽은 54년 이후에 돌아왔다), 이는 로마 역사가 수에토니우스(Suetonius)에 따르면, 크레스투스(Chrestus)라고 불린 사람의 선동을 받아 일어난 빈번한 "소동" 때문이었다(Suet., *Claudius*, 25.4). 대부분의 학자들은 이것이 그리스투스(*Christus*, "그리스도"를 의미하는 라틴어)를 잘못 혼동한 것이라고 믿으며, 그리스도인 유대인들과 비 그리스도인 유대인들 사이의 충돌이 폭동을 부추겼다고 믿는다. 그 후 64년에, 로마의 대화재가 발생한 후, 네로 황제는 그 화재로 인한 대참상의 책임을 물을 희생양을 찾았다. 그러나 소문에 따르면 그 대화재를 일으킨 자는 네로 자신이었다. 그 결과로 일어난 것은 이제 그 자체로서 역사적 유대 공동체 자체로부터 별개로 간주되는 그리스도인들(유대인이든 이방인이든)에 대한 첫 번째 박해였다.

한편, 유대에서는 유대인들과 로마인들 사이에 긴장이 조성되고 있었다. 61년에, 가이샤라의 헬라 거주민들은 그 지역의 유대인 회당을 부분적으로 가로막아 차단하는 건물 하나를 세웠으며, 네로는 유대인들의 항의에 응수해 그들의 지위를 그 도시의 이방 거주민들의 지위와 동일한 법적 지위로 강등시켜버렸다. 66년경 수많은 거리에서 싸움이 끊이지 않았다. 게시우스 플로루스는 정치적 목적으로 성전 금고를 수색하라는 명을 내렸다. 따라서 군사적, 종교적, 사회 경제적 요소들이 복합적으로 작용해, 주후 70년까지 지속된 유대와 로마의 전쟁이 발발했던 것이다. 만약 68년의 네로의 죽음 및 황제 계승의 불확실성만 없었더라면, 네로의 장군 베스파시안(Vespasian)은 반역을 훨씬 더 빨리 진압했을 것이다. 갈바(Galba), 비텔리우스(Vitellius), 오토(Otho)의 짧은 황제 재직 기간 후, 베스파시안은 69년에 결국 스스로 황제가 되었으며, 이스라엘 침략과 예루살렘 탈환을 마무리하는 책무를 그의 사령관 디도(Titus)에게 맡겼다. 디도는 성전을 파괴하고, 예루살렘의 곳곳을 불태웠으며, 수많은 전쟁 포로들을 로마로 끌고 왔다. 70년은 유대인들과 그리스도인들의 역사에서 결정적 전환점이 되었다. 유대인들은 이스라엘에서 (오늘날까지) 확실한 정치적 힘이나 경제적 힘을 두 번 다시 획득하지 못했다. 그리고 만약 누군가가 유대인들과 그리스도인들을 아직까지 혼동하고 있었다 할찌라도 그리스도인들이 유대인폭동에 참여하기를 거부한 것은 이 시점으로부터 두 종교를 엄연하게 분리시켜 놓았다. 73년이나 74년까지 열심당의 전초부대에서 산발적인 전투가 계속되었으며, 그때 로마는 바위로 된 요새를 습격하기 위해 거대한 동쪽 경사로를 건설해 마사다(Masada)를 포위했다. 그 결과 마사다를 방어하고 있던 960명의 유대인들(남자, 여자, 어린이들)은 로마 군사들에게 항복하지 않고 대량으로 자살하고 말았다. 적어도 이것이 그당시의 침략사를 상세하게 기록한 요세푸스의 "유대전쟁사"에서 그가 전하는 내용이다.

예루살렘에는 부상자들이 엄청나게 많았으며, 그들 가운데 수많은 사람들이 국외로 강제 이송되었다. 칼슨(D. A. Carson)은 "만행, 학살, 질병, 굶주림(어머니들은 자기 자식들을 잡아먹었다) 등은 소름끼칠 정도였으며, 나치(Nazi)의 죽음의 수용소에서 600만명(그들 중 대부분은 유대인들)이 죽고, 스탈린(Stalin) 치하에서 2천만 명이 죽는 등 이 때 죽은 자의 숫자가 예루살렘 멸망 때 죽은 숫자보다 더 많았지만, 예루살렘이 멸망할 때 그토록 철저하고도 고통스럽게 죽고 포로가 된 인구가 매우 큰 도시 인구 가운데 차지하는 비율로 보았을 때, 그렇게 높은 비율은 예루살렘의 경우보다 없을 것이다"라고 주장한다.[25] 이는 마태복음 24: 21에 기록되어 있는 예수의 약간 지나치게 과장된 언어를 부분적으로 설명해 줄 수 있을 것이다. "그때에 큰 환난이 있겠음이라.

---

25) D. A. Carson, "Matthew" 이 논문은 프랭크 개벌라인(Frank E. Gaebelein)이 편집한, *Expositor's Bible Commentary*, 제8권 (Grand Rapids: Zondervan, 1984), p. 501에 있다.

창세로부터 지금까지 이런 환난이 없었고 후에도 없으리라"(그러나 또한 본서의 아래 제16장, '성전은 언제 파멸될 것인가? 부분(p. 513)을 보라). 성전세는 이제 로마가 직접적으로 거두어들였으며, 로마 군대는 예루살렘에 사령부를 두었다.

전쟁이 한창 진행되고 있을 때, 전쟁에 참가하지 않은 한 랍비 요하난 벤 작카이(Johanan ben Zakkai)는 얌니야(야브네)라는 해안 도시에 랍비 학교를 설립하겠다는 요청을 해서 허가를 받았다. 전쟁 이후에도, 하나의 종교로서의 유대교는 주로 이 아카데미가 제공한 연구와 리더십 덕분에 생존할 수 있었다. 얌니야는 아마 1세기 말 성경(즉 구약)의 정경 논의와 그리스도인들로부터 점점 증가된 분리로 가장 잘 알려져 있을 것이다. 80년대 또는 90년대 경에, 제국의 여러 곳에 있던 회당 예전은 정규적으로 암송한 것들에 열여덟 번째 "축도"를 추가하였다. 그러나 이 "축복"은 분명히 유대 기독교인들이 포함된 모든 이교도들에 대한 저주를 완곡하게 표현한 것이었다.[26] 산헤드린(본서 제2장, '일반적 특징들' 8번(p. 81)을 보라)은 유대 종교 문제들을 다루는 율법의 새로운 법정인 베트 딘(beth din, "심판의 집")으로 대체되었다. **랍비적** 유대교가 하나의 운동으로 시작되었으며, 70년대 이전의 다양한 분파들의 시대 또는 기독교의 탄생 시기에는 존재하지 않았던 믿음과 실천의 일치를 위한 씨앗이 뿌려졌다.

132-135년에 팔레스틴에서 시므온(Simeon)이라는 사람의 지휘 하에서 마지막 유대인 폭동이 일어났다. 그는 랍비 아키바(Akiba)에 의해 바르 코흐바(bar Kokhba, "별의 아들")라는 칭호를 받고 메시아로 선포되었다. 이 폭동 역시 결국에는 진압되었다. 역사가들은 두 가지 칙령이 이 반역의 원인인지 결과인지에 대해 의견이 일치하지 않는다. 그 두 가지 칙령 중 하나는 할례 금지령이며, 다른 하나는 예루살렘을 아에올리아 캐피톨리나(Aeolia Capitolina)라고 부르는 이방 예배의 전당으로 만드는 계획이었다. 경제적 상태 역시 하드리안

---

[26] 히브리어 표현은 비르카트 하 미님(birdath ha-minim)("이교들에게 축복〈즉, 저주〉")이었다. 그것을 번역해서 읽으면, "나사렛 사람들과 이교노블은 순식간에 멸망하게 하소서, 그들은 생명책에서 지워지고, 의인과 함께 기록되지 말게 하소서"가 된다. 근대의 학문은 이것을 종종 1세기 말경 기독교에 대한 유대교의 결정적 배척으로 보았지만, 보다 더 최근의 연구들은 이러한 사건들이 보다 더 산발적으로 발생했다는 데 점차적으로 동의한다. 이 연구들의 개관에 대해서는, Pieter W. van der Horst, "The Birkath Ha-minim in Recent Research," *ExpT* 105 (1994), p. 363-68을 보라.

(Hadrian, 117-38) 황제 치하에서 또 다시 악화되었다. 어쨌든, 유대인들은 예루살렘에서 쫓겨났으며, 일 년에 하루 통곡의 벽에서 그들의 운명을 애도할 수 있는 때를 제외하고는 예루살렘에 들어가는 것을 금지 당했으며, 만약 그 규정을 어길 경우 죽음을 면치 못했다. 비록 유대 기독교인들이 사라진 이유는 복잡하고 본서의 개관을 초월하지만, 이 시점으로부터 그들은 점차적으로 역사의 전면에서 사라졌다.[27]

5. 심층연구를 위한 자료

1) 초급

Cate, Robert L. *A History of the Bible Lands in the Interbiblical Period*. Nashville: Broadman, 1989.

Niswonger, Richard L. *New Testament History*. Grand Rapids: Zondervan, 1988.

Pfeiffer, Charles F. *Between the Testaments*. Grand Rapids: Baker, 1963.

Roetzel, Calvin J. *The World That Shaped the New Testament*. Atlanta: John Knox, 1985.

Rogers, Cleon L., Jr. *The Topical Josephus*. Grand Rapids: Zondervan, 1992.

2) 중급

Bruce, F. F. *New Testament History*. London: Nelson, 1969; Garden City: Doubleday, 1971.

Jagersma, Henk. *A History of Israel from Alexander the Great to Bar Kochba*. London: SCM, 1985; Philadelphia: Fortress, 1986.

---

27) 더 훗날의 분석에 대해서는, 예컨대, Ray A. Priyz, *Nazarene Jewish Christianity* (Jerusalem: Magnes; Leiden: Brill, 1988)를 보라.

Russell, D. S. *Between the Testaments*. Philadelphia: Fortress, 1965.
Scott, J. Julius, Jr., *Customs and Controversies: Intertestamental Jewish Backgrounds of the New Testament*. Grand Rapids: Baker, 1995.
Surburg, Raymond F. *Introduction to the Intertestamental Period*. St. Louis: Concordia, 1975.

3) 고급

Grabbe, Lester L. *Judaism from Cyrus to Hadrian*. 제2권, Minneapolis: Fortress, 1992.
Hengel, Martin. *Judaism and Hellenism*. 제2권, London: SCM; Philadelphia: Fortress, 1974.
Horsley, Richard A. *Galilee: History, Politics, People*. Valley Forge: TPI, 1995.
Koester, Helmut. *Introduction to the New Testament*. 제1권, Berlin and New York: de Gruyter, 개정판, 1995.
Smallwood, E. Mary. *The Jews under Roman Rule*. Leiden: Brill, 1981.

4) 참고문헌

Noll, Stephen F. *The Intertestamental Period: A Study Guide*. Madison, Wis.: InterVarsity Christian Fellowship, 1985. (이 책은 또한 본서 제2장과 3장에서 다루는 역사적 배경 자료도 포괄함)

6. 복습을 위한 질문들

1) 우리가 신구약 중간기를 재구성하기 위해 사용할 수 있는 역사적 자료들은 무엇인가? 그것들은 얼마나 믿을 만한가?
2) 왜 이 기간은 신약을 이해하는 데 중요한가? 이 역사의 특수한 부분에 독특한 발전

뿐 아니라 전체적인 경향까지 숙고해 보라.
3) 이 기간이 나뉠 수 있는 주요 시간대는 어떤 것들인가? 각 섹션의 처음과 끝을 표시하는 중요한 날짜들과 사건들은 무엇인가?
4) 이스라엘의 여러 사건에 영향을 미친 중요한 역사적 인물들은 누구인가? 외국의 통치자들과 국내의 유대인 인물들 모두를 생각해 보라. 각 인물들은 얼마나 중요한가? 보다 주변적인 인물들로부터 가장 중요한 인물을 구분해 보라.
5) 본 장(그리고 본서 전체를 통해)에서 외국어나 전문용어들(특히 이탤릭체로 되어 있는 것들)을 정의할 수 있도록 하라.

제2장

종교적 배경 – 헬라적, 그리고 유대적 종교

　기독교가 탄생한 세계는 매우 풍성한 종교들을 포함하고 있었다. 우리는 이미 유대인들로 하여금 여러 불법적인 그리스-로마 관례들에 굴복하게 한 유혹들을 보았다. 그러나 헬라 세계에 널리 퍼져 있었던 아찔할 정도로 다양한 신앙들과 제사들을 묘사하게 될 때, 우리는 단지 지금까지는 단지 수박 겉핥기만 했을 뿐이라는 것을 알 것이다. 유대교 역시 다양했다. 주후 70년 예루살렘 멸망 후보다 그 이전이 훨씬 더 그러했다. 흥미롭게도, 1세기의 거의 모든 종교들이 오늘날 그 짝을 가지고 있다. 오직 이름이 바뀌었을 뿐이다. 주의 깊은 독자들은 그 이름들이 진행될 때 그러한 병행관계를 찾고자 할 것이다. 각각의 종교는 그 상섬과 악점을 가지고 있으며, 또한 기독교와 비교해 볼 때 다양한 유사성과 차이점을 가지고 있다.

1. 헬라적 종교

　예수 그리스도 시대의 그리스-로마 세계는 상당히 많은 종교적 흐름을 타고 있었다. 1세기는 "양심의 위기"의 때로 보였다. 옛 세계관들과 이데올로기들은 점차적으로 유행에 뒤떨어지게 되었다. 새로운 종교들이 넘쳐났다. 사람들은 그들의 전통적인 집과 땅을 떠나 새롭게 정착하면서 상충하는 진리 주장들을 만났다. 믿음과 행위들의 혼합과 결합은 유대교나 기독교 같은 협소하고 배타적인 종교를 관용하지 못하는 다원주의(pluralism)를 만들어냈다. 우리는 여기에서 단지 가장 두드러진 운동들의 윤곽만을 대략적으로 묘사할 수 있을 뿐

이다.[1]

1) 전통적 신화

주전 4세기와 3세기에 헬라 신들의 고전적 만신전(pantheon)은 그 인기가 극치에 이르렀다. 그 만신전에는 제우스와 헤라(올림푸스 산 위의 "왕"과 "여왕"), 헤르메스(소식을 전하는 신), 아폴로(태양의 신), 포세이돈(바다의 신), 아프로디테와 아르테미스(사랑과 다산의 여신들), 그리고 이보다 훨씬 더 많은 신들이 있었다. 로마는 그리스를 정복한 후에, 그리스의 대다수 신들을 받아들여, 라틴어 이름을 부여했다. 즉 쥬피터와 쥬노(제우스와 헤라의 라틴어), 머큐리(헤르메스에 해당), 넵튠(포세이돈에 해당), 그리고 기타 등등.[2] 이 신들의 기원과 그것들을 둘러싸고 있는 신화적인 모험담들은 논란거리이다. 아마 그것들은 원래 자연의 물체들과 힘들이 신격화되고 숭배되었던 원시적인 애니미즘(물활론)이나 강신술의 부산물이었을 것이다. 후에 신들은 별개의 존재들로 보여, 매우 의인화된(인간 같은) 범주로 묘사되고, 그리스 산들의 가장 높은 꼭대기에 살고 있는 것으로 인식되었다. 그 신들은 의심할 여지없이 사람들이 천체들의 규칙적이고 불규칙적인 행태 및 자연의 힘들을 설명하기 위해 필요로 한 과학적 이해에 대한 원시적 대체물이었다. 사람들은 농작물에 필요한 비를 얻기 위해, 항해를 안전하게 하기 위해, 또는 큰 가문을 이루기 위해, 어떤 신에게 기도해야 하는지를 알아야만 했다.

그러나 기독교 시대가 될 무렵, 전통적인 신화에 대한 믿음은 심각하게 퇴보하고 있었다. 과학적 이해가 발전함에 따라, 예컨대, 사람들은 태양이 인격을 가진 신이 아니라 하늘에 떠 있는 불타는 구면체라는 사실을 깨닫게 되었다. 그 신들의 지리적인 한계 역시 그것들의 지탱하는 힘을 방해했다. 로마가 헬라 신

---

1) 고대 그리스-로마(Greco-Roman)의 종교와 철학 저작들의 연구를 위한 고대 자료들 가운데 두 가지 탁월한 명작은 라이스(David G. Rice)와 스탐바우(John E. Stambaugh)의 *Sources for the Study of Greek Religion* (Missoula, Mont.: Scholars, 1980), 그리고 키(Howard C. Kee)의 *The New Testament in Context: Sources and Documents* (Englewood Cliffs, N.J.: Prentice-Hall, 1984)이다.
2) 그리스와 로마 만신전의 가장 중요한 신들과 여신들을 비교한 목록에 대해서는, Everett Ferguson, *Backgrounds of Early Christianity* (Grand Rapids: Eerdmans, 개정판, 1993), p. 143을 보라.

들의 땅을 유린할 수 있었다는 사실은 그것들의 무기력성을 입증했다. 사실상, 알렉산더(Alexander) 황제부터 아우구스투스(Augustus) 황제에 이르기까지, 여러 황제들은 그들의 정복 활동 가운데서 신들의 업적을 능가했다. 도시화, 인구 이동, 문화의 혼합, 로마 세계 전체에서 벌어진 안정적이고 지역적인 전통들의 격변 등은 모두 옛 신들과 여신들의 호소력의 상실을 초래했다. 확실히, 아우구스투스는 로마에 매우 많은 신전들을 세우고 예배를 위해 그 신전들을 사용하라고 격려함으로써 전통적인 신화의 르네상스를 시도한 것은 사실이지만, 이것은 주로 정치적인 동기를 가진 것이었다. 안정된 전통들은 안정되고 통합된 제국으로 이끌었으며, 몇몇의 경우를 통해 아우구스투스는 그의 제국이야말로 신들이 전통적으로 나타냈던 힘이나 자질을 주입한 정신(라틴어로, *genius*)이었다고 암시했다.

1세기 그리스 사람들과 로마 사람들 대다수는 아마 여전히 옛 신화에 입에 발린 말을 했을 것이다. 예를 들어, 가족들은 각 가정 안에 있는 보호의 성스러운 중심인 난로나 벽난로(그리스의 여신 헤스티아의 이름을 사용함)에 음식과 술을 쏟았다. 그럼에도 불구하고, 신화들이 여전히 상당한 영향력을 발휘하는 영역은 단지 세 개의 두드러진 영역밖에 없었다. 첫째, 신화들은 특히 시골이나 외딴 지역에 고집스럽게 남아 있었다. 에컨대, 바울과 바나바는 사도행전 14:12에 보면, 루스드라에서 제우스와 헤르메스로 오해를 받았다. 이는 1세기 아테네나 로마에서 일어났을 것이라고 생각할 수 없는 미신적 현상이었다. 둘째, 신들은 특히 그들의 꿈속에서, 그리고 치유의 전당과 예언의 신탁을 통해, 사람들에게 자문을 받고 그들에게 나타났다고 믿어졌다. 아스클레피우스(그리스 신화에서 아폴로의 아들로서 의술의 신-역주) 전당은 일종의 건강관리 클럽에 있는 의약, 휴양, 종교 등의 복합적 요소들을 가지고 있었다. 그리스 델피의 신탁은 정치적 이벤트나 종교적 이벤트의 계획을 위한 지침을 얻으려고 하는 수천 명의 순례자들의 자문을 받았다. 반면 시빌(고대 그리스의 무당을 지칭-역주)의 신탁에 있던 사제들과 여사제들은 특히 세상 종말을 둘러싼 미래 사건들을 예언할 능력이 있다고 주장하였다. 셋째, 계절적이고 연례적인 축제들과 성전 의식들이 지속되었으며, 이는 지역 상인들이나 성전 관리자들에게 엄청난 사회 경제적 이익을 가져다주었다. 신약의 현저한 두 가지 예는 에베소의 아르테미스 숭배(행 19:23-28)와 고린도의 아프로디테 신전에서 행해진 "신성한 매춘"

을 포함한다.[3]

2) 철학

오늘날 우리는 철학을 종교와 분리된 것으로 생각하지만, 고대에는 전혀 그렇지 않았다. 모든 주요 철학들은 믿음 뿐 아니라 올바른 행위에 관한 세계관을 분명히 말하였다. 신약 시대에 유행했던 그리스-로마 사상의 주요 요소들 대부분은 어느 정도 주전 4-5세기의 철학자들인 소크라테스와 플라톤에 덕을 보았지만, 그들이 설립한 실제 학파들은 더 이상 확산되지 않았다. 그러나 플라톤주의는 물질과 정신 사이의 만연한 이원론(*dualism*)을 이후의 제국들에게 유산으로 남겼다. 플라톤의 유명한 동굴의 우화를 따라, 물질세계는 단지 이데아라는 보이지 않는 정신세계의 그림자로 보였을 뿐이다. 참된 실재는 비물질적인 실재이다. 따라서 구원은 지고의 선이나 최고의 정신을 아는 지식을 통해, 실제적이지 않는 물질세계를 탈피해 실제적인 정신세계로 가는 것이었다. 죄는 무지였다. 구원은 육체의 부활이 아닌, 육체에서 이탈한 영혼의 불멸이었다. 플루타르크(Plutarch, "중기 플라톤주의자")는 주후 1세기 말엽에 플라톤 사상에 대한 흥미를 재각성시키려고 노력했지만, 대체적으로 실패하였다. 소크라테스의 사상은 소피스트(궤변론자들)로 알려진 운동의 웅변 훈련에 대한 강조 가운데 어느 정도 보존되어 있었을 것이다. 물론 때때로 궤변론은 불행히도 실질적 내용을 넘어서는 표현법을 소중해 여기긴 했지만 말이다. 아마도 바울은 고린도 성도들에게 보낸 그의 두 서신에서 어떤 궤변론 철학의 형태와 싸웠을 것이지만, 이것은 다른 철학들보다 아직 완전히 성장하지 못한 종교적 세계관이었다.[4]

그러나 다른 그룹들은 더 많이 숙고할 필요가 있다. 대체적으로, 다양한 철학에 전적으로 자신의 생애를 바쳐 헌신한 사람들은 드물었다. 왜냐하면 온 마음을 다해 철학을 연구하기 위해서는 대개 순회적 생활방식이나 행상적 생

---

[3] 고린도에서 있었던 이 관례와 다른 그리스-로마의 종교적 영향력 및, 고린도전서 6-7장을 해석하는 것과 관련된 그 영향력의 상관성에 관한 더 많은 정보에 대해서는, Craig L. Blomberg, *1 Corinthians* (Grand Rapids: Zondervan, 1994), p. 18-27 및 그 장소를 보라.
[4] 세부적 내용에 대해서는, 궤변론자들에 관한 브루스 윈터(Bruce Winter)의 근간 책 신약 사회 연구 논문 시리즈 (Cambridge: CUP)를 보라.

활방식을 해야 했기 때문이다. 오직 소수의 엘리트들만이, 또는 정상적인 직업을 버리고 먹고 살기 위해 구걸할 준비가 되어 있는 사람들만이 이러한 생활을 할 수 있었다. 그러나 주요 철학들의 사상들은 그 영향력에서 훨씬 더 광범위했다.

(1) 스토아주의(Stocism)

스토아 철학의 주창자는 제노(Zeno)였다. 그는 주전 3세기 초 철학자로서 아테네에 와서 야외 현관(헬라어로, stoa)에서 학생들을 가르쳤다. 그는 본질적으로 물질주의자로서, 다만 그가 모든 물질 속에 이성, 또는 로고스(logos)라고 부른 "세계영혼"(world-soul)이 주입되어 있다고 본 것을 제외하고는, 존재하는 모든 것이 물질이라고 믿었다. 스토아주의는 그러므로 또한 "범신론"(만물이 신이라는 이론)이거나, 적어도 "만유 내재신론"(신이 만물의 일부라는 이론)이었다. 인생을 만족스럽게 사는 비결은 인간이 통제할 수 있는 것과 통제할 수 없는 것을 깨닫는 것이었다. 굽힐 수 없는 자연 법칙이나 도덕 법칙이 존재하는 곳에서, 사람은 단순히 그것을 수용하고, 그것에 최대한 자신을 적합하게 하고, 우주와 더불어 조화를 이루어야만 한다. 제노는 눈에 보이는 모든 외적인 악 속에 더 큰 선이 들어 있다고 믿었다. 가능하다면 사람의 목적은 모든 극단적인 감정이나 걱정을 피하고, 모든 상황 가운데서 자기 통제, 침착함, 마음의 안정을 추구하는 것이었다. 이것은 이성과 합리성에 집중함으로써 달성될 수 있었다. 마음의 힘이 개발됨에 따라, 사람은 죽음을 준비할 수 있고 온 우주를 채우고 있는 정신(the Mind)과 일체가 되는 것에 준비될 수 있었다.

1세기 초 가장 유명한 스토아 철학자는 세네카(Seneca)였다. 그는 소년 네로의 가정교사였고, 그가 장성한 황제가 된 후 통치 초기에는 그의 참모였다. 1세기 말 가장 유명한 스토아 철학자는 에픽테투스(Epictetus)였다. 그는 행복이 오직 야망을 의식적으로 제한함으로써만 달성될 수 있다고 가르쳤다. 사람은 내적 덕성들을 개발하는 데 집중하고, 자신을 외적인 소유의 축적으로부터 멀어지게 해야만 한다. 바울은 사도행전 17:18에 의하면, 아테네에서 스토아 철학자들을 만나, 하나님께서 내재하신다(immanent)는 사실(27절 참조, "그는 우리 각 사람에게서 멀리 떠나 계시지 아니하도다")을 강조하면서, 심지어 아테네의 시인들 가운데 몇 사람(에피메니데스와 아라투스, 28절)을 인용하기까지 한다. 그러나 그는 스토아주의에 반대하여, 하나님의 임재를 하나님의 초월과 균형을 맞춘다. 즉 하나님은 그의 창조 세계로부터 멀리 초월해 계신다(24-26절). 베드로후서 3:10에 기록되어 있는 우주의 대화재와 그 재창조에 대한 묘사는 몇몇 주석가들에게 우주의 주기적인 파멸과 재탄생에 대한 스토아 철학의 믿음을 상기시켰지만, 이 견해는 1세기 스토아주의에 의해 이미 버림을 받았던 것 같다.

(2) 에피쿠로스주의(Epicureanism)

에피쿠로스(Epicurus) 역시 제노가 스토아주의를 설립하고 있던 무렵, 아테네에서 가르치고 제노의 라이벌 철학 학교를 설립했다. 기독교의 관점에서 볼 때, 만약 스토아주의의 "신"(god)이 너무 내재적이라면, 에피쿠로스주의의 신들(gods)은 너무 초월적(transcendent)이었다. 에피쿠로스 역시 물질주의자였지만, 그는 모든 우주가 눈에 보이지 않는 아주 작은 입자들로 구성되었다고 보았다(이는 분자 과학을 미리 내다보는 견해임). 그는 전통적 신들의 존재를 부인하지는 않았지만, 그들을 세계와 유사한 물질로 보았으며, 그래서 세계에 전혀 영향을 미치지 못하는 것으로서 신들을 세계의 관심사로부터 제거해버렸다. 따라서 신들은 불가지(unknowable)의 존재이며, 죽음은 한 개인의 의식적 존재를 종결시킨다.

그러므로 이 삶의 비결은 쾌락을 최대화하고 고통을 최소화하는 것이었다. 이 철학은 유명한 슬로건을 만들어 냈다. 즉 "먹고, 마시고, 즐겨라. 우리가 내일 죽을 것이기 때문이다." 그러나 에피쿠로스는 결코 쾌락주의를 조장하지 않았고, 다소 병약하고 수줍어하는 사람으로서, 육체적 정욕의 직접적 또는 분방한 방종이 아닌 장기간의 마음의 평화 및 행복을 추구했다. 에피쿠로스주의자들은 우정을 개발하고 문화적 활동을 즐기는 데 우선권을 두었다. 그러나 그들의 철학은 더 장기간의 쾌락을 위해 육체적 정욕을 추구하는 것을 연기할 준비가 되지 않은 사람들에게 남용과 무절제의 문을 활짝 열어 두었다. 바울은 아테네에서 스토아 철학자들과 함께 있던 에피쿠로스 철학자들을 만났으며(행 17:18), 하나님이 그의 창조 세계로부터 멀리 떨어져 계시다는 점에서 스토아 철학자들의 주장과 반대하여 그들과 의견을 같이 했다. 그러나 그는 하나님이 또한 인간사와 밀접하게 관련되어 계시며, 언젠가는 온 세상을 심판하실 것이

라는 사실을 명확하게 말했다(24-31절).[5]

(3) 견유주의(Cynicism)

안티스테네스(Antisthenes, 주전 4세기 초)가 아마 견유주의 사상을 구체적으로 나타낸 첫 번째 철학자였을 것이지만, 운동 그 자체의 이름은 그의 동료들 가운데 한 사람인 시노페의 디오게네스(Diogenes of Sinope)에게서 나왔다. 디오게네스는 저속하고 난잡한 생활방식 때문에 그의 비방자들에 의해 "개"(헬라어로는, 퀴온[kuon], 여기에서 "견유주의자"라는 용어가 발생)라고 불렸다. 그는 욕설을 하고, 더러운 옷을 입고, 공중 앞에서 성행위나 배변의 행위를 함으로써, 고의로 사회적 관례를 위반한 것으로 잘 알려져 있다. 하나의 운동으로서의 견유주의는 일반적으로 그렇게 극단적이지는 않았다. 그것은 "최상의 덕"이 "안락과 풍요와 위신을 추구하는 일반 사람들의 삶에 반대하여 단순하고 인습에 얽매이지 않는 삶"이라는 철학으로 발전했다.[6] 후대의 한 견유주의자 저자는 그의 신조를 다음과 같이 요약했다. "당신의 영혼을 보살펴라. 그러나 당신의 육체는 필요성이 요구되는 정도로만 보살펴라"(Pseudo-Crates, *Epistle* 3). 견유주의자들은 주로 부유를 반대하고 생존하기 위해 구걸에 의존했으며, 그들의 여행 소유물을 겉옷과 가방과 지팡이로만 제한했다. 그들의 이러한 생활방식의 측면과 예수의 가르침, 특히 마가복음 6:7-13과 누가복음 10:1-8에 나타나는 열두 사도와 칠십 제자들에게 하신 그의 명령 사이의 유사성으로 인해, 몇몇 학자들은 예수와 견유주의자가 닮았다고 주장하게 되었지만, 차이점이 유사점보다 더 많다.[7]

(4) 회의주의(Skepticism)

엘리스의 퓌로(Pyrrho of Ellis, 대략 주전 360-270년)에 의해 토대가 마련된 회의주의는 절대 진리가 알려질 수 있다는 전통적 주장, 즉 "교의주의"

---

5) 베드로후서 전체를 통해 싸움의 대상이 되는 거짓 교사들은 사실상 에피큐로스 철학자들이었다는 개연성 있는 주장이 제기되었다. Jerome H. Neyrey, *2 Peter, Jude* (New York & London: Doubleday, 1993)을 보라.
6) Robert H. Gundry, *A Survey of the New Testament* (Grand Rapids: Zondervan, 개정판, 1994), p. 61.
7) 유사성에 대해서는, F. G. Downing, *Christ and the Cynics* (Sheffield: JSOT, 1988)를 보라. 더 정확한 비교를 위해서는, Gregory A. Boyd, *Cynic, Sage or Son of God?* (Wheaton: Victor, 1995)을 보라.

(dogmatism)에 도전했다. 특정한 상황에서는 어떤 절대적 주장들도 부정할 수 있는 그럴듯한 사례가 만들어졌다. 도덕성은 단지 기존 사회가 수용하는 규범에 따라 사는 것이었다. 회의주의자들은 하나님을 절대적으로 부인하지는 않았다. 왜냐하면 그것은 자신들의 신념 체계와 일관되지 않았을 것이기 때문이다. 그러나 그들은 고대 세계의 불가지론자들(agnostics)이었다. 그 결과 그들의 생활방식은 어떠한 대의를 지지하는 데에도 두드러질 만큼 무관심하고 냉담한 태도로 나타났다. 그들의 생활방식은 단지 판단의 중지, 평화와 온유의 연습, 소동으로부터의 자유 등을 추구했다.

(5) 신 피타고라스주의(Neo-Pythagoreanism)

1세기는 주전 6세기의 수학자이자 철학자였던 피타고라스(Pythagoras)의 가르침에 대한 관심이 새롭게 다시 살아나는 때였다. 따라서 신 피타고라스주의자들은 그들의 삶을 수학적 조사, 신비주의, 수비학(숫자의 오묘한 의미를 다루는 지식 분과-역주), 채식주의, 그리고 환생에 대한 믿음에 헌신한 공동생활 그룹을 형성하였다. 그들은 조화, 대립의 해결, 자신들 내부에 있는 신성의 발견 등을 강조하였다. 1세기 말엽 유명한 피타고라스주의자인 튀아나의 아폴로니우스(Apollonius of Tyana)는 기적을 일으키는 사람으로서 상당한 명성을 얻었다. 훗날 필로스트라투스(Philostratus, 3세기 초)가 그의 생애에 대해 쓴 전기에 나타난 그의 기적들에 대한 기사 가운데 어떤 것들은 예수에 관한 복음서의 이야기와 놀라울 정도로 유사하다. 이로 인해 학자들은 하나의 전통이 어떤 방식으로 다른 전통에 영향을 미칠 수 있는지에 대해 질문하게 한다.[8]

3) 신비 종교들

쇠퇴하기 시작한 신화와 주로 소수 엘리트들만 이용했던 철학과 더불어, 점차적으로 수많은 사람들에게 종교적 공허감을 메워준 1세기 헬레니즘적 생활의 주요 부분은 소위 신비 종교들을 포함하였다. 이것은 종종 주로 서로 관련이 없

---

8) 세부적 내용에 대해서는, B. F. Harris, "Apollonius of Tyana: Fact and Fiction," *JRH* 5 (1969), p. 189-99를 보라.

는 매우 다양한 비밀 조직들이나 종교들을 나타내는 용어이다. 그러나 몇 가지 공통적 특징을 관찰할 수 있다. 그 종교들은 입문자들에게 그 종교가 숭배한 신이나 여신들과의 교제를 하도록 이끌었다. 그것들은 종종 신들과 연합을 이루는 가운데 의식적이고 영원한 삶을 산다는 것을 약속하였는데, 이러한 약속은 많은 다른 종교적 단체들이 하지 않는 약속이었다. 그것들은 매우 많은 생활 영역에서 개인의 운명을 엄격하게 결정한 매우 계층화 된 사회 가운데서 평등을 제공하였다. 비록 낮에는 원로원 의원이 노예를 다스렸을지라도, 밤에는 숲 속에서 서로 영적인 평등자의 자격으로서 함께 예배를 드릴 수 있었다. 또한 그 종교들은 외관상 수많은 임의적인 공포로 에워싸여 있는 세상 속에서 사람의 인생여정을 변화시키기 위한 소망을 붙들었다. 왜냐하면 그 종교들이 섬기는 신들은 한 지역에 국한된 것이 아니라, 전 세계를 개척했기 때문이었다.

신비 종교 가운데 몇몇 종교들은 고대 부족의 의식들, 심지어 다산의 의식들로부터 발생했다. 어떤 종교들은 그리스 토착 종교들이며, 어떤 종교들은 외국, 특히 페르시아와 이집트로부터 수입한 것들이었다. 몇몇 종교들은 주기적으로 공개적인 구경거리를 보여주었는데, 그때 그 종교들이 섬기는 신들의 신화가 연극으로 재현되었다. 게다가, 모든 종교들은 이미 다양한 입문 의식을 거친 회원들과 함께 보다 더 정규적이고 사적인 모임을 가졌다. 성스러운 식사, 참여를 위한 상세한 규정들, 강력한 내부적 리더십 등은 대부분의 신비 종교들의 특징이었다. 전형적인 모임은 회원들을 위한 정결 의식, 신비적 가르침, 성스러운 물건들에 대한 명상, 신화의 공연, 그리고 새로운 입문자들의 머리에 관을 씌워 주는 것 등을 포함하였다.[9]

의식적 행사들은 평온한 분위기에서부터 기괴한 분위기까지 매우 극적으로 행해졌다. 전자의 범주는 데메테르(Demeter)의 종교(곡물의 신)에서 밀 한 줄기나 곡물 한 낱알을 먹으면서 하는 명상, 이시스(Isis) 종교(나일강의 여신)에 참여하는 일부로서 치르는 고요한 강에서의 목욕, 또는 미드라스주의(Mithraism)에서 빵과 물로만 하는 식사와 교제 등을 포함하였다. 후자의 범주에는 퀴벨레(Cybele) 종교의 "피 세례"가 있었다. 이 의식에서 대제사장은 격자무늬로 된 나무 구조물 아래 구덩이에 서 있었고, 그 위에서 황소가 도살되어, 그 피가 아래로 흘러 내려 대제

---

9) John B. Noss, *Man's Religions* (New York & London: Macmillan, 개정판, 1980), p. 49.

사장의 얼굴과 옷을 적셨다.[10] 보다 계급이 낮은 제사장들은 아타르가티스(Atargatis)에게 봉헌하여 스스로를 거세했다. 또, 디오니시스(Dionysis, 술의 신) 숭배와 관련된 술에 만취해 행했던 방탕한 의식은 잘 알려져 있었고, 다른 많은 종교 행사들보다 비밀이나 신비의 분위기가 덜하였다!

신약 후기 시대에는, 미드라스주의(원래 페르시아에서 기원)는 로마의 솔 인빅투스(Sol Invictus, 정복되지 않는 태양) 숭배와 혼합되었으며, 솔(Sol, 태양) 축제는 매년 12월 25일에 거행되었다. 그리스도인들은 미드라스주의에 맞서기 위해 대신 예수의 탄생을 축하하며 예배드림으로써 이 "휴일"의 이점을 이용하였다. 로마 제국이 공식적으로 기독교 국가가 된 후(4세기), 이 날은 오늘날 우리가 크리스마스로 알고 있는 법적 공휴일로 바뀌었다. 매년마다 되풀이 되는 자연 신들의 죽음과 재탄생의 경축은 그리스도의 죽음과 부활에 관한 기독교의 가르침과 병행되기도 하고 대조되기도 한다.

몇몇 역사가들은 신비 종교들을 헬레니즘 시대에 있었던 종교들 가운데 가장 독특한 종교 형태로 불렀다. 그 종교들에 매력을 느꼈을 많은 사람들은 또한 기독교가 호소력이 있다는 것도 발견했을 것이다. 따라서 학자들은 다른 종교들 사이의 관계, 특히 세례와 성찬식 등 그 종교들의 다양한 형태와 관련하여 계속해서 논쟁한다.[11]

4) 마술

마술의 관례는 신비 종교들과 중첩되지만, 다양한 형태의 신앙과 제사의 복합 속에서 발견되었다. 종교 현상학자들이 사용하는 용어인 마술은 주문, 진언, 신조, 또는 다양한 의식적 기교를 수단으로 하여 하나님이나 신들을 조종하여 자신이 원하는 것을 행하도록 하는 시도와 관련된 것이다. 마술은 운명과 행운의 여신들의 변덕스런 행위에 대한 대안을 제공하였다. 마술을 통하지 않고서는 그 신들은 너무나 전능해 보였기 때문이다. 종종 사람들은 누군가가 자신에

---

10) 이 의식의 생생한 묘사에 대해서는, Joseph B. Tyson, *The New Testament and Early Christianity* (New York & Macmillan, 개정판, 1984), p. 119에서 인용된 후기 기독교 작가 프루덴티우스(Prudentius)를 보라.
11) 보다 더 상세한 내용에 대해서는, Ferguson, *Backgrounds*, p. 235-82를 보라.

게 사랑에 빠지기를 원했으며, 또는 병의 치료를 받거나 수확을 위한 좋은 날씨를 원했다. 그러한 진언과 주문들이 기록되어 있는 수많은 "마술 파피루스"는 신약 시대 이후 수 세기 동안 존속해 왔다.[12] 그것들 가운데 많은 것들이 의미 없는 음절이나 신들의 이름의 긴 목록을 포함하고 있으며, 때때로 사람들은 하나님과 예수를 나타내는 유대교나 기독교의 이름을 그들의 목록 속에 합쳐 섞어 놓기도 했다. 예를 들어, 헬라 마술 파피루스(*Greek Magical Papyri*) 12.270-307은 다음과 같은 주문을 포함하고 있다.

> 모든 권능을 초월하는 가장 위대한 신이시여, 저는 당신께 간청하나이다, 이오 사바오트 아도나이 에일로에인 세보에인 탈람 차우나온… 아브라함, 이삭, 야곱, 차타디크 제우페인 네피고르… 저는 당신께 간청했나이다. 가장 위대한 신이시여, 당신을 통해 만물이 발생했나이다. 이 우상에게 신적이고 가장 큰 힘을 주셔서, 그것이 모든 (대적들)에 대해 위력을 발휘하고 강력한 힘을 발휘하게 하소서. 그것이 영혼들을 불러내고, 영들을 움직이고, 법적인 대적들을 예속시키고, 우정을 강하게 하고, 온갖 이익을 생기게 하고, 꿈을 꾸게 하고, 예언을 말하게 하고, 심리적인 격정과 육체적인 고난과 무기력하게 하는 질병을 일으키게 하고, 모든 색정적인 약들을 완전케 하소서.

그 주문들의 가장 불길한 형태들의 경우, 고대의 마술사들은 마법사들과 유사했지만, 마술은 사람들에게 저주를 내리는 주문을 포함해 오늘날 우리가 사교(occult)라 부르는 것과 유사했다. 사도행전 19:19은 복음이 전파된 결과로 1세기 에베소에서 많은 마술 두루마리들을 가득 쌓아 두고 다 불태워버린 사건을 묘사한다.

5) 영지주의

대략 기독교의 탄생과 그 시기가 일치하는 또 다른 유력한 종교는 영지주의

---

12) 영어로 된 표준 모음집은 베츠(Hans Dieter Betz) 편, *The Greek Magical Papyri in Translation* (Chicago and London: University of Chicago Press, 1986)이다.

(Gnosticism)였다.[13] 물질과 영의 플라톤적 이원론에 기초를 둔 영지주의는 물질세계가 본질적으로 악하고, 오직 영의 세계만이 잠정적으로 선하다고 주장했다. 이는 두 가지 윤리적 체계 가운데 하나를 초래했다. 육체는 어차피 다시 상환할 수 없다고 믿었기 때문에, 어떤 자들은 육신적 정욕에 빠지는 **쾌락주의**(hedonism)에 빠졌다. 보다 더 일반적으로, 영지주의자들은 **금욕주의**(asceticism)를 실행했으며, 육체가 본질적으로 부패했다고 믿었기 때문에 정상적인 육신적 만족을 부인하려고 했다. 두 가지 접근법 모두 고린도에서 나타났던 것으로 보인다(고전 6, 7장 참조).

따라서 영지주의자들에게 구원이란 모든 사람 내부에 거하고 있는 신적인 불꽃을 인식하고 해방시킴으로써 영혼이 육체의 속박을 벗어나도록 시도하는 것이다. 이 구원은 영지(gnosis, "지식"을 의미하는 헬라어)를 통해 가능했는데, 이 영지란 지적인 본성으로 알 수 있는 지식이 아니라, 오직 영지주의 분파의 회원들에게만 알려진 비밀스런 계시에 의해서만 알 수 있는 지식이었다. 관련 지식은 보통 자신의 신적 기원, 자신의 현재 구원의 상태, 미래의 구속 가능성에 대한 이해를 포함했다. 그럴 때 사람은 이생에서 이미 부활에 이르렀다는 말을 들을 수 있었으며, 그 사람에게 남은 것은 단지 죽어서 물질세계로부터 완전히 해방되는 것뿐이었다. 데살로니가후서 2:2은 바울이 싸워야 했던 그러한 주장을 반영하는 것 같다.

영지주의자들은 그들의 신학을 분명하게 나타내기 위해, 정교한 신화를 만들어냈다. 각 분파마다 나름대로 독특한 이야기들을 가지고 있었지만, 일반적으로 공통된 특징을 나타내는 종합적 이야기는 다음과 같다. 즉 우주의 원래 신은 멀리 떨어져 있고 대체적으로 알려져 있지 않다. 그는 하늘과 땅을 직접 창조하지 않았다. 오히려 자신으로부터 여러 개의 에온(aeons)이라는 것들이 나왔다. 이 에온들은 보통 추상적인 덕이나 실재(예컨대, 사랑, 빛, 진리, 정의)로 묘사되는 비인격적인 유출(또는, 발산)이다. 이러한 에온들은 함께 신격이나 신성의 "충만함"(헬, 플레로마)을 구성했는데, 바울은 골로새서 2:9에서 이와 같은 동

---

13) 우리가 영지주의 일반에 관하여 알 수 있는 것을 탁월하고 균형 잡히게 요약해 놓은 것에 대해서는, Robert McL. Wilson, *Gnosis and the New Testament* (Oxford: Blackwell; Philadelphia: Fortress, 1968)를 보라. 최근 조사를 통해 업데이트 된 작품에 대해서는, Pheme Perkins, *Gnosticism and the New Testament* (Minneapolis: Fortress, 1993)를 보라.

일한 표현을 그리스도에게 적용했다. 이 에온들 가운데 하나가 물질세계를 창조함으로써 신의 계획에 반기를 들었다. 이로써 물질은 본질상 악하게 된 것이다. 따라서 또 다른 에온이 세계를 구속하기 위해 파송되었다. 이 에온은 보통 소피아(Sophia, "지혜"를 의미하는 헬라어)라 불리는데, 때때로 이것은 구원자라기보다 범죄자로 보인다. 구속의 궁극적 목표는 만물을 그것들이 원래 가지고 있던 완전한 상태로 회복시키는 것이다.

신비 종교들과 마찬가지로, 영지주의 역시 제도화된 종교들보다 더 "카리스마적"이고 "평등주의적"인 경향이 있었다. 영지주의자들은 육체의 속박으로부터 스스로를 해방시키는 과정의 일부로, 때때로 자웅동화, 즉 인간 존재의 가장 이상적 형태로서 남성과 여성 사이의 구분을 불분명하게 하는 것을 장려했다. 이 모든 것은 여자로서의 신적인 소피아의 인격화와 더불어, 현대의 많은 페미니스트 학자들로 하여금 고대 영지주의를 커다란 흥미를 가지고 연구할 수 있도록 이끌었으며, 심지어 때때로 그것을 장려하도록 이끌기도 하였다.[14]

영지주의에 관한 정보는 세계 제2차 대전 직후 이집트에서 "나그 함마디 문헌들"(Nag Hammadi Library)의 발견으로 훨씬 더 풍부해졌다. 나그 함마디 문헌들은 일반적으로 주후 2세기 중엽부터 5세기 중엽까지 영지주의 문서 60권 이상을 포함하고 있는 모음집으로서, 그것들 대부분이 콥틱어로 기록되어 있다. 일부는 이전에 오직 몇몇 헬라어 파편들에만 보존되어 있던 완전한 작품들이고, 일부는 초대교회 교부들에 의해 언급된 것들이며, 많은 것들이 현대 학자들에게 생소한 것들이다. 그 작품들은 여러 제자들이 기록했다고 말해지는 "복음서들"을 포함한다. 이 제자들에는 마리아도 포함되는데, 마리아의 복음서는 영지주의 사상을 분명하게 말하는 부활하신 예수(그를 따르는 자들의 서로 다른 그룹들에게 사사로이 나타났다고 추정되는)의 강화(discourse)보다 약간 더 긴 강화를 기록하고 있다. 다른 문서들은 서신, 논설, 또는 묵시서와 같다.[15] 이러한 작품들에서 영지주의 구속자는 일관되게 예수와 동일시되지만, 신약 사

---

14) 널리 알려진 개관에 대해서는, Elaine Pagels, *The Gnostic Gospels* (New York: Random House, 1979)를 보라. 그럼에도 불구하고, 균형 잡힌 시각으로 볼 때, 영지주의 문학 가운데서 여성을 높이기보다는 열등한 성으로 낮추는 텍스트들이 더 많다.
15) 표준 영어 번역과 판본은 James M. Robinson 편, *The Nag Hammadi Library in English* (Leider: Brill, 개정판, 1988)이다.

상과 닮은 점은 거의 보이지 않는다.

의심할 여지없이 신약 연구를 위한, 그리고 특별히 복음서 연구를 위한 가장 중요한 발견은 콥틱어로 된 『도마 복음서』(Coptic Gospel of Thomas)였다. 사도 도마가 기록했다고 거짓으로 주장되는 이 문서는 예수께서 하신 말씀들로 추정되는 114 구절을 포함하고 있는데, 대체적으로 어떤 구절도 다른 구절과 서로 연결되지 않는다. 대략 말씀들의 삼분의 일 가량이 사상면에서 분명히 영지주의 사상이며, 삼분의 일에서 이분의 일 정도는 정경적 복음서와 상당히 밀접하게 병행을 이루고 있으며, 나머지는 확연히 비정통적인 것은 아니지만 영지주의 관점으로 해석한 것들이다. 비록 이 말씀들 가운데 어떤 것도 2세기 중엽 이전에 기록되었다는 분명한 증거가 없지만, 또한 그 말씀들의 대부분이 병행되는 정경 내의 말씀을 수정하거나 왜곡한 것으로 보이지만, 어떤 학자들은 도마가 정경적 복음서들보다 더 오래된 예수의 가르침에 대한 독자적인 증언을 일관되게 반영했을 것이라고 추측했다.[16] 비록 이전에 알려지지 않은 독립된 말씀들이 그리스도의 진정한 가르침을 반영한다는 것이 불가능하지는 않지만, 더 주의 깊게 분석해 보면, 이러한 주장이 거의 개연성이 없다는 것을 알 수 있을 것이다(또한 본서의 제18장, '신약성경 이후의 기독교 저술가들' 부분(p. 588)을 보라).[17]

사실상, 연대와 순서에 관한 더 큰 문제는 영지주의의 기원 그 자체를 둘러싸고 있다. 비록 한 세대나 두 세대 이전에는 기독교가 예수에 대한 견해를 영지주의의 "구속자 신화"에서 빌려왔다고 주장하는 것이 널리 유행했지만, 이제는 그러한 신화가 기독교 사상보다 더 후에 생겨났고, 그것보다 더 빨리 존재한 보

---

16) 예컨대, Stevan L. Davies, *The Gospel of Thomas and Christian Wisdom* (New York: Seabury, 1983)을 보라. 이 관점은 네 개의 정경 복음서와 도마 복음에 있는 예수의 말씀들의 진정성을 평가하는 유명한 예수 세미나(Jesus Seminar) 접근법에 심히 큰 영향을 미쳤다. Robert W. Funk, Roy W. Hoover, the Jesus Seminar, *The Five Gospels: The Search for the Authentic Words of Jesus* (New York: Macmillan, 1993)를 보라.

17) 역사적 예수를 연구하는 배경 자료로서 도마 복음을 사용하는 것이 일반적으로 적법하지 않다는 주장에 관해서는, John P. Meier, *A Marginal Jew: Rethinking the Historical Jesus*, 제1권 (New York & London: Doubleday, 1991), p. 123-39를 보라. 도마와 영지주의의 관계에 대하여 균형 잡힌 평가를 알기 위해서는, Robert M. Grant N. Freedman, *The Secret Sayings of Jesus* (London: SPCK, 1958; New York: Doubleday, 1960)를 보라. 보다 더 일반적으로 예수 세미나에 대한 복음주의 진영의 반응을 알기 위해서는, Michael J. Wilkins & J. P. Moreland 편, *Jesus under Fire* (Grand Rapids: Zondervan, 1995)를 보라.

다 더 정통적인 신학으로부터 유래했을 것이라고 널리 인식되고 있다.[18] 반면, 영지주의의 비기독교 형태와 심지어 유대적 형태는 신약의 저작보다 더 앞서 기록되었거나 적어도 동시대에 기록되었던 것으로 보인다. 분명히 바울이 자신의 여러 서신서들에서 싸우는 이단들 가운데 몇은 더 늦게 보다 더 완전히 발전된 영지주의 사상과 유사하다. 그러므로 대다수 학자들은 1세기 전체를 통해 발전한 다양한 영지주의로 보이는 사상들을 언급하기 위해 "원시 영지주의"(proto-Gnosticism), 또는 "초기 영지주의"(incipient Gnosticism)와 같은 용어를 사용한다. 그들은 본래적인 "영지주의"를 바실리데스(Basilides)와 발렌티누스(Valentinus)와 같은 2세기 교사들 및 아마 1세기 말엽의 에베소 교사인 케린투스(Cerinthus)의 학파를 지칭하는데 사용한다. 케린투스의 거짓된 가르침들은 요한일서가 기록되는 데 촉진제가 되었을 것이다.[19]

6) 황제 숭배

그리스도 시대의 새로운 세계 통치자들이 전통적인 신들보다 더 위대해 보였기 때문에, 그들이 결국 신격화된 것은 그리 놀랄 일이 아니다. 1세기 중엽, 대다수 헬라인들과 로마인들은 황제 숭배에 대해 사탕발림의 말을 했지만, 그러한 믿음을 너무 진지하게 받아들이는 것에 익숙하지 않았던 제국의 서쪽지역 출신들은 이것을 애국심의 행위나 황제들의 위대한 권능(그리고 때때로, 덕)에 대한 인정 정도로밖에 생각하지 않았다. 그와 같은 관행의 선례는 또한 고대 그리스나 로마의 전사들(예컨대, 헤라클레스)이나 치유자들(예컨대, 아스클레피우스)을 신격화한 것에서 발견될 수 있다. 수 세기 동안 황제들이 신격화되었던 제국의 동쪽지역에서는, 황제 숭배가 아마 어느 정도 더 진지하게 받아들여졌을 것이다.

신격화된 첫 번째 황제는 율리우스 카이사르(Julius Caesar)였다. 그는 주전

---

18) 특별히, Edwin Yamauchi, *Pre-Christian Gnosticism: A Survey of the Proposed Evidences* (Grand Rapids: Baker, 개정판, 1983)를 보라.
19) 주요 영지주의 분파들과 교사들과 그들의 문학에 대한 훌륭한 개관은 Jack Finegan, *Myth and Mystery: An Introduction to the Pagan Religions of the Biblical World* (Grand Rapids: Baker, 1989), p. 217-58에 나타난다.

27년 죽은 후에, 아우구스투스(Augustus)에 의해 신으로 높임을 받았다. 이것은 물론 아우구스투스를 "신의 아들"로 합법화시켰다. 그러나 아우구스투스는 보통 동방으로부터 그의 생애 동안 그를 신으로 숭배하려는 여러 시도들을 일반적으로 거부하였다(비록 본장 '전통적 신화' 부분(p. 56)에 있는 그의 "정신"(genius)에 관한 우리의 논평을 상기하더라도). 그러나 그가 세워 놓은 선례는 티베리우스(Tiberius)에 의해 계속되었다. 그는 아우구스투스가 주후 14년에 죽었을 때 그를 신으로 선언했다. 가이우스 칼리굴라(Gaius Caligula, 37-41)는 자신의 생애 동안 자신을 신격화시키려 한 첫 번째 황제였으며, 점차적으로 기괴해진 그의 행위로 인해 어떤 사람들은 그가 미쳤다고 생각하였다. 로마 원로원은 그가 죽었을 때 그를 신격화한 것을 부인하였다. 네로(Nero, 54-68) 이전까지, 그리고 오직 그의 통치 후반기까지, 황제는 자신에 대한 숭배를 강요하지 않았으며, 단지 로마 내부와 주변에서 그리스도인들을 산발적이며 대체적으로 박해하는 데에만 황제숭배를 요구했다(64-68). 90년대 중반에 도미티안(Domitian)은 마침내 보다 더 광범위한 차원에서 그 관행을 확립하려고 노력했지만, 그러한 관행은 오래 가지 못했다. 황제를 "주와 신"(라틴어, *Dominus et Deus*)으로 부르고 그에게 희생 제사의 분향을 조금이라도 올려드리는 것에 대한 그리스도인들의 반대는 보통 로마 사람들에게 어느 정도 강인한 인상을 주었을 것이다. 이것은 오늘날 여호와의 증인들이 국기에 대한 충성 맹세를 거부하는 것이 보통 미국 사람들에게 강인한 인상을 주는 것과 유사한 이치이다. 그러나 그리스도인들은 하나님 한 분에게만 합당한 신적인 영예를 희생 제사 가운데서 황제에게 신성모독적으로 올려드리는 것을 보았으며, 따라서 대체적으로 그들은 그런 제사에 참가하는 것을 거부했던 것이다. 물론 유대인들은 여전히 합법적 종교(*religio licita*)의 보호 아래 있는 사람들이었기 때문에 그 희생 제사에서 면제되었다.

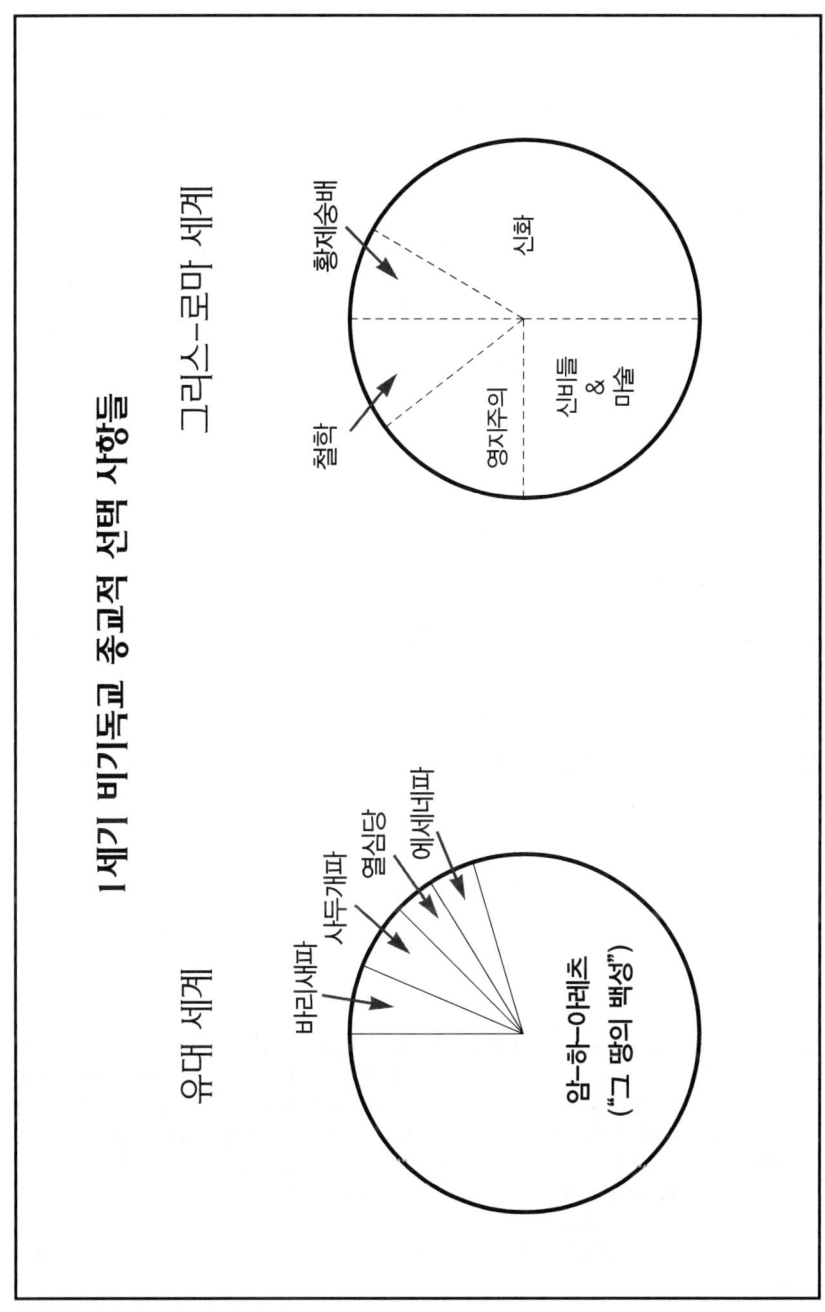

2. 유대교

고대 유대 사상에 대한 연구는 헬라주의적인 종교의 연구보다 더 쉽기도 하고 어렵기도 하다. 그것이 더 쉬운 이유는 대부분의 경우 우리가 훨씬 더 중요한 자료를 이용할 수 있기 때문이다. 그러나 동일한 이유로, 그것이 더 어려운 이유는 정통 유대교의 여러 분파들에서 성장하지 않은 모든 사람들이 그것을 정복하기가 사실상 불가능하기 때문이다. 여전히 유대인 초등학생들은 엄청나게 방대한 그들의 고대 문헌을 공부해야 할 정도이다. 그리고 각각의 경우에, 우리는 유대교의 다양한 역사적 맥락과 신학적 성향을 통해 랍비 자료로부터 정보를 걸러내야 한다.

1) 자료들

요세푸스의 작품들, 외경, 그리고 위경에 덧붙여(각각에 대해서는, 본서 제1장 맨 앞(pp. 23-25)을 보라), 방대한 랍비 문헌이 고대 유대교를 밝게 비춰준다. 몇몇 주요 백과사전과 거의 비슷한 분량을 자랑하는 이 자료 가운데 거의 모든 자료들은 글로 기록되기 전에 원래 구전 형태로 돌아다녔다. 기록된 자료들 모두는 1세기 이후의 작품이며, 따라서 우리는 훨씬 후대의 많은 전통들로부터 예수의 생애나 신약 연구에 관련된 정도로 오래된 전통들만을 가려내 조사하도록 매우 세심한 주의를 기울여야만 한다.[20]

수 세기에 걸쳐 발전하고 있던 여러 구전법들(oral laws, 본서 제1장 '1. 신구약 사이에 존재한 시간의 시작' 부분(p. 25)을 보라)은 대략 주후 200년경 랍비

---

[20] 제이콥 뉴스너(Jacob Neusner)보다 이 점을 더 강조하고, 면밀히 조사하는 과정을 위한 가능한 수단을 더 잘 예중한 사람은 아무도 없다. 뉴스너는 많은 책을 저술한 유대인 학자로서, 5백 권 이상의 책을 썼으며, 그 가운데 대다수가 고대 유대교에 관한 작품이다. 그의 작품을 따라잡는 것은 불가능하지만, 그 작품 대부분의 내용이 비슷비슷하다. 그의 작품 가운데 가장 유용한 몇몇 작품 중에서, 적절한 방법론을 자세히 설명한 그의 계획적인 연구는 The Rabbinic Traditions about the Pharisees before 70, 제3권 (Leiden: Brill, 1971)이다. 에더쉐임(Alfred Edersheim)에 의해 극찬된 19세기의 작품, The Life and Times of Jesus the Messiah (Grand Rapids: Eerdmans, 1971 [원판은 1883])는 고대 유대 자료들의 정보를 모두 다 담아 놓은 금광이지만, 때때로 약 1세기로부터 약 500년까지 나타났을 것과 실제로 1세기로 추정되는 것을 구분하지 않는다.

유다 하-나시(Judah Ha-Nasi)에 의해, 성경보다 약간 더 두꺼운 책인 미슈나(*Mishnah*, "반복"을 의미하는 히브리어에서 유래)로 편찬되었다.[21] 미슈나는 주로 제라임(*Zeraim*, "씨"), 모에드(*Moed*, "절기들을 정하다"), 나쉼(*Nashim*, "여인들"), 네지킨(*Nezikin*, "손해"), 코다쉼(*Kodashim*, "거룩한 것들"), 그리고 토호로트(*Tohoroth*, "정결함") 등으로 구성되어 있다. 예순 세 개의 소논문들이나 소단락들은 상세한 법적 문제들을 가지고 미슈나의 중대 관심사를 반영한다. 예를 들어, 제라임의 소논문들은 "이삭줍기", "확실히 십일조로 바쳐지지 않는 농산물", "거제", "어린 나무의 열매" 그리고 기타 등등을 다룬다. 나쉼의 소논문들 가운데 어떤 것들은 "동서 시누이", "결혼 행위", "서원", "간음을 했다고 의심을 받는 여자", 그리고 "이혼 서류" 등을 다룬다. 미슈나 내용들의 거의 대부분은 이러한 다양한 주제들에 관련된 법적 논쟁들에 대해 이름이 밝혀진 랍비들과 이름이 밝혀지지 않은 랍비들이 내린 판결들을 반영한다. 랍비 문헌 가운데 있는 법적 자료는 종종 할라카(*halakah*, "걷다"라는 의미의 히브리어에서 유래)라 불린다. 주후 200년 이후에 나온 증보 소논문들이 미슈나에 추가되었으며, 토세프타(*Tosefta*, "추가" 혹은 "보충"을 의미하는 히브리어에서 유래)로 칭해졌다. "코쉐르"(유대교에서 정한 정결한 음식) 식탁을 지키는 많은 전통들 가운데 하나를 보존하고 있는 할라카의 한 예는 미슈나의 한 소논문 훌린(*Hullin*) 8.1에서 발견된다. 즉 "생선과 메뚜기를 제외하고 어떠한 고기도 우유와 함께 끓여서는 안 된다. 또한 생선과 메뚜기를 제외하고 어떠한 고기도 치즈와 함께 식탁에 올리는 것도 금지된다. 고기를 먹지 않겠다고 맹세한 사람이라 할지라도 생선과 메뚜기는 자유롭게 먹을 수 있다."

그러나 모든 구전이 다 할라카 형태였던 것은 아니다. 많은 것들이 학가다(*haggadah*, "이야기" 또는 "설화")로서, 이것은 다양한 법적 원리들을 비유나 유명한 랍비의 생활로부터 나온 일화들을 통해 예증하는 것이었다. 더욱이, 구전은 미슈나가 처음에 편찬된 이후로도 할라카 형태와 학가다 형태 모두로 계속해서 발전하였다. 미슈나와 토세프타의 많은 소논문들의 주제들에 대한 추가적인 주석은 게마라(*Gemara*, "완결"을 의미하는 히브리어)라 칭해졌다. 엄청나게 상술되어 부피가 늘어난 이 자료는 주후 4세기에 처음 편찬되었다. 백과

---

21) 표준 영어 번역은 Herbert Danby, *The Mishnah* (Oxford: OUP, 1933)이다.

사전적 결과물은 탈무드(Talmud, "연구하는"을 의미하는 히브리어)라 칭해졌다. 탈무드의 알려진 첫 번째 판본은 팔레스틴에서 만들어졌지만, 때때로 예루살렘에서 만들어진 것으로 잘못 전해진다. 전통들과 주석은 계속해서 불어나, 정통 유대교가 결국 권위적인 것으로 취급한 탈무드의 훨씬 더 긴 판본이 5세기 말 바벨론에서 출판되었으며, 이것은 더 많은 편집과 그 시대를 넘어서는 추가적인 사항들까지 포함하고 있다. 전도서 9:8에 관해 논평하는 탈무드 비유(haggadah)의 한 예는 b.(바벨로니아 탈무드) 샤바트(Shabbat) 153a에서 다음과 같이 나타난다.

> 랍비 요하난 벤 자카이가 "한 비유"를 말했다. 그것은 마치 시간을 정하지 않고 자기 신하들을 잔치에 참여하라고 부른 한 왕과 같다. 지혜로운 신하들은 자신들을 치장하고 궁전의 문에서 앉아 이렇게 말하였다. "왕의 궁전에 무슨 부족한 것이라도 있는가?" 어리석은 신하들은 자신들의 일터로 나가면서 다음과 같이 말하였다. "어디 준비도 없는 잔치가 있겠는가?" 왕은 갑자기 신하들을 자기 앞으로 오게 했다. 지혜로운 자들은 아름답게 치장을 하고 들어갔지만, 어리석은 자들은 더러운 차림새로 들어갔다. 왕은 지혜로운 자들과 함께 즐거워하였지만, 어리석은 자들에게는 대노하였다. 그는 말했다. "잔치를 위해 스스로를 치장한 자들은 앉아서 먹고 마셔라. 그러나 잔치를 위해 스스로를 치장하지 않은 자들은 서서 지켜보기만 하라."

마태복음 22:10-13과 25:1-13에 있는 비유들과의 유사점들이 인상적이다.

랍비적 유대교는 또한 유대교의 성경(기독교의 구약)의 수많은 책들에 관한 상세한 주석들을 편찬했다. 이 주석들은 미드라심(midrashim, 히브리어 '미드라시'의 복수형)으로 알려져 있다. 가장 오래 된 것은 무려 2세기까지 거슬러 올라가는 반면, 다른 것들은 그때로부터 오백년, 또는 더 후시대에 만들어졌다. 이것들은 한 책에서 순차적으로 진행하지만, 보통 논평은 중요한 구절들만 선택적으로 가해진다. 종종 그 주석은 거의 관련되지 않은 수많은 주제들을 논의하기 위해 요지를 비약적으로 다루는 본문을 포함한다.[22] 예컨대, 창세기

---

[22] 미슈나, 탈무드, 미드라심의 다양한 현대 번역본을 다 언급하고 각각에 대한 연구를 담아 놓은 표준적 개론서는 Hermann L. Strack & Günter Stemberger, *Introduction to the Talmud and Midrash* (Edinburgh: T. & T. Clark, 개정판, 1991)이며, 이 책은 마커스 복뮐(Markus Bockmuehl)에 의해 번역되고 편집되었다.

제2장 • 종교적 배경 – 헬라적, 그리고 유대적 종교

12:1(가나안을 향해 떠나라는 아브라함의 소명)에 관한 미드라시(*Genesis Rabbah*)에서, 주석은 불타고 있는 건물에서 도망치는 한 사람의 비유로 시작하고, 적시에 향기를 내뿜기 위해 입구를 여는 꽉 닫혀 있던 몰약 용기에 아브라함을 비유하기 위해 솔로몬의 아가 1:3을 인용하고, 아브라함을 온 세상을 하나로 통일할 사람으로 비유하기 위해 솔로몬의 아가 8:8을 풍유화하며, 전도서 7:19, 예레미야 51:9, 그리고 기타 등등을 논의함으로써 계속한다.

이 외에도, 탈굼(*targums*, 원래 "해석"을 의미하는 아카디아어에서 유래)이 있다. 이미 기독교 이전의 시대에, 그 관행은 히브리어 성경에서 취한 본문들을 주중에 회당에서 낭독하는 것에서 발전했는데, 그 낭독에 이어 구전과 부연을 아람어로 해석하는 것이 뒤따랐다. 탈굼 학자들은 신학적으로 가장 중요한 구약 기사의 몇 부분에서 주기적으로, 그리고 특별히, 자기 자신의 논평을 확장된 이야기 형태로 삽입했다. 다양한 성경 본문에 관한 이 탈굼들 가운데 많은 것들이 존속했으며, 현존하는 것들 중 어떤 것들은 1세기에 만들어진 것들도 있다.[23] 예컨대, 시편 45편에 관한 탈굼은 해석을 명백하게 메시아적으로 만들기 위해 단어들을 추가한다.

> 오! 왕 메시야여, 당신의 아름다움은 사람들의 자녀들의 아름다움보다 뛰어나십니다. 당신의 입술에는 예언의 영이 머물러 있습니다. 하나님께서 당신을 영원히 축복하시는 것은 바로 이 때문입니다. 용사처럼 당신의 칼을 넓적다리에 차고, 방백들과 왕들을 무찌르소서. 이것이 당신의 영예와 당신의 위엄이며, 당신의 위엄은 위대합니다. 따라서 당신은 왕의 말을 타실 것입니다.

랍비 문헌(정의상, 주후 70년 이후 기록된 문서들을 지칭함)보다 먼저 기록된 것은 전체 사해 두루마리들이다. 이 두루마리들은 거의 주전 200년부터 주후 70년까지 걸쳐 기록되었다. 사해 연안의 쿰란(본서 제1장, '알렉산더 하의 헬라 통치'(p. 27)를 보라)에 보존되어 있던 모든 성경적 작품들의 고대 사본들 외에

---

23) 구약에 대하여 신학적으로 가장 흥미로운 부연 설명을 한 것 가운데 몇몇을 견본으로 뽑아놓은 탁월한 서론은 Pierre Grelot, *What Are the Targums? Selected Texts* (Collegeville, Minn.: Liturgical Press, 1992)에 나타난다.

도, 여러 두루마리들을 가지고 있는 동굴들은 또한 십중팔구 거기에 살고 있던 유대인 공동체에 의해 출판되었을 수십 권의 책들을 내놓았다. 이 책들 대부분은 독특하게 에세네파 관점(본서 본장, '개인 그룹들 또는 분파들' (pp. 84-92)을 보라)을 반영한다는 사실을 일반적으로 동의하기 때문에, 그것들 모두가 다 제2 성전기 유대교의 전형적 작품으로 취해질 수 없다. 그러나 초기 기독교 사상과 두드러진 병행과 대조가 있으며, 그것들은 적어도 예수 시대의 유대인들의 믿음과 행위 가운데 하나의 중요한 요소에 관한 결정적 배경 정보를 제공한다.[24]

마지막으로, 알렉산드리아의 필로(Philo)가 있다. 많은 책을 저술한 작가인 필로는 유대 종교를 헬라 철학에 융합한 헬라적 유대인이었다. 그는 다른 철학적 작품과 변증적 작품들뿐 아니라, 오경의 상당 부분에 관한 주석을 썼다. 왜냐하면 풍유적 해석 방법을 통해, 모세의 가르침이 헬라 사상 가운데 최고 사상과 양립하고 사실상 그것보다 앞선다는 것을 입증하기 원했기 때문이다. 그는 플라톤의 하늘과 땅 사이의 이원론(때때로 이것은 히브리서 8장의 배후에 놓여 있는 사상이라고 여겨짐)을 더 발전시킨 것으로 유명하며, 로고스(*logos*, 또한 요한복음 1:1-18에서도 두드러짐)에 관한 강화(discourse)로도 유명하다.[25]

2) 일반적 특징

비록 70년 이전의 유대교가 예루살렘 파멸의 잿더미에서 발전한 랍비 운동보다 훨씬 더 다양했지만, 우리는 신약과 복음서 연구를 위해 여전히 유대교의 수많은 일관된 경향들과 중대한 발전들을 발견할 수 있다.

---

24) 미디어와 인기 작가들의 종종 부정확하고 감각적인 주장에 맞서 사해 두루마리(Dead Sea Scrolls)의 내용과 공헌에 대해 최신식으로 조망한 것을 알기 위해서는, Joseph A. Fitzmyer, *Responses to 101 Questions on the Dead Sea Scrolls* (New York: Paulist, 1992), 그리고 James C. VanderKam, *The Dead Sea Scrolls Today* (Grand Rapids: Eerdmans; London: SPCK, 1994)를 보라. 사해 두루마리와 그 파본들에 대한 가장 최근의 공식적 번역은 Florentino Garcia Martinez 편, *The Dead Sea Scrolls Translated: The Qumran Texts in English* (Leiden: Brill, 1994)이다.
25) 필로(Philo)의 모든 작품을 영어로 번역한 것은 이제 한 권의 책으로 다 볼 수 있는데, 그것은 욘지(C. D. Yonge)가 번역하고, 스콜러(David M. Scholer)가 편집한 *The Works of Philo* (Peabody: Hendrickson, 1993)이다.

랍비 문헌

탈무드

| 미슈나 |
| (대부분 할라카) |

| 토세프타 |
| (추가적 소논문들) |

| 게마라 |
| (할라카 & 학가다) |

| 탈굼 |
| (성경의 아람어 의역) |

| 미드라심 |
| (성경의 책들에 관한 주석) |

(1) 아마 페르시아의 영향력으로 말미암아, **천사론**(angelology)과 **귀신론**(demonology)에 대한 관심이 눈에 띨 정도로 증가했다. 하나님 이외의 초자연적 존재들은 구약에 나타나기는 하지만 상대적으로 드물게 나타난다. 그러한 존재들은 신구약 중간기의 유대 문헌에서 급격히 늘어난다. 천사들은 예수를 섬겼으며(막 1:13 및 병행구절), 귀신축출은 예수의 사역에서 두드러지게 나타났다(예컨대, 막 1:21-28; 3:20-30; 5:1-20 및 병행 기사).

(2) 상당히 많은 시와 지혜 문학이 구약과 신약 사이에 발생했다. 그것들은 시, 금언, 신정론(악의 문제를 반영) 등이다. 잠언 8장에 나오는 **지혜의 의인화**에 기반을 둔 이 문헌 가운데 상당히 많은 것들이 지혜(Wisdom, 히, 호크마; 헬, 소피아)를 하나님이 인간에게 보내신 신적 존재에 준하는 사자로 나타냈다. 예수 역시 다양한 방식에서 신적 지혜로 그려진다(본서 제7장, '예수에 대한 견해' (p. 211), 제9장 '예수에 대한 견해' (p. 261)을 보라.[26] 발전 (1)과 (2)의 조합은 유대교가 비록 완고하게 유일신론을 지켜나갔지만, 신격을 밀접하게 닮은 범주에 여호와 한 분이 아닌 다른 존재들(천사들과 위대한 인간 존재들 모두)에 관해 말하는 것이 가능해졌다. 결국, "옛적부터 항상 계신 이가 좌정하신" 하늘에 있는 복수형 "보좌들"(thrones, 개역 성경과 개역 개정판에는 '왕좌' 라는 단수형으로 번역되어 있지만, 히브리어 원문에는 복수형이 쓰였고, 대다수 영어 번역본들도 복수형으로 번역함-역주)을 언급하고 있는 다니엘 7:9은 "하늘에 있는 두 권력"에 관하여 수없이 많은 추측들을 하도록 문을 활짝 열어젖혀 두었다. 예수를 직접적으로 하나님과 동일시하는 신약의 저자들은 이러한 추측을 극복하지만, 그러한 경향들 때문에 쉽게 그런 변화를 수용했을 것이다.[27]

(3) 점차적으로 **인간 본성에 관한 긍정적 견해**가 발전하기 시작했다. 모든 사람들이 구속받을 필요가 있다는 아담과 하와의 "원죄"에 관한 이야기는 줄어든 반면, 각 개인의 두 가지 충동이나 본성(히브리어, '예체르' [yetser]), 즉 하나는

---

26) 유대 사상의 이러한 발전에 대한 완전한 개요에 대해서는, Ben Witherington III, *Jesus the Sage* (Minneapolis: Fortress, 1994)를 보라.
27) 특별히, Larry W. Hurtado, *One God, One Lord: Early Christian Devotion and Ancient Jewish Monotheism* (Philadelphia: Fortress, 1988), 그리고 Alan F. Segal, *Two Powers in Heaven* (Leiden: Brill, 1977)을 보라.

선하고 하나는 악하다는 것에 관한 이야기가 많이 늘어났다. 이것은 결과적으로 "공로 신학"(merit theology)의 출현을 위한 길을 예비하였다. 공로 신학이란, 한 사람의 선행과 악행이 최종 심판 때에 중요하게 평가될 것이며, 어느 쪽이든 이기는 쪽이 그 사람의 영원한 운명을 결정할 것이라는 신학이다. 다른 랍비들은 더 나아가, 족장들, 특히 아브라함의 공로가 후 시대의 유대인들에게 전가될 수 있다고 믿었다. 반면, 우리는 이 경향이 지나치게 영향력이 있었다고 주장하는 것을 조심해야 한다. 샌더스(E. P. Sanders)의 개척적인 작품인 『바울과 팔레스틴의 유대교』(Paul and Palestinian Judaism)가 1977년 출판된 이후,[28] 학자들은 1세기 유대 사상 가운데 하나의 지배적인 틀은 "언약적 율법주의"(covenantal nomism)였다고 인식하게 되었다. 언약적 율법주의란, 율법이 하나님께서 모세(그리고 그 이전에 아브라함)와 더불어 세우신 언약에 대한 반응으로서 순종하도록 주어졌다는 주장이다. 시내산이 출애굽의 구원 경험 이후에 왔던 것처럼, 율법에 대한 순종도 하나님의 은혜에 대한 적절한 반응이다. 요컨대, 사람은 하나님의 언약에 들어가기 위해 율법에 순종하는 것이 아니라, 언약 안에 머물러 있기 위해 율법에 순종하는 것이다. 그럼에도 불구하고, 이 입장 역시 너무 지나치게 강조될 수 있다.[29] 우리는 고대 유대교 내부의 다양성에 주의해야 한다. 그래서 예수(또는 바울)께서 특정 유대인들과 벌인 논쟁 기사들을 역사적으로 개연성이 없는 것으로 기각시켜서도 안 되고, 모든 유대인들이 다 특정한 개인들과 그룹들이 한 방식대로 믿었거나 행동했을 것이라고 지레 짐작해서도 안 된다.

(4) **기도와 선행**은 동물 희생 제사를 적절하게 대체하는 것으로 간주되게 되었다. 유대인들이 포로 유배지에 있거나 디아스포라에 있을 때, 예루살렘 성전에 가는 것이 불가능했기 때문에, 죄 사함을 받기 위해서라면 이것이 필요했던 것이다. 주후 70년 성전 파괴 이후, 이 접근법은 예루살렘 존속을 보장해 주었

---

28) (London: SCM; Philadelphia: Fortress).
29) 공로 신학을 지지하는 주요 몇몇 텍스트들에 대한 개관과 샌더스(Sanders)에 대한 간략하지만 균형 잡힌 평가를 알기 위해서는, D. A. Carson, *Divine Sovereignty and Human Responsibility* (London: Marshall, Morgan & Scott; Atlanta: John Knox, 1981), p. 84-109를 보라. Charles L. Quarles, "The Soteriology of R. Akiba and E. P. Sanders' *Paul and Palestinian Judaism*," *NTS* 42 (1996), p. 185-95를 참조하라.

다. 구약의 선례는 호세아 6:6("나는 인애를 원하고 제사를 원치 아니하노라")과 시편 51:16("주는 제사를 즐겨 아니하시나니, 그렇지 않으면 내가 드렸을 것이라")과 같은 구절에서 발견되었다. 심지어 70년 이전의 이스라엘 상황에서조차, 보통 이스라엘 사람들에게 예배의 중심은 절기 때마다 성전에 모이는 순례여행이 아닌, 매주 안식일 회당에서 모이는 예배가 되었다. 회당 예배 시 그들은 고정적인 기도문과 고백문을 암송하고(특히 '쉐마,' 신 6:4-6), 가정 예배 시간을 가졌다.

(5) **묵시적** 주제들과 문헌에 대한 관심이 매우 고조되었다. 정상적이고 역사적인 발전 과정을 통해 지상에서 하나님의 왕국을 완전한 형태로 세우는 것을 대망하는 대신, 더욱더 많은 유대인들은 오직 하나님에 의한 초자연적 개입만이 메시아 시대를 이끌어 들일 수 있을 것이라고 믿게 되었다. 이 믿음은 쉽게 차선책을 이끌었다. 즉 장차 오는 시대의 도래를 위한 길을 율법에 대한 열성적인 순종을 통해 준비하는 것이 그 민족 내부 몇몇 유대인 그룹의 책임이었다. 쿰란의 에세네파(the Essenes)와 예수의 제자들 모두 묵시적 분파로 간주될 수 있을 것 같다. 물론 후자의 경우, 대망은 두 개의 메시아 강림 사건을 바라는 것으로 수정되었고, 율법에 대한 순종은 그리스도를 따름으로써 대체되었다.[30]

(6) **회당 예배**와 연구는 기독교 교회의 발전 과정에서 중심이 된 형태를 띤다. 안식일 예배의 순서는 대체적으로 초대 그리스도인 예배자들에 의해 인수되었다. 기도와 찬송으로 예배를 시작하고 끝마쳤다. 그 중간 순서에 그 날에 읽을 본문을 기초해서 토라, 예언서, 시편(이 순서는 결국 고정적인 성구집 주기가 됨)의 낭독이 들어갔으며, 회당 장로들 가운데 한 사람이 그 낭독에 탈굼과 설교를 곁들였다. 장로들의 수종자들은 훗날 기독교의 집사 직분에 영감을 불어넣은 모델을 제공했을 것이다. 회당은 또한 공동체의 다양한 모임을 위해서도 사용되었으며, 주로 약 5세부터 12, 13세까지의 소년들을 위한 초등학교 교육

---

30) 간략한 연구에 대해서는, D. S. Russell, *Divine Disclosure: An Introduction to Jewish Apocalyptic* (Minneapolis: Fortress, 1992)을 참조하라. 철저한 연구에 대해서는, David Hellholm 편, *Apocalypticism in the Mediterranean World and the Near East* (Tübingen: Mohr, 1983), 그리고 Christopher Rowland, The Open Heaven (London: SPCK; New York: Crossroad, 1982)을 보라.

을 위한 장소로 사용되었다. 대다수 1세기 유대인 남자들이 문맹이었다는 주장은 신화에 불과하다. 그러한 주장은 때때로 사도행전 4:13을 잘못 해석한 것에 기인한다. 그 구절은 단지 첫 번째 제자들이 13세가 넘어서 랍비에게 공식적으로 도제 교육을 받지 못했다는 것만을 선언할 뿐이다.[31] 유대인들은 또한 그들 자신의 민간 분쟁을 해결하기 위해 세속 법정을 사용하는 것이 금지되었으며, 그래서 회당 지도자들이 필요할 경우 지방 판사의 역할을 했다(참조. 고전 6:1-11; 약 2:1-13).

(7) **서기관**들은 사회에서 점점 더 중요한 역할을 떠맡게 되었다. 원래 그들은 단순한 성경 필사자들이었지만, 성경 내용에 대한 그들의 박식함은 결국 그들을 율법 교사 및 율법 전문가가 되게 하였다. 사실상, 복음서에서 "율법사들"과 "서기관들"이라는 용어는 보통 동일한 그룹을 지칭한다. 그들 대부분은 아마 바리새파 출신이었을 것이지만, 모든 유대인 분파에서도 발견되었다. 1세기 초에 가장 유명한 서기관들은 바리새인 힐렐(Hillel)과 샴마이(Shammai)였다. 토라에 관한 다양한 논쟁에 대해 힐렐은 보다 더 진보적이고 샴마이는 보다 더 보수적이다. 이혼에 관한 예수의 가르침은 이들 내부 바리새파 논쟁 가운데 하나에 대해 그가 어떻게 반응하는지를 잘 보여준다(마 19:1-12). 이 서기관들은 70년대 이후 보다 공식적인 랍비 직분의 선구자들이었다. 예수 시대에, "랍비"는 특별 교육을 받았건 받지 않았건 관계없이, "교사"를 지칭하는 보다 비공식적인 칭호였다(참조. 마 23:7-8; 요 1:38, 49; 3:2, 26; 6:25).

(8) **산헤드린**(Sanhedrin)은 적어도 유대 지방에서 유대인 생활에 점차적으로 중요한 역할을 감당했다. 이 "최고 법정"과 법률 기관은 한 체제가 되었는데, 대제사장 한 사람이 이끄는 이상적인 71명의 회원들로 구성되어 있었다. 그 회원들은 주로 바리새인들과 사두개인들이었고, 아마 그 어느 편에도 속하지 않는 백성의 장로들을 포함했다. 비록 바리새인들이 일반적으로 사두개인들보다 숫자가 더 많았고 백성들 사이에서 인기가 더 많았지만, 법정 임명에 있어서는 산

---

31) Rainer Riesner, *Jesus als Lehrer* (Tübingen: Mohr, 1981), p. 182-236. 이 정보에 대해 이 작품과 비교할 수 있는 영어 작품은 없다.

헤드린에서 주로 사두개인들이 주도권을 잡았다. 결국, 로마는 대제사장들을 임명해 그 법정이 제국에 충성을 바칠 것을 보장하기를 원했고, 이것은 사두개인들에게는 쉬운 일이 되었다.(본서 본장, '개인 그룹들 또는 분파들' (p. 84)을 보라). 다른 모든 점에서는, 로마는 대체적으로 산헤드린에 자치권을 부여했지만, 적어도 특정 경우에 사형의 문제는 로마의 권한 하에 두었다(참조. 요 18:31).[32] 더 작은 여러 산헤드린(등급이 더 낮은 법정들) 또한 여러 지역에 있었으며, 훗날 미슈나에서 묘사된 것처럼, 예수 시대에 영원히 임명된 대 산헤드린(Great Sanhedrin) 하나가 있었는지, 아니면 단지 대제사장이 직접 관할하는 산헤드린을 포함해 임시적으로 모임이 소집된 다양한 산헤드린이 있었는지는 확실하지 않다.

(9) 유대교는 **이방 세계를 위한 하나의 종교적 선택 사항**으로 점점 그 스스로를 추천하였다. 학자들은 적극적인 유대인들이 이방인들을 어떻게 개종시켰는지에 대해 논쟁한다(참조. 마 23:15). 어떤 학자들은 이 활동이 주로 이미 이스라엘 하나님을 예배하고 그분의 율법 중 상당 부분을 순종하는 삶을 살고 있던 "하나님을 경외하는" 이방인들의 신앙을 "한층 더 강화하는 것"에 제한되었다고 믿는다.[33] 어쨌든, 유일신론은 헬라 세계에서 점차적으로 더 많이 수용되었다.

1세기 유대교가 그 스스로를 표현한 방식 가운데 하나의 좋은 요약은 그리스도께서 탄생하신 세상의 구석에까지 두루 퍼져 있던 민족 정체성의 세 가지 인식표(badge)와 그 민족주의의 세 가지 상징을 포함한다.[34] 유대인 남성이 순종했든 순종하지 않았든 관계없이, 그가 만약 공동체에서 사회적으로 인정을 받는 회원으로 남아 있기를 원한다면, 세 가지 관행은 사실상 신성불가침의 관행

---

32) 이 마지막 사항에 관한 성경 내외의 증거는 혼동되고 모순되는 것처럼 보인다. 팔레스틴 탈무드(p. Sanhedrin 1:1[참조. 7:2])에 나오는 하나의 흥미로운 구절은, 그것이 만약 정확하다면, 불일치들을 설명하고 예수의 십자가 처형의 때와 놀라울 정도로 일치할 것이다. "성전 파멸 40년 전에, 사형을 부과하는 권리는 이스라엘에서 사라졌다."
33) Scot McKnight, *A Light among the Gentiles: Jewish Missionary Activity in the Second Temple Period* (Minneapolis: Fortress, 1991). 유대교로의 개종이 훨씬 더 광범위했다고 보는 견해를 옹호하는 작품은 Louis H. Feldman, *Jew and Gentile in the Ancient World: Attitudes and Interactions from Alexander to Justinian* (Princeton: Princeton University Press, 1993)이다.
34) N. T. Wright, *The New Testament and the People of God* (London: SPCK; Minneapolis: Fortress, 1992), p. 224-32를 보다 더 참조하라.

유대의 주요 연례 절기들

로쉬 하쇼나   --------   티쉬리 1일
(신년)   (9–10월)

욤 키푸르   --------   티쉬리 10일
(대속죄일)   (9–10월)

숙코트   --------   티쉬리 15–22일
(장막절)   (9–10월)

하눅카   --------   기슬르 25일
(봉헌)   (11–12월)

부림절   --------   아달 14일
                                    (2–3월)

페사크   --------   니산 14일,
(유월절&무교절)   니산 15–21일
                                    (3–4월)

오순절   --------   시반 6일
                                    (5–6월)

이었다. 그 세 가지 관행이란, 음식법("코쉐르"〈유대인의 정결한 음식〉 식탁을 지키는 것), 안식일 준수, 할례였다. 흥미롭게도, 예수는 이 가운데 처음 두 가지 관행을 정면으로 도전했고(예컨대, 막 7:1-23과 병행 기사, 2:23-3:6과 병행 기사), 바울은 세 번째 관행을 도덕적으로 별로 중요하지 않는 문제로 언급했다(갈 5:6)!

민족적 정체성의 세 가지 인식표(badge)와 함께 보조를 나란히 하는 세 가지 상징은 성전, 땅, 토라였다. 성전은 이스라엘의 정치, 종교, 사회적 중심이었으며, 매일 수백 마리나 드리는 동물 제사의 집으로서, 또한 매년마다 거행되는 유월절, 오순절, 장막절로 절정을 이루는 신년 절기(대속죄일과 함께), 그리고 훨씬 더 작은 규모의 하눅가와 부림절 등에 참가하는 주기적인 수천 명의 순례 여행자들의 집으로서 막강한 영향력을 발휘하였다. 이방 압제자들로부터 해방되어 이스라엘 땅에 사는 것은 대다수 유대인들의 꿈이었으며, 이는 성경이 유대인들의 땅을 영원히 약속했기 때문이었다. 그러나 율법을 적절하게 순종한다는 것은 상황에 따라 다르다. 그래서 세 번째 상징인 토라가 중요시되었다. 모든 진리는 만약 그것을 어떻게 발견할 수 있는지만 안다면, 이 책에 다 담겨져 있었다. 그러므로 성경은 엄청난 분량의 연구와 강해의 대상이 되었다. 다시 한 번 말하거니와, 예수는 이 세 가지 모두의 타당성을 도전하셨으며, 그것들이 오히려 자기 자신에게서 성취되는 것으로 보셨다(참조. 예컨대, 요 2:13-22; 4:19-24; 마 5:17-48).

3) 개인 그룹들 또는 분파들

이스라엘에서 대부분의 유대인들은 어떤 특별한 그룹에도 속하지 않은 사람들이었다. 그들은 생계를 꾸려 나가기를 원하는 보통 농부들, 어부들, 기술자들, 상인들이었다. 의심할 여지없이 그들은 이스라엘의 하나님을 믿었고, 예루살렘에 갈 여력이 있을 때 그곳의 성전에서 속죄 희생 제사를 드리면서 구약의 주요 율법들을 신실히 따르고자 노력했던 사람들이다. 그러나 그들은 성경을 중심으로 발전한 수많은 구전들과 추가적인 법전들에 관심이 없었다. 그들은 아마 이스라엘의 구속을 갈망했을 것이며, 예수께서 선택하신 자신의 첫 번째 추종자들 가운데 거의 대부분은 이 평범하고 신실하고 때때로 심지어 가난한 유대 평민 출신이었다. 고대 유대 자료들은 때때로 이 그룹을 암-하-아레츠 ("그 땅의 백성")이라고 칭한다.[35]

특별한 그룹들은 아마 예수 시대 인구 가운데 5퍼센트 정도밖에 되지 않았을 것이다. 이 사람들은 1세기 유대인의 삶에서 두드러진 역할을 한 네 개의 다른 당, 또는 그룹을 구성하는 사람들로서, 바리새파, 사두개파, 에세네파, 열심당 등이다.

(1) 바리새파(Pharisees)

요세푸스에 따르면, 바리새인들은 하스모니아 왕조 통치자들 가운데 있던 왕의 권력과 제사장의 권력을 통합하는 체제에 반대하면서, 적어도 요한 힐카누스(John Hyrcanus) 통치 초기에 발생하였다. 그들의 이름은 아마도 "분리주의자들"일 것이다. 그들은 초기 하시딤(Hasidim, 본서 제1장, '셀류시드 왕조 하의 시리아 통치' (p. 33) 부분을 보라)으로부터 성장했을 것이다. 초기부터 그들은 하스모니아 왕조와 평화 관계를 유지했던 사두개인들에 의해 일관되게 반대를 받았다. 바리새인들은 토라를 삶의 모든 영역에 적용하고자 했던 일반적으로 인기 있고 두드러진 평신도 그룹이었다.[36] 그들의 주요 활동 영역은 회당이었으며, 그들의 가장 중요한 관심사는 "토라 주변에 울타리"를 치는 것이었다. 다시 말해서, 다양한 모세 율법이 의미하는 바가 무엇인지를 설명하고, 독실한 이스라엘 사람들이 직면하는 어떤 특정 상황에서 하나님을 어떻게 순종할지를 정확히 알 수 있도록 그 율법을 어떻게 적용해야 할지를 설명하는 것이었다. 이러한 이유로 그들은 소위 구전 율법(예컨대, 막 7:5; 마 23:2의 "장로들의 유전")을 발전시켰는데, 이 구전은 후에 미슈나로 편찬되었으며, 예수와 자주 충돌을 일으켰다.

---

[35] 이에 관해서는, 특별히 Aharon Oppenheimer, *The 'Am-ha-Aretz'* (Leiden: Brill, 1977)를 보라.
[36] 현대 학자들은 바리새인들이 제사장 법과 성전 정결 법을 생활의 모든 영역, 특히 먹는 것과 십일조와 안식일과 맹세 등의 영역에 적용한 사람들이었다고 빈번히 묘사한다. 예컨대, Jacob Neusner, "Mr. Sanders' Pharisees and Mine," *SJT* 44 (1991), p. 73-95를 보라. 뉴스너(Neusner)와 샌더스(E. P. Sanders, 대부분의 학자들이 주장하는 것과 달리 바리새인들이 다른 유대인들과 별 차이가 없고 그들에게 별 영향을 미치지 못한 사람들이었다고 보는 학자) 사이의 바리새인들에 대한 논쟁과 관련해 균형 잡힌 중재적 입장에 대해서는, Douglas R. de Lacey, "In Search of a Pharisee," *TynB* 43 (1992), p. 353-72, 그리고 Martin Hengel & Roland Deines, "E. P. Sanders' 'Common Judaism,' Jesus, and the Pharisees," *JTS* 46 (1995), p. 1-70을 보라.

대중을 동요시킬 수 있는 바리새인들의 능력 때문에 그들을 두려워한 상류계층을 제외하고, 바리새인들의 인기는 1세기에 지속되었다. 바리새인들은 완고하게 반 로마적인(anti-Roman) 성향을 지속했지만, 땅을 외국 압제자들로부터 빼앗는 수단으로서의 폭력만큼은 반대했다. 오히려 그들은 하나님께서 친히 그 백성의 순종에 대한 반응으로 구원자를 보내 주실 수 있도록 사람들에게 하나님의 율법에 순종하도록 가르쳤다. 사두개인들로부터 그들을 구분시키는 다른 분명한 특징들은 불멸의 영혼, 육체의 부활, 행위에 따라 주어지는 미래의 보상과 심판, 천사들과 귀신들의 존재, 예정과 자유 의지(또는 도덕적 책임성)의 조합 등에 대한 믿음이었다. 바리새인들은 하베림(*haberim*)으로 알려진 1세기 유대인들의 더 작은 그룹에 주로 참가했을 것이다. 이 하베림이라는 것은, 공동체의 교제와 식사 교제로 알려진 꼼꼼한 율법 준수자들을 지칭한다. 후기 랍비 유대교는 다른 어떤 그룹보다도 바로 이 바리새 운동으로부터 발생했다.

물론 그리스도인들은 바리새인들을 예수께서 위선과 율법주의적 과잉 때문에 빈번히 비난하신 유대 지도자들 가운데 한 그룹으로 가장 잘 알고 있다(특별히, 마 23장을 보라). 그러나 심지어 복음서에서조차도 이것이 전체 그림인 것은 아니다. 누가는 적어도 몇몇 경우에서는 바리새인들을 보다 더 호의적인 관점으로 표현하며(눅 7:36; 13:31), 요한은 니고데모가 바리새인이라고 말한다(요 3:1). 산헤드린의 일원이었던(막 15:43) 아리마대 요셉 역시 바리새인이었을 것이다. 고대 유대 자료들에 대한 현대의 연구는 바리새주의의 복잡한 그림이 상당히 다양하다는 사실을 올바로 강조한다. 모든 바리새인들을 동일한 잣대로 오명을 씌우는 것은 단순히 공정하지 않으며, 이는 오히려 반 유대주의(anti-Semitism) 느낌이 난다. 많은 방면에서 예수는 다른 어떤 유대 분파들보다도 바리새인들과 밀접하셨으며, 그들의 말다툼은 상대방 모두에게 치명적인 것이거나, "가족간의" 다툼이었다. 바리새인들은 그들 시대의 고결한 "보수적 복음주의 목회자들"로서, 성경의 무오성 및 만약 성경이 적절히 해석될 수만 있다면, 삶의 모든 영역에 길잡이가 되는 데 조금도 부족함이 없다는 충분성을 강력하게 확신했다.[37] 그러나 성경에 관한 균형 잡힌 관점은 정확히 바로 그러한 환

---

[37] 예컨대, Asher Finkel, *The Pharisees and the Teacher of Nazareth* (Leiden: Brill, 1964), 그리고 Harvey Falk, *Jesus the Pharisee* (New York: Paulist, 1985)를 보라.

경에서 그토록 쉽게 율법주의에 길을 내줄 수 있는 것이다. 심지어 바리새인들의 다양한 형태를 후 시대에 반영하는 미슈나와 탈무드조차 좋은 전형보다는 나쁜 형태를 더 많이 인정한다.[38]

(2) 사두개파(Sadducees)

사두개인들은 하스모니아 왕조가 이스라엘의 헬라화를 항의하던 초기 정책을 뒤집었을 때 이 왕조를 지지했다. 그들은 거의 모두가 귀족으로 구성된 작은 그룹이었고, 부유층 엘리트였다. 많은 사람들은 제사장 가문 출신이었으며, 사실상 사두개라는 이름은 십중팔구 "사독" 제사장 가문으로부터 유래했을 것이다(참조. 삼하 8:17). 그들에 관한 증거는 다른 어떤 분파들보다 더 불충분하지만, 그리스도 사역 직전, 특히 가야바가 이끌던 시절에, 그들은 예루살렘 내부와 주변에 엄청난 재산을 축적했으며, 성전을 섬기는 일과 관련하여 재물을 사용함에 있어서 특히 부패했다는 사실이 암시된다. 예를 들어, 환전상들을 기드론 골짜기 근처에 유숙하게 하지 않고 성전 경내로 들어오도록 한 정책은 비교적 근래(예수 사역의 시점과 관련해)에 있었던 혁신이었을 것이며, 예수께서는 그 정책에 대해 항의하셨다(막 11:15-18 및 병행 기사).[39]

사두개인들은 구전 율법을 배척했다. 사실상 그들은 구약의 모든 말씀이 다 하나님의 말씀이기는 하지만, 오직 오경에서 가르치도록 입증될 수 있는 교리만이 구속력이 있다고 믿었다. 이러한 이유로 그들은 불멸성, 부활, 천사들, 귀신들의 존재를 부인하였다. 그들은 인간의 자유 의지와 이생에서 하나님의 백성으로 사는 것을 강력하게 강조했다. 그들은 로마가 이스라엘을 점령하여 점

---

38) 팔레스틴 탈무드와 바벨로니아 탈무드 모두에 들어 있는 Sotah 22b의 기사들을 결합시켜 놓은 진술은 일곱 종류의 바리새인들에 대해 다음과 같이 (다소 놀림조로) 말한다. 첫째, 자신의 종교적 의무를 자신의 어깨 위에 걸머지는 "어깨" 바리새인, 둘째, "계명을 이행할 수 있도록 나를 잠시만 양해해 주세요"라고 말하는 사람, 셋째, 여자를 쳐다보지 않기 위해 큰 근심으로 자신의 얼굴을 벽으로 돌리는 사람, 넷째, 절구통 속의 절구 방망이처럼 자신의 머리를 아래로 숙이는 "절구 방망이" 바리새인, 다섯째, "내가 행할 수 있는 의무가 무엇입니까?"라고 끊임없이 외치는 바리새인, 여섯째, 사랑으로 행하는 바리새인, 일곱째, 두려움으로 행하는 바리새인. 미쉬나의 Shabbat 7:2는 안식일에 해서는 안 될 39가지의 다양한 금기 사항들과 더불어, 때때로 구전이 퇴보해 변할 수 있는 율법주의의 전형적인 사례를 보여준다. 그러나 이 진술들이 1세기 유대교의 상태를 전적으로 반영하지는 않을 가능성 또한 늘 인정해야 한다.
39) Markus Bockmuehl, *This Jesus: Martyr, Lord, Messiah* (Edinburgh: T. & T. Clark, 1994; Downers Grove, IVP, 1996), p. 109-12 및 거기에서 인용된 문헌을 참조하라.

거하고 있는 것을 항의하지 않았으며, 로마를 반대하지 않는 이 위치에서 사역자로서 존재하는 것과 성전 의식을 통해 나오는 수익금으로부터 상당히 많은 혜택을 보았다. 예수께서는 위에서 우리가 바리새인들에 관해 논의할 때 발견된 균형 잡힌 요소가 전혀 없이, 사두개인들을 반복적으로 비난하셨다. 그리고 한 경우에 그는 그들의 회의주의에 반응하여, 심지어 모세의 책들을 통해 부활을 입증하기까지 하셨다(막 12:18-27 및 병행 기사들, 출 3:6을 인용함). 사두개인들은 성전과 그 제사에 깊게 결부되어 있었기 때문에, 주후 70년 예루살렘 멸망 이후 생존하지 못했다.[40]

(3) 에세네파(Essenes)

비록 요세푸스는 이 그룹을 바리새파와 사두개파와 나란히 묘사하지만, 그들은 신약 어디에도 구체적 이름으로 나타나지 않는다. 그러나 유대 광야 근처 사해 연안, 예루살렘 지구, 그리고 로마제국의 다른 주요 도시들에 그들이 존재하고 있었다는 사실은 예수와 그의 제자들이 때때로 그들과 서로 교류했을 것이라는 개연성을 추정케 한다. 에세네라는 이름은 '경건한,' 또는 '거룩한'을 의미하는 아람어 하스야(hasya)에서 유래한 것이다. 바리새인들과 마찬가지로, 그들 역시 하시딤(Hasidim)의 후손일 것이다. 사실상, 그들은 바리새인들보다 이스라엘의 헬라화와 로마화를 훨씬 더 과격하게 항의했을 것이다. 쿰란에서 나온 증거는 그 그룹이 주전 2세기 중엽부터 예루살렘 멸망 직후까지 그 지역에서 존재했다는 것을 암시한다.

에세네파는 묵시적 성향이 있었다. 그 파는 그들의 문헌에서 "의의 교사"로 알려진 익명의 지도자에 의해 창시되었다. 그들은 예루살렘과 그 성전이 희망의 여지없이 부패했다고 믿었으며, 특별히 단순하게 "사악한 제사장"이라 불린 한 개인(아마 유다 마카베오의 형제들인 요나단이나 시몬을 지칭) 하에서 철저히 부패했다고 믿었다. 그들은 "부드러운 것들을 추구하는 자들"이라고 이스라엘에 율법을 가르친 자들(아마 바리새인들)을 비난했다. 현 시대는 너무나 악해졌기 때문에 그 종말이 확실히 가까이 다가 왔다. 그러나 사회적 행동이나 혁명

---

40) 헤롯을 정치적으로 지지한 작은 그룹은 헤롯당으로 알려졌다. 전부는 아니지만, 그들 중 많은 자들이 사두개인들이었다.

으로는 메시아의 시대를 도래시킬 수 없고, 오직 사회로부터 퇴거하고, 율법에 열성적으로 헌신하며, 하나님께서 그의 왕국을 세우기 위해 하늘 군대를 이끌고 초자연적으로 개입하실 것을 인내로써 신뢰하는 것을 통해서만 메시아 시대를 도래시킬 수 있다. 에세네파는 하나님의 주권과 예정을 매우 강조했다. 두말할 필요 없이, 그들은 스스로를 이스라엘 내부에서 선택된 그룹으로 보았으며, 하나님께서 "빛의 아들들과 어둠의 아들들 사이의 전쟁"(전쟁 두루마리 [War Scroll]로 알려진 그들의 문서에 상세하게 묘사된)을 일으키실 때 그를 위해 싸울 준비가 되어 있다고 생각했다.

에세네파 대다수 회원들은 주요 여러 도시의 분리된 주변에서 살았다. 쿰란은 우리가 알고 있는 에세네파 생활의 수도원 장소 가운데서 유일한 장소이기 때문에, 사해 분파의 문헌으로부터 모든 에세네파 사람들을 일반화시키는 것은 위험천만한 태도이다. 예컨대, 우리는 에세네파 사람들이 다른 곳에서는 결혼을 하고 자녀를 낳은 반면, 독신의 서원은 쿰란 입문자들에게만 필요했다는 것을 알고 있다. 그럼에도 불구하고, 사해 분파의 다른 주요 특징들 가운데 어떤 것들과 도시 에센주의(Essenism)에는 아마 다양한 병행 사항들이 있었을 것이다. 그것들은 첫째, 매일 기도, 노동, 연구, 의식(전날의 죄를 씻는 매일의 목욕이니 세례를 포함) 등을 포함하는 공동체 생활방식이며 둘째, 정식 회원으로 영입되기 전에 거쳐야 하는 장시간의 견습기간(최대 3년까지), 그 후에 뒤따르는 엄격한 훈련과 문제 회원에 대한 파문조치이며 셋째, 그들이 다음과 같은 것들을 통해 성경적 예언을 성취하고 있다는 인식이다. 즉 (a) 신명기 18:18에 예언된 모세와 같은 선지자인 의의 교사, (b) "광야에서 외치는 자의 소리"(사 40:3)로서의 전체 분파와 하나님이 그의 백성과 맺으시는 새 언약의 제정(렘 31:31-34), (c) 그들의 일상적 사건들을 수많은 "종말 예언들"의 성취로 보았다.[41] 이 외에도, 넷째, 쿰란 분파주의자들은 두 메시아의 강림을 대망했는데, 한 메시아는 제사장 메시아이고 한 메시아는 왕 메시아이다(각각은 서로 다른 지파에서 나와야 했기 때문에). 다섯째, 그들은 그들이 서로 나눈 공동 식사를 통해 이사

---

41) 선지서들에 관한 다양한 주석서들은 페쉐르(*pesher*)라는 용어에 관한 논의를 반복적으로 소개한다. 이 용어는 영어로 "이것은 (성취된) 것이다"라는 의미이다. 다시 말해서, 각 예언은 어떤 당대의 사건, 즉 로마 사람들의 도래, 이스라엘의 배교, 기타 등등과 동일시된다.

야 25:6의 메시아 잔치를 예시했다. 여섯째, 일종의 천사장(archangel)인 멜기세덱에 대한 상당한 관심은 히브리서에서 나오는 유사한 이미지에 대한 약간의 배경을 제공해 주는 것 같다. 일곱째, 어떤 한 두루마리 전체는 새 성전에 대한 청사진을 그리지만, 건축이 완공되지 않아 에세네파 사람들은 희생 제사를 드릴 수 없었을 것이다. 여덟째, 구리 두루마리(The Copper Scroll)는 사막에 어마어마하게 많은 재물이 파묻혀 있는 것을 암시하는데, 만약 그 기록이 사실이라 해도, 그 보물을 다시 발견하기는 쉽지 않을 것이다.

사해 두루마리를 구성하는 규율과 공동체 조직, 찬송, 시, 예전적 문구, 달력, 구약 주석, 묵시 문헌 등 다양한 소책자들은 현대의 독자들에게 상당한 매력을 끈다. 최근의 부정확하지만 선풍적인 주장들은 이 관심에 기름을 끼얹었다. 사실 이처럼 엄청나게 많은 두루마리들과 그 파본들은 모두 번역된 작품들이다. 기독교를 공공연하게 해를 입히기 위해 정보를 은폐하는 음모는 없다. 쿰란에서 발견된 문서들 가운데서 기독교 문서들은 하나도 없으며, 그 문헌 어디에도 예수나 다른 그리스도인 제자들에 대한 언급은 없다.[42] 살해된 메시아를 묘사하는 것으로 추정되는 최근 출판된 한 파편은 아마도 그의 원수들을 죽이는 메시아로 번역해야 할 것이다.[43] 메시아를 하나님의 아들로 분명히 지칭하고, ("가난한 자"를 쿰란 공동체와 동일시하는 것을 포함하여) 예수의 팔복과 닮은 팔복을 기록하며, "율법의 행위"라는 바울의 표현과 유사한 언어가 들어 있는 흥미로운 몇몇 새로운 파편들이 발견되었다. 이것들 가운데 그 어떤 것도 어떤 식으로든 기독교 신앙을 위협하거나 기독교의 기원을 다시 쓰게 하는 것은 없다. 우리는 단지 예수께서 출현하신 배경이 된 유대 세계의 다양성에 관하여 더욱더

---

42) 사실상, 대부분의 글들은 헬라어가 아닌 히브리어로 되어 있다. 글씨의 형체를 거의 알아볼 수 없을 만큼 구멍이 많이 난 한 소문자체 헬라어 파편이 마가복음 6:52-53절의 일부와 동일한 내용이라고 주장되었지만, 그것은 보존 상태가 너무나 나빠 대부분의 학자들은 그 내용에 대해 정확하게 확신하지 않는다. 그것을 마가복음의 일부분이라고 주장하는 사람 가운데 최근에 가장 강력하게 외치는 사람은 칼스텐 씨드(Carsten P. Thiede)이다. 예컨대, 그의 저서 *Rethinking the Word: In Search of Gospel Truth* (Leominster: Gracewing: Valley Forge: TPI, 1995), p. 37-57, 169-97을 보라. 이에 대한 반박은 Graham Stanton, *Gospel Truth? New Light on Jesus and the Gospels* (London: HarperCollins; Valley Forge: TPI, 1995), p. 20-32를 참조하라. 보다 일반적으로 쿰란(Qumran)에 관한 감각주의적 주장의 개관과 좋은 반박에 대해서는, Otto Betz & Rainer Reisner, *Jesus, Qumran and the Vatican* (London: SCM; New York: Crossroad, 1994)를 참조하라.

43) Markus Bockmuehl, "A 'Slain Messiah' in 4Q Serekh Milhamah (4Q285)?" *TynB* 43 (1992), p. 155-69.

많이 배우게 될 뿐이다. 예수와 쿰란 사이의 묘한 병행, 그리고 세례 요한과 쿰란 사이의 훨씬 더 밀접한 병행(본서 제12장, '배경' (p. 216)을 보라)은 마찬가지로 인상적인 차이점의 목록에 의해 균형을 이룬다.[44]

(4) 열심당(Zealots)

요세푸스는 이 그룹을 "네 번째 철학"이라 칭한다. 그들은 (현재 우리가 다루고 있는) 네 그룹 가운데서 가장 느슨한 조직이며, 60년대 말 유대인 반역이 있기 전까지는 아마 공식적인 당이었을 것이라고 생각해서는 안 될 것이다. 그러나 중요한 선구자들이 있었다. 주후 6년에, 갈릴리의 유다는 시리아 총독 퀴리니우스(Quirinius)의 치하에서 로마의 인구 조사 및 재산 등록에 맞서 폭동을 일으켰다(참조. 행 5:37). 그 후 수십 년 동안 자칭 선지자와 반역자라고 주장하는 수많은 사람들이 출현했으며, 개중 얼마는 산적이나 테러분자와 다를 바 없었으며, 얼마는 한동안 더 많은 추종자들을 거느리기도 했었다. 사도행전 5:36은 구체적으로 드다(Theudas)라는 사람을 언급하고, 21:38은 "이전에 사천의 자객을 거느리고 광야로 간" 이름 없는 애굽인을 언급한다. 그리고 요세푸스는 더 많은 사람들을 묘사한다.

갈릴리 사람 시몬 역시 복음서에서 "열심당"으로 불린다(눅 6:15; 참조. 행 1:13). 예수 옆에 못박힌 십자가상의 "강도들"은 '레스타이' (lestai, 헬, 막 15:27 및 병행 구절들)로 칭해졌는데, 이는 아마 "폭동을 일으킨 자들"이라는 의미로 번역하는 것이 더 나을 것이다. 50년대와 60년대에 '시카리' (sicarii, 헬, "단도를 품고 다니던 자들")가 출현했는데, 이들은 로마에 협력한 저명한 지역 유대인들을 비밀리에 살해했다. 예수 벤 아나니아(Jesus ben Ananias)라는 이름의 한 호기심이 유발되는 괴짜는 60년대에 몇 년 동안 먼저 성전의 파멸을 예언하고 궁극적으로 자기 자신의 죽음을 예언하면서 다른 사람의 눈총을 받아 채찍에 맞았다. 그는 나중에 우연히 돌에 맞아 죽었다(유대전쟁사 6.5.3). 로마에 대항해 일으킨 유대 폭동의 실패 이야기는 위에서 간략하게 묘사하였다(본서 제1장의 마지막 세 페이지(pp. 50-52)를 보라). 열심당 사람들은 그들이 마

---

44) James H. Charlesworth, "The Dead Sea Scrolls and the Historical Jesus." 이 논문은 동일 저자가 편집한 *Jesus and the Dead Sea Scrolls* (New York & London: Doubleday, 1992), p. 1-74에 있다.

카비 기적을 반복할 수 있다는 소망을 품었으며, 하나님께서 로마를 전복시킬 수 있도록 영예롭게 군대를 보내 주실 것이라고 확신하였지만, 그들의 그러한 모든 소망과 확신은 비극적이게도 잘못된 것으로 드러나고 말았다. 이와 너무나 대조적으로, 예수의 가르침은 일관적으로 비폭력적이었다.[45]

요컨대, 우리는 하나님께서 이스라엘에게 영원히 주시기로 약속하셨던 땅에서 이방인의 점령 하에 사는 것과 관련된 신학적 "모순"에 대한 반응의 다양한 묶음으로 1세기 유대교를 생각할 수 있다. 바리새인들은 내적 개혁을 통해 그 상황을 바로잡아보려고 노력했고, 사두개인들은 기득권의 위치에서 혜택을 받고 그 상황을 변화시킬 시도를 아예 반대했으며, 에세네파 사람들은 현실에서 완전히 물러서서 다시 새롭게 시작하는 것 외에는 아무런 희망도 볼 수 없었으며, 열심당원들은 압제자들을 군사적 힘을 통해 전복하려고 싸웠다. "그 땅"의 보통 "사람들"은 너무 바빠서 이들 당 가운데 어떤 당에도 가입하려고 애를 쓰지도 않았다. 그러나 의심할 여지없이 그들 가운데 많은 사람들은 메시아적 구원자를 대망했다(또한 본서 제19장, '메시아' (pp. 643-646) 부분을 참조하라).

3. 결론

1세기 종교 세계는 헬라인, 로마인, 유대들 모두에 비슷하게 어떤 한 묶음의 가능성을 제시했다. 헬라주의적 선택 사항들은 다양한 연합(혼합주의로 알려진 것)으로 함께 혼합될 수 있었다. 예를 들어, 로마의 곡마사는 황제 숭배와 매년 행해지는 적절한 때에 전통적 신화들을 사탕발림의 말로 추켜세우고, 한편으로 철학을 약간 공부하며, 매주 하루 밤 신비 종교 의식에 참여할 수 있었다. 원시적 천문학과 혼합된 점성술은 완전한 종교나 세계관이 아니었지만, 종종 다른 어떤 종교적 신념들과 그에 따르는 관행들에 추가되곤 했다. 유대 기독교 표준에서 보았을 때, (고대 종교들의) 도덕성의 일반적 수준은 끝없이 추락하는 나

---

45) 예수와 열심당 운동을 가장 균형 있게 다룬 것은 Martin Hengel, *The Zealots* (Edinburgh: T. & T. Clark, 1989)이다. 이 운동을 부채질 한 개인들과 그룹들의 다양성에 관해서는, Richard A. Horsley & John Hanson, *Bandits, Prophets, and Messiahs* (Minneapolis: Winston, 1985)를 보라.

락과 같은 것이었다. 종교적 의식은 일반적으로 윤리적 삶으로부터 멀리 떨어져 있었다. 동성애, 이성간의 난잡한 성행위, 이혼, 낙태, 유아 살해(특히 여아들에 대한), 노예 제도, "신성한" 매춘 등은 심지어 타락하고 있는 우리의 서구 세계에서보다 당시에 훨씬 더 두드러지게 나타나고 수용되었다.[46] 고대 세계에서 극단적으로 드물게 나타났던 것으로서 잘 알려진 근대의 종교와 유사한 것은 순수한 무신론이었다.

유대교의 유일신론과 도덕성은 (그러한 상황 가운데서) 날카롭게 대조되어 돋보였는데, 이는 기독교의 삶과 사상이 발생하던 당시에 그러했던 것과 마찬가지이다. 그러나 이러한 종교들 역시 때로는 혼합주의에, 특히 영지주의적 변종들에 굴복하곤 했다. 헬라인들과 로마인들이 그들의 만신전에 어떠한 신들도 다 기꺼이 추가하고자 했던 다원주의에 의해 지배된 시대에, 유대인들과 그리스도인들이 다신론을 배격하고 관용하지 않은 것은 놀라운 일이었다. 그리고 많은 유대인들이 하나님은 의로운 이방인들을 "구원하시는" 그분 나름의 방법을 발견하실 것이라고 믿게 된 것 만큼이나, 예수가 유일한 길(유대인들의 구원을 포함해서!)이라는 초기 그리스도인들의 고집스런 주장은 훨씬 더 독단적인 태도로 보였다. 오늘날 우리들 세계에 점점 더 많은 영향을 미치고 있는 다원주의와 부도덕성의 문제는 새로운 것이 아니다. 그러한 문제에 적절하기 반응하기 위해 우리는 끊임없이 신약에 의지할 필요가 있다.[47]

4. 심층연구를 위한 자료

제1장의 말미에 인용된 문헌을 보라. 이에 덧붙여, 다음을 참고하라.

---

46) 고대 헬라의 웅변가 데모스테네스(Demosthenes, 384-322, B.C.)의 글에서 인용된 유명한 인용구는 종종 여선히 1세기 로마 황제에게 적용되었다. "정부(情婦)는 우리의 쾌락을 위해 유지하고, 첩은 우리를 매일 섬기도록 유지하며, 아내는 우리 가족을 신실히 지키고 적법한 자녀를 낳기 위해 유지한다"(*Against Neaera*, 122).
47) 유용하고 실제적인 지침을 위해서는, Tom Wright, *New Tasks for a Renewed Church* (London: Hodder & Stoughton, 1992 [=*Bringing the Church to the World* (Minneapolis: Bethany, 1993)])를 보라.

1) 초급

ABD, s.v. "Cynics," "Epicureanism," "Gnosticism," "Mystery Religions," "Myth and Mythology(Greco-Roman)," "Pythagoreanism," "Roman Imperial Cult," "Stoicism."

DJG, s.v. "Apocalyptic," "Dead Sea Scrolls," "Judaism," "Pharisee," "Scribes," "Revolutionary Movement," "Sanhedrin."

Freyne, Séan. *The World of the New Testamet*. Wilmington: Glazier, 1980.

Martin, Luther H. *Hellenistic Religions: An Introduction*. Oxford: OUP, 1987.

McNamara, Martin. *Palestinian Judaism and the New Testament*. Wilmington: Glazier, 1983.

Nash, Ronald H. *Christianity and the Hellenistic World*. Grand Rapids: Zondervan, 1984.

2) 중급

Cohen, Shaye J. D. *From the Maccabees to the Mishnah*. Philadelphia: Westminster, 1987.

Ferguson, Everett. *Backgrounds of Early Christianity*. Grand Rapids: Eerdmans, 개정판, 1993.

Finegan, Jack. *Myth and Mystery: An Introduction to the Pagan Religions of the Biblical World*. Grand Rapids: Baker, 1989.

Murphy, Frederick J. *The Religious World of Jesus*. Nashville: Abingdon, 1991.

Nickelsburg, G. W. E. *Jewish Literature between the Bible and the Mishnah*. Philadelphia: Fortress, 1981.

Rowland, Christopher. *Christian Origins*. London: SPCK; Minneapolis: Augsburg, 1985.

Wright, N. T. *The New Testament and the People of God*. London: SPCK; Minneapolis: Fortress, 1992.

3) 고급

Safrai, S. & M. Stern, 편집, *The Jewish People in the First Century*. 제2권. Assen: van Gorcum; Philadelphia: Fortress, 1974-76.

Saldarini, Anthony J. *Pharisees, Scribes and Sadducees in Palestinian Society: A Sociological Approach*. Wilmington: Glazier, 1988; Edinburgh: T. & T. Clark, 1989.

Sanders, E. P. *Judaism: Practice and Belief, 63 BCE-66 CE*. London: SCM; Philadelphia: TPI, 1992.

Schürer, Emil. *The History of the Jewish People in the Age of Jesus Christ*. 제3권. Geza Vermes, Fergus Millar, Matthew Black에 의한 편집과 개정판. Edinburgh: T. & T. Clark, 1973-87.

Stemberger, Günter. *Jewish Contemporaries of Jesus: Pharisees, Sadducees, Essenes*. Minneapolis: Fortress, 1995.

5. 복습을 위한 질문들

1) 1세기의 헬라 종교와 유대 종교 모두에서 주요 종교들 각각에 대한 간략한 개요를 말해 보라. 관련 인물 가운데 누가 주된 인물들인가?

2) 당신 자신의 경험을 통해, 현대 종교 세계에서 이 각각의 고대 종교들과 가장 밀접한 병행을 이루고 있는 종교 몇몇을 말해 보라. 참된 기독교는 이러한 다른 종교들과 어떤 점에서 유사하며 또 다른가? 그 종교들은 기독교의 발생에 어떤 영향을 미쳤는가?

3) 나그 함마디 문헌이란 무엇인가? 사해 두루마리란 무엇인가? 우리가 기독교 기원에 관해 이해하는 데 이들 두 종류의 문서는 어떤 중요성을 갖는가?

4) 기독교 탄생을 이해하는 데 신구약 중간기 유대교의 어떤 일반적 경향들이 중요한가? 이들 경향들을 규정하기 위해 우리가 이용할 수 있는 다른 자료들은 무엇인가?

제3장

사회 경제적 배경 – 신약 시대의 일상

1. 사회적, 경제적 역사

최근까지도, 역사가들은 포괄적으로는 아닐지라도 주로, 사회의 정치 지도자들이나 군사 지도자들의 행위에 초점을 두었다. 교회 역사가들 역시 교회 지도자들을 자세히 조사하였다. 그러나 역사가들은 보통 사람들의 일상생활에 거의 관심을 보이지 않았다. 오늘날, 그러한 일상 생활에 대한 관심의 르네상스가 일어나고 있다. 로마 지배 하의 1세기 팔레스틴의 사회에 대한 개관은 복음서를 더 잘 이해할 수 있도록 도움을 준다. 우리는 묘사된 사건들을 생생하게 그릴 수 있으면서 우리들 세계의 생활 조건을 우리시대와 전혀 다른 시간과 장소에 주입해서 읽으려는 시대착오적인 잘못을 피할 수 있다.

1) 지리

이스라엘은 상당히 다른 네 종류의 지형으로 구성되어 있었고, 지금도 그렇다. (1) 비옥한 해안 평야는 항해 및 제국의 다른 지역들과의 무역을 위한 항구 도시들을 포함하고 있었다. 과일과 야채가 그곳에서 풍성하게 생산되었다. (2) 중앙 산간 지역은 주로 목재를 생산하는 거칠고 암석이 많은 지대 뿐 아니라, 농사를 지을 수 있는 낮은 구릉지를 포함하고 있는 곳으로서, 나라를 북쪽과 남쪽 두 형태로 나누었다. 덜 거친 부분들은 목자들과 그 양떼들, 포도원(특히, 포도와 올리브를 위한), 과수원(특히, 무화과를 위한), 다른 작물들을 위한 작은 계단식 토지, 그리고 수많은 작은 마을들(훨씬 더 큰 예루살렘은 예외) 등에 적합했다. (3) 남부 갈릴리의 이스르엘 골짜기와 전체 요단 골짜기는 그 나라의 곡

창지대를 형성해, 그 지역에서는 많은 곡물들, 특히 밀이 자랐으며, 위에서 언급된 다른 농작물들도 자랐다. (4) 남부 유대 지방과 이두매 지역은 가장 큰 사막이나 광야 지역이었기 때문에, 유목민들과 그들의 다양한 양떼, 염소떼, 낙타떼 등에 이용되는 것 외에 거의 이용되지 않았다.

중앙 산악 지방 "산들"의 대부분은 그 고도가 해발 약 1,500피트에서 3,500피트 정도로 다양하며, 가장 먼 북동쪽에 있는 헬몬산은 예외적으로 그 높이가 해발 9,200피트 이상이다. 이와는 아주 대조적으로, 사해는 해수면보다 1,296피트나 낮아 육지 가운데서 가장 낮은 지역이다. 영하의 기온에 눈으로 뒤덮인 지역에서 기온이 화씨 90-100도(섭씨 32-38도)에 이르는 뜨겁고 건조한 사막 지역에까지 단기간에 가는 것은 가능하지만, 대략 두 지역 사이에는 100마일 정도의 거리가 있다. 겨울은 우기이고, 여름은 건기이며, 일 년에 두 번 있는 수확의 시기에 서로 다른 작물들이 번갈아가며 수확된다.[1]

신약 시대에 예루살렘은 이스라엘에서 가장 큰 도시였다. 그 도시는 성전과 그 경내가 현저하게 두드러진 도시였는데, 성전이 그 도시에서 차지하는 공간은 성벽으로 둘러싸인 도시 면적의 약 4분의 1정도였고, 그 크기는 동서남북 어느 쪽으로든 약 1.5마일 정도의 길이였다. 다른 주요 건물들은 헤롯이 건축한 안토니아 요새, 그리고 그가 헬라저 유흥을 위해 건축한 원형극장과 경마 경기장 등이었다.[2]

2) 인구

많은 고대 인구 조사가 행해졌지만, 대부분의 기록은 상실되었다. 대략적인 추산은 다양한 거주 장소에 적합하게 들어맞았을 사람들의 숫자를 계산한 고고학자들의 계산과 더불어 현재 남아 있는 자료에 근거하여 이루어질 수 있다. 우

---

1) 학생들을 위한 탁월한 개론적 성경 지도책은 Harry T. Frank 편, *Hammond's Atlas of the Bible Lands* (Maplewood, N.J.: Hammond, 1977)이다. 물리적 지형, 강우량, 농작물 등에 대해서는, B-4, B-6, B-7을 보라. 더 상세한 내용을 위한 표준 학문적 지도책은 Y. Aharoni & M. Avi-Yonah, *The Macmillan Bible Atlas* (New York & London: Macmillan, 1968)이다.
2) 요아킴 예레미야스(Joachim Jeremias)가 쓴 『예수 시대의 예루살렘』(*Jerusalem in the Time of Jesus*)은 그 당시 예루살렘에 관한 권위적인 연구서이다(London: SCM; Philadelphia: Fortress, 1969).

리는 도시에 인구가 밀집해 있었으며, 많은 사람들이 바로 코앞에 있는 작은 집에서 살았다는 것을 알 수 있다. 심지어 시골 지역도 작은 토지에서 일하는 많은 사람들로 가득 차 있었다. 전체 로마 제국에는 약 5천만 명의 인구가 있었으며, 그 가운데서 약 4백만 명은 유대인이었던 것으로 추정된다. 아마 약 70만 명이 이스라엘 땅에서 거주했고, 3백만 명 이상이 디아스포라 전 지역에 흩어져 살았을 것이다. 알렉산드리아와 안디옥은 많은 유대인 인구가 거주하고 있던 이방 도시들이었다.

로마시 자체에만 백만 명 이상의 인구가 살고 있었으며, 보다 더 나은 삶을 희망하면서 사람들이 끊임없이 시골을 떠나 로마제국의 도시 중심으로 몰려들었다. 그 인구의 약 3분의 1 가량이 노예들이었는데, 그 중에는 수많은 탈주자들도 포함되었다. 알렉산드리아에는 75만 명이 거주했고, 안디옥에는 50만 명이 거주했다. 아테네와 다소는 다소 작았지만, 중요한 대학 도시들이었다. 에베소, 빌립보, 데살로니가, 고린도는 각각 인구 약 10만 명 이상이 거주하는 네 개의 주요 도시들이었다. 예루살렘은 그보다 더 작았으며, 성벽 내부에 약 2만 5천 명 정도가 거주했고, 약 3-4 평방 마일 정도 되는 전체 "대도시권역"에는 대략 10만 명 정도가 거주했다.[3] 그러나 절기 때에는, 특히 유월절 때에는 보다 더 큰 근교 지역의 인구가 20만 명, 또는 그 이상으로 증가했을 것이다. 그때에는 제국 전체에서 수많은 유대인들이 예루살렘으로 몰려들었기 때문이다. 아마도 그들 가운데 대부분은 예루살렘 도시 주변의 언덕 지역에 장막을 치고 임시로 거주했을 것이다.

비록 논란이 되기는 하지만, 어떤 사람들은 갈릴리에 유대인들보다는 이방인들이 더 많이 거주했다고 주장한다. 성경에서는 "이방의 갈릴리"라고 칭해진다 (참조. 마 4:15). 많은 사람들이 헤롯 안티파스가 (재)건축한 세포리스와 디베랴라는 두 도시에서 살았다. 그러나 갈릴리 주요 지역은 약 2백 개 정도 되는 작은 마을들로 구성되었고, 그 가운데서 약 1만 명 정도의 인구를 가지고 있었던 가버나움만큼 큰 마을은 없었다.[4] 그러므로 우리는 예수와 그의 제자들이 주로 큰

---

[3] 요세푸스(Josephus)는 상당히 큰 숫자로 말하지만, 그는 숫자에 관한 한 과장이 심하다고 알려져 있다. 예루살렘의 다양한 구역에 알맞은 사람들의 수에 대한 고고학자들의 계산은 고대 도시들의 높은 인구밀도를 감안하더라도, 우리가 계산한 상한선보다 더 믿을만 하다.

[4] Richard A. Horsley, *Galilee: History, Politics, People* (Valley Forge: TPI, 1995), p. 193-94.

제3장 • 사회 경제적 배경 – 신약 시대의 일상

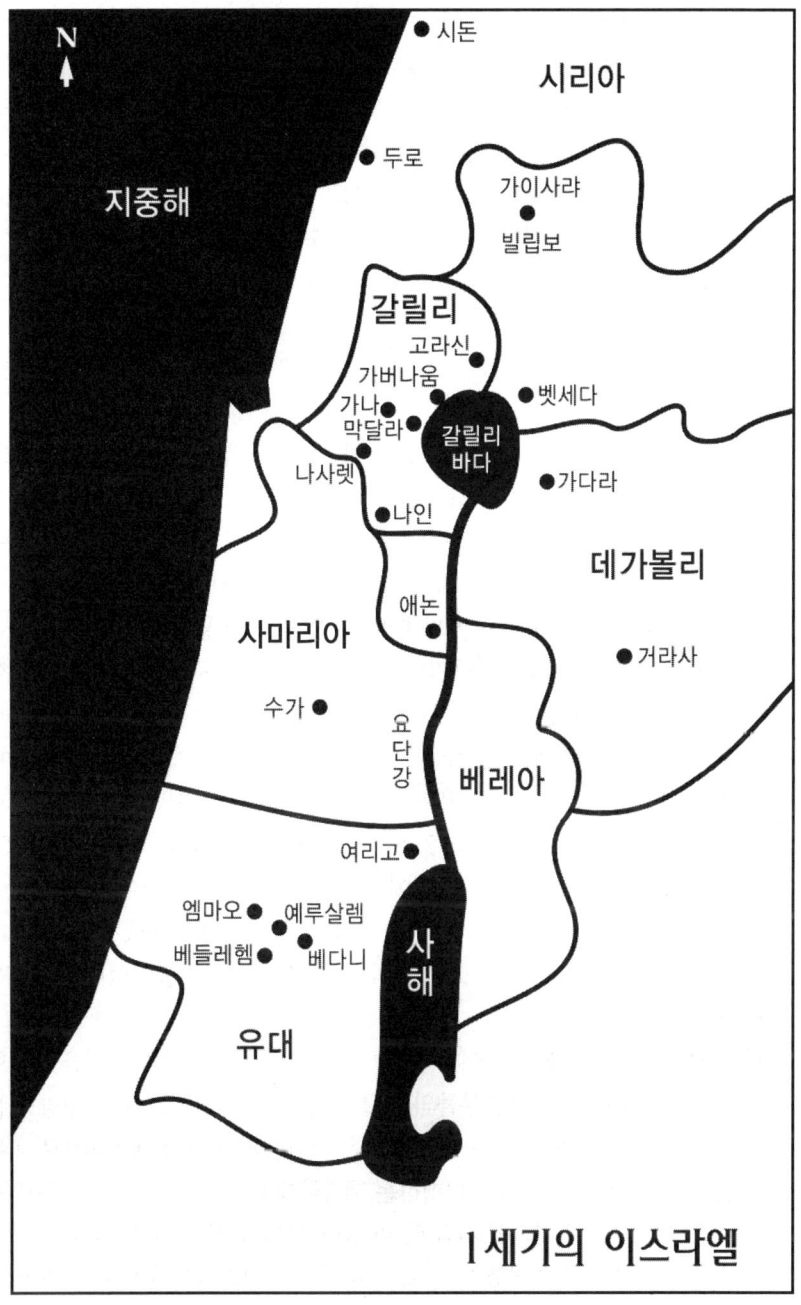

농장들이 딸린 사람이 거주하지 않는 지역을 돌아다녔을 것이라는 고정관념을 탈피해야 한다. 갈릴리는 우리가 상상하는 것보다 어떤 면에서 훨씬 더 도시적이었다. 예루살렘에는 친 헤롯 성향 제사장 관료들이 많이 거주하고 있었다는 사실과 더불어 유대인과 이방인의 긴장은 시골과 도시 간에 강력한 적대감을 초래할 수 있었을 것이다. 그러나 흥미롭게도, 예루살렘에 연례 절기 행사 때문에 모여든 순례 여행의 경우 외에, 우리는 예수께서 보다 더 큰 친로마적인 도시들 가운데 어떤 곳에서도 사역을 하셨다는 기록을 읽어보지 못한다.

3) 운송과 통신

앞에서 살펴본 바와 같이, 로마는 고대 세계에서 최상의 여행과 통신 시스템을 가지고 있었으며, 그러한 훌륭한 시스템은 17세기, 또는 그 이후까지 두 번 다시 되풀이될 수 없을 정도로 뛰어났다. 주요 도로들은 모두 주요 시내의 지구들에 연결되어 있었다. 로마의 길은 자갈길로 깔려 있었으며, 두 마리 말이 끄는 병거가 양쪽으로 동시에 두 개가 다닐 수 있을 만큼 넓었다. 많은 사람들은 보다 더 단순하게 소가 끄는 달구지나, 당나귀가 끄는 달구지로 여행했으며, 어떤 사람들은 그냥 걸어 다녔다. 대부분의 길들은 비포장(흙길)이었다. 병사나 특사는 말을 타고 하루에 평균 25마일에서 50마일 정도 여행할 수 있었으며, 비상시에는 만약 건강한 말을 이용할 수 있다면 그보다 두 배 정도의 여행을 할 수 있었다. 짐마차로는 하루 평균 7-8마일 여행할 수 있었고, 걸어서는 약 20마일 정도 여행할 수 있었다. 나사렛에서 예루살렘까지는 건강이 좋은 사람이 여행할 경우 걸어서 3일 길이었다. 주요 도로들은 비교적 안전했지만, 황야 지역에 있는 인적이 드문 길은 도적들의 은신처로 안성맞춤이었다(참조. 눅 10:29-37).

여인숙은 지역 곳곳에 있었으며, 여행하는 나그네들에게 숙박 시설을 제공했지만, 대부분은 해적들과 매춘부들의 소굴로 악명이 높았다. 보다 더 명망 있는 사람들은 친척들, 친구들, 또는 추천을 받은 사람들의 집에서 개별적으로 머무는 것을 더 선호했다. 그러므로 여행하는 제자들에 대한 환대는 초기 기독교 세계에서 상당히 높이 평가되었다(참조. 마 10:11-13; 요삼 5-8절). 바다 여행은 비록 언제나 잠재적인 위험했지만, 특히 무역하는 사람들에게 인기가 많았다.

겨울철에, 높은 바다들은 일반적으로 통행할 수 없었다. 화물선들의 크기는 대략 180피트 길이에, 천이백 톤의 화물, 또는 6백 명의 승객들과 그들의 짐을 실을 수 있을 정도였다.[5] (바울이 타고 갔던 죄수 운반선은 276명이 타고 있었다. 행 27:37). 로마에서 알렉산드리아로 가는 여행은 약 열흘 정도면 가능했지만, 반대로 알렉산드리아에서 로마로 가는 여행은 약 3개월 정도 걸려야 가능했다. 물론 이러한 시간은 바람과 날씨 상태에 따라 달라졌다.[6]

배들 역시 육지의 배달부들처럼 우편물을 날랐지만, 배달 가운데 가장 안전한 종류는 아는 사람을 통해 직접 전해 주는 것이었다. 모든 사람들이 알아야 할 공적인 뉴스들은 종종 도시 광장에 있는 공개 게시판에 게시되거나, 또는 시장이나 공적 활동의 중심지에서 "전령(herald)"에 의해 큰 소리로 낭독되곤 했다. 전령을 의미하는 헬라어(케뤽스)는 초기 기독교 선포(케뤼그마)를 나타내는 데에 빈번히 사용된 단어와 관련이 있다. 육로로 여행한 상인들은 보통 짐을 실은 수많은 달구지들과 짐승들을 대동한 대상(caravans)을 형성했는데, 이는 팔아야 할 많은 물건 때문이기도 하고, 또한 많은 수가 제공하는 안전 때문이기도 했다.

4) 도시 시설

고대 도시에서는 사람들이 북적댔던 것만큼 사생활이 거의 불가능했다. 사람들은 깨어 있는 시간 대부분을 의도적으로 집 밖에 나가 지냈다. 로마 목욕탕은 현대의 컨트리 클럽이나 마을 회관과 같은 성격의 장소였다. 목욕탕에는 "열탕", 운동 시설, 도서관, 예배당 등이 포함되어 있었다. 이와 유사하게, 헬라의 체육관 역시 다양한 면을 가지고 있었는데, 회원들을 위한 체력훈련과 남자 아이들을 위한 학교 교육의 중심지였다. 도시의 시장은 장사와 대화의 중심지였다. 발굴에 따르면, 현대의 쇼핑몰에 해당하는 건물이 있었는데, 그것을 스토아(stoa)라 불렀다. 스토아는 여러 상점을 덮고 있는 지붕을 지탱하는 여러 개의

---

5) A. C. Bouquet, *Everyday Life in New Testament Times* (London: Batsford, 1953), p. 103.
6) John E. Stambaugh and Daivd L. Balch, *The New Testament in Its Social Environment* (Philadelphia: Westminster, 1986), p. 39.

기둥들을 중심으로 정 사면체의 모양을 하고 있었다. 밤을 연장하는 등불이 또한 여러 곳에 켜져 밤을 밝혔다. 예를 들어, 안디옥에는 기름으로 타는 램프 기둥이 약 2.5마일 이상이나 펼쳐져 있었다.[7] 알렉산드리아의 도서관은 무려 50만 권 이상의 책을 보유하고 있었지만, 대체로 부유한 사람들만이 책을 개인적으로 소유했다.

5) 집

특히 로마 내부와 로마 주변에 살았던 부유층의 사람들은 여러 층으로 되고, 단독 건물로 서 있는 벽돌 저택을 소유할 수 있었는데, 그 건물 내부에는 한번에 50명까지 모일 수 있는 홀이 있었다. 세 개의 뜰이 있고 방이 열두 개인 큰 집이 가버나움에서 발굴되었는데, 어떤 사람들은 그 집이 베드로의 집이었을 것이라고 생각한다.[8] 제자들이 예루살렘에서 함께 모인 다락방은 그 도시에서 큰 집들 가운데 하나였을 것이다. 소수의 운 좋은 자들(즉 부자들)을 위해, 로마는 뜨거운 물과 찬 물을 제공하고 하수를 제거하는 배관 시설을 건설했다. 이스라엘을 포함하여 제국의 거의 대부분 지역에서, 부유하지 않은 거의 대부분의 사람들의 집은 훨씬 더 작았으며, 설비는 훨씬 더 단순했다. 흙으로 만들어 햇볕에 말린 벽돌과 잘라낸 돌은 더 흔한 건축 재료였다. 대다수의 보통 사람들은 방 하나인 이층 구조 건물에서 살았는데, 거기에는 분리된 거주 숙소와 이층에는 짐승 마구간이 있었다. 그런 집의 외면은 보통 평평했으며, 다른 외면에 인접한 한 면은 안쪽 뜰을 공유하는 직사각형으로 된 삼면을 형성했다. 보다 더 큰 도시에 있는 임대 건물들은 작은 다층 구조로 된 아파트와 같았다. 건물들의 지붕은 기와나 초가지붕이나 진흙 등으로 만들어졌다. 팔레스틴에서 지붕은 평평했으며, 사람들은 거기에서 교제했고, 무더운 날씨에 거기에서 보다 시원하게 잠을 자기도 했다.

소수의 부자들을 제외한 모든 사람들에게 가구는 최소한도였다. 몇 종류의

---

7) 동등하게 깔끔한 포장 도로, 대리석으로 된 거리들, 그리고 다른 유사한 쾌적한 설비들에 대해서는, Bouquet, *Everyday Life*, p. 27을 보라.
8) 예컨대, *ABD*, 제1권 p. 866-69에 있는 코르보(Virgilio C. Corbo)의 논문, "Capernaum."

침구, 아마 땅 바닥에 몇 개의 매트 정도가 있었고, 바깥에는 요리를 위한 화덕이 있었으며, 의자 한두 개나 벤치가 있었다. 실내에는 흙으로 된 마루의 한 가운데에 움푹 들어가는 영역이 있었으며, 거기에는 작고 위가 덮인 숯불이 있어서 추운 날씨에도 집을 훈훈하게 유지할 수 있었다. 고고학자들은 더 부유한 집에서 매우 다양한 도기들, 부엌세간들, 유리 제품들 및 다른 가족 연장들을 발굴해 냈다. 조명은 올리브기름 램프와 횃불로 하였다. 보통 사람들은 문 밖의 지정 장소에 쓰레기를 버리기 위해 방 안에서 쓰레기 단지를 이용하였으며, 일반적으로 더러운 냄새와 비위생적인 환경을 방지하기 위해 도로 한 가운데 있는 하수도를 통해 더러운 물들을 흘려보냈다. 지역 우물들과 빗물을 저장하기 위한 저수지와 도시를 연결하는 수도관들은 대부분의 수자원을 공급했다. 그러나 검소한 모든 집은 보통 빗장과 자물쇠가 있어서 밤에 문을 걸어 잠궜다. 창문은 작았는데, 이는 안전과 단열의 목적 때문이었다. 전형적인 음침한 틈은 잃어버린 동전을 작은 촛불이나 기름 램프로 찾는 것을 어렵게 했을 것이다(눅 15:8-10).

6) 식사와 매일의 일정

농부들은 해가 떠서 질 때까지 일했으며, 장인들과 기술자들은 거의 하루 종일 일했다. 부유한 상인들은 훨씬 더 적은 시간만 일했는데, 대체적으로 이른 아침부터 시작해서 정오 직전까지 일하고, 정오에 낮잠을 잔 후에 다시 몇 시간 정도 더 일했을 것이다.[9] 더 부유한 로마 사람들은 하루에 네 끼 식사를 했으며, 규칙적으로 고기와 낙농 식품을 먹었다. 부유하지 못한 유대인들은 종종 두 끼 식사밖에 하지 못했다. 빵이 주식이었으며, 여기에 다양한 과일, 견과류, 야채 등으로 보충했다. 특별히 갈릴리 근처에서 생산된 생선은 아주 풍성했지만, 대부분의 사람들은 고기를 단지 절기 때와 다른 특별한 경우에만 사 먹을 수 있었다. 따라서 보통 사람들은 잔치에 초대받을 경우, 다른 때에는 종교 의식 때에나 조금 맛볼 수 있었던 음식을 먹을 수 있는 드문 기회를 얻을 수 있었다(참조.

---

9) 보다 더 상세한 사항에 대해서는, Albert A. Bell, Jr., *A Guide to the New Testament World* (Scottdale and Waterloo: Herald, 1994), p. 200-2를 보라.

눅 14:12-14; 고전 10:27-30). 포도주는 기본적인 음료였고, 일반적으로 물이나 우유보다 건강에 더 도움이 되었다. 하지만, 오늘날의 포도주보다는 약 3배 정도로 더 희석해서 마셨다.[10] 올리브기름은 요리할 때 들어가는 기본적인 성분이었으며, 꿀은 음식 맛을 달게 하는 주요 식품이었다. 고기에 충분히 뿌린 소금은 냉장 기술이 없었던 고대 세계에서 고기를 오래 동안 썩지 않고 보존하게 하는 데 유익했다.

대부분의 사람들에게, 저녁 식사는 고단한 하루 일과를 끝내고, 낮 시간을 끝마쳤으며, 더 친밀한 사교를 위한 정규적인 기회를 제공했다. 어두워진 후에는 할 일이 거의 없었기 때문에, 그들은 약 두 세 시간 정도 한가롭게 식사를 즐겼으며, 그러면서 많은 대화를 나누었다. 격식을 갖춘 모임에서, 사람들은 식탁에 "기대어 누웠다"(참조. 요 13:23). 음식이 제공된 긴 의자(벤치) 곁에 푹신푹신한 방석이 제공되었으며, 때때로 그러한 자리는 U자 모양으로 배치되었고, 사람들은 한쪽으로 비스듬히 누워 팔꿈치로 몸을 지탱해, 다른 한 손으로는 음식을 먹었다. 따라서 다리는 식탁과 직각을 이루었다. 예를 들어, 이러한 자세는 바리새인 시몬의 집에 온 평판이 나쁜 한 여인이 어떻게 해서 비스듬히 누워 계시는 예수 곁에 와서 그의 발에 기름을 부을 수 있었는지를 설명해 준다(눅 7:38). 또한 지위에 따라 식탁에 자신의 자리를 정하는 것 역시 중요했다(눅 14:7-11).

7) 의복과 스타일

평균적인 유대인 남자가 입는 주된 의복은 린넨(아마포)이나 면으로 된 "튜닉"(헬, chiton)이었다. 이 옷은 헐겁고 무릎까지 내려오는 옷으로서, 일을 하거나 걸어 다닐 때에는 허리 주위를 띠로 묶어야 하는 옷이었다. 보다 더 추운 날씨에는 이 옷 위에 보통 양모로 만들어진 겉옷(헬, 히마티온)을 입었다(참조. 마 5:40). 샌들이나 신발, 머리 덮개, 그리고 속옷 등으로 남성의 복장은 마무리되

---

[10] 고대 포도주는 발효된 술이 아니라는 견해 및 예수와 그의 제자들은 아무리 도수가 낮은 술이라도 전혀 마시지 않았다는 견해는 옳지 않다. 예컨대, Norman L. Geisler, "A Christian Perspective on Wine-Drinking," *BSac* 139 (1982), p. 46-56을 보라. 가이슬러는 그럼에도 불구하고 그리스도인들이 오늘날 선택하는 하나의 중요한 전략적 선택이 다름 아닌 금주(禁酒)라고 주장한다.

었다. 기도할 때, 유대인 남자는 훗날 로마 가톨릭의 로자리오 염주알처럼 생긴 손가락까지 내려오는 긴 술이 달린 독특한 큰 외투를 입었으며, 성구함(기록된 주요 성구가 들어 있는 성구 상자로서, 그들은 이것을 머리와 팔에 가죽으로 묶고 다녔음)을 함께 챙겼다. 로마 남자들은 더 길고 독특한 토가(toga)를 입었는데, 이 옷은 외국인들에게는 착용이 금지된 옷이었다.

여인들은 보다 더 단순하지만 색상이 더 화려한 원피스 같은 옷을 입었다. 많은 여인들은 아마 공공장소에서 머리를 가리는 숄을 걸쳤을 것이지만, 흔히 우리가 생각하듯이 얼굴 전체를 가리는 베일을 쓰지는 않았다.[11] 또한 중동의 여인들은 경제적 여유가 있을 때에 보석, 향수, 화장품 등을 많이 사용했다. 유대인 남자들은 보통 로마 사람들보다 더 긴 머리카락에 수염을 길렀다. 두 문화의 여인들은 보통 긴 머리카락을 길렀는데, 특히 결혼 후에는 뒤로 둥그렇게 묶은 머리 모양을 했다.

8) 사회 계층

주로 농경 사회로 구성된 대부분의 전통적인 귀족적 제국과 마찬가지로, 고대 로마 제국 역시 모든 국민들의 전체 재산(부) 가운데 절반 이상이 인구의 약 1내지 2퍼센트의 상위층에 집중되어 있었다. 이 상위층에는 황제와 그의 왕궁, 나른 주요한 정치 군사 지도자들, 토지 소유 귀족, 그리고 때때로 가장 영향력 있는 종교 지도자들 등이 포함되어 있었다. 국가적으로, 그리고 지역적으로 이 사람들을 섬긴 관료 계급층은 "부유층" 계급을 약 5내지 7퍼센트 정도로 확대시켰다. 작은 "중산층"(단지 하루 벌어 하루 쓸 정도의 돈이 아닌, 쓰고 남은 돈을 저금할 정도의 수입을 올리는 계층)은 기껏해야 이상의 계층 외 약 15퍼센트를 구성했으며, 이 계층에는 많은 제사장들, 바리새인들, 더 부유한 상인들, 무역상들, 기술자들, 장인들, 은행가들, 통행료를 거두는 사람들 등이 포함되어 있었다. 전체 인구의 70퍼센트 정도는 힘들게 사는 농부들과 어부들, 또는 다른 사람들의 토지나 "공장"에서 일하는 품삯 노동자들이었다. 한 데나리온이 하루 노동자 품삯이었으며

---

11) 신약 세계에 여인들이 얼굴에 베일을 쓰는 풍습에 대해서는, 특히 James B. Hurley, *Man and Woman in Biblical Perspective* (Leicester: IVP; Grand Rapids: Zondervan, 1981), p. 254-71을 보라.

(참조. 마 20:2), 그 돈으로 노동자는 자신과 자기 가족의 하루 생계를 위해 필요한 식품밖에 사지 못했다. 고용된 일꾼들은 현대의 이민 노동자들과 유사했으며, 그들에 대한 고용은 연중 계속되지 않고, 단지 계절적으로만 이루어졌다. 그래서 그들이 받은 임금 가운데서 만약 잉여분이라도 조금 생긴다면 반드시 저금해야 했다. 현대적 기준으로 볼 때, 이들 70퍼센트의 사람들은 가난하게 살았다. 가장 밑바닥 계층을 형성한 10퍼센트, 그리고 때로 그 이상의 퍼센트를 이루는 사람들은 사회에서 소외된 자들이나 더이상 쓸모없는 자들로 구성되었다. 그들은 종종 심지어 최소 생계 수준도 미치지 못할 정도로 극빈하게 살았으며, 그들에게는 실제적으로 굶어 죽을 위협이 상존하고 있었다.[12]

예수의 제자들과 다른 추종자들 대부분은 아마 가난한 계층 출신이었던 것으로 보인다. 그러나 만약 요셉의 목공소가 당시 나사렛 근처 세포리스에서 일어났던 건축 산업의 붐을 통해 혜택을 입었다면, 예수와 그의 가족의 경제 사정은 예수가 태어났을 당시 분명히 가난했던 상태(눅 2:24를 보라. 레 12:8을 참조하라)를 벗어나 가난한 계층의 상층부로 올라가 "중산층"의 맨 아래 단계로 향상했을 것이다. 심지어 비교적 가난한 사람들도 가끔씩 적어도 한 명 정도의 종을 거느리고 있었으나(참조. 눅 17:7-10), 세베대와 그의 아들들이 한 명 이상의 종을 거느리고 있었다는 사실(막 1:20)은 그들이 제자들 가운데 약간 더 부유했을 것이라는 사실을 암시한다. 그러나 예수의 제자들이 자신들의 산업을 통해 얼마의 재산을 모았더라도 그 재산에 관계없이, 그들은 그리스도와 함께 순회 전도 사역을 수행하기 위해 그 재산을 다 뒤에 남기고 떠났다. 예수와 그의 여행단은 부유한 여인들의 전략적 그룹으로부터 상당한 도움을 얻는 것을 포함하여(눅 8:1-3) 다른 사람들이 제공한 경제적 지원에 의존했다.[13]

위에서 다룬 경제적 구분을 초월하는 사회적 계층이 하나 있었는데, 그것은 노예 계급이었다. 대부분의 고대 노예들은 인종차별의 희생자들이 아닌, 정복

---

12) 이러한 사회적 계급들에 대한 간결한 요약과 그것들이 어떻게 기능했는지를 알려면, William R. Herzog II, *Parables as Subversive Speech: Jesus as Pedagogue of the Oppressed* (Louisville: Westminster/John Knox, 1994), p. 53-73을 보라.
13) 예수와 그의 첫 번째 추종자들의 사회 경제적 수준의 주제에 관해서 더 알기 위해서는, John P. Meier, *A Marginal Jew: Rethinking the Historical Jesus*, 제1권 (New York and London: Doubleday, 1991), p. 278-85를 보라.

의 희생자들, 말하자면 전쟁 포로들이었다. 그 외 노예들 가운데 어떤 사람들은 노예로 태어나거나, 또 어떤 사람들은 자기 자신을 노예로 판 사람들, 예컨대, 빚을 갚기 위해 스스로 노예가 된 사람들이었다. 미국 남북 전쟁 이전에 있었던 노예 제도와 달리, 로마 세계의 노예들은 재산을 소유하고, 돈을 벌고, 때로는 자유로운 사회적 신분을 사는 데 필요한 만큼의 돈을 저축하기도 했다.[14] 부유한 집에서 일한 노예는 종종 대부분 자유민들보다 더 부유했으며, 자기 주인의 재산을 관리하고 그 주인의 자녀들을 가르치는 등 상당히 중요한 권리를 행사했다. 그러나 사회 경제적 스펙트럼의 반대쪽 끝에는 로마제국 전 영역에 있는 다양한 광산의 섬뜩한 환경 가운데서 일한 수많은 노예들이 있었다.

9) 경제적 부채 및 구제 기금

1세기의 전반기에는 대부분의 이스라엘 사람들이 점증하는 재정적인 어려움을 겪었다. 비록 갈릴리는 유대인의 폭동이 일어나기 약 10년 전까지 상대적으로 번창했지만 말이다. 그러나 많은 사람들에게 납세는 자신의 소득에서 상당히 무거운 부담이 되었다. 유대인들의 삼중 십일조, 즉 10퍼센트는 제사장들에게, 10퍼센트는 성전 희생 제사를 위해, 그리고 3$\frac{1}{3}$퍼센트는 가난한 사람들을 위해 낸 십일조였는데, 이러한 십일조 외에도, 판매세, 관세, 매년 바치는 조공이 로마 정부 재정에 들었다. 이 기금 대부분은 로마의 방대한 군사 물자를 준비하는 자금이 되었다. 로마에 내는 세금은 일 년에 3주 분량의 소득을 바치는 것에서부터 모든 소득의 30퍼센트를 바치는 것까지 다양했다. 예루살렘 성전을 위해 일 년에 한 번 바치는 성전세는 반 세겔, 또는 2데나리온이었다(참조. 마 17:24-27). 의심할 여지없이, 어떤 유대인들은 자기들이 받는 모든 임금의 절반 또는 그 이상을 세금조로 내야 했다. 이익이 되지 않는 세금의 부담으로 인해 사람들은 고리대금이라는 돈을 많이 벌 수 있는 사업을 하기도 했다. 고리대금업자로부터 빌린 돈을 갚지 못할 경우 자기 재산에 대한 소유권을 상실하게 되었으며, 심할 경우 노예로 팔리거나, 채권자의 감옥에서 고통을 당해야 했

---

[14] 로마 세계의 노예제도에 대한 보다 상세한 사항을 알기 위해서는, S. Scott Bartchy, *MAΛΛΩN XRHΣA I: First-Century Slavery and I Corinthians 7:21* (Missoula: SBL, 1973)을 보라.

다.[15] 세리들, 그들이 로마의 "세리장"이든, 더 평범한 유대의 세금 중간 상인이든("통행세를 걷는 세리들"), 이들이 사람들에게 혐오의 대상이었다는 사실은 조금도 이상한 일이 아니다!

제국 가운데 헬라 문화가 더 강한 곳에서는, 후원 제도가 수많은 계절 노동자들이나 다른 가난한 사람들의 곤궁을 다소 완화시켜 주었다. 부유한 귀족들은 후원자-피보호자(patron-client) 관계를 통해 궁핍한 사람들에게 관대하게 베풀어 줄 것이 기대되었으며, 가난한 사람들은 그들의 경제적 은인들에게 정치적으로 지원하고, 그들에게 공개적인 영예와 갈채를 보내고, 그들을 위해 여러 가지 힘든 일들을 할 것이 기대되었다.[16] 1세기 로마에는 지진이나 기근 이후 지급되는 곡식 배급과 약간의 재난 기금 외에, 다른 복지 제도가 발전하지 않았었다. 유대 세계는 가난한 사람들에게 하루 단위나 일주일 단위로 음식이나 돈을 분배해 주는 더 발전된 복지 제도가 있었지만, 많은 사람들은 여전히 "혜택의 사각지대에 있었다."

10) 일의 종류

정당하게 일하는 것은 유대 남자들에게 매우 중요했다. 심지어 랍비들도 "이중 직업"을 가져야 했으며, 그들의 생계비를 종교적 활동을 통해서보다는 장사를 통해서 벌어야 했다. 우리는 이미 농부들이 재배한 주요 곡물에 대해 언급했다. 소가 끄는 쟁기로 들판을 경작했고, 낫으로 수확했으며, 키질하는 도리깨로 알곡을 겨와 분리해냈다. 나귀들은 거대한 연자 맷돌을 둥그렇게 굴리며 곡물을 갈았고, 포도즙을 짜는 큰 통을 통해 포도열매를 과육으로 만들었고, 올리브 기름을 짜는 기계를 통해 귀한 기름을 짜냈다. 어부들은 큰 예인망이 달린 움푹 들어간 참호같이 생긴 카누 배를 사용했다. 이 세부적인 모든 것들은 복음서를

---

15) 전형적인 유대인의 재정적 곤경에 대한 보다 더 보수적인 평가를 보기 위해서는, Thomas E. Schmidt, *DJG*, p. 804-7에 있는 논문 "Taxes"를 보라. 그리고 빚에 대한 정보와 더불어 보다 덜 보수적인 평가를 보기 위해서는, Douglas E. Oakman, *Jesus and the Economic Questions of His Day* (Lewiston: Mellen, 1986), p. 57-77을 보라. 로마 세금의 액수에 대한 정확한 기록은 일반적으로 부족하며, 유대인들의 납세가 얼마나 엄격하게 강요되었는가에 관한 문제들은 정확한 계산을 더 어렵게 만든다.
16) 후원자-피보호자(patron-client) 관계에 관해서는, Bruce W. Winter, *Seek the Welfare of the City* (Grand Rapids: Eerdmans; Carlisle: Paternoster, 1994), p. 41-60을 보라.

제3장 • 사회 경제적 배경 – 신약 시대의 일상

통해 세례 요한과 예수의 가르침에서 사용된 이미지에 나타난다.

보다 도시적인 일, 또는 "산업"에 관여한 사람들에는 옷감 제조업자, 도공, 금속공, 건물 매매업자, 바구니 직공, 염색업자 등이 있었다. 마을들과 도시들은 제빵업자, 식육점, 그리고 물을 판매하는 사람들을 필요로 하였다. 유대인들 가운데 신뢰할 수 없는 직업은 가죽을 다루는 일이었는데, 이는 그 일이 돼지가죽을 다루는 일을 포함했기 때문이다. 종종 로마의 부자들을 더 부유하게 만들어 준 사치품 직업에는 금은 장색, 상아 조각, 연고, 향신료, 값비싼 보석, 비단, 비싼 염료를 다루는 직업 등이 포함되어 있었다.[17] 은행가들은 오늘날 매우 제한된 형태의 자본주의로 여겨질 수 있는 것을 점점 많이 행했는데, 여기에는 돈을 빌려주기 위해 모아 둔 많은 액수의 저금, 건전한 투자, 고객들에게 이자를 지급하는 것 등이 포함되어 있었다. 환전 역시 상당한 이익이 발생했는데, 때로는 엄청난 이익이 생겼다. 그러나 인플레이션(물가상승)은 거의 확실히 존재하지 않았다. 그래서 사람들은 금속으로 만들어진 돈을 그들의 집에 있는 귀중품 상자 속에 넣어 보관했으며, 현금 대신에 상품과 서비스를 상호 교환하는 것만으로도 물건 구입에 충분했다.[18]

가르치는 직업은 "전형적인 고대 세계에서 비천하고, 심지어 멸시를 당하는 직업이었다. 왜냐하면 그것은 돈을 벌기 위해 고객의 뒤꽁무니를 뒤따르고, 오래 동안 일하는 것을 의미했기 때문이다."[19] 별로 놀라운 사실은 아니지만, 학교 교사들은 종종 다른 용도로 팔아넘길 수 없는 이전의 노예들이었으며, 그래서 그들에 대해 학생들과 공공 사람들이 보이는 존경심은 대체적으로 아주 낮았다. "쥬버널(Juvenal, 주후 60에서 140년까지 생존한 고대 로마의 풍자시 작가로서, 그는 로마 사회의 악덕과 어리석음을 풍자적으로 공격한 것으로 유명함–역주)은 음악가들과 유명한 운동선수들이 하루 동안 벌어들이는 돈은 교사가 일 년 동안 벌어들이는 돈보다 더 많았다고 통렬하게 계산한다(Sat. 7.175–

---

17) 탐욕스런 구매업자들이 더 이상 이용할 수 없는 상품들의 긴 목록을 담고 있는 요한계시록 18장의 애가는 1세기 상업이 로마의 부유층들의 수요를 공급하기 위해 만들었던 제국의 낭비를 보여준다. 로마의 수입과 정책의 간결한 목록에 대해서는, Helmut Koester, *Introduction to the New Testament*, 제1권 (Berlin and New York: de Gruyter, 개정판, 1995), p. 313-14를 보라.
18) 그 당시의 화폐 주조와 통화 제도에 관한 상세한 연구를 보기 위해서는, Richard Duncan-Jones, *Money and Government in the Roman Empire* (Cambridge: CUP, 1994)를 보라.
19) Everett Ferguson, *Backgrounds of Early Christianity* (Grand Rapids: Eerdmans, 개정판, 1993), p. 100.

177, 240-243). 어떤 것들은 시간이 지나도 거의 바뀌지 않는다!"[20] "대학교" 수준의 교육은 대가 철학자들과 공부하는 수준이었으며, 이는 대략 랍비가 되려고 하는 자들이 나이가 많고 정평이 나 있는 현인들로부터 공부하는 유대의 랍비 교육 수준과 거의 동등한 수준이었다. 적어도 여기에서의 상황은 그렇게 절망적이지는 않았다.

11) 가족

가족은 신약 시대 이스라엘에서 기본적인 사회 단위였다. 어린이들은 하나님께로부터 온 축복이었고, 자식을 낳지 못하는 것은 저주였지만, 어린이들은 가족보다 더 큰 사회에서 발언권이 전혀 없었다. 가족 내에서 자신의 위치를 알고 그 안에서 영예롭게 기능하는 것은 경건한 삶을 위해 절대적으로 중요했다. 남자들은 "생활비를 벌어오는 존재"였고, 여자들은 가사 영역 안에서 열심히 일했다. 남자들은 당연히 결혼하는 것으로 기대되었고, 만약 그들이 결혼하지 않는다면 무언가 잘못되었다고 생각되었다. 후에 랍비들은 다음과 같은 속담을 인용하곤 했다. "아내가 없는 자는 선이 없이, 도움이 없이, 기쁨이 없이, 축복이 없이, 속죄가 없이 살아간다"(Genesis Rabbah 17.2)! 제국 전 지역에서 약정 결혼이 여전히 성행했지만, 특히 로마 영향력 하에서, 젊은이들은 점차적으로 자신들의 신부를 직접 선택하는 성향을 보였다. 이스라엘 내에서의 변화는 훨씬 더 느리게 나타났다. 일부다처제는 극히 드물었는데, 이는 경제적으로 그만한 능력을 가진 남자들이 거의 없었기 때문이었다![21]

유대인 남자들은 보통 18세에 결혼했으며, 로마 사람들은 25세에 결혼했지만, 헬라인들은 흔히 30세가 넘어서야 결혼했다. 그러나 세 문화 모두의 소녀들은 보통 사춘기 직후인 십대 중반 초기에 결혼했다. 예를 들어, 마리아가 겨우 십대 신부밖에 되지 않았다는 것은 의심할 여지가 없는 것이다. 유대인 신랑은 자기 신부를 자기 아버지 집으로 데려가 확대 가족으로 살았으며, 종종 아버지

---

20) Bell, Guide, p. 238.
21) 널리 퍼진 오해에도 불구하고, 심지어 구약 시대에서도 일부다처제는 왕들과 매우 부유한 귀족들에게만 거의 배타적으로 제한되어 있었다. Walter C. Kaiser, Jr., Toward Old Testament Ethics (Grand Rapids: Zondervan, 1983), p. 182-90을 보라.

는 기존의 집에 방을 하나 더 만들어 아들 부부가 살게 했다. 확대 가족에는 또한 다른 친척들도 포함되었을 것이며, 노예들까지 함께 포함되었을 것이다. 이혼은 흔했지만, 그리스나 로마 세계보다 유대 세계에서는 더 적었다. 그러나 이혼 절차를 시작할 수 있는 권리를 가진 쪽은 거의 언제나 남자였다.

유대인 소년들은 학교에 다녔는데, 만약 가능했다면(보통 회당에서 공부함), 5세부터 12내지 13세까지 학교 수업을 받았다. 그리스 소년들은 보통 7세에 학교에 입학했다. 유대인들은 거의 성경만을 공부한 반면, 헬라인들은 호머(Homer)와 수사학에만 집중했다. 두 문화 모두에 기계적인 암기법만이 지배를 했다. 사춘기가 시작되는 시기에, 교육은 보통 끝이 났으며, 소년들은 종종 그들의 아버지의 직업을 배웠다. 물론 때때로 그들은 다른 사람의 밑에 들어가 견습생으로 일하기도 했다. 소녀들이 공식적인 교육을 받는 일은 거의 없었다. 단 하나의 예외는 그리스-로마 세계의 부유층 소녀들의 경우였다. 역할 관계와 차별은 성년기 내내 매우 전통적인 교육으로 남았다.[22]

12) 유흥과 여가

유대인들에게 종교적 휴일은 경축하는 날이었다. 안식일은 휴식의 날일 뿐 아니라 즐기는 날이기도 했다. 축제 예배는 비록 반성의 시간으로 가득 차기는 했지만, 현대적 기준으로 볼 때 매우 무질서하고 소란했다. 일주일에 한 번 쉬는 날이 없었던 헬라인들과 로마인들에게는, 수많은 연례 휴일, 신전 의식들, 애국적 경축 행사들이 그들에게 일상적인 일들로부터 휴식을 제공해 주었다. 고대 세계 전체에서, 결혼식과 장례식은 흔히 일주일 동안 거행되었으며, 그 기간 동안 모든 마을 사람들이 함께 기뻐하거나 슬퍼했다. 헬라 세계 전체와 상당히 많이 헬라화된 유대인들 사이에서 스포츠 행사는 매우 인기가 있었다. 거기에는 올림픽 게임과 전차 경주와 검투사 경기(이 경기는 애초에는 야수들을 죽

---

22) 유대 세계의 여인들의 역할에 대한 상세한 개관은, Leonard Swidler, *Biblical Affirmations of Woman* (Philadelphia: Westminster, 1979)을 보라. 또한 그리스-로마 세계의 여인들의 역할에 대한 상세한 개관은, Sarah Pomeroy, *Goddesses, Whores, Wives and Slaves: Women in Classical Antiquity* (New York: Schocken, 1975), 그리고 Eva Cantarella, *Pandora's Daughters: The Role and Status of Women in Greek and Roman Antiquity* (Baltimore and London: Johns Hopkins, 1987)를 보라.

이는 남자들에게만 제한되었음)가 포함되어 있었다. 대부분의 주요 도시들에는 큰 극장들이 있었으며, 거기에서 희극과 비극이 빈번히 공연되었다. 이러한 공연들은 보다 더 전통적인 유대인들에게는 금지되었는데, 이는 (이교적) 종교 주제들과 그것에 관련된 것들 때문이었다. 그러나 모든 유대인들은 음악, 특별히 노래 부르기와 춤추는 것, 이야기, 그리고 다양한 오락 형식의 "장기 등과 같은 보드 게임" 등을 즐겼다.

13) 과학과 의술

다시 한 번 말하거니와, 로마 세계는 그 당시 모든 면에서 매우 발전한 사회였다. 톨레미 3세(Ptlolemy III) 치하에 살았던 과학자들의 발견 이상의 것을 이미 언급했다(본서 제1장, '톨레미 왕조 하의 애굽 통치' (p. 32). 동기간 알렉산드리아 도서관의 사서였던 에라토스데네스(Eratosthenes)는 태양과 지구의 거리를 비교적 정확하게 계산하고, 아메리카 대륙의 존재를 추측했었다. 식물학자들은 식물의 세부적인 분류법을 만들어냈고, 지리학자들은 알려진 세계의 지도를 상당히 정확하게 그렸으며, 피타고라스(Pythagoras)와 아르키메데스(Archimedes) 같은 수학자들은 주전 몇 세기에 이미 현대 기하학의 원리 가운데 많은 것들을 발전시켰다. 건축가들과 엔지니어들은 최고급의 건축물들을 계획하고 세웠다. 내과 의사들과 치과 의사들은 모든 정교한 수술 도구를 가지고 있었지만, 독주나 순한 약 외에 마취제는 없었다. (고대의 자료들은 환자들의 비명소리에 다소간의 면역성이 있는 의사를 훌륭한 의사로 묘사한다!) 의사들은 매우 가난했지만, 일반적으로 평판이 좋았다. 약제사들은 훨씬 더 불신을 받았다. 대체로 여전히 만성적인 병과 불구자들이 있었으며, 그들에게는 그 당시의 어떠한 약도 효과가 없었으며, 그들은 종종 구걸에 의존해야 했다.

2. 문화 인류학 및 사회학

역사 기간의 사회 경제적 배경의 두 번째 주요 측면은 공유된 문화적 가치를 인식하는 것이며, 또한 사회 그룹들, 네트워크, 제도들 사이의 상호 관련 형태를 인식하는 것이다. 우리는 이들 각각을 순서대로 고려할 것이다.

1) 문화적 가치들

오늘날 비 서구 사회의 많은 부분에서와 마찬가지로, 고대 지중해 지역의 문화적 가치는 우리가 북 아메리카나 유럽에서 익숙해진 가치와 상당히 달랐다. 많은 점에서 예수 사역의 의미를 이해하기 위해서는 그러한 가치들을 아는 것이 매우 중요하다.[23]

(1) 영예/치욕

아마 모든 문화적 가치들 가운데 가장 지배적인 것은 영예와 치욕이 고대 사회에 두루 퍼져 있었던 정도였을 것이다. 사람이 돈을 얼마나 버는가, 또는 그가 어떤 직업에서 일했는가, 하는 것 등은 그다지 중요한 문제가 아니었다. 모든 것에서 자신이 영예롭게 되는 것이 극히 중요했다.[24] 영예는 누구에게 부여하거나 획득할 수 있었다. 유대 지도자들은 예수를 올무에 걸리게 하기 위해 미리 고안한 질문을 그에게 던짐으로써, 그의 영예를 계속해서 도전하였다(가장 두드러진 예에 대해서는, 막 11:27-12:34 및 병행 기사를 보라). 예수는 올무를 벗어나셨을 뿐 아니라, 그들이 대답할 수 없는 질문으로 그들의 질문을 되받아 치기까지 하셨다(예컨대, 막 12:35-37 및 병행 기사). 그는 그렇게 하심으로써 영예롭게 되고 그들은 치욕을 당했다. 스승을 따르는 추종자들의 규모 역시 사람들의 눈에 자신이 어떻게 보이는가 하는 것에 직접적으로 연관되어 있었다. 그래서 예수의 가르침이 너무 어려워서 다수가 그분을 따르기를 단념했을 때, 그분은 자기 제자들에게 "너희도 가려느냐?"라고 물으셨는데(요 6:60-67), 이는 조금도 이상한 일이 아니다. 그의 영예가 위기에 처했던 것이다. 헤롯이 그의 의붓딸에게 자신의 왕국의 절반이라도 주겠다고 경솔하게 약속한 잔치에서

---

23) 아래의 논의를 위해 필자는 Bruce J. Malina, *The New Testament World: Insights from Cultural Anthropology* (Atlanta: John Knox, 1981; London: SCM, 1983), 그리고 John J. Pilch, *Introducing the Cultural Context of the New Testament* (New York: Paulist, 1991)에서 크게 도움을 받았다.
24) 예컨대, Halvor Moxnes, "Honor and Shame," *BTB* 23 (1993), p. 167-76, 그리고 W. R. Domeris, "Honour and Shame in the New Testament," *Neot* 27 (1993), p. 283-97을 참조하라.

헤롯의 영예 역시 마찬가지로 위기에 놓였었다. 마가는 자신의 복음서에서, 헤롯이 왜 소반에 세례 요한의 머리를 담아 주라는 그토록 소름끼치는 요구를 묵묵히 따랐는지에 대한 이유를 설명하면서 그 역학을 명쾌하게 포착한다. "자기의 맹세한 것과 그 앉은 자들을 인하여"(6:26)!

(2) 개인적 성향 대 그룹 성향

고대 지중해의 성향은 오늘날 우리의 모난 서구 개인주의보다 훨씬 더 그룹 중심적인 성향이었다.[25] 사람들은 자신의 확대 가족, 이웃, 노동조합, 종교 교제 집단, 그리고 다른 가까운 지인들에 대한 책임감을 가지고 있었다. 진정한 친구는 상호간 호의를 베풀어야 한다는 이해를 바탕으로 합리적인 부탁이라면 어떠한 부탁도 다 충실히 들어주었다. 이 맥락에서, 마가복음 3:31-35과 병행 기사들은 당시의 문화를 완전히 거스르는 한 이야기를 묘사한다. 즉 예수는 그의 제자들이 가장 가까운 "친족"이라고 말씀하시면서 자신의 생물학적 가족의 요구를 거부하셨다.[26] 이와 반대로, 그는 그의 제자들을 그의 "형제요, 자매요, 모친"이라고 부르심으로써, 그들이 보통 혈족 관계가 요구하는 정도만큼이나 서로에게 헌신해야 한다고 암시하셨다. 그러나 불행히도 서구 교회는 이 원리를 거의 실천하지 않는다.

(3) 제한된 선 의식

자본주의와 사회주의가 각각 이론적으로 발달하기 이전 17세기와 18세기의 세계에서, 대부분의 사람들은 만약 자신이 아주 소수의 부유한 엘리트의 일원이 아니라면, 자신의 생계 수준이 조금이라도 향상될 경우 그것은 다른 누군가의 희생으로 된 것이라고 생각했었다. 다시 말해서, 나눌 수 있는 물질은 제한된 크기의 "파이"밖에 없었다. 그러므로 예기치 않았던 불로소득을 한 농부는 누가복음 12:13-21의 비유에 나오는 "어리석은 부자"와 달리, 궁핍한 사람들과 당연히 나눌 것이라 기대되었다. 더욱이, 동료 마을 사람들이나 친구들이 돈이

---

25) 최근의 중요한 문헌에 대한 유용한 개관은 Stephen C. Barton, "The Communal Dimension of Earliest Christianity," *JTS* 43 (1992), p. 399-427을 보라.

26) 또한 David M. May, "Mark 3:20-35 from the Perspective of Shame/Honor," *BTB* 17 (1987), p. 83-87을 보라.

나 다른 물질적 도움을 주었을 때, 그 사람은 다시 갚는 것이 당연했다. 고대 세계에서 사람들은 "고맙습니다"라는 말을 할 필요가 없었다. 그들은 다만 호의를 되 갚아주기만 하면 되었다. 사실상, 사람들에게 감사하다는 말을 하는 것은 자신이 더 이상 답례를 하지 않겠다는 의미였으며, 상호간에 주고받는 관계를 끝낼 것을 암시하였다. 따라서 누가복음 17:11-19에 기록되어 있는, 예수께 다시 돌아와 감사하다는 말을 한 사마리아인 문둥병자는 아마 사람들이 예수께서 칭찬할 것이라고 기대한 사람이 아니었을 것이다. 그러나 그리스도는 하나님의 은혜가 보답을 기대하지 않고 주어진 것이라는 사실을 가르치고자 하셨다. 잔치를 베푸는 자들은 자신에게 갚을 것이 없는 가난한 자들을 초대해야 한다고 예수께서 말씀하셨을 때(눅 14:12-14), 이 역시 당시 문화를 거스르는 가르침이었다. 역설적이게도, 하나님은 그러한 사람들을 오는 세상에서 보상하실 것이지만, 단지 그들의 행위의 동기가 그러한 보상을 원하지 않는 것일 때에만 보상하실 것이다.

(4) 인격과 실천

불행하게도 오늘날 법인 사업체 환경에서는 종종 성과나 생산성만이 "최종 결과"(bottom line), 즉 성공의 유일한 기준이다. 그러나 대부분의 비 서구 문화에서는, 사람의 인격과 정직성이 적어도 성과만큼 중요하고 또한 그보다 더 중요하기도 했다. 선한 행위는 고대 유대들에게 중요했으며, 예수에게도 동일하게 중요했다. 그러나 그러한 행위가 그 사람의 진정한 인격을 드러낼 때에만 그러했다. 그래서 산상수훈에서 그리스도는 사람의 "열매"가 그 사람이 진정으로 누구인지를 드러낸다고 가르치셨다(마 7:15-20). 단지 그분의 말씀을 듣는 것만으로 충분하지 않다. 말씀은 반드시 행위로 실천되어야 한다(마 7:21-27). 반면에, 경건한 인격을 결여한 성과는 무가치하다. 그래서 예수는 그의 제자들의 의가 전형적으로 자신에게 반대한 서기관들과 바리새인들의 의보다 더 뛰어나야 한다고 주장하셨다(마 5:20).

(5) 정결과 불결

구약의 모든 의식 법 때문에, 고대 유대인들은 자신이 부정이나 불결의 위치에 있지 않기 위해 끊임없이 주의를 기울였으며, 따라서 어떤 경우에는 하나님의 백성과 함께 예배할 수 없었다. 유대인들의 그러한 사고에 가까운 어떠한 상응하는 것이 없다면, 우리가 이러한 문화적 가치들 속에 사는 것을 상상하는 것은 어렵다. 여자는 매달마다 치러야 하는 월경 때문에, 흔히 남자보다 더 불결했다. 다양한 질병, 불구, 또는 신체상의 유출 등은 그러한 것들을 앓는 사람을 대체로 영원히 불결한 존재로 만들었으며, 사회적 추방은 신체적 불편보다 더 나쁜 병폐가 되었다. 예수께서 "열두 해를" 혈루증으로 고생한 여자를 치료해 주셨을 때(막 5:25), 우리는 그것이 생리학적인 비상사태가 아니었다는 점을 깨닫게 된다. 그토록 만성적인 문제를 가지고도 오래 동안 생존해 왔다는 것은 의학적으로 말하자면, 그녀의 증상이 치명적인 것은 아니었다는 것을 의미한다. 즉 그녀는 분명히 "서서 돌아다닐" 수 있었다. 그러나 그 여자가 그 대부분의 시간 동안 불결했기 때문에, 그녀의 치유는 아마 신체적으로 문제를 해결 받은 것보다 사회적, 문화적으로 훨씬 더 많은 문제를 해결 받은 치유였을 것이다.

또 다른 부정의 형태는 저주로부터 발생하였다. 고대 지중해 문화에 널리 퍼져 있었던 한 흥미로운 믿음은 특정한 사람이 단순히 "악한 눈"으로 알려진 악의를 품은 응시의 힘만을 가지고서도 다른 사람들에게 저주를 내릴 능력을 가지고 있다는 것이었다. 복음서의 몇 몇 장소에서, 본문을 문자적으로 번역할 경우 이 믿음을 발견할 수 있다. 예컨대, 마태복음 6: 23에서 예수는 눈이 악한 사람들에 대해 언급하시는데, 그들의 눈은 자신의 전 존재를 부패시킨다. 그 저주를 막기 위해서는, "맘몬"(물질적인 것)을 탐욕하지 말고, 세상을 건전한 자세로 바라보아야만 한다. 그러면 그 사람의 전체 삶이 정결해질 것이다(22, 24절).[27]

(6) 현재, 과거, 미래

현대 서구인들은 주로 미래 지향적이다. 현재는 2차적 중요성밖에 없고, 과거는 거의 중요하지 않다. 그러나 고대 세계에서는 현재가 가장 중요했고, 그 다음이 과거이며, 미래의 중요성이 가장 떨어졌다(계획을 미리 세울 수 있는 소수의 부유한 사람들의 경우를 제외하고). 일반적으로, 예수께서는 현재의 삶의 가치를 긍정하셨다. 그래서 "일용할 양식"을 위해서 기도할 뿐(마 6:11), 내일에

---

27) John H. Elliott, "The Evil Eye and the Sermon on the Mount," *BI* 2 (1994), p. 51-84를 보다 더 참조하라.

관해서는 염려할 필요가 없었다. 오늘 닥친 문제만으로도 충분히 많기 때문이다(34절). 미래를 미리 계획하는 것은 잘못된 것이 아니지만, 우리는 우리의 미래를 하나님께서 그의 의지대로 마음껏 지배하실 수 있도록 우리의 계획하는 일에 여지를 남기는 것이 더 나을 것이다(참조. 약 4:13-17).

2) 사회학적 모델들

사회학자들은 과연 그들답게 여러 사회 그룹들 사이의 상호 관련성을 연구한다. 이것은 사회 경제적 배경에 대한 연구 가운데서도 고대 세계에 적용하기에 가장 어려운 측면이다. 왜냐하면 현존하고 있는 자료의 본질 때문이다. 종종 성경의 사회학적 연구는 성경 시대의 모델이나 이론이 아닌 여러 사회에서 참인 것으로 입증된 모델이나 이론을 적용하는 것에 의존한다. 왜냐하면 사회적 역학이 성경적 역학과 유사했을 것이라고 믿을 만한 이유가 있기 때문이다. 그러나 때때로 그러한 이론들은 초자연적인 것에 대한 편견을 가지고 있거나 증거를 앞질러버린다. 또는 유사하다고 추정되는 문화들은 단순히 도움이 될 만한 1세기 로마 제국과 지리적으로나 시간적으로 너무 멀리 떨어져 있다.[28] 복음서에 대한 사회학적 조사를 위한 가장 인기 있는 영역 가운데 다섯 가지를 여기에서 간략하게 다룰 것이다.

(1) 천년왕국 종교

작은 종교적 분파들이 우리가 알고 있는 세상은 곧 끝나 황금시대, 또는 인간 역사의 "천년왕국"으로 대체될 것이라고 종종 믿는다는 사실이 관찰되어 왔다. 심지어 어떤 종파들은 종말의 날짜까지 정한다. 시간이 지나고, 세상의 종말이 오지 않을 때에도 그런 그룹들이 존속하고 심지어 번창하는 경우도 있는데, 이는 그들의 활발한 전도 폭발 덕분이다. 그들 예언의 "옳지 않음이 확증"되었음에도 불구하고, 그들은 마치 더 많은 사람들을 끌어 모음으로써 그들의 존재를 정당화시키고자 하는 것 같다. 그런 다음 그들은 그들의 날짜를 다시 계산하여,

---

[28] 이러한 차이점들에 관해서는, 특별히 Edwin Yamauchi, "Sociology, Scripture and the Supernatural," *JETS* 27 (1984), p. 169-92를 보라.

종말이 임박했음을 다시 한 번 선언한다. 초기 기독교는 단지 그런 천년왕국 종교에 비교되어 왔다.[29] 그러나 예수께서 그의 제자들이 살아 있을 동안 그의 재림이 있을 것이라고 잘못 가르치셨음을 암시하기 위해 어떤 사람들이 취하는 구절들은 아마 다른 식으로 해석해야 할 것이다. 그리고 이 이론이 유래하는 현대의 사회학적 연구를 위한 주된 모델은 멜라네시아의 화물종교(cargo cult, 남태평양 군도와 관련)인데, 이는 아마 시간과 공간의 측면에서 초기 기독교와 유사한 점이 거의 없는 것 같다.

(2) 기적의 의미

예수와 그의 추종자들은 결코 고대 세계에서 자신들만이 기적을 행하거나 체험했다고 믿은 유일한 사람들이 아니었다. 다른 고대 문서들에 대한 사회학적 분석은 기적에 관한 보고가 적대감이나 압제나 사회적 격변의 상황에서 나타난 인생의 신성한 차원에 대한 강렬한 믿음의 상황에서 주로 많았다고 주장한다. 하나님이나 신들의 존재에 대한 믿음은 크나큰 변화나 무상의 시대에 질서와 안전성을 유지했다. 어떤 의미에서 기적은 하나님의 주권에 대한 재연된 은유이다.[30] 이러한 종류의 분석은 그러한 보고들의 역사적 신뢰성을 필요로 하지도, 배척하지도 않는다. 오히려 그것은 단지 그것들의 사회적 기능에만 집중한다. 그러한 이해를 고려할 때, 이 묘사들은 분명히 복음서 기적에 잘 적용된다.

(3) 방랑하는 카리스마파 대 비폭력적인 항의자들

모든 것을 버리고 길에서 예수를 따르라는 그분의 말씀 때문에(예컨대, 눅 9:57-62 및 병행 구절), 어떤 한 영향력 있는 이론은 예수의 첫 번째 제자들이 심지어 그의 부활 이후에도 다른 사람들의 지원에 의존하여 순회 전도를 계속했다는 사실을 주장하기 위해 "구조적 기능적" 사회학에 관심을 갖는다. 그러나 이것은 대부분의 사람들에게 비현실적이었으며, 그래서 초보 단계에 있던

---

29) 특별히, John G. Gager, *Kingdom and Community: The Social World of Early Christianity* (Englewood Cliffs, N.J.: Prentice-Hall, 1975)를 보라.

30) 특별히, Gerd Theissen, *The Miracle Stories of the Early Christian Tradition* (Philadelphia: Fortress; Edinburgh: T. & T. Clark, 1983), 그리고 Howard C. Kee, *Miracle in the Early Christian World* (New Haven and London: Yale, 1983)를 보라.

종교 운동에 더 큰 안정성을 가져다 준 두 번째 제자도 층이 발생했다. 즉 보다 더 안정된 추종자들이 "방랑하는 카리스마파"들에게 지원했다는 것이다.[31] 보다 더 최근에는, 이 관점이 계속해서 도전을 받고 있으며, 상당히 다른 주장이 제기되고 있다. 즉 "충돌 이론"은 초기 "예수 운동"이 사회의 부패에 대한 비폭력적 농민봉기이거나 예언적 항의였다고 주장한다.[32]

일반적인 성경연구, 특별히 복음서 연구를 위한 이 두 가지 접근법은 특히 단지 사회학의 범위를 초월하는 (그리고 이 책의 범위를 초월하는) 다양한 방법을 채택한다. 그러나 신념체계와 제도적 구조에 대한 사회학적 비평이 이러한 접근법의 핵심에 놓여 있으며, 그래서 그 접근법들은 여기에서 언급해야 유용할 것이다.

(4) 해방 신학

로마 가톨릭의 제2차 바티칸 공의회 이후 특히 라틴 아메리카에서 발생한 해방 신학은 마르크스주의 경제학 이론을 복음서에 적용했다. 한 쪽 극단에서, 예수는 공산주의를 조장하는 인물로 그려진다.[33] 기독교 사상은 폭력적 혁명과 양립할 수 있다고 주장된다. 예수와 그의 추종자들은 일괄적으로 가난한 자들로 간주되며, 하나님은 사회의 소외 계층에 대해 "특혜적인 선택 사항"을 가지고 계신 것으로 주장된다. 그러나 우리가 앞에서 언급한 바와 같이(본장, '사회 계층' (pp. 106-108), 이는 제자들의 무리가 그들이 사역의 대상으로 삼았던 사람들과 마찬가지로, 십중팔구 훨씬 더 다양한 사회 경제적 계층을 포함했을 것이라는 사실을 간과한다.[34] 사실상, 우리가 채택한 사회의 "계급"이라는 전체 어휘는 다소 시대착오적이다. 사람이 주류 계층에 있는가, 아니면 사회의 소외된

---

31) Gerd Theissen, *Sociology of Early Palestinian Christianity* (Philadelphia: Fortress [=*The First Followers of Jesus* (London: SCM)], 1978).
32) Richard A. Horsley, *Sociology and the Jesus Movement* (New York: Crossroad, 1989).
33) 특별히, Jose P. Miranda, *Communism in the Bible* (Maryknoll: Orbis, 1982)을 보라.
34) 그러나 복음주의적 비평가들 역시 종종 해방 신학을 가장 극단적인 실행가들로 정형화시켰다. 훨씬 더 균형 잡히고 주해적으로 뉘앙스를 갖추는 것은 헤킨데, Juan L. Segundo, *The Historical Jesus of the Synoptics* (Maryknoll: Orbis, 1985)이다. 복음서에 대한 해방주의적 주해의 보다 최근의 종합은, Christopher Rowland & Mark Corner, *Liberating Exegesis: The Challenge of Liberation Theology to Biblical Studies* (London: SPCK; Louisville: Westminster/John Knox, 1989)를 보라. 전체 복음(마가복음)을 자료 비평적 견해로 면밀히 읽는 것에 대해서는, Ched Myers, *Binding the Strong Man* (Maryknoll: Orbis: 1988)을 보라.

계층에 있는가 하는 것을 결정하는 데에는, 그가 평판이 좋았는가, 친구들이나 마을 사람들과 좋은 관계를 갖고 있었는가(아무리 경제적으로 가난한 사람이라 해도), 의식적으로 정결했는가 하는 점 등이 더 중요한 기준이 되었다. 예를 들어, 세리들은 흔히 경제적으로 부유했지만, 유대 사회에서는 여전히 소외된 계층으로 살았다. 왜냐하면 그들은 외국 압제자(로마)를 위해 조공을 거두었기 때문이다. 평균 시골뜨기(농부나 어부)는 십중팔구 매우 가난했을 것이지만, 자신이 속한 공동체의 (해방 신학에서 말하는) "무산자 계급"(have-nots)보다는 "유산자 계급"(haves)과 더 공통점이 많았다. 그럼에도 불구하고, 예수는 그 당시의 가난한 자들과 사회적 추방자들에 대해 현대 서구의 많은 사람들보다 부정할 수 없을 만큼 큰 관심을 기울이셨다.[35]

(5) 페미니즘(여권신장운동)

페미니스트 학문은 비록 제3세계의 이해관계보다는 북 아메리카나 유럽 여인들의 이해관계에 의해 지배되긴 하지만, 해방 신학의 한 분과로 간주될 수 있을 것이다. 어떤 페미니스트 분석은 성경의 이야기, 이 경우에는 복음서의 이야기를 여자들의 시각을 통해 읽는 데 주로 초점을 맞춘다. 그렇다면 사마리아 우물가의 여인은 예수께서 매우 큰 존엄성을 가지고 대한 사람으로서, 위대한 유대인 남성 지도자 니고데모와 대조되어 예기치 않았던 여성 영웅으로 떠오른다. 니고데모는 예수의 메시지에 대해 점점 더 혼동하기만 했다(요 3-4장). 자신의 작은 물질을 드린 과부의 희생적인 헌금에 대한 예수의 칭찬(막 12:41-44 및 병행 기사)은 또한 부유한 남성 유대인 지도자들에 대한 암묵적인 정죄로 읽혀질 수 있을 것이다. 그들은 그녀의 소득에서 율법이 규정한 20퍼센트를 넘는 일부를 헌금으로 바치도록 허락한 사람들이었다. 페미니스트 학자들은 빨리 진부하게 되는 것을 방지하기 위해, 보수적인 복음주의자들로부터 반종교적인 (antireligious) 무신론자까지 모든 방면을 다 포괄하는 거대한 신학적 스펙트럼을 망라한다.[36]

---

35) Craig L. Blomberg, *Give Me Neither Poverty Nor Riches: A New Testament Theology of Material Possessions* (Leicester: IVP; Grand Rapids: Eerdmans, 근간)를 보다 더 살펴보라.
36) 기독교의 탄생을 현대의 페미니즘적 관점으로 연구한 것 가운데 개척자적 연구는 Elisabeth Schussler Fiorenza, *In Memory of Her: A Feminist Theological Reconstruction of Christian Origins* (New York:

3. 결론

분명히 어느 정도 사회 과학적인 정교성은 이 다양한 가설들과 분명히 곧 나타날 새로운 가설들을 평가하는 데 필요하다. 성경에 대한 사회학적, 인류학적 연구는 여전히 초기 단계에 머물러 있지만 분명히 성장하는 추세이다. 어떤 이론들은 분명히 축소주의적이다. 즉 그것들은 초자연적 사실을 고려하지 않거나, 심지어 모든 인간 대리자들의 독특성도 고려하지 않는다. 그러나 많은 이론들은 단순히 성경의 역사적 배경 및 성육신의 본질에 대한 우리의 이해를 보다 더 향상시켜 주는 추가적인 요소로 간주될 수 있을 것이다. 민감한 독자들은 복음서를 읽으면서 다음과 같은 질문을 제기하길 원할 것이다. 즉 그 본문 속의 다양한 개인들은 어떤 그룹에 속하는가? 그러한 그룹들의 사회적 역학은 무엇인가? 그들의 목표는 무엇인가? 그 목표는 어떻게 달성될 수 있는가? 그룹 내의 권력의 역할은 무엇이고, 그것을 달성하는 수단은 무엇인가? 나이 그룹이나 성 역할이 규정되어 있는가? 수용할 만한 행위의 경계선은 어느 정도인가? 아마도 가장 중요한 질문은 이것이다. 예수께서는 그가 살던 세상 속의 사회적 상호작용의 지배적 패턴들을 어느 정도로 긍정하거나 비평하시는가? 그리고 우리 시대로 옮겨와서, 그는 우리 세계에 어떻게 반응하실 것인가? 우리는 신실한 제자들이 되기 위해 어느 부분에서 문화를 거스르는 태도를 가져야 할 것인가? 그의 세부적 가르침들 가운데서 어떤 것이 시간을 초월하여 적용될 수 있고, 또 어떤 것이 오늘날 다르게 적용될 필요가 있는가?[37]

Crossraod, 1983)이다. 복음주의적 페미니즘을 보다 더 진보적인 페미니즘과 비교하고 대조하려면, 주석 형태로 되어 있는 최근의 두 명작을 각각 참고하면 된다. 1) Catherine C. Kroeger, Mary Evans, Elaine Storkey 편, *Study Bible for Women: The New Testament* (Grand Rapids: Baker; London: HarperCollins, 1996). 2. Carol A. Newsom, Sharon H. Ringe 편, *The Womens Bible Commentary* (Louisville: Westminster/John Knox; London: SPCK, 1992).

37) Howard C. Kee, *Knowing the Truth: A Sociological Approach to New Testament Interpretation* (Minneapolis: Fortress, 1989), p. 65-67에서 이러한 문제들과 많은 유사한 도움이 되는 질문들이 제기되었다. 본 장에 있는 자료 가운데 몇몇 자료는 William W. Klien, Craig L. Blomberg, Robert L. Hubbard, Jr., *Introduction to Biblical Interpretation* (Dallas and London: Word, 1993)에 크게 의존하였다.

4. 심층연구를 위한 자료

1) 사회적, 경제적 역사

(1) 초급

Bell, Albert A., Jr. *A Guide to the New Testament World*. Scottdale and Waterloo: Herald, 1994.

Bouquet, A. C. *Everyday Life in New Testament Times*. London: Batsford, 1953.

Gower, Ralph. *The New Manners and Customs of Bible Times*. Chicago: Moody, 1987.

Jenkins, Ian. *Greek and Roman Life*. London: British Museum Trustee; Cambridge, Mass.: Harvard, 1986.

Thompson, J. A. *Handbook of Life in Bible Times*. Leicester and Downers Grove: IVP, 1986.

(2) 중급

Ferguson, Everett. *Backgrounds of Early Christianity*. Grand Rapids: Eerdmans, 개정 판. 1993.

Koester, Helmut. *Introduction to the New Testament*. 제1권, Berlin and New York: de Gruyter, 개정판. 1995.

Meeks, Wayne A. *The First Urban Christians*. New Haven and London: Yale, 1983.

Stambaugh, John E., and David L. Balch. *The New Testament in Its Social Environment*. Philadelphia: Westminster, 1986.

(3) 고급

Freyne, Séan. *Galilee from Alexander the Great to Hadrian*. Wilmington: Glazier; Notre Dame: University of Notre Dame Press, 1980.

Hamel, Gildas. *Poverty and Charity in Roman Palestine, First Three Centuries C.E.* Berkeley and Oxford: University of California Press, 1989.

Horsley, Richard A. *Galilee: History, Politics, People.* Valley Forge: TPI, 1995.

Rostovtzeff, M. *The Social and Economic History of the Hellenistic World*, 제3권. Oxford: Clarendon, 1941.

Rostovtzeff, M. *The Social and Economic History of the Roman Empire*, 제2권. Oxford: Clarendon, 개정판. 1957.

2) 문화 인류학 및 사회학

(1) 초급

Elliott, John H. *What Is Social-Scientific Criticism?* Minneapolis: Fortress, 1993.

Osiek, Carolyn. *What Are They Saying about the Social Setting of the New Testament?* New York: Paulist, 개정판. 1992.

Schmidt, Thomas E. "Sociology and New Testament Exegesis." 이 논문은 Scot McKnight 편집, *Introducing New Testament Interpretation.* Grand Rapids: Baker, 1989, p. 115-32에 있음.

Tidball, Derek. *An Introduction to the Sociology of the New Testament.* Exeter: Paternoster(=*The Social Context of the New Testament.* Grand Rapids: Zondervan), 1984.

(2) 중급

Esler, Philip F. *The First Christians in Their Social Worlds: Social-Scientific Approaches to New Testament Interpretation.* London and New York: Routledge & Kogan Paul, 1994.

Holmberg, Bengt. *Sociology and the New Testament: An Appraisal.* Minneapolis: Fortress, 1990.

Malina, Bruce J. *Windows on the World of Jesus.* Louisville:

Westminster/John Knox, 1993.

Malina, Bruce J. and Richard L. Rohrbaugh. *Social-Science Commentary on the Synoptic Gospels*. Minneapolis: Fortress, 1992.

(3) 고급

Kee, Howard C. *Christian Origins in Sociological Perspective*. Philadelphia: Westminster; London: SCM, 1980.

Lenski, Gerhard E. *Power and Privilege: A Theory of Social Stratification*. New York: McGraw-Hill, 1966.

Malin, Bruce J. *Christian Origins and Cultural Anthropology*. Atlanta: John Knox, 1986.

Oakman, Douglas E. *Jesus and the Economic Questions of His Day*. Lewiston: Mellen, 1986.

(4) 참고문헌

May, David M. *Social Scientific Criticism of the New Testament: A Bibliography*. Macon, Ga.: Mercer, 1991.

5. 복습을 위한 질문들

1) 복음서 가운데서 몇 개의 본문을 택하여, 예수의 사회적 문화적 세계에 대한 당신의 향상된 이해력이 그 본문에 어떻게 도움이 되는지를 논의하라. 예를 들어, 한 밤중에 찾아온 친구의 비유(눅 11:5-8), 예수께서 사마리아 여인과 만난 기사(요 4:1-42), 또는 젊은 부자 관원의 이야기(막 10:17-31 및 병행 기사) 등을 생각해 보라. 본 장의 주요 하위 주제들을 각각 복습해 보고, 각각의 본문을 위해 당신이 얼마나 많은 적용점들을 찾을 수 있는지를 보라.
2) 당신이 방금 마음속에 그려본 복음서의 어떤 기사 가운데서 시대착오적인 사회적 배경이나 문화적 배경을 생각해 볼 수 있는가? 논의하라. 특히 우리의 현대 서구 개인주의가 성경 문화의 그룹 중심적 사고방식을 어떻게 왜곡하는지를 숙고해 보라.

제2부

복음서 연구를 위한 비평적 방법

지금까지 우리는 신약, 물론 주로 복음서에 관심을 두고, 전체 신약에 관계있는 배경 정보를 개괄적으로 살펴보았다. 여기서부터는 마태, 마가, 누가, 요한을 보다 더 잘 이해하기 위해 배타적으로 이 복음서들에만 초점을 맞춰 논평할 것이다.

1. 비평적 방법론에 대한 개관

이 네 복음서가 어떻게 해서 현재 우리가 알고 있는 형태대로 형성되었는지를 보다 쉽게 이해하기 위해 학자들이 사용하는 여러 가지 "비평적"(즉 분석적) 도구들이 있다. 그러한 방법들 가운데 하나의 주요한 구분은 "저등 비평"(lower criticism)을 "고등 비평"(higher criticism)과 구분하는 것이다. 저등 비평은 본문 비평으로 알려져 있으며, 원래 본문을 가능한 한 정확하게 재구성하려는 목적으로 현존하는 고대 문서 사본들을 분류하고 비교하는 학문이다. 고등 비평은 원래 문서가 어떻게 기록되었는지, 저자는 어떤 자료들을 사용했는지, 그는 그 자료들을 어떻게 짜집기 했는지, 그는 어떠한 상황 하에서 기록했는지 기타 등등을 설명하고자 하는 다양한 분과들을 포함한다.

고등 비평은 주로 두 가지 구체적 분과로 보다 세분되는데, 그것은 역사 비평과 문학 비평이다. 역사 비평은 본문이 기록되기 이전의 역사, 즉 저자나 편집자가 그 작품을 최종적으로 만들어내기까지 거기에 미쳤던 모든 영향들을 연구한다. 문학 비평은 본문의 특징을 저자가 편찬하는 최종 형태로 분석한다. 복음서의 경우에는, 마태, 마가, 누가는 서로 다른 점보다는 더 유사한 점이 많은 반면, 요한의 내용은 보다 더 다르다는 흥미로운 현상이 존재한다. 이는 마태, 마가, 누가복음의 형성에 관련된 많은 문제들이 함께 취급되어야 하는 반면, 요한복음을 둘러싸고 있는 독특한 문제들은 따로 분리해서 다룰 필요가 있다는 사실을 의미한다.

따라서 제2부의 두 장(4, 5장)에서 우리는 역사 비평과 문학 비평의 다양한 영역들을 차례로 살펴볼 것이다. 첫 번째 세 복음서에 공통적인 문제들 역시 이 장들에서 다루어질 것이지만, 각각의 복음서에 독특한 주제들은 주로 제3부에서 다루어질 것이다. 이 서론의 나머지 부분에서는 복음서의 본문 비평에 관하여 몇 가지 간략한 논평을 할 것이며, 이에 대해 보다 더 구체적으로 알기 위해서는 다른 자료를 찾아야 할 것이다.[1)]

2. 본문 비평

복음서의 현존하는 본문들은 일반적으로 고대 성경 사본들의 다른 부분만큼 잘 보존되어 있으며, 다른 많은 부분들보다도 더 좋은 형태를 유지하고 있다. 우리는 물론 저자들의 자필 원고, 즉 원본을 가지고 있지 않다. 그러나 기록 날짜를 거의 정확하게 측정할 수 있는 신약의 알려진 파편 가운데 가장 오래된 파편은 파피루스 52번(존 릴랜드 파피루스)이다. 이 파피루스에는 대략 주후 130년경에 필사된 요한복음 18:31-33, 37-38이 들어 있다. 이 시기는 원래 원고가 맨 처음 기록된 때보다 겨우 40년 정도밖에 늦지 않다. 복음서의 하나 또는 그 이상의 부분이나 모든 부분을 포함하고 있는 또 다른 두 개의 파피루스는 2세기, 3세기, 4세기에 필사된 것으로 그 날짜가 추정되며, 세계 전역에 흩어져 있는 다양한 박물관과 도서관에 소장되어 있다. 다섯 개의 가장 오래된, 그리고

---

1) 원리가 처음부터 끝까지 일관되기 때문에, 그 가운데 대부분은 신약 전체의 본문 비평을 포함한다. 서론적 수준의 내용에 대해서는, J. Harold Greenlee, *Introduction to New Testament Textual Criticism* (Peabody: Hendrickson, 개정판, 1995)을 보라. 중급 수준의 내용으로 최상의 것은 Bruce M. Metzger, *The Text of the New Testament: Its Transmission, Corruption, and Restoration* (New York and Oxford: Oxford University Press, 개정판, 1993)이다. 보다 더 포괄적으로 다룬 것은, Kurt Aland & Barbara Aland, *The Text of the New Testament* (Grand Rapids: Eerdmans; Leiden: Brill, 개정판, 1989)이다.

가장 믿을 만한 완전한(또는 대부분 완전한) 신약은 4세기와 5세기에 필사된 것으로 추정되며, 그 다섯 개 모두 복음서를 상당히 좋은 상태로 간직하고 있다.

현대의 대부분의 신약 영어 번역본들, 특히 "스터디 바이블"(study Bibles; 예컨대, NIV 스터디 바이블 등-역주)은 독자들이 일부 구절에 대해 의문을 품을 때 알 수 있도록, 고대 사본들에 있었던 가장 중요한 대체 독법("본문 변형"이라고 부름)을 열거하는 각주(또는 난하주)를 제공한다. 신약 헬라어 현대 판본들(UBS와 Nestle-Aland)은 이러한 변형을 훨씬 더 충분히 다루고 있다. 빨리 간파되는 수많은 사소한 전달 오류들 외에도, 복음서에는 한 기사가 다른 복음서에 있는 병행 기사들과 더 밀접하게 병행을 이루도록 하기 위해 의도적으로 수정된 곳이 매우 많이 있다("조화 변형"이라고 부름). 논란이 되는 전체 문장은 몇 개 안 된다. 훗날의 필사자의 추가를 반영하는 것으로 보이는 두 개의 널리 알려진 예는 주기도문의 송영(마 6:13b)과 베데스다 연못의 물을 휘젓는다고 하는 천사에 관한 전설(요 5:3b-4)이다. 반면, 누가복음 22:19b-20은 몇몇 초기 본문에 빠져 있지만, 십중팔구 원 저자가 기록한 원문일 것이다.

신약 전체 가운데서 본문상 논란이 되는 부분은 단지 두 개의 긴 기사밖에 없으며, 두 기사 모두 복음서에 있다. 마가복음의 원래보다 더 긴 끝(16:9-20)은 마가가 기록하지 않은 부분임이 거의 확실하다. 그 복음서의 가장 오래되고 가장 믿을 만한 완전한 필사본 두 개(시내 사본과 바티칸 사본)에는 그 기사가 들어 있지 않다. 문체는 마가복음의 나머지와 확연히 다르며, 신학도 어떤 면에서는 잠정적으로 이단적이고 오류가 있는 신학이다(18절을 보라)! 이 구절들은 엄청나게 많은 본문 변형을 가지고 있으며, 몇몇 사본들은 끝이 전혀 다른 내용으로 되어 있다. 마가복음의 원래 끝부분이 상실되었거나, 아니면 저자가 일부러 8절에서 갑자기 끝냈을 것이다. 사실이야 어쨌건, 초기 필사자들은 그 복음서에 "타당한" 끝을 부여함으로써 돌연히 끝나버리는 것을 보충하려고 노력했다(이에 대한 보다 상세한 내용에 대해서는, 본서 제17장의 '해석학적인 문제들' (pp. 559-562)을 보라).

요한복음 7:53부터 8:11까지는 심지어 가장 오래되고 가장 믿을 만한 본문들에서조차 빠져 있다. 그러나 "간음하다 현장에서 붙잡힌 여인"에 관한 이 이야기가 원래 요한복음에 있던 기사가 아니라 할지라도, 그것은 예수께서 실제로 행하셨을 기사를 보존하고 있다고 말할 수 있다. 그 이야기는 예수의 본성, 가르침, 사역 등에 일치하고, 그 복음서를 필사한 어떤 필사자가 그것이 너무 좋아서 배제할 수 없다고 결정할 때까지 사람들의 입에서 입으로 전해 내려왔을 것이다.[2] 이 내용 가운데 어느 것 하나 그리스도인 독자를 놀라게 하지 않는다. 역사적으로, 성경에 관한 교회의 교리는 권위적이고, 영감된 것이고, 오류가 없는 것은 오직 원래 원고의 내용뿐이라는 사실을 언제나 강조했다. 어떠한 이유에서든지, 하나님은 그러한 문서들이 오류 없이 보존되었다는 사실을 보장하실 필요를 느끼지 못하셨다.[3] 그럼에도 불구하고, 우리는 원본이 어떠했을 지를 거의 확실하게 재구성할 수 있을 것이다. 본문의 97퍼센트에서 99퍼센트 가량의 내용은 거의 의심할 여지가 없다. 성경만큼 오래된 다른 어떤 고대 문서보다 훨씬 더 믿을 만하다. 더욱이, 기독교 신앙의 어떠한 교리도 논란이 되는 본문에 의존하지 않는다.

---

[2] 특별히, Gary M. Burge, "A Specific Problem in the New Testament Text and Canon: The Woman Caught in Adultery (John 7:53-8:11)," *JETS* 27 (1984), p. 141-48을 보라.
[3] 때때로 어떤 그리스도인들은 하나님께서 원래의 성경 저자의 원고를 전혀 오류 없이 보존하셨다고 여전히 주장한다. 이를 소위 신약 원고들의 텍스투스 리셉투스(Textus Receptus) 전통이라고 부르는데, KJV 번역이 이에 막심하게 의존했다. 그러나 본문(text)이 후대에 전달되는 역사의 모든 단계마다, 권위적으로 수용되기 위해 경쟁하는 여러 개정판들과 상이한 형태들이 있기 마련이다. 전혀 오류가 없이 보존되었다는 믿음은 사실상 모든 연관된 증거에 맞서 무턱대고 믿는 신앙일 뿐이다. 더욱이 구약에 대한 "텍스투스 리셉투스"는 사실상 존재하지 않는다. 보다 상세한 내용에 대해서는, D. A. Carson, *The King James Version Debate* (Grand Rapids: Baker, 1979), 그리고 James R. White, *The King James Only Controversy* (Minneapolis: Bethany, 1995)를 보라.

제4장

복음서에 대한 역사 비평

우리가 현재 예수의 생애에 대한 네 가지 다른 기사를 가지고 있다는 독특한 사실은 교회 역사 전체를 통해 흥미를 자아냈다.[1] 2세기 말경에, 프랑스 리용의 감독 이레니우스(Irenaeus)는 사복음서의 존재를 지구의 사방의 존재에 비유했다. 그는 신학적 독특성들이 차이점을 설명해 준다고 믿었다. 즉 요한은 하나님의 신적 말씀에 대해 썼고, 누가는 예수의 제사장 역할에 대해 썼고, 마태는 예수의 인성에 대해 썼으며, 마가는 그리스도의 선지자로서의 측면을 썼다는 것이다(*Against Heresies*, 3.11.8). 오늘날, 학자들은 다양한 신학적 독특성이 각 복음서를 특징짓는다는 데에는 이레니우스의 견해에 동의하지만, 각 복음서의 신학적 강조점에 대해서 이레니우스와 동의하는 부분은 요한복음에 대한 것뿐이다.

1. 역사 전체의 견해들에 대한 조망

교회 역사의 첫 17세기 동안, 사복음서에 대한 가장 일반적 접근 방식은 사복음서의 "조화"를 추구하는 것이었다. 다시 말해서, 그리스도의 생애는 각 복음서에 있는 모든 본문이 하나의 크고 복합적인 전체 속으로 가능하게 위치할 수

---

1) Werner G. Kummel, *The New Testament: The History of the Investigation of Its Problems* (Nashville: Abingdon, 1972; London: SCM, 1973), 그리고 Stephen Neill & Tom Wright, *The Interpretation of the New Testament 1861-1986* (Oxford: OUP, 1988) 두 책 전체에 두루 흩어져 있는 관련된 자료를 참조하라. 훨씬 더 간략한 자료에 대해서는, Ralph P. Martin, *New Testament Foundations*, 제1권 (Grand Rapids: Eerdmans, 1975), p. 30-49, 119-60을 보라.

있도록 재구성되었다. 맨 먼저 복음서를 조화시키는 일을 한 것으로 알려진 사람은 2세기 후반 시리아 출신인 타티안(Tatian)이었으며, 그의 작품은 디아테싸론(Diatessaron, "네 개를 통한"이라는 의미의 헬라어에서 유래)으로 칭해졌다. 교회는 비록 세부적인 것은 다르지만, 천년 이상 동일한 일을 추구했다. 어거스틴(Augustine)과 칼빈(Calvin) 모두 복음서 조화에 관한 주석서들을 썼다.

교부들은 일반적으로 마태, 마가, 누가복음의 순서로 기록되었다고 생각했으며, 마가와 누가 모두 마태복음을 알고 사용했으며, 그러한 사실로부터 그 복음서들의 유사성을 설명할 수 있다고 믿었다. 요한 역시 다른 세 복음서를 알고 있었지만, 그보다 앞선 세 저자의 작품 속에 이미 포함되어 있는 정보 가운데 상당 부분을 단순히 반복하지 않고, 빠진 부분을 보충하기 위해 의식적으로 노력했다고 생각되었다.

1700년대의 계몽주의 원칙으로 인해 성경에 대한 접근법은 상당히 달라졌다. 성경은 처음에 주로 독일 사람들에 의해 연구되었는데, 그들은 반드시 신자일 필요는 없었으며, 또는 전통적 교리와 상당히 다른 역사적 결론들을 위해 문을 활짝 열어 두기 위해 자신들의 믿음을 제한시킨 사람들이었다. 그들은 성경을 고대의 다른 문서들처럼 연구했으며, 성경 안에 있는 모든 내용이 영감된 것이 아님은 물론 반드시 참이라고 생각하지도 않았다. 복음서와 관련해서, 기적 기사는 면밀한 조사를 받게 되었다. 사무엘 라이마루스(Samuel Reimarus)와 에이치 파울루스(H. E. G. Paulus) 같은 18세기 후반과 19세기 초반의 학자들은 기적 내러티브에 대한 합리주의적, 또는 자연주의적 해석을 개발했다. 이 해석법에 따르면, 예수께서 오천 명을 먹이신 사건은 무리들 가운데서 예수와 소년의 관대한 본보기를 본 부유한 사람들이 자신들의 점심 도시락을 나누어 먹은 것으로 해석되며, 예수는 단지 물 위를 걷는 것처럼 보였을 뿐, 실제로는 해안가를 걸었을 뿐이라고 하며, 그 외의 기적 기사들 역시 이런 식으로 해석된다.

1830년대에, 스트라우스(D. F. Strauss)는 복음서를 다루는 신기원을 열어 놓았다. 그는 예수의 보다 더 장엄한 행위들과 주장들을 신화(myths)로 이해하는 가운데, 복음서의 기사들을 조화시키고자 했던 전통적 시도들과 합리주의적 사상 학파 모두를 배척했다. 스트라우스가 말하는 신화는 예수에 관한 신학적 믿음들을 내러티브 형태로 표현한, 경건하지만 허구적인 전설이었다. 19세기 중반에, 에프 씨 바우어(F. C. Baur)는 헤겔(W. F. Hegel, 마르크스에게도 영감을 불어넣은 인물)의 변증법적 철학에 기초하여, 기독교의 기원을 "정-반-합"(thesis-antithesis-synthesis)의 견지에서 묘사하였다. 바울이 안디옥에서 베드로를 책망한 사건에 대한 묘사(갈 2:11-15)를 따라, 바우어는 신약의 모든 작품들을 세 부분으로 나누었다. 즉 하나는 보수주의적인 유대 기독교(베드로와 같은)이고, 다른 하나는 자유주의적인 율법에서 해방된 이방 기독교(바울과 같은)이며, 나머지 하나는 그 둘을 조화시키려는 후기의 종합이다. 복음서와 관련해서, 마태는 가장 유대적 경향이 많았고(따라서 가장 믿을 만함), 누가는 가장 이방인적인 경향, 또는 바울적 경향이 많았으며, 마가는 그 둘을 조화시킨 2세기의 시도였다.

19세기 한 세기 동안 수많은 학자들 역시 "예수의 생애"를 저작했다. 그들은 복음서가 사실과 허구의 혼합이라고 믿으면서, "역사적 예수"(historical Jesus, 역사상 실제로 존재했던 예수-역주)로부터 초대교회가 나중에 덧붙인 신학적 해석들을 벗겨내는 데 힘을 기울였다. 그러나 흥미롭게도, 그들이 만들어 낸 "예수들"은 해당 저자 자신이 제출한 철학이나 이데올로기가 혁명가이든, 평화주의자이든, 낭만주의자이든, 신비주의자이든 간에 이 철학과 이데올로기를 놀랍도록 닮았다. 20세기 초두에, 신학자이자 음악가로서 훗날 아프리기로 선교를 떠났던 유명한 의료 선교사가 된 앨버트 슈바이처(Albert Schweitzer)는 이들 모든 "생애"의 저자들이 단순히 그들 자신들을 닮은 예수를 어떻게 재창조했는지에 관하여 그들을 경악케 할 만한 논문을 썼다. 그러나 예수에 대한 슈바이처 자신의 이해 역시 동일하게 사지가 절단된 모습일 뿐이었다. 즉 그가 본 예수의 모습은, 왕국이 자신의 생애 동안 충만한 상태로 도래할 것이라고 믿었지만 슬프게도 그 믿음이 빗나가버린 묵시적 선지자의 모습이었다.[2]

18세기와 19세기에, 학자들은 또한 "공관복음 문제"에 점차적으로 매력을 느끼게 되었다. 이 용어는 1700년대 말 그리스바흐(J. J. Griesbach)에 의해 맨 처음 이름이 붙여진 것이다. 공관복음서(Synoptic Gospels)라는 이름은 마태, 마가, 누가 복음의 유사성으로 인해 그 복음서들이 하나의 대조표(synopsis, "함께 보다"라는 의미의 헬라어에서 유래) 안에 병행을 이루는 열로 나란히 배

---

2) Albert Schweitzer, *The Quest of the Historical Jesus* (London: A & C Black; New York: Macmillan, 1910).

열될 수 있기 때문에 붙여진 것이었다.[3] 그렇다면, 공관복음 문제는 그 복음서들의 문학적 상호 관련성의 문제이다. 마가와 누가가 각각 마태를 의존한 것으로 본 어거스틴 이래로 계속되어 왔던 전통을 그리스바하는 깨뜨리고, 마태와 누가의 축약형으로서 마가가 세 공관복음서 가운데 맨 나중에 기록된 것이라고 주장했다. 1800년대에는, 특히 바이스(C. H. Weisse)와 홀쯔만(H. J. Holtzmann)의 영향력 하에서, 제3의 설명이 지배적인 설명이 되었다. 즉 마가가 맨 처음 복음서를 기록하고, 그 다음 마태와 누가가 마가복음을 사용해 증보했다는 것이다.

20세기의 복음서 학문의 발달은 다양한 비평적 도구들에 대해 연속적으로 하나씩 관심을 갖는 특징이 있었으며, 각각의 비평적 도구는 앞서 주장되었던 비평적 도구를 바탕으로 세워졌다. 20세기 사사분기의 첫 번째 분기(대략 1900-1925)에는, "마가 우선성"이 더 공들여서 주장되고 더 많이 변호되었기 때문에 자료 비평(source criticism)이 지배적인 영향력을 발휘했다. 오늘날, 그리스바흐의 가설에 대한 관심이 다시 고조되어 오고 있는데, 이는 주로 윌리엄 파머(William R. Farmer)의 지칠 줄 모르는 개혁 운동과 그에 의해 조직된 국제회의들 덕분이었다.[4] 그러나 그것은 대다수 학자들 가운데서 마가 우선성을 밀어내는 어떠한 기색도 보여주지 않는다. 20세기 사사분기의 두 번째 분기(대략 1925-1950)에는, 관심이 양식 비평(form criticism)으로 옮겨갔다. 이 비평은 복음서가 기록되기 전, 즉 예수의 생애와 가르침의 이야기들과 원고 초록들이 거의 전적으로 입에서 입으로 회자되던 기간에 대한 분석이다.

대략 1950년 이후에는, 편집 비평(redaction criticism)이 전면에 나서기 시작했다. 이 비평은 복음서의 저자들을 편집자로 간주하고 이 방면에 집중한다. 편집 비평은 복음서의 편집자들이 왜 어떤 기사는 복음서에 포함시키고 어떤

---

3) 학생들이 만약 그러한 공관복음 대조표를 주기적으로 참조한다면, 그들의 복음서 연구(및 본 장에 대한 이해)는 상당히 많이 향상될 것이다. RSV를 사용하는 표준 영어 판본은 Kurt Aland, *Synopsis of the Four Gospels* (New York: United Bible Societies, 1982)이다. 헬라어-영어 판도 또한 이용 가능하다.

4) 파머(Farmer)의 기초적 작품은 *The Synoptic Problem* (New York and London: Macmillan, 1964)이다. 또한 그가 보다 최근에 쓴 작품, *The Gospel of Jesus: The Pastoral Relevance of the Synoptic Problem* (Louisville: Westminster/John Knox, 1994)을 참조하라. 많은 마가복음 우선성을 주장하는 학자들의 급진적인 역사적, 신학적 결론들에 대해 파머가 제기하는 반대들은 마가복음 우선성의 단순한 추측이 아닌, 그들의 수많은 추가적인 가설들을 포함한다.

기사는 빼기로 마음을 먹었는지, 또한 그들이 자료를 어떻게 배열했는지, 또한 그들이 각각 강조하고자 했던 독특한 신학적 강조점들은 무엇인지 등을 찾고자 하는 노력이다. 대략 1975년 이후로, 관심은 점차적으로 문학 비평(literary criticism)으로 옮겨갔다. 문학 비평은 복음서를 문학 작품으로 간주하여, 줄거리, 주제, 성격 묘사, 비유, 그리고 기타 등등을 분석한다.

지난 50여 년 동안, "역사적 예수 탐구"가 또한 다시 출현하였다. 우리가 예수에 관하여 알 수 있는 모든 것은 "그가 살고 죽었다는 것"밖에 없다[5]고 말한 다작의 불트만(Rudolf Bultmann)의 시대에 역사적으로 가장 침체된 시기에 도달한 후에, 그의 제자들 가운데 몇이 1950년대에 적어도 공관복음서 안에 들어 있는 예수의 가르침(teachings) 가운데 상당히 많은 부분이 역사적으로 정확한 가르침이라고 인정한 "새로운 탐구"를 시작했다.[6] 1970년대 중반 이래로, 그 탐구는 유대인으로서의 예수에 대한 관심의 부활에 의해 주로 보강되어, 훨씬 더 보수적인 형태를 띠게 되었다. 비록 요한은 여전히 역사적이라기보다 훨씬 더 신학적으로 보이지만, 역사적 예수를 탐구하는 소위 이 "세 번째 탐구"는 공관복음에 기록되어 있는 예수의 가르침들과 행위들의 거의 모든 주요 범주 안에서 역사적으로 정확한 자료를 찾는다.[7]

여러 세기에 걸쳐, 특히 최근 몇 년 간 출현한 이 다양한 관점들로 우리는 무

---

5) Roy A. Harrisville & Walter Sundberg, *The Bible in Modern Culture: Theology and Historical-Critical Method from Spinoza to Käsemann* (Grand Rapids: Eerdmans, 1995), p. 223. 그러나 불트만(Bultmann)은 이 진술을 구체화시킬 때, 역사적인 것으로 수용될 수 있는 예수 사역에 관한 작은 정보의 핵심을 단언했다. 그의 걸작, *The History of the Synoptic Tradition* (Oxford: Blackwell; New York: Harper & Row, 1963 [독일어 원판은, 1921])을 보라.

6) 케제만(Ernst Käsemann)의 *Essays on New Testament Themes* (London: SCM; Naperville: Allenson, 1964 [독일어 원판은, 1954]), p. 15-47에 있는 그의 논문, "The Problem of the Historical Jesus"로 시작함. 미국에서 주된 추진력은 James M. Robinson, *A New Quest of the Historical Jesus* (London: SCM; Naperville: Allenson, 1959)로부터 왔다.

7) 주요 작품들은 E. P. Sanders, *Jesus and Judaism* (London: SCM; Philadelphia: Fortress, 1985), James H. Charlesworth, *Jesus within Judaism* (New York and London: Doubleday, 1988), 그리고 John P. Meier, *A Marginal Jew: Rethinking the Historical Jesus*, 제3권 (New York and London: Doubleday, 1991-). 복음주의자들의 작품은 특히, N. T. Wright, *Jesus and the Victory of God* (London: SPCK; Minneapolis: Fortress, 1996), 그리고 Ben Witherington III, *The Christology of Jesus* (Minneapolis: Fortress, 1990) 등이 포함된다. 이보다 더 보수적인 흐름에 거스르는 두드러진 작품은 예수 세미나의 작품들인데, 이는 Robert W. Funk, Roy Hoover, *the Jesus Seminar, The Five Gospels: The Search for the Authentic Words of Jesus* (New York: Macmillan, 1993)로 가장 잘 요약된다. 보다 더 자세한 사항은 본서의 제10장, '세 번째 탐구' (The Third Quest, p. 294-296) 부분을 참조하라.

엇을 만들 수 있을 것인가? 우선, 우리는 현대의 많은 학문이 역사적 기독교의 믿음과 쉽게 양립될 수 없는 전제들을 채택했다는 사실을 인정해야 한다. 사실상, "역사적-비평적 방법"의 많은 옹호자들은 그 방법론이 19세기 철학자 에른스트 트뢸취(Ernst Troeltsch)의 상당히 회의적인 원리 세 가지를 포함하고 있는 것으로 규정했다. 그 원리 세 가지는 첫째, "방법론적 의심", 둘째, "유비"(analogy)의 사용, 셋째, "상호관련"의 원리이다. (1) 만약 역사적 내러티브를 지지하는 어떤 강력한 확증적 증거가 발견되지 않는다면, 우리는 그 "방법론적 의심"을 통해서 역사적 내러티브를 의심할 수 있다. (2) 역사에서 선례가 없는 사건들은 "유비"의 사용을 통해 본질적으로 불가능한 것으로 판단된다. (3) "상호관련"의 원리를 통해 우주의 자연스런 원인과 결과의 폐쇄된 연속성이 가정된다.[8] 다른 한편으로, 설명된 모든 비평들은 복음서의 실제 데이터를 수고스럽게 분석하는 것에 의존했으며, 보수적 학자들에 의해 정통 신앙에 양립하는 방식으로 유익을 내기 위해 상당히 다양하게 사용되었다.

본 장의 나머지 부분은 대략 1900년부터 1975년까지의 기간에 지배적이었던 세 가지 주된 방법론을 보다 더 상세히 조사할 것이다. 자료 비평, 양식 비평, 편집 비평 이 세 가지 방법론 모두는 여전히 복음서 학문에 확고하게 기반을 구축하고 있다. **이번에 우리가 개관하는 순서는 각각의 방법이 초대교회의 삶에 관하여 연구하는 사건들의 연대기에 상응할 것이다.** 첫째, 양식 비평은 구전의 기간에 초점이 맞춰진다. 둘째, 자료 비평은 예수에 관하여 맨 먼저 기록된 기사를 중심으로 분석된다. 마지막으로, 편집 비평은 우리가 알고 있는 대로 복음서를 편찬한 전도자들의 역할에 집중하게 된다. 간략한 결론 부분은 편집 비평으로부터 유래하는 "정경 비평"(canon criticism)을 논리적으로 자세히 조사할 것이다. 정경 비평은 정경화하는 과정과 모든 복음서의 정경적 형태를 모두 포함하는 연구이다.

누가는 자신이 서론에서 제공하는 정보(눅 1:1-4)를 통해, 복음서 형성에 관한 연구의 3중적인 구분을 예견했던 것으로 보인다. 그는 "처음부터 말씀의 목격자 되고 일군 된 자들의 전하여 준" 대로 "우리 중에 이루어진 사실"에 대하여 말하는데(1b-2절), 이는 구전의 기간을 암시한다. 그는 또한 이러한 사실들

---

[8] Edgar Krentz, *The Historical-Critical Method* (Philadelphia: Fortress, 1975)를 보다 더 참조하라.

에 관하여 "저술하려고 붓을 든 사람이 많은지라(적어도 마가와 마태를 포함해서?)"라고 진술한다(2b절). 그 사람들은 기록된 내러티브를 참조하여 대부분 헬라어로 그 사실들을 기록했으며, 그 내러티브는 가장 오래된 복음서이거나 복음 자료이다. 그러나 그는 또한 복음의 진리를 권하기 위하여(4절) 자기 자신만의 독특한 기사를 쓰기를 원한(3b) 주의 깊은 역사가로 기능했다(3a). **이는 신학적 목적을 위한 마지막 편집의 단계이다.**

만약 어떤 독자들이 이 모든 "비평"은 영감된 책인 복음서에 대한 믿음과 참으로 양립하는지를 의아해 한다면, 그 대답은 분명히 "양립한다"일 것이다. 물론 우리는 각 방법에 대한 어떠한 연구자의 태도도 주의 깊게 조사해야 한다. 왜냐하면 때때로 "알곡" 가운데 상당히 많은 "가라지"가 섞여 있기 때문이다. 그럼에도 불구하고, 기본적 원리들은 확고할 뿐 아니라, 만약 우리가 누가가 기록한 묘사의 정확성을 믿는다면, 그 원리들은 확고해야 한다. 누가, 마가, 마태의 유사성을 고려할 때, 그리고 그 정도는 다소 덜하지만, 요한의 유사성까지 고려할 때, 다른 복음서 기자들은 다소 유사하게 진술했을 것이라는 사실이 합리적으로 보인다. 복음서 비평은 비록 몇몇 급진적 비평가들에 의해 본문 영감을 믿지 못하는 대체 수단으로 사용되긴 했지만, 본질적으로 그러한 것은 아니다. 오히려 그것은 최종 산물이 정확히 하나님께서 그의 백성에게 전달하고자 하신 것이라는 사실이 보장되도록 하나님의 영이 감독하신 보통 인간의 저작 수단에 대한 연구인 것이다(참조. 벧후 1:21).

2. 공관 복음서에 대한 양식 비평: 구전의 기간[9]

1) 방법

복음서 양식 비평의 발전은 주로 20세기 초 세 명의 독일 학자들과 관계되어

---

9) Craig L. Blomberg, "Form Criticism," *DJG*, p. 243-50, 그리고 Darrell L. Bock, "Form Criticism," *New Testament Criticism and Interpretation*, David A. Black & David S. Dockery 편 (Grand Rapids: Zondervan, 1991), p. 173-96, 그리고 Stephen H. Travis, "Form Criticism," *New Testament Interpretation*, ed. I. Howard Marshall (Exeter: Paternoster; Grand Rapids: Eerdmans, 1977), p. 153-64 등을 보다 더 참조하라.

있다. 그들은 슈미트(K. L. Schmidt), 마틴 디벨리우스(Martin Dibelius), 그리고 무엇보다도 루돌프 불트만(Rudolf Bultmann)이다.[10] 이미 구약 연구에서 행해진 일과 유사하게, 이 학자들은 복음서 배후에 존재한 구전 기간에 대한 분석에 세 가지 주된 단계를 주장했다. 첫째로, 그들은 복음서가 개별적인 "단락"(pericopae)로 세분되고, 각 양식(거의 "미니 장르"임)에 따라 분석될 수 있다고 믿었다. 양식은 비유, 기적 이야기, 선언 이야기(예수의 핵심적 말씀에 의해 절정에 이르는 짧은 논쟁적 에피소드), 속담, 지혜 말씀, "내가 말하노니 어구", 더 장황한 강화, 그리고 기타 등등을 포함했다.[11] 이들 가운데 몇몇은 또한 역사적인 판단을 포함하였다: 신화, 전설, 또는 예수의 이름으로 선포된 초기 기독교 선지자들의 발언 등이 그것이다.

둘째로, 양식 비평가들은 각 양식을 초대교회의 역사 가운데서 삶의 정황(Sitz im Leben)에 귀속시켰다. 선언 이야기들은 대중 설교에 광범위하게 사용되었다고 믿어졌으며, 기적 내러티브는 변증적 토론상황에 사용되었다고 믿어졌다. 전설들은 예수를 위대한 영웅으로 영화롭게 하기 위해 만들어졌다고 추정되었다. 비유들은 유명한 이야기 전달자들에 의해 전해졌다.

셋째로, 양식 비평은 **전통의 전달** "법칙들"을 개발하였다. 이 법칙에 따르면, 예수에 관한 단편적인 작은 정보가 입에서 입으로 전해지는 과정에서, 이야기들이 보다 더 길어지고, 비역사적인 세부적 사항들로 추가되어 윤색되고, 설명을 돕기 위한 명확한 해설과 설명이 덧붙여지고, 이전에 이름이 없었던 인물들에게 이름이 부여되고, 새로운 문맥과 새로운 적용이 더해지고, 다른 개별적 가르침들과 함께 한 그룹으로 편성되있다고 한다. 그러므로 양식 비평가의 책임은 이러한 모든 "부차적인 첨가물들"을 벗겨내고, 각 기사에서, 만약 있다면, 예수가 실제로 행하고 말한 것을 보여주는 역사적인 핵심을 찾아내는 것이었다.

양식 비평의 의제(agenda)에 기름을 끼얹은 것은 다음과 같은 몇 가지 가정

---

10) K. L. Schmidt, *Der Rahmen der Geschichte Jesu* (Darmstadt: Wissenschaftliche Buchgesellschaft, 1969 [원판은, 1919]), 그리고 Martin Dibelius, *From Tradition to Gospel* (Cambridge: James Clarke, 1934; New York: Scribners Sons, 1965 [독일어 원판은, 1919]), 그리고 Bultmann, *History*.

11) 가장 완전한 영어 분석은 James L. Bailey & Lyle D. Vander Broek, *Literary Forms in the New Testament* (Louisville: Westminster/John Knox, 1992)에 나타난다. 모든 작품 가운데서도 가장 포괄적으로 다룬 것은 Klaus Berger, *Formgeschichte des Neuen Testaments* (Heidelberg: Quelle und Meyer, 1984)이다.

들이다. 첫째로, 비평가들은 예수가 살아 있을 동안 그가 말한 것을 기록한 사람은 아무도 없었으며, 초기 기독교인들이 처음에는 전적으로 구전에 의존했다고 가정했다. 둘째로, 구전은 언제나 각각 독립적으로 유통되고 있던 개별적인 자료들로 구성된 것으로 간주되었다. 셋째로, 보존된 자료는 초대교회 삶에서 어떤 구체적 목적을 위해 유용한 것으로 입증되었을 것임에 틀림없다. 넷째로, 예수 사역의 사건들과 가르침들에 관한 전기적, 지리적, 또는 연대기적 정보는 거의 보존되지 않았기 때문에, 이 모든 것은 후에 "창조되어야" 했다. 다섯째로, 초기 기독교 구전이 어떻게 발전되었을 것인지를 재구성하기 위해, 유럽이나 아프리카 같은 다른 먼 나라들의 구전 민속 이야기로부터 유추된 유비들이 사용되었다. 여섯째로, 진정한 예수 본문 가운데 많은 부분이 이 과정에서 흠이 없는 온전한 상태로 보존된 것 같지는 않다. 결국, 어린이들이 자기들끼리 전화기를 가지고 장난을 치는 시대인 오늘날, 그들이 전화기에 대고 속삭이는 작은 메시지들이 한 방에 있는 대략 삼십 명이나 그 이상의 사람들에게 전달될 때, 마침내 전적으로 동일한 메시지로 이해된다고 누가 기대할 수 있겠는가? 이와 마찬가지로, 고대 중동 전역을 통해 대략 한 세대 동안 잘 전달된 수많은 예수 전통도 다를 바 없을 것이다. 이상이 비평가들의 주장이다.

2) 비평

비록 양식 비평은 주로 역사적 도구로서 발달했지만, 그 주된 강점 중의 하나는 부산물로서 생겨난 것으로서, 이 비평의 해석을 위한 잠재력이다. 이러한 의미에서, 양식 비평이 개별적 기사에 대해 하는 것은 문학 비평이 전체 책들을 위해 하는 것과 비교할 수 있다(제5장을 보라). 양식 비평은 복음서를 한 덩어리로 된 전체로서가 아니라, 다양한 많은 문학 양식의 하위 단위들로 구성된 것으로 인식한다. 비유들이 직설적인 역사와 동일한 방식으로 해석되어서는 안 되고, 속담들이 절대적 진리와 동일시되어서는 안 되며, 선언 이야기들은 그 절정을 이루는(그리고 논쟁적인) 선언들에 모든 관심을 쏟아 붓는다. 몇몇 장소에서 공관 복음 저자들은 유사한 형태의 이야기들을 한 그룹으로 분류함으로써 그들의 복음서를 조직한 것 같다. 그러므로 우리가 서로 다른 양식들에 대해 이해하게 되면, 복음서 기록자들의 개요를 재생할 수 있고, 예를 들어서 어떤 사

양식 비평	
양식의 분석	해석
삶의 정황	역사
전통의 전달	

건들이 연대기적 순서로 기록되었다고 가정하지 않을 때에도 그 원래 순서를 발견할 수 있다. 다시 말해서, 양식 비평의 해석학적 가치는 어마어마하게 큰 것이다.[12]

하나의 역사적 도구로서 양식 비평의 많은 주장들과 가정들은 진지하게 조사되어야 한다. 초대교회의 삶의 정황을 알기 위해 특히 유용한 각각의 양식 가운데 본질적으로 개연성이 없는 양식은 없지만, 이러한 것들을 재생하기 위해 이용 가능한 실제 자료는 사실상 존재하지 않는다. 소위 전통의 경향들, 즉 작품을 윤색하고 점차적으로 "독특한 것"으로 발전하는 경향들은 후기 외경 전통들이 정경적 복음서들을 다룬 방식에서 볼 수 있다. 그러나 마가로부터 마태와 누가로 진행해가는 정경 내부에서는, 대개 (기사들을) 요약하고 간소화하는 경향이 있다.[13] 예수의 생애와 가르침의 세부 사항에 대한 역사적 관심이 전통에 결여된 이유에 대한 다른 여러 가정들 중 많은 것들이 의심의 여지가 있다. 다른 대륙들에서 유래한 유비들과 수 세기 동안 발전된 구전 민담들은 1세기의 유대 구전 문화(oral culture)와 겨우 몇 십 년 동안 발전된 것에 대한 연구만큼은 관련성이 없다. 사실상, 예수의 말씀과 행위들에 대한 구전은 역사적 진리를 정확히 보존하는 데 극단적으로 보수적이고 고심한 것이었다는 주장이 만들어질 수 있다. 우리는 이에 대한 일곱 가지 증거를 다음과 같이 열거할 수 있다.

첫째, 암기는 1세기 유대 문화에서 고도로 발달했다. 우리가 앞에서 본 바와 같이(본서 제3장의 '가족' (p. 111)을 보라), 암기는 소년들을 위한 초등 교육의 지배적인 방법이었다. 예언자들의 제자들은 그들의 창시자들의 말씀들을 암기하여 후대에 전해 주었다. 존경을 받았던 랍비들은 때때로 성경 전체(우리의 "구약 성경")를 다 암기했다. 자기들의 교사를 존경하는 예수의 제자들이 그분

---

12) William W. Klein, Craig L. Blomberg, Robert L. Hubbard, Jr., *Introduction to Biblical Interpretation* (Dallas and London: Word, 1993), p. 336-44를 보다 더 참조하라. 그리스도의 생애에 대한 우리의 연구에서 나타나는 주요 양식들의 의의에 관하여 우리는 아래의 제11-17장에서 간략하게 논평할 것이다.
13) 특별히, 호돈(Gerald F. Hawthorne)이 편집한, *Current Issues in Biblical and Patristic Interpretation* (Grand Rapids: Eerdmans, 1975), p. 193-210에 있는 키록(Leslie R. Keylock)의 논문, "Bultmann's Law of Increasing Distinctness"를 보라. 전체적으로 고대 기독교에서, 어떠한 일관적인 패턴도 지배력을 갖지 않는다. 특별히 E. P. Sanders, *The Tendencies of the Synoptic Tradition* (Cambridge: CUP, 1969)을 보라.

의 가르침의 상당 부분을 암기하고 심지어 그분의 위대한 행위들에 대한 간략한 내러티브들까지 암기하여, 상당 기간 동안 그런 기사들을 정확하게 기억하고 있었다는 사실은 매우 정상적이고 당연한 현상이었을 것이다. 예수의 가르침 가운데 무려 80퍼센트 정도가 시의 형태로 주어졌던 것으로 보이며, 그러한 형식은 암기하는 데 매우 쉬웠을 것이다. 게다가, 고린도전서 11:2, 23절과 15:3에 있는 전통을 받고 물려준다는 전문적인 언어는 다음과 같은 사실을 암시한다. 즉 바울은 그리스도 안에서 자신보다 먼저 있었던 사람들에 의해 자신이 받은 여러 정보를 고린도교회 성도들에게 물려주고 있다는 사실을 인식했다는 것이다. 그러나 이러한 사실 가운데 어떠한 것도 제자들이 자신들이 배웠던 자료를 부연하고 해석하고 다시 배열하는 것을 막지 못했을 것이며, 그것은 또한 당시의 관례였다.[14] 상당히 다양하게, 암기의 비범한 기술은 한 단어 한 단어를 모두 축어적으로 정확하게 암기하기보다 에피소드의 "요점"만을 암기하는 것을 그 목표로 삼았는데, 이러한 암기법은 모든 전형적인 고대 암기법의 특징이었다.[15]

둘째, 구전의 전체 기간 동안 적대적인 자들을 포함해, 그리스도의 말씀들과 사역들을 직접 본 목격자들이 계속해서 존재함으로써, 이야기들이 허공에서 만들어지거나 한계도 없이 제멋대로 변질되는 일이 억제되었을 것이다. 또한 기독교 공동체 내부에서도, 복음서 전통이 이야기되는 방식에 가해진 한계가 존재했을 것이다. 심지어 오늘날 전통적인 중동 주민들조차도 소중한 전통들을 말로 전달하는 데 상당한 유연성을 발휘하지만, 전체 공동체는 한계를 넘을 수 없는 경계선을 알며, 또한 만약 누군가가 그 경계선들을 넘어갈 경우 이야기 전달자를 정정시킬 것이다.[16] 다양한 대표단과 회의들이 있었던 예루살렘의 사도적 지도권의 중심은 아마 이와 유사한 방식으로 기능했을 것이다(참조. 행 8,

---

14) Birger Gerhardsson, *Memory and Manuscript: Oral Tradition and Written Transmission in Rabbinic Judaism and Early Christianity* (Lund: Gleerup, 1961), 또한 Rainer Riesner, *Jesus als Lehrer* (Tübingen: Mohr, 1981), 또한 Samuel Byrskog, *Jesus the Only Teacher* (Stockholm: Almqvist and Wiksell, 1994).
15) Jocelyn P. Small, "Artificial Memory and the Writing Habits of the Literate," *Helios* 22 (1995), p. 159-66.
16) Kenneth E. Bailey, "Informal Controlled Oral Tradition and the Synoptic Gospels," *AJT* 5 (1991), p. 34-54 (*Themelios* 20 [1995], p. 4-11에서 다시 인쇄됨). 워커 주니어(William O. Walker, Jr.)가 편집한, *The Relationships among the Gospels* (San Antonio: Trinity University Press, 1978), p. 33-91에 있는 로드(Albert B. Lord)의 논문, "The Gospels as Oral Traditional Literature"를 참조하라.

10-11, 15장).

셋째, 비록 거룩한 전통들이 주로 입에서 입으로 전달되긴 했지만, 랍비들과 그들의 추종자들은 종종 중요한 자료를 사사로이 작성했으며, 그들은 자신들의 기억을 새롭게 하기 위해 때때로 그 기록들을 참고하였다. 따라서 만약 예수의 추종자들이 동일하게 하지 않았다면, 그것은 정상이 아닐 것이다.[17] 밀랍으로 만들어진 기록판이 널리 보급되어 있었으며(참조. 눅 1:63), 쿰란의 에세네파 사람들은 그들의 성경 해석을 그런 것에 기록했을 것이다(이는 바리새인들이 기록된 율법과 구전 율법을 보다 더 뚜렷하게 구분한 것과 다르다). 보다 정통적인 유대교로부터 멀리 이탈해 나간 운동인 기독교는 아마 이 점에서 바리새인들보다 에세네파 사람들과 공통점이 훨씬 더 많았을 것이다.[18]

넷째, 예수께서 사역하시던 기간 동안, 그의 추종자들이 그분의 말씀들과 행위들에 대해 간결하게 요약하던 삶의 정황(Sitz im Leben)이 존재했었으며, 그러한 요약은 열두 제자와 칠십인 제자들의 사명이었다. 그리하여 훗날 복음서의 일부를 형성하게 될 자료를 명확하게 나타낸 첫 번째 시도는 아마 묘사된 바로 그 사건들이 발생한지 몇 개월이나 몇 주 이내에 이루어졌을 것이다.

다섯째, 서술의 모든 유연성과 복음서 가운데 분명한 "모순들"에도 불구하고, 이 문서들은 마치 예수의 죽음과 부활 이후에 맨 처음으로 만들어진 정보를 포함하고 있는 것처럼 자연스럽게 읽혀지지 않는다. 만약 초대교회가 복음서 전통에 관하여 "태도를 확고하게 하지 않는 것"을 편하게 느꼈다면, 소위 예수의 어려운 말씀들(hard sayings)이라고 불리는 그토록 많은 문제 기사들이 왜 남아 있겠는가? 우리는 왜 예수께서 자신의 재림의 때를 알 수 없다고 주장하신 것으로 읽는가(막 13:32 및 병행 구절들)? 또는 어떤 사람들로 하여금 예수께서 그 때를 알 수 있다고 주장하신 것으로, 그리고 자신의 추종자들이 살아 있을 때에 그가 재림하신다고 예언하신 것으로 잘못 생각하도록 만든 세 개의 기사들은 어떠한가(막 9:1 및 병행 구절; 막 13:30 및 병행 구절; 마 10:23)? 거꾸로, 만약 후기 그리스도인 예언자들이 부활하신 주님의 이름으로 말하고, 자신들의

---

17) 스트렉커(George Strecker)가 편집한, *Jesus Christus in Historie und Theologie* (Tübingen: Mohr, 1975), p. 299-315에 있는 엘리스(E. Earle Ellis)의 논문, "New Directions in Form Criticism"을 참조하라.
18) Alan R. Millard, "Writing and the Gospels," *Qumran Chronicle* 5 (1995), p. 55-62.

가르침을 지상에 계시던 예수의 것으로 돌렸다면, 우리는 왜 초대교회 주요 논쟁들(율법을 지켜야 하는가, 지키지 않아도 되는가, 그리스도인의 삶에서 할례의 역할은 무엇인가, 또는 방언에 대한 적절한 접근법은 무엇인가 등에 대한 유대인들과 이방인들 사이의 논쟁)을 깨끗이 정리하는 그리스도의 말씀을 복음서에서 전혀 발견하지 못하는가?[19] 고린도전서 7:10과 12절은 바울이 이혼에 관한 상당히 까다로운 문제들을 해결하기 위해 자신이 역사적 예수로부터 받은 말씀이 없을 때 그 역사적 예수로부터 한 마디 말도 만들어내지 않으려고 주의하는 것을 입증해 준다.

여섯째, 다른 한편으로, 우리는 왜 **훗날 교회가 강조하지 않은 복음서의 주요 강조점들**을 발견하는가? 아마 이러한 강조점들 가운데 가장 현저한 것은 예수께서 자기 자신을 "인자"(Son of Man)라고 칭하신 말씀일 것이다. 본서 마지막 장에서 우리는 이 칭호의 의미에 대해 논의할 것이지만, 여기에서 논의할 사항은 이 칭호가 비록 예수께서 가장 즐겨 사용하신 칭호임에도 불구하고 사도행전과 요한계시록에서 각각 한 번씩 언급된 것을 제외하고, 신약의 나머지(즉 복음서를 제외한 부분)에서 단 한 번도 나타나지 않는다는 점이다. 만약 부활절 이전의 예수와 부활절 이후의 예수 사이의 구분이 흐려진다면, 이 생략은 설명할 수 없는 문제로 남을 것이다.[20]

일곱째, 비록 예수께서 한 세대 안에 자신의 재림이 있을 것이라고 분명히 예언하지 않으셨다 할지라도, 그의 첫 번째 추종자들은 그것을 확실히 고대하고 있었을 것이었다고 종종 주장된다(참조. 예컨대, 데살로니가전후서). 더욱이, 세상이 곧 종말에 이를 것이라고 생각하는 사람들은 역사에 대해서는 두 말할 것도 없이 문헌을 기록하는 데 전혀 관심이 없다. 그러나 자신들이 종말이 가까운 때에 살고 있었다는 에세네파 사람들의 믿음에도 불구하고, 그들이 구약 역사를 다시 진술하는 것을 포함해서 쿰란에 방대한 문헌을 편찬했다는 사실은

---

19) 보다 일반적으로 초기 기독교 예언자들이 디 노보(de novo)라는 예수의 말씀을 만들어 냈다는 견해에 반대하는 작품, David Hill, *New Testament Prophecy* (London: Marshall, Morgan & Scott; Richmond: John Knox, 1979), 그리고 David Aune, *Prophecy in Early Christianity and the Ancient Mediterranean World* (Grand Rapids: Eerdmans, 1983)를 보라.
20) 유사한 대조 목록을 보여 주는 보다 더 상세한 목록표에 대해서는, Eugene E. Lemcio, *The Past of Jesus in the Gospels* (Cambridge: CUP, 1991)를 보라.

이 회의론이 거짓임을 입증한다.

그러나 이 모든 비평에도 불구하고, 양식 비평의 지배적인 전제, 즉 복음서 자료에 대한 구전의 첫 기간이 있었다는 전제는 근거가 분명하다. 특히 자신들이 진술한 사건들을 직접 목격하지 못한 마가와 누가는 그 구전을 광범위하게 의존했을 것이다. 우리가 복음서의 기록 날짜를 정할 때, 우리는 이 구전의 기간이 어떤 사람들이 단정하는 40-60년이 아닌(제6-9장을 보라), 겨우 20-40년 정도밖에 지속되지 않았을 것이라는 사실을 보게 될 것이다. (비록 이러한 구전의 기간이 있었지만) 기독교 기원의 이 첫 번째 국면에 대한 어떠한 조명도 환영되어야 한다. 그러나 그런 다음 우리는 다음 단계로 넘어가야 한다. 즉 예수의 생애에 대한 맨 처음의 방대한 기록의 단계 말이다.

3. 공관 복음서에 대한 자료 비평: 공관 복음의 문제[21]

교회 역사에서 때때로, 다양한 사람들은 공관 복음서 사이에 문자적 연관성이 없다고 주장했다.[22] 그들은 그 복음서들 사이의 유사성이 설명될 수 있는 이유가 그 복음서들이 동일한 사건을 묘사하며, 하나님께서 그 복음서들에 영감을 불어넣으셨기 때문이라고 주장했다. 그러나 복음서들을 주의 깊게 연구하는 대다수의 학생들은 이 결론을 반대한다. 누가의 증언 외에도(본장에서 '역사 전체의 견해들에 대한 조망'의 끝부분(pp. 136-137)을 보라), 다른 네 가지 추가적 특징을 살펴볼 때, 이 접근법이 타당하게 설명되지 않는다. 첫째로, 두 복음서 사이의 병행관계는 종종 한 구절 전체나 문장이 축어적으로 동일하거나, 보

---

21) Robert H. Stein, *The Synoptic Problem: An Introduction* (Grand Rapids: Baker, 1987), p. 29-157, 그리고 Donald Guthrie, *New Testament Introduction* (Leicester and Downers Grove: IVP, 개정판, 1990), p. 136-208 등을 보다 더 참조하라.
22) 가장 최근의 (그리고 가장 전염성이 강한) 예는 린느만(Eta Linnemann)의 작품, *Is There a Synoptic Problem?* (Grand Rapids: Baker, 1992)이다. 린느만은 복음서 병행구를 형성하는 단어의 정확한 분량이 과대평가되었다고 주장하면서, 복음서들 사이의 차이점을 강조한다. 설령 그렇다 하더라도, 린느만 자신이 인정하는 바와 같이, 설명해야 할 부분은 차이점이 아니라 유사성이다. 특히 누가가 직접 기록된 자료들에 의존했다는 사실을 표현할 때(눅 1:1-4), 동일한 단어 배열이 비교적 얼마 되지 않은 사례들조차도 기록된 자료들이 어느 정도 상호 교류되었다는 사실을 드러낸다.

다 흔하게는, 동일한 어원, 동의어, 또는 단어 순서상의 약간의 변화를 통해 다른 단어가 가끔씩 대체되어 사용되는 것을 제외하고는 완전히 동일하다. 비록 두 복음서 내의 두 구절의 단어 배열이 "병행"이라는 이름표가 붙여질 정도로 정확하게 되어 있어야 하는지에 대해 통계가 교과서마다 다 다르지만, 병행 본문의 분량을 대략 추산해 보면 다음과 같다. 마가복음에 있는 661개 구절 가운데 마태복음에서 500개 구절이 병행 관계로 나오고, 누가복음에서는 350개 구절이 병행 구절로 나온다. 게다가, 마가복음에 발견되지 않는 또 다른 235개 구절이 마태복음과 누가복음에 공통적으로 쓰였다.[23] 이 병행 관계는 초대교회가 단순히 암기했는지에 대해 논란의 여부가 있는 예수의 가르침들에서 발견될 뿐 아니라, 그리스도가 행하신 일들에 대한 내러티브 묘사 가운데서도 발견된다. 두 명의 다른 저자들이 동일한 에피소드를 묘사하는 다양한 방식을 고려할 때, 그러한 문자적 병행구는 사실상 한 저자가 다른 저자의 작품을 복사했다는 사실, 또는 두 저자가 하나의 공통적인 자료로부터 동일하게 복사했다는 사실을 필요로 한다. 심지어 가끔씩, 두 명의 학생이 제출한 기말 보고서에 나타나는 유사한 현상을 우연히 발견하는 교수는 이러한 점을 확실히 동의할 것이다!

둘째로, 심지어 예수의 말씀에서조차, 예수께서 원래 말씀하신 아람어에서 번역된 헬라어에서 이러한 문자적 병행구가 나타난다는 것은 주목할 만하다. 외국어를 공부해 본 사람은 누구든지 한 언어를 다른 언어로 번역할 때 주어진 문장이나 단락을 번역하는 다양한 방식이 있다는 사실을 알 것이다. 만약 우리가 첫 번째 유대 기독교인들이 예수의 가르침의 기사들을 헬라어 번역본으로 고정된 형태로 회람했다는 그럴듯하지 않은 가정을 상징하지 않는나면, 완선히 동일한 번역이 반복적으로 발견되는 예는 어느 정도의 문자적 의존성을 암시한다.

셋째로, 공관 복음서 사이의 일치는 어느 특정 저자에 의해 추가된 삽입적 논평이나 설명적 이탈 문장으로까지 확장된다. 예컨대, 마가복음 13:14과 마태복음 24:15 두 구절 모두 성전에 "멸망의 가증한 것"이 세워질 것이라고 예언하시는 예수의 기사 중간에 "읽는 자는 깨달을찐저"라는 말을 삽입한다. 마가복음

---

23) 이러한 통계는 H. Wayne House, *Chronological and Background Charts of the New Testament* (Grand Rapids: Zondervan, 1984) 제9장에서 취한 것이다.

2:10과 마태복음 9:6, 두 구절 모두는 예수께서 중풍 병자를 고치시는 현장에서 거기 모인 구경꾼들에게 하시던 말씀을 정확하게 동일한 장소에서 잠시 중단시킨 후 "그러나 인자가 땅에서 죄를 사하는 권세가 있는 줄을 너희로 알게 하려 하노라"라는 어구를 삽입한다. 그런 다음 마가와 마태 둘 모두 "중풍 병자에게 말씀하시되"라는 진술을 계속 이어가며, 예수의 말씀을 계속 진행한다. 만약 마태와 마가가 서로에 대한, 또는 어떤 공통적인 기록된 문서에 대한 지식이 없었다면, 이러한 사실은 터무니없는 우연의 일치가 되고 말 것이다.

넷째로, 병행구는 또한 함께 연대기적으로 관련되지 않은 에피소드의 순서도 포함한다. 예컨대, 마가복음 2:1부터 3:6까지에서 마가는 예수와 유대인 지도자들 사이에 있었던 다섯 개의 논쟁 이야기 시리즈를 그 사건들이 발생한 시간적 순서도 지적하지 않은 채, 함께 묶어 놓았다. 그러나 마태와 누가는 그 에피소드들의 정확한 순서를 따라 기록했다. 물론 마태가 중간에 끼는 자료 하나를 삽입하기는 했지만 말이다(눅 5:17-6:11; 마 9:1-17; 12:1-14를 보라). 또는 좀 더 작은 규모로, 마가는 산헤드린 앞에 서서 재판을 받는 예수에 대한 그의 기사 주변에 베드로의 부인(denial) 이야기를 "샌드위치처럼 끼워 넣는다"(막 14:53-54, 55-65, 66-72). 그러나 누가가 보다 더 상투적으로 그 자료를 두 개의 다른 이야기로 다시 배열한다는 사실(눅 22:54-62, 63-71)을 특별히 고려할 때, 마태가 마가와 동일한 문체로 그 기사를 진술한다는 것(마 26:57-58, 59-68, 69-75)은 있음직하지 않은 우연의 일치이다.

그렇다면 공관 복음서가 하나의 문학적 수준에서 서로 연관되어 있다는 것이 아무도 부인하기 어려운 사실이라면, 그 관계의 본질은 무엇인가? 우리는 이 질문에 대해 가장 공통적이고 가장 개연성이 있는 대답을 확실성이 점점 적어지는 세 가지 단계로 고려할 것이며, 그 단계란, 마가복음 우선성, Q-가설, 그리고 마태와 누가에게만 분명하게 나타나는 추가적 자료들 등이다.

1) 마가복음 우선성

(1) 강점

강조하는 점들이 서로 다르기는 하지만 근대 학자들의 대다수는 마가가 기록된 첫 복음서였고 마태와 누가가 마가의 작품을 상당히 많이 의존했다는 주장들을 누적적으로 제기해왔다.

① 많은 점에서 마가의 세부적 진술은 매우 분명하지만, 마태와 누가는 목격자가 직접적으로 보고하는 듯한 것들을 생략한다. 예컨대, 마가복음 1:32의 "저물어 해질 때에"(참조. 마 8:16), 마가복음 6:39의 "푸른" 잔디(참조. 마 14:19; 눅 9:14), 또는 마가복음 14:5의 "삼백 데나리온"(참조. 마 26:9) 등이 그러한 사례이다.[24]

② 마가의 문법과 문체는 대개 상당히 거칠지만, 마태와 누가는 그것을 보다 더 부드럽게 만든다. 마가는 접속사 생략, 병렬(구절들을 연결할 때 단지 "그리고"만 사용함), 역사적 현재 시제, 표현의 중복, 이중 부정, 그리고 복잡한 순서의 구절들(phrases) 등을 선호한다.

③ 마가는 다른 전도자들이 생략하거나 말을 바꾸어 표현하는 잠정적으로 당황스럽거나 오해하기 쉬운 내용들을 있는 그대로 진술한다. 예컨대, 2:26에서 아비아달을 대제사장으로 언급하는데, 이는 분명한 "오류"이고(이에 관해서는 본서 제13장에서 '선언 이야기 모음'의 '안식일 논쟁' 부분에 있는 각주 15번 (p. 376)을 보라), 6:5에서는 예수께서 나사렛에서 거의 아무 기적도 행하실 수 없었다고 진술하며(참조. 마 13:58; 눅 4:24), 10: 18에서는 예수께서 젊은 부자 관원에게 "네가 어찌하여 나를 선하다 일컫느냐? 하나님 한 분 외에는 선한 이가 없느니라"고 대답하신다(참조. 마 19:17).

④ 마가복음은 복음서 가운데서 가장 짧지만, 그가 이야기체로 말하는 기사들 내부에서 그의 문체는 전형적으로 완전한 형태로 되어 있다. 마가와 누가에 공통적으로 나와 있는 92개의 기사 가운데서, 71회나 마가의 기사가 더 길다. 마가와 마태에 공통적으로 나와 있는 104개의 기사 가운데서, 63회나 마가의 기사가 더 길다. 마태와 누가는 특징적으로 상세한 마가의 기사를 축소해서, 자신들이 추가하기를 원한 예수에 관한 다른 정보를 삽입시킬 공간을 만들었을 것이 분명하며, 두 복음서 모두 자료를 고대 두루마리 하나에 적절하게 들어갈 수 있는 최대한의 길이로 만들었을 것이다. 그러나 그리스바흐(Griesbach)가 주장한 대로, 만약 마가가 마태와 누가를 축약했다면, 마가가 자신이 포함시키기로 선택한 기사들을 길게 늘였다는 것은 앞뒤가 맞지 않는다.

---

24) 이러한 예들은 Guthrie, *Introduction*, p. 151에서 취한 것이다.

⑤ 마태와 누가복음에서 재현되지 않은 기사는 마가복음에 거의 없다(즉 마가복음에만 독특하게 있는 기사는 전반적으로 10퍼센트도 되지 않는다). 만약 마가가 복음서를 기록한 첫 번째 저자가 아니었다면, 그는 왜 일부러 새롭고 독특한 방식으로 말하지 않으려 했겠는가?

⑥ 마태와 누가는 기사의 순서에서, 또는 동시에 똑같은 방식으로 단어 사용의 성질에서 마가복음으로부터 거의 일탈하지 않는 반면, 마태와 마가는 누가복음과 빈번히 다르며, 누가와 마가 역시 마태복음과 빈번히 다르다. 이것은 분명히 다음과 같은 사실을 드러낸다. 즉 마가복음이 세 복음서 중에 "중간 용어"(middle term)였음에 틀림없다는 것, 즉 마가가 마태와 누가 등 다른 두 사람이 모두 의존한 첫 번째 저자였거나, 마태와 누가를 모두 의존한 마지막 저자(그리스바흐가 주장한 것처럼, 마태와 누가를 축약한 저자)였거나, 또는 마태나 누가 둘 중에 한 사람의 작품을 사용한 복음서였거나, 마태나 누가 둘 중에 한 사람이 의존한 복음서(어거스틴이 주장한 마태-마가-누가의 순서처럼)였을 것이라는 사실이다. "어거스틴의 가설을 따를 때, 우리는 누가가 언제나 마태의 단어 배열보다는 마가의 단어 배열을 사용하기로 선택했을 것이라고 생각해야 할 것이다. 반면 두 복음서 가설(그리스바흐)을 따를 때, 우리는 마가가 자기 자신의 단어 배열을 거의 도입하지 않았을 것이라고 추측해야 할 것이다. 이러한 가설들이 가능하기는 하지만, 두 가지 절차 모두 그럴듯하지 않다."[25]

⑦ 마가복음은 헬라어 음역에 보존되어 있는 아람어 단어들을 가장 많이 보유하고 있다. 예컨대, 보아너게(3:17), 달리다굼(5:41), 고르반(7:11), 에바다(7:34), 아바(14:36) 등이다.[26]

⑧ 만약 마가가 마태복음과 누가복음에 공통적으로 들어 있는 자료들에 관하

---

25) D. A. Carson, Douglas J. Moo, Leon Morris, *An Introduction to the New Testament* (Grand Rapids: Zondervan, 1992), p. 33. 누가-마가-마태 순의 다른 논리적 가능성은 린지(Robert Lindsey)와 플러셀(David Flusser)이 주도한 "예루살렘 학파"(본서 제1장의 각주 7번을 보라)에 의해 옹호되었으나, 그것은 분명히 다른 내러티브들이 편찬된 이후 이방인에 의해 기록된 하나의 복음서가 실제로는 가장 히브리적이라는 개연성 없는 견해에 근거하고 있다. 이러한 학자들은 마태나 마가가 한 것보다 누가가 히브리어로 보다 더 쉽게 번역했다고 주장했지만, 동일한 것을 반복해서 시도해본 학자들 가운데 그들에게 동의하는 학자들은 거의 없다(본서 제11장, '누가복음의 유년기 이야기' (눅 1-2장, p. 323)'에 나오는 것처럼, 누가복음 1-2장의 경우는 제외하고).
26) 이러한 예들은 Stein, *Synoptic Problem*, p. 55-57에서 나온다.

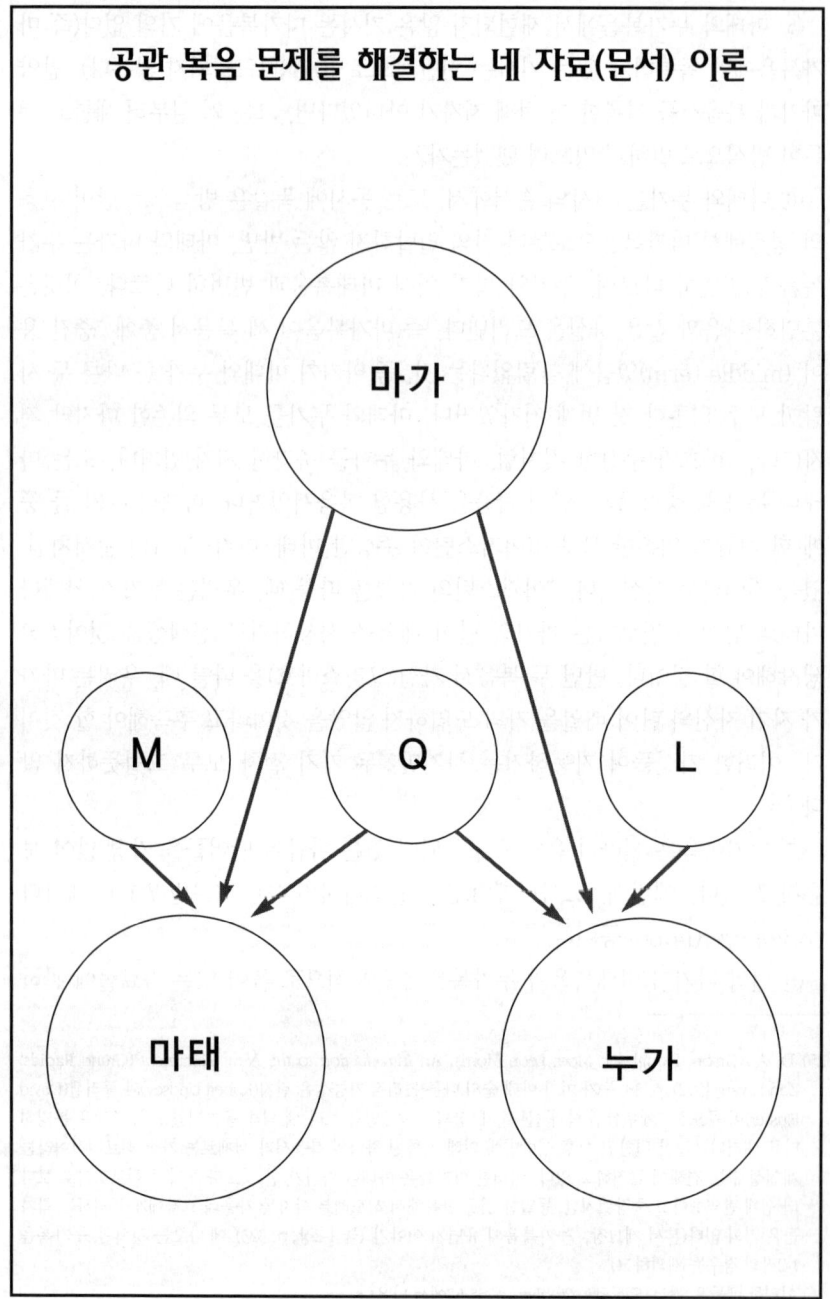

여 알고 있었다면, 그가 왜 그 자료들 모두를 생략했을 것인지에 대한 다른 설명이 없는 것 같다. 마가가 기록하지 않았으나 마태와 누가가 모두 기록한 이 자료에는 많은 사람들에 의해 가장 사랑받는 예수의 가르침 가운데 대부분이 포함되어 있다(즉 산상수훈, 수많은 비유들, 교회의 설립에 대한 지시들 등).

⑨ 마태와 누가가 각각 마가를 편집했다고 가정할 때, 신학적 강조점의 일반적인 패턴이 나타난다. 그러나 그 반대의 이론의 경우에는, 편집적 활동의 패턴이 훨씬 더 일관적이지 못한 것으로 입증된다.[27]

(2) 약점

마가복음 우선성을 반박하는 가장 중요한 논증들은 다음과 같다.

① 마가를 반대하는 마태와 누가의 몇몇 사소한 논증들이 존재한다. 그러나 이러한 것들은 아마 마가복음과 "Q"(아래, "Q-가설" 부분을 보라) 사이의 중복에 기인하거나, 또는 문체나 세부사항에 있어서 저자들이 상호 독립적으로 기록할 것으로 기대되었을 자연스런 변화에 기인하거나, 또는 다른 구전에 대한 의존에 기인할 것이다.

② 마가복음의 큰 덩어리가 누가복음에 빠져 있는데(막 6:45-8:26), 종종 이를 누가의 "크나큰 생략"(Great Omission)이라 부른다. 그러나 누가가 이 부분을 기록하지 않은 것은 아마 어떤 지리적 이유 때문이었을 것이다(본서 제8장에서 '구조' 부분(p. 232)을 보라).

③ 만약 마가가 맨 처음이 아닌 맨 나중에 복음서를 기록했다면, 복음서 전통 내의 변화는 그토록 심하지 않을 것이다. 이것이 사실일 수도 있지만, 사람은 어떤 견해가 단지 변증적으로 편리하기 때문에 그것을 선호하는 것은 아니다. 양식 비평에 대한 우리의 대응은 복음서 전통의 일반적인 역사적 신뢰성을 지지하는 다른 이유들이 상당히 많다는 사실을 분명히 입증했다.

④ 마가복음 우선성은 기적을 행하지 않은 예수를 발견하고자 혈안이 된 근대의 자유주의 학자들에 의해 주로 만들어진 하나의 가설에 지나지 않는다. 이

---

27) 증거에 대해서는, 시도해본 사람들의 작품을 읽기만 하면 된다. 어거스틴(Augustine) 모델을 옹호하는 학자 가운데 가장 현저한 경우에 대해서는, Michael D. Goulder, *Luke: A New Paradigm*, 제2권 (Sheffield: JSOT, 1989)을 보라. 또한 그리스바흐(Griesbach)를 따르는 경우에 대해서는, C. S. Mann, *Mark* (Garden City: Doubleday, 1986)를 보라.

것이 사실일 수도 있지만, 그 학자들은 성공하지 못했다. 마가복음에는 여전히 상당히 많은 기적이 있으며, 마가복음 우선성을 채택하는 가장 중요한 이유는 맨 먼저 어떠한 동기로 인해 그러한 활용이 촉발되었는가 하는 것에 관계없이 독립적이다.

⑤ 강력한 교부 증언은 마태복음 우선성을 지지한다. 이것은 마가복음이 맨 먼저 기록되었다고 보는 것에 대한 유력한 반대 가운데 하나이다. 사실상, 이 외적 증거는 어떤 내적 증거와 들어맞는다. 즉 마가복음에 있는 마태복음의 병행 구절들은 누가복음의 병행 구절들처럼 일관되게 더 후기의 편집 수정본들처럼 보이지 않는다. 우리는 본서의 마태복음 서론에서 이 증거를 마가복음 우선성을 주장하는 논증과 조화시킬 수 있는 길이 있다는 사실을 주장할 것이며, 또한 거기에서 우리는 마태가 자신의 복음서의 어떤 부분은 마가복음을 읽기 전에, 그리고 어떤 부분은 읽은 후에 저작했을 것이라는 사실을 주장할 것이다.

2) Q-가설

1800년대 초에, 프리드리히 슐라이어막허(Friedrich Schleiermacher)는 마태와 누가가 사용했을 것이라고 가정되는 가정적 문서를 지칭하기 위해 상징어 Q("자료"를 의미하는 독일어 Quelle에서 유래)를 맨 처음 만들어냈다. 이 가설은 마태와 누가가 공통적으로 사용했지만 마가복음에서 발견되지 않는 자료에 대해 설명해 줄 것이다. 이 자료는 거의 절대적으로 예수의 말씀들이다. 비록 학자들은 마가복음 우선성을 받아들이는 정도만큼 이 가설을 강력하게 받아들이지는 않지만 그것은 여전히 상당한 지지의 합의점을 가지고 있다.

(1) 강점

누가가 마태복음을 사용했고, 또한 거꾸로 마태가 누가복음을 사용했을 것이라고 단순하게 추정하면 안 되는가? 이에 대한 가장 중요한 이유들은 다음과 같다.

① 비록 충분한 축어적 병행 구절이 문자적 관계성을 암시하는 여러 곳에서 나타나지만, 그러한 병행 구절들은 "삼중 전통"(triple tradition, 공관 복음서 모두에서 발견되는 자료)에서처럼 그렇게 (마태와 누가) 상호간에 일관되게 긴

밀하지는 않다. 만약 마태와 누가가 하나의 동일한 자료를 이용해 그것을 서로 독립적으로 편집했다면, 이것은 잘 설명될 것이다.

② 때때로 마태는 예수의 말씀들을 가장 문자적인 기사로 보존하는 것 같으며, 가끔씩은 누가도 그러하다. 또한 종종 마태의 문체는 보다 더 셈어적이지만(매우 주목할 만하게, 히브리어 병행구를 보존함), 누가의 순서는 보다 더 원래적인 것으로 보인다. 예를 들어, 만약 누가가 마태복음을 직접적으로 의존했다면, 그가 반드시 그랬어야만 했던 방식대로, 도대체 누가 마태의 긴 설교(산상수훈과 같은 설교)를 취해서 그것과 병행되는 것들을 자신의 복음서 전체에 흩어버렸을 것인가?[28]

③ 300년대 초기 유세비우스(Eusebius)에 의해 인용된 바와 같이(『교회사』, 3.39.16), 2세기 초 기독교 작가 파피아스(Papias)의 증언으로부터 시작해서 마태복음 형성에 관한 가장 오래된 증언은 "마태가 (예수의) 말씀들(oracles)을 히브리 언어(또는 '방언')로 수집해서, 모든 사람들이 자신들의 최선을 다해 그 말씀들을 번역(또는 '해석')했다"고 말한다. "말씀들"(oracles, 헬. 로기아)을 의미하는 헬라어는 완전히 발달한 내러티브 복음서가 아닌, "말씀들"(sayings)을 지칭한다. 그래서 아마 마태는 자신(또는 번역자가?)이 "Q"와 같은 자료를 헬라어로 번역하기 전에 그 자료의 저자였을 것이다.[29]

④ 재구성된 Q에 대한 일반적인 신학적이고 문체적인 균일성이 있다. 반복되어 나타나는 주제들은 지혜에 관한 가르침, 천국을 위한 순회 사역의 보다 더 급진적인 요구들, 예수의 권능과 권세, 그리고 시대의 종말이 곧 임할 것이라는 생생한 소망 등을 포함한다. 양식 비평가들은 심지어 Q를 그럴듯한 삶의 정황(Sitz im Leben)에 위치시켰다. 즉 그들에 따르면, 떠돌아다닌 설교자들은 예수의 죽음 이후에도 갈릴리 곳곳을 돌아다니면서 마태복음 10장과 누가복음 9-10장의 전통(열두 제자와 칠십인 제자 파송)을 계속했다.[30]

---

28) 신학적으로 배열된 Q 자료의 목록에 대해서는, Guthrie, *Introduction*, p. 167-68을 보라.
29) 이것은 슐라이어마허(Schleiermacher)가 주장한 견해이다. 비록 최근에는 광범위하게 견지되지는 않지만, 슐라이어마허의 견해를 옹호하는 학자들이 여전히 있다. 그 가운데서도 가장 뛰어난 경우는, Matthew Black, "The Use of Rhetorical Terminology in Papias on Mark and Matthew," *JSNT* 37 (1989), p. 31-41이다.
30) 예컨대, John S. Kloppenborg, *The Formation of Q* (Philadelphia: Fortress, 1987), 그리고 Leif E. Vaage, *Galilean Upstarts: Jesus' First Followers according to Q* (Valley Forge: TPI, 1994)를 보라. 그러나 Burton L. Mack, *The Lost Gospel: The Book of Q and Christian Origins* (San Francisco: HarperCollins, 1993)에서 나타

(2) 약점

무엇보다도 Q는 결코 발견된 적이 없다. 그것은 순전히 가설적 문서일 뿐이다. 그러나 예수의 말씀들을 수집한 장르는 적어도 『도마복음』과 같은 비정통적 영역에서 존재했었다고 알려져 있다. 또한 많은 경우 병행 어구들은 기록된 자료 하나를 입증할 만큼 충분히 밀접하지 않다. 아마 공통적인 어떤 구전이 마태와 누가가 가지고 있었던 모든 것이었을 것이다. Q의 내용, 그 순서, 또는 그 목적의 정확한 윤곽에 관한 일치가 거의 없다. 그러므로 어떤 학자들은 하나의 명확한 문서보다는 더 짧은 기록된 자료와/또는 구전(oral) 자료들의 조합에 대해 언급하기를 더 선호한다.[31]

3) M, L, 그리고 원시적 누가

마가복음의 우선성과 Q-가설의 가장 저명한 20세기 옹호자는 1920년대에 저작 활동을 한 영국 사람 스트리터(B. H. Streeter)였다.[32] 그러나 스트리터는 "네 자료 가설"이라고 불리게 된 것을 옹호하기 위해 광범위하게 수용된 "두 자료 가설"을 초월했다. 스트리터는 마태와 누가가 마가복음과 Q자료를 사용한 것에 더하여, 각각 개별적으로 그들 자신의 기록된 자료들을 더 사용했다고 믿었다. 스트리터는 이 두 추가적 자료들을 각각 "M"과 "L"이라 이름 붙였다. 이들 가설적 자료들은 이들 두 복음서 각각에 독특한 자료의 상당 부분을 설명해 준다(마태복음에 333구절, 누가복음에 564구절). 스트리터는 또한 누가가 마가복음 필사본을 보기 전에 자신의 복음서의 초안("원시적 누가, proto-Luke")을 작성한 다음, 마가복음을 읽은 후에 그 초안을 개정하고 확장했다고 추측했

나는 것처럼, Q 자료가 마치 내용을 정확하게 규정할 수 있는 실제 문서인 것처럼 쓰는 것은 무책임한 태도이다. Q 자료와 마가복음(그리고 예수 자신)의 양립성을 보여 주는 데 특히 중요한 것은 Edward P. Meadors, *Jesus the Messianic Herald of Salvation* (Tübingen: Mohr, 1995)이다.

31) 월래스(Irving Wallace)의 유명한 소설(그리고 영화), *The Word* (New York: Simon & Schuster; London: Cassell, 1972)에서 나타나는 바와 같이, 기독교의 명예를 떨어뜨리는 것으로 여겨지는 최근에 발견된 허구적인 문서들을 지칭하기 위해 때때로 동일한 상징을 채택하는 유명한 허구 작가들과 Q 자료의 학적 연구는 아무런 관련도 없다는 사실을 강조하는 것 역시 중요하다.

32) 스트리터(Streeter)의 고전적 작품인, *The Four Gospels: A Study of Origins* (London: Macmillan, 1924)를 보라.

다. 이것은 마가복음의 변경과 누가복음에서 큰 묶음으로 되어 있는 비 마가적 자료(본서 제8장의 '구조' 부분⟨p. 229⟩을 보라)에 대해 잘 설명해 줄 것이며, 또한 마태복음보다는 누가복음에 있는 비 마가적 자료와 비 Q 자료의 상당히 많은 부분에 대해서도 잘 설명해 줄 것이다. 그러나 이것은 스트리터의 주장 가운데서 가장 빈약한 주장이며, 오늘날 거의 지지를 받지 못한다.

M과 L에 대해서, 어떤 학자들은 이 자료에서 신학적 동질성을 본다고 주장했지만,[33] 종종 그것은 단지 마태와 누가의 편집적 관심에만 상응한다. 더욱이, 만약 마태복음이 마태 사도에 의해서 기록되었다면, 그의 복음서에 독특한 자료는 단순히 그의 개인적인 회고를 반영할 수 있을 것이다.[34] 누가가 그의 복음서 1-2장을 위해 셈어적 자료에 의존했을 것이라는 그럴듯한 주장이 제기될 수 있을 것이다. 왜냐하면 요한과 예수의 수태 및 탄생에 관한 이 정보는 그의 복음서의 나머지 부분과 상당히 다른 히브리적 문체로 기록되었기 때문이다.[35] 비유 자료는 누가 복음의 중심 부분에 밀집되어 있는 누가복음에만 독특한 비유들의 대부분을 잘 설명해 준다는 것 역시 가능하다(본서 제15장, '연대와 지리와 개관' 부분(p. 456)을 보라).[36] 그러나 이에 더하여, "M"과 "L"은 상당히 추측적인 것으로 남는다. 다중 자료들에 관하여 고대 역사가들에게 심하게 의존히는 것은 공관 복음 문제의 포괄적 해결이 상당히 복잡하고 회복할 수 없는 것이라는 추정에 이르게 한다.

초급 학생들에게는, 복음서 자료 비평에 대한 이 모든 논의가 종종 무관한 것처럼 보이지만, 그것은 실제로 몇 가지 점에서 중대하다. 이 문서들의 역사적 신뢰성의 문제에 관심을 갖고 있는 사람들에게, 그 문서들이 어떻게 형성되었는지를 가능한 가장 잘 이해하는 것은 중요하다. 예컨대, 만약 Q가 존재했다면,

---

33) 예컨대, Stephenson H. Brooks, *Matthew's Community: The Evidence of His Special Sayings Material* (Sheffield: JSOT, 1987), 그리고 Gerd Petzke, *Das Sondergut des Evangeliums nach Lukas* (Zurich: Theologischer Verlag, 1990) 등을 보라.
34) 그럼에도 불구하고, 교부들 특히 이그나티우스(Ignatius)로부터 발견되는 증거는 "M"이라는 자료가 있었을 것이라고 주장한다. 왜냐하면 그들이 마태복음을 불균형적으로 많이 인용하는데, 이러한 인용이 다른 복음서에는 없는 마태복음의 내용으로부터 된 것이기 때문이다.
35) 특별히, Stephen C. Farris, *The Hymns of Luke's Infancy Narratives* (Sheffield: JSOT, 1985)를 보라.
36) 프랑스(R. T. France)와 웬함(David Wenham)이 편집한, *Gospel Perspectives*, 제3권 (Sheffield: JSOT, 1983), p. 217-61에 있는 블롬버그(Craig L. Blomberg)의 논문, "Midrash, Chiasmus, and the Outline of Luke's Central Section."

그것은 십중팔구 40년대나 50년대에 기록되었을 것이다. 이 시기는 십자가 처형이 있은 지 10년에서 20년 이내의 시기이며, 복음서 전통이 입에서 입으로 광범위하게 회자되던 기간을 상당히 단축시킨다. 복음서 기록자들의 신학적 독특성에 관심이 있는 사람들에게는, 누가 맨 먼저 복음서를 썼고 누가 어떤 문서를 편집했는지를 아는 것 역시 동등하게 중대하다. 그렇다면, 우리는 편집으로부터 전통을 분리할 수 있고, 각 저자의 독특한 강조점들을 보다 더 잘 간파할 수 있을 것이다. 이는 우리를 자연스럽게 복음서 전통의 발달 가운데 세 번째 국면에 이르도록 하는데, 그것이 편집 비평이다.

4. 편집 비평: 공관 복음 전도자들의 편집적 공헌[37]

또 다시 독일의 세 명의 학자들이 이 분과를 아주 두드러진 분과로 도약하게 하는 데 큰 역할을 했다. 마태복음에 대해서는 군터 보른캄(Gunther Bornkamm), 마가복음에 대해서는 윌리 마르크센(Willi Marxsen), 누가복음에 대해서는 한스 콘첼만(Hans Conzelmann)이 그들이다.[38] 그들이 개척한 방법에 대한 훌륭한 실제적 정의에 의하면 편집 비평이란 "편집 기법과 저작 기법 및 성경 저자가 주변에 있는 기록된 전통과(또는) 구전을 형성하고 구조화함에 있어 채택한 해석 등을 분석함으로써, 그 성경 저자의 신학적 관점을 밝히 해명하는 것을 추구한 것"이라고 설명한다.[39] 우리는 편집 비평을 두 가지 보충적 과업으

---

37) 보수적인 서론에 대해서는, 칼슨(D. A. Carson)과 우드브리지(John D. Woodbridge)가 편집한, *Scripture and Truth* (Grand Rapids: Zondervan; Leicester: IVP, 1983), p. 119-42에 있는 칼슨(Carson)의 논문, "Redaction Criticism: On the Legitimacy and Illegitimacy of a Literary Tool," 그리고 Grant R. Osborne, "Redaction Criticism," DJG, p. 662-69 등을 보라. 보다 더 자유주의적인 서론에 대해서는, Norman Perrin, *What Is Redaction Criticism?* (Philadelphia: Fortress, 1969), 그리고 Joachim Rohde, *Rediscovering the Teaching of the Evangelists* (London: SCM, Philadelphia: Westminster, 1968) 등을 참조하라.

38) Gunther Bornkamm, Gerhard Barth, Heinz J. Held, *Tradition and Interpretation in Matthew* (London: SCM; Philadelphia: Westminster, 1963), 그리고 Willi Marxsen, *Mark the Evangelist* (Nashville: Abingdon, 1969), 그리고 Hans Conzelmann, *The Theology of St. Luke* (New York: Harper & Row; London: Faber & Faber, 1960).

39) Richard N. Soulen, *Handbook of Biblical Criticism* (Guildford: Lutterworth; Atlanta: John Knox, 개정판, 1981), p. 165.

로 세분할 수 있다. 하나는 수평으로 읽는 것(reading horizontally)이고, 다른 하나는 수직으로 읽는 것(reading vertically)이다.[40] 수평으로 읽는 것은 복음서의 병행 구절들 사이의 차이점을 비교하고 후기의 저자들이 그들의 자료들을 어떻게 변경했는지를 결정하기 위해 복음서 기사들을 대조표 형식으로 펼쳐놓고 조사하는 것을 포함한다. 수직으로 읽는 것은 어떤 주제들이 반복적으로 나타나고 다른 편집적인 독특성들이 반복적으로 나타나는지를 보기 위해, 그리고 그러한 독특성들이 다른 복음서에서도 병행되는지 안 되는지의 여부를 보기 위해, 대조표의 주어진 세로 줄(그리고 어떤 특정 복음서의 더 넓은 문맥 전체)을 아래로 읽는 것을 지칭한다. 그것은 또한 편집적 이음매, 요약, 서론, 결론, 그리고 자료의 개요나 배열 등을 조사하는 것도 포함한다. 모든 것을 고려하여, 이러한 절차들을 통해 우리는 특정 저자의 강조점을 쉽게 알 수 있을 것이다.

양식 비평과 비교할 때, 편집 비평은 복음서의 역사적 진정성을 깎아내리려는 보다 더 급진적 비평가들에 의해 사용되곤 했다. 어떤 사람들은 신학적 목적이라고 말해지는 것이 단순한 사실을 암송하는 것보다 덜 역사적인 것 같다고 잘못 추정을 한다. 사실상, 어떤 대의에 열렬하게 헌신된 사람들은 사실들이 알려지기를 원하기 때문에, 종종 정 반대가 맞다. 유대인 대학살 이후의 세대들은 독일 나치의 잔혹한 만행들의 이야기가 반복적으로 말해지기를 원한다. 왜냐하면 그렇게 함으로써 그러한 공포스러운 만행들이 다시는 되풀이되지 않을 수 있기 때문이다. 그들은 그 대학살이 상당히 과장되었다고 주장한 "수정주의자" 역사가들보다 진리에 훨씬 더 많은 관심이 있다. 편집 비평가들 역시 종종 다음과 같이 주장한다. 즉 마가복음과 Q, 또는 마태복음의 경우, 개인적 기억을 넘어서는 기록되거나 말로 전해진 추가적 자료들의 가능성을 배제하고서, 복음서 저자들이 그들이 사용한 자료들에 추가한 것은 역사적일 수 없다는 것이다. 다른 사람들은 사소한 문체적 상이들이 신학적 동기들을 반영한다고 과장한다. 어떤 사람들은 상당히 원자적인 분석 형태를 사용하여, 특징적인 어휘를 결정하기 위해 단어의 빈도를 세고, 한 기사 안에 있는 거의 모든 단어나 어구의 전통적 기원이나 편집적 기원에 대해 확신 있게 판단을 내린다. 이것은 사실상 우

---

40) Gordon D. Fee, Douglas Stuart, *How to Read the Bible for All Its Worth* (Grand Rapids: Zondervan, 개정판, 1994), p. 121-26을 참조하라.

리가 확실히 알 수 있는 것보다 훨씬 그 범위를 넘어선다. 그리고 다양성에 너무나 집중하게 될 때, 우리는 세 공관 복음서 사이에 존재하는 상당히 많은 일치점들을 놓쳐버릴 가능성이 크다.

그러나 이러한 방법론적 부적절과 과잉이 제거된 편집 비평의 가치는 매우 크다. 아마 자료 비평이나 양식 비평보다 그 가치가 훨씬 더 클 것이다. 하나의 해석적 도구로서, 편집 비평은 복음서에 있는 각각의 기사에 대해 다음과 같이 질문하는 것에 해당할 것이다. 즉 "복음서 저자는 왜 이것을 정확히 그가 하는 방식대로 포함하기로 선택했는가?" 교회 역사의 초기부터 복음서의 독자들은 각각의 다른 저자들이 각각 다른 신학적 강조점들을 가지고 있었다고 인식했다. 그러나 그리스도의 생애에 대해 조화점(harmonies)을 찾아내 구축하는 데 관심이 쏠려 있었던 교회의 태도는 일반적으로 이러한 차이점들을 흐리게 만들어버렸다. 아이러니컬하게도, 복음서 저자들이 펜을 들어 쓴 바로 그 텍스트들의 영감성(inspiration)과 무오성(inerrancy)에 대해 가장 강력하게 주장하는 사람들은 더 보수적인 그리스도인들인데도, 그들은 그러한 텍스트들이 영감 된 형식에는 거의 관심이 없고, 오히려 사복음서의 인위적 인공적인 종합을 연구하기로 선택한 사람들이다.

확실히 그러한 조화들을 위한 타당한 자리가 있으며, 사실상 그리스도의 생애에 대한 우리의 연구는 그러한 조화들을 주의 깊게 사용할 것이다.[41] 그러나 우리는 하나님께서 한 복음서가 아닌 사복음서를 영감하셨으며, 십중팔구 그럴 만한 이유가 있었기 때문에 그렇게 하셨다는 사실을 놓쳐서는 안 된다! 그러므로 복음서에서 한 본문을 선택해서 말씀을 선하는 설교자들은 원래의 저자가 의도한 것이 무엇인지를 강조해야만 한다. 예컨대, 만약 설교자가 (사복음서 모두에 다 나타나는 기사인) 오천 명을 먹이신 사건에 관하여 설교하고자 결정할 경우, 설교는 그 사건에 앞선 기사가 무엇이냐에 따라 약간씩 강조점을 달리해야 한다. 설교자는 그 저자의 강조점을 조사해서, 설교를 그 강조점에 상응하게

---

41) 사실상, 조화와 편집 비평은 실제로 보조를 맞춘다. 전자는 기사들이 서로 모순되지 않는다는 점을 입증하며, 후자는 그 기사들이 왜 서로 다른 방식으로 기록되어 있는지를 설명한다. 칼슨(D. A. Carson)과 우드브리지(John D. Woodbridge)가 편집한, *Hermeneutics, Authority, and Canon* (Grand Rapids: Zondervan, 1986), p. 135-74에 있는, 블룸버그(Craig L. Blomberg)의 논문, "The Legitimacy and Limits of Harmonization"을 보라.

제4장 • 복음서에 대한 역사 비평

두 종류의 편집 비평			
요한	수직적으로		읽기
누가	수직적으로	읽기 (공관복음 이적 편집)	읽기
마가	수직적으로		읽기
마태	수직적으로		읽기

만들어야 한다. 슬프게도 이러한 일은 제대로 이루어지지 않는다. 그러나 사복음서 각각에 대한 우리의 서론에서, 우리는 이러한 다양한 독특성들을 강조할 것이며, 그리스도의 생애에 대한 우리의 개관 대부분의 주요 결론부에서 다른 점들을 지적할 것이다.

5. 정경 비평과 정경의 형성

1) 정경 비평

1970년대부터 1990년대에, 브레바드 챠일즈(Brevard Childs)와 제임스 샌더스(James Sanders)라는 두 명의 미국 학자들의 작품은 학문적 방법에 대한 우리의 배열에 비평의 품목을 하나 더 남겼다.[42] 자료 비평, 양식 비평, 편집 비평의 점증하는 빈약성을 통해, 특히 그 비평들을 더 급진적으로 사용한 사람들의 조종을 통해, 그 비평들의 미몽에서 깨어난 챠일즈는 인상적이고 긴 일련의 작품들에서 특히 텍스트의 최종적, 또는 정경적 형태에 더 많은 관심을 기울여야 한다고 주장했다. 때때로, 이 비평은 편집 비평과 밀접하게 중복되기도 하고, 복음서 저자들이 한 대로 그들의 복음서들을 "하나의 꾸러미로 만드는" 데 복음서 저자들의 의도를 다시 찾아내려고 시도한다. 그러나 다른 경우에, 정경 비평은 정확히 어떤 책들이 신약에 속하고 그 순서를 어떻게 해야 하는지 등의 문제가 최종적으로 합의에 이른 4세기와 5세기의 초기 기독교 공동체의 의도를 진지하게 다룬다.

예를 들어, 정경 비평은 편집 비평이 초점을 맞추는 다양성을 넘어, 마태의 유아 기사와 누가의 유아 기사(각각 그 복음서들의 1-2장에 있음) 사이에 존재하는 주제들의 통일성을 강조한다. 십중팔구, 원래의 청중은 처음에 오직 그 내용에 관한 하나의 복음밖에 없었을 것이다. 따라서 이 통일성을 강조하는 것은

---

42) 복음서 연구에 대해 가장 직접적으로 관련 있는 것은, Brevard S. Childs, *The New Testament as Canon* (London: SCM, 1984; Philadelphia: Fortress, 1985), p. 57-209이다. 보다 더 일반적으로는, James A. Sanders, *From Sacred Story to Sacred Text* (Philadelphia: Fortress, 1987)를 참조하라.

복음서 저자들의 의도에 귀착될 수 있는 것을 넘어선다. 다시 한 번 말하거니와, 정경 비평은 산상수훈과 같은 기사에 초점을 맞추고, 율법을 지킬만한 능력이 없다는 훗날 바울의 가르침의 견지에서 그 기사에 대한 해석의 긴 역사를 관찰한다. 비록 예수께서는 분명히 산상수훈이 이런 식으로 다루어지도록 의도하시지 않았지만, 정경 비평은 초기 텍스트들을 해석하기 위해 후기 텍스트들을 사용해도 좋다는 어떤 정당성을 부여하며, 이는 완전히 다 성장한 조직신학으로 가는 도상에 있는 일종의 "중간 지점"이라 할 수 있다. 그러나 다른 경우에, 정경 비평은 성경 내에 포함된 책들의 순서가 암시하는 중요성에 초점을 맞춘다(요한복음은 복음서이기 때문에, 원래 누가복음과 사도행전이 하나로 되어 있었지만, 그 둘 사이에 끼어들었음). 또는 다른 주제들이 서로 균형을 이루도록 다른 책들이 이룬 공헌에 초점을 맞춘다(의로운 행위의 필요성을 강조하는 마태와 야고보 그리고 은혜로 얻는 구원을 강조하는 누가와 바울). 샌더스의 경우에 정경 비평은 구약과 신약 사이에 존재하는 "본문 상호간의" 반향(echoes)에 훨씬 더 많은 초점을 맞춘다.

이 모든 것은 다 박수갈채를 받을 만하다. 완전히 보존된 본문의 최종 형태에 대한 어떠한 강조도 다 환영할 만하다. 그러나 한 성경 작품을 그 원래의 역사적 배경에서 자체적으로 분석한 것으로부터 유래한 것과 정경 비평의 결과가 대치되는 어떠한 사항에서도 우리는 그 정경 비평의 결과를 반대해야만 한다. 만약 성경의 영감성이나 권위의 중심지가 정경화 과정을 마무리한 4세기나 5세기 기독교 공동체에 있지 않고, 1세기 성경 저자들이 펜을 들어 성경을 쓴 것 안에 있다면, 우리는 원 저자들이 암시한 의미를 선택해야지, 후기 기독교 공동체가 정한 의미를 선택해서는 안 된다. 이 단서를 고려할 때, 정경 비평이 편집 비평이나 문학 비평의 어떤 형태와 다른 어떤 독특한 점을 제시하는지는 명확하지 않다. 대체적으로 학문은 그 방법이 소수의 헌신된 추종자들 외부에서는 광범위하게 인기를 얻지 못했다는 사실을 동의하는 것 같으며,[43] 비록 챠일즈와 샌더스가 강력하게 옹호를 하기는 하지만, 그들의 그러한 옹호에도 불구하고

---

43) 복음주의 진영에서는, 특히 로버트 월(Robert W. Wall)과 유진 렘시오(Eugene E. Lemcio)의 다양한 작품들을 보라. 그 작품들 가운데 몇몇은 *The New Testament as Canon: A Reader in Canonical Criticism* (Sheffield: JSOT, 1992)이라는 제목이 붙은 명문집에 모여 있다.

그 방법은 오래 가지 못할 것이다.

2) 정경의 형성

비록 신약 정경의 발전의 주제가 복음서의 서론보다 훨씬 더 중요하지만, 그것은 종종 커리큘럼의 사각지대에 놓이고 완전히 도외시되는 주제들 가운데 하나이다. 다른 작업들은 세부적으로 논의되어야 할 것이지만,[44] 마태, 마가, 누가, 요한복음과 적절한 관계가 있는 몇몇의 서론적 진술들이 여기에서 논의되는 것이 합당한 것 같다. 이미 2세기 중엽에, 예수의 생애를 정확하게 묘사한 내러티브가 오직 네 개밖에 없다는 주장이 광범위하게 인정되었다. 신약 정경을 영원히 최종적으로 결정한 여러 번의 공의회가 있을 때까지, 존재하는 모든 항목들은 다음 300년 동안 마태, 마가, 누가, 요한이 정경에 포함되어야 할 복음서라는 데 의견의 일치를 보았다. 물론 그런 와중에도 서신서 가운데 몇 개, 또는 요한계시록에 대해서는 논쟁이 있기는 했다. 확실히, 영지주의(the Gnostic) 분파들은 자신들의 추가적인 텍스트들을 가지고 있었지만(본서 제2장, '영지주의'(pp. 66-69)를 보라), 우리는 그 텍스트들이 심지어 그 공동체들 안에서도 얼마나 권위적으로 기능했는지조차 확실히 알 수 없다. 외경의 성격을 갖고 있는 어떤 한 복음서가 한꺼번에 다 묶여 한 권으로 존재하는 "성경" 안의 다른 네 복음서와 나란히 포함되어 있었다고 보고하는 현존하는 기록은 하나도 없다.

우리가 발견할 수 있는 정도로, 마태복음, 마가복음, 누가복음, 요한복음을 정경으로 포함하는 데 사용된 기준들은 신약의 나머지에 대한 기준과 동일하다. 여기에서 다루는 그 기준은 세 가지로서, 사도성(apostolicity, 사도 저작권 또는 1세기 사도의 밀접한 제자의 저작권), 정통성(orthodoxy, 맨 처음부터 전해 내려온 사도적 증언과 모순되지 않는 것), 그리고 적절성(relevance, 한 그룹이나 몇몇의 작은 그룹에서만 사용되지 않고, 초대교회 전체에서 광범위하게

---

[44] 특히, *Hermeneutics, Authority, and Canon*, p. 315-42에 있는 던바(David G. Dunbar)의 논문, "The Biblical Canon," 또한 F. F. Bruce, *The Canon of Scripture* (Leicester and Downers Grove: IVP, 1988), 또한 Bruce M. Metzger, *The Canon of the New Testament: Its Origin, Development, and Significance* (Oxford: Clarendon, 1987) 등을 보라.

사용된 것) 등이다. 마태복음, 마가복음, 누가복음, 요한복음의 정경 순서는 부분적으로 그 복음서들이 원래 그 순서대로 기록되었다는 믿음 때문에 발전되었다는 것이 분명하다. 그러나 적어도 마태복음을 맨 첫 부분에 위치시킨 것만큼이나 마태의 작품과 구약 사이의 연관성도 중요했다. 마태복음은 복음서 가운데서 가장 유대적 색체를 많이 띤 복음서로서, 구약의 인용문을 가장 많이 포함하고 있으며, 구약과 가장 잘 비교되고 대조된다. 초대교회는 "신약"을 형성하였을 때, 오로지 기독교 서적들로만 새로운 정경을 만들어내지 않았다. 오히려, 신약이라는 그 이름표를 사용함으로써, 이러한 책들의 권위가 히브리 성경의 권위와 어깨를 나란히 한다는 자신들의 믿음을 확고히 하였으며, 히브리 성경이 예수 그리스도 안에서 성취된 견지에서 그 성경을 해석하기에 이르렀다.

6. 심층연구를 위한 자료

본 장이 몇몇 상이한 비평들을 개관했기 때문에, 각각의 비평에 대한 주요 참고문헌은 이미 각주에서 나타났다. 따라서 우리는 단순히 여기에서 개관한 비평적 방법론 전부나 대부분을 다루는 몇몇 주요 작품들만을 목록에 올릴 것이다. 몇몇 작품은 역시 5장에서 논의되는 문학적 방법을 다룬다. 그린(Green)의 저서의 독특성은 모든 저자들이 그들이 동일한 텍스트들에 관련된 구절들을 논의하는 방법들을 설명한다는 것이다. 이 구절들은 누가복음 3:1-20, 요한복음 4:1-42, 고린도전서 11:2-34, 야고보서 4:13-5:6, 요한계시록 5장 등이다.

1) 초급

Black, David A., and David S. Dockery 편, *New Testament Criticism and Interpretation*. Grand Rapids: Zondervan, 1991.

Blomberg, Craig. *The Historical Reliability of the Gospels*. Leicester and Downers Grove: IVP, 1987.

Dockery, David S., Kenneth A. Mathews, and Robert B. Sloan 편, *Foundations for Biblical Interpretation*. Nashville: Broadman & Holman, 1994.

McKnight, Scot. *Interpretation the Synoptic Gospels*. Grand Rapids: Baker, 1988.

2) 중급

Green, Joel B. 편, *Hearing the New Testament: Strategies for Interpretation*. Grand Rapids: Eerdmans; Carlisle: Paternoster, 1995.

Guthrie, Donald. *New Testament Introduction*. Leicester and Downers Grove: IVP, 개정판, 1990.

Marshall, I. Howard 편, *New Testament Interpretation*. Exeter: Paternoster; Grand Rapids: Eerdmans, 1977.

Porter, Stanley E., and David Tombs 편, *Approaches to New Testament Study*. Sheffield: Sheffield Academic Press, 1995.

Sanders, E. P, and Margaret Davies. *Studying the Synoptic Gospels*. London: SCM; Philadelphia: TPI, 1989.

Stein, Robert H. *The Synoptic Problem: An Introduction*. Grand Rapids: Baker, 1987. (또한 양식 비평과 편집 비평의 논의도 포함함)

3) 고급

Bultmann, Rudolf. *The History of the Synoptic Tradition*. Oxford: Blackwell; New York: Harper & Row, 1963 [독일어 원판, 1921].

France, R. T., and David Wenham, eds. *Gospel Perspectives*. 제1-3권. Sheffield: JSOT, 1980-1983.

Gerhardsson, Birger. *Memory and Manuscript*. Lund: Gleerup, 1961.

Taylor, Vincent. *The Formation of the Gospel Tradition*. London: Macmillan, 1933.

7. 복습을 위한 질문들

1) 자료 비평, 양식 비평, 편집 비평은 각각 무엇인가? 각 방법은 어떻게 기능하는가? 복음주의 관점에서 볼 때, 각각의 강점들과 약점들은 무엇인가?
2) 구체적으로 양식 비평과 관련하여, 예수에 관한 전통들을 맨 먼저 전해 준 사람들 사이에 있었던 억제되지 않은 창조성의 다양한 이론들을 진정시켰다는 증거는 무엇인가?
3) 왜 마가복음 우선성이 공관 복음 문제에 대한 가장 보편적인 해결책인가? 마가복음 우선성의 가장 강력한 논증은 무엇인가? 어떤 논증이 그것을 가장 강력하게 반대하는가? Q, M, L 가설들은 무엇인가? 그것들의 상대적 공헌들은 무엇인가?
4) 복음서들의 상호 문학적 관련성을 이해하는 것이 왜 중요한가? 왜 그러한 관계를 자명한 것으로 간주할 필요가 있는가?

제2부 _ 복음서 연구를 위한 비평적 방법

제5장

복음서에 대한 문학 비평

"문학 비평"(literary criticism)이라는 용어는 문학 작품에 대한 분석에 관하여 지칭하기 위해 사용되었다. 20세기 초에 그것은 때때로 자료 비평과 동의어로 사용되곤 하였다. 우리가 전 장에서 논의한 바와 같이, 1970년대 후기부터 그 이후로, 상당히 많은 학자들은 성경 연구에서 패러다임이 바뀌어야 한다고 주장했다. 즉 그들은 저자의 역사적 상황 및 텍스트를 만들 때 포함되는 역사적 과정에 대한 상세한 집중으로부터 벗어나야 한다고 주장했다. 그러나 주된 모델로서 전면에 나선 문학 비평은 텍스트의 구성이나 목적과 관련하여 텍스트의 외부 이곳저곳에서 주워 모은 정보에 대한 언급 없이, 단지 기록된 텍스트를 분석하는 것이었다. 이러한 변화는 의미가 저자의 의도에 의해서 결정된다는 확신으로부터 벗어나 보다 더 일반적으로 문학의 해석학에서 나타나는 변화와 관련하였다. 궁극적으로 의도라는 것은 대체적으로 다시 돌이켜 살펴볼 수 없는 저자의 정신적 과정이다. 특히 우리가 타문화 출신의 고대 저자들의 텍스트들을 다룰 때 그들의 의도를 간파하는 것은 쉽지 않다. 그래서 문학 비평에서는 의미가 텍스트 자체 내부에 있다고 주장했다. 저자가 무엇을 의도했든지 그 의도에 관계없이, 독자가 파악할 수 있는 것으로 기대되는 유일한 것은 실제로 기록된 단어들의 의미였다.

학자들이 독자에 의한 이해의 과정에 더 초점을 맞출수록, 현대 문학 비평의 두 번째 국면이 점점 더 수면위로 떠올랐는데, 그것은 의미에 관한 독자 중심 이론(reader-oriented theories of meaning)이다. 의미는 저자의 의도나 텍스트 자체에 있는 것이 아니라, 독자들에게 달려 있다고 주장하는 것이 일반화되었다. 이 스펙트럼의 보다 더 보수적인 한쪽 끝에서는, 의미가 텍스트와 독자 사이의 상호 관련의 산물로부터 떠오른다고 말했다. 독자들이 속한 "해석의 공

제5장 • 복음서에 대한 문학 비평

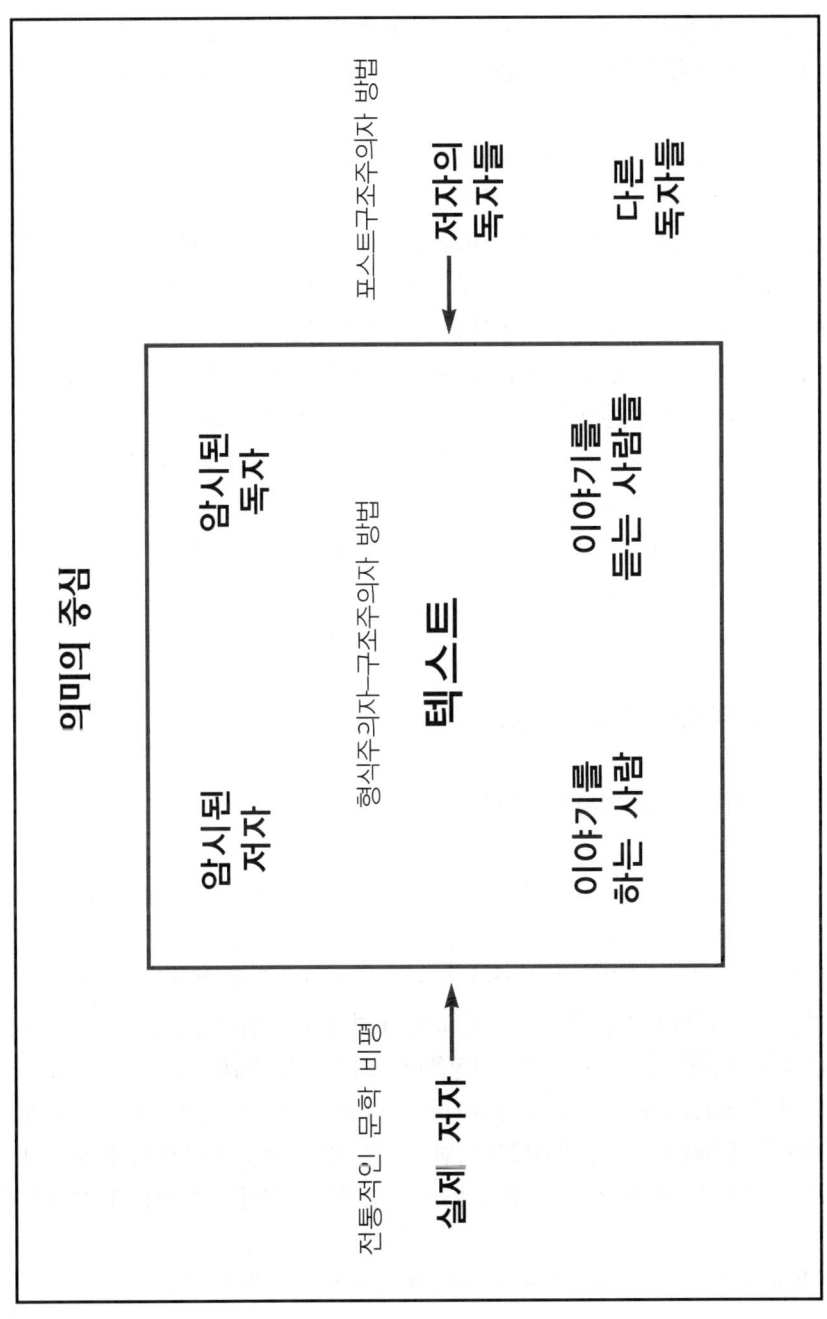

동체" 뿐 아니라, 텍스트 역시 해석에 대해 뚜렷한 한계를 정한다. 그 스펙트럼의 보다 급진적인 한쪽 끝에서는, 의미가 거의 전적으로 "보는 사람의 눈에" 있다고 믿어졌다. 해석에서 명민함과 일관성이 실재의 외적 세계에 대한 상응이나 진리를 가려 보이지 않게 했다.

우리는 현대 문학 비평의 두 가지 국면인 형식주의적 구조주의(formalism-structuralism)와 포스트구조주의(poststructuralism)를 간략하게 조망할 것이며, 또한 각각의 국면이 복음서에 적용된 본보기들을 간략하게 살펴볼 것이다. 그런 다음 우리는 문학 작품의 최종 형태에 대한 분석의 다른 분과인 장르 비평(genre criticism)을 논의할 것인데, 이 비평은 복음서가 어떤 문학 장르인지를 결정하는 방법론이다. 이것은 이 (복음서) 문서들에 대한 우리의 해석학적 기대를 명확하게 해줄 것이다. 예컨대, 그 문서들에서 우리가 찾아보아야 할 것이 어떤 종류의 역사와 신학인지를 밝혀줄 것이다. 바꾸어 말하면, 그것은 우리가 사복음서와 그리스도의 생애에 대해 보다 더 상세하게 분석할 수 있도록 무대를 마련해 줄 것이다.

1. 형식주의적-구조주의 방법

1) 문학/내러티브 비평으로서의 성경

20세기 초에, 세속 문학 비평은 "형식주의"(formalism)나 "새 비평"(new criticism)으로 알려지게 된 것을 발전시켰다. 특히 시 연구로부터 나타난 형식주의는 저자의 역사적 상황에 관한 정보 수집과 저자들이 살았던 세계에 관하여 그들이 가르치고자 했던 것을 필요 없게 하였다. 대신에, 그것은 공교한 시 분석을 고결한 예술 작품으로서 인정했다. 오늘날, 성경상의 집단에서, 내러티브 비평(narrative criticism)의 분과는 보다 더 일반적인 형식주의의 의도와 때때로 근접하다.[1] 어떤 관점에서 보면, 그 발전은 새로운 것이 아니다. 미국에서 교회와 국가의 역사적 분열과 더불어, 공립학교의 영어 수업 시간에 "문학으

---

1) 특히, Mark A. Powell, *What Is Narrative Criticism?* (Minneapolis: Fortress, 1990)을 보라.

로서의 성경"을 오래 동안 공부해 왔다. 이러한 공부를 통해 종교 조장을 피하기 위해, 교사들은 종종 성경 내러티브의 문학적 특성에 주로 초점을 맞췄다. 즉 그들은 플롯, 성격 묘사, 상징, 관점, 비유법, 그리고 기타 등등을 집중적으로 공부했다. 확실히 그러한 공부를 하는 사람은 성경이 위대한 문학 작품의 수많은 인위적 장치로 가득 차 있다는 것을 인식하기 위해 성경의 역사성이나 신학적 의미를 부인할 필요가 없다.

이러한 분석을 복음서 본문의 "표면적 특징"에 적용함으로써, 사실상 복음서가 상당히 교훈적인 내용인 것을 입증할 수 있다. 미국에서 잭 킹스베리(Jack Kingsbury), 데이빗 로드(David Rhoads), 도날드 미키(Donald Michie), 로버트 탄네힐(Robert Tannehill), 알란 컬페퍼(Alan Culpepper) 등에 의해 주요 프로그램적 작품들이 기록되었다.[2] 복음주의자들 가운데, 위튼대학에서 오래 동안 영어 교수로 가르친 릴랜드 라이켄(Leland Ryken)은 특히 글을 많이 썼다.[3] 이들 학자들의 지도를 따라, 우리는 플롯에 집중할 수 있고, 복음서는 예수께서 그의 생애의 모든 주요 국면에서 행하신 대표적인 사례를 선별한 전기에 관심이 없었다는 사실을 발견할 수 있다. 오히려, 복음서는 유대 지도자들과 예수의 점증하는 충돌을 만들어낸 사건들과 궁극적으로 그를 죽음으로 이끈 사건들에 집중한다. 비유와 같은 개별적인 이야기들 역시 플롯을 포함한다. 어떤 것들은 "코믹"하다. 다시 말하면, 그것들은 "해피엔딩"으로 끝나는데, 대표적인 것이 선한 사마리아인의 비유이다. 그러나 많은 것들은 "비극"이다. 예컨대, 달란트나 므나의 비유는 심판으로 끝난다.[4] 이야기의 클라이맥스가 대개 결론 부분 근처에 오기 때문에, 이 이야기들이 정점에 이르는 방식을 통해 우리들은 그 이야기들 내부의 어떤 요소들이 가장 강조되는지를 결정할 수 있다.

성격 묘사는 다른 여러 가지 것들 가운데서도, "단조로운" 성격과 "활기찬"

---

2) Jack D. Kingsbury, *Matthew as Story* (Philadelphia: Fortress, 1986), David Rhoads & Donald Michie, *Mark as Story* (Philadelphia, Fortress, 1982), Robert C. Tannehill, *The Narrative Unity of Luke-Acts*, 제2권 (Philadelphia and Minneapolis: Fortress, 1986-1990), R. Alan Culpepper, *Anatomy of the Fourth Gospel* (Philadelphia: Fortress, 1983).
3) 특히, Leland Ryken, *How to Read the Bible as Literature* (Grand Rapids: Zondervan, 1984), 또한 동일 저자의 *Words of Life: A Literary Introduction to the New Testament* (Grand Rapids: Baker, 1987)를 보라.
4) 특히, Dan O. Via, Jr., The Parables: *Their Literary and Existential Dimension* (Philadelphia: Fortress, 1967)을 보라.

성격을 구분시킨다. 특히 마태복음에서, 유대 지도자들은 대부분 단조롭다. 즉 일차원적이다. 이 경우에 그들은 가차 없이 부정적 견지에서 묘사된다. 그러나 제자들과 같은 유대 무리들은 보다 더 활기차거나 복잡하다. 즉 어떤 때는 예수 편에 서고, 어떤 때는 예수를 반대하고, 어떤 때는 단순히 어느 편인지도 모를 정도로 애매하다. 마태는 예수의 적대자들보다도 예수의 제자들에게서 더 많은 희망을 본다. 예수의 적대자들은 화해할 수 없을 정도로 적대적인 태도를 견지하기 때문이다. 요한복음에서, 니고데모는 예루살렘 지도권 출신 가운데서 마치 예외적으로 긍정적인 모델인 것처럼 예수께 접근했다(요 3:1). 그러나 예수와의 대화 상대자로서 그는 점점 더 당황하게 되고 그의 역할이 점점 더 감소했는데, 이는 적어도 그의 인생의 그 시점에서만큼은 그가 (예수께서 말씀하시는 진리를) 깨닫지 못했다는 사실을 암시한다(2-15절).[5] 이 성격 묘사는 요한이 상징을 사용하는 것을 통해 강화된다. 즉 니고데모는 밤에 왔지만(2절), 예수를 통해 하나님께로 나아오는 자들은 어둠을 사랑하지 않고 빛으로 온다(19-21절).

사실상, 요한복음은 상징과 이중 의미를 다른 세 복음서들보다도 상당히 더 많이 사용한다. 예수께서는 니고데모와의 그 대화 도중에, 사람이 하나님 나라에 들어가기 위해서는 반드시 거듭(헬, 아노텐, ἄνωθεν)나야 한다고 말씀하셨다. 이 헬라어는 "위로부터"(from above), 또는 "다시"(again)라는 의미가 될 수 있으며, 대부분의 주석가들은 요한이 예수께서 원래 아람어로 하신 말씀을 번역하기 위해 이 용어를 선택할 때 두 가지 의미 모두를 의도하지 않았을까 짐작한다. 예수는 가나의 혼인잔치에서 마리아에게 "내 때(문자적으로, '시간')가 아직 이르지 못하였나이다"라고 말씀하신다(요 2:4). 근접 문맥에서, 이 말씀은 단순히 "저는 당신이 요청하신 기적을 행할 준비가 아직 되지 않았습니다"라는 의미인 것 같다. 그러나 그 표현은 궁극적으로 예수의 "시간"이 이를 때까지(요 12:23) 또 다시 나타나며(예컨대, 요 7:6), "시간"은 거의 절대적으로 예수의 죽음과 부활의 때를 지칭한다는 사실이 분명해진다. 아마도 요한은 이 의미의 힌트를 2장에 기록된 가나의 내러티브에서 이미 보았을 것이다.

상징의 이 마지막 사례는 직접적으로 또 다른 문학적 장치인 예조(fore-

---

5) 특히, F. Peter Cotterell, "The Nicodemus Conversation: A Fresh Appraisal," *ExpT* 96 (1985), p. 237-42를 참조하라.

shadowing)로 이끈다. 공교히 꾸며진 이야기들은 종종 독자들이 나중에 어떤 일이 일어날 것인지를 예견할 수 있도록 단서를 남긴다. 마태복음 2:1-12은 메시아의 탄생이 헤롯과 그의 유대 지지자들에 의해 뜻밖의 반대에 부딪치는 반면, 이방 천문학자들인 박사들에 의해서는 뜻밖의 수용, 심지어는 경배를 경험한다는 사실을 묘사한다! 그러나 그 복음서의 끝 부분에서, 마태는 예수께서 만민의 왕이라는 사실을 분명히 하며(28:16-20), 또한 "하나님의 나라를 너희(유대의 지도권)는 빼앗기고 그 나라의 열매 맺는 백성(어떤 민족 출신이든 상관없이 예수의 추종자들)이 받으리라"고 말한다(21:43). 마태복음과 마가복음 모두에서, 세례 요한은 사역에서 뿐 아니라 죽음에서까지 그리스도의 선구자 역할을 한다(막 6:14-29 및 병행 기사). 비록 요한이 예수 사역께서 본격적으로 사역하시기 전에 체포되었지만(마 14:1-2를 보라. 또한 눅 3:19-20을 참조하라), 마태는 예수께서 나사렛에서 당하신 배척에 대한 묘사를 요한의 체포와 투옥과 참수형과 나란히 비교함으로써, 요한이 예수의 선구자라는 사실을 특별히 현저한 방식으로 강조한다(마 13:53-58; 14:3-12).

이야기 전달자의 관점(*point of view*)은 이야기에서 특정 등장인물이 알고 있는 것에 제한되거나, 또는 내러티브에서 모든 사건을 모든 사람의 통찰력으로 이해하고 있는 어떤 사람의 관점인 "전지"(omniscience)를 반영한다. 타당하게도, 복음서의 이야기 전달자들은 이 기술적 의미에서 전지하다. 물론 하나님의 더 신학적인 전지가 또한 그들 배후에 놓여 있기는 하지만 말이다. 우리는 복음서 저자들이 그들이 묘사하는 사건들에 관하여 하나님의 관점을 제시한다고 주장한다는 사실을 인식한다. 그들이 긍정적 모델로 제시하는 것은 우리가 모방해야 하는 반면, 그들이 비판하는 것은 우리가 배척해야 한다. 그들은 초자연적 세계관, 기적의 가능성, 천사들과 귀신들의 존재를 받아들이며, 우리가 그들의 선례를 따를 것을 희망한다.

내러티브 시간(Narrative time)은 저자에게 중요한 것을 지칭할 때 중대한 역할을 할 수 있다. 겨우 서너 페이지에 수년이 흘러갈 수 있는 반면, 간략한 사건이 길게 묘사될 수도 있다. 특히 마가와 요한의 경우에 더 그러하긴 하지만, 네 복음서 모두 다 수난 기사에 의해 지배된다. 다시 말해서, 시간이 예수의 죽음의 순간에 접근함에 따라 시간의 흐름은 상당히 느려진다. 문학 비평은 우리가 후기 신약 저자들을 통해 신학적으로 알게 된 것을 강화한다. 즉 예수의 생애와 관련하여 가장 중요한 것은 그의 죽음과 부활이었다. 내러티브 시간은 또한 개별적인 이야기 내에서도 서스펜스(긴장감)를 조성할 수 있다. 예수께서는 나사로가 죽을병에 걸렸다는 소식을 들었을 때 왜 베다니로 곧장 가지 않고 지체하셨는가(요 11:6)? 그는 자신 주변의 그 어느 누구도 알지 못한 것을 알고 계셨다. 즉 그는 나사로를 무덤에서 다시 일으키실 작정이셨다(38-44절). 그러나 요한은 4절에서 "이 병은 죽을병이 아니라, 하나님의 영광을 위함이요"라는 예수의 신비스런 말씀을 기록함으로써 기적이 일어날 것을 예시하였다.

우리는 형식주의가 주로 시(즉 원래 저자의 의도와 관계없이 "그 자체로서 생명"을 갖는 것처럼 보이는 문학 양식)를 연구하는 방법으로 시작했음을 살펴보았다. 예수께서 말씀하신 가르침의 대다수의 기록 양식이 적어도 거의 시적(semipoetic)이라는 사실은 흥미롭다. 셈어의 병행구가 종종 수많은 비유법, 즉 과장법(수사학적 과장), 아이러니나 풍자, 직유와 은유, 역설, 수수께끼 등으로 표현된다는 사실이 분석된 유익한 연구가 많았다.[6] 우리는 이러한 문학적 장치 가운데 하나를 사용하는 기사를 감히 문자적으로 해석하지 않는다. 우리는 우리 지체를 문자 그대로 끊어 불구로 만들지도 않으며(참조. 마 5:29-30), 우리가 무기를 들어서는 안 되는 때에 예수의 말씀을 따라 무기를 빼 들지도 않는다(참조. 눅 22:35-38; 49-51)!

현대 성경 연구에서 내러티브 비평은 더 오래된 형식주의보다 한 단계 더 나아가서, 텍스트의 실제 저자와 암시된 저자(외부적인 역사적 정보와 상관없이 텍스트가 저자에 대해 드러내는 이미지)와 이야기 전달자(narrator, 텍스트에서 이야기를 실제로 말하는 인물) 사이를 구분한다. 또한 저자의 독자들(텍스트를 맨 처음 전달받도록 의도된 사람들)과 암시된 독자들(외부적인 역사적 정보와 상관없이 텍스트가 의도된 청중에 대해 드러내는 이미지)과 이야기를 듣는 사람들(narratees, 줄거리 내부에서 이야기를 듣는 사람들) 사이를 구분한다. 사복음서의 저작권에 관한 전통적인 주장을 수용하는 사람들에게 있어서, 이러한 구분은 다른 사람들의 경우에서보다 덜 중요한 것으로 보인다. 그러나 예를 들어, 누가복음에서 이야기를 듣는 사람(narratee)이 단지 데오빌로인데 반해

---

6) 탁월하고 간략한 서론에 대해서는, Robert H. Stein, *The Method and Message of Jesus Teachings* (Louisville: Westminster/John Knox, 개정판, 1994), p. 7-32를 보라.

(눅 1:3), 저자의 독자들은 전체 기독교 교회라는 좋은 사례가 잘 드러난다(본서의 제8장, '배경' 부분(p. 243)을 보라).

복음서를 하나의 문학 작품으로 읽는 것은 상당히 가치가 있는 일이다. 복음서가 우리의 넋을 빼앗고, 격려하고, 정죄할 때, 우리는 우리의 지성 뿐 아니라 우리의 감정에까지도 영향을 미치는 복음서의 능력, 즉 복음서의 예술적 가치를 인정한다. 우리는 개별적인 이야기들에서 보다 더 중심적인 것과 보다 더 주변적인 것에 보다 더 민감하다. 우리는 이야기들이 여러 차원의 의미(여기에는 주요 주제들, 종속적인 모티브들, 그리고 특히 구약에서 잘 알려진 다른 전통들을 암시하는 메아리들이 있음)를 만들어내기 위해 어떻게 기능하는지를 이해한다. 그러나 우리는 함정에 빠질 수도 있다. 대부분의 문학 비평은 복음서가 반드시 역사적일 필요는 없다고 가정하며, 이 비평이 신학적 내용이나 종교적 내용을 가볍게 다룬다고 가정한다. 그러나 이러한 가정은 그 방법론에서 본질적인 것은 아니다. 왜냐하면 정교하게 만들어진 역사적 기록은 특정한 신학적 관심사들을 예술적으로, 그리고 미학적으로 유쾌한 방식으로 고무시키기 때문이다. 사실상, 성경을 문학적으로 접근하는 것이 강조하는 텍스트의 특징들은 종종 성경을 원자적으로 취급하도록(예컨대, 한 구절 한 구절씩 따로 떼어내 읽는 것) 가르침을 받지 않은 최초의 성경 독자들에게 가장 자연스럽게 다가오는 성경 읽기 과정이라는 사실이 주장되어 왔다.

2) 구조주의

1970년대와 1980년대에는 형식주의 분석의 보다 더 비밀스러운 분과가 발달했는데, 그 분과는 텍스트의 분명한 표면적 특징을 조사하지 않고, 모든 내러티브에 본질적으로 내재되어 있다고 주장되는 근본적인 "심연 구조(deep structure)"를 밝히 드러내고자 했다. 성경 학문에서, 이 방법은 다니엘 패트(Daniel Patte)와 밴더빌트대학(Vanderbilt University)의 그의 동료 학파와 밀접하게 연관되어 있었다.[7] 그러나 그 세력은 이미 상당히 감퇴되었다. 무관심이 점증한 것은 주로

---

7) 특히, Daniel Patte, *What Is Structural Exegesis?* (Philadelphia: Fortress, 1976), 또한 동일 저자의 *Structural Exegesis: From Theory to Practice* (Philadelphia: Fortress, 1978)를 보라.

다음과 같은 두 가지 요인 때문이었다. 즉 지나치게 전문적인 어휘와 방법론 때문이다. 이러한 점들은 정복하기에 상당히 힘들고, 다른 방법들을 통해 분별되지 않는 사소한 주해적인 "청산"(payoff)과 결합된 것이었다. 예를 들어, "배우 분석"은 아무리 복잡해지더라도, 모든 내러티브의 플롯을 잠정적으로 구성한 여섯 개의 주요 "등장인물이나 대상"의 줄거리를 만들고자 하였다. "보내는 사람"은 "받는 사람"에게 "주인공"을 수단으로 하여 어떤 "객체"를 전달하려고 시도한다. 그리고 주인공은 "돕는 자"에 의해 도움을 얻거나 "적대자"에 의해 방해를 당한다.

따라서 우리는 '부자와 나사로'의 비유를 기본적인 구성 요소로 축소할 수 있다. 즉 하나님은 그 부자가 모세와 선지자들의 명령을 따라 나사로에게 적절하게 반응하는 것을 통해 그 사람에게 행복을 가져다주고 궁극적으로는 낙원으로 인도하기를 원하신다. 그러나 그 사람이 이 선물(good)을 받는 것은 자기 방종과 사치스런 삶을 통해 좌절되고 만다.[8] 그러한 분석의 유익은 그것이 잠정적으로 정신을 산만하게 할 뿐 단지 주변적인 세부 사항이나 논쟁만 일으키는 것(사후 삶의 본질, 나사로가 구원 받은 이유, 그 비유의 끝나는 구절이 예수의 부활을 암시하는지의 여부, 기타 등등)으로부터 관심을 돌이킨다는 것이다. 그러나 우리가 그 이야기의 주요 강조점들을 인식하기 위해 이 특별한 망상 조직(grid)을 개발시켜야 할 것인지는 확실하지 않다. 그러나 구조주의의 훨씬 더 복잡한 다른 발전은 이 간략한 본 개론서의 범위를 넘어간다.[9]

2. 포스트구조주의 방법

1) 해체주의

프랑스 철학자 쟈끄 데리다(Jacques Derrida)는 현대 문학 발전의 대부분의 선구자들 배후에 놓여 있는 가장 주목할 만한 인물임에 틀림없다. 해체주의

---

8) Pheme Perkins, *Hearing the Parables of Jesus* (New York: Paulist, 1981), p. 69를 참조하라.
9) 신약에 적용된 주요 방법들 가운데 특별히 간결하고 읽을 만한 개요는 Raymond F. Collins, *Introduction to the New Testament* (Garden City: Doubleday, 1983), p. 231-71에 나타난다.

(Deconstruction)는 다음과 같이 믿는다. 즉 모든 언어는 본질적으로 불안정하고, 의사전달을 성공적으로 하려는 모든 시도는 의미의 이해를 막는 언어 안에 있는 특징들에 의해 방해를 받으며, 텍스트를 해석하려는 어떠한 시도도 텍스트 자체의 본질적 의미보다 해석자의 상황에 관한 것을 더 많이 드러낸다. 그러므로 해체주의자들은 주어진 텍스트로부터 상충하는 여러 의미들을 끌어내, 그것들을 서로 모순된 상황에 두는 것을 즐긴다.[10]

비유들은 복음서 가운데서 그러한 해체를 위해 가장 빈번히 사용되는 부분이다. 왜냐하면 더 신비스런 문학 형태는 자연스럽게 "다중적이고 다양하게" 읽을 수밖에 없기 때문이다. 한 저자는 숨겨진 보화의 비유(마 13:44)에 해체를 적용했으며, 천국을 위해 모든 것을 버린다는 그 주제가 궁극적으로 그 비유를 버리는 것을 의미하고 다음으로는 버림 그 자체를 다시 버리는 것을 의미한다고 결론 내렸다![11] 또 다른 저자는 "마가"(Mark)와 "누가"(Luke)라는 이름 사이에서 영어의 언어유희(wordplay)로 시작했으며, 종이 한 면 위에 기록된 한 문자의 필치로서 "표시하고"(mark) 보고자 하는 의미를 "살펴본다"(look). 그런 다음 그는 마가복음과 누가복음을 현대 문학의 넓은 범위와 관련하여 논의하는데, 이는 그 두 복음서가 각각 기록된 표시와 보여주는 예술을 강조한다는 입장이다.[12]

물론, 어떠한 해체주의자도 이 방법을 일관되게 채택하지는 않는다. 그 방법은 본질적으로 불안정하기 때문이다. 조만간 의사소통을 하는 모든 사람들은 입으로 하는 말과 종이에 기록된 말을 통해 표현된 그들의 실제적인 의도들이 이해되기를 원한다! 해체주의 이전의 구조주의처럼, 해체주의에 대한 관심 역시 안개같이 사라져버리고 있다는 분명한 징조가 보인다는 것은 전혀 놀랄 만한 일이 아니다("해체되고 있다"라고 말해도 과언이 아니다).

2) 독자 반응 비평

문학 비평에서 두 번째 후-구조주의(Post structuralist) 또는 포스트구조주

---

10) 그 방법에 대한 표준적 서론은 Johathan Culler, *On Deconstruction: Theory and Criticism After Structuralism* (Ithaca: Cornell, 1982)이다.
11) John Dominic Crossan, *Finding Is the First Act* (Philadelphia: Fortress, 1979).
12) Stephen D. Moore, *Mark and Luke in Poststructuralist Perspectives* (New Haven and London: Yale, 1992).

의의 발전은 보다 더 긴 생명을 누릴 것 같다. "독자 반응 비평"은 독자들이 해석하면서 책을 읽는 행위에 초점을 맞추는 공통적인 특징과 결부된 접근들의 느슨한 모음을 묘사한다.[13] 어떤 사람들은 책을 읽는 과정에서 의미가 어떻게 변하는지에 초점을 맞춘다. 이에 따르면 우리가 플롯의 발전에 관하여 더 잘 이해할수록, 앞부분의 세부사항들은 새로운 의미를 더 많이 띠게 된다고 한다. 또는 비평가들은 한 작품을 두세 번 읽는 효과를 연구한다. 독자는 이미 끝을 알고 있거나, 텍스트 내부에 묘사되어 있는 사건들에 관한 추가적 정보를 획득한 후에 재차 반복해서 읽게 된다. 요한은 예수께서 말씀하신 그의 살을 먹고 그의 피를 마시는 것에 관한 말씀(요 6:54)을 그의 청중이 예수의 고별 강화(13-17장)를 나중에 읽는다는 견지에서, 그리고 후기 기독교 전통으로부터 생겨난 최후의 만찬에 대한 그들의 지식의 견지에서 회고해 보도록 의도했는가? 겟세마네 동산에서 옷을 벗고 알몸으로 도망친 어떤 젊은 사람에 대한 마가의 신비스런 언급(막 14:51-52)은 일종의 문학적 서명과 자신에 대한 지칭인가? 마가와 마태 모두 어떻게 4천 명을 먹여야 할지에 관하여 제자들이 예수께 던진 질문(막 8:4; 마 15:33)이 얼마나 어리석게 보이는지에 관하여 독자들이 생각해 보기를 원하는가? 이미 그들은 예수께서 오천 명을 먹이신 사건을 경험한 자들이 아닌가?[14]

독자 반응 비평은 독자들이 자신들의 배경, 전제, 그리고 기독교 집단에서는 신학적 전통들을 기반으로 하여 얼마나 많은 의미를 창조해내 텍스트 속에 집어넣는지를 유익하게 강조했다. 의심할 여지없이 우리는 이 중 얼마는 불가피하게 타락한 세상 속에 있다는 사실을 인정해야만 한다. 우리의 제한된 관점 때문에, 우리는 텍스트에 본질적으로 내재되어 있는 잠재적인 의미를 결코 충분히 파악하지 못한다. 게다가, 독자 중심적인 해석 이론들은 서로 다른 문화나

---

13) 대부분의 학자들은 스탠리 피쉬(Stanley E. Fish)가 이 운동에 대한 가장 큰 추진력을 제공했다고 믿는다. 특히 그의 작품, *Self-Consuming Artifacts* (Berkeley: University of California, 1972), 또한 동일 저자의 *Is There a Text in This Class?* (Cambridge, Mass. & London: Harvard, 1980) 등을 보라. 포함된 다양한 방법론을 견본으로 조사하는 것에 대해서는, 톰킨스(Jane P. Tompkins)가 편집한 *Reader-Response Criticism* (Baltimore and London: Johns Hopkins, 1980)을 보라.
14) 복음서에 적용되는 독자 반응 비평에 대한 가장 포괄적인 개관은 Stephen D. Moore, *Literary Criticism and the Gospels* (New Haven and London: Yale, 1989), p. 71-170이다. 복음주의적 관점 가운데서는, James L. Resseguie, "Reader-Response Criticism and the Synoptic Gospels," *JAAR* 52 (1984), p. 307-24를 참조하라.

서로 다른 공동체에 살고 있는 사람들이 의사소통의 다양한 행위들을 왜 그토록 다르게 듣는지, 또는 텍스트가 의미하는 것이라고 그들이 생각하는 것에 관하여 왜 그토록 다양한 결론에 이르는지를 다 설명하려면 갈 길이 아직 멀다. 그러나 우리는 감히 우리가 창조하는 다양한 의미들에 단순히 만족해서는 안 되며, 또한 "자기 해석"(eisegesis, 원래 텍스트에는 없는데, 자신의 생각을 그 텍스트에 가미하여 그것을 전혀 다른 의미로 읽는 것)의 왜곡적 효과를 극복해야만 한다. 만약 우리가 해석 과정에 나타나는 한계들을 인정하지 않는다면, 자신이 원하는 것을 의미하기 위해 무슨 짓이라도 할 수 있을 것이며, 성공적인 의사소통은 불가능해질 것이다. 그러한 결론은 하나님께서 예수와 그의 말씀을 통해 진실로 이해될 수 있는 방식으로 인류에게 말씀하셨다는 기독교의 확신과 양립하지 않는다. 저자의 원래 의미를 발견하고자 하는 우리의 능력이 아무리 부분적이라 할지라도, 기록된 텍스트에 남아 있는 상징들을 통해 확실히 드러난 저자의 의도들에 고정된 의미가 제시되어 있다는 사실을 인식하는 것이 더 낫다. 오직 그 변치 않는 의미의 중요성이나 적용은 개개인마다 다를 뿐이다.[15] 절대 진리가 급격히 사라지고 있다고 믿는 포스트구조주의자 시대 뿐 아니라 "포스트모더니스트"에서도, 우리는 이러한 중요한 구분들을 큰 대가를 치르고 도외시한다.[16]

3. 복음서의 장르

우리가 사복음서를 "거시적 규모"로 해석하는 방법을 알 수 있도록, 마태, 마

---

15) 이 접근법은 특히 E. D. Hirsch, *Validity in Interpretation* (New Haven and London: Yale, 1967)과 관련되어 있다. 허쉬(Hirsch)는 이 점에서 정당하게 비평을 받았지만, 그의 논제의 요지는 특별히 Anthony C. Thiselton, *New Horizons in Hermeneutics* (Grand Rapids: Zondervan, 1992)에 의해 암시된 것처럼 비평에 맞설 수 있다.
16) 포스트모더니즘(Postmodernism)은 다른 여러 가지 가운데서도, 모더니즘을 반대하여, 객관적이고 과학적인 기준들이 역사적, 철학적, 종교적 영역에 있는 진리를 탐구하는 데 있어서 충분치 못하다는 확신을 지칭하기 위해 사용된 일반적 용어이다. 따라서 스탠리 피쉬(Stanley Fish)의 중요한 비평은 노블(P. R. Noble)의 논문, "Hermeneutics and Post-Modernism: Can We Have a Radical Reader-Response Theory?" *Religious Studies* 30 (1994), p. 419-36; 31 (1995), p. 1-22에서 나타난다.

가, 누가, 요한의 텍스트들 안에 암호로 되어 있는 것은 무엇인가? 복음서는 장식이 전혀 없는 역사서, 혹은 전기인가? 그것들은 광범위한 신화인가? 아니면 역사적 사실에 바탕을 둔 허구(fiction)인가? 요컨대, 우리는 전체 "복음"의 장르나 문학적 형태를 어떻게 평가하는가?

우리가 복음서를 현대 전기들(biographies)과 비교할 때, 광대한 차이가 발생한다. 마가와 요한은 우리에게 예수의 탄생, 유년 시절, 청년 시절에 관하여 아무것도 말해 주지 않는다. 그들은 자신들의 내러티브의 거의 절반가량을 예수 생애의 마지막 몇 주에 일어난 사건들에 할애한다. 마태와 누가는 그리스도 탄생과 관련된 몇몇 세부적 이야기들을 추가한다. 누가는 예수가 열두 살 되었을 때 발생한 한 사건을 진술하지만, 그분의 성인 사역 이전의 사건들에 대해서는 아무 말도 하지 않는다. 사복음서 모두에서, 어느 정도 차이는 있지만, 자료가 연대기적으로 배열되어 있을 뿐 아니라 주제별로 배열되어 있다. 예수의 말씀들은 부연되고, 축약되고, 설명되고, 다양한 방식으로 다시 결합된다. 현대의 많은 학자들은 복음서 장르를 특징짓기 위해 "역사"나 "전기"가 아닌 다른 무언가를 찾았는데, 이는 전혀 놀랄 만한 일이 아니다.

어떤 사람들은 복음서가 "아르텔로지"(aretalogies), 즉 과거의 유명한 영웅이나 전사의 공적을 아름답게 꾸미거나 과장하는 그리스-로마(Greco-Roman)의 '신적인 사람'(divine man)의 생애에 대한 기술에 관련되어 있었다고 추정한다. 다른 사람들은 극장의 언어를 사용하여, 복음서에 "희극"이나 "비극"과 같은 꼬리표를 붙인다. 어떤 사람들은 구약을 광범위하게 사용한 것(또는 초기 복음서들을 개작한 후기 복음서들이 마치 구약에 필적되는 거룩한 책이었던 것처럼 사용한 것)에 초점을 맞추고, 개별적인 복음서들을 "미드라시"(본서 제2장, '자료들' 부분(p. 72)을 보라)로 규정한다. 마가복음 일부분의 특별히 신비스런 특징으로 인해 몇몇 사람들은 그 복음서의 전체 장르가 "비유"나 "묵시"로 간주될 수 있다고 생각하는 반면, 공관복음서와 상당한 차이를 보이는 요한복음의 경우는 요한의 작품에 "드라마"라는 이름표를 달도록 하였다.[17]

---

17) 마지막 두 단락은 Craig Blomberg, *The Historical Reliability of the Gospels* (Leicester and Downers Grove: IVP, 1987), p. 235-40, 그리고 William W. Klein, Craig L. Blomberg, Robert L. Hubbard, Jr., *Introduction to Biblical Interpretation* (Dallas and London: Word, 1993), p. 323-25 등에서 다루어진 자료를 요약한 것이다.

이러한 주장들 및 이런 주장들과 관련된 주장들은 복음서의 어떤 특정 차원들을 포착하지만, 복음서의 주된 특징 대부분에 대해서는 설명하지 못한다. 그러므로 상당히 많은 학자들은 다음과 같은 사실을 인식한다. 즉 복음서를 현대의 전기들과 차별화시키는 특징 목록은 그 복음서를 고대의 그리스-로마 전기들이나 헬라와 유대의 "역사 편찬"(historiography, 역사-저술)과 그렇게 많이 구분시키지 않는다는 사실이다. 고대의 저자들은 그들 당시의 위대한 사건들 또는 중요한 개인들의 삶을 이야기할 때 상당히 고도로 선택적이고, 이데올로기적이고, 예술적이었다. 확실히 복음서에는 독특한 특징들이 있는데, 이 특징들은 일반적으로 그 복음서들이 진술하는 독특한 사건들 및 나사렛 예수라는 인물의 독특한 본질과 관련되어 있다. 그러나 이러한 사실 때문에 복음서가 그 당시의 관례에 비추어 역사성이 덜하거나 전기적 성격이 덜한 것은 아니다. 그렇다면, 아마 복음서를 "신학적 전기"로 규정하는 것이 최상일 것이다.[18]

어쨌든, 복음서 연구의 현대 방법론들에 대한 이 두 장의 조망 끝부분에서 결론 내리기에 중요한 것은 마태, 마가, 누가, 요한복음을 역사적, 신학적, 그리고 문학적으로 연구할 수 있는 타당한 이유가 있다는 것이다. 하나의 방법론을 다른 두 방법론에 경쟁시키려는 여러 학자들의 시도에도 불구하고, 세 방법론 모두 실제로는 상충하지 않고 보조를 나란히 해 걸을 수 있다. 사실상, 만약 우리가 복음서에서 역사적으로 믿을 만한 정보, 신학적으로 동기 부여된 강조점들, 그리고 유쾌한 문학적 기교를 발견하기를 기대하면서 복음서를 접근하지 않는다면, 우리는 텍스트들의 중요한 차원을 간과하고, 또한 그것들을 잘못 해석할 위험에 빠지게 될 것이다.

---

18) Robert Maddox, *The Purpose of Luke-Acts* (Edinburgh: T. & T. Clark, 1982), p. 16을 참조하라. 매덕스는 누가행전(Luke-Acts)의 전체적인 장르를 "신학적 역사"로 규정한다. 복음서를 당시의 다른 작품들과 상세하게 비교한 이후에 내리는 유사한 결론에 대해서는, Richard A. Burridge, *What Are the Gospel?* (Cambridge: CUP, 1992)을 보라.

악한 종들의 비유

마태복음 21:33-46	마가복음 12:1-12	누가복음 20:9-19
다시 한 비유를 들으라. 한 집 주인이 포도원을 만들고 산울로 두르고 거기 즙 짜는 구유를 파고 망대를 짓고 농부들에게 세로 주고 타국에 갔더니, 실과 때가 가까우매, 그 실과를 받으려고 자기 종들을 농부들에게 보내니, 농부들이 종들을 잡아 하나는 심히 때리고 하나는 죽이고 하나는 돌로 쳤거늘, 다시 다른 종들을 처음보다 많이 보내니, 저희에게도 그렇게 하였는지라. 후에 자기 아들을 보내며 가로되, 저희가 내 아들은 공경하리라 하였더니, 농부들이 그 아들을 보고 서로 말하되, 이는 상속자니 자 죽이고 그의 유업을 차지하자 하고, 이에 잡아 포도원 밖에 내어 쫓아 죽였느니라. 그러면 포도원 주인이 올 때에 이 농부들을 어떻게 하겠느뇨? 저희가 말하되, 이 악한 자들을 진멸하고 포도원은 제때에 실과를 바칠만한 다른 농부들에게 줄지니이다. 예수께서 가라사대, 너희가 성경에, 건축자들의 버린 돌이 모퉁이의 머릿돌이 되었나니, 이것은 주로 말미암아 된 것이요, 우리 눈에 기이하도다, 함을 읽어 본 일이 없느냐? 그러므로 내가 너희에게 이르노니, 하나님의 나라를 너희는 빼앗기고 그 나라의 열매 맺는 백성이 받으리라. 이 돌 위에 떨어지는 자는 깨어지겠고, 이 돌이 사람 위에 떨어지면 저를 가루로 만들어 흩으리라, 하시니, 대제사장들과 바리새인들이 예수의 비유를 듣고 자기들을 가리켜 말씀하심인 줄 알고, 잡고자 하나 무리를 무서워하니, 이는 저희가 예수를 선지자로 앎이었더라.	예수께서 비유로 저희에게 말씀하시되, 한 사람이 포도원을 만들고 산울로 두르고 즙 짜는 구유 자리를 파고 망대를 짓고 농부들에게 세로 주고 타국에 갔더니, 때가 이르매 농부들에게 포도원 소출 얼마를 받으려고 한 종을 보내니, 저희가 종을 잡아 심히 때리고 거저 보내었거늘, 다시 다른 종을 보내니, 그의 머리에 상처를 내고 능욕하였거늘, 또 다른 종을 보내니, 저희가 그를 죽이고 또 그 외 많은 종들도 혹은 때리고 혹은 죽인지라. 오히려 한 사람이 있으니, 곧 그의 사랑하는 아들이라. 최후로 이를 보내며 가로되, 내 아들은 공경하리라 하였더니, 저 농부들이 서로 말하되, 이는 상속자니 자 죽이자 그러면 그 유업이 우리 것이 되리라, 하고, 이에 잡아 죽여 포도원 밖에 내어 던졌느니라. 포도원 주인이 어떻게 하겠느뇨? 와서 그 농부들을 진멸하고 포도원을 다른 사람들에게 주리라. 너희가 성경에, 건축자들의 버린 돌이 모퉁이의 머릿돌이 되었나니, 이것은 주로 말미암아 된 것이요 우리 눈에 기이하도다. 함을 읽어 보지도 못하였느냐? 하시니라. 저희가 예수의 이 비유는 자기들을 가리켜 말씀하심인 줄 알고 잡고자 하되, 무리를 두려워하여 예수를 버려두고 가니라.	이 비유로 백성에게 말씀하시되, 한 사람이 포도원을 만들어 농부들에게 세로 주고 타국에 가서 오래 있다가, 때가 이르매 포도원 소출 얼마를 바치게 하려고 한 종을 농부들에게 보내니, 농부들이 종을 심히 때리고 거저 보내었거늘, 다시 다른 종을 보내니 그도 심히 때리고 능욕하고 거저 보내었거늘, 다시 세 번째 종을 보내니 이도 상하게 하고 내어 쫓을지라. 포도원 주인이 가로되, 어찌할꼬! 내 사랑하는 아들을 보내리니 저희가 혹 그는 공경하리라, 하였더니, 농부들이 그를 보고 서로 의논하여 가로되, 이는 상속자니 죽이고 그 유업을 우리의 것으로 만들자 하고, 포도원 밖에 내어 쫓아 죽였느니라. 그런즉 포도원 주인이 이 사람들을 어떻게 하겠느뇨? 와서 그 농부들을 진멸하고 포도원을 다른 사람들에게 주리라. 하시니, 사람들이 듣고 가로되, 그렇게 되지 말아지이다. 하거늘, 저희를 보시며 가라사대, 그러면 기록된 바, 건축자들의 버린 돌이 모퉁이의 머릿돌이 되었느니라. 함이 어찜이뇨? 무릇 이 돌 위에 떨어지는 자는 깨어지겠고, 이 돌이 사람 위에 떨어지면 저로 가루를 만들어 흩으리라. 하시니라. 서기관들과 대제사장들이 예수의 이 비유는 자기들을 가리켜 말씀하심인 줄 알고 즉시 잡고자 하되, 백성을 두려워하더라.

4. 적용

악한 소작인의 비유에 대한 공관복음 대조표를 바로 옆 페이지에 제시한다. 본서 4장과 5장에서 논의한 비평적 방법들이 각각 이 기사에 적용되는 방식을 살펴보라. 각 방법의 견본적 적용 하나를 예증의 방식으로 제시하고자 한다.

1) 자료 비평

마가복음 12:6은 소작인들이 땅 주인의 아들을 공경할 것이라고 예상하는 그 땅 주인의 모습을 기록하고 있는 반면, 누가복음 20:13에는 "저희가 혹 그는 공경하리라"고 기록되어 있다. 일단 땅 주인을 하나님으로 간주한다면, 마가의 단어 배열은 하나님께서 그의 아들이 배척될 것을 알지 못하셨다는 오해를 불러 일으킨다. 누가는 이 점을 분명하게 하려고 애를 쓴다. 마가가 이 문제를 소개했을 것이라고 상상하기 어렵지만, 누가가 그 문제를 경감시키려고 노력했을 것이라는 점은 이치에 맞다. 따라서 이 점에서 마가는 누가보다 분명히 먼저 이 기사를 기록했다.

2) 양식 비평

오직 누가만이 여러 종들의 사명을 일일이 열거된 삼중 순서로 분명하게 조직한다. 누가복음 20:10에서, 주인은 한 종을 보내고, 11절에서 다른 종을 보내고, 12절에서 "세 번째" 종을 보낸다. 각 종들에 대한 그 소작인들의 학대는 또한 죽임을 당하는 아들이 보냄을 받는 단계에서 절정에 이른다. 문체를 간소화 시키는 이 방법은 고대 구전의 특징이었으며, 이 이야기가 글로 기록되기 이전의 일정 기간 동안 빈번히 반복되어 회자된 결과로 나타난 산물이었을 것이다.

3) 편집 비평

악한 소작인들은 (하나님의) 나라를 빼앗기고 그 나라가 합당한 열매를 맺는 백성에게 넘겨질 것이라고 예수께서 선언하시는 말씀이 들어 있는 구절을 이 비유에 포함시키는 저자는 오직 마태뿐이다(마 21:43). 마태는 소작인들을 유대의 지도자들로 이해하고 새로운 백성을 교회로 이해한다는 사실을 우리가 인식할 경우, 우리는 그가 왜 그 이야기에 특별히 이 부분을 포함시키기를 원하는지 그 이유를 보게 될 것이다. 모든 복음서 저자들 가운데서, 예수의 메시지의 유대성(Jewishness) 및 기독교가 유대교로부터 겪은 실패를 강조하는 데 가장 큰 관심을 기울인 저자는 마태였다는 사실을 우리는 발견하게 될 것이다.

4) 정경 비평

예수께서 이 비유를 맨 처음 말씀하셨을 때, 그분의 말씀들 듣던 사람들 가운데 일부는 그가 자기 자신을 아들로 지칭하고 자기 자신의 과격한 죽음을 예측하고 있었다는 사실을 어렴풋이 눈치 챘을 것이다. 그러나 그들은 그가 예루살렘 성 밖에서 십자가에 못박히실 것이라는 사실을 몰랐을 것이다. 그러나 많은 주석가들은 다음과 같이 추측한다. 즉 (마가와 달리) 마태와 누가는 소작인들이 땅 주인의 아들을 잡아, 포도원 밖으로 내어 던진 이후에야 예수의 그 다음 운명인 그를 죽인다는 사실을 진술하기 위해 단어를 신중하게 배열한다는 사실이다(마 21:39; 눅 20:15). 정경적 관점에서 볼 때, 이것은 후기 발전(이 이야기가 예수의 죽음 이후에 신학적으로 발전할 것을 지칭-역주)의 견지에서 예수의 원래 이야기의 의미를 도출한 것이라고 정당화될 수 있었다.

5) 내러티브 비평

형식주의 문학 비평은 이 이야기가 비극적 비유라는 사실을 관찰할 것이다. 이 모든 세 기록들은 유대 지도자들에 대해 선언된 심판에서 그 절정에 이르며, 그 심판에 뒤따라 그들은 예수께서 이 비유를 자신들에 대해 말씀하셨다는 사실을 깨달았다는 평론이 나온다. 그 비유 전체 곳곳에 스며 있는 심판의 중심적 취지는 그 비유를 강해하거나 적용할 때 결코 상실되어서는 안 된다.

6) 구조주의

이 비유의 세 명의 주된 등장인물 또는 그 등장인물 그룹은 땅 주인, 악한 소작인들, 그리고 새로운 소작인들이다. 예수께서 말씀하신 다른 여러 비유들에서도 빈번히 반복해서 나타나는 구조와 상응하는 이 등장인물들은 각각 하나님, 그의 원수들, 그리고 그의 진정한 백성을 대표한다. 아마 다른 세부적 사항들이 풍유화될(allegorized) 수 있을 것이다. 그러나 설령 그렇다 할지라도, 그러한 사항들은 여전히 이들 세 중심점에 종속적인 것들로 남는다. 만약 예수께서 그 아들이 자신을 대표한다는 의도를 가지고 계셨다 할지라도, 그는 그 아들을 다른 주된 등장인물들이 나타내는 역할에 종속적인 위치로 놓아 두셨을 것이다. 이것은 실제로 그 기사의 진정성을 옹호해 줄 것이다. 왜냐하면 후기 그리스도인들은 그 아들을 더 중요한 역할로 부각시킬 것이 분명하기 때문이다.

7) 포스트구조주의

마태복음 21:40-41, 마가복음 12:9, 누가복음 20:15b-16 사이의 차이점들이 현저하다. 주인이 무엇을 할 지에 관하여 질문한 사람은 누구인가? 누가 대답하는가? 대답의 내용은 무엇인가? 역사적으로 말해서, 예수께서 다양한 무리에게 질문을 하신 다음 모든 사람들로부터 마치 한 목소리로 합창하는 듯한 대답을 받은 것 같지는 않다. 아이러니컬하게도, "조화"의 이 전통은 실제로 독자(또는 청취자) 반응 접근에 의해 상당한 신용을 받는다. 이 접근은 다른 사람들이 동일한 이야기를 전혀 다르게 해석할 것이라는 사실을 우리에게 상기시켜 준다. 그래서 어떤 사람들은 그 소작인들을 정죄하려고 하는 반면, 다른 사람들은 그들의 운명에 대해 소스라쳐 놀랐다는 것은 전혀 이상한 일이 아니다.

5. 심층연구를 위한 자료

제4장의 경우와 마찬가지로, 아래의 목록은 본 장에서 제기된 광범위한 이슈

들을 다루는 작품들만을 포함한다. 제4장의 끝부분의 심층연구를 위한 자료에 열거된 작품들 가운데 몇 작품 역시 문학 비평의 다양한 차원들을 포함시킨다.

1) 초급

Adam, A. K. M. *What Is Postmodern Biblical Criticism?* Minneapolis: Fortress, 1995.

Longman, Tremper, III. *Literary Approaches to Biblical Interpretation.* Grand Rapids: Zondervan, 1987.

Petersen, Norman R. *Literary Criticism for New Testament Critics.* Philadelphia: Fortress, 1978.

Ryken, Leland. *Words of Life: A Literary Introduction to the New Testament.* Grand Rapids: Baker, 1987.

2) 중급

Alter, Robert and Frank Kermode, eds. *The Literary Guide to the Bible.* Cambridge, Mass.: Harvard, 1987.

Aune, David E. *The New Testament in Its Literary Environment.* Philadelphia: Westminster, 1987.

McKnight, Edgar V. *The Bible and the Reader: An Introduction to Literary Criticism.* Philadelphia: Fortress, 1985.

Ryken, Leland, and Tremper Longman III, 편. *A Complete Literary Guide to the Bible.* Grand Rapids: Zondervan, 1993.

3) 고급

Frye, Northrop. *The Great Code: The Bible and Literature.* New York: Harcourt, Brace, Jovanovich, 1982.

Malbon, Elizabeth S., and Edgar V. McKinght eds. *The New Literary*

Criticism and the New Testament. Sheffield: JSOT, 1994.

Moore, Stephen D. *Literary Criticism and the Gospels.* New Haven and London: Yale, 1989.

Thiselton, Anthony C. *New Horizons in Hermeneutics.* Grand Rapids: Zondervan, 1992.

4) 참고문헌

Powell, Mark A. 외. *The Bible and Modern Literary Criticism: A Critical Assessment and Annotated Bibliography.* Westport, Conn.: Greenwood, 1992.

6. 복습을 위한 질문들

1) 복음서에서 몇몇 기사를 선택해서, 문학 비평의 다양한 분과들이 그 텍스트를 어떻게 조명하는지를 논의하라. 예컨대, 탕자의 비유(눅 15:11-32), 예수와 니고데모의 대화(요 3:1-15), 또는 마가복음의 끝부분(막 16:1-8) 등을 고려하라.
2) 복음서 가운데서 문학 비평이 신학적으로 강조되는 것(또는 강조되지 않는 것)을 인식할 수 있도록 우리를 도와주는 구절들을 생각할 수 있는가?

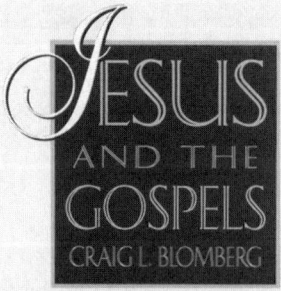

제3부

사복음서 서론

　성경학자들은 성경의 특정 부분이 어떠한 상황 속에서 형성되었는지에 대한 연구를 지칭하기 위해 때때로 매우 좁고 전문적인 의미에서 "개론"이라는 단어를 사용한다. 개론은 주로 저자와 그의 상황(기록 연대, 장소, 청중)을 먼저 파악하는 것으로부터 시작하여 그의 작품이 가진 신학과 구조에 대해서 논의한다. 복음서의 경우는 엄밀히 말해서 네 권의 작품 모두가 저자불명이다. 다시 말해서, 어떤 경우에도 저자의 이름이 기록된 장절을 발견할 수 없다는 것이다. 현존하는 사본들에 붙여진 표제들은 아마도 원본에는 없는 것들일 것이다. 네 명의 기록자들이 자신들의 문서를 "~에 따른 복음서"라고 표제를 붙이기로 개별적으로 결정했을 가능성도 없다. 이 표제들은 네 권의 복음서 모음집이 적어도 2세기 초부터 유포되기 시작하면서 서로를 구별하기 위해서 붙여졌을 것이다. 우리는 저작설에 대한 이 초기의 주장들을 신중하게 고려해야 하지만, 그렇다고 그것을 영감된 성경의 수준으로 끌어올려서도 안 된다. 더군다나 저작 연대나 수신자나 기록 장소 등의 문제는 더욱 불확실하다.
　위에 열거한 내용에 근거해서 우리는 개론적인 주제들을 다루는 전통적인 순서를 다음 네 장에서 뒤바꾸어 전개할 것이다. 본문 자체에서 관찰한 자료에 기초해서 먼저 구조와 신학을 논의할 것이다. 그 후에 우리는 배경과 저자에 대한 보다 사변적인 내용을 앞서 논의한 자료를 통해 좀더 좁혀 나갈 것이다.

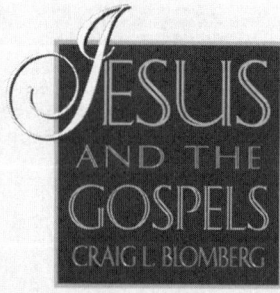

제6장

마가복음

1. 구조

고대 중동의 저술가들은 현대 서양의 저술가들처럼 논리적이거나 직선적인 사고에 의해 제한을 받지 않았다. 복음서는 당시의 대부분의 문서들처럼 큰 소리로 읽도록 기록되었을 것이다. 여러 청중들은 기록된 문서를 전혀 본 적도 없었고, 읽는 방법도 몰랐기 때문에 문서를 기록할 때에는 문단 사이의 관계를 명확히 하기 위해 수사학적인 표현이나 강조를 위해 반복해야 했다. 그런 까닭에 현대의 주석가들은 복음서의 개요를 논할 때 구조나 균형에 대해서 지나치게 많은 비중을 두는 위험이 있다. 두 번째 위험은, 고대의 역사가들이나 전기 작가들이 언제나 연대기적인 순서로 집필했다고 가정하는 것이다. 그들은 항상 그런 순서로 집필하지는 않았다. 복음서들에 대한 현대의 많은 분석을 보면 그리스도의 생애와 사역에 관한 자료들을 그들 나름대로 생각해 낸 역사적, 또는 지리적인 진전에 따라서 단순하게 구분해 놓고 있다. 하지만 복음서 저자가 자료들을 분류할 때 연대기적인 이유 때문이 아니라 그것들이 동일한 문학 "양식"(form)을 포함하거나 유사한 주제를 가지고 있기 때문에 함께 묶은 경우가 너무나 많이 나타난다. 영어 번역의 "그때"와 "지금"이라는 단어는 때때로 헬라어 단어(tote, nun)를 번역한 것인데, 이 단어는 "그 후에"나 "동시에" 보다는 "그러므로"나 "그래서"를 의미할 수도 있다. 복음서의 연속적인 이야기들은 많은 경우 "그리고"(kai 또는 de)를 뜻하는 헬라어 단어에 의해서 단순하게 연결된다. 공관복음서의 병행구절을 비교해 보면 복음서마다 사건들이 다른 순서로 진술되는 경우가 많음을 볼 수 있다. 그러므로 우리는 개별적인 사건들 사이에 아무런 연대기적인 관련성을 가정하지 않는 것이 가장 안전하다. 단지 저자가 그러한 관련성을 분명하게 보여주는 용어를 사용하거나 인과관계가 뚜렷하게 나타나는 경우는 그렇게 가정할 수 있다.

마가복음의 일반적인 구조에 대해서는 상당한 견해의 일치를 보이지만, 구체적인 부분이 어디에서 시작되거나 끝나는지에 대해서는 아직도 의견의 차이가 크게 나타난다.[1] 이것은 여러 본문들이 장면전환이나 "이음매"(seams)로서 이야기의 한 단계를 끝내고 새로운 단계를 소개하기 위한 목적으로 기록되었음을 의미한다. 우리는 마가복음이 크게 두 부분으로 나뉘는 것을 관찰한다. 첫 여덟 장들은 대부분 예수의 강력한 사역, 특별히 예수가 제자들을 모으시고 능력의 일들로 군중들을 놀라게 하시는 등의 사역을 강조하기 위해서 행동 중심의 이야기들을 사용하였다.[2] 가이사랴 빌립보로 가는 길에서 베드로가 예수를 그리스도로 고백한 후에(8:27-30), 예수는 갑작스럽게 자신의 다가올 고난과 죽음에 대해서 가르치기 시작하셨다. 그 이후로 모든 사건들이 십자가를 향해서 진전된다. 예수의 생애의 마지막 사건들에 대한 이처럼 많은 관심은 초대 기독교의 사상 속에 나타난 십자가의 중심성을 반영해 준다. 이것은 또한 1세기 전에 마틴 칼러(Martin Khler)로 하여금 복음서의 구조에 대해 "연장된 서론을 가진 수난 이야기들"이라는 매우 유명한 묘사를 남기게 하였다.[3]

복음서의 전반부에는 예수의 기적들을 특별히 강조하는 유사한 형태의 이야기들(치유, 논쟁, 비유 등)이 함께 모여 있다. 여기에는 또한 두 개의 문학적 이음매들이 있는데, 마가는 이를 통해서 예수께 대한 심각한 반대를 묘사하였고, 한 문단을 일단락 짓고 새롭게 예수가 적대자들로부터 물러나 새로운 장소에서 또 다른 사역을 위해 제자들을 부르시거나 사명을 주시는 것을 기록한다(3:7; 6:6하). 마가복음의 후반부에서는 사건들이 예수의 가르침을 강조하면서 보다

---

1) 접근 방법들에 대한 최근의 유익한 개관을 보려면, Joanna Dewey의 "Mark as Interwoven Tapestry: Forecasts and Echoes for a Listening Audience," CBQ 53 (1991): 221-36쪽을 보라.
2) 행동적인 면은 마가가 "곧"(헬라어는 *euthus*)라는 단어를 42번 사용한 것을 통해 강조되는데, 때때로 이 단어는 "여러분에게 말하고 싶은 다음 중요한 것은?"이라는 의미에 해당한다. 이 단어는 마태복음에서는 7번, 누가복음에는 1번, 요한복음에는 3번 등장할 뿐이다. 마가는 또한 "역사적 현재시제"(과거의 행동에 대해 현재시제의 동사를 사용하는 것)를 즐겨 사용했는데, 특별히 예수님의 말씀을 소개하는 단어에 대해서는 생생함과 강조를 위해 그렇게 하였다. 예를 들면, 막 1:12, 21, 40; 2:3 등을 보라.
3) Martin Khler, *The So-Called Historical Jesus and the Historic, Biblical Christ* (Philadelphia: Fortress, 1964 [Ger. orig. 1896]), 80, n. 11.

더 연대순으로 진행된다. 하지만 두 가지 중요한 시점에서 이야기가 또 다시 새로운 장면으로 전환되는 듯한데, 그 두 가지 시점은 예수의 예루살렘 입성과 그의 죽음을 불러올 숙명적인 수난이다(11:1; 14:1). 앞에서 논의한 것처럼(p. 172), 11:1부터는 이야기의 전개가 매우 느려진다. 주제에 따른 추가적인 분류를 보면, 서론에 뒤 이어 마가복음의 두 절반이 각각 세 부분으로 나누어지며 이것은 또한 세 개의 소부분으로 나누어지는 구조를 생각해 볼 수 있다.[4]

I. 서론: 복음의 시작(1:1-13)
II. 그리스도의 사역(1:14-8:30)
   A. 예수의 권위와 바리새인들의 우둔함(1:14-3:6)
      1. 서론(1:14-20)
      2. 치유의 기적들(1:21-45)
      3. 논쟁 이야기들(2:1-3:6)
   B. 예수의 비유와 표적들과 세상의 우둔함(3:7-6:6상)
      1. 제자도와 반대(3:7-35)
      2. 비유들(4:1-34)
      3. 더욱 극적인 기적들(4:35-6:6상)
   C. 예수의 이방인 사역과 제자들의 우둔함(6:6하-8:30)
      1. 더 많은 사역과 반대와 기적들(6:6하-56)
      2. 청결과 불결: 이스라엘을 떠나심(7:1-8:21)
      3. 육적인 시력과 영적인 시력(8:22-30)
III. 그리스도의 수난(8:31-16:8)
   A. 죽으심의 예언과 제자도의 의미(8:31-10:52)

---

[4] 어떤 단락 표제들은 Eduart Schweizer의 *The Good News according to Mark* (Richmond: John Knox, 1970; London: SPCK, 1971), 7-10쪽에서 인용, 또는 각색하였다. Vincent Taylor(*The Gospel according to St. Mark* [London: Macmillan, 1952], 107-11쪽)는 양식에 따른 보다 작은 구분을 강조할 때 특별히 유익하나. 약간의 구절들 외에 전체적인 구조에 있어서 일반적으로 일치를 보이는 주석은 Robert A. Guelich(*Mark 1-8:26* [Dallas: Word, 1989])와 William L. Lane(*The Gospel according to Mark* [Grand Rapids: Eerdmans, 1974; London: Marshall, Morgan & Scott, 1975])의 주석들이다.

1. 예시된 십자가와 부활(8:31-9:29)
2. 참된 섬김에 대해서(9:30-50)
3. 십자가를 앞둔 유대에서의 사역(10:1-52)
  B. 예수와 성전(11:1-13:37)
1. 입성과 심판(11:1-25)[5]
2. 가르치심과 논쟁(11:27-12:44)
3. 멸망의 예언과 그리스도의 재림(13:1-37)
  C. 예수 생애의 절정(14:1-16:8)
1. 고난을 위한 준비(14:1-72)
2. 십자가 처형(15:1-47)
3. 부활(16:1-8)

위에 열거한 구조의 대략적인 윤곽은 사도행전에 기록된 초대교회의 설교와도 일치하는 것을 볼 수 있다. 예를 들면, 사도행전 10:36-41에서 베드로는 하나님께서 성령님을 통하여 예수께 세례를 베푸시는 것(막 1:10)을 복음으로 묘사한다(막 1:1). 그 후에 예수는 갈릴리에서 사역을 시작하시면서 선을 행하시고 많은 병자들을 고치셨으며(1:16-8:26), 예루살렘으로 향하셨고(10-14장), 죽음과 부활로써 사역의 절정을 이루셨다(15-16장). 아마도 마가복음은 초대교회의 많은 성도들이 예수에 대한 이야기를 전하기 위해 사용했던 공통적인 내용을 이야기체로 확대한 것으로 보는 것이 옳을 것이다.[6]

2. 신학

1) 예수에 대한 견해

그리스도의 "승리"와 "실패"들을 나란히 병행시킴으로써 마가가 시도했던 것

---

[5] 26절은 가장 오래되고 믿을만한 사본에는 없다. 만약 이 구절을 받아들이려면 1-25절에 연결해야 한다.
[6] 이 견해는 특별히 C. H. Dodd, *The Apostolic Preaching and Its Developments* (London: Hodder & Stoughton, 1936), 54-56쪽과 관계가 있다.

은 무엇이었을까? 왜 마가복음의 절반은 그분의 놀라운 일들에 초점을 두고, 다른 절반은 그분의 고난과 죽음을 강조하였을까? 이 질문에 대한 대답은 예수의 성품과 사역에 관한 마가의 신학적인 관점을 이해하는 데 있어서 매우 중요하다. 오늘날의 공통적인 대답은 (특히 데오도르 위든〈Theodore Weeden〉과 관련해서) 이것이다. 헬라와 로마 세계에서 예수의 이야기를 전하려고 했던 초기의 시도들은 그분을 "신적인 사람"(헬라어, *theios aner*)으로 묘사하는 데 초점을 두었는데, 이것은 그리스-로마 역사 속에서 죽음에 도전했던 전설적인 영웅들에 대한 묘사와 유사했다는 것이다. 하지만 마가는 이것을 예수에 대한 편파적인 이해라고 보았다. 그는 예수를 신적인 이적의 수행자로 강조하면서도 동시에 그리스도의 죽음이 가진 수치에 대해서도 강조하였다.[7] 최근에는 로버트 건드리(Robert Gundry)가 이런 주장의 선두에 서서 마가가 예수의 고난과 죽음과 더불어 그분의 영광에 대한 승리주의적인(triumphalist) 강조를 덧붙였다고 주장하였다. 건드리는 마가복음 9-16장에서도 예수가 능력 있는 분으로 나타난다고 보았는데, 예수는 일관되게 자신의 고난과 죽음을 예언하심으로써 그분이 환경의 희생자가 아니라, 자신의 운명까지도 통제하시는 분임을 보이셨다.[8]

하지만 이 두 가지 접근 역시 모두 편파적으로 보인다. 어느 한쪽 방향에 대한 왜곡된 강조를 축소시키기 원하는 작가라면 그 입장을 재강조하기 위해서 자신의 책 절반을 할애하지는 않을 것이기 때문이다. 아마도 마가는 예수의 일생과 그의 제자들의 삶 속에 나타난 예수의 영광과 십자가의 중심성이라는 두 가지 핵심적인 진리의 균형을 유지하려고 노력했을 것이다(특별히 8:31-9:1을 보라). 이와 유사하게도, 랄프 마틴(Ralph Martin)은 마가복음을 예수의 신성과 인성 모두를 가장 균형 있게 강조한 책으로 보았다.[9] 만약 마가가 이전의 불

---

7) Theodore J. Weeden, *Mark Traditions in Conflict* (Philadelphia: Fortress, 1971). 하지만 다른 사람들 중에서 Barry Blackburn(Theios Aner and the Markan Miracle Traditions [Tübingen: Hohr, 1991])은 초대교회 성도들이 어떤 하나의 획일적인 "신적인 사람"의 개념을 전혀 고려하지 않았음을 보여주었다. 마가를 전통에 역행하는 것으로 다룬 또 다른 중요한 인물은 Werner H. Kelber(*The Oral and the Written Gospel*[Philadelphia: Fortress, 1983])인데, 그는 마가가 처음 사도들의 교회사적인 관심을 비판하였고 이를 글로 남김으로써 복음전승의 흐름을 바꾸었다고 보았다.
8) Robert H. Gundry, *Mark: A Commentary on His Apology for the Cross* (Grand Rapids: Eerdmans, 1993).
9) Ralph P. Martin, *Mark: Evangelist and Theologian* (Exeter: Paternoster, 1972; Grand Rapids: Zondervan, 1973). 마틴의 작품 역시 현대의 마가 연구에 대한 훌륭한 개관과 보다 일반적인 비평을 보여준다. 80년대

균형을 수정함으로써 이러한 균형을 이루려고 시도했을지라도 예수의 죽음이 가진 최고의 역할과 마가가 다른 복음서에 비교해서 더 많은 관심을 여기에 쏟고 있는 것을 보면 건드리보다는 위든의 견해가 옳다는 것을 알 수 있다.[10]

마가의 독특한 기독론적 명칭들은 예수의 신성과 인성 사이의 이러한 균형과 맥락을 같이한다. "하나님의 아들"(또는 단순히 "아들")은 비록 복음서에서 자주 사용되지는 않았지만 예수의 승격된 역할을 강조하는 중요한 시점에서 등장한다.[11] "하나님의 아들"은 마가복음의 "표제"의 일부를 형성하며(1:1)[12] 예수가 죽으실 때 로마 백부장의 절정적인 고백에서도 다시 등장한다(15:39). 그 중간에는 하늘에서 음성이 나서 예수가 세례(침례) 받으실 때와 변화되실 때 그를 "아들"로 언급하였다(1:11; 9:7). 이 명칭은 다른 곳에서는 오직 마귀에 의해서 사용되는데, 이것은 예수에 대한 마귀의 초자연적인 지식을 보여준다(3:11; 5:7).

마가가 그의 복음서 초두에서 소개한 또 다른 명칭은 그리스도(히브리어 "메시아"에 해당하는 헬라 단어)이다. 이 명칭도 그리 흔하게 등장하지 않으며 8:29에 기록된 베드로의 극적인 고백이 있기 전까지는 나타나지 않는다(그 후에는 여섯 차례 등장한다). 하지만 1-8장까지가 모두 그 고백을 향해서 발전함으로써 마침내 베드로의 기대를 재정립해 주는 것처럼 보인다. 두드러지게 나타나는 것은 흔히 "메시아 비밀"(Messianic secret)이라고 불리는 주제이다. 다른 복음서들보다 마가복음에서 예수는 더욱 빈번하게 사람들에게 자신이 누구인지를 발설하지 말도록 분부하신다. 8:30에서 예수는 마태복음에서와는 달리 아무런 칭찬이나 약속도 없이 베드로를 잠잠케 하셨다(마 16:17-19). 비유에

의 새로운연구를 보려면, Larry W. Hurtado, "The Gospel of Mark in Recent Study," *Themelios* 14 (1989): 47-52쪽을 보라.
10) Paul J. Achtemeier, "'He Taught Them Many Things': Reflections in Marcan Christology," *CBQ* 42 (1980): 465-81쪽을 더 참조하라. 하지만 초대교회 성도들이 "신적인 사람"의 기독론을 분명하게 발전시킨 나머지 그들이 때때로 과도한 승리주의자(triumphalist)가 된 것처럼 볼 필요는 없다. 바울은 고린도전후서에서 바로 이런 일반적인 흐름과 싸운 것이 분명하다.
11) 특별히 Jack D. Kingsbury, *The Christology of Mark's Gospel* (Philadelphia: Fortress, 1983)을 보라.
12) 한 중요한 초기 사본(몇몇 후대의 사본과 더불어)에는 1:1의 이 표제가 빠져 있지만, 초기의 대부분의 문헌과 그 후의 문서들은 이를 포함하고 있기 때문에 이것이 아마도 마가가 원래 기록한 것이라고 여길 수 있다.

대한 깨달음이 "외부인들"에게는 주어질 수 없었다(막 4:10-12). 마귀의 진술도 책망을 받았다(1:25, 34; 3:12). 그리고 놀라운 기적들도 아무에게 알려지지 않도록 조치되었다(1:44; 5:18-19, 43; 등등). 윌리엄 브레데(William Wrede)는 예수가 사실상 스스로를 거룩한 그리스도나 하나님의 아들이라고 주장하지는 않았지만 마가가 그렇게 믿고 확신했기 때문에 이런 주제를 만들었다고 보는 유명한 견해를 처음으로 제창하였다. 다시 말해서, 주장과 아울러 "은폐"를 만듦으로써 마가는 왜 초대교회 시기에 사람들이 예수를 메시아로 믿지 않았으며, 그럼에도 불구하고 마가 자신은 그러한 견해를 주장할 수 있었는지를 설명할 수 있었던 것이다.[13]

하지만 아마도 예수는 자신을 진정으로 그리스도라고 믿었을 것이며, 단지 이러한 호칭을 받아들이거나 섣부른 열심 때문에 자신의 사명이 무너지는 것을 매우 조심하셨을 것이다. 왜냐하면 당시 일반인들이 품은 기독론적인 기대에서는 고난 당하시는 메시아를 이해할 수 없었기 때문이다(pp. 643-646을 보라). 십자가 처형과 부활 후에는 보다 영광스러운 그리스도의 성품이 그다지 오해할 염려 없이 묘사될 수 있었다(9:9).[14] 하지만 마가에게 10:45이야말로 십자가를 향한 예수의 여정을 요약해서 강조해 주는 가장 중요한 구절이다. "인자의 온 것은 섬김을 받으려 함이 아니라 도리어 섬기려 하고 자기 목숨을 많은 사람의 대속물로 주려 함이니라." "대속물"이라는 용어는 시장의 노예들을 속량하는 것을 상기시켜 주고, 대신해서 죽으셔야 하는 예수의 희생적인 죽음의 필요성을 강조해 준다. 예수가 최후의 만찬에서 잔을 들면서 하신 말씀도 같은 맥락을 보여준다. "이것은 많은 사람을 위하여 흘리는바 나의 피 곧 언약의 피니라"(14:24). 고난 받는 종(사 52:13-53:12)의 개념은 비록 마가가 직접적으로 사용한 적은 없지만 예수의 성품과 사명이 가진 바로 이러한 인간적인 면을 가장 잘 요약해서 설명해 준다. 간략하게 말해서, 마가복음은 왜 예수가 죽으셨는지에 관한 책이다.[15]

---

13) William Wrede, *The Messianic Secret*(London: J. Clarke, 1971 [Ger. orig. 1971]).
14) 메시아 비밀에 대한 여러 집근들을 연구하려면 Christopher Tuckett, ed., *The Messianic Secret*(London: SPCK: Philadelphia: Fortress, 1983)을 보라. 이 중에서 가장 설득력이 있는 주장은 James D. G. Dunn, "The Messianic Secret in Mark," 116-31쪽에 나타난 내용이다.
15) Morna D. Hooker, *The Gospel according to Saint Mark* (London: A & Black: Peabody: Hendrickson, 1991), 22.

2) 다른 독특한 주제들

(1) 제자들과 제자도

언뜻 보면 제자들에 대한 마가의 묘사는 메시아 비밀의 주제만큼이나 놀랍다. 다른 복음서에 기록된 제자들 간의 극적인 대조에 자주 등장하듯이 마가복음에서도 우리는 그들의 빈번한 실패와 오해에 대해서 읽게 된다. 그들은 예수의 비유를 이해하지 못했고(4:11-13, 33-34), 마음이 완악해지기도 했으며, 믿음이 없다고 책망을 받기도 했고, 중대한 기적을 경험한 후에 당황하기도 했고(4:40; 6:51-52; 8:4, 14-21), 귀신을 내어쫓으라는 예수의 명령을 수행하지도 못했다(9:14-29). 앞에서 이미 언급했듯이, 베드로는 고난 받는 메시아에 대해서 이해하지 못했기 때문에 그리스도께 대한 그의 신앙을 고백한 직후에 책망을 받았다(8:33). 제자들이 영적으로 눈 먼 사실은 육신적으로 소경된 자가 시력을 회복하는 두 가지 이적 이야기들과 대조를 이룬다(8:22-26과 10:46-52를 참조하라). 궁극적으로, 베드로는 예수를 부인하였다; 유다는 그분을 배반하였다; 그리고 다른 제자들 역시 모두 도망하였다(14-15장). (우리는 마가복음 전체가 하나의 비유라고 말함으로써 영적인 측면보다 외형적인 면만 보려고 하는 자들을 혼동시킬 수도 있다.) 하지만 예수의 제자들은 비록 이해하지는 못했지만 그분의 처음 부르심에 응답하였으며(1:16-20; 2:13-14; 3:13-19), 외부인들에게는 주어지지 않은 진리를 받았으며(4:14-20; 7:17-23), 미래에 관한 특별한 특권과 약속들을 부여받은 자들이었다(14:28; 16:7). 그러므로 그들의 궁극적인 역할에는 여전히 양면성이 있었다.[16]

언뜻 보면, 예수를 따른 여인들은 12명의 측근자들보다 더 유능해 보인다. 여인들은 굴하지 않는 믿음(5:28, 34; 7:29)과 희생(12:41-44)과 사랑(14:3-9)을 모범적으로 보여준다. 그들은 십자가 곁에 남아 있었고, 예수가 장사되는 것을 목격했으며, 안식일이 지난 후에는 시신을 돌보기 위해 무덤에까지 갔다(15-16

---

16) 특별히 Ernest Best, *Following Jesus* (Schffield: JSOT, 1981)와 같은 저자의 *Disciples and Discipleship* (Edinburgh: T. & T. Clark, 1986)을 보라. 제자들에 대한 마가의 이중적인 태도를 설명하기 위해 때때로 마가 공동체 내부의 경쟁과 갈등에 대한 다양한 가설들이 제시되었지만, 이 중 어느 것도 확실한 증거 위에 기초를 둔 것이 없다.

장). 하지만 이 복음서의 진정한 종결로 보이는 부분에는 천사들이 예수의 부활을 알릴 때 여인들이 심히 놀라고 떨면서 무덤에서 도망하고 무서워하여 아무에게 아무 말도 하지 못했다는 사실을 기록함으로써 그동안의 긍정적인 모습들을 상대적으로 축소시키고 있다(16:8).[17]

(2) 임박한 종말론.

처음으로 기록된 복음서로서 마가복음은 예수의 재림이 지체하는 듯한 인상을 보이는 다른 후대의 복음서들과는 달리 그리스도의 가까운 재림에 대한 생생한 소망을 여전히 보존하고 있다.[18] "예수께서 너희보다 먼저 갈릴리로 가시리라"는 절정적인 약속(16:7)은 그곳에서 전개되었던 그리스도의 초기 사역에 대한 강조와 더불어 갈릴리를 마가를 위한 계시의 장소로, 그리고 제자들이 그리스도의 재림을 고대해야 할 약속된 장소로 여기게 한다.[19] 또 한 가지 특기할 것은 마가가 비록 다른 세 복음서들보다 예수의 가르침을 적게 기록하고 있지만, 그가 보존하는 하나의 장문의 "설교"가 그리스도의 종말론적 강연이라는 점이다(13장).[20] 마가의 이야기체적인 특징에 대한 하나의 그럴듯한 분석은 복음서 전체가 바로 이 중대한 설교의 구조를 향해 발전하고 이를 예시한다고 보는 것이다.[21]

(3) 예수에 관한 메시지가 바로 복음이다.

마가는 아마도 복음(헬라어 *euangelion*은 "좋은 소식"을 의미한다)이라는 용어를 예수가 전한 메시지보다는 예수에 관한 이야기를 뜻하는 용어로 처음 사

---

17) Mary Ann Beavis, "Women as Models of Faith in Mark," *BTB* 18 (1988): 3-9; Joseph A. Grassi, "The Secret Heroine of Mark's Drama," *BTB* 18 (1988): 10-15쪽을 보라. 도발적이지만 때때로 통찰력이 있는 일본 여권론자의 글을 보려면 Hisako Kinukawa, *Women and Jesus in Mark* (Maryknoll: Orbis, 1994)를 보라.
18) 이것은 9:1과 13:30과 같은 본문을 예수께서 제자들의 생전에 다시 오실 것이라는 그리스도의 "잘못된" 신념으로 오역한 자들에 의해서 과장되었다. 또한 Albert Schweitzer, *The Quest of the Historical Jesus* (London: A & C Black; New York: Macmillan, 1910), 330-97쪽을 보라.
19) 이 견해는 특별히 Willi Marxsen, *Mark the Evangelist* (Nashville: Ablingdon, 1969)와 관련된다.
20) 비록 이것은 예수님을 선생으로 언급한 구절들이 많다는 관찰에 의해서 어느 정도 균형을 이루지만, Vernon K. Robbins는 그의 단면적이기는 하지만 비교적 유익한 연구서인 *Jesus the Teacher: A Socio-Rhetorical Interpretation of Mark* (Philadelphia: Fortress, 1984)에서 마가복음의 이런 측면을 강조하였다.
21) Timothy J. Geddert, *Watchwords: Mark 13 in Markan Eschatology* (Sheffield: JSOT, 1989).

용한 사람이었을 것이다(비록 롬 1:1-4가 그보다 선례가 될 수도 있지만). NIV(신국제역) 영어성경은 바로 이런 방식으로 마가복음 1:1을 번역하였고("~의"를 "~에 관한"으로 해석함), 마가도 몇 군데에서 "복음"이라는 단어를 이러한 의미로 사용하였다(예를 들면, 8:35; 10:29). 이 단어는 마가복음에 7번 등장하고, 마태복음에는 4번 등장하지만, 누가복음과 요한복음에는 전혀 등장하지 않는다. 그러므로 마가의 작품은 자연스럽게 동일한 명칭, 즉 마가의 복음으로 불리게 된 것이다.[22]

3. 배경

초대교회의 역사 속에서 과연 어떤 사건이 마가복음과 같은 구조와 신학적인 특성을 가진 복음서가 탄생하는 배경이 되었을까? 지금까지 보존된 수많은 외부적인 증거들(초대교회 교부들의 증언)은 마가의 복음을 로마나 "이태리 지방들"과 관련짓고 있다(반〈反〉-마르시온적인 마가복음 서론이나 이레네우스〈이단을 반박함 3.1.2.〉와 알렉산드리아의 클레멘트〈유세비우스의 교회사 6.14.6-7에서 인용〉—모두 주후 200년 경). 크리소스톰(대략 주후 400년)은 마가복음의 기록장소를 이집트로 보고 있는데, 알렉산드리아의 클레멘트가 인용했던 외경 "마가의 비밀 복음서" 역시 이집트 기원을 지지하고 있다.[23]

하지만 마가복음의 내적인 증거를 고려한다면 로마를 기록장소로 보는 견해

---

22) 또한 Ralph P. Martin, *New Testament Foundations*, vol. 1 (Grand Rapids: Eerdmans, 1975), 23-27쪽을 보라.
23) 1958년에 Morton Smith는 알렉산드리아의 클레멘트가 쓴 고대의 편지 한 통을 발견했는데, 이 편지는 마가가 그의 복음서를 기록한 후에 알렉산드리아에서 기록했다고 전해지는 헬라어로 된 비밀 복음서로부터 20줄을 인용하였다. 인용된 세 가지 발췌문에는 예수께서 어느 젊은이를 회생시키신 이야기와, 밤에 속옷만 입고 예수님을 찾아온 청년을 가르치신 내용과, 여리고에서 주님을 찾아온 세 여인을 영접하지 않고 거절하신 이야기가 포함되어 있다. 비록 Smith(*Clement of Alexandria and a Secret Gospel of Mark* [Cambridge, Mass.: Harvard, 1973])와 더불어 몇몇 학자들이 이 마가의 비밀 복음서가 마가복음보다 더 초기에 기록된 이단서라는 점에 동의하지만, 우리는 클레멘트가 기록했다고 전해지는 이 편지가 과연 그가 기록한 것인지, 또한 이 편지가 과연 완전한 복음을 묘사하고 있는 것인지, 더 나아가 과연 그러한 "비밀" 복음서가 실제로 존재했었는지 분명하게 알 길이 없다. 이 중에서 가장 신빙성이 없는 것은, "클레멘트"의 주장과는 달리 이 편지는 우리의 마가복음보다 더 일찍 기록되었다. John P. Meier, *A Marginal Jew: Rethinking the Historical Jesus*, vol. 1 (New York and London: Doubleday, 1991), 120-23쪽을 보라.

가 보다 더 타당하다. 교회가 형성되기 이전임을 보여주는 제자들에 대한 부정적인 묘사나 마가가 십자가의 길을 영광으로 향하는 관문으로 강조한 것 등은 갈등하는 공동체(수신자들)에게 그들 역시 핍박에 맞서 승리할 수 있고 그 승리는 고난을 통해서만 온다는 것을 다시금 확인하려는 것을 보여준다. 유대 성도들이 주후 49년에 로마로부터 추방된 것을 생각할 때, 공동체 내의 점증하는 긴장과 그들이 50년대에 귀환한 이후의 정부와 주후 64-68년에 있었던 네로 황제의 핍박 등으로 인해 로마의 성도들은 그와 같은 위로와 격려의 메시지를 절실하게 필요로 하고 있었음이 분명하다. 다른 말로 한다면, 마가의 우선적인 관심은 본질적으로 목회적이었다는 것이다.

마가가 로마의 성도들을 위해 기록했다는 것을 보여주는 또 다른 증거로는 그가 사용한 다양한 라틴어 어법(예를 들면, 12:42에서 "고드란트"에 해당하는 quadrans), 유대적인 개념과 용어에 대한 그의 빈번한 설명(예를 들면, 7:3-4, 11에 나타난 손 씻는 예식과 고르반), 가장 낮은 수준의 관심사와 높은 수준의 관심사들의 병합, 예수가 대하셨던 가지각색의 사람들, 가정 내의 사람들(로마의 가정교회를 참조하라)을 빈번하게 다루신 것 등등 여러 가지가 있다.[24] 하지만 이러한 자료는 여러 다른 상황과도 일치할 수 있기 때문에 이것을 너무 지나치게 강조해서는 안 된다.

마가복음의 기록연대에 대한 외부적인 증거는 나누인 듯하다. 유세비우스에 따르면 클레멘트가 다음과 같이 주장했다고 한다.

> 베드로가 로마에서 공개적으로 말씀을 선포하고 성령에 의해 복음을 전하자 그곳에 있었던 많은 사람들이 마가에게 베드로의 말을 기록하도록 부탁하였는데, 마가는 오랫동안 베드로를 따라 다녔으며 그가 한 말을 기억하였기 때문이었다. 마가는 그렇게 하였고 그에게 요청한 사람들에게 복음을 전해 주었다. 이 사실을 알게 된 베드로는 그것을 엄하게 금하지도 않았고 그렇다고 크게 장려하지도 않았다(교회사 6.14.6-7).

---

24) 자세한 내용은 C. Clifton Black, "Was Mark a Roman Gospel?" *ExpT* 105 (1993): 36-40쪽을 보라. 가장 설득력이 있는 최근의 또 다른 제안은 특별히Joel Marcus, "The Jewish War and the Sitz im Leben of Mark," JBL 111 (1992): 441-62 (팔레스틴 지방을 지지한다); 그리고 Pieter J. J. Botha, "The Historical Setting of Mark's Gospel: Problems and Possibilities," *JSNT* 51 (1993): 27-55(우리가 알 수 있는 정보가 거의 없다)쪽을 보라.

한편, 이레네우스는 베드로와 바울이 "떠난"(departure, 헬라어는 *exodus*) 후에 "베드로의 제자이자 번역가 마가 역시 베드로가 설교한 내용에 대해 그가 기록한 것을 우리에게 전해 주었다"고 주장하였기 때문에(이단을 반박함 3.1.38-41) 마가가 복음서를 기록했을 때는 베드로가 이미 사망한 것으로 믿었으리라고 추정할 수 있다. 하지만 베드로가 "떠난" 것은 그가 죽기 전에 다른 곳으로 여행하기 위해 로마를 떠난 것으로도 볼 수 있다. 또 한 가지 중요한 것은 이레네우스가 주장한 것은 마가복음이 베드로가 사망한 이후에 전달(*transmission*)되었다는 것이지, 사망한 후에 저작(*composition*)된 것을 말하는 것이 아니라는 사실이다.[25] 하지만 만약 마가가 베드로 생전에 기록하였다면, 그리고 초대교회의 전승대로 베드로가 주후 68년 이전에 네로의 치세 때에 순교 당한 것이 사실이라면, 마가는 아마도 이른 시기에 그의 복음을 저작했을 것이다(아마 네로의 박해가 시작되었던 64-65년경).[26]

70년 이전 저작설에 모순되는 내적인 증거로 자주 언급되는 것 중 하나는 성전의 멸망에 대해서 마가복음 13:14-23에 기록된 예수의 예언인데, 보통 주후 70년 이후에 마가에 의해 삽입된 것으로 보고 있다. 하지만 그러한 견해는 다음의 세 가지 요인들 때문에 타당하지 않다. (1) 이 구절들은 그것이 진정으로 성전의 멸망을 언급하는 것이라고 해도 매우 희미한 언급에 불과하다. (2) 예수는 그를 따르는 자들에게 유대의 산으로 도망하라고 명하셨지만, 사실상 유대 전쟁이 발발했을 때 성도들은 요단강 건너편에 있는 펠라(Pella)로 도망하였다. (3) 오직 반(反)-초자연주의만이 미래를 예견하시는 예수의 능력을 부인한다. 예수께서 사셨던 불안정한 시대에서는 평범한 사람이라도 그러한 신성모독에 대해서 성공적으로 예언할 수 있었을 것이다!

그러므로 다양한 신학적 전통을 망라하여 수많은 학자들이 마가복음을 네로가 로마에서 핍박했던 주후 60년 중엽이나 말엽으로 그 저작연대로 보고 있

---

25) 특별히 Gundry, Mark, 1042-43쪽을 보라.
26) 이미 50쪽의 각주 42에서 설명했듯이, Carsten Thiede는 마가복 6:52-53의 단편이 쿰란에서 발견되었다는 Jose O' Callaghan(원래는 "Papiros neotestamentarios en la cueva 7 de Qumran?" *Biblica* 53 [1972]: 91-100으로 출판)의 주장을 부활시켰는데, 만약 이것이 사실이라면 에세네파가 유대 전쟁 이후에는 사라졌기 때문에 이것은 주후 70년 이전 연대를 보증하는 셈이 된다. 그러나 위에서 언급한 것처럼, 이러한 문서가 발견되었을 가능성은 매우 희박하다.

다.[27] 하지만 이 시점에서 한 가지 복잡한 요인이 등장한다. 우리는 누가가 마가보다 뒤늦게 기록하였으며 부분적으로 마가를 의존하였다고 믿는 이유를 이미 제시한 바가 있다(pp. 147-151을 보라). 누가복음의 서론을 보면(p. 151) 누가복음의 연대를 주후 62년경으로 추정할 수 있는 타당한 이유들을 보게 될 것이다. 그렇게 되면 마가복음은 그보다 1-2년이라도 더 일찍 기록되어야 하는 셈이 된다. 바울은 주후 60년경에 로마에 도착하였고, 베드로 역시 그때 즈음에 도착했을 것이다. 베드로의 첫 번째 편지에 대한 보편적인 연도추정에 따르면 (그것이 진정으로 베드로의 편지라고 가정했을 때) 바울은 늦어도 63년이나 64년에는 마가와 함께 로마에 있었다. 베드로가 50년대에 어디에 있었는지에 대해서 거의 알려진 바가 없기 때문에 베드로나 마가가 더 일찍 오지 못했을 이유는 없다.[28] 만약 마가복음이 몇 년 후가 아니라 50년대 말이나 60년대 초에 기록되었다면 그의 영광과 고난의 신학은 널리 확산된 핍박에 대한 직접적인 해독제가 되지는 못했을 것이다. 하지만 그것은 주후 56년경에 고린도 성도들을 혼란스럽게 했던 유대주의자들의 견해처럼(고린도후서 10-13장을 보라) 로마의 성도들을 공격하고 낙담시키는 잘못된 견해를 반박하는 시도라고 볼 수는 있다.[29] 다른 한편으로 누가복음은 주후 70년 이후에 기록된 것으로 여겨지는데, 그 당시 네로의 박해야말로 마가복음의 집필 배경이 되었을 것이다(누가복음의 배경을 보라). 정확한 집필 연대는 알기 어렵지만 60년대 기간으로 보는

---

27) 특별히 Martin Hengel, *Studies in the Gospel of Mark* (London: SCM; Philadelphia: Fortress, 1985), 1-30쪽을 보라.

28) 한편, 마가복음을 40년대 중반의 작품으로 보려고 한 John Wenham(Redating Matthew, Mark and Luke [Leicester and Downers Grove: IVP, 1992], 146-72, 230-38)의 시도는 누가복음을 50년대 중반의 작품으로 보는 것(고후 8:18의 "복음으로서 모든 교회에서 칭찬을 받는 자"가 바로 누가요 그가 칭찬을 받은 일은 바로 누가복음을 기록한 것이라는 전제 위에)과 행 12:17에서 베드로가 떠나 "다른 곳"으로 간 곳이 로마라고 주장할 때 가능하다. 그러나 앞의 구절에 대한 Wenham의 해석은 매우 사변적이고 뒤의 구절에 대한 해석은 비록 개연성은 있지만 매우 후대의 교회 전승에 기초를 두고 있다.

29) E. Earle Ellis, "The Date and Provenance of Mark's Gospel," in *The Four Gospels* 1992, ed. F. van Segbroeck, and others, vol. 2 (Leuven: University Press and Peeters, 1992), 801-15쪽은 저작 단계에 대한 좋은 통찰력을 제공하는데, 복음서 전체에 대한 베드로와 마가의 영향력을 통해 그 마지막 저작은 50년대 중반에 가이사랴에서 절정을 이루며 60년대 중반에 가서 로마로 전달되었다는 것이다. 60년대 초반을 저작연대로 보는 견해는 Gundry, Mark, 1043쪽을 보라. 흥미롭게도, 마가가 십자가의 신학과 영광의 신학을 적절하게 배합했다는 Gundry의 가설은 이러한 연대 설정과도 잘 어울린다. 이것은 마가가 이 두 가지 주제를 잘 조화시켰으며 모든 연대추정은 가설에 불과하다는 것을 상기시켜준다.

것이 가장 안전한 추측이 될 것이다.

4. 저자

앞에서 언급한 모든 전승들, 심지어 고대로부터 보존된 모든 전승들도 베드로와 바울의 동료인 요한 마가를 본서의 저자로 본다(행 12:12, 25; 13:5, 13; 15:37; 골 4:10; 딤후 4:11; 몬 24; 벧전 5:13을 보라). 마가는 바울과 결별한 것으로 가장 잘 알려져 있지만, 후기의 편지에서 바울이 그에게 문안한 것으로 보아 화해가 이루어진 것을 알 수 있다. 그는 유대 지역 출신이었을 것이며 그의 어머니의 집은 예루살렘의 초대교회 성도들을 위한 모임 장소였기 때문에(행 12:12), 아마도 그의 가정은 비교적 부유했을 것이다. 마가를 저자로 본 사람들 가운데는 이레네우스, 터툴리안, 알렉산드리아의 클레멘트, 오리겐, 제롬, 그리고 무라토리 경전 등이 있다. 그들이 남긴 자료들에는 한결같이 마가복음의 내용을 베드로의 설교와 연관짓고 있다. 하지만 가장 오래되고 중요한 자료는 2세기 초의 파피아스의 설교인데, 300년대 초에 유세비우스에 의해 기록되었다. 파피아스 자신도 아마도 사도 요한으로 여겨지는 어느 장로로부터 인용하였다. 장로 요한은 다음과 같이 가르쳤다.

> 마가는 베드로의 통역자가 되어 주께서 말씀하시고 행하신 일들을 중에서 그가 기억한 모든 것들을 비록 순서대로는 아닐지라도 정확하게 기록하였다. 그는 주님에게서 직접 듣거나 따라다니지는 못했지만, 내가 말한 것처럼, 베드로를 따랐는데, 베드로는 필요에 따라서 가르침을 전하였다. 그렇기 때문에 기억나는 모든 것을 기록했던 마가에게는 아무런 잘못도 없었다. 그의 관심 분야를 기록했고, 그가 들은 것은 하나도 빼놓지 않았으며, 거짓된 내용을 기록하지도 않았다(교회사 3.39.15).

"순서대로"가 시간적인 순서를 뜻한다고 가정했을 때 위의 증언은 마가복음의 특징들에 대한 우리의 관찰을 보다 분명하게 해준다. 이것은 또한 복음서 기자들이 포함시킬 자료를 고를 때 매우 고의적이고 선택적이었기 때문에 포함된 자료를 왜곡하지 않았다고 주장하는 편집 비평에 대해서 우리가 처음 내렸던 결론과도 잘 일치한다.

그럼에도 불구하고 오늘날 많은 학자들은 다음과 같은 몇 가지 이유들 때문에 이런 전통적인 견해의 신빙성을 반박한다. (1) 라틴어풍의 문체와 유대적인 색채의 결여, 히브리 용어와 풍습에 대한 설명, 그리고 혼동처럼 여겨지는 지명들(예를 들면, 막 7:31은 예수가 갈릴리와 데가볼리, 두로의 남동쪽, 그리고 시돈을 통해서 북쪽으로 여행하신 것으로 기록한다) 때문에 저자는 아마도 유대인이 아니었을 것이다. (2) 마가복음은 바울의 신학과 전혀 접촉점이 없어 보이기 때문에 저자는 바울의 동행이었던 마가라고 볼 수 없다. (3) 저자가 베드로를 포함하여 제자들을 비판적으로 다루고 있기 때문에 이 자료가 베드로에게서 나왔다고 볼 수 없다. (4) 이복음서에 대해서 자료, 양식, 편집 비평가들이 보여준 것처럼 복잡한 전승 역사 때문에 본서의 자료는 결코 예수의 생애에 대한 한 사람의 증언으로부터 나왔다고 볼 수 없다.[30]

하지만 이에 대해서 우리는 다음과 같은 점들을 유념해야 한다. (1) 마가복음의 이방적인 색채는 이 책이 원래 의도한 수신자들이 우선적으로 이방인들이었음을 보여주기에 충분하며, 결코 그 저자가 이방인이었음을 증명하지는 못한다. 팔레스타인이 헬라화 된 상황과 사도들이 이스라엘 외부에서 수없이 여행하며 사역했던 것을 고려할 때 마가가 무엇을 기록할 수 있었는지, 또는 없었는지의 여부를 독선적으로 말하는 것은 매우 힘들다. 마가복음 7:31은 한 바퀴 우회하는 듯한 여정을 보여주지만, 순회설교자들에게는 자연스러운 것이었는지도 모른다. (2) 십자가에 대한 강조는 사실상 바울 신학의 중심적인 특징이기도 하다(예를 들면, 고전 2:2). (3) 초대교회가 그처럼 신속하게 베드로를 포함하여 사도들을 칭찬한 것을 볼 때 오직 베드로만이 제자들에 대해 그처럼 부정적으로 말할 수 있었다는 것은 타당하다. (4) 베드로를 여러 군데에서 의존했다고 해서 마가가 다른 수많은 구전된, 또는 기록된 자료를 배제했다고는

---

30) 비록 마가가 첫 번째 기록된 복음서로 여겨지고 그렇기 때문에 마가의 마지막 편집과 비교할 다른 자료가 우리에게는 없지만, 논쟁 이야기, 비유들, 기적 이야기 등등, 마가 이전의 자료들에 대한 그럴듯한 의견들이 제안되었다. 그리고 마가의 스타일에 대한 자세한연구들은 수많은 본문들을 마가의 문체와 마가-이전의 문체로 나누어 분명하게 구분하였다. 특별히 E. J. Pryke, *Redactional Style in the Marcan Gospel* (Cambridge: CUP, 1978)을 보라.

볼 수 없으며, 기본적인 자료를 편집하거나 자신의 독특한 특징을 본문 가운데 전혀 남기지 않았다고 볼 수도 없다. (5) 마가가 열두 사도 중의 한 명도 아니었고 복잡한 사역 배경을 가진 별로 유명하지 않은 인물인 점을 고려할 때, 이 복음서의 진정한 저자에 대해서는 잘 모르지만 이 책을 권위 있는 증인의 작품으로 돌리려는 사람이라면 결코 마가를 그 저자로 선택하지는 않았을 것이다. 마가가 본서의 저자인지 아닌지의 여부는 해석학적인 중요성에 별로 영향을 끼치지 않지만, 현대 학자들의 반론은 초대교회의 한결같이 일치된 견해를 반박하지 못한다.

5. 심층연구를 위한 자료

1) 주석

(1) 초급

Cole, Alan. *The Gospel according to Mark*. [rev. TNTC] Leicester: IVP; Grand Rapids: Eerdmans, 1989.

English, Donald. *The Message of Mark*. [BST] Leicester and Downers Grove: IVP, 1992.

Garland, David. *Mark*. [NIVApplComm] Grand Rapids: Zondervan, 1996.

Hurtado, Larry. *Mark*. [NIBC] Peabody: Hendrickson, 1989.

Williamson, Lamar, Jr. *Mark*. [Int] Atlanta: John Knox, 1983.

(2) 중급

Brooks, James A. *Mark*. [NAC] Nashville: Broadman, 1991.

Cranfield, C. E. B. *The Gospel according to St. Mark*. [CGT] Cambridge: CUP, rev. 1977.

Hooker, Morna D. *The Gospel according to Saint Mark*. [BNTC] London: A & C Black; Peabody: Hendrickson, 1991.

Lane, William L. *The Gospel according to Mark*. [NIC] Grand Rapids:

Eerdmans, 1974; London: Marshall, Morgan & Scott, 1975.

Schweizer, Eduard. *The Good News according to Mark*.Richmond: John Knox, 1970; London: SPCK, 1971.

(3) 고급

Guelich, Robert A. *Mark 1-8:26*. [WBC] Dallas: Word, 1989. Vol. 2, forthcoming by Craig A. Evans.

Gundry, Robert H. *Mark: A Commentary on His Apology for the Cross*. Grand Rapids: Eerdmans, 1993.

Taylor, Vincent. *The Gospel according to St. Mark*.London: Macmillan, 1952.

2) 마가복음의 서론 및 신학에 대한 보다 광범위한 연구들

Best, Ernest. *Mark: The Gospel as Story*. Edinburgh: T & T Clark, 1983.

Cunningham, Phillip J. *Mark: The Good News Preached to the Romans*. New York: Paulist, 1995.

Hengel, Martin. *Studies in the Gospel of Mark*.London: SCM; Philadelphia: Fortress, 1985.

Kealy, Séan P. *Mark's Gospel: A History of Its Interpretation from the Beginning until 1979*. New York: Paulist, 1982.

Kee, Howard C. *Community of the New Age: Studies in Mark's Gospel*. Philadelphia: Westminster; London: SCM, 1977.

Mack, Burton L. *A Myth of Innocence*. Philadelphia: Fortress, 1988.

Martin, Ralph P. *Mark: Evangelist and Theologian*.Exeter: Paternoster, 1972; Grand Raphids: Zondervan, 1973.

Stock, Augustine. *The Method and Message of Mark*.Wilmington: Glazier, 1989.

Telford, William R., ed. *The Interpretation of Mark*. London: SPCK; Philadelphia: Fortress, 1985.

Tolbert, Mary A. *Sowing the Gospel: Mark's World in Literary-Historical*

Perspective. Minneapolis: Fortress, 1989.

Trocmé, Etienne. *The Formation of the Gospel according to Mark*. London: SPCK; Philadelphia: Westminster, 1975.

3) 참고문헌

Neirynck, F. *The Gospel of Mark: A Cumulative Bibliography 1950-1990*. Leuven: University Press and Peeters, 1992.

6. 복습을 위한 질문들

1) 마가복음 전체의 적절한 개요는 무엇인가? 다시 말해서, 마가복음이 어떤 기준에 의해서, 몇 가지의 주요 단락으로 구분되는가? 그 구조로부터 어떤 신학적인 의미를 추정할 수 있는가?
2) 전형적이고 보수적인 재구성에 따르면 누가, 언제, 어디서, 누구에게, 어떠한 상황 속에서 이 복음서를 기록하였는가?
3) 이 복음서의 주된 신학적인 특징들은 무엇인가?
4) 다른 세 개의 공관복음에 등장하는 내용을 선택한 후에 마가가 강조하는 신학적인 내용이 무엇인지 설명하라. 편집 비평의 "수평적"이고 "수직적"인 차원을 모두 고려하라.
5) 마가복음의 강조점들과 기록 배경을 고려할 때 어떠한 부분들이 다른 복음서보다 당시의 성도들에게 더욱 중요한 의미를 주었는가?

제7장

마태복음

1. 구조

마태복음은 마가복음보다 훨씬 길다. 마가복음은 세례(침례) 요한과 장성한 예수의 사역으로부터 시작하지만 마태복음은 처음 두 장을 예수의 조상과 잉태와 유년기에 할애하고 있다(1-2장). 마가복음은 공식적인 부활의 현현 없이 갑작스럽게 종결하고 있지만, 마태복음에는 예수께서 무덤에서 일어나 제자들에게 마지막 사명을 주는 내용을 담고 있다(28장). 마가복음에는 예수의 긴 교훈의 글이 별로 없지만, 마태복음은 다섯 편의 긴 강연("설교")을 담고 있다. 그 중 첫 번째와 마지막 강연은 세 장에 걸쳐 기록되었고, 중간의 세 강연들은 각각 한 장씩 담고 있다(5-7; 10; 13; 18; 23-25장). 이 중 두 번째, 세 번째, 다섯 번째 강연에 해당하는 내용이 마가복음에서는 매우 짧게 등장하며, 첫 번째와 네 번째 강연의 내용은 마가복음에는 아예 등장하지도 않는다.

마태가 예수의 다섯 개의 주요 설교들을 그의 역사적인 문체를 단락 짓는 단위로 여겼다는 사실은 각 강연을 끝맺을 때 그가 사용한 반복적인 문장에서 분명하게 볼 수 있다. "예수께서 이 말씀을 마치시매"(7:28; 11:1; 13:53; 19:1, 그리고 26:1에는 "이 말씀을 다 마치시고"라고 덧붙이고 있다). 금세기 초에 B. W. 베이컨(Bacon)은 이 다섯 편의 설교가 마태복음의 구조를 보여주는 열쇠이며 마태가 이 다섯 편의 설교를 모세의 다섯 권의 책과 병행시킴으로써 새로운 법을 창조하였다는 견해를 널리 퍼뜨렸다.[1] 보다 최근에 와서는, 여기에 잭 킹

---

1) B. W. Bacon, "The 'Five Books' of Matthew against the Jews," *Expositor* 15 (1918); 56-66.

제3부_사복음서 서론

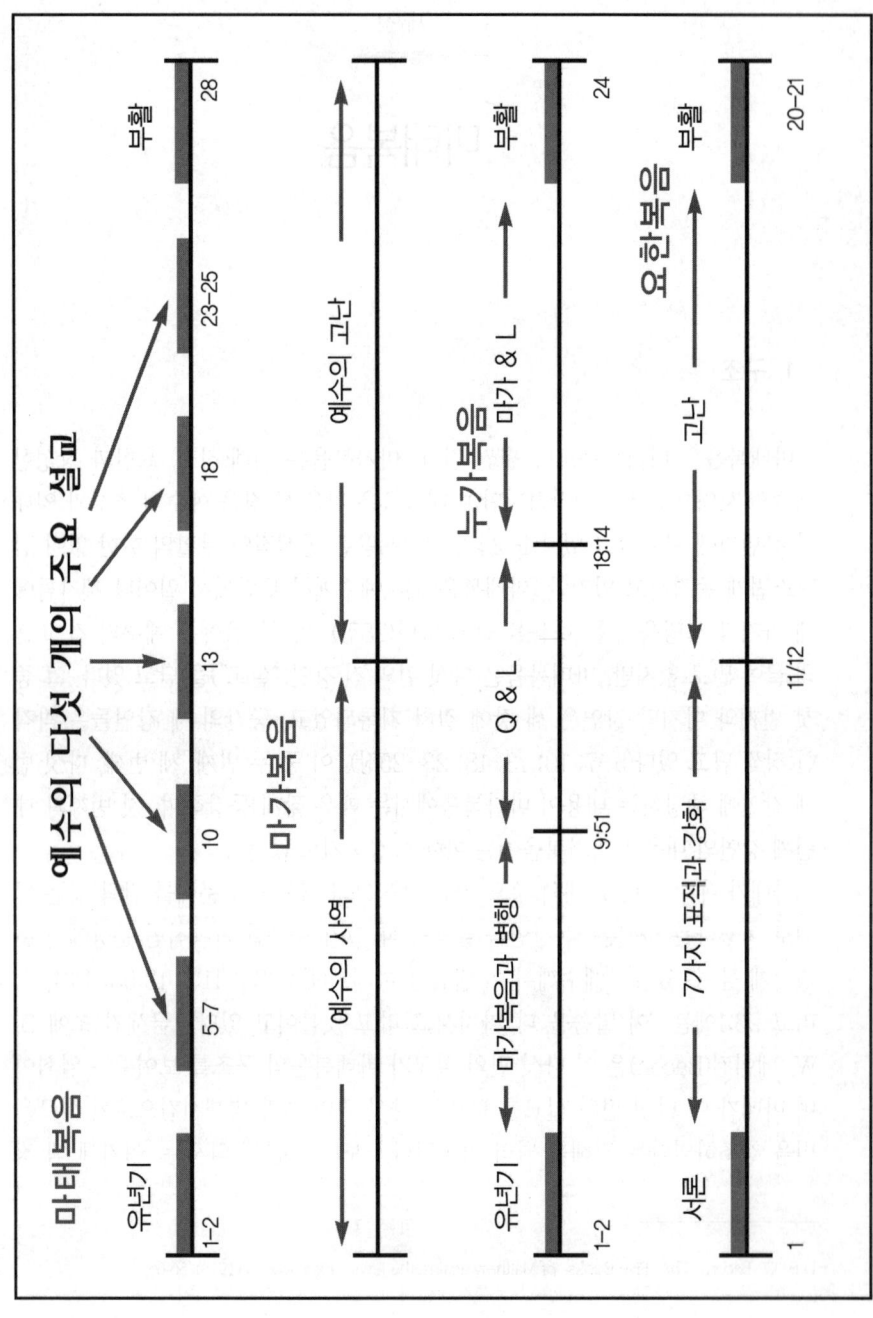

스버리(Jack Kingsbury)가 제창한 두 번째 구조관찰이 첨가되었다. 마태는 "이때부터 예수께서 비로소 전파하여 가라사대"라는 동일한 문구를 두 차례 사용하였다(마4:17; 16:21). 이 첫 번째 문구가 갈릴리에서부터 시작된 본격적인 예수의 사역을 소개하고 있다면, 두 번째 문구는 마가복음의 회전축이라고 할 수 있는 그리스도의 십자가 여정을 소개하기 때문에 마태는 이러한 문구를 삽입해서 그의 복음서를 서론과 본문과 확장된 결론, 또는 절정의 세 부분으로 구분한 것처럼 보인다.[2] 그러므로 이러한 소단락들이 강화와 이야기체를 번갈아 사용함으로 더욱 세분화되는 것을 쉽게 발견할 수 있다.

마태복음의 구조를 파악하는 한 가지 좋은 방법은 각 강화와 이야기체가 하나의 공통적인 주제를 강조하는 것처럼 보는 것이다. 복음서의 "본문" 초두에서 마태는 예수의 사역의 두 가지 측면, 즉 그의 설교/가르침과 그의 치유사역을 강조하고 있다(7:29 참조). 8-9장은 예수의 권능을 드러내기 위해 열 개의 기적 이야기들(대부분은 치유의 기적들)을 함께 묶고 있다. 마태복음 9:35는 4:23의 문체를 거의 그대로 반복하고 있는데, 이것은 5-9장의 내용이 하나로 묶인다는 사실을 분명히 보여준다. 복음서의 이 시점에서 예수는 아직까지 심한 핍박을 받지 않으셨지만, 9:34절에 기록된 내용은 앞으로 다가올 일들을 예시해 준다. 그러나 예수는 두 번째 설교에서 열두 사도들을 부르시고 사명을 주심으로써 제자들로 하여금 혹심한 핍박을 예상하도록 준비시키셨다(10장). 그 후 두 장에 걸쳐서 예수와 그의 제자들은 바로 그러한 핍박을 경험하기 시작하였다(11:20-24; 12:1-14, 22-49).

13장은 오랫동안 마태복음의 내용 가운데 하나의 전환점으로 여겨졌다. 비유들을 모은 마가복음 4장과는 달리 마태는 절반은 일반 청중들에게, 나머지 절반은 제자들에게 개별적으로 할당함으로써 13장을 고르게 구분하였다(13:1-35, 36-52). 갈수록 예수는 그의 청중들을 "외부인"과 "내부인"으로 구별하신다. 이러한 점진적인 양극화는 유대인들이 예수를 거부함으로써 예수께서 이방인들 가운데서 사역하실 기회가 늘어나며 유대인들의 전통적인 관념과 영토를

---

2) Jack D. Kingsbury, *Matthew: Structure, Christology, Kingdom* (Philadelphia: Fortress, 1975). 킹스버리의 학생 중 한 명이었던 David R. Bauer는 마태복음의 모든 가능한 구조들을 분석한 후에 자기 스승의 연구를 더욱 발전시켰다(*The Structure of Matthew's Gospel* [Sheffield: Almond, 1989]).

초월하는 가르침과 사역이 확장되면서 반복적으로 나타난다(13:53-14:36; 15:1-16:20). 복음서의 결론부에 가서는 이야기와 강화의 순서가 뒤바뀐다. 마태복음 16:21-17:27에서는 예수가 제자도의 의미를 설명하고 계시며, 오직 제자들에게만 전파된 18장의 설교에서는 갓 태어난 교회를 위한 기초를 놓으신다. 마태복음 19:1-25:46은 불신자들, 특별히 이스라엘 내의 불신자들을 향한 하나님의 심판을 경고하는 크고 작은 가르침들로 구성되어 있다. 예수의 고난과 죽으심과 부활을 묘사하고 있는 마지막 세 장들은 서론에 해당하는 처음 세 장과 균형을 이룬다. 이 모든 것들을 종합해서 보면 아래와 같은 내용의 개론을 생각해 볼 수 있다.[3]

I. 예수의 사역에 대한 서론(1:1-4:16)
   A. 예수의 기원(1:1-2:23)
   B. 사역을 위한 예수의 준비(3:1-4:16)

II. 예수의 사역의 발전(4:17-16:20)
   A. 가르치며 치유하시는 예수의 권세(4:17-9:35)
      1. 서론(4:17-25)
      2. 전형적인 가르침: 산상수훈(5:1-7:29)
      3. 전형적인 치유(8:1-9:35)
   B. 예수의 사역에 대한 늘어나는 반대(9:36-12:50)
      1. 제자들의 사역을 대하여 예언된 반대(9:36-10:42)
      2. 예수의 사역 속에서 경험된 반대(11:1-12:50)
   C. 예수께 대해 점점 양극화되는 응답(13:1-16:20)
      1. 양극화 현상을 설명하심: 왕국 비유들(13:1-52)
      2. 양극화 현상을 재연하심: 유대인으로부터 이방인에게로(13:53-16:20)

III. 예수의 사역의 절정(16:21-28:20)
   A. 다가오는 죽으심과 부활에 대한 강조(16:21-18:35)
      1. 제자도를 위한 교훈: 오해를 수정함(16:21-17:27)

---

3) 또한 Craig L. Blomberg, *Matthew* (Nashville: Broadman, 1992)를 보라.

    2. 교회를 위한 교훈: 겸손과 용서(18:1-35)
  B. 예루살렘으로 가는 길: 이스라엘에 임박한 심판(19:1-25:46)
    1. 참된 제자도와 유대 지도자들을 향한 혹독한 책망(19:1-22:46)
    2. 성전과 열방에 대한 심판(23:1-25:46)
  C. 예수의 궁극적인 운명(26:1-28:20)
    1. 고난과 십자가(26:1-27:66)
    2. 부활(28:1-20)

2. 신학

1) 예수에 대한 견해

(1) 선생

마가복음과 비교할 때 마태복음의 독특한 뚜렷한 특징 중 하나는 예수야말로 가장 뛰어난 선생이라는 점이다. 대부분의 학자들은 예수의 설교들을 다섯 권의 새로운 율법책으로 보는 베이컨의 견해를 받아들이지 않았지만, 예수를 새로운 율법의 수여자로, 또는 보다 일반적으로 예수를 새로운 모세로 여기는 주제를 여러 학자들이 받아들였다.[4] 모세와 마찬가지로 예수도 유년기를 둘러싼 기적들을 가지고 계셨고, 당시의 지도자들 가운데 큰 소동을 불러 일으켰으며, 아기들이 학살을 당할 때 생존하셨고, 이집트로 왕복하는 출애굽 여정을 밟으셨다(1-2장). 예수는 40일을 주야로 광야에 머무르시며 사역을 준비하셨고, 어느 산 위에서 실제적인 가르침을 주셨다(4-5장). 사실상, 복음서 전체에 걸쳐서 산은 중요한 계시 장소였는데, 다른 복음서에도 등장하는 변화산 이야기나(17:1-9), 마태복음에만 등장하는 마지막 지상명령(28:16-20)의 경우를 보면 잘 알 수 있다.[5] 하지만 마태에게 예수의 가르침은 단순한 "율법"과는 크게 다르다는 점을 반드시 지적해야 한다. 예수의 가르침은 높은 차원의 "의"인데

---

4) 특별히 Dale C. Allison, Jr., *The New Moses: A Matthean Typology* (Minneapolis: Fortress, 1993)을 보라.
5) 또한 Terence L. Donaldson, *Jesus on the Mountain* (Sheffield: JSOT, 1985)을 보라.

(5:20), 이것은 부담을 주기보다는 쉼을 가져온다(11:28-30). 다시 말해서, 예수의 도덕적인 요구에는 순종을 가능하게 하는 새로운 능력이 따라오는데, 이것은 과거에 없었던 것이었다.

(2) 다윗의 후손, 왕, 왕 같은 메시아

마태복음에 나타나는 예수의 가장 독특한 호칭 중 하나는 "다윗의 후손"이다. 이 호칭은 모두 아홉 번 등장하는데, 그 중 여덟 번은 다른 복음서에도 그 병행 구절을 찾을 수 없다. 이 용어는 누가복음에 네 번, 마가복음에 세 번 등장하지만, 신약의 다른 책들에서는 전혀 나타나지 않는다. 이 호칭은 마태복음의 유대적인 특징과 잘 어울리며(132 쪽을 보라), 왕권을 발휘하게 될 다윗 가문에서 메시아가 나올 것이라는 전통적인 기대와도 부합한다. 그래서 예루살렘의 헤롯과 그 추종자들은 그들의 권력을 강탈할 문자적인 왕의 출현을 두려워하였고(2:1-12), 빌라도는 바로 예수가 "유대인의 왕"일지도 모른다고 생각한 것이다(27:11). 흥미롭게도, 진정한 메시아를 마땅히 알아보았어야 했던 권력가들은 그분을 알아보지 못했고, 예수를 "다윗의 후손"으로 여긴 사람들은 한결같이 치유를 받아야 했던 병약한 사람들이었다(9:27; 15:22; 20:30).[6]

(3) 높임 받으신 하나님의 아들?

마가복음 1:1은 "하나님의 아들"이 마가복음의 중요한 호칭이었음을 보여주지만, 몇몇 학자들은 이 호칭에 대한 마태의 사용이야말로 후대의 신조와 고백으로 더욱 분명해진 보다 뚜렷한 신성을 보여준다고 생각한다.[7] 마태복음 역시 주요 구절들에 의해 본문의 구조가 형성된다(2:15; 26:63). 마귀 역시 예수를 유혹할 때 그가 하나님의 아들임을 시인하였다(4:3, 6). 예수가 물 위를 걸으신 후에 오직 마태복음에서만 제자들이 그분을 하나님의 아들로서 고백하고 있다(14:33). 오직 마태복음에서만 베드로가 그의 결정적인 고백 중에 "그리스도"라는 단어와 함께 이 용어를 사용하였다(16:16). 그리고 본문의 구조를 정해 주는 또 다른 용어는 바로 예수를 "임마누엘"(하나님이 우리와 함께 계시다)로 소개

---

6) 또한 W. R. G. Loader, "Son of David, Blindness, Possession, and Duality in Matthew," *CBQ* 44 (1982): 570-85쪽을 보라.
7) 특별히 Kingsbury, Structure 같은 저자의 *Matthew as Story* (Philadelphia: Fortress, 1986)를 보라.

하는 용어인데, 출생시에 등장하고(1:23), 나중에 그를 따르는 자들에게 "내가 너희와 항상 함께 하리라"는 약속으로서 복음서의 가장 끝에 나타난다(28:20).

(4) 성육하신 지혜?

12:42과 13:54에서는 예수의 지혜가 강조된다. 11:19에서는 예수와 세례(침례) 요한이 하나님의 지혜를 확증할 것이라고 기록한다. 11:25-30에서 예수는 낮고 천한 자들을 그분께로 부르시며 그들에게 쉼을 약속하시는데, 이것은 시락(Sirach)의 아들 예수가 기록한 것으로 알려진 신구약 중간기의 "지혜 문학" 문헌 속에 의인화되어 등장하는 하나님의 지혜가 가진 역할과 유사하다. 어떤 학자들은 이러한 특징들이야말로 잠언 8-9장의 모델 위에 예수를 성육하신 하나님의 지혜로 묘사하려는 마태의 관심사라고 제안한다.[8]

(5) 주님

마태의 가장 대표적인 특징은 아닐지라도, 예수에 대한 마태복음의 가장 중요한 호칭은 아마도 "주님"일 것이다. 수많은 사람들이 예수를 "주님"으로 불렀으며, 많은 경우 이것은 "주인님"(Master) 정도의 뜻을 의미했다. 하지만 이 "주님"이라는 용어는 몇몇 경우에 문맥상 제자들이 오직 신적인 능력을 가진 자만이 공급해 줄 수 있는 도움을 필요로 했을 때 사용된 단어였다(예를 들면, 8:2, 6, 25; 9:28).[9] 그렇기 때문에 예수가 살아 계신 중에라도 사람들이 그분을 "예배하였다"고 말하는 것은 적절하다고 할 수 있다(또한 2:2, 8, 11; 14:33).[10]

2) 다른 독특한 주제들

(1) 복음 제시에서 배타주의와 보편주의

---

8) M. Jack Suggs, *Wisdom, Christology, and Law in Matthew's Gospel* (Cambridge, Mass.: Harvard, 1970); Celia Deutsch, *Hidden Wisdom and the Easy Yoke* (Sheffield: JSOT, 1987).

9) 또한 Gnther Bornkamm, Gerhard Barth, 그리고 Heinz J. Held, *Tradition and Interpretation in Matthew* (London: SCM; Philadelphia: Westminster, 1963), 41-43쪽을 보라.

10) 이 구절들에 나오는 동사는 *proskuneo*이다. 이것은 사람 앞에 "엎드리다," 그리고/또는 "예배하다"는 뜻을 가질 수도 있다. 이 동사는 마태가 즐겨 사용했는데, 마가복음과 누가복음에서는 두 번만 등장하지만 마태복음에는 13번 나타난다.

마태복음의 구조로부터 이미 분명하게 나타나는 가장 현저한 특징 중 하나는 마태복음이 모든 복음서들 중에서 아마도 가장 유대적이면서도, 중요한 몇몇 구절에서는 다른 세 복음서들 못지않게 이방 선교를 예시하고 있다는 사실이다.

마태는 약 20개의 구절들이 그리스도의 생애 가운데 성취된 것으로 인용하였다. 이 중에서 대략 절반 정도가 오직 마태복음에만 기록되어 있다. 그리고 이 중에서 다섯 번은 마태가 그리스도의 출생과 관련된 사건들을 묘사한 처음 두 장에서 발견된다(p. 319를 보라). 병행구절이 없는 인용문들은 대부분의 다른 인용문들이 선호하는 70인역보다 더 히브리 원문을 충실히 따른다.[11] 예수의 가르침 역시 성경의 내용 전체를 보다 일반적으로 성취하기 위함이라고 말할 수 있다(5:17-20). 그리고 비록 예수는 유대 지도자들의 의보다 더욱 뛰어난 "의"를 요구하시지만(20절),[12] 이런 주장의 배경(21-48절)을 통해서 분명히 알 수 있는 것은 예수가 제자들에게 단순히 율법을 잘 지키라고 말씀하시는 것이 아니라는 점이다. 구약성경과 예수의 가르침 사이에는 연속성과 불연속성이 모두 존재하지만, 그리스도께서 율법을 성취하신 것은 구약의 예언에 대한 성취와 유사하게 그분이야말로 모든 성경이 지목하였고 그 도래를 예비한 분임을 보여준다. 이제 하나님의 뜻은 오직 예수를 따르며 그분의 가르침을 청종함으로써 이해될 수 있다.[13]

마태복음 중에서 유명한 세 구절이 많은 논쟁을 불러 일으켰는데, 이는 그 구절들이 모두 예수의 사역을 오직 유대인들에게만 제한하는 것처럼 보이기 때문이다. 예수는 그의 제자들에게 사마리아인들이나 이방인들에게 가지 말라고 명령하셨고, 마치 유대인들에 대한 그들의 사역이 끝마치기도 전에 그분이 다시 돌아오실 것처럼 말씀하셨고, 수로보니게 여인에게는 자신이 오직 이스라엘에게 보내심을 받으셨다고 말씀하셨다(10:5-6, 23; 15:24). 마태복음의 유대적인

---

11) 이에 관해서는 특별히 Robert H. Gundry, *The Use of the Old Testament in St. Matthew's Gospel* (Leiden: Brill, 1967)을 보라.

12) "의" 역시 마태의 한 주요 주제이다. 특별히 Benno Przybylski, *Righteousness in Matthew and His world of Thought* (Cambridge: CUP, 1980)을 보라.

13) John P. Meier, Law and History in Matthew's Gospel (Rome: BIP, 1976); Robert Banks, "Matthew's Understanding of the Law," JBL 93 (1974): 226-42; Douglas J. Moo, "Jesus and the Authority of the Mosaic Law," *JSNT* 20 (1984): 3-49.

특징은 "천국"이라는 그의 독특한 용어에 의해서 더욱 강조되는데, 이것은 하나님의 거룩한 이름을 발음하지 않으려는 셈족의 매우 전형적이고 완곡한 표현이다. 이 표현은 마태복음에 39번 등장하지만, 신약성경의 다른 곳에서는 전혀 나타나지 않으며, 마가복음과 누가복음의 병행구절에서는 그 대신에 "하나님의 나라"라고 표시한다.

한편으로 오직 마태복음에서만 이방의 동방박사들이 나타나 아기 그리스도께 경배 드렸고(2:1-12), 세 개의 연속적인 비유들이 당대의 유대 지도자들의 몰락을 예언하고 있다(21:18-22:14). 이 중의 한 비유는 마가와 누가복음에서도 발견되는데(악한 주인의 비유), 마태복음에는 하나님의 나라를 "너희는 빼앗기고 그 나라의 열매 맺는 백성이 받으리라"는 예수의 예언을 유일하게 포함하고 있다(21:43). 오직 마태만이 양과 염소의 "비유"를 설명하고 있는데, 세상 민족들에 대한 우주적인 심판을 강조하고 있다(25:31-46). 그리고 마태복음에만 열두 사도들을 명하여 모든 민족들(헬라어로 *ethne*, 25장에서 사용된 같은 용어)을 제자 삼으라는 예수의 지상명령이 포함되어 있다.

유대적인 배타주의와 다민족적인 보편주의 사이의 이러한 갈등과 긴장을 해소하는 가장 좋은 방법은 예수의 사역이 두 단계로 전개된다고 보는 것이다. 십자가와 부활 이전에는 하나님의 선택된 백성인 유대인들이 그리스도의 메시지를 먼저 듣는 것이 마땅하게 여겨졌다. 하지만 많은 유대인들, 특별히 이스라엘의 지도자들이 제시된 복음을 거부하자 예수의 제자들은 주님의 부활 이후부터 모든 사람들에게 나아가 주님의 구원을 선포하기 시작했다. 생전에 예수가 수시로 이방인들과 접촉하신 것은 이러한 세계적인 선교를 미리 보여주는 예표였다. 흥미롭게도 바울은 초대교회 시대에도 유대인들을 먼저 찾아가는 일에 우선권을 두었지만, 결국에는 이방인을 위한 사도가 되었다(사도행전에 나타난 그의 사역 절차를 보라: 13:46; 18:6; 19:9). 로마서 1:16은 이러한 진행을 간단하게 요약해 준다. "첫째는 유대인에게요 또한 헬라인에게로다."[14] 그리고 바울처럼 마태도 이 두 단계 모두 구약성경과 유대적인 기대 위에 굳게 기초를 두기 원했다.

---

14) Amy-Jill Levine, *The Social and Ethnic Dimensions of Matthean Social History* (Lewiston: Mellen, 1988)을 참조하라.

(2) 제자도와 교회

마가복음에 나타난 제자들에 대한 매우 부정적인 묘사와 마태복음에 나타난 보다 긍정적인 묘사 사이의 차이점이 지나치게 강조된 면이 없지는 않지만, 그럼에도 불구하고 그런 차이점은 분명히 존재한다. 마가가 제자들의 결여된 믿음을 강조한 몇몇 구절들에 대해서 마태는 미약하나마 그들이 가졌던 믿음에 초점을 두었다(예를 들면, 마 8:26; 13:51; 14:33).[15] 마태복음은 또한 "교회"(헬라어로 *ekklesia*)라는 용어를 사용하고(16:18과 18:17에서 세 번), 공동체 내의 징계와 용서에 대한 가르침을 처음으로 포함한(18:15-35) 유일한 복음서이다. 예수의 제자들에 대해 마태가 붙인 독특한 호칭은 "소자"인데(10:42; 18:6, 10, 14; 25:40), 하나님 앞에 그들의 비천한 위치를 강조한다. 그리고 마태는 교회 내의 지속되는 역할이나 직책들을 보여주고 있는지도 모르는데 이에 대해 마태는 현자, 선지자, 서기관 등의 독특한 용어를 사용하여 기록하였다(10:41; 13:52; 23:34). 마태는 아마도 영적인 권위에 대한 "도덕폐기론적"(반율법주의적)이고 "카리스마적"인 주장을 일삼는 거짓 교사들을 대항하는 일에 더욱 관심을 쏟았을 것이다(특별히 7:15-23을 보라).[16]

(3) 유대 당국과의 갈등

너무도 유대적인 색채가 짙은 복음서에서 마태의 보편주의를 발견하는 것도 놀랍지만, 또 한편으로 예수가 서기관들과 바리새인들과 사두개인들과 만나는 것을 마태가 그처럼 적대적인 분위기로 묘사하는 것 또한 매우 놀랍다. 23장에 나오는 여러 화(禍)들은 이것을 보나 자세하게 보여주며, 어떤 사람들은 27:25를 신약성경에서 가장 반유대적인 구절이라고 여긴다(예수가 십자가에 달리셨을 때, 군중들은 "그 피를 우리와 우리 자손에게 돌릴지어다"고 외쳤다). 마태와 예수는 마치 자신들은 유대인이 아닌 것처럼 유대인들의 예배처소를 "그들의" 회당이라고 언급하였다(4:23; 9:35; 10:17; 12:9; 13:54). 그리고 마태는 사두개인들에 대해서 일곱 번 언급하였는데 모두 부정적으로 기록했다. 반면 사두

---

15) 고전적인 Bornkamm, Barth, 그리고 Held의 *Matthew*, 52-57쪽을 보라. 제자도에 관한 보다 일반적인 내용은 특별히 Michael J. Wilkins, *The Concept of Disciple in Matthew's Gospel* (Leiden: Brill, 1988)을 보라.
16) 이러한 주제들과 관련해서 특별히 도움을 주는 것은 Eduard Schweizer, "Matthew's Church," in Graham N. Stanton, ed., *The Interpretation of Matthew* (Edinburgh: T & T Clark, rev. 1995), 149-77쪽이다.

개인들은 다른 복음서에서는 단지 두 번 등장한다.

하지만 23:39와 같은 구절은 그렇다고 마태가 모든 유대인들을 항상 나쁘게만 묘사한 것이 아님을 보여준다. 예수의 첫 번째 추종자들은 모두 유대인들이었고, 선교사역 역시 계속해서 그들을 포함해야 했고, 그들에게 우선권을 두어야 했다 (28:19; 10:23). 여전히 하나님의 백성들은 어떤 특정하게 선택된 민족이 아니라, 예수의 제자가 되어 그분을 따르는 모든 사람들로 구성되고 있었다.[17]

3. 배경

초대교회의 역사 속에서 과연 어떤 상황이 마태복음처럼 친유대적이면서도 반유대적인 복잡한 입장을 가져오게 했을까? 외부적인 증거들은 마태가 우선적으로는 유대 기독교인들을 위해 기록했을 것이라는 우리의 추측을 확인해 준다. 하지만 대부분의 증언은 단순히 마태가 "히브리인들"에게 기록했다고 전하는데, 때로는 팔레스타인의 어느 한 장소를 제안하기도 한다(이레네우스, 이단을 반박함 3.1.1; 유세비우스, 교회사 3.24.5-6; 제롬 신앙위인들의 생애 3를 보라). 현대의 학자들은 시리아, 특별히 그 중심도시인 안디옥을 주로 제안하였는데, 주민의 1/7이 유대인들이었다. 여하튼 유대적인 기독교는 로마 제국의 동부에서 항상 강한 색채를 띠었다.

보다 유익한 것은 마태복음이 집필된 유대교 내의 상황들이 어떠했는지를 논의하는 것이다. 어떤 학자들은 청중들이 대부분 이방인들이었다고 주장하면서, 마태의 유대교적인 강조는 이방 성도들에게 어떻게 하면 그들이 자신들의 유대적인 전승과 성경을 활용할 수 있는지 가르쳐주기 위한 것으로 해석하였다. 어떤 사람들은 마태복음을 믿지 않는 유대인들을 위한 전도용 자료로 보기도 하였다. 하지만 대부분의 해석가들은 마태복음의 청중을 유대교로부터 이탈하려고 하거나 이미 떠난 유대 기독교 공동체로 본다. 그래함 스탠튼(Graham Stanton)은 "길 건너편의 회당"과는 결별하였지만 여전히 날카롭게 맞서 대항

---

[17] 또한 D. A. Carson, "The Jewish Leaders in Matthew's Gospel: A Reappraisal," *JETS* 25 (1982): 161-74쪽을 보라.

하고 있는 개념으로서의 교회를 제안하였다.[18] "형성단계의 유대교"에 관한 최근의 연구는 주후 70년 이전에 얼마나 다양한 유대 사상과 관습들이 있었는지를 잘 보여준다. 하지만 성전의 몰락 이후에는 오직 두 개의 주된 지류가 형성되었다. 랍비 유대교(Rabbinic Judaism)는 바리새의 전통을 어느 정도 전수하였고, 유대 기독교(Jewish Christianity)는 2세기 중엽까지 많은 수가 존속되었다. 이 두 그룹의 사람들은 나름대로 그들의 종교적인 유산에 대한 참된 상속자라고 주장하며 경쟁하였기 때문에 같은 공동체 내에서 그들 사이의 갈등은 매우 깊었다.[19] 이러한 상황은 왜 마태가 예수를 모든 유대적인 것들의 성취로 보여주며 이스라엘 지도자들의 불신앙을 강조하려고 했는지를 잘 설명해 준다. 그 당시 회당 지도자들의 적대심은 마태의 마음에 그렇게 비취었을 것이다.

일반적으로 마태복음에 대한 비평적인 접근은 마태복음이 주후 70년 이후에 기록되었을 것이라는 관찰에서부터 추론된다. 어떤 학자들은 이 복음서가 소위 *birkath ha-minim*이라고 부르는 것(p. 51 각주 26을 보라) 이후인 주후 85-100년 사이에 기록되었다고 주장한다. 1세기 말은 저작 시기로는 가장 늦게 여겨지는데, 2세기 초부터는 이미 교부들이 빈번하게 마태복음을 인용하였기 때문이다. 하지만 앞에서 보았듯이, 유대교와 기독교 사이에 뚜렷한 결별이 있었는지는 분명하지 않으며, 40년대와 50년대에 있었던 사도행전의 사건들을 보면 바울이 이미 회당으로부터 쫓겨났고, 그와 함께했던 유대 기독교인들도 핍박을 당하였음을 알 수 있다. 그러므로 마태복음이 70년 이후에 기록되었다는 주장은 분명하지 않다.

학자들은 또한 마태복음에 기록된 성전 멸망에 관한 예수의 예언을 자주 언급한다. 마태의 종말론 강화는 이 부분에서 마가의 기록과 약간 다르지만(마 24:15-24; 막 13:14-23), 혼인잔치의 비유(마 22:1-14)에서는 오직 마태만이 원래 초대받았던 손님들이 "종들을 잡아 능욕하고 죽이니 임금이 노하여 군대

---

[18] 이 주제에 대한 그의 몇몇 유용한 연구들은 이제 Graham N. Stanton의 *A Gospel for a New People: Studies in Matthew*(Edinburgh: T & T Clark, 1992; Louisville: Westminster/John Knox, 1993)에 수집되고 증보되었다. 고고학자들은 교회와 회당이 서로 매우 가까웠던 공동체들을 실제로 발견하였다.
[19] 특별히 J. Andrew Overman, *Matthew's Gospel and Formative Judaism: The Social World of the Matthean Community* (Minneapolis: Fortress, 1990); Anthony J. Saldarini, *Matthew's Christian-Jewish Community* (Chicago and London: University of Chicago Press, 1994)를 보라.

를 보내어 그 살인한 자들을 진멸하고 그 동네를 불살랐다"(22:6-7)는 내용을 포함하고 있다.

이것은 로마에 대항한 유대인들의 반역과 예루살렘에 대한 황제의 침략과 멸망을 은연중에 보여주는 구절로서 많은 사람들을 놀라게 한다. 예언의 가능성을 믿지 않는 사람들에게 이 구절은 마태복음이 주후 70년 이후에 기록되었음을 확증해 준다. 그리고 심지어 이 부분에서 편견이 없는 사람에게도 이처럼 노골적인 내용은 예수의 예언을 보다 분명하게 하기 위해 이러한 구절이 사건 발생 이후에 기록된 것처럼 확신하게 한다. 다른 한편으로, 예루살렘 대부분이 불에 탔다는 것은 사실이 아니다. 불에 탄 것은 성전이었다. 그리고 이 도시가 불에 타서 멸망하는 이미지는 유대 문학 속에서 전쟁을 상징하기 위해 자주 사용되었다(예를 들면, 삿 1:8; 마카비상 5:28; 유딧서 5:1-5). 그러므로 이것을 반드시 주후 70년의 사건에 대한 구체적인 언급으로 볼 필요는 없다.[20] 이 경우는 마태복음의 저작연대를 밝히는 데 도움이 되지 않는다.

하지만 70년 이전의 연대를 지나치게 변호하려다 보면 불확실한 증거에 집착할 위험이 있다. 예를 들면, 칼슨 씨에드(Carsten Thiede)는 마태복음의 맥달렌 파피루스(Magdalen papyrus; 옥스퍼드대학에 소장되어 있고 p64라고 알려진)의 연대를 1세기 중엽으로 추정함으로써 대부분의 학자들과 다른 입장을 취하였다. 하지만 바르셀로나와 파리에 소장된 복음서 파피루스와 이 문서를 면밀히 비교해 보면 이 세 문서 모두가 주후 200년경에 기록된 사본일 가능성이 매우 높다.[21]

초대교부들의 외부적인 증언은 이 시점에서 중요한 역할을 한다. 유세비우스가 입증하는 것처럼(교회사 5.8.2), 이레네우스(이단을 반박함 3.1.1)는 "베드로와 바울이 복음을 전하며 로마에서 교회를 개척하고 있을 때" 마태가 기록하였다고 믿었는데, 그 시기는 주후 60년대에 가장 적절하게 들어맞는다. 이것은 공관복음 문제에 관한 우리의 결론, 즉 마태가 부분적으로 마가를 의존했다는 결

---

20) John A. T. Robinson, *Redating the New Testament* (London: SCM, Philadelphia: Westminster, 1976), 19-21쪽을 참조하라.
21) Carsten P. Thiede, *Rekindling the Word: In Search of Gospel Truth* (Leominster: Gracewing; Valley Forge: TPI, 1995), 20-32; Graham Stanton, *Gospel Truth? New Light on Jesus and the Gospels*(London: HarperCollins; Valley Forge: TPI, 1995), 11-19쪽을 참조하라.

론과도 일치한다(하지만 이레네우스 자신은 마태가 마가보다 먼저 기록했다고 생각했다. p. 200을 보라). 만약 마가복음이 60년대 초반이나 중엽에 기록되었고 마태가 그 사본을 곧 구할 수 있었다면, 마태는 아마도 그 직후에 자신의 복음서를 집필할 수 있었을 것이다. 물론 이 복음서의 내적인 증거에 기초해서 이 복음서가 70년 이후에 기록되었다고 믿는 사람들은 초대교부 한 명의 증거 때문에 그들의 입장을 바꾸지는 않을 것이다.

마태복음 안의 다양한 자료들 역시 초기 연대를 지지한다.[22] 마태복음이 주후 70년 이후에 기록되었다면 왜 마태만이 성전세(17:24-27), 예물(5:23-24), 예식(23:16-22), 또는 유대의 안식일 준수(24:20)와 같은 것들을 언급했는가? 그때에는 이와 같은 것들이 더 이상 지켜지지 않았다. 왜 마태는 사두개인들에 대한 예수의 적대심을 그들이 이미 사멸해 버린 시기에 강조하였겠는가? 물론 이러한 일들이 예수 생애에 발생하였다고 대답할 수 있을 것이다. 하지만 예수의 생애 속에서 복음서 기자들이 속한 공동체에 신학적으로 의미심장한 사건들을 선별했던 점을 고려할 때, 우리는 왜 이러한 자료들이 주후 70년 이전의 상황을 보여주지 않는지 의문을 품지 않을 수 없다. 상이한 기록 연대를 입증하는 증거가 비슷하게 존재하지만, 우리는 마가복음이 집필된 이후인 60년대 어느 시기에 마태복음이 기록되었다고 믿는다.

4. 저자

이전 세대만 해도 많은 비평가들은 "마태"가 이방인들을 위해 집필한 이방인이었다고 믿었다. 하지만 이 복음서의 유대적인 경향성과 그 저작 상황에 관한 위의 연구 때문에 이제는 대부분의 사람들이 그 저자를 유대 기독교인이었을 것으로 결론 내리고 있다.[23] 물론 이 복음서의 초기 사본에 붙여진 표제를 시작으로 교회의 전승은 본서를 예수의 열두 제자 중의 한 명이며 레위라고도 불린

---

22) 특별히 Robert H. Gundry, *Matthew: A Commentary on His Handbook for a Mixed Church under Persecution* (Grand Rapids: Eerdmans, rev. 1994), 599-609쪽을 보라.
23) 이 문제와 본 장에서 열거한 다른서론적인 내용들에 대한 다양한 입장들과 이를 주장하는 자들에 관한 포괄적인 내용은 W. D. Davis와 Dale C. Allison, Jr., *A Critical and Exegetical Commentary on the Gospel*

세리 마태의 작품으로 돌린다(마 10:3; 9:9-13; 막 2:14-17). 초기의 외부적인 증거들 중 가장 중요한 것은 유세비우스가 인용한 파피아의 증언이다(교회사 3.39.16). 아래의 인용문에서 괄호 안에 나타난 표현에서 볼 수 있듯이, 몇 가지 다른 방법으로 파피아의 증언을 번역할 수 있다. "마태는 그의 복음서(격언)를 히브리(아람) 언어(방언, 문체)로 저작(편지)하였는데, 모든 사람들이 할 수 있는 만큼 번역(해석)하였다."

파피아의 증언은 다음과 같은 몇 가지 해석을 가능하게 한다. (1) 마태는 한 명의 보수적인 편집자의 역할만을 감당했거나, 보다 창의적으로 자료를 집필했을 수도 있다. (2) 마태는 우리가 알고 있는 마태복음을 직접 기록했을 수도 있고, 아니면 나중에 완성된 복음서의 핵심부를 이루는 예수의 말씀들을 수집했을 수도 있다. (3) 마태는 아람어로 집필했거나, 아니면 히브리어로 집필했을 것이다. (4) 마태 이후의 다른 사람들이 그의 작품을 우리가 지금 가지고 있는 헬라어로 번역했거나, 마태 자신이 이를 번역하였고, 후에 그 해석을 두고 다른 사람들과 논쟁을 벌였을 것이다.[24]

이상의 해석들 중에서 가장 중요한 것은 (2)번일 것이다. 파피아의 기록에 등장하는 logia라는 헬라어는 주로 "격언"이나 "신탁"을 의미하며, 복음서 전체에 붙여 사용하는 일은 별로 없다. 어떤 사람들은 파피아가 일찍이 마가복음에 대해서도 같은 용어를 사용했기 때문에 이 경우에도 복음서 전체를 언급하는 말로 이 단어를 사용했다고 생각한다. 비록 파피아는 마가가 "주께서 말씀하신 것과 행하신 것"에 대해서 기록했음을 인정했지만, 본문을 자세히 읽어보면 여기에 사용된 logia는 베드로가 볼 때 "필요하다고 여겨서" 전해 준 예수의 "신탁"(즉 가르침)을 의미하는 것임을 알 수 있다. 그렇다면 우리는 마태가 처음에 히

---

according to Saint Matthew, vol. 1 (Edinburgh: T & T Clark, 1988), 1-148쪽을 보라.

24) Gundry는 자기의 주석 초판에서(제목은 *Matthew: A Commentary on His Literary and Theological Art* [1982]) 파피아가 히브리적인 "문체"에서 인용했으며 그 문체는 "미드라시"의 문체라고 상세하게 논술함으로써 복음주의 진영에 상당한 논쟁을 초래하였는데, 그의 주장에 따르면 마치 어떤 신구약 중간기의 유대 자료들이 성경을 다루듯이 마태가 자신의 사료(마가복음과 Q사료)를 공상적이고 비역사적인, 하지만 신학적으로 의미가 있는 내용들로 윤색했다는 것이다. 여기에서부터 보다 발전된 이론은 복음주의 진영 안팎으로 거의 모든 학자들로부터 받아들여지지 않았으며 그 이론 속에 담겨 있을지도 모르는 타당한 요소들에도 불구하고 폭넓은 비평을 받았다. 하지만 건드리는 새롭게 나온 수정판 xi-xxx에서 그러한 비평에 대해서 응답하였다.

브리어로 기록한 것이, 재구성된 Q 자료와 관련된 어떤 것이라 생각해야 한다. 사실상 이것은 우리가 입증할 수 있는 범위를 초월하지만, 마태복음의 이 "첫 번째 초고"가 학자들이 말하는 Q였을 것이라고 많은 사람들이 추측한다.[25] 그렇다면 마태 자신이나, 아니면 헬라어를 구사하는 다른 성도가 이 첫 번째 초고 속에 마가복음의 자료와 마태만의 독특한 자료("M")를 첨가시킴으로써 우리가 오늘날 소유한 마태복음의 헬라어 본문이 탄생하게 되었을 것이다.

하지만 *logia*가 무엇을 뜻하는지와 무관하게, 히브리어로 기록된 마태복음의 고대 사본이 발견되지 않는 이상 파피아의 증언은 그 진위여부를 가릴 수가 없다. 하지만 마태가 마가보다 일찍 무언가를 히브리어로 기록했다는 초대교부들의 증언은 널리 확산되어 있고 빈번하게 나타난다(특별히 이레네우스, 이단을 반박함 3.1.1; 유세비우스, 교회사 5.10.3). 또한 14세기로 추정되는 마태복음의 한 히브리 사본을 보면 이것이 우리가 지금 가지고 있는 헬라어 정경을 번역했을 뿐만 아니라, 보다 오래된 히브리어 전승을 독립적으로 포함하고 있다. 그렇다면 이 사본이 마태가 원래 기록했던 내용 중 일부를 보존하고 있다고 여기는 것은 불가능하지 않다.[26]

또한 어떤 사람들은 마태복음이 히브리 원문에서 헬라어로 직접 번역한 글처럼 읽히지 않는다고 반박한다. 하지만 마태복음의 "Q" 본문들은 셈족 언어의 병행구를 자주 보여준다. 마태복음에는 셈족 언어의 특성이 없지 않다. 우리는 마태(또는 아무라도)가 문자적으로 번역했다고 주장할 필요는 없다. 고대의 자료가 히브리어에서 헬라어로 번역된 부분에는(예를 들면, 요세푸스의 작품 중 일부), 번역사가 때때로 본문을 자유롭게 의역해서 번역한 분명한 증거들이 있다. 더욱이 마가복음을 다룰 때 이미 보았듯이, 만약 유대인 마태가, 특별히 그가 이방인들에 대해서 정통하고 유능했던 세리였다면, 히브리어나 헬라어 자료에 근거해서 하나의 문서를 비교적 훌륭한 헬라어 문체로 기록하지 못했다고 주장하는 것은 타당성이 없다.

---

25) T. W. Manson, *The Sayings of Jesus*(London: SCM, 1949; Grand Rapids: Eerdmans, 1979) 15-20; Matthew Black, "The Use of Rhetorical Terminology in Papias on Mark and Matthew," *JSNT* 37 (1989): 31-41; Donald A. Hanger, Matthew 1-13 (Dallas: Word, 1994), xlvi.
26) George Howard, *The Gospel of Matthew according to a Primitive Hebrew Text* (Macon: Mercer; Leuven: Peeters, 1987).

제7장 • 마태복음

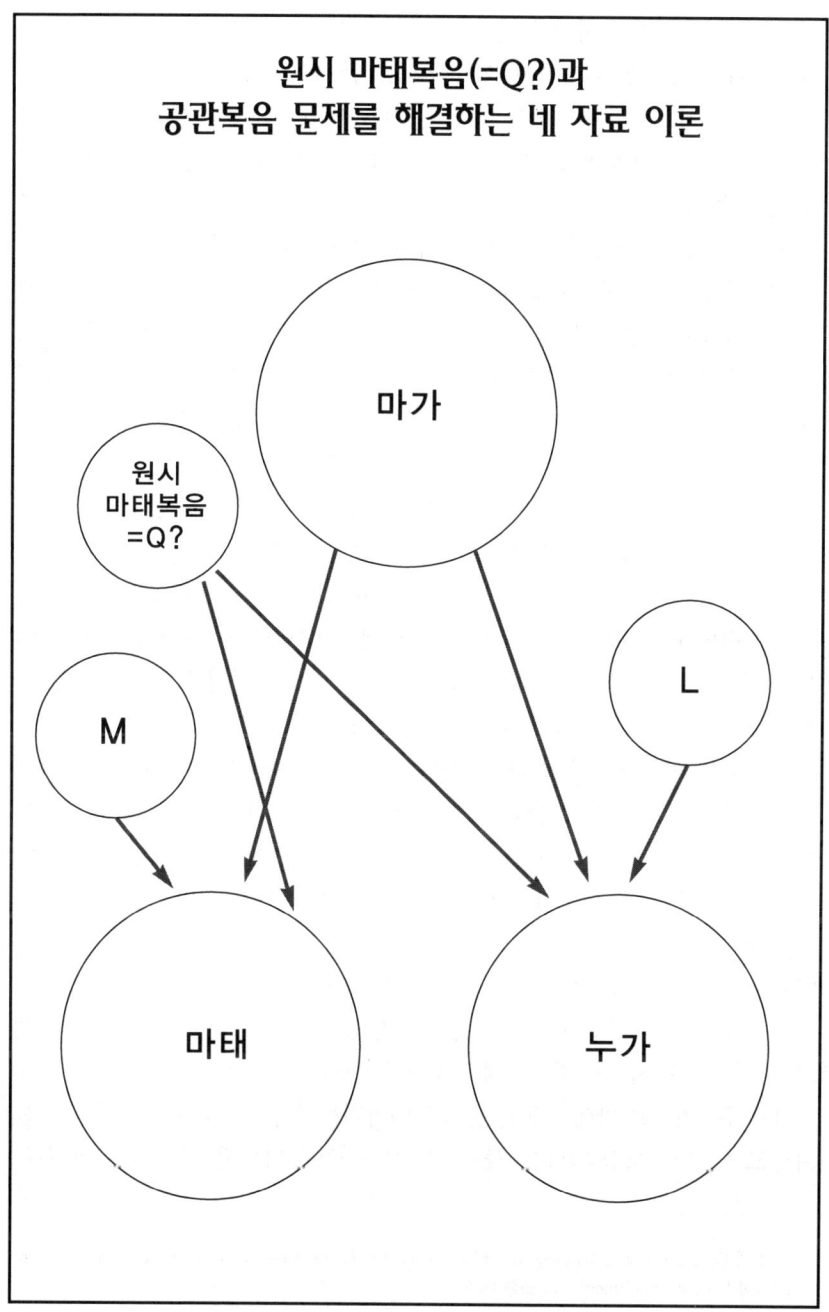

마태복음의 저자가 마태가 아니라는 비평가들의 다른 반대들이 있다. 그 중에서 중요한 것들로는 (a) 이미 언급한 대로 반-유대적인 특성 (b) 다른 유대-기독교적인 자료와의 신학적인 차이 (c) 13:52이 본서의 저자를 세리가 아니라 어느 기독교 "서기관"으로 제시하는 가능성[27] (d) 마태가 주후 85년 이후까지 살았을 희박한 가능성 (e) 사도가 마가와 같이 사도가 아닌 사람에게서 빌렸을 희박한 가능성. 이것들 중에서 오직 (e)만이 진지하게 생각할 가치가 있다.

위의 반대들에 대해서 다음과 같이 대답할 수 있다. (1) 한 유대인이 비기독교적인 유대교와의 갈등과 논쟁 속에서 본서를 기록했다는 점에 많은 학자들이 동의할 수 있다면, 옛 직업을 버리고 이미 동시대인들로부터 자신을 구분시킨 마태는 당연히 그렇게 할 수 있었을 것이다. (2) 마태복음은 실제로 또 다른 초기의 유대-기독교적인 문서인 야고보서와 잘 양립할 수 있으며, 모든 유대적 기독교가 그 신앙체계에 있어서 완전한 형태를 갖춘 것은 아니었다. (3) 13:52이 저자 자신에 대한 구절인지는 확실하지 않으며, 그렇다 하더라도 전직이 세리였던 사람이 자신의 집필능력을 계속 사용하며 스스로를 기독교 서기관으로 여기는 것보다 더 자연스러운 것이 어디 있겠는가? (4) 우리는 이미 마태복음이 주후 60년대에 기록되었을 것이라고 보았지만, 만약 그렇지 않다면, 마태가 언제, 몇 살에 죽었는지를 알 수 있는 충분한 정보는 우리에게 없다.

(5) 마태가 마가를 의존했다는 문제는 마가가 베드로의 가르침의 권위를 가졌다는 초기의 전승을 받아들인다면 쉽게 해결된다(pp. 198-200을 보라). 베드로와 야고보와 요한은 그리스도를 가까이 추종한 세 제자들이었다. 간단히 말해서, 베드로는 예수의 사역 중 어떤 사건들을 직접 목격했지만, 마태는 목격하지 못했다(예를 들면, 17:1; 26:37). 비록 마태는 마가가 묘사한 대부분을 알고 있었지만, 아마도 베드로의 가르침을 기초로 집필된 복음서가 어떤 것이었는지 보고 싶었을 것이 당연하다. 마태는 무조건적으로 마가를 의존한 것이 아니었고, 자신의 많은 자료를 자유롭게 첨가하기도 했다.

어떤 주석가들은 마태가 돈과 관련된 이야기들에서 보다 자세한 내용을 포함시키고 있다고 보았다(예를 들면, 17:24-27에 기록된 성전세 이야기나,

---

27) 특별히 O. Lamar Cope, *Matthew: A Scribe Trained for the Kingdom of Heaven*(Washington: Catholic Biblical Association of America, 1976)를 보라.

18:23-35에 나타난 무자비한 종의 비유 등등). 하지만 우리가 이것을 완벽하게 입증할 수는 없다. 요약한다면, 마태/레위가 이 복음서의 저자라는 고대의 일치된 증언을 뒤바꿀만한 충분한 이유가 없다. 비록 마태 자신이 사도이긴 했지만, 그는 불명예스러운 출신을 가진 사람이었다. 외경 중에도 베드로, 야고보, 요한, 도마, 안드레, 또는 바돌로매 등과 같은 사도들의 이름을 빌리기는 했어도 마태의 이름을 사용한 작품은 없다. 만약 마태가 본서의 참된 저자가 아니었다면, 후대의 기독교인들이 이 복음서에 위대한 권위를 부여하기 위해 사도들 중에서 그의 이름을 사용했을 가능성은 별로 없어 보인다. 한편, 마가복음과 마찬가지로, 저자 문제는 이 복음서의 역사적인 문맥이나 해석학적인 내용을 해석하는 데는 큰 영향을 끼치지 않는다.[28]

5. 심층연구를 위한 자료

1) 주석

(1) 초급

France, R. T. *The Gospel according to Matthew*. [rev. TNTC] Leicester: IVP; Grand Rapids: Eerdmans, 1985.
Green, Michael. *Matthew for Today*. London: Hodder & Stoughton, 1988; Dallas: Word, 1989.
Mounce, Robert H. *Matthew*. [NIBC] Peabody: Hendrickson, 1991.
Ridderbos, H. N. *Matthew*. [BSC] Grand Rapids: Zondervan, 1987.

(2) 중급

Blomberg, Craig L. *Matthew*. [NAC] Nashville: Broadman, 1992.

---

28) D. A. Carson ("Matthew," *Expositor's Bible Commentary*, vol. 8, ed. Frank E. Gaebelein [Grand Rapids: Zondervan, 1984], 19)과 같이 확고한 보수주의 학자조차 이 문제를 열어두고 있다(또한 40-100년 사이의 어떤 시기도 가능하다는 것을 유념하라 [21쪽]).

Carson, D. A. "Matthew." In *Expositor's Bible Commentary*. Vol. 8. Edited by Frank E. Gaebelein. Grand Rapids: Zondervan, 1984.

Garland, David E. *Reading Matthew*. New York: Crossroad, 1993.

Hill, David. *The Gospel of Matthew*. [NCB] London: Oliphants, 1972; Grand Rapids: Eerdmans, 1981.

Morris, Leon. *The Gospel according to Matthew*. [Pillar] Grand Rapids: Eerdmans; Leicester: IVP, 1992.

Schweizer, Eduard. *The Good News according to Matthew*.Richmond: John Knox, 1975; London: SPCK, 1976.

(3) 고급

Davies, W. D., and Dale C. Allison, Jr. *A Critical and Exegetical Commentary on the Gospel according to Saint Matthew*. 3 vols. Edinburgh: T & T Clark, 1988-.

Gundry, Robert H. *Matthew: A Commentary on His Handbook for a Mixed Church under Persecution*. Grand Rapids: Eerdmans, rev. 1994.

Hanger, Donald A. *Matthew*.2 vols. [WBC] Dallas: Word, 1993-95.

2) 마태복음의 서론 및 신학에 대한 보다 광범위한 연구들

Balch, David L., ed. *Social History of the Matthean Community*. Minneapolis: Fortress, 1991.

Bornkamm, Günther, Gerhard Barth, and Heinz J. Held, *Tradition and Interpretation in Matthew*. London: SCM; Philadelphia: Westminster, 1963.

France, R. T. *Matthew: Evangelist and Teacher*. Exeter: Paternoster; Grand Rapids: Zondervan, 1989.

Kingbury, Jack D. *Matthew: Structure, Christology, Kingdom*. Philadelphia: Fortress, 1975.

Luz, Ulrich. *The Theology of the Gospel of Matthew*.Cambridge: CUP, 1995.

Meier, John P. *The Vision of Matthew: Christ, Church and Morality in the First Gospel.* New York: Paulist, 1979.

Overman, J. Andrew. *Matthew's Gospel and Formative Judaism: The Social World of the Matthean Community.* Minneapolis: Fortress, 1990.

Powell, Mark A. *God with Us: A Pastoral Theology of Matthew's Gospel.* Minneapolis: Fortress, 1995.

Saldarini, Anthony J. *Matthew's Christian-Jewish Community.* Chicago and London: University of Chicago Press, 1994.

Stanton, Graham N. *A Gospel for a New People: Studies in Matthew.* Edinburgh: T. & T. Clark, 1992; Lousville: Westminster/John Knox, 1993.

Stanton, Graham N., ed. *The Interpretation of Matthew.* Edinburgh: T. & T. Clark, rev. 1995.

Stock, Augustine. *The Method and Message of Matthew.* Collegeville, Minn.: Liturgical Press, 1994.

3) 참고문헌

Mills, Watson E. *The Gospel of Matthew.* Lewiston and Lampeter: Mellen, 1993.

6. 복습을 위한 질문들

1) 마태복음 전체의 적절한 개요는 무엇인가? 다시 말해서, 마태복음이 어떤 기준에 의해서, 몇 가지의 주요 단락으로 구분되는가? 그 구조로부터 어떤 신학적인 의미를 추정할 수 있는가?
2) 전형적이고 보수적인 재구성에 따르면 누가, 언제, 어디서, 누구에게, 어떠한 상황 속에서 이 복음서를 기록하였는가?
3) 이 복음서의 주된 신학적인 특징들은 무엇인가?
4) 다른 세 개의 공관복음에 등장하는 내용을 선택한 후에 마태가 강조하는 신학적인

내용이 무엇인지 설명하라. 편집 비평의 "수평적"이고 "수직적"인 차원을 모두 고려하라.

5) 마태복음의 강조점들과 기록 배경을 고려할 때 어떠한 부분들이 다른 복음서보다 당시의 성도들에게 더욱 중요한 의미를 주었는가?

제8장

누가복음

1. 구조

누가복음의 구조는 일부는 마가복음의 구조와, 또 일부는 마태복음의 구조와 매우 유사하다. 마가복음에 포함된 사건들을 설명할 때 누가는 마태보다 훨씬 충실하게 마가의 기록을 따르고 있다. 하지만 마태처럼, 누가 역시 "Q"(마가복음에는 없지만 마태복음과 공유하는 자료)와 "L"(누가복음에만 고유한 자료)로부터 많은 내용을 첨가하고 있다. 마태와 마찬가지로, 누가는 그리스도의 출생에 둘러싼 사건들에 두 개의 긴 장을 할애하며 시작하였고, 부활 이후의 나타나심을 강조하는 긴 장으로 끝맺고 있다. 하지만 누가복음에는 마태복음의 긴 설교와 같은 특징은 없다. 원누가복음(proto-Luke)에 관한 스트리터(Streeter)의 가설을 다루면서 언급했듯이(p. 154을 보라), 누가는 마가의 자료와 마가 이외의 자료를 번갈아가며 사용하였다. 1-2장은 마가복음에서는 전혀 찾아볼 수 없다. 누가복음 3:1-9:50, 특별히 4:14부터는 예수의 갈릴리 사역 중 많은 부분에서 마가의 내용을 밀접하게 따르고 있다. 누가복음 9:51-18:14에는 예수의 순회 사역 중 가르치신 내용을 주로 담고 있으며 Q와 L 자료를 독점적으로 포함한다. 18:15부터는 다시 마가의 구조를 따르고 있지만, 4-9장에서보다 누가만의 독특한 문헌을 더 많이 담고 있다.

이상에서 어떤 자료 비평적인 결론을 도출하든지 관계없이, 이러한 주된 구분들은 누가복음의 주제에 따른 구분과도 일치한다. 얼핏 보면 누가복음은 윤곽을 그리기가 가장 힘든 복음서처럼 보인다. 주석가들의 분석을 보면 마태, 마가, 요한복음과는 대조적으로 서로 동의하는 부분이 매우 적은 것을 알 수 있다. 하지만 우리가 누가복음을 연구할 때 반드시 기억해야 할 것은 누가가 자신

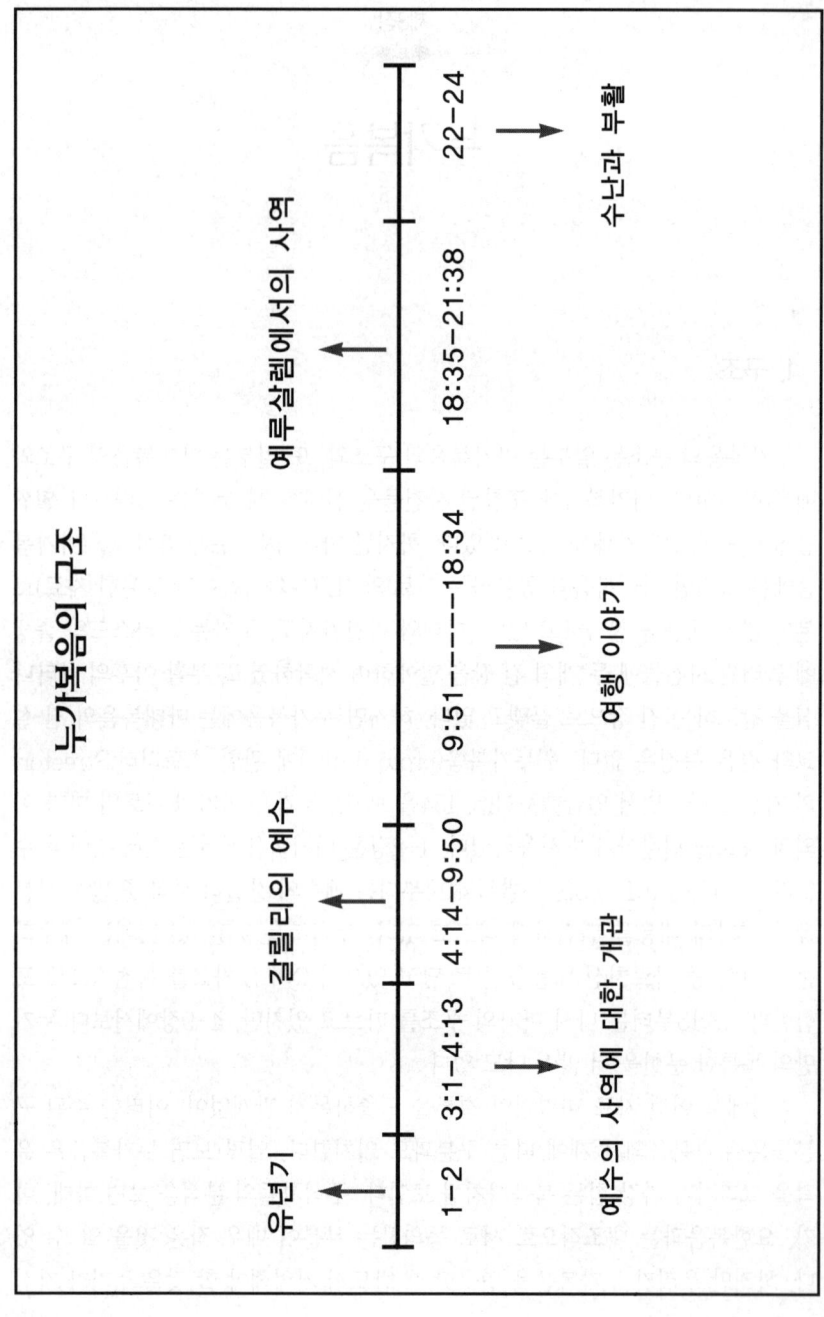

의 복음서의 후속편인 사도행전을 기록했다는 사실이다. 사도행전을 위한 심층적인 서론을 여기에서 전부 쓸 수는 없지만, 다음과 같은 몇 가지의 관찰은 누가복음을 이해하는 데 도움이 된다.

한 가지 관찰은 구조에 관한 것이다. 사도행전 1:8이 누가의 두 번째 책에 기술된 사건들을 위한 대략적이고 지리적인 윤곽을 그려준다는 점에 많은 사람들이 동의한다. 즉 복음이 예루살렘에서 시작해서 밖으로 유대와 사마리아를 거쳐 궁극적으로는 "땅끝까지" 전개된다는 것이다. 그러므로 사도행전 1-7장은 예루살렘 내의 교회를 묘사한다. 스데반이 돌에 순교한 후에는 많은 성도들이 예루살렘 밖으로 퍼져나갔고, 사도행전 8-12장은 유대와 사마리아와 부근 지역에서 일어난 다양한 사건들을 특별히 묘사하고 있다. 그 후에는 새롭게 회심한 사울(바울)의 사역을 통해서 복음이 전 세계 곳곳으로 퍼져나가기 시작하였다(13-28장). 사도행전은 바울이 마침내 이방 세계의 심장부이자 수도인 로마에 도착하는 것으로 끝을 맺는다. 한 세대가 지나기도 전에 매우 배타적이었던 유대의 한 종파가 "세계적인" 종교로 성장한 것이다.

이러한 지리적인 전개는 누가의 복음서에서도 발견될 수 있는데, 단지 그 순서가 뒤바뀌었을 뿐이다. 흥미롭게도, 그 순서는 앞에서 이미 언급했던 자료 비평적인 구분과 매우 밀접하게 일치하는데, 이런 구조는 마치 고의적으로 의도된 것임을 보여준다. 처음 몇 장들에는 그리스도의 생애를 둘러싼 사건들이 시작될 무렵에 권좌에 있었던 로마의 통치자들과 그들이 임명한 자들에 대해서 많은 정보를 담고 있다(1:5; 2:1; 3:1). 누가는 사도행전에서도 자주 그랬듯이, 자신의 이야기를 "제국의 역사" 안에 설정하였다. 누가는 마가를 따르면서도 예수가 갈릴리로부터 "물러나시는"(withdrawal) 부분과 그 연이은 자료들은 모두 생략함으로써(막 6:45-8:26), 3:1-9:50까지는 철저히 예수의 갈릴리 사역에서 있었던 사건들만을 다루었다. 9:51-18:14의 의미와 중요성에 대해서는 나중에 다루게 될 것이다(이 부분은 아마도 결론 및 전환부처럼 보이는 31-34절까지 확대된다). 하지만 다른 두 가지 흥미로운 관찰들은 다음과 같다. 이 부분에서 유일하게 등장하는 지리적인 언급은 예수를 사마리아 안에, 또는 그 부근에 두고 있으며(9:52; 17:11), 이 부분 직후에는 예수가 예루살렘으로 가시는 도중인 유대에 나타나셨다(18:35; 19:1, 11, 28 등). 물론 그리스도께서는 예루살렘의 성벽 바깥에서 십자가 처형을 당하셨고 부활하셨지만, 누가복음의 결론부에서 놀라운 것은 그리스도께서 부활하신 후에 갈릴리에서 나타나신 것에 대해서 누가가 전혀 언급하지 않고 단지 예루살렘과 그 부근에 나타나신 것만을 기록했다는 사실이다. 누가복음 24장과 사도행전 1장은 또한 그리스도의 부활과 승천을 묘사한다는 점에서 중복된다.

이 모든 것은 누가가 예수의 생애와 초대교회의 성장에 관한 이야기들을 교차 구조적으로(chiastically) 두 권으로 나누어 기록했다는 점을 분명하게 보여 준다.[1] 누가복음은 로마 역사와 통치의 맥락 속에서 예수의 출생과 더불어 시작하며, 이어서 예수가 갈릴리로부터 출발하여 사마리아와 유대를 거쳐 예루살렘으로 향하는 여정을 따라감으로써 하나님이 선택하신 백성들의 거룩한 도성으로 범위를 좁혀간다. 이스라엘이 민족적인 차원에서 예수를 거부한 결정에 비추어 볼 때, 하나님의 복음의 사역은 이제 동일한 절차를 거쳐서 바깥으로 진행하게 된다. 즉 예루살렘으로부터 유대와 사마리아를 거쳐 이방 세계를 지나 바울이 마침내 로마에까지 복음을 전파하는 것으로 그 절정을 맞이한다. 만약 "갈릴리"와 "이방 세계"가 서로 병행하지 않는다고 반대한다면, 구약 후기부터 갈릴리가 자주 "이방의 갈릴리"로 소개되었고(사9:1; 마 4:15), 예수 시대에도 그 인구나 문화에서 유대 땅보다 덜 유대적이었음을 상기할 필요가 있다.

교차구조, 또는 역병행 구조에서 가장 중요한 부분은 주로 그 중심부인데, 누가복음과 사도행전의 경우, 예수의 부활과 승천은 두 번에 걸쳐 묘사되었고 누가에게 기독교 "케리그마"(선포)의 핵심을 구성한다. 사도행전 전체에 걸쳐서 초대교회의 설교자들은 마가복음에서 기대할지 모르는 십자가를 선포한 것이 아니라, 부활을 선포했는데, 부활은 예수의 삶과 죽음에 의미를 부여하는 중심적인 특징이다(예를 들면, 행2:24-36; 13:30-37; 17:18; 23:6).

하지만 누가복음을 더 세분하려고 시도하는 것은 더욱 어려운 일이다. 누가는 자신의 자료를 작은 주제별로 묶어서 정리한 것처럼 보이며, 그 외에는 아무런 원칙도 발견되지 않는다. 누가복음 9:51-18:34에서 그리스도의 생애를 개

---

1) Kenneth Wolfe, "The Chiastic Structure of Luke-Acts and Some Implications for Worship," *SWJT* 22 (1980): 60-71. Sidney Greidanus, *The Modern Preacher and the Ancient Text*(Grand Rapids: Eerdmans; Leicester: IVP, 1988), 283; Luke T. Johnson, *The Writings of the New Testament: An Interpretation*(Philadelphia: Fortress, 1986), 204-5쪽을 참조하라.

제8장 • 누가복음

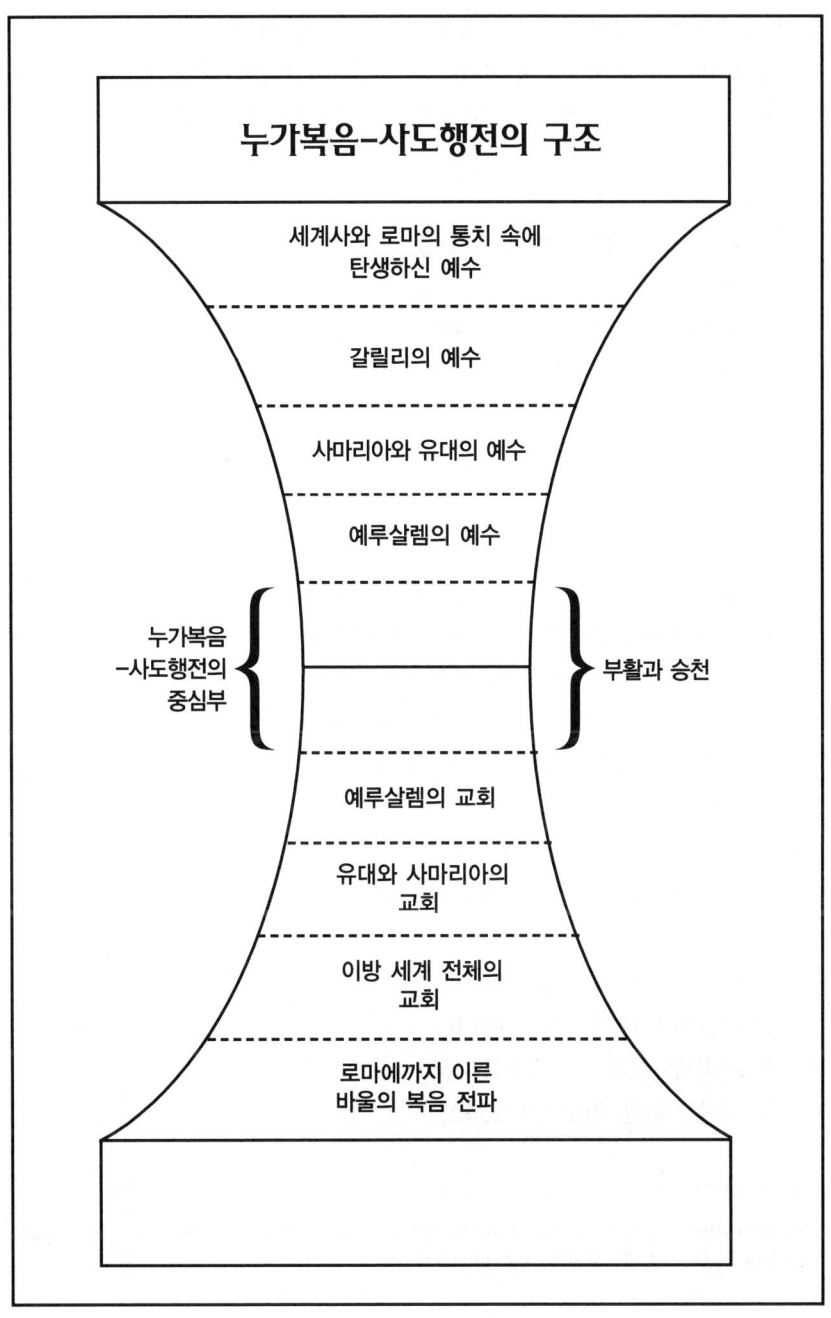

관할 때 우리는 누가의 자료에 기초를 이루는 예화들이 교차구조적으로 배열된 가능성에 대해서 살펴보게 될 것이다. 하지만 누가복음의 최종적인 분석을 위해서는 아래와 같은 방법으로 대단락과 소단락을 나누는 것이 가장 좋다고 여겨진다.[2]

I. 예수의 사역에 대한 서론(1:1-4:13)
  A. 머리말(1:1-4)
  B. 세례(침례) 요한과 예수에 대한 소개(1:5-2:52)
  C. 예수의 사역을 위한 준비(3:1-4:13)
II. 갈릴리와 그 주변에서의 사역(4:14-9:50)
  A. 나사렛에서의 설교(4:14-30)
  B. 예수의 치유사역에 대한 서론(4:31-44)
  C. 첫 번째 제자들을 부르심(5:1-11)
  D. 유대 지도자들과의 연이은 논쟁(5:12-6:11)
  E. 제자를 향한 부르심을 확고히 하다(6:12-49)
  F. 예수의 신분에 관한 질문(7:1-8:3)
  G. 하나님의 말씀을 정확하게 들음(8:4-21)
  H. 예수의 권위 있는 말씀의 예(8:11-56)
  I. 기독론적인 절정(9:1-50)
III. 예루살렘 "도상"의 예수의 가르침(9:51-18:34)
  A. 십자가를 바라보는 제자도(9:51-62)
  B. 칠십이인의 사명(10:1-24)
  C. 두 가지 사랑의 명령(10:25-42)
  D. 기도에 관한 가르침(11:1-13)
  E. 바리새인들과의 논쟁(11:14-54)
  F. 심판을 위한 준비(12:1-13:9)

---

[2] 여기에서 특별히 유용한 것은 I. Howard Marshall의 *The Gospel of Luke* (Exeter: Paternoster; Grand Rapids: Eerdmans, 1978)인데, 몇몇 관점에서 나는 이 책을 따랐다.

G. 천국의 역전(13:10-14:24)

H. 제자도의 대가(14:25-35)

I. 잃은 자를 찾아 구원함(15:1-32)

J. 부의 사용과 남용(16:1-31)

K. 믿음에 관한 가르침(17:1-19)

L. 하나님 나라가 어떻게 임할 것인가(17:20-18:8)

M. 하나님 나라에 어떻게 들어갈 것인가(18:9-30)

N. 결론과 전환(18:31-34)

IV. 유대의 예수: 예루살렘에서의 사역(18:35-21:38)

A. 여리고에서 예루살렘까지(18:35-19:27)

B. 예루살렘 입성(19:28-48)

C. 예수의 가르침: 마지막 주간(20:1-21:38)

V. 예수의 생애의 절정(22:1-24:53)

A. 유월절(22:1-71)

B. 십자가 처형(23:1-56)

C. 부활(24:1-53)

2. 신학

1) 예수에 대한 견해

(1) 예수의 인성과 사회의 천민들을 향한 긍휼

비록 누가는 마가와 마태가 예수의 높으신 성품을 강조하려고 사용한 주요 사건들을 기록하고는 있지만, 그런 사건들이 누가복음의 지배적인 특징은 아니다. "그리스도", "하나님의 아들", "주님" 등과 같은 명칭들도 별로 두드러지지 않는다. 오히려, 누가복음을 읽는 대부분의 독자들을 놀라게 하는 것은 사회적으로 천대받는 여러 부류의 사람들과의 교제와 그들을 향한 긍휼 가운데 스며나는 예수의 인성이다. 특별히 네 가지 부류의 사람들이 등장한다. 사마리아인과 이방인들, 세리와 죄인들, 여인들, 그리고 가난한 자들이다.

① 사마리아인들과 이방인들

오직 누가만이 선한 사마리아인의 비유를 기록하고 있고(10:25-37), 깨끗함을 받은 열 명의 문둥병자 이야기에서도 오직 사마리아 병자만이 돌아와서 감사를 드리고 있다(17:11-19). 비록 누가복음에서는 예수가 유대의 영토를 떠나시지 않지만, 많은 주석가들은 큰 잔치의 비유에서 주인의 잔치에 많은 사람을 참여케 하기 위해서 종들을 멀리까지 보내는 내용(14:23)에서 훗날에 있을 이방선교의 전조를 본다. 사도행전이 기록될 당시에는 분명히 이방선교가 대표적인 주제가 되었다.

② 세리와 죄인들

5:30, 7:34, 15:1과 같은 본문에서 발견되는 "세리와 죄인들"이라는 문구가 얼마나 예외적인지를 모르는 독자들은 아마도 교회생활을 너무나 오래 했는지 모른다! 이 문맥에서 "죄인들"은 유대교의 관습적이고 종교적인 규범을 분명하게 범한 사람들을 일컫는다. 탕자의 비유는 그 대표적인 예를 제공해 준다(15:11-32). 불법의 또 다른 예로 세리들이 열거되었다. 그들은 지배국인 로마 제국을 위해서 관세와 세금을 거두는 유대인 징수원들이었다. 그들은 "무일푼의" 거지는 아니었을지라도 그 동시대인들의 눈에는 적어도 천민들이었다. 누가는 예수의 말씀을 듣기 위해 그 주변에 모여들고 예수께 환영을 받은 그들을 묘사하기 위해 "세리와 죄인들"이라는 표현을 사용했을 뿐만 아니라, 세리가 영웅으로 등장하는 두 이야기를 유일하게 전하였는데, 바로 바리새인과 세리의 비유(18:9-14)와 삭개오의 회심(19:1-10) 이야기이다.

③ 여인들

누가복음에는 다른 복음서들보다 훨씬 많은 여인들이 등장한다. 출생 이야기는 엘리사벳과 마리아의 관점에서 전개된다(1-2장). 여선지자 안나는 시므온과 함께 등장한다(2:25-38). 몇 쌍의 비유들이 남녀의 특징적인 역할을 균형 있게 보여준다. 겨자씨와 누룩의 비유(13:18-21), 그리고 잃은 양과 잃은 동전의 비유(15:3-10)가 그 예이다. 안식일에 남자와 여자가 모두 질병에서 고침을 받았다(13:10-17; 14:1-6). 예수는 바리새인 주인의 불평에도 불구하고 자기에게 기름을 부은 죄악된 여인을 칭찬하셨다(7:36-50). 예수는 당시의 관습과는 반대로 그분의 가르침에 헌신한 마리아를 칭찬하셨다(10:38-42). 그리고 오직 누가만이 예수의 순회 사역이 그와 함께 여행했던 몇몇 부요한 여인들의 헌금에

의해서 지원을 받았다고 기록하였다(8:1-3).[3]

④ 가난한 자들

마태복음에서는 예수가 심령이 가난한 자들을 축복하셨지만, 누가복음에서는 그냥 "가난한 자는 복이 있나니"라고 기록한다(6:20). 누가복음의 구조에서 예수께서 갈릴리 사역 초두에 나사렛에서 행하신 선포에 따르면 그분은 "가난한 자에게 복음을 전하게 하시려고" 하나님의 기름부음을 받은 이사야의 종의 사명을 수행하시는 분이시다(눅 4:18). 14:7-24에 기록된 다양한 가르침들은 모두 스스로를 돌보지 못하고 호의를 되갚을 수 없는 병자들과 약탈당한 사람들을 향한 하나님의 관심을 보여준다. 부자와 나사로의 비유는 사치 가운데 살던 부자보다 가난한 거지를 더욱 옹호한다(16:19-31).

(2) 구세주

예수의 인성과 긍휼이라는 주제를 가장 잘 요약하는 명칭은 아마도 "구세주"일 것이다. 2:11에서 천사는 "오늘날 다윗의 동네에 너희를 위하여 구주가 나셨으니 곧 그리스도 주시니라"고 선포하였다. 흥미롭게도 "구세주"는 누가복음에서 예수께 대한 가장 독특한 명칭이다. 구세주와 구원을 의미하는 헬라어 (*soter, soteria, soterion*)는 누가복음에 여덟 번, 사도행전에는 아홉 번 등장하지만, 다른 공관복음서에는 전혀 나타나지 않는다. 누가복음 19:10은 복음서 전체를 한 절에 요약해 준다고 사람들은 말한다. "인자의 온 것은 잃어버린 자를 찾아 구원하려 함이니라." 하지만 흥미롭게도 "주님"이라는 명칭은 사도행전에서 "구세주"보다 더욱 두드러지게 나타난다. 이것은 마치 누가가 그리스도의 십자가와 부활 이전의 사역과 그 이후의 사역을 다른 차원에서 강조하는 것처럼 보인다.[4] 그럼에도 불구하고 마샬(I. H. Marshall)은 "구원"을 누가의 모든 신학을 위한 통합적인 주제로 보고 이를 입증하려고 노력하였다.[5]

---

3) 특별히 Jane Kopas, "Jesus and Women: Luke's Gospel," *Theology Today* 43 (1986): 192-202쪽을 보라.
4) C. F. D. Moule, "The Christology of Acts," in *Studies in Luke-Acts*, ed. Leander E. Keck and J. Louis Martyn (Nashville: Abingdon, 1966), 159-85.
5) I. Howard Marshall, *Luke: Historian and Theologian* (Exeter: Paternoster; Grand Rapids: Zondervan, rev. 1988), 특별히 77-102쪽.

(3) 선지자

예수가 나인성 과부의 아들을 소생시키는 이야기는 누가복음에만 등장하는데, 이것은 엘리사가 수넴 여인의 아들을 되살린 이야기와 너무나도 유사하다(왕하 4:8-37). 사람들이 "큰 선지자가 우리 가운데 일어나셨다"고 소리치며 응답했다고 누가가 기록하는 것으로 볼 때(7:16) 그는 아마도 이러한 유사성을 알고 있었던 것 같다. 누가의 또 다른 독특한 구절에서, 예수는 자신을 선지자로 언급하셨다(13:33). 몇몇 학자들은 누가복음의 중심부 전체(9:51-18:34)를 신명기의 유사한 순서 가운데 발견되는 병행적인 주제들,[6] 또는 최소한 신명기 신학의 특징적인 주제들로 보았다. (a) 하나님의 전령으로 보내심을 받은 예수, (b) 목이 굳은 세대를 경고하기 위해, (c) 다가오는 파멸에 대해 경고하셨지만, (d) 거절 당하셨다.[7] 구약 성경에 대한 누가의 사용은 한 마디로 예언적이고 기독론적인 사용이었다. 즉 모든 성경이 예수를 가리키고 있고 그렇기 때문에 그분에 의해서 성취되어야 한다(눅 24:25, 44).[8]

(4) 비유의 선생

흔히 비유로 구분되는 40개의 단락 중에서 28개가 누가복음에 나타나고, 그 중 15개는 오직 누가복음에만 등장한다. 15개의 비유들 중 하나를 제외한 나머지 모두가 중심부(9:51-18:34)에 기록되어 있다. 대개의 경우 누가복음의 비유들에는 내부인과 외부인을 구분하기 위해 예수께서 사용하신 난해한 이야기들(마가복음 4장이나 마태복음 13장)은 포함되지 않지만, 유대 농부들을 위한 실제적이고 단순하며 명료한 이야기들은 포함된다. 이 중에서 네 가지 비유는 다른 비유들보다 덜 상징적인 특징을 가지기 때문에 예화-이야기(example-stories)라고 종종 불린다. 선한 사마리아인의 비유(10:25-37), 어리석은 부자의 비유(12:13-21), 부자와 나사로의 비유(16:19-31), 그리고 바리새인과 세리의 비유(18:9-14)가 여기에 해당한다.

---

6) 예를 들면, John Drury, *Tradition and Design in Luke's Gospel* (London: Darton, Longman & Todd; Atlanta: John Knox, 1976), 138-64.
7) 특별히 David P. Moessner, *Lord of the Banquet* (Minneapolis: Fortress, 1989)를 보라.
8) Darrell L. Bock, *Proclamation from Prophecy and Pattern* (Sheffield: JSOT, 1987).

(5) 부활하시고 높임 받으신 분, 은인

이미 앞에서 설명했듯이, 사도행전을 연구할 때 기독교 설교가들은 그리스도의 십자가가 아니라, 그분의 부활과 높임 받으신 것을 주로 강조한다. 이것은 마가복음 10:45에 기록된 그리스도의 대속적인 죽음에 대한 가르침을 누가가 생략한 것과도 일맥상통한다. 마가복음 10:45과 병행하는 누가의 본문은 주의 만찬의 문맥 속에 위치하는데, 여기에서 강조점은 제자들의 주인이신 예수께서 몸소 보이신 종의 모습을 그의 제자들이 본받아야 할 필요성에 있었다. 그들은 자기들이 행한 선행에 대해서 어떤 보답도 기대해서는 안 된다(눅 22:24-30). 헬라의 귀족들을 본받는 대신(p. 109을 보라), 그들은 예수를 그들의 궁극적인 은인으로 신뢰할 수 있는데, 그분은 그들이 돕는 사람들이 할 수 없는 방법으로 그들에게 보답하실 수 있는 분이다(14:12-14).[9]

2) 다른 독특한 주제들

(1) 물질적인 소유에 대한 청지기 의식

누가복음에 나타난 가난한 자들을 향한 예수의 관심과 매우 밀접한 것은 예수의 제자들이 자신을 위해 재물을 모으거나 축적해서는 안 된다는 강조이다. 오직 누가만이 팔복과 재앙을 균형있게 제시하는데, 그 재앙은 부요하고, 배부르고, 웃으며, 칭찬 듣는 자들에 대한 화이다(6:24-26). 오직 누가만이 마리아와 스가랴의 "찬송"을 담고 있는데, 그들은 권세 있는 자가 무력해 지고 이스라엘의 비천한 자가 높아지는 "위대한 역전"에 대해서 말한다(1:46-55, 67-79). 어리석은 부자의 비유와 부자와 나사로의 비유는 그 모든 부귀를 단순히 자신들의 삶을 가꾸는 일에만 사용하는 자들에게 예리한 의미를 던진다. 불의한 청지기는 그의 재산을 지혜롭게 사용하였기 때문에 칭찬을 받았다 성도들 역시 하나님 나라를 위해서라면 동일하게 행해야 한다(16:1-13). 모든 성도들이 부자 청년처럼 모든 것을 버리도록 부르심을 받지는 않는다(18:18-30). 하지만 삭개오는 재산의 절반을 자발적으로 포기하였고(19:1-10), 충실한 종들은 그들이 가

---

9) 특별히 Frederick W. Danker, *Jesus and the New Age* (Philadelphia: Fortress, rev. 1988)를 보라.

진 모든 것을 주인이 맡긴 일을 위해 투자하였다(19:11-27). 어떤 해방신학자들은 청지기에 관한 누가의 가르침을 지나치게 적용한 나머지 신앙과 부귀를 모두 소유할 수는 없다고 주장하였다. 하지만 누가는 궁핍한 자들에게 재물을 드리는 일에 인색한 부자 성도에 대해서는 들어본 적이 없는 것이 분명하다(예를 들면, 12:33; 14:33; 행 2:44-47)![10]

(2) 유대인들과 율법준수

최근까지도 대부분의 주석가들은 누가복음이 매우 이방적인 특징을 지닌 복음서라고 당연하게 여겼다. 하지만 지금은 여러 저자들이 이러한 일반적인 생각에 도전하였다.[11] 그들은 유대 지도자들에 대해서 때때로 긍정적인 시각을 가진 사람은 오직 누가였다는 점을 지적한다. 예를 들면, 유대인들은 예수를 자기의 집에 초청하였고(7:36-50; 14:1-24), 헤롯에 대해서 예수께 경고하였다(13:31). 우리는 누가복음이 예루살렘 성전에서 절정에 이르며 사도행전은 성전에서부터 출발한다는 사실을 이미 살펴본 바가 있는데, 이는 마치 누가가 예루살렘을 하나님의 거룩한 장소로 인식한 것처럼 보인다. 가장 놀라운 것은, 누가가 예수의 사역 기간과 초대교회 시대 가운데 다양한 개인들, 심지어 성도들까지도 여전히 유대의 율법을 준수하였음을 적극적으로 묘사하는 듯하다(예를 들면, 눅 1:6, 59; 2:21-24; 행 3:1; 18:18; 21:21-24). 그리스도 안에서 유대인들과 이방인들의 관계를 누가가 어떻게 보았는지에 대해서, 그리고 모세의 율법의 전부, 또는 일부가 여전히 성도들에게도 부과되었는지의 여부에 대해서 지금까지 수많은 견해가 제시되었다.[12] 사도행전 15장에 기록된 시도들의 결정이 어떻게 해석되었는지는 이 논쟁에서 중요한 역할을 한다. 하지만 누가는 예수

---

10) 이 주제에 관한 균형 잡힌 수많은 연구들이 나와 있다: Walter E. Pilgrim, *Good News to the Poor* (Minneapolis: Augsburg, 1981); David P. Seccombe, *Possessions and the Poor in Luke-Acts* (Linz: Studien zum Neuen Testament und seiner Umwelt, 1982); Halvor Moznes, *The Economy of the Kingdom* (Philadelphia: Fortreww, 1988); Warren Heard, "Luke's Attitude Toward the Rich and Poor," *Trinity Journal* n.s. 9 (1988): 47-80; Joel B. Green, "Good News to Whom? Jesus and the 'Poor' in the Gospel of Luke," in *Jesus of Nazareth: Lord and Christ*, eds. Joel B. Green and Max Turner (Carlisle: Paternoster: Grand Rapids: Eerdmans, 1994), 59-74.

11) 이러한 흐름의 선구자는 Jacob Jervell, *Luke and the People of God* (Minneapolis: Augsburg, 1972)이다.

12) 이 부분에 대한 개관은 Joseph B. Tyson, ed., *Luke-Acts and the Jewish People: Eight Critical Perspectives* (Minneapolis: Augsburg, 1988)를 보라.

의 첫 제자들이 유대교와 모세오경으로부터 곧바로 결별하지 않았다고 기술함으로써 역사에 충실하는 한편, 그의 집필 의도는 율법이 없는 기독교야말로 하나님이 궁극적으로 1세기의 사건들을 통해 인도하고자 하신 목표였음을 거듭 강조하였다. 그리스도는 유대교의 보존이 아니라, 성취이시다(특별히 눅 24:44를 보라). 하나님의 백성들의 종교는 바뀌지 않은 채 단순히 지속되는 것이 아니다.[13]

(3) 기독교 역사를 기록하다

누가복음에 대한 편집 비평의 개척자는 한스 콘첼만(Hans Conzelmann)이다.[14] 비록 그의 대표적인 주장들은 사실상 모두 반박되었지만 그의 견해는 여전히 영향력을 끼치고 있다. 콘첼만은 누가를 첫 기독교 역사가, 즉 예수의 이야기를 지속되는 세계 역사의 일부로, 보다 정확하게 말한다면, 그의 백성을 다루시는 하나님의 역사의 일부로 전한 첫 복음서 기자로 보았다. 후자는 때때로 "구속사"(독일어로, *Heilsgeschichte*)라고 부른다. 분명히 누가는 복음서의 후속편인 사도행전을 기록한 유일한 사람이며, 적어도 이 부분까지는 콘첼만의 관찰이 옳다고 하겠다. 하지만 학자들에게 "구속사"는 때때로 누가가 비역사적인 내용이나 예수께서 실제로 행하시거나 말씀하지 않은 꾸며낸 이야기나 사건들로 자신의 자료를 윤색한 정확하지 않은 역사를 의미하였다. 이런 이유 때문에 다른 작가들은 "신학적인 역사"나 "제국의 역사"와 같은 용어가 덜 혼동된다고 제안하였다.[15] 누가복음의 자세한 내용들은 적어도 그 당시의 역사편찬의 관점에서 볼 때는 정확한 것이지만, 그 내용들이 선택된 이유는 로마 제국의 상황 속에서 그 내용이 가진 신학적, 또는 영적인 의미 때문이었다.

콘첼만은 또한 누가복음이 역사를 이스라엘의 시대, 예수의 시기, 그리고 그 이후 초대교회의 세 시대로 구분한다고 해석한 것 때문에 유명해졌다. 그의 작

---

13) Craig L. Blomberg, "The Law in Luke-Acts," *JSNT* 22 (1984): 53-80; 같은 저자의 "The Christian and the Law of Moses," in *The Book of Acts in Its First-Century Setting*, vol. 6, ed. I. Howard Marshall and David Peterson (Carlisle: Paternoster; Grand Rapids: Eerdmans, forthcoming)
14) *The Theology of St. Luke* (New York: Harper & Row; London: Faber & Faber, 1960).
15) 다음의 책들을 각각 보라. Robert Maddox, *The Purpose of Luke-Acts* (Edinburgh: T. & T. Clark, 1982), 16; 그리고 Richard J. Cassidy, *Jesus, Politics, and Society: A Study of Luke's Gospel* (Maryknoll: Orbis, 1978), 1-19.

품에 붙은 *Die Mitte der Zeit*("시간의 중간")라는 독일 표제가 바로 이 점을 잘 보여준다. 마가와 마태는 역사를 "이생"과 "내세"로 구분하는 유대인들의 전형적인 구분을 따르는 한편, 누가는 "내세"를 예수의 사역과 함께 이미 시작된 것으로 이해함으로써 전통적인 유대교와 다른 입장을 취하였고 예수의 시기를 하나의 특별하고 이상적인 시대, 심지어 초대교회 시대로부터조차 구별된 기간으로 구분하였다. 예를 들면, 콘첼만은 이 시기를 사탄이 예수를 유혹한 뒤에 떠나버리고(4:13) 십자가 처형이 있을 때까지 다시 나타나지 않는 "사탄이 없는 시기"로 보았다. 한편, 사도행전은 "초기 가톨릭"(*Frükatholisizmus*) 시대를 반영하였는데, 이 기간 중에 교회는 점점 제도화되어갔고 처음에 비해서 성령님을 덜 의지하였다.

위의 모든 내용과 밀접하게 연관된 개념은 복음서 기자들 중에서 누가가 파루시아(그리스도의 재림)의 지연을 가장 크게 강조하고 있다는 것이다. 누가복음 12:35-38, 19:11, 그리고 21:20-24은 임박한 재림의 가능성을 약화시키는 한편, 12:20, 16:19-31, 그리고 23:43은 성도들이 그리스도의 재림 이전에 그들이 죽을 가능성을 보다 더 고려해야 할 필요성을 보여준다. 이것 역시 누가복음의 "초기 가톨릭적인" 특성이다.

이것이 무엇을 의미하든지, 콘첼만은 분명히 교회의 모습을 빠르게 뒤바뀐 상태 그대로 묘사하였다. 하지만 누가 당시의 교회가 정말로 그랬는지, 그리고 누가가 그러한 묘사를 널리 전하려고 했는지는 다소 의문의 여지가 있다. 누가는 비록 그리스도 재림의 임박성을 강조하지는 않았지만, 재림의 가까운 도래에 대한 소망을 여전히 유지히였다. 누기복음 17:20 21과 22 37은 현재와 미래의 종말론 사이의 균형을 잘 유지하고 있지만, 후자의 긴 본문은 그리스도께서 죽으신 후에 종말이 언제든지 발생할 수 있기 때문에 준비해야 할 필요성을 분명히 강조하고 있다.[16] 사도행전에 기록된 베드로와 바울의 사역과 누가복음에 나타난 예수의 사역 사이에서 유추할 수 있는 몇몇 병행구절들은 누가가 교회시대를 예수 시대와 매우 다른 필체로 묘사하려고 시도하는 듯한 잘못된 인상을 준다.[17] 예수의 사역 중 대부분의 기간에 사탄이 없었는지도 분명하지 않

---

16) 특별히 E. Earle Ellis, *Eschatology in Luke* (Philadelphia: Fortress, 1972); John T. Carroll, *Response to the End of History: Eschatology and Situation in Luke-Acts* (Atlanta: Scholars, 1988)를 보라.

17) 누가복음이나 사도행전 내의 다른 수많은 병행구절에 대한 자세한 내용은 Charles H. Talbert, *Literary*

다(11:14-26; 22:31). 하지만 누가복음의 한 중요한 주제는 "악의 파멸"이다 (10:18-19). 누가는 어떤 기적들을 마치 귀신을 쫓아내는 것처럼 묘사한다(가장 대표적인 예는 8:24).[18] 분명한 것은 누가복음과 사도행전 모두가 하나님이 주권적인 계획 속에 모든 것을 주관하신다는 것을 뚜렷하게 보여주는 사건들의 진행으로 가득 차 있다는 것이다.[19]

(4) 성령, 기도, 기쁨

성령은 마태복음이나 마가복음보다 누가복음에 훨씬 자주 등장한다. 누가의 두 작품 속에 나타난 대표적인 특징 한 가지는 누군가가 "성령의 충만함을 받는" 것인데, 이런 현상은 빈번하게 발생하며 언제나 담대하게 복음을 증거하는 결과를 가져온다(예를 들면, 눅 1:15, 41; 행 2:4; 4:31). 성령은 다른 수많은 종류의 사역을 위해 예수와 그의 제자들에게 능력을 제공하였다.[20] 그 중의 하나는 기도이다. 기도는 누가복음에만 기록된 세 가지 비유들의 초점이며(11:5-8; 18:1-8, 9-14), 그리스도의 생애 가운데 중요한 순간마다 특별하게 강조된다(예를 들면, 5:16; 6:12; 9:18, 28).[21] 누가복음에서 성령과 동행하는 삶의 또 다른 특징은 기쁨이다. 출생과 유년기에 관련된 이야기들은 기쁨에 찬 시와 찬송들로 가득차 있으며, "기쁨"이라는 단어 자체도 복음서 전체에 자주 등장한다(예를 들면, 1:14; 2:10; 10:17; 15:7, 10). "기뻐하라"와 "찬양하라" 역시 다른 복음서에서보다 누가복음에 자주 나타난다.

3. 배경

이상 살펴본 개관에서 분명하게 알 수 있는 것은 누가의 신학이 가진 풍부함

Patterns, Theological Themes, and the Genre of Luke-Acts (Missoula: Scholars, 1974)를 보라.
18) Susan R. Garrett, The Demise of the Devil: Magic and the Demonic in Luke's Writings (Minneapolis: Fortress, 1989).
19) 또한 John T. Squires, The Plan of God in Luke-Acts (Cambridge: CUP, 1993)를 참조하라.
20) 자세한 내용은 Roger Stronstad, The Charismatic Theology of St. Luke (Peabody: Hendrickson, 1984)를 보라.
21) Peter T. O' Brien, "Prayer in Luke-Acts," TynB 24 (1973): 111-27쪽을 참조하라.

과 다양성인데, 그렇기 때문에 누가가 이 복음서를 기록한 상황이나 수신자들에 대해서 쉽게 파악하기가 더욱 어렵다. 물질적인 소유에 대한 뚜렷한 관심은 사도행전에서 함께 물건을 통용한 공동체의 모델에서 더욱 강조되었는데(행 2:43-47; 4:32-37), 이 때문에 많은 사람들은 누가복음의 수신자가 다소 부유한 성도들이었을 것이라고 생각한다. 그는 부유한 성도들에게 그리스도 안에서 형제자매 된 궁핍한 성도들을 위해 풍성하게 물질을 나누도록 권면한 것이다. 사회의 소외된 자들을 향한 예수의 긍휼은 다분히 유대적인 상황으로부터 점점 이방세계로 확산되는 복음의 진전과 더불어, 누가가 주로 이방 성도들을 위해 기록한 이방인이라는 전통적인 생각을 지지한다. 이것 이외의 구체적인 내용에 대해서는 확언하기 어렵다.

만약 "재림의 지연"이라는 주제가 그리스도의 임박한 재림의 주제보다 분명하게 드러나지 않는다면, 이 복음서의 저작 시기에 대해서는 아무것도 유추할 수 없을 것이다. 이러한 이유 때문에 많은 사람들은 누가복음이 주후 80-100년이라는 늦은 시기에 기록되었을 것이라고 추정하지만, 그리스도의 재림의 지연에 대한 질문은 이미 50년대 초에 데살로니가에서도 등장하였다(바울이 데살로니가 전서와 후서 사이에서 유지하려고 했던 균형을 생각해 보라). 19세기에는 페르디난드 바우어(Ferdinand Baur)와 소위 튜빙겐(Tübingen) 학파와 연관된 가설이 대중화되었다. 이 견해에 따르면, 누가복음-사도행전은 율법과 복음의 관계에 관한 초대교회의 심각한 논쟁을 설명하려는 2세기 중엽의 한 시도였다. 하지만 이 견해는 이제는 더 이상 지지되지 않는다.

예루살렘의 몰락에 관한 질문은 누가복음에서도 주석가들을 괴롭힌다. 누가복음 21:20-24는 마태복음과 마가복음의 병행구절과는 상당부분이 다르며 얼핏 보면 주후 70년 이후의 글처럼 보인다. 70년 이후라면 예루살렘 성이 이미 파괴되었을 것이며, 누가는 그의 독자들에게 "멸망의 가증한 것"이란 "예루살렘이 군대들에게 에워싸이는 것"이며 "이방인의 때가 차기까지 이방인들에게 밟히는 것"(20, 24절)이라고 해석해 줄 수 있었을 것이다. 이 견해는 누가가 실제 사건이 있은 후에 이러한 내용을 꾸몄다고 볼 필요가 없다. 그리고 이것은 사도행전의 전체적인 개관과도 일치하는데, 이 책이 마지막 장에 기록된 사건들보다 이후에 기록되었다 하더라도 로마는 여전히 복음의 진행 경로에서 최고

종착지이며, 본서의 적합한 정점이라고 할 수 있다.[22]

한편, 사도행전을 읽는 여러 독자들은 왜 누가 바울의 체포와 투옥와 재판에 대해서 본서의 이상인 여덟 장씩 할애하면서(행 21-28장) 강조하면서도 바울이 시이저에게 상소한 결과나 예수의 죽으심에 해당하는 그의 순교에 대한 기록을 전해 주지 않는지 의아해 한다. 초대교회의 수많은 전승이 바울이 로마에서 2년 동안의 가택연금 후에 풀려났으며, 몇 년 뒤에 다시 체포되었다는 주장을 지지하는 것을 볼 때, 이 모든 것은 더욱 의혹을 불러일으킨다.[23] 그래서 많은 보수적인 주석가들은 사도행전이 이 책에서 전한 사건들이 있은 직후에 기록되었고, 누가가 바울이 상소한 결과에 대해서 기록하지 않은 것도 황제가 아직 최종적인 판결을 내리지 않았기 때문이라고 생각한다. 그렇다면 누가복음의 저작 연대는 사도행전이 기록되기 이전이며 주후 62년(바울이 로마에서 가택연금된 마지막 해)보다 늦지 않았을 것이다.[24] 누가가 마가복음의 사본을 받아 사용했음을 감안해야 한다면, 위에서 언급한 연대보다 1-2년 이상 일찍 기록되지는 못했을 것이다.

또 다른 요소들이 저작 시기가 주후 70년 전인지, 후인지의 결정을 더욱 복잡하게 만든다. 사도행전 전체에 걸쳐 나타난 로마 정부에 대한 바울의 한결 같은 긍정적인 입장은 아직 네로의 학살이 시작되지 않았고 기독교가 아직 "합법적 종교"(*religio licita*, p. 48을 보라)로 인정받지 않았음을 보여주는 증거인가? 사도행전 20:25은 누가가 실제로 바울이 (다시) 체포되어 재판을 받고 순교했음을 알고 있었다는 증거인가? 아니면 바울이 에베소 장로들을 다시는 못 볼 것으로 생각했지만 나중에 에베소로 돌아갈 것을 기대하면서 바뀐 것일까(딤전 3:14; 1:3 이것은 목회서신들이 바울의 저작이며 바울이 로마에서 가택연금된 직후에 기록되었다고 전제할 경우이다)? 데이빗 웬함(David Wenham)은 심지어 원래의 '종말론 강화'라고 그가 믿은 내용을 재구성하였는데, 이것은 공관

---

22) 그러므로 David Williams, *Acts* (Peabody: Hendrickson, 1990), 13; 그리고 Ralph P. Martin, *New Testament Foundations*, vol. 2 (Exeter: Paternoster; Grand Rapids: Eerdmans, 1978), 66과 같은 복음주의적 주석가들은 바로 이 입장을 (각각 주후 75년과 80년의 년도를 지지하며) 변호한다.
23) 자세한 내용은 F. F. Bruce, *Paul: Apostle of the Heart Set Free* (Grand Rapids: Eerdmans [=Paul: Apostle of the Free Spirit [Exeter: Paternoster], 1977), 441-55쪽을 보라.
24) 이 입장에 대한 가장 자세한 변호는 이제 Colin J. Hemer, *The Book of Acts in the Setting of Hellenistic History*, ed. Conrad H. Gempf (Tbingen: Mohr, 1989), 365-410쪽에 등장한다.

복음서의 다른 어느 내용보다도 더욱 길고 자세한 것이며, 그 가운데 누가복음 21:20은 마가복음 13:14에 대한 하나의 재해석이 아니라, 예수가 처음에 말씀하신 내용의 일부로서 존재한다고 믿었다. 그가 재구성한 내용은 다음과 같다. "너희가 예루살렘이 군대들에게 에워싸이고 선지자 다니엘이 말한 바 멸망의 가증한 것이 거룩한 곳에 서는 것을 보거든 읽는 자는 깨달을진저"[25] 데럴 박크(Darrell Bock)는 유대인-이방인 관계에 대한 논쟁을 누가가 강조한 것은 주후 70년 이전 시기에 보다 자연스럽게 일치한다고 주장하지만,[26] 우리가 이미 마태복음의 경우에서 살펴보았듯이, 이 논쟁은 1세기 전체에 걸쳐서 적어도 동방에서 지속되었다.

외부적인 증거는 우리에게 별다른 도움을 주지 못한다. 관련성이 있는 유일한 자료는 누가가 마태복음과 마가복음 이후에 기록했다는 이레네우스의 증언뿐이다(이단을 반박하여 3.1.1). 반-마르시온 서론(Anti-Marcionic Prologue)은 누가가 수리아 안디옥 출신이지만 아가야에서 기록했다고 주장한다. 누가의 수신자가 누구인지에 관해서는 로마, 빌립보, 안디옥 등 다양하게 제안되었지만, 이 중 어느 것도 확실하게 말할 수 있는 증거가 부족하다. 내부적인 증거로는, 누가가 자신의 복음서를 데오빌로(1:1, "하나님을 사랑하는 자"라는 뜻)에게 쓰고 있다. 하지만 우리는 누가가 기독교의 진리에 관해서 그에게 확실하게 설명하려고 했다는 점 이외에는 이 사람에 대해서 아는 바가 전혀 없다. 그는 어쩌면 이미 기독교인이었거나, 기독교에 대해서 큰 관심을 가졌던 사람일지도 모른다(4절). 누가의 서론(1:1-4)이 독지가의 이름을 언급한 그리스-로마풍의 다른 서문들과 매우 유사한 점을 고려할 때, 데오빌로는 이미도 누가의 집필사역을 재정적으로 도운 부유한 헬라인이었을 가능성이 높다.[27] 데오빌로에게 썼다고 해서 누가가 오직 데오빌로만을 집필의 유일한 대상자로 의미한 것은 물론 아니다. 교회사 초기부터 추정되는 것은 다른 복음서 기자들과 마찬가지로 누가 역시 데오빌로가 몸담고 있었을지도 모르는 어느 성도 공동체에게 이 복

---

25) David Wenham, *The Rediscovery of Jesus' Eschatological Discourse* (Sheffield: JSOT, 1984), 217.
26) Darrell L. Bock, *Luke* 1:1-9:50(Grand Rapids: Baker, 1994), 18.
27) 누가복음의 서론과 이에 병행하는 구절에 대한 자세한 연구는 Loveday Alexander, *The Preface to Luke's Gospel*(Cambridge: CUP, 1993)을 보라.

음서를 기록했다는 것이다. 누가의 저작 상황에 관해서 더욱 확신 있게 주장하기에는 우리에게 주어진 자료가 부족하다.[28]

구체적으로 왜 누가는 그의 복음서를 기록했을까? 누가복음 1:3-4에서 그는 이렇게 설명한다. "그 모든 일의 근원부터 자세히 미루어 살핀 나도 데오빌로 각하에게 차례대로 써 보내는 것이 좋은 줄 알았노니 이는 각하로 그 배운 바의 확실함을 알게 하려 함이로라." 이 구절들은 누가의 저작 배후에 있는 역사적, 교리문답적, 변증론적, 그리고 어쩌면 목회적인 동기까지도 보여준다. 로마제국의 역사에 비추어 사건들을 설명하며 로마 정부를 기독교에 대한 위협으로 묘사하지 않으려는 그의 관심사 때문에(예를 들면, 행 16:35-40; 18:12-17; 26:30-32) 많은 사람들은 누가가 로마 앞에서 교회를 변호하려고(또는 그 반대) 시도했다고 생각한다. 유대인들에 대한 누가의 양면적인 묘사(유대인들은 다른 복음서들에 비해서는 보다 긍정적으로 묘사되었지만, 여전히 예수와 초대교회의 주된 적대자였다) 또한 유대인-이방인 간의 갈등적인 상황을 반영해 준다. 우리는 과거의 주석가들과는 달리 누가의 교회와 유대교는 이미 단절된 지 오래되었다고 말할 수 없으며, 누가의 수신자들과 관심사가 이방적이기보다는 더욱 유대적이라는 최근의 논쟁을 입증할 만한 충분한 증거도 없다.[29] 지극히 다양한 배경을 가진 독자들은 누가복음을 읽으면서 나름대로 소중한 무언가를 발견하는데, 누가복음이야말로 복음서들 중에서 가장 보편적인 책으로 여겨진다. 아마도 바로 이런 이유 때문에 누가복음의 기록 목적과 상황에 대해서 확실하게 단정하기가 어려운 것인지도 모른다. 그는 아마도 고의적으로 광범한 청중을 의식하고 집필했을지도 모른다.

4. 저자

초대교회의 전승은 이 점에서 큰 도움이 된다. 교부들의 일치된 증언은 누가

---

28) 다양한 모든 가능성들을 비교한 가장 방대한 분량의 서론은 Joseph A. Fitzmyer (*The Gospel according to Luke I-IX* [Garden City: Doubleday, 1981], 35-62)에 등장하는데, 누가의 독특한 신학에 대한 그의 연구 (143-270쪽)는 더욱 방대하다.
29) 예를 들면, Donald Juel, *Luke-Acts: The Promise of History* (Atlanta: John Knox, 1983).

라는 이름의 저자는 이방인 제자였으며, 골로새서 4:14에 언급된 바울의 "사랑을 받는 의원"이었으며, 바울의 선교여행 중 몇 부분에서 그와 함께 동행했던 사람이라는 것이다. 이런 주장을 지지하는 입장 가운데는 무라토리아 정경, 반-마르시온 서론, 이레네우스, 알렉산드리아의 클레멘트, 오리겐, 그리고 터툴리안 등이 포함된다. 위의 주장을 지지하는 자료로는 (1) 사도행전의 소위 "우리-본문"(we-passages)인데, 네 군데에서 저자는 바울의 사역 중에 발생한 사건들을 묘사할 때 1인칭 복수형태를 사용하였다. 사도행전 16:10-17, 20:5-15, 21:1-18, 27:1-28:16. 바울의 편지를 읽어보면 바울의 여러 여행 중에 그와 함께 동행했던 대표적인 동료들에 대해서 알 수 있다. 누가는 비록 사도행전에서 그 이름이 언급된 적은 없지만 위의 모든 조건에 맞는 사람이다. (2) 그럼에도 불구하고 누가는 비교적 알려지지 않은 인물이다. 그는 바울의 가장 잘 알려진 동역자들 가운데 포함되지 않으며, 그 자신이 사도도 아니었기 때문에 누군가가 복음서의 저자로 그의 이름을 사용하였을 리는 거의 없다. 19세기 말에 호바르트(W. K. Hobart)는 누가복음-사도행전에 나타난 독특한 의학용어들을 기초로 이 책의 저자를 의사라고 주장했다. 하지만 20세기 초에 캐드버리(H. J. Cadbury)는 이런 용어들이 비의학적인 저자들 가운데서도 빈번하게 사용되었음을 입증하였다.[30]

다른 복음서에 대해서는 현대의 많은 학자들이 저작에 관한 전통적인 주장들을 반박하고 있다. 누가복음의 후대 저작을 주장하는 자들은 바울의 동시대인에게 너무나 늦은 신학과 역사적인 상황을 적용한 셈이 되고 말았다. 어떤 학자들은 "우리-본문"이 어떤 후대의 저자가 사용한(어쩌면 일기장처럼), 원래 1인칭의 언어를 보존한 목격담을 반영해 준다고 주장한다. 다른 사람들은 그러한 언어는 단지 인위적이고 문학적인 수단에 불과하다고 주장하지만, 다른 고대의 문헌에 나타난 유사한 예를 보면 그다지 신빙성이 없다.[31] 의심할 나위 없이, 누

---

30) W. K. Hobart, *The Medical Language of St. Luke*(Dublin: Hodges, Figgis & Co.; London: Longmans, Green & Co., 1882); H. J. Cadbury, *The Style and Literary Method of Luke* (Cambridge, Mass.: Harvard, 1920), 39-72.
31) Vernon K. Robbins, "By Land and By Sea: The We-Passages and Ancient Sea Voyages," in *Perspectives on Luke-Acts*, ed. C. H. Talbert (Edinburgh: T & T Clark; Danville, Va.: American Association of Baptist Professors of Religion, 1978), 215-42쪽과 Colin J. Hemer, "First Person Narrative in Acts 27-28," *TynB* 36 (1985): 79-109쪽을 비교하라.

가의 저작에 대한 가장 큰 반대 중에는 사도행전에 기록된 바울에 대한 누가의 묘사와 분명히 바울의 저작으로 알려진 편지들 속에 담긴 바울 자신의 묘사 사이의 모순들이 포함된다.[32] 이 부분에 대한 논의는 누가복음의 연구 범위를 벗어나며 본 개론서에서 다룰 수 있는 영역을 뛰어넘는다. 우리가 안전하게 내릴 수 있는 결론은, 관점에서의 차이들은 바울이 사도행전을 기록한 것이 아님을 보여주지만, 그렇다고 그의 제자들 중 한 명이 나름의 관심과 상황 속에서 기록했을지도 모른다는 것을 부인하지 못한다는 점에 여러 학자들이 쉽게 동의한다는 사실이다.[33]

누가복음에 빈번하게 등장하는 유대적인 관심사를 고려할 때, 그가 한 때 "하나님을 경외하는 사람" 이방인으로서 이미 이스라엘의 하나님을 경배하기 시작했고 유대인들의 율법을 어느 정도 준수하고 있었다고 상상하는 것은 억측이 아닐 것이다.[34] 하지만 우리는 이것을 입증할 수 없다. 그를 유대인과 동일시하기에는[35] 자료가 충분치 않으며 골로새서 4:10-11에 대한 자연스런 해석과도 상충되는데, 이 구절들은 12-14절에 열거된 명단으로부터 바울의 유대인 후원자들을 분명하게 구분하는 것처럼 보인다. 마태복음과 마가복음에 대해 우리가 내린 결론처럼, 우리는 초대교회 전승의 일치된 견해를 거절할 만한 뚜렷한 이유가 없지만[36] 다른 견해를 취하는 사람들과도 많은 해석적인 공통점을 발견할 수 있다는 것을 또 한편으로 인정한다.

---

32) 이런 차이에 대한 고전적인 설명은 Philipp Vielhauer, "On the 'Paulinism' of Acts," in *Studies in Luke-Acts*, 33-50에 나타난다. 누가가 바울과 다른 네 가지 영역에서Vielhauer은 자연신학과 율법과 기독론과 종말론에 대한 그의 견해를 다루었다.
33) 특별히 David Wenham, "Acts and the Pauline Corpus II. The Evidence of Parallels," in *The Book of Acts in Its Ancient Literary Setting*,ed. Bruce W. Winter and Andrew D. Clarke (Carlisle· Paternoster, Grand Rapid· Eerdsmans, 1993), 215-58쪽을 참조하라.
34) 예를 들면, John Nolland, *Luke 1-9:20* (Dallas: Word, 1989), xxxii-xxxiii.
35) E. Earle Ellis, *The Gospel of Luke*(London: Oliphants, 1974; Grand Rapids: Eerdmans, 1981) 51-53.
36) 누가의 저작설에 대한 강력하고 상세한 변호는 Hemer, *Acts*, 308-64쪽을 보라.

5. 심층연구를 위한 자료

1) 주석

(1) 초급

Bock, Darrell L. *Luke*. [NIVApplComm] Grand Rapids: Zondervan, 1996.
Bock, Darrell L. *Luke*. [NTC] Downers Grove and Leicester: IVP, 1994.
Evans, Craig A. *Luke*. [NIBC] Peabody: Hendrickson, 1990.
Wilcock, Michael. *The Message of Luke*. [BST] Leicester and Downers Grove: IVP, 1979.

(2) 중급

Ellis, E. Earle. *The Gospel of Luke*. London: Oliphants, 1974; Grand Rapids: Eerdmans, 1981.
Evans, C. F. *Saint Luke*. London: SCM; Philadelphia: TPI, 1990.
Schweizer, Eduard. *The Good News according to Luke*. Atlanta: John Knox; London: SPCK, 1984.
Stein, Robert H. *Luke*. [NAC] Nashville: Broadman, 1992.
Talbert, Charles H. *Reading Luke*. New York: Crossroad, 1982.

(3) 고급

Bock, Darrell L. *Luke*. 2 vols. [BECNT] Grand Rapids: Baker, 1994-96.
Fitzmyer, Joseph A. *The Gospel according to Luke*. 2 vols. [AB] Garden City: Doubleday, 1981-85.
Marshall, I. Howard. *The Gospel of Luke*. [NIGTC] Exeter: Paternoster; Grand Rapids: Eerdmans, 1978.
Nolland, John. *Luke*. 3 vols. [WBC] Dallas: Word, 1989-93.

2) 누가복음의 서론 및 신학에 대한 보다 광범위한 연구들

Bovon, Francois. *Luke the Theologian: Thirty-three Years of Research*. Allison Park, Pa.: Pickwick, 1987.

Conzelmann, Hans. *The Theology of St. Luke*. New York: Harper & Row; London: Faber & Faber, 1960.

Esler, Philip F. *Community and Gospel in Luke-Acts*. Cambridge: CUP, 1987.

Fitzmyer, Joseph A. *Luke the Theologian*. New York: Paulist, 1989.

Green, Joel B. *The Theology of the Gospel of Luke*. Cambridge: CUP, 1995.

Keck, Leander E., and J. Louis Martyn, eds. *Studies in Luke-Acts*. Nashville: Abingdon, 1966.

Maddox, Robert. *The Purpose of Luke-Acts*. Edinburgh: T. & T. Clark, 1982.

Marshall, I. Howard. *Luke: Historian and Theologian*. Exeter: Paternoster; Grand Rapids: Zondervan, rev. 1988.

Neyrey, Jerome H., ed. *The Social World of Luke-Acts: Models for Interpretation*. Peabody: Hendrickson, 1991.

O'Toole, Robert F. *The Unity of Luke's Theology*. Wilmington: Glazier, 1984.

Powell, Mark A. *What Are They Saying about Luke?* New York: Paulist, 1991.

Schweizer, Eduard. *Luke: A Challenge to Present Theology*. Atlanta: John Knox, 1982.

Talbert, C. H., ed. *Perspectives on Luke-Acts*. Edinburgh: T. & T. Clark; Danville, Va.: American Association of Baptist Professors of Religion, 1978.

3) 참고문헌

Mills, Watson E. *The Gospel of Luke*. Lewiston and Lampeter: Mellen, 1994.

6. 복습을 위한 질문들

1) 누가복음 전체의 적절한 개요는 무엇인가? 다시 말해서, 누가복음이 어떤 기준에 의해서, 몇 가지의 주요 단락으로 구분되는가? 그 구조로부터 어떤 신학적인 의미를 추정할 수 있는가?
2) 전형적이고 보수적인 재구성에 따르면 누가, 언제, 어디서, 누구에게, 어떠한 상황 속에서 이 복음서를 기록하였는가?
3) 이 복음서의 주된 신학적인 특징들은 무엇인가?
4) 다른 세 개의 공관복음에 등장하는 내용을 선택한 후에 누가가 강조하는 신학적인 내용이 무엇인지 설명하라. 편집 비평의 "수평적"이고 "수직적"인 차원을 모두 고려하라.
5) 누가복음의 강조점들과 기록 배경을 고려할 때 어떠한 부분들이 다른 복음서보다 당시의 성도들에게 더욱 중요한 의미를 주었는가?

제9장

요한복음

마태, 마가, 누가복음을 주의 깊게 읽은 독자라면 누구나 곧 요한복음이 다른 복음서에 비해 얼마나 다른지 놀라게 된다. 예수의 세례(침례), 열두 제자들을 부르심, 귀신을 쫓아냄, 예수의 변모, 비유들, 주의 만찬의 제정 등등, 세 권의 모든 공관복음에 중요하게 나타나는 대부분의 내용들이 요한복음에는 전혀 등장하지 않는다. 요한복음에는 예수의 긴 강화들이 많이 담겨 있지만, 그 어느 것도 공관복음에서 발견되는 것과 동일하지 않다. 요한복음에 독특한 내용들로는, 물이 포도주로 바뀐 기적, 나사로를 다시 살리신 기적, 유대와 갈릴리에서 행하신 예수의 초기사역 이야기, 예수의 정기적인 예루살렘 방문, 그리고 십자가에 달리시기 전날 밤에 전하신 긴 고별설교 등이 있다. 요한복음의 독특한 주제들을 살펴보면 그 나름대로 두드러진 신학적 차이들이 있는 것을 발견하게 될 것이다. 또한 공관복음서들에 병행하게 나타나는 구절들과 비교할 때 모순처럼 보이는 것들도 나타난다. 더욱이 요한복음의 이야기체는 하나의 획일적인 스타일을 보여주는데, 그가 예수를 직접 "인용"하는지의 여부와 무관하게 그 스타일은 마태, 마가, 누가복음에 나타난 예수의 언어와는 상당히 다르다.

한편, 요한복음과 공관복음 사이에는 중복되는 내용도 존재한다. 세례(침례) 요한의 사역, 오천 명을 먹이심, 물 위를 걸으심, 유대인들과의 안식일 논쟁(특별히 절름발이의 치유와 소경의 시력을 회복시키신 사건을 둘러싼 논쟁), 마리아와 마르다와 예수의 우정, 그리고 예수의 고난을 둘러싼 수많은 사건들에 많은 관심을 보인다. 요한복음에 기록된 예수의 실질적인 가르침이 비록 공관복음서에서는 거의 반복되지 않지만, 그 주제들은 매우 밀접하게 연결된다. 여기에 해당하는 주제들로는 천국에 들어가기 위해 필요한 겸손, 그리스도의 일꾼들을 기다리는 풍성한 추수, 선지자가 자기 고향에서 받는 천대, 불신자들이 그

행한 대로 받게 될 심판, 하나님이 허락하신 자들에게 아들을 통해서 나타날 아버지의 계시, 선한 목자이신 예수, 섬기는 자로서의 참된 제자도, 사역과 선포를 위한 성령님의 인도하심, 제자들이 세상으로부터 받을 미래의 핍박의 예언, 그리고 교회 내에서 죄를 용서하거나 책망할 권위 등이 있다.[1]

1. 역사성

공관복음서들과의 유사점들과 차이점들을 비추어 볼 때, 요한복음을 예수의 생애에 대한 역사적으로 믿을 만한 자료로 진지하게 받아들일 수 있을까? 대부분의 현대 학자들은 그렇지 않다고 생각한다. 하지만 이 문제는 그렇게 명확하게 결정될 수 없다. 우리는 본서의 다음 단원에서 그리스도의 생애를 개관할 때 특별한 본문 가운데 나타난 가장 잘 알려진 몇 가지 "모순들"을 살펴볼 것이다. 여기에서는 몇 가지 일반적인 관찰을 순서대로 열거하겠다.

첫째로, 요한복음이 너무나 다른 이유 중 하나는 마태, 마가, 누가복음이 너무나 서로 유사하기 때문이다. 사실상 얼핏 보면 이 사실이야말로 더욱 놀랍고 의미심장하다. 공관복음서들의 유사성이야말로 문학적인 의존에 대해서 결론을 내리게 하는 장본인이다. 한편, 적어도 직접적인 차용면에서 본다면, 요한복음은 공관복음서보다 훨씬 독립적이고(p. 273를 보라), 구체적인 내용면에서도 훨씬 다양하다고 주장할 수 있다. 요한복음 21:25은 분명히 과장적인 표현이기는 하지만, 그럼에도 불구하고 다음과 같은 하나의 중요한 진리를 잘 요약해 준다. 예수가 행하신 일들이 너무나 많기 때문에 만약 네 복음서 기자들이 독립적으로 예수에 대해서 기록하였다면 그들의 복음서들은 요한복음이 공관복음서와 다르듯이 서로 매우 다른 책들이 되고 말았을 것이다.

둘째로, 비록 제4복음서(요한복음)는 문학적으로 볼 때 대체적으로 공관복음서로부터 독립적이지만, 그 저자가 공관복음서가 공유하고 있는 핵심적인 가르침에 대해서 알지 못했다는 것은 상상하기 힘들다. 그는 예수에 대해서 널리 알

---

[1] 여기에 열거된 것 외에 적절한 장절이 포함된 다른 유사점과 차이점은 Craig Blomberg, *The Historical Reliability of the Gospels* (Leicester and Downers Grove: IVP, 1987), 153-59쪽을 보라.

려진 가장 공통적인 이야기들에 대해서 알고 있었던 것이 분명하고 그 대부분의 내용을 반복하지 않으려고 의도적으로 결심한 것이 틀림없다. 반대로 말하자면, 우리는 공관복음서를 분석하면서 다양한 신학적, 지리적인 주제들을 살펴보았다. 그러므로 마태와 마가와 누가는 그들의 특정한 의도에 맞지 않는 예수에 관한 내용은 (그것이 아무리 우리에게 중요하다 할지라도) 생략하기 원했을 것이다 (예를 들면, 마지막 유월절 이전에 예수가 예루살렘을 방문한 모든 내용).

셋째로, 공관복음서와 요한복음 사이의 어떤 차이점들은 복음서의 이야기 속에 등장하는 서로 다른 청중들에 기초해서 설명될 수 있다. 오직 요한복음에만 예수의 "고별설교"(13-17장)가 담겨 있다. 마지막 날 밤에 예수가 제자들과 나눈 이 친밀한 내용의 설교는 다른 곳에 기록된 예수의 보다 공개적인 가르침과 상당히 다를 수밖에 없다. 이것은 이스라엘의 절기 때에 예수가 예루살렘에서 가르치신 일(5-11장의 대부분)에도 마찬가지로 적용된다. 예수가 거룩한 도시 한 가운데서 이스라엘의 종교제도에 견주어 자신의 사역의 의미를 그 당국자들에게 설명하셨을 때 자연히 거기에 걸맞은 특수한 관점과 어투가 생겨났을 것이다.

넷째로, 고대에는 역사적인 신뢰성이 과학적인 정확도나 우리의 현대사회가 좋아하는 정확한 인용문에 의해서 정의되지 않았다. (그리고 우리 역시 다른 사람이 말한 내용의 "요점"을 그의 정확한 말로 받아들인다.) 그러므로 우리는 요한이 예수의 말씀을 자신의 언어로 의역하고 발췌하고 해석하면서 그의 복음서 전체를 그의 독특한 스타일로 기록함으로써 그가 나름대로 참된 의미라고 여긴 것을 표현했다는 점을 기꺼이 인정해야 한다. 예수의 말씀에 대한 해석자로서 성령님의 역할을 요한이 특별히 강조한 점은 그가 복음서를 기록하면서 느낀 자유를 잘 설명해 준다(14:26; 15:26; 16:12-13). 그리고 여러 학자들이 요한복음에 기록된 긴 설교들을 초기의 성도들이 수십 년 동안 예수의 말씀을 새롭게 탄생하는 "요한 공동체"의 필요에 적용하고 묵상하고 설교한 결과라고 보았다.[2] 실제로, 요한복음의 장르는 때때로 직설적이고 역사적인 보고의 형태보다는 그리스풍의 "드라마"와 유사하지만, 이 두 장르는 모두 어떤 인물의 생애를

---

2) 특별히 Barnabas Lindars, *The Gospel of John* (London: Oliphants, 1972; Grand Rapids: Eerdmans, 1981)을 보라.

묘사하고 그 의미를 충실하게 전달하기 위해 효과적으로 사용될 수 있다.[3] 이미 2세기 말에 알렉산드리아의 클레멘트는 다음과 같이 요한복음의 특징을 설명하였다. "마지막으로 요한은 (다른) 복음서들에 수많은 (외부적인) 사실들이 설명된 것을 감지하고는 제자들의 권유와 성령님의 감동으로 하나의 영적인 복음서를 집필하였다"(유세비우스의 교회사 6.14.7에서 인용됨).

다섯째로, 비록 요한은 자신의 복음서 전체에 걸쳐서, 심지어 예수가 말씀하실 때조차도 매우 획일적인 스타일로 기록하였지만 요한복음의 이야기체에서는 등장하지 않는, 예수만 사용하신 단어들이 최소 145개나 등장한다.[4] 요한의 스타일과 예수의 스타일이 혼합된 듯이 여겨지는 부분에서도 예수의 말씀으로부터 요한이 자신의 독특한 언어를 선택했을 가능성이 없지 않다. 정통적인 "Q"자료의 특징을 보여주는 한 본문(마 11:25-27; 눅 10:21-22)은 요한의 문체와 매우 유사한 까닭에 공관복음 가운데 있지만 "요한의 번개"(Johannine thunderbolt)라고 부른다. 이 본문에서 예수는 하나님이 지혜로운 자들에게가 아니라 "어린아이들"에게 자신을 계시하시고 나타나시기를 기뻐하셨다고 찬양하였다. 마태복음 11:27은 이렇게 결론을 맺는다. "내 아버지께서 모든 것을 내게 주셨으니 아버지 외에는 아들을 아는 자가 없고 아들과 또 아들의 소원대로 계시를 받는 자 외에는 아버지를 아는 자가 없느니라."[5]

"현자 예수"가 공관복음과 요한복음에서 그리스도의 지배적인 모습으로 등장하는 한, 이 본문은 요한의 여러 독특한 강조들(하나님의 뜻을 세상에 계시하고자 하나님으로부터 보내심을 받은 자로 예수를 강조한 것)을 설명하면서도 역사적인 전승을 여진히 반영해 줄 수 있다.

여섯째로, 요한복음에만 독특하게 등장하는 몇몇 긴 설교들은 유대 미드라시(midrash, 구약 본문을 설교처럼 발전시킨 것)의 특징을 보여주는데, 이것은 초대교회의 설교보다는 그 당시 랍비들의 특징이라고 할 수 있다(특별히 요

---

[3] 또한 Blomberg, *Historical Reliability*, 162-89; 같은 저자의 "To What Extent is John Historically Reliable?" in *Perspectives on John: Method and Interpretation in the Fourth Gospel*, ed. Robert B. Sloan and Mikeal C. Parsons (Lewiston and Lampeter: Mellen, 1993), 27-56쪽을 참조하라.

[4] H. R. Reynolds, *The Gospel of St. John*, vol. 1 (London and New York: Funk & Wagnalls, 1906), cxxiii-cxxv.

[5] 요한복음의 이 구절이 끼친 광범위한 영향에 대해서는 John W. Pryor, "The Great Thanksgiving and the Fourth Gospel," *BZ* 35 (1991): 157-79쪽을 보라.

6:26-59를 보라). 이러한 형태의 설교들은 여전히 공관복음서의 많은 자료들과는 스타일이 다르지만 제4복음서(요한복음)가 기록된 헬라적인 환경보다는 유대적인 예수로부터 파생되었다고 믿는 것이 훨씬 쉽다(p. 272를 보라).

일곱째로, 요한은 다른 공관복음서들보다 예수의 사역 가운데 등장하는 시간과 장소에 대한 더 많은 자세한 내용을 포함하고 있다. 예수의 사역이 대략 3년 정도의 기간이었다고 추정할 수 있는 근거도 오직 요한복음에서 발견된다. 전달하는 내용의 시간적인 진행상황을 잘 보존하고 있는 것도 오직 요한복음뿐이다. 요한복음에 기록된 지리적인 언급들, 특별히 예루살렘과 그 주변 지역에 대한 언급들이 얼마나 정확한지는 몇몇 연구들을 통해 알 수 있다. 고고학자들은 베데스다 연못(5:2)과 실로암(9:11)과 빌라도의 법정에 있는 "박석"(가바다 19:13) 등과 같은 장소들의 위치를 확인하고 발굴하였다.[6] 이러한 정확성은 그 내용이 사소해 보인다는 점에서도 더욱 인상적이다. 다시 말해서, 요한은 우리가 그리스도의 자세한 생애를 재구성할 수 있게 하도록 충분한 정보를 우리에게 제공하는 것처럼 보이지는 않는다. 그는 오히려 예수를 유대 절기의 성취로 보여주는 데 더욱 관심이 있었고(p. 271을 보라), 그렇기 때문에 예수가 어떻게 여러 명절 때마다 예루살렘에 가셨고, 그곳에서 무엇을 행하셨는지를 강조하였다.

여덟째로, 요한은 마태, 마가, 누가의 공동체들과는 매우 다른 상황 속에서 살고 있었던 청중들을 위해 분명히 복음을 상황화(contextualize)하고 있다. 이것은 자연적으로 그가 집필한 글의 스타일과 내용 모두에 영향을 끼치게 되어 있다. 하지만 "증거"나 "진리"와 같은 주제들이 가진 중심적인 역할을 고려할 때(예를 들면 19:35), 요한이 자신에게 전수된 전승들을 왜곡할 정도로 창의적으로 다루었다고 믿기는 힘들다.

마지막으로, 우리는 차이점들을 지나치게 과장하지 말아야 한다. 예를 들면,

---

6) 목사이자 오랫동안 이스라엘의 관광 지도자였던 Bruce E. Schein은 이런 종류의 정보에 깊은 관심을 품은 나머지 여행담과 같은 형태로 요한복음 전체에 대한 주석을 집필하였는데, 만약 이것이 공관복음서에 대한 주석이었다면 아마도 거의 사변적인 주석에 불과했을 것이다. 그가 저술한 *Following the Way: The Setting of John's Gospel* (Minneapolis: Augsburg, 1980)을 보라. 연대나 지명이나 역사적으로 참되게 여겨지는 것들과 관련해서 요한의 신빙성에 대한 간접적인 증거들을 가장 자세하게 모아놓은 작품은 John A. T. Robinson, *The Priority of John* (London: SCM, 1985; Oak Park, Ill.: Meyer-Stone, 1987)이다.

오직 요한복음의 예수만이 실제로 자신을 신이라고 주장했다고 사람들은 말한다. 하지만 요한복음에 나타난 예수의 독특한 주장들("나는 ~이다"는 말씀들)은 원래의 문맥에서는 오늘날 우리에게 뚜렷하게 전달되는 것과는 달리 은유적인 언어처럼 들렸을 것이다. 요한복음 8:25; 10:25; 16:29는 모두 예수가 돌아가시기 전날까지도 제자들은 예수의 말씀을 이해하지 못했고, 심지어 그분을 오해하였음을 우리에게 상기시켜 준다. 한편, 공관복음서 전체에도 예수가 하나님과의 동일성을 은연중에 암시하는 주장들이 산재해서 나타난다(pp. 630-636를 보라).

2. 구조

마가복음처럼, 요한복음 역시 두 개의 "절반"으로 나누어지는데, 하나는 예수의 놀라운 행동을 강조하고(1-11장), 다른 절반은 예수의 죽으심과 부활에 이르는 사건들을 중심으로 하고 있다(12-21장). 첫 장의 18개 구절들은 성육하신 로고스("말씀")로서 하나님과 함께 존재하신 예수의 선재성(preexistence)을 신학적으로 다루고 있고, 복음서 전체에 대한 하나의 서론으로서의 역할을 담당한다. 20:31은 마치 결론처럼 들리기 때문에 많은 학자들은 21장을 복음서에 추가로 덧붙여진 후대의 부록으로 여긴다. 21장은 아마도 첫 장에서 제기된 어떤 특별한 문제들을 매듭짓기 위해서 의도적으로 만들어진 결론일 가능성이 높다. 예를 들면, 1장에서 우리는 처음 부르심을 받은 제자들에 대해서 알게 되며(1:35-51), 마지막 장에서는 그 부르심의 회복과 이후의 사명에 대해서 읽게 된다(21:15-23).[7] 요한복음 20:31은 또한 복음서의 목적을 분명하게 보여준다. 즉 예수가 그리스도(메시아)이시며 하나님의 아들이라는 믿음을 더욱 널리 선포하는 것이다. 이 목적문은 요한복음 전체에 거듭 등장하는 "증거"라는 주제와 더불어(예를 들면, 2:25; 3:32-33; 5:34; 8:17; 15:26; 21:24) 복음서의 윤

---

7) 요한복음 21장과 나머지 장들의 통일성에 대해서는 Paul S. Minear, "The Original Functions of John 21," *JBL* 102 (1983): 85-98쪽을 보라. 또한 *St. Vladimir's Theological Quarterly* 36 (1992): 7-15, 17-25, 27-49쪽에서 Franzmann과 Klinger, Breck, 그리고 Ellis가 쓴 세 개의 연속적인 논문들을 보라.

곽을 잘 보여주는데, 이 윤곽은 요한복음의 모든 내용을 복음의 진리에 대한 증거로 제시함으로써 사람들이 이를 믿게 하는데 목적이 있다. 한 연구에서는 요한복음의 구조를 구약성경의 예언적인 "소송"(히브리어, *ribh*)에 비유하였는데, 이 소송에서는 하나님이 그의 백성들을 어떻게 대하셨는지에 관한 증거를 독자들에게 제공함으로써 독자 스스로가 판단을 내리도록 한다(예를 들면, 시 50; 사 1:2-3; 3:13-15; 렘 2:4-13; 호 4:1-3; 미 6:1-5).[8]

요한복음의 초반 중에서 2-11장은 예수의 일곱 가지 기적들(요한은 이를 "표적"이라고 불렀다)과 일곱 가지 주요 강화들로 구성되어 있다.[9] 몇몇 표적과 강화들은 밀접하게 연관되어 있다. 예를 들면, 오천 명을 먹이신 사건(6:1-15)은 생명의 떡에 대한 강화로 연결된다(6:25-71). 소경으로 태어난 사람을 치유하신 기적(9:1-41)은 예수께서 자신을 세상의 빛이라고 주장하신 내용을 잘 설명해 준다(7:1-8:59). 하지만 모든 기적들과 강화들이 꼭 들어맞는 것은 아니다. 보다 특기할 만한 내용은, 2-4장과 5-10장이 하나의 단락들로 취급되어야 한다는 것을 암시하는 구조적인 표시들이다. 2-4장은 가나의 기적들로 시작하고 종결되는데, 이것은 이 복음서에서 예수의 "표적들"로 분명하게 열거된 유일한 두 기적이다("처음", "두 번째" 2:11; 4:54). 이 세 장에 기록된 모든 이야기들은 유대 종교의 옛 형태에 반대되는 예수의 새로운 사역을 잘 설명해 준다. 시간적으로 볼 때, 이 사건들은 모두 예수의 위대한 갈릴리 사역보다 선행하는 것처럼 보인다. 5-10장은 대부분 예수가 명절 때에 예루살렘에서 행하신 일들을 묘사하는데, 우리가 공관복음서로부터 갈릴리의 주된 사역이라고 알고 있는 내용을 강조해 준다. 여기에서 요한은 온 정성을 기울여 예수를 유월절, 초막절, "수전절"(하누카) 등의 유대 절기의 성취로 강조하였다. 심지어 이 부분에서 두 사건이 비록 예수의 예루살렘 사역으로부터는 아니지만 유월절 때에 발생한 것으로

---

[8] A. E. Harvey, *Jesus on Trial*(London: SPCK; Atlanta: John Knox, 1976).
[9] Leon Morris는 요한복음의 이 장들을 세분하기 위한 주제로 이것들을 사용하였다(*The Gospel according to John* [Grand Rapids: Eerdmans, rev. 1995]). 사실 요한복음 2-11장의 모든 내용은 이 일곱 개의 표적과 강화와 이와 관련된 자료들을 사용해서 개요를 실징힐 수 있다: 표적 1: 물을 포도주로 비꾸심 (2:1-11); 강화 1: 거듭 태어남 (1:12-3:36); 강화 2: 생명수 (4:1-42); 표적 2: 관원의 아들 (4:43-54); 표적 3: 중풍병자를 고치심 (5:1-15); 강화 3: 아버지를 본받음 (5:16-47); 표적 4: 오천 명을 먹이심 (6:1-15) 표적 5: 물 위를 걸으심 (6:16-24); 강화 4: 생명의 떡 (6:25-71); 강화 5: 세상의 빛 (7:1-8:59); 표적 6: 소경으로 태어난 사람 (9:1-41); 강화 6: 선한 목자 (10:1-21); 강화 7: 아버지와 하나 됨 (10:22-42); 표적 7: 나사로를 살리심 (11:1-57).

특별히 소개되었는데, 바로 오천 명을 먹이신 사건과 물 위를 걸으신 사건이다. 이 두 사건들은 그 다음에 생명의 떡에 관한 예수의 설교로 이어지며, 이 떡은 또한 유월절 때에 먹었던 떡의 상징과 밀접하게 연결된다(6장). 11장은 예수의 가장 놀라운 기적을 설명하면서 요한복음 전반부의 나머지와 연결된다.

12-21장 역시 두 개의 중심적인 단락으로 구분된다. 그리스도의 죽음을 절정으로 하는 사건들에 대한 서론이 12장에 등장한 후에 13-17장에서는 예수가 배반을 당하시던 날 밤에 일어난 일들을 설명하고 있고 주로 제자들에 대한 예수의 고별강화로 구성되어 있다. 18-20장은 예수의 체포, 재판, 십자가 처형, 부활을 상세하게 설명하는데, 여기에는 공관복음서와 중복되는 내용이 요한복음의 다른 부분보다 훨씬 많이 포함되어 있다. 21장은 결론부에 해당한다. 이 모든 것들을 함께 묶으면 다음과 같은 구조가 가능해진다.[10]

I. 서론적인 증거(1:1-51)
   A. 머리말(1:1-18)
   B. 요한의 증거와 첫 사도들(1:19-51)
II. 표적과 강화의 증거(2:1-11:57)
   A. 예수의 유대의 제도들(2:1-4:54)
      1. 물을 포도주로 바꾸심- 새로운 기쁨(2:1-11)
      2. 성전을 청결케 하심- 새로운 성전(2:12-25)
      3. 예수와 니고데모와 세례 요한의 새로운 출생(3:1-36)
      4. 예수와 사마리아 여인과 신하의 아들 새로운 보편주의(4:1-54)
   B. 예수와 유대의 절기들(5:1-10:21)
      1. 중풍병자를 고치시고 성부를 본받으심(5:1-47)

---

10) 특별히 Gerald L. Borchert, *John 1-11* (Nashville: Broadman & Holman, 1996)을 참조하라. 나사로의 죽음과 부활(11장) 역시 예수님의 죽으심과 부활을 예표하기 때문에 몇몇 주석가들은 요한복음 10장까지를 전반부로 그 후부터는 후반부로 구분한다. 12장에도 역시 예수님의 중요한 행동과 그 행동에 대한 예수님의 가르치심이 포함되어 있기 때문에, 많은 학자들은 12장 다음을 구분한다. 이 두 가지를 절충한 구분에 따르면 11-12장 자체를 하나의 과도적인 문단으로 구별한다. 그러나 11장 다음으로 구분하는 것이 가장 적절하게 여겨진다. 12:1은 시간과 장소에서 분명한 전환을 보여준다. 더 이상 기적들이 나타나지 않으며, 앞으로 발생하게 되는 모든 사건들은 줄곧 십자가를 향해서 전진한다.

        2. 참된 유월절: 생명의 떡(6:1-71)
        3. 참된 초막절: 생수와 세상의 빛(7:1-9:41)
        4. 선한 목자와 성부와의 하나됨(10:1-42)
    C. 부활과 생명되신 예수(11:1-57)
III. 죽음과 부활의 증거(12:1-20:31)
    A. 죽음을 준비하기 위한 행동(12:1-50)
        1. 베다니의 기름부음(12:1-11)
        2. 예루살렘 입성(12:12-50)
    B. 죽음을 준비하기 위한 가르침(13:1-17:26)
        1. 종의 사역 vs. 배반(13:1-30)
        2. 고별 강화(13:31-16:33)
        3. 대제사장적인 기도(17:1-26)
    C. 죽음을 둘러싼 사건들(18:1-20:31)
        1. 체포와 재판과 십자가 처형(18:1-19:42)
        2. 부활(20:1-29)
        3. 복음서의 목적(20:30-31)
IV. 결론적인 증거(21:1-25)
    A. 제자들의 회복(21:1-23)
    B. 맺는 말(21:24-25)

3. 신학

1) 예수에 대한 견해

요한복음은 공관복음서와 매우 다르기 때문에 요한복음의 목적문(요 20:31)에서 예수께 사용된 두 가지 중요한 명칭들(그리스도와 하나님의 아들)이 마가복음의 첫 구절(막 1:1)에서 사용된 명칭과 동일하다는 사실은 의미심장하다. 하지만 요한복음에서 사용된 "아들"은 공관복음서에서보다 천상적인 존재에 더욱 가깝다. 요한복음 3:31-36은 요한의 중요한 주제들을 요약해 주는 열쇠와도 같은 기독론적 본문이다. "위로부터 오시는 이는 만물 위에 계시고 하나님의 보내신 이는 하나님의 말씀을 하나니 이는 하나님이 성령을 한량없이 주심이니라. 아버지께서는 아들을 사랑하사 만물을 다 그 손에 주셨으니 아들을 믿는 자는 영생이 있고 아들을 순종치 아니하는 자는 영생을 보지 못하고."

요한의 기독론 중에 매우 독특한 것은 아래의 네 가지 다른 강조점들이다.

(1)로고스

오직 요한만이 그의 머리말에서 예수를 "말씀"이라고 부른다(1:1–18). 이 용어의 배경과 의미는 항상 논쟁 가운데 있다.[11] 이 용어는 고대 그리스와 유대의 다양한 자료들 속에서 광범위하게 사용되었다. 스토아 철학의 범신론에서는 이 용어가 살아 있는 생명력이나 온 우주 속에 충만해 있는 "세계혼"(world soul)을 의미하기도 하지만, 히브리 성경에서는 하나님의 입에서 나온 말씀을 의미한다. 탈굼의 아람어에서 이 단어에 해당하는 말인 메므라(memra)는 특별히 창세기 1장에서는 때때로 하나님의 이름을 대신하였다. 이러한 모든 용법 속에서 한 가지 공통적인 것은 로고스가 하나님이나 신들이 자신을 계시하고 사람과 의사소통했던 방법을 의미하고자 광범위하게 사용된 용어라는 점이다. 요한은 아마도 이런 다양한 배경을 이용하여, 참되시며 살아 계신 하나님이 예수만을 통하여 그의 백성들에게 자신을 계시하시고 대화하신다는 것을 강조하였을 것이다. 참된 지식의 계시는 요한복음의 구세주가 가진 핵심적인 기능이다. 요한복음 1:14은 이런 맥락에서 매우 중요한 구절이다. "말씀이 육신이 되어 우리 가운데 거하시매." 로고스는 단순한 환상이나 환영이 아니다. 예수는 진정한 사람의 모습으로 성육신하셨다. 비록 요한은 그리스도의 신성을 강조한 것으로 보다 잘 알려져 있지만, *sarx*("육신")가 된 로고스 교리 또한 그분의 완벽한 인성을 보여주는 중요한 주제이며 요한은 이 주제를 그의 복음서 전체를 통해서 강조한다.[12]

---

11) 다른 선택 사항들에 관해서는 Ed L. Miller, "The Johannine Origins of the Johannine Logos," *JBL* 112 (1993): 445-57쪽을 보라.

12) 특별히 Marianne Meye Thompson, *The Incarnate Word* (Peabody: Hendrickson, 1993)을 보라. 가현설에 대항한 또 다른 중요한 본문(아래 168쪽을 보라)은 요한복음 19:34인데, 이 구절은 예수님의 철저한 인간적인 죽음을 확증해 준다.

(2) 하나님의 어린양

요한은 예수를 "하나님의 어린양"이라고 부른 신약성경의 유일한 저자이다(요 1:29, 36; 그리고 계시록에서 27번). 세례(침례) 요한은 세상의 죄를 대속하시는 예수의 역할과 이 표현을 연결하여 사용하였다(1:29). 의심할 나위 없이, 이 이미지의 배경 속에는 유대 유월절의 희생양이 있다. 하지만 요한계시록에 등장하는 악을 정복하는 승리의 어린양은 요한이 신구약 중간기 문헌에 등장하는 양이나 숫양의 이미지를 인용했을지도 모른다는 점을 보여주는데, 이 양이나 숫양의 이미지는 대적들로부터 하나님의 백성을 구원하는 메시아적인 용사를 상징한다(예를 들면, 요셉의 증언 19:8-9; 베냐민의 증언 3).[13]

(3) 지혜와 대리인

예수에 대한 요한의 묘사와 유대의 지혜문학 사이에는 마태복음보다 훨씬 많은 병행구절들이 등장한다. 솔로몬의 지혜서나 시락의 지혜서와 같은 신구약 중간기의 작품들을 보면 요한이 예수에 대해서 다음과 같이 강조한 내용들을 발견할 수 있다. 볼 수 있는 눈을 가진 자들을 깨우치기 위해 세상에 오신 것(1:9), 모세와 선지자들이 그분에 대해서 기록함(1:45; 5:46), 아브라함이 그분을 알고 있는 것(8:56), 그리고 이사야가 본 영광을 소유하신 것(12:41). 지혜 또한 예수와 마찬가지로 하늘로부터 내려왔다가 올라가며, 하나님의 백성들에게 먹을 음식을 제공하며, 죽은 자들을 살린다. 지혜는 긴 강화를 통해 말한다.[14] 요한복음에 또 두드러지게 나타나는 특징은 예수를 천부 하나님이 보내신 분으로 묘사하는 것이다(예를 들면, 3:17, 28, 34; 4:34; 5:23, 24, 30 등). 이런 표현은 *shaliach*라는 히브리 개념에서 인용한 것인데, 이것은 주인을 위해서 대리인으로 행동하는 전령, 또는 "보내심을 받은 자"를 의미한다. 대리인들은 때때로 주인을 대신해서 행동하기 때문에 둘 사이의 구분이 애매모호할 때도 있다(더 자세한 내용은 p. 636를 보라).

---

13) George R. Beasley-Murray, *John*(Waco: Word, 1987), 24-25.
14) 이 구절들과 또 다른 수많은 병행구절에 대해서는 Ben Witherington III, *John's Wisdom: A Commentary on the Fourth Gospel* (Louisville: Westminster/John Knox, 1995), 18-27쪽을 보라.

(4) 하나님

위의 세 가지는 독자들로 하여금 바로 이 네 번째를 예상하게 한다. 비록 요한복음에는 예수가 뚜렷하게 "나는 하나님이다"라고 선포한 구절이 없지만, 요한은 예수의 신성을 암시하는 주장들을 담고 있다. 머리말에서 로고스(말씀)는 "하나님과 함께" 계셨고 이 말씀은 곧 "하나님이시니라"고 기록한다(1:1). 일곱 차례에 걸쳐서 예수는 그분의 높여지신 성품을 묘사하는 "나는 ~이다"는 선언을 하셨는데, 만약 그분이 정말로 신적인 존재가 아니었다면 매우 교만한 주장처럼 들렸을 것이다. 예수는 스스로 "생명의 떡"(6:35), "세상의 빛"(8:12; 9:5), "양의 문"(10:7), "선한 목자"(10:11), "부활이요 생명"(11:25), "길과 진리와 생명"(14:6), 그리고 "참포도나무"(15:1)라고 부르신다. 예수는 성부와 자신이 하나라고 주장하심으로써 유대인들로부터 신성모독이라는 비난을 받으셨는데, 그 이유는 이것이 하나님과의 동등됨을 의미했기 때문이다(10:30-33). 예수의 부활 후에 도마는 그리스도의 상처를 만지면서 "나의 주, 나의 하나님!"이라고 외치며 그분께 경배하였다(20:28).[15]

이러한 주장들에 대해서 우리는 너무 간과하거나, 또는 너무 집착하지 말아야 한다. 수많은 저자들이 이런 모든 "고등"(high) 기독론을 공관복음서와 양립하기에는 너무나 수준이 높다고 생각한다.[16] 하지만 그리스도의 동정녀 탄생을 기록한 사람은 마태와 누가였으며, 공관복음서에도 예수의 신성을 암시하는 구절들이 산재해 있다. 예수는 죄를 용서하는 신적인 권위를 가지시고(막2:5), 경배를 받으시고(마 14:33), 하나님 앞에서 사람들이 받게 될 최종적인 판결은 그분께 대한 응답 위에 기초할 것이라고(막 8:38; 눅 12:8-10) 주장하셨다. 그리고 구약성경에서 주로 야훼 하나님께만 사용되었던 은유들을 자기 자신에게 적용하셨다(추수의 주인, 목자, 씨뿌리는 자, 포도원 주인, 신랑, 반석 등등).[17] 한편, 어떤 비평가들은 요한복음에 기록된 "나는 ~이다"는 주장이 결코 뚜렷하게

---

15) 기독론적인 명칭으로서 "하나님"에 대해 깊이 있게 연구하며 요한복음 1:1, 18과 20:28에 대한 상세한 주해는, Murray J. Harris, *Jesus as God: The New Testament Use of Theos in Reference to Jesus* (Grand Rapids: Baker, 1992), 51-129쪽을 보라.

16) 요한복음을 이해하는 데 나름대로 유용한 좋은예는 James D. G. Dunn, *Christology in the Making* (London: SCM; Philadelphia: Westminster, 1980), 213-50쪽을 보라.

17) 또한 Robert L. Raymond, *Jesus, Divine Messiah* (Phillipsburg, N.J.: Presbyterian & Reformed, 1990), 94-126; Philip B. Payne, "Jesus' Implicit Claim to Deity in His Parables," *Trinity Journal* n.s. 2 (1981) 3-23쪽을 보라.

예수의 신적인 자의식을 보여주는 것이 아니므로 "종속주의자"(subordinationist)의 해석에 맞지 않는다고 강조한다.[18] 하지만 위의 구절들에 담긴 축적된 영향력은 예수를 단지 하나님의 밀사나 대변인 정도로 여기게 하기에는 너무나 강력하다.

2) 다른 독특한 주제들

(1) 실현된 종말론

공관복음서는 미래의 소망과 그리스도의 재림을 강조하는 반면, 요한복음은 영원한 생명과 죽음을 예수께 대한 사람들의 응답 위에 기초해서 지금 이 시대로부터 시작되는 것으로 정의 내린다. 요한복음 3:18은 그 대표적인 예이다. "저를 믿는 자는 심판을 받지 아니하는 것이요 믿지 아니하는 자는 하나님의 독생자의 이름을 믿지 아니하므로 벌써 심판을 받은 것이니라." 또는 5:24와 비교해 보라: "내 말을 듣고 또 나 보내신 이를 믿는 자는 영생을 얻었고 심판에 이르지 아니하나니 사망에서 생명으로 옮겼느니라"(또한 3:36; 9:39; 12:31을 보라). 하지만 바로 이 구절은 요한복음에 미래에 대한 소망이 전혀 없지는 않다는 것을 우리에게 보여주는데, 곧 이어서 장차 있을 의인과 악인의 부활 시기에 대해서 묘사하기 때문이다(5:25-29; 또한 6:39-40; 12:25, 48; 14:3, 28을 보라). "하나님 나라"는 공관복음서에는 지배적으로 나타나지만 요한복음에는 매우 드물게 등장한다. 하지만 복음이 유대로부터 보다 헬라적인 상황으로 퍼져나가면서 이를 토착화시키기 위해서 요한이 "영생"을 하나님 나라와 마찬가지로 현재적인 차원뿐만 아니라, 미래적인 차원에서도 사용하고 있다고 주장할 수 있다.[19]

---

18) 특별히 Robinson, *Priority*, 343-97쪽을 보라.
19) George E. Ladd, *A Theology of the New Testament*, rev. Donald A. Hagner (Grand Rapids: Eerdmans, 1993), 290-95. 몇몇 학자들은 "영생" 이야말로 제 4복음서의 신학 전체를 가장 잘 요약해 주는 단어라고 관찰하였다. 요한복음 속의 실현된 종말론에 대한 연구로 가장 유명한 학자는 C. H. Dodd이다. 특별히 그의 *The Interpretation of the Fourth Gospel* (Cambridge: CUP, 1953)을 보라. 몇몇 중요한 시점에서 Dodd에게 중요한 교정책을 제공한 사람은 John T. Carroll, "Present and Future in Fourth Gospel 'Eschatology'," *BTB* 19 (1989): 63-69쪽이다.

(2) 표적으로서의 기적과 믿음과 기적의 관계

공관복음서에서는 어느 누가 "표적"(헬라어 *semeion*)을 구할 때마다 예수가 표적 보이시기를 한결같이 거부하셨다(예를 들면, 마 12:38-39; 16:1-4). 하지만 요한복음에서는 비록 믿지 않는 자들을 만족시키기 위한 요청 때문에 예수가 기적을 수행하신 적은 없지만, "표적"이 예수를 믿기 위한 이유로서 긍정적인 역할을 한다(예를 들면, 요 2:11; 4:53-54). 그런데 요한복음에는 표적에 대해서 보다 비평적인 시각을 가지는 본문들이 있다. 가나에서는 예수가 "너희는 표적과 기사를 보지 못하면 도무지 믿지 아니하리라"고 탄식하시면서(4:48) 분노 가운데 말씀하시는 듯한 장면이 나온다. 비록 예수는 직접적인 증거에 기초한 도마의 믿음을 칭찬하셨지만, 계속해서 다음과 같이 덧붙이셨다. "보지 못하고 믿는 자들은 복되도다"(20:29). 로버트 카이사르(Robert Kysar)는 요한이 말하는 믿음의 개념에는 세 가지 단계가 있다고 제안하였는데, 이제 겨우 믿음에 대해 개방적인 미숙한 단계(이 단계는 하나님이 어떠한 표적을 주시기 이전에 선행되어야 한다), 표적 위에 기초를 둔 예비적인 믿음, 그리고 더 이상 표적을 구하지 않는 성숙한 믿음이다.[20]

(3) 초기의 삼위일체설과 예수의 제자들의 하나됨

고별 강화에서 제자들에게 개인적으로 전한 가르침 속에서 예수는 복음서의 다른 어느 곳보다도 분명하게 삼일위체 신학을 말씀하셨는데, 이것은 나중에 초대교회의 신조들과 종교회의에서나 체계화 될법한 내용이다.[21] 예수는 자신이 "아버지 안에" 있고 "아버지께서 내 안에" 계시다고 말씀하신다(14:11). 그분이 떠나시면 성령께서 그를 대신하여 "또 다른 보혜사"로 임하셔서 주께서 행하신 일과 동일한 수많은 일들을 행하실 것이다(16절). 대제사장적인 예수의 기도는 성부와 성자의 상호적인 영화에 대해서 전해 준다(17:1-5). 하지만 성부와 성자와 성령은 그 기능과 신분에서 서로 완전하게 교체되지 않는다. 요한복음 14:28에는 "종속주의자"들의 전형적인 신조가 보존되어 있는데, 여기에서 예수

---

20) Robert Kysar, John, *the Maverick Gospel*(Atlanta: John Knox, 1976), 67-73.
21) 보다 철저한 연구는, Royce G. Gruenler, *The Trinity in the Gospel of John* (Grand Rapids: Baker, 1986)을 보라.

는 "아버지는 나보다 크심이니라"고 말씀하신다. 그리고 아버지가 아들을 보내시거나, 오직 아버지가 명하시는 것만 아들이 수행한다는 요한복음의 특징적인 표현(5:19-42)은 결코 그 순서가 뒤바뀌지 않는다. 즉 성자는 결코 성부를 보내지 않으시며, 성부는 성자께서 명하신 것을 행하지 않는다는 말이다. 후대의 신학을 반영하는 언어를 사용하기 위해 요한은 삼위 하나님 사이의 기능적인 종속 관계 속에서도 존재론적인 동등성을 보존하고 있다.

이와 유사한 비교와 대조는 요한복음의 중요한 주제 중 하나인 모든 참된 제자들의 하나됨에 대한 연구에서 나타난다. 요한은 피조물과 창조주를 혼동하거나 신자들도 신이 될 수 있다고 결코 말하지 않는다.[22] 그러나 예수는 그를 따르는 모든 제자들이 그리스도 안에서 하나님과 맺은 관계를 통해 시작된 연합을 경험함으로써 "아버지께서 내 안에, 내가 아버지 안에 있는 것같이 저희도 다 하나가 되어 우리 안에 있게" 하시기 원했다(17:21; 11, 23절과 비교하라). 이러한 하나됨은 "아버지께서 나를 보내신 것과 또 나를 사랑하심같이 저희도 사랑하신 것을 세상으로 알게 하려"는 강력한 전도의 효과가 있기 위함이다(23절 하).

(4) 성도의 선택과 안전

요한은 하나님(또는 예수)이 그의 백성된 자들을 선택하시고 이끄시고 보전하시는 독특한 역할을 보여주는 몇몇 특별한 본문을 포함하고 있다. 이 중에서 가장 유명한 구절은 아마도 6:39("나를 보내신 이의 뜻은 내게 주신 자 중에 내가 하나도 잃어버리지 아니하고 마지막 날에 다시 살리는 이것이니라")와 10:29("저희를 주신 내 아버지는 만유보다 크시매 아무도 아버지 손에서 빼앗을 수 없느니라")일 것이다. 제자들이 그리스도를 선택한 것이 아니라, 그리스도께서 그들을 택하셨다(15:16). 거꾸로, 유다의 배반은 그가 구원을 위해 선택 받은 것이 아님을 보여준다. 그리스도는 성부께서 그에게 주신 모든 자들을 보호하신다. 잃어버린 자는 멸망의 심판을 받은 자이다(17:12).

하지만 이런 예정론적인 강조와 더불어 균형을 이루는 것은 특별히 15장에 등장하는 "거하다", 또는 "남아 있다"는 단어를 요한이 마찬가지로 강조하였다

---

22) 요한복음 10:34의 문맥상의 의미는 474-475쪽을 보라.

는 사실이다. 성도들은 그리스도 안에 거하여야 하며, 그럴 때 주님도 그들 안에 거하실 것이며, 그 결과 그들은 많은 열매를 맺을 수 있다(4절). 2절에서는 "무릇 내게 있어 과실을 맺지 아니하는 가지는 아버지께서 이를 제해 버리신다"고 엄중하게 경고한다. 요한의 신학에서 이처럼 상호 모순적인 생각처럼 보이는 두 구절에 대한 요한 나름의 조화는 요한일서 2:19에 등장하는데, 그곳에서 요한은 교회를 버리고 거짓 스승을 따르는 자들을 묘사한다. "저희가 우리에게서 나갔으나 우리에게 속하지 아니하였나니 만일 우리에게 속하였더면 우리와 함께 거하였으려니와 저희가 나간 것은 다 우리에게 속하지 아니함을 나타내려 함이니라."[23]

(5) 승격/영화로서 그리스도의 죽으심

요한복음에 기록된 예수의 죽음은 때때로 "가현설적"이라고 주장된다. 즉 그리스도는 모든 일을 주관하시지만 단지 사람처럼 보이셨을 뿐이라는 것이다(예를 들면, 요 18:6; 19:11, 30을 보라). 하지만 19:33-34은 이런 주장을 일축한다. 요한은 이 구절에서 인간이신 예수가 정말로 죽으셨음을 강조한다.

다른 사람들은 요한복음에 속죄의 신학이 없다고 주장하지만, 1:29와 36은 이런 주장에 도전한다.[24] 요한의 진정한 특징들 가운데는 그리스도의 십자가 죽으심을 승격(exaltation)과 영화(glorification)로 언급하는 몇몇 구절들이 있다. 요한은 마지막 결과를 기대하면서 그리스도의 죽음과 부활과 승천을 모두 하나의 사건으로 융합시키는 것처럼 보인다. 핵심 구절은 12:32 "내가 땅에서 들리면 모든 사람을 내게로 이끌겠노라"인데, 이것은 그분의 육체적인 십자가 처형과 영적인 승격 모두를 예상하고 있다. 요한복음 7:39, 12:16, 23, 그리고 13:31은 모두 유사한 이중 의미와 함께 그리스도의 "영화"를 예상한다. 특별히 12:23은 요한복음에서 반복되는 주제의 절정을 보여준다. 예수는 그의 "때"가 아직 오지 않았음을 거듭 강조하신 후에(2:4; 7:30; 8:20), 이제는 "인자의 영광을 얻을 때가 왔도다"라고 선언하신다.

---

23) 요한복음 내의 신적인 주권과 인간적인 의무(*Divine Sovereignty and Human Responsibility*) 사이의 균형에 대해서는 D. A. Carson이 저술한 같은 이름의 책(London: Marshall, Morgan & Scott; Atlanta: John Knox, 1981), 125-98쪽을 보라.
24) 또한 Max Turner, "Atonement and the Death of Jesus in John," *EQ* 62 (1990): 99-122쪽을 참조하라.

(6) 보혜사(*Paraclete*)이신 성령님

성령님은 누가복음보다 요한복음에서 더욱 두드러지게 나타난다. 예수의 고별 강화에서 성령님을 지칭하여 파라클레토스(*parakletos*)라는 용어를 사용한 것은 다른 곳에서는 나타나지 않고 오직 요한복음에만 등장한다. 이 단어를 번역할 때 이에 상응하는 정확한 단어가 없는데, 다른 문맥에서는 상담자, 위로자, 변호자 등의 개념을 포함할 수 있다. 파라클레테를 위한 다섯 개의 역할들이 요한복음 14-16장에 나타난다. 돕는 분(14:15-21), 해석자(14:25-31), 증인(15:26-16:4), 고발자(16:5-11), 그리고 계시자(16:12-16)이다.[25] 요한의 공동체에 대한 어느 그럴듯한 재구성에 따르면 성령을 갈수록 제도화되어가는 성직자 세계에 저항하는 "카리스마적인" 저지자(성령 충만한 체험을 성도의 삶의 최우선에 두는)로 보았다.[26]

(7) 반성례주의(Anti-Sacramentalism)?

요한복음의 난해한 특징 중 한 가지는 요한이 그리스도의 세례(침례)와 성만찬의 제정을 둘러싼 내용에 대해서는 공관복음서들보다 더 자세하게 설명하면서도(1:19-34, 13-17장) 정작 세례(침례)와 성만찬 자체에 대해서는 전혀 묘사하지 않았다는 점이다. 많은 학자들은 3:5("사람이 물과 성령으로 나지 아니하면 하나님 나라에 들어갈 수 없느니라")와 6:53("인자의 살을 먹지 아니하고 인자의 피를 마시지 아니하면 너희 속에 생명이 없느니라")에 담긴 예수의 가르침을 성도의 세례(침례)와 주의 만찬에 대한 은밀한 암시나 전조라고 보았다. 하지만 문맥상으로 볼 때 이것은 새 생명을 가져오는 성령의 정결케 하시는 사역과 그리스도의 고난과 죽으심 가운데 각각 그분과 하나되는 것을 언급하는 비유로 보는 것이 더욱 적절하다.[27] 여기에서 우리가 최소한 인정할 수 있는 것은 이미 세례(침례)와 성만찬을 귀중하게 여기기 시작한 시대에 요한은 이를 은혜

---

25) F. F. Bruce, *The Gospel of John* (Basingstoke: Pickering & Inglis; Grand Rapids: Eerdmans, 1983), 301-21.
26) Gary M. Burge, *The Anointed Community: The Holy Spirit in the Johannine Tradition* (Grand Rapids: Eerdmans, 1987). 하지만 이것은 공동체 내부에서 나름대로 또 다른 긴장을 야기시켰다.
27) D. A. Carson, *The Gospel according to John* (Leicester: IVP; Grand Rapids: Eerdmans, 1991), 191-96과 295-98쪽을 보라.

의 수단으로 보면서 그 역할을 다소 축소시키려고 했을 것이라는 점이다.[28]

(8) 반세례(침례) 요한 종파?

요한은 또한 세례(침례) 요한의 권위를 축소시킴으로써 독자들을 놀라게 한다. 비록 공관복음서에서 예수는 세례(침례) 요한을 엘리야가 다시 온 것으로 상징적으로 말씀하셨지만(마 11:14; 눅 1:17), 제4복음서에서 세례(침례) 요한은 분명하게 자신이 엘리야가 아니라고 말한다(요 1:21). 그는 또한 자신이 그리스도가 아니라고 부인했다. 제4복음서는 계속해서 요한이 자신은 쇠하여야 하고 예수는 흥하여야 한다고 말한 사실을 강조한다(3:30). 1세기 중엽에 에베소에 복음에 대해서 매우 불완전한 이해를 가졌던 세례(침례) 요한의 제자들이 존재했었고(행 19:1-7), 주후 2세기 때에 요한을 메시아적인 신분으로 승격시킨 그의 제자들에 대한 후대의 증거가 있었음을 고려할 때(클레멘틴-위서, *Recognitions* 1.54, 60; 또한 저스틴의 *Trypho*, 80에 잠시 언급된 암시를 보라), 요한이 1세기 말엽에 에베소에 편지를 쓸 때 그의 교회 내에 몇몇 사람들이 세례(침례) 요한에 대해서 품었을지도 모르는 부적절한 열광을 꺾고자 했을 것이라는 것은 신빙성이 있다(장소와 연대에 대해서는 p. 271을 보라).

(9) 유대교와의 관계

마태와 마찬가지로 요한은 "유대인들"이라는 단어를 예수의 모든 적대자들을 비난하는 포괄적인 용어로 사용하고 있기 때문에 때때로 반유태주의적이라는 비난을 받는다. 이런 표현은 요한복음에서는 68번 등장하지만 공관복음서에서는 단지 16번만 나타난다. 그러나 문맥을 자세히 분석해 보면, "유대인들" (*Ioudaioi*)이라는 단어는 단순히 (갈릴리인에 비교해서) 유대에 사는 사람들을 의미하거나, 다른 경우에는 유대의 지도자들을 간편히 지칭하며, 또 어떤 경우에는 수많은 유대인들이 예수를 거부할 때 사용되었다. 요한은 공관복음서와 마찬가지로 예수의 첫 제자들이 모두 유대인이었음을 인식했기 때문에 요한복음에는 결코 한 민족 전체를 향한 획일적인 정죄는 없다. 하지만 요한이 강조하는 것

---

[28] 선택 사항들에 대한 공정한 평가와 연구를 위해서는 R. Wade Paschal, Jr., "Sacramental Symbolism and Physical Imagery in the Gospel of John," *TynB*32 (1981): 151-76쪽을 보라.

은 예수가 성경을 포함해서 유대의 모든 중요한 제도와 예식들의 목표를 어떻게 성취하시는 가였다. 예레미야의 새 언약에 관한 예언을 직접 인용하지 않으면서도(렘 31:31-34), 요한은 그 새 언약이 대망하고 있는 모든 것들을 예수가 성취하시는 것으로 묘사한다.[29] 이제는 교회가 하나님의 선택된 백성인 것이다.

(10) 이중성

요한은 분명히 사물을 흑과 백으로 묘사하는 것을 좋아한다. 반대되는 것을 짝짓는 것은 요한의 신학의 다양한 면을 보여준다. 빛과 어둠, 생명과 죽음, 사랑과 심판, 위와 아래, 영과 육, 진리와 거짓, 믿는 자들과 세상 등등. 사실상, 인류 가운데는 여러 부류의 관점들과 차이들이 있지만 요한은 궁극적으로 모든 사람들이 하나님의 심판을 받게 될 것이며 오직 두 종류, 즉 예수를 믿는 자들과 믿지 않는 자들로 구분될 것이라는 중심적인 진리를 전하고 있다.[30] 이처럼 뚜렷한 대조를 묘사하는 것은 요한의 공동체가 처한 "당파적인" 상황을 생각할 때 이해할 수 있다(p. 273을 보라). 교회 안팎의 적대적인 세력으로부터 공격을 받을 때에는 요한이 그랬던 것처럼 사랑과 연합을 강조하는 것 못지않게 강한 어조로 잘못을 경고하는 것이 자연스럽다. 또 다른 종류의 이중성이 요한복음의 특징을 이룬다. 상반된 신학적 개념의 이중성이 아니라, 본문 속에 담긴 의미의 의도적인 이중성을 말하는데, 이런 본문들은 때때로 오해를 초래하였고 오직 부활 이후에 가서야 수정되었다(예를 들면, 요 2:20-22; 3:5-15; 4:10-14 등등).[31]

4. 배경

20세기 초반에는 대부분의 학자들이 요한복음을 헬레니즘의 영향을 받아 매

---

29) John W. Pryor, *John- Evangelist of the Covenant People* (London: Darton, Longman & Todd; Downers Grove: IVP, 1992), 특별히 157-80쪽을 보라.
30) 또한 Ladd, *Theology*, 259-72쪽을 참조하라.
31) 특별히 D. A. Carson, "Understanding Misunderstandings in the Fourth Gospel," *TynB* 33 (1982): 59-91쪽을 보라.

우 늦게 기록되었다고 추정하였다. 요한복음의 승격된 기독론은 예수를 아직 하나님으로 생각하지 않았던 유대인들의 초기 이해로부터 오랫동안 천천히 발전한 결과로 생긴 산물이라는 것이 당시의 일반적인 생각이었다. 그때에도 이미 보수적인 학자들은 "고등 기독론"(high Christology)이 주후 60년대에도 빌립보서 2:5-11과 같은 본문 속에서 발견된다고 주장하였다. 또한 사도행전의 초기 설교들 가운데 누가가 예수에 대해서 "거룩하고 의로우신 분"이나 "생명의 주"(누가의 독특한 문체를 보여주는 용어가 아니므로 그가 편집한 것이라고 볼 수 없는 용어들이다)라는 호칭을 사용한 것은 기독교 첫 세대부터 예수에 대해서 매우 높은 견해를 가지고 있었음을 보여준다. 하지만 오늘날은 특별히 이중적인 특징이 강한(예를 들면, "빛의 아들들과 어둠의 아들들") 사해문서의 발견을 통해서 요한복음과 그의 기독론에 담긴 유대적인 특징이 더욱 널리 확인되었다.[32]

비교적 강한 초대교회의 전통에서는 요한복음의 저작시기를 1세기 말, 아마도 요한이 늙어서 에베소에서 사역했을 때인 도미티안(Domitian, 81-96) 황제의 치세 중으로 보았다. 이러한 견해는 이레네우스(이단을 반박하여 3.1.1, 3.3.4), 폴리크라테스(Polycrates), 파피아, 폴리캅, 클레멘트 등과 같은 저자들의 증언을 종합할 때 알 수 있으며, 그들의 증언은 유세비우스(교회사 3.31.3, 3.39.4, 5.20.4-6, 6.14.7), 유세비우스 자신(3.24.7), 그리고 제롬(신앙위인들의 생애 9)에 의해서 모두 인용되었다.[33] 하지만 그럼에도 불구하고 저작시기 자체는 확정하기가 쉽지 않다. 어떤 저자들은 주후 70년 이전을 선호하는데, 로마와의 전쟁에서 파괴된 유대의 지명들을 현재형으로 언급하고 있는 구절들에 그 기초를 두지만(예를 들면, 요 5:2),[34] 이것은 단순히 요한의 문체에 불과한 것일 수도 있다.

요한의 공동체에 대해 일반적으로 잘 알려진 재구성은 그 발전과정을 크게

---

32) 이러한 변화에 대한 연구는 Stephen S. Smalley, *John: Evangelist and Interpreter* (Exeter: Paternoster, 1978), 특별히 9-40쪽을 보라.
33) 이 문헌들 중에서 가장 중요한 본문은 J. Ramsey Michaels, *John* (Peabody: Hendrickson, 1989), 5-7쪽을 보라. 어느 고대의 전승에 따르면 요한은 주후 70년 이전에 네로에 의해서 추방되었다고 여겨지지만(Syriac History of John), 그 역사적인 신빙성은 의심스럽다.
34) 가장 주목할 만한 저술은 John A. T. Robinson, *Redating the New Testament* (London: SCM; Philadelphia: Westminster, 1976), 254-311쪽이다.

두 단계로(가끔은 수많은 작은 부분들로 나누어서) 묘사하였다. 첫 번째 단계는 1세기 중엽, 팔레스틴의 유대-기독교 공동체로서 그들은 시간이 지날수록 유대 당국과 갈등 속에 처하다가 결국에는 회당에서 추방을 당하고 말았다(9:22; 12:42; 16:2). 두 번째 단계는 이방인들이 주를 이루는 보다 복합적인 성격의 기독교 공동체로서 소아시아와 에베소 주변에 있었으며 시기적으로는 1세기 말까지이다. 이렇게 볼 때 요한복음에서 발견되는 유대적이고 헬라적인 특징들은 쉽게 설명되는 셈이다.[35]

한편, 1세기 말엽의 에베소에 관해서 우리가 알고 있는 바를 고려할 때, 왜 이러한 생각들이 동시에 존재할 수 없었는지는 분명하지가 않다. 이레네우스와 유세비우스는 케린투스(Cerinthus)라는 이름의 거짓교사가 있었다고 기록하였는데, 이 사람은 분명히 가현론자(docetist, 그리스도의 인성은 부인하고 신성만 믿는 자)였고 1세기 말에 에베소에서 가르쳤던 영지주의자(Gnostic)였을 것이다(이단을 반박하여 3.2.1; 교회사 3.28.6, 3.31.3, 4.14.6). 하지만 요한계시록 2:9과 3:9은 에베소 부근의 두 도시에서 기독교에 대해 적대적이었던 "사단의 회"라는 유대 공동체에 대해서 언급하고 있다. 소아시아의 교회는 점증하는 영지주의와 적대적인 유대인들에 맞서 싸워야 했을 것이 분명하다.[36]

흥미롭게도, 요한의 서신들은 제4복음서의 신학적인 특징에 대해서 수정을 가하거나 균형 잡힌 강조를 보여주는 듯하다. 레이먼드 브라운(Raymond Brown)은 그 중에서도 4가지를 특별히 언급하였다. (1) 예수의 신성보다는 인성을 더욱 강조 (2) 죄 짓지 않음의 주장 대신에 하나님의 계명을 지키는 것의 중요성을 강조 (3) 현재적인 종말론보다 미래적인 종말론을 더욱 강조, 그리고 (4) 진리로 인도함을 받을 것이라는 약속 대신에 성령을 통해 이미 하나님의 진리를 배웠다는 사실. 이 모든 비교들은 복음을 왜곡시키는 영지주의가 점증하는 상황을 고려할 때 이해가 된다. 요한은 아마도 초기 영지주의에 관심을 품거나 영향을 받기 시작한 어느 공동체를 위해 예수에 관한 복음을 상황화하기 위

---

35) 이런 단계를 모두 여덟 가지로 세분하여 더욱 상세하게 설명한 것은 John Ashton, *Understanding the Fourth Gospel* (Oxford: Clarendon, 1991), 163-66쪽에 등장한다. 두 단계 접근으로 가장 유명한 학자는 J. Louis Martyn, *History and Theology in the Fourth Gospel* (Nashville: Abingdon, 1979)인데, 출교에 대한 언급들은 예수님 시대가 아니라 요한의 시대에 있었던 사건을 말한다고 주장한다.
36) 마찬가지로, Witherington, *John's Wisdom*, 27-29.

해 본서를 기록했을 것이며 거짓 교사들이 정통신학과 영지주의에 공통적인 주제들만 골라 불균형하게 강조하는 것을 발견했을 것이다. 요한의 서신들, 그 중에서도 특별히 요한일서는 이러한 불균형을 수정하기 위해 약간 다른 강조점을 가지고 기록되었을 것이다.[37]

요한의 저작 배후의 상황에 대해 매우 다르게 해석한 어떤 재구성에 따르면 요한복음은 구원받지 못한 유대인들을 위한 하나의 전도용 문서라는 것이다.[38] 이러한 해석은 예수를 유대의 제도와 절기들의 성취로서 강조한 부분은 잘 설명해 주지만, 만약 예수가 적대적인 반대자들을 설득하고자 했다면 그들에 대해서 과연 그처럼 신랄한 논쟁을 펼치셨겠는가가 의문으로 남는다. 이 주장의 신빙성은 요한복음 20:31을 다음과 같이 번역할 때 가능하다. "너희로 하나님의 아들이신 그리스도께서 예수이신 것을 믿게 하려 함이요." 즉 메시아를 고대하는 사람들이 그분을 알아볼 수 있도록 돕기 위함이다. 이러한 번역이 가능하기는 하지만 확실하지는 않다.[39] 이 구절을 둘러싸고 또 다른 문제가 존재한다. 보다 신뢰할 만한 사본은 "믿다"라는 동사를 부정과거 가정법(aorist subjunctive) 대신 현재형으로 읽을 것을 지지하는데, 그렇게 할 경우에는 교부들의 증언처럼, 요한은 이미 예수를 믿는 자들이 박해에도 불구하고 계속해서 믿도록 격려하기 위해 기록한 것으로 볼 수 있다.[40] 벤 위더링턴(Ben Witherington)은 다음과 같은 그럴 듯한 절충안을 제시한다. 요한은 다른 여러 가지 중에서도 성도들이 믿지 않는 친구나 친지를 위해서 특별히 유대인들에 초점을 두고 그들에게 효과적으로 전도하는 것을 돕기 위해 집필하였다.[41]

마지막 문제는 요한과 공관복음 사이의 문학적인 관계를 포함한다. 이미 언

---

37) Raymond E. Brown, *The Community of the Beloved Disciple* (New York: Paulist, 1979) 109-44. 요한복음에 (비록 약하기는 하지만) 이미 존재하는 반-가현설적이고 반-영지주의적인 경향에 관해서는 각각 Udo Schnelle, *Antidocetic Christology in the Gospel of John*(Minneapolis: Fortress, 1992); 그리고 Marinus de Jonge, *Jesus: Stranger from Heaven and Son of God*, ed. John E. Steely (Missoula: Scholars, 1977)를 보라.
38) 특별히 D. A. Carson, "The Purpose of the Fourth Gospel: John 20:31 Reconsidered," *JBL* 106 (1987): 639-51쪽을 보라.
39) J. V. Brownson, "John 20:31 and the Purpose of the Fourth Gospel," *Reformed Review* 48 (1995): 212-16쪽을 보라.
40) 예를 들면, Luke T. Johnson, *The Writings of the New Testament: An Interpretation* (Philadelphia: Fortress, 1986), 472쪽을 참조하라.
41) Witherington, *John's Wisdom*, 2, 11, 기타 여기저기.

급한 대로, 과거의 주석가들은 요한복음의 차이점들을 그가 네 명 중에서 가장 마지막으로 기록했다는 사실 때문이라고 주로 설명하였다. 요한은 마태, 마가, 누가가 이미 기록한 내용을 알고 있었고 대체적으로 그들의 내용을 반복할 필요를 느끼지 못했던 것이다. 짧게 말하면 요한은 그들의 자료에 보완하기 위해 기록한 것이다. 하지만 이전 세대는 요한복음이 공관복음서로부터 독립적이라는 견해에 더 귀추를 주목한다.[42] 요한의 표현이 공관복음에 매우 가까운 경우는 비교적 적기 때문에 병행 구절이라고 해도 문학적인 차용을 입증하기는 어렵다. 하지만 만약 요한이 다른 세 명의 복음서 기자들이 집필한 내용을 의존하지 않았다면 문학적인 차용을 기초로 해서는 제4복음서의 저작연대에 대해서 아무런 결론도 도출할 수 없을 것이다. 그런데 몇몇 학자들은 그럴듯하게 하나의 중간적인 입장을 제시하였다. 몇 개의 병행 구절들은 요한이 적어도 마가복음은 알고 있었을 수도 있지만 그 내용을 그대로 따라야 한다고 생각하지는 않았음을 보여준다.[43] 그러므로 주후 60년 이후로 그 저작 시기를 보는 것이 이론상 가능하다. 하지만 요한복음을 2세기의 작품으로 보는 과거의 견해는 존 라이랜즈(John Rylands) 단편의 발견으로 더 이상 받아들여지지 않는데, 이 단편은 요한복음의 원본으로부터 적어도 한 단계 이상 떨어진 사본이지만 주후 125-140년으로 추정되기 때문이다. 80년대, 또는 90년대를 저작시기로 보는 전통적인 견해가 가장 타당해 보인다.

5. 저자와 자료

내적인 증거는 다섯 개의 본문이 "예수의 사랑하시던 제자"라고 언급하고 있는(요 13:23; 19:26; 20:2; 21:7, 20) 사람을 이 복음서에 기록된 사건들을 직접적으로 목격한 증인으로 지적한다(21:24). 요한복음의 유대적인 기원에 대한 강조를 회복하면서 새로운 시각을 갖게 된 오늘날 대부분의 주석가들은 본서의

---

42) 이러한 견해를 시작한 사람은 주로 P. Gardner-Smith, St. John and the Synoptic Gospels (Cambridge: CUP, 1938)로 여겨지지만, 본격적으로 보급된 것은 1970년대에 와서였다.
43) 예를 들면, C. K. Barrett, The Gospel according to St. John (London: SPCK; Philadelphia: Westminster, rev. 1978), 42-54쪽과 벨기에의 Louvain 대학에서 발표된 대부분 외국어로 된 수많은 작품들을 보라.

저자가 유대인, 어쩌면 팔레스타인 출신일지도 모른다는 점에 동의한다. 요한복음에서는 "제자"가 반드시 열두 제자 중 한 명을 의미하지 않으며, 어떤 사람들은 "사랑받는 제자"를 나사로(11:3 참조), 도마,[44] 또는 다른 익명의 추종자라고 추정하기도 한다. 그러나 그를 그리스도의 측근 중 한 명, 아마도 공관복음서에서 그분의 가장 가까운 제자들로 묘사된 세 명, 즉 베드로와 야고보와 요한 중 한 명으로 생각하는 것이 보다 자연스럽다(막 9:2; 14:33). 제4복음서는 예수에게 열두 사도들이 있었음을 알고 있었지만(요 6:67, 70, 71), 결코 그들의 이름을 밝히지는 않았다. 하지만 두 경우에서 베드로를 다른 제자들과 구분하거나 짝을 짓고 있다(20:2-9; 21:20-24). 세베대의 아들 야고보는 이 복음서의 저자가 되기에는 너무 일찍 순교하였다(주후 44년, 행 12:1-2를 보라). 그렇다면 마지막 남는 사람은 그의 형제인 사도 요한뿐이다. 흥미롭게도, 이 요한은 복음서에서 결코 그 이름이 언급되지 않으며, 요한이라는 이름으로 등장하는 사람은 언제나 세례(침례) 요한인데, 그는 또 이 복음서에서 세례(침례)자라는 명칭으로 불린 적이 전혀 없다. 사도 요한이 이 문서의 저자로 알려지지 않았다면 본서에 기록된 요한이 어떤 요한인지를 명확하게 밝히지 않는 것이 오히려 이상할 것이다. 이 모든 것들은 그 사랑받는 제자를 사도 요한과 동일시하도록 강한 증거를 더해 준다.[45]

외적인 증거 또한 같은 견해를 제공한다. 하지만 초대교회의 증언이 불분명한 복음서가 바로 요한복음이다. 파피아(아마도 가장 오래된 증인일 것이다)는 이렇게 선언하였다. "장로들을 따랐던 사람이 오면 나는 장로들이 전한 말씀에 대해 물어보았는데, 안드레나 베드로나 빌립이나 도마나 야고보나 요한이나 마태나 아니면 주님의 다른 제자들이 무슨 말씀을 했는지, 그리고 주님의 제자들인 아리스티온(Aristion)과 장로 요한이 무슨 말씀을 하였는지 물어보았다"(유

---

44) 예를 들면, 21:1에서는 베드로와 도마가 함께 등장하였고, 7-23절에서는 베드로와 사랑 받는 제자가 비교, 대조되는 것을 주목하라. 이 견해는 James H. Charlesworth에 의해서 길게 변호되었는데, 그는 저작권과 관계된 다른 모든 제안들과 주장들을 *The Beloved Disciple: Whose Witness Validates the Gospel of John?* (Valley Forge: TPI, 1995)에서 포괄적으로 연구하였다.
45) 이 복음서의 저자를 유대인, 팔레스타인 사람, 직접적인 목격자, 사도, 그리고는 요한으로 점점 좁혀 나가게 된 자세한 증거는 B. F. Westcott (*The Gospel according to St. John* [London: John Murray, 1908] x-liii)에 의해서 설명되었고 Leon Morris (*Studies in the Fourth Gospel* [Grand Rapids: Eerdmans, 1969], 139-292)에 의해서 개정되었다.

세비우스의 교회사 3.39.4에서 인용).

파피아가 여기에서 한 사람을 언급하는 것인지, 아니면 요한이라는 이름을 가진 서로 다른 두 사람을 말하는 것인지는 분명하지 않다. 유세비우스의 기록에 근거해서 어떤 사람들은 그가 서로 다른 두 부류의 성도들, 즉 처음 세대의 사도들과 파피아 당시의 교회 지도자들을 열거한 것이라고 믿었다. 만약 2세기 초에 활발하게 사역한 장로 요한이 있었다면 굳이 80~90세가 된 사도가 1세기 말에 여전히 살아남아서 제4복음서를 기록했을 것이라고 상상할 필요는 없게 된다. 마틴 헹겔(Martin Hengel)은 최근에 이 해석을 자세하게 변호하였고 제4복음서의 저작을 이 장로 요한에게 돌렸다("장로"의 명칭은 작자미상의 요한이서와 요한삼서의 첫 구절들에서도 언급되었다).[46] 한편, 만약 연로한 사도 요한이 파피아 시대까지 생존한 유일한 사도였다면 위의 두 부류 속에 요한이 모두 열거된 것을 설명해 준다. 처음에는 그를 다른 (이제는 사망한) 제자들과 관련해서 언급하였고, 둘째는 그 당시 교회의 동료 장로로서 언급한 것이다. 이것이 파피아의 증언에 대한 보다 일반적인 해석이다.

현대의 학자들은 종종 몇 가지 다른 이유 때문에 요한의 저작을 거부한다. 예를 들면, 그들은 다음과 같이 주장한다. (1) 갈릴리 출신인 사람에게 유대 지역에 대한 이 복음서의 강조는 부적절하다(막 1:16-20). 이것은 특별히 본서의 저자와 대제사장과의 관계를 생각할 때 더욱 그러하다(요 18:15-16).[47] (2) "우뢰의 아들"(막 3:17)로 불리는 사람이 이처럼 차분한 책을 기록했을 리가 없다. (3) 요한은 글을 읽지 못했다(행 4:13 참조). (4) 저자가 유대 사람이었다면 "유대인들"이라는 용어를 그처럼 비판적으로 사용하지 않았을 것이다. 그리고 (5) 사도 스스로가 자신을 "사랑받는"이라고 부를 수는 없었을 것이다.

한편, (1) 유대 지역과 예루살렘을 요한이 강조한 것은 역사적이고 신학적인

---

46) Martin Hengel, *The Johannine Question*(London: SCM; Philadelphia: TPI, 1989). 그러나 장로 요한에 대한 Hengel의 묘사는 사도 요한에 대한 전통적인 재구성과 매우 일치한다.
47) R. Alan Culpepper (*John, the Son of Zebedee*(Columbia: University of South Carolina Press, 1994], 62)는 베드로가 부인한 이야기 때문에 사랑 받는 제자가 상대적으로 알려지지 않게 되었다고 믿는다. 아마도 그가 의미한 바는 베드로와 동행했던 이 제자가 만약 사도 요한이었다면 동일하게 정죄를 당했을 것이라는 것이다. 그러나 "정죄자들"은 단지 종들과 구경꾼들에 불과했다. 아마도 그들은 요한에 관해서는 분명히 알았지만 베드로에 관해서는 확실하게 알지 못했기 때문에 (노골적인 적대심에서라기보다는 보다 조롱하려는 의도에서) 그에게 질문을 한 것이다.

요한의 저작?

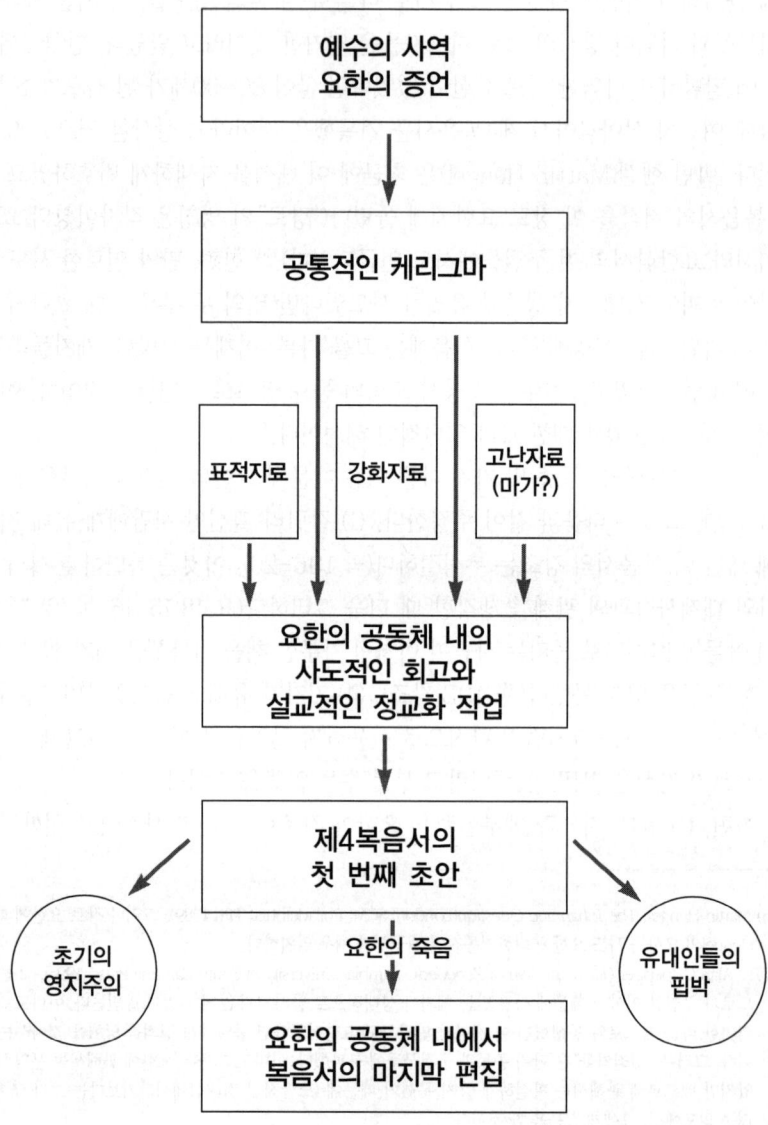

이유 때문이었을 것이며, 그곳에서 예수와 모든 여행에 동행했을 것이다. 제사장의 친척이었던 마리아(눅 1:5, 36)와 요한이 가까웠다는 사실(요 19:26-27)은 요한에게도 높은 신분의 친구나 친척들이 있었음을 제안해 준다. (2) 단순한 별명이 그 사람의 인격 전부를 결정하지는 않는다. (3) 요한이 문맹이었다는 견해는 사도행전 4:13에 대한 오역에 기초하는데, 이 구절은 단지 요한이 정식적인 랍비 교육을 받지 못했음을 보여줄 뿐이다. (4) 이미 우리는 유대교가 초대교회를 그토록 심하게 거부했을 때 마태가 마찬가지로 신랄한 언어를 사용했다는 것을 살펴보았다. (5) 본서의 증인은 결코 자신이 예수께서 사랑하신 유일한 제자, 또는 가장 사랑하신 제자라고 부른 적이 없고, 자신의 이름을 언급하지 않은 것은 오히려 겸손의 표시라고 볼 수 있다. 아니면 사랑받는 제자에 대한 언급들은 요한이 주로 집필한 문서의 최종 편집자들에 의해서 삽입된 것일 수도 있다(p. 275를 보라). 긍정적으로 볼 때, 요한의 모든 문서에서 사용된 단순하면서도 대체적으로 정확한 코이네(koinē) 헬라어는 헬라어를 제2외국어로 배운 사람에게 잘 어울린다.

요한의 저작설을 수긍하지 못하게 하는 유일한 장애물은 그의 신학과 공관복음서의 신학 사이의 뚜렷한 차이점이다. 우리는 이러한 차이들을 축소해서는 안 되겠지만, 앞에서 설명한 대로(pp. 157-159) 이런 차이들은 또한 과장될 수도 있다. 더욱이 사도적인 기독교 내부에도 다양성이 존재한다는 사실을 과소평가해서는 안 된다.[48]

이와 연관된 또 다른 문제는 요한의 작품에 대한 자료 비평이다. 루돌프 불트만(Rudolf Bultmann)의 선구적인 주석은 제4복음서 배후에 세 가지 자료들, 즉 표적 자료와 강화 자료와 수난 자료가 있다고 주장한다.[49] 이 중에서 첫 번째의 자료에 대해서는 엄청난 양의 문학적인 증거들이 존재한다.[50] 요한복음의 이야기 속에는 편집이나 복사 과정에서 그 순서가 뒤바뀐 것처럼 보이는 자료들이 등장하는 흥미로운 "이음매"들이 있다. 이 중에서도 가장 주목할 만한 것은

---

[48] 또한 Blomberg, "To What Extent?" 30-37쪽을 참조하라.
[49] Rudolf Bultmann, *The Gospel of John* (Oxford: Blackwell; Philadelphia: Westminster, 1971 [Germ. orig. 1941]).
[50] 특별히 Robert T. Fortna, *The Gospel of Signs* (Cambridge: CUP, 1970); 같은 저자의 *The Fourth Gospel and Its Predecessor* (Philadelphia: Fortress, 1984), 128쪽을 보라.

요한복음 14:31-15:1인데, 여기에서 예수는 "일어나라, 여기를 떠나자"고 말씀하시지만 계속해서 두 장에 걸쳐 강론하셨다. 하지만 이것은 어쩌면 예수가 바로 그 시점에서 일어나 계속 가르치시면서 제자들과 함께 다락방에서 겟세마네 동산으로 향하시는 것을 요한이 묘사하려고 한 것인지도 모른다.[51] 최근의 연구들은 완성된 형태의 요한복음 속에 있는 문체나 서술체적인 통일성을 강조하였다.[52] 어느 작가의 말대로, 제4복음서의 저자가 만약 문서적인 자료들을 사용했다면 그는 그 모든 것을 자기 스스로 기록했을 것이다.[53]

많은 주석가들은 약간 다른 관점을 가지고 복음서 안의 편집의 단계나 수준을 구분하려고 시도했다. 머리말과 마지막 장은 원래의 문서에 "추가된" 전형적인 후보대상이다. 편집단계를 두 개, 세 개, 또는 다섯 개로 보는 다양한 의견들이 인기를 끌었지만,[54] 이 중에서 어느 하나를 자신 있게 꼬집어서 이야기하기에는 우리에게 있는 자료가 불충분하다. 요한복음의 마지막 결론부에 해당하는 두 구절들(21:24-25)은 적어도 최소한의 편집 활동이 있었음을 보여주는데, 이 구절들은 "요한의 증거가 참되다는 것을 알고 있는" 사람들("우리")과 온 세상조차 예수에 대해서 기록한 책들을 둘 수 없다고 말하는 "나"로부터 복음서의 사건들을 기록한 사랑받는 제자를 구별하고 있다. 21:20-23이 사랑받는 제자가 그리스도의 재림 때까지 살 것이라고 널리 만연된 거짓 소문을 폭로한다는 사실은 요한이 최근에 죽었고 그의 추종자들이나 그의 교회 성도들이 이제 그의 작품을 마지막 발행을 위해 편집하고 있다는 가설을 더욱 흥미롭게 만든다.[55]

그러한 편집작업은 복음서의 여러 부분에 영향을 끼쳤을 수도 있지만, 이를 분명하게 알 수 있는 방도는 전혀 없다. 위에서 언급한 것 이외에, 제4복음서의

---

51) 이것에 대한 부수적인 증거는 15:1-8에 등장하는 포도나무의 비유로의 전환인데, 포도나무는 예수님 일행이 기도처소로 향하면서 지나갔던 성전 주변의 동산에서 흔히 볼 수 있는 장면이다. Ernest Haenchen, *John*, vol. 2 (Philadelphia: Fortress, 1984), 128쪽을 참조하라.
52) 특별히 Alan Culpepper, *Anatomy of the Fourth Gospel* (Philadelphia: Fortress, 1983)을 보라.
53) Pierson Parker, "Two Editions of John," *JBL* 75 (1956): 304.
54) 각각 Martyn, History and Theology Rudolf Schnackenburg, *The Gospel according to St. John*, vol. 1 (London: Burns & Oates; New York: Herder & Herder, 1968) 100-4; Raymond E. Brown, *The Gospel according to John*, vol. 1 (Garden City: Doubleday, 1966), xxxiv-xxxix를 보라.
55) Smalley, *John*, 120.

저작에 관한 이론들은 사변적인 가설들 한두 개를 복합시키려는 경향에 그치고 만다. 가장 안전한 설명은 다음과 같다. 우리가 알고 있는 요한복음의 내용 대부분은 적어도 사도 요한에게까지 거슬러 올라가며, 어떤 편집작업이 있었다면 그것은 아마도 하나님의 성령으로 하여금 복음의 진리를 요한의 공동체에게 가장 잘 적용할 수 있게 하는 문서를 제작하기 위함이었다는 것이다. 예수 이야기는 상황화되었을지는 모르지만, 왜곡되거나 위조되지는 않았다.

6. 심층연구를 위한 자료

1) 주석

(1) 초급

Bruce, F. F. *The Gospel of John*. Basingstoke: Pickering & Inglis; Grand Rapids: Eerdmans, 1983.

Michaels, J. Ramsey. *John*. [NIBC] Peabody: Hendrickson, 1989.

Milne, Bruce. *The Message of John*. [BST] Leicester and Downers Grove: IVP, 1993.

(2) 중급

Beasley-Murray, George R. *John*. [WBC] Waco:Word, 1987.

Borchert, Gerald L. *John*. 2 vols. [NAC] Nashville: Broadman & Holman, 1996-.

Carson, D. A. *The Gospel according to John*. [Pillar] Grand Rapids: Eerdmans; Leicester: IVP, 1991.

Lindars, Barnabas. *The Gospel of John*. [NCB] London: Oliphants, 1972; Grand Rapids: Eerdmans, 1981.

Morris, Leon. *The Gospel according to John*. [NIC] Grand Rapids: Eerdmans, rev. 1995.

Talbert, Charles H. *Reading John*. New York: Crossroad, 1992.

Witherington, Ben, III. *John's Wisdom: A Commentary on the Fourth Gospel.* Louisville: Westminster/John Knox, 1995.

(3) 고급

Barrett, C. K. *The Gospel according to St. John.* London: SPCK; Philadelphia: Westminster, rev. 1978.

Brown, Raymond E. *The Gospel according to John.* 2 vols. [AB] Garden City: Doubleday, 1966-70.

Haenchen, Ernst. *John.* 2 vols. [Hermeneia] Philadelphia: Fortress, 1984.

Schnackenburg, Rudolf. *The Gospel according to St. John.* 3 vols. London: Burns & Oates; New York: Herder and Herder; Seabury, 1968-82.

2) 요한복음의 서론 및 신학에 대한 보다 광범위한 연구들

Ashton, John. *Understanding the Fourth Gospel.* Oxford: Clarendon, 1991.

Beasley-Murray, George R. *Gospel of Life: Theology in the Fourth Gospel.* Peabody: Hendrickson, 1991.

Brown, Raymond E. *The Community of the Beloved Disciple.* New York: Paulist, 1979.

Cassidy, Richard J. *John's Gospel in New Perspective: Christology and the Realities of Roman Power.* Maryknoll: Orbis, 1992.

Culpepper, R. Alan, and C. Clifton Black, eds. *Exploring the Gospel of John.* Louisville: Westminster/John Knox, 1996.

Hunter, A. M. *According to John.* London: SCM; Philadelphia: Westminster, 1968.

Kysar, Robert. *The Fourth Evangelist and His Gospel: An Examination of Contemporary Scholarship.* Minneapolis: Augsburg, 1975.

Morris, Leon. *Jesus Is the Christ: Studies in the Theology of John.* Grand Rapids: Eerdmans; Leicester: IVP, 1989.

Painter, John. *The Quest for the Messiah: The History, Literature, and*

Theology of the Johannine Community. Edinburgh: T. & T. Clark; Nashville: Abindgon, rev. 1993.

Pryor, John W. *John: Evangelist of the Covenant People.* London: Darton, Longman & Todd; Downers Grove: IVP, 1992.

Robinson, John A. T. *The Priority of John.* London: SCM, 1985; Oak Park, Ill.: Meyer-Stone, 1987.

Smalley, Stephen. *John: Evangelist and Interpreter.* Exeter: Paternoster, 1978.

Smith, D. Moody. *The Theology of the Gospel of John.* Cambridge: CUP, 1995.

Van Tilborg, Sjef. *Reading John in Ephesus.* Leiden: Brill, 1996.

3) 참고문헌

Mills, Watson E. *The Gospel of John.* Lewiston and Lampeter: Mellen, 1995.

7. 복습을 위한 질문들

1) 요한복음 전체의 적절한 개요는 무엇인가? 다시 말해서, 요한복음이 어떤 기준에 의해서, 몇 가지의 주요 단락으로 구분되는가? 그 구조로부터 어떤 신학적인 의미를 추정할 수 있는가?
2) 전형적이고 보수적인 재구성에 따르면 누가, 언제, 어디서, 누구에게, 어떠한 상황 속에서 이 복음서를 기록하였는가?
3) 공관복음서에는 없지만 이 복음서의 저작을 둘러싼 독특한 안건들은 무엇인가? 이 복음서의 자료 비평과 편집 비평을 둘러싼 독특한 안건들은 무엇인가?
4) 이 복음서의 몇몇 주요한 신학적인 특징들은 무엇인가?
5) 어떤 점에서 요한복음은 공관복음서와 다른가? 그리고 그 차이점은 무엇인가?
6) 요한복음의 강조점과 기록 배경의 어떠한 부분들이 다른 복음서보다 당시의 성도들에게 더욱 중요한 의미를 주었는가?

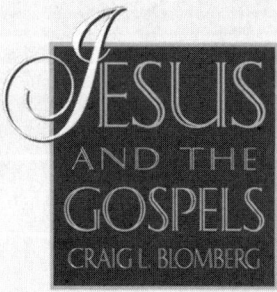

제4부

그리스도의 삶에 대한 조망

　근래에 와서 보수적인 학자들이 사복음서들의 모든 세부사항들을 모아 그리스도의 생애를 구성하는 일에 열중하고 있다. 진보적인 학자들은 각 복음서의 신학적인 특성을 강조하는 일에 마찬가지로 열중해 있다. 이러한 접근들은 서로 배타적으로 사용될 때 성경에 대한 왜곡된 이해를 가져온다. 조화 없는 신학은 복음서들이 가진 많은 공통점과 그것들이 하나의 조화로운 전체로 통합될 수 있다는 사실을 보지 못한 채 상이한 차이점들과 가정된 모순들만 드러낼 뿐이다. 복음서들의 신학적인 특성들을 이해하지 못한 채 조화만을 강조하는 것은 영감으로 기록된 성경을 사람의 창작물로 뒤바꾸고 만다. 우리가 원하는 것은 본서에서 역사와 신학을 모두 균형 있게 다루는 것이다.

　이러한 균형과 관련된 것들로는 소위 "역사적인 예수에 대한 탐구"의 결과들이다. 우리는 복음서나 다른 자료들로부터 엄격한 역사적인 방법을 사용해서 예수에 관해서 무엇을 알 수 있는가? 이에 대한 대답은 "거의 아무것도 모른다"로부터 "거의 모든 것을 알 수 있다"까지 다양하다. 비록 복음 전승의 주요 주제들과 윤곽 이외의 다른 확증할 만한 비교자료가 우리에게 충분하지는 않지만, 고대 문서의 역사성을 측정하기 위한 표준적인 기준을 적절하게 적용함으로써 그 전승의 신뢰성에 도달할 수 있다는 것이 우리의 신념이다.

　제 4부의 첫 장에서는 지난 2세기 동안 학자들이 연구한 역사적 예수에 대한 다양한 접근들과 그리스도의 생애에 대한 간략한 연대기를 개관할 것이며, 나머지 장들에서는 추후에 복음서가 나누어지게 된 이유를 제공할 것이다. 나머지 장들은 복음서 자체를 복구할 수 있는 만큼 폭넓게 연대순으로 읽어 내려갈 것이다. 우리는 이미 제3부에서 개괄한 각 복음서의 가장 중요한 편집상의 강조점들을 주목할 것이다. 선별한 세부사항들의 역사성을 측정하고 본문 중에서

가장 "모순"처럼 보이는 내용에 대해서도 주해를 덧붙일 것이다. 하지만 우리는 주로 가장 중요하고 흥미로운 주석상의 내용에 초점을 둘 것이다. 예수의 생애와 사역에 나타나는 각 에피소드마다 충분한 해석을 덧붙일 공간이 없지만, 주요한 주제들과 형식에 대해서는 간략하게 살펴볼 수 있으며, 특별히 중대하거나 논쟁적인 본문들에 초점을 둘 것이다. 심지어 본문에 대해서 일반적으로 알려진 몇몇 잘못된 해석들을 폭로하고 오늘날 성도들의 삶을 위한 적용 또한 간간히 제시할 것이다.

제10장

역사적 예수 – 탐구와 연대기

1. 역사적인 예수에 대한 탐구

1) 첫 번째 탐구

"비평적 방법론에 대한 개관"에서(pp. 131-137) 우리는 기적의 문제에 대한 19세기의 응답들을 간략하게 다루었다. 이제 우리는 예수에 대한 이 학파들의 묘사를 보다 일반적으로 살펴볼 것이다.[1] 역사적인 예수에 대한 이 첫 번째 탐구 기간에는 적어도 세 가지 접근 방법들이 주류를 이루었다. 합리주의자들(rationalists)과 신화론자들(mythologizers)은 모두 역사상의 예수는 기적을 행하는 능력이나 "신적인 성품"이 없는 단순한 인간이라고 결론지었는데, 복음서에 나오는 기적 이야기들을 어떻게 해석할 것인가에 대해서는 의견이 분분했다(p. 133). 라이마루스(Reimarus)에게 예수는 그 시대의 한 유대인으로서 동시대인들의 혁명적인 사회-정치적 기대들을 성취하기 위해 오셨다고 보았다. 그래서 예수는 로마를 전복하는 수단으로써 민중의 반란을 기대했지만 실패하고 만 것이었다. 스트라우스(Strauss)에게 예수는 고난 받은 메시아였는데, 예수는 자신의 죽음이 문자적이고 현세적이고 유대적인 하나님 나라를 가져올 사건들을 일으킬 것이라고 잘못 믿었다는 것이다.

낭만주의자들, 그 중에서 가장 잘 알려진 프랑스 구교의 어네스트 르망(Ernest Reman)은 예수를 사람들에게 매우 도덕적인 가르침을 제공하며 사랑

---

[1] 이 이야기는 Albert Schweitzer, *The Quest of the Historical Jesus* (London: Black; New York: Macmillan, 1910 [Ger. Orig. 1906]), 1-351에 상세하게 소개되어 있다.

과 아름다움과 기쁨을 전한 지극히 부드러운 선생으로 묘사하였다. 하지만 예수는 사역 후반에 이르러서 이러한 접근을 버리시고 기적을 행하는 사역을 행하셨고, 자신의 메시지에 종말론적 임박성을 가미하셨으며, 메시아적 자각의 결과로써 더더욱 순교를 갈망하셨다.

아돌프 폰 하르낙(Adolf von Harnack)으로 대표되는 19세기 자유주의자들은 사회개발과 도덕적 혁명에 대한 그들의 신념에 일치하는 예수를 강조하였다. 예수는 하나님의 부성(父性), 온 인류의 형제애, 사람의 영혼이 가진 무한한 가치, 그리고 사랑을 통한 더 높은 의를 강조한 위대한 윤리 선생이었다. 이 자유주의자들에게 역사적 예수는 일생 전체를 통해서 일관되게 이러한 모습을 유지한다.

첫 번째 탐구는 네 명의 대표적인 학자들이 함께한 저술 때문에 일단락되었다. 마틴 켈러(Martin Käler)의 역서는 그 표제에서 바로 이러한 주제를 잘 보여준다: 소위 『역사적 예수와 역사상, 성경상의 그리스도』(Die sogennante historische Jesus und die geschichtliche biblische Christus).[2] 독일어에는 역사를 뜻하는 매우 구별된 단어가 두 개 있다. Historie(사건들의 실제적인 연대기)와 Geschichte(그러한 사건들의 의미). 켈러는 초대교회의 케리그마(믿음-선포)가 예수의 실제의 삶과 너무나도 서로 뒤엉켜있기 때문에 이 두 가지 종류의 역사를 서로 구분할 수 없다고 주장하였다. 비록 역사가들은 사실을 의미로부터 분리하는 것이 불가능하지만, 기독교인들은 어떤 이야기의 의미를 믿을 수 있었다. 두 번째 학자인 요한네스 바이스(Johannes Weiss)는 역사적 예수를 여전히 재구성할 수 있다고 믿고, 과거의 "탐구자들"이 주장했던 사회적, 윤리적인 예수와는 대조적으로, 천국의 임박한 도래를 선포한 한결같이 종말론적인 예수를 설득력 있게 묘사하였다.[3] 세 번째, 윌리엄 브레데(William Wrede)는 메시아적인 비밀에 관한 자신의 가설을 발전시켰다(pp. 192-195를 보라). 과거의 학자들은 최소한 첫 복음서인 마가복음이 예수의 자의식을 보여주는 참된 창을 제공한다고 가정했지만, 브레데는 이것마저도 도전함으로써, 결국 마가복음에서 우리가 신뢰할 수 있는 것은 겨우 몇 가지에 불과했다. 역

---

2) (Philadelphia: Fortress, 1964 [Ger. Orig. 1892]).
3) Johannes Weiss, *Jesus' Proclamation of the Kingdom of God* (Philadelphia: Fortress, 1971 [Ger. Orig. 1892]).

사적인 예수에 대한 자세한 묘사를 재구성하기에는 결코 충분하지 못했던 것이다.[4]

네 번째, 그리고 이 중에서 가장 중요한 것은 예수에 대한 19세기의 묘사들이 어떻게 그를 그 저자들의 이미지로 재창조했는지를 분석한 앨버트 슈바이처(Albert Schweitzer)의 해설로서 역사적 예수를 재구성할 수 있는 가능성에 대해서 폭넓은 회의론을 가져왔다. 하지만 슈바이처가 대안으로 제시한 것은 너무나도 큰 영향으로 남게 될 것이다. 바이스의 경우처럼, 슈바이처의 예수는 한결같이 종말론적이고 묵시적인 유대인으로서 자신의 때에 하나님이 초자연적으로 개입하셔서 이 땅의 그분의 왕국을 건설하실 것이라고 확신하게 되었다는 것이다. 예수는 이러한 기대를 품고 열두 제자들을 파송하셨지만(마 10:23), 실패하고 말았다. 예수는 새 시대의 도래보다 선행해야 한다고 많은 유대인들이 믿었던 환난이나 메시아의 고난을 자신이 친히 짊어져야 한다고 확신하면서 그의 사역의 두 번째 국면에 접어들게 되었다. 이것은 바로 그의 죽음에 의해서 성취될 것이기 때문에, 그는 순교자가 될 각오로 숨은 메시아로서 예루살렘으로 갔다. 베드로와 유다는 각자 나름대로 예수의 메시아 주장을 유대 당국에 폭로함으로써 결국 예수는 십자가에 처형되었다. 예수가 생각했던 것처럼 하나님의 왕국이 곧 실현되지 않았다는 사실은 어떤 의미에서 그가 실패자로서 죽었음을 뜻한다.[5]

2) 전무한 탐구와 새로운 탐구

1900년대 초반에 성서비평과 성서신학의 역사 가운데 가장 대표적인 인물은 루돌프 불트만(Rudolf Bultmann)이었다. 불트만은 켈러와 슈바이처의 주장들을 함께 묶고 수정하였다. 그가 일관적으로 보여주려고 했던 것은 역사와 신앙이 복음서 전체에 걸쳐 뒤엉켜 있기 때문에 역사적인 예수에 대해서 우리는 거의 아무것도 알 수 없다는 것이었다. 그는 우리가 알 수 있는 어떤 것들은 윤리적인 규범을 요구하는 선생에 대한 슈바이처의 묘사와 흡사하다는 점에 동의했

---

4) William Wrede, *The Messianic Secret* (Cambridge: James Clarke, 1971 [Ger. Orig. 1901]).
5) Schweitzer, *Quest*, 352-403.

지만, 예수가 오실 인자에 관해서 말했을 때는 자기 자신 이외의 다른 사람을 생각한 것이었다고 믿었다. 신학적으로 불트만은 우리의 신앙을 역사 위에 그 기초를 두려는 어떠한 시도도 종교개혁의 주된 원칙, 즉 오직 믿음으로 말미암은 칭의를 파괴한다고 생각했기 때문에 자신의 역사적인 불가지론이야말로 긍정적인 것이라고 여겼다. 불트만은 스트라우스 위에 기초해서 "비신화화"(demythologizing) 개념을 발전시켰는데, 이것은 복음서를 감싸고 있는 신화적인 껍질을 벗겼을 때 남게 되는 신학적인 진리가 무엇인지 이해하려는 시도이다. 실존주의자인 마틴 하이데거의 뒤를 이어 불트만은 사람들이 인생의 덧없음과 미래의 불확실성 속에서 매순간 하나님과 만나고 "참된 실존"(authentic existence)을 살도록 배우게 하는 것이야말로 예수의 핵심적인 가르침으로 보았다.[6]

특히 슈바이처와 불트만의 영향 때문에 1900년부터 1950년대에는 그리스도의 생애를 구성하려고 시도한 작가들이 상대적으로 적었다. 그러다가 1954년 말부르그대학에서 모인 불트만의 제자들의 동창회에서 에른스트 케제만(Ernst Käsemann)이 "역사적인 예수의 문제"라는 제목의 논문을 발표하였다. 이 논문은 역사의 예수에 대한 "새로운 탐구"라고 알려지게 된 것을 시작하는 계기를 마련하였다. 이 논문에서 그는 복음서로부터 중대한 역사적 정보를 추출해 낼 수 있음을 주장하기 위해 불트만 자신이 발전시켰던 비유사성의 기준(dissimilarity criterion; p. 297을 보라)을 적용하였다. 이 자료가 보여주는 것은 예수가 당시의 종교 당국자들과 심지어 토라 자체에 과감하게 도전했던 묵시적인 유대인이었다는 것이다.[7]

여기에 다른 두 명의 학자들이 곧 합세하였다. 미국인 제임스 로빈슨(James Robinson)은 종말론적인 예수-사실상, 초대교회의 모든 케리그마-는 역사적인 토대를 필요로 한다고 주장하였다. 로빈슨은 역사에 대한 보다 새로운 이해를 호소하였는데, 이 이해에 따르면 어느 역사적인 인물의 의도와 사명이 무엇

---

6) 특별히 Rudolf Bultmann, *Jesus and the Word* (New York: Scribner's, 1934)를 보라; 동일 저자, *Jesus Christ and Mythology* (New York: Scribner's, 1958; London: SCM, 1960) 참조.
7) 보다 편리하게 볼 수 있는 논문은 Ernst Kasemann, "The Problem of the Historical Jesus," in *Essays on New Testament Themes* (London: SCM; Naperville: Allenson, 1964), 15-47.

인지를 밝히기 위해서 해석으로부터 사실을 엄격하게 구분할 필요는 없다.[8] 독일에서는 귄터 보른캄(Gunther Bornkamm)이 새로운 탐구로부터 나온 예수에 대해 처음으로 두터운 연구를 발표했다. 여전히 예수의 메시아적인 자의식를 인정하지 않으며, 자신의 연구를 주제별로 열거된 어록자료들에 주로 국한하면서도 보른캄은 그럼에도 불구하고 예수의 가르침 중 많은 부분이 진실 되고 그분의 뛰어난 성품을 보여준다고 믿었다. 하나님 나라는 현재적이면서 동시에 미래적이었다. 성부 하나님은 인류를 사랑하셨지만, 사람들이 죄를 회개하도록 예수를 통해서 부르셨다.[9]

정도의 차이는 있지만 처음의 "새로운 탐구자들"은 모두 실존주의에 대한 불트만의 열성을 공유함으로써 예수가 그 당시의 유대교와는 매우 달리 하나님의 거룩한 임재를 얼마나 실재적으로 전달하였는지를 강조하였다. 하지만, 나치의 극악무도했던 시절 직후에 주로 독일에서 생겨난 까닭에 "새로운 탐구자들"이 묘사한 유대교는 때때로 반유대적인 특성을 갖기도 했다.

3) 세 번째 탐구

1960년대와 1970년대에는 예전의 탐구자들이 생각했던 것 이상의 새로운 발전을 가져오지 못했다. 또 다시 역사적 예수에 대한 연구가 1980년 초에 이르기까지는 사그러들었던 것이다. 그 이후로 이 연구는 큰 관심과 함께 다시 등장하였다. 소위 "세 번째 탐구"라고 부르는 이 연구에는 다음과 같은 몇 가지 특징들이 있다. (a) 다양한 복음서 자료의 신빙성을 결정하기 위해 역사적인 기준을 엄격하게 조사하고 적용하였다. (b) 예수를 당시의 종교적인 이상과 제도를 배경으로 철저하게 재해석함으로써 유대인 예수를 새롭게 부각시켰다. 그리고 (c) 1세기 초 유대교의 다양성에 대해 매우 정교하고 자세하게 이해하였다.[10] 세 번째 탐구에서는 두 개의 커다란 "진영"이나 접근들을 구분할 수 있다.

---

8) James M. Robinson, *A New Quest of the Historical Jesus* (London: SCM; Naperville: Allenson, 1959).
9) Gunther Bornkamm, *Jesus of Nazareth* (London: Hodder & Stoughton; New York: Harper & Row, 1960).
10) 보다 자세한 개관은 Ben Witherington III, *The Jesus Quest: The Third Search for the Jew of Nazareth* (Downers Grove: IVP, 1995)를 보라. 아래의 몇몇 부제들은 이 책에서 차용하였다.

예수의 행동에 대한 강조. 불트만과 그의 대부분의 제자들과는 달리, 여러 "세 번째 탐구자들"은 예수의 언어보다는 행동에 더 많이 중점을 둔다. 그들은 예수가 본디오 빌라도에 의해서 십자가 처형을 받았다는 부인할 수 없는 사실을 적절하게 설명할 수 있어야 한다고 강조하고 그의 가르침들만 가지고는 십자가 처형의 충분한 이유가 될 수 없다고 주장한다. 이런 접근으로부터는 예수에 대한 적어도 네 가지의 견해들이 다양하게 섞여서 나타난다.

세 번째 탐구의 선구자 중의 한 명이며, 아마도 가장 대표적인 학자라고 할 수 있는 샌더스(E. P. Sanders)에 따르면 예수는 종말론적인 선지자(eschatological prophet)였다. 샌더스는 예수를 세상의 종말이 다가왔다고 확신했던 1세기의 한 유대인으로 적절하게 회복시켰다. 하지만 샌더스는 유대 지도자들과 갈등 속에 있는 예수에 대한 복음서의 묘사를 약화시켰다. 그는 예수가 당대의 악인들에게 먼저 회개를 강요하지 않으면서 하나님의 용서를 제공하셨다고 믿었다. 샌더스는 성전 "청결" 사건에 큰 의미를 부여하는데, 그는 이 사건을 성전이 파괴되고 재건될 것이라는 예수의 기대의 일부로서 더 잘 이해된다고 생각한다. 요약한다면, 예수의 관건은 이스라엘을 하나님과의 올바른 관계로 회복시키는 것이었다.[11]

게자 버메쉬(Geza Vermes)의 견해는 예수가 카리스마가 넘치는 한 명의 성자(holy man)였다는 것이다. 이 유대인 학자는 예수를 그 당시의 다른 영향력 있는 종교지도자들과 비교하고 대조시켰는데, 그들은 정상적이고 제도적인 규범을 벗어나서 행동하였다. 특히 호니(Honi the Circle-Drawer)와 하니나 벤-도사(Hanina ben-Dosa)가 그러했다. 그들은 효과적인 기도를 통해서 기적을 행하는 것으로 유명했는데, 호니는 비를 내리게 하였고 하니나는 다양한 치유와 귀신축출로 이름을 떨쳤다.[12] 보다 자유주의적인 진영에서는 마르쿠스 보르그(Marcus Borg)가 예수를 "신령인"(Spirit-person), 즉 특별히 신과 내통하며 하나님의 성령을 다른 사람들에게 전달할 수 있는 사람으로 여기는 견해를 발전시켰다.[13] 보수주의 진영에서도 마틴 헹겔(Martin Hengel)이 예수에

---

11) E. P. Sanders, *Jesus and Judaism* (London: SCM; Philadelphia: Fortress, 1985); 동일 저자의 *The Historical Figure of Jesus* (London: Penguin, 1993).
12) Geza Nermes, *Jesus the Jew* (London: Collins, 1973; Philadelphia: Fortress, 1974).
13) Marcus Borg, *Jesus, a New Vision* (San Francisco: Harper & Row, 1987).

대한 최상의 묘사로서 "카리스마가 넘치는"이라는 표현을 받아들였다.[14] 이상의 저자들 모두에게 공통적인 것은 예수가 유대교의 공식적인 대변인들을 적합한 권위로 받아들이지 않았고, 유대인들의 시각에서 볼 때 예수는 모세오경에 대해 적절한 경외심을 보이지 않았으며, 예식적인 거룩보다는 도덕적인 거룩을 강조하였기 때문에 예수는 당시의 종교제도에 대해서 하나의 위협이었다는 점이다.

다른 저자들은 예수를 사회적인 개혁자(social reformer)로 묘사하였다. 거르드 타이센(Gerd Theissen)과 리차드 호슬리(Richard Horsley)는 예수가 당대의 유대 사회에 끼치고자 했다고 그들이 믿었던 영향을 다양한 방법으로 강조하였다. 여러 마을에서 동조자들의 지지를 받아 방랑하는 무리들을 영도하는 순회 사역자로서 예수는 이스라엘 내에서 일종의 부흥운동을 전개하였다. 제자들은 원수까지도 사랑하는 원칙에 기초해서 반문화적인(countercultural) 공동체를 이룩하였다. 하지만 압제에 대한 그들의 비폭력적인 저항의 원칙 때문에 그들은 여전히 유대 당국자들에게 위협으로 여겨졌다.[15]

다른 학자들은 예수에게서 소외된 메시아(marginalized Messiah)를 보았다. 이 견해는 복음서의 많은 자료를 참된 것으로 받아들인다. 예수가 자신을 유대의 메시아로 주장했음을 인정하지만, 그 역할에 대한 예수의 생각은 전통적인 것이 아니었다고 말한다. 그는 한 명의 선생이요, 기적을 수행하는 자요, 선지자요, 이스라엘을 모으는 자이기는 했지만, 결국 그를 유대 당국과 충돌하게 한 것은 그가 자신을 메시아라고 주장하고 행동했기 때문이었다. 사회의 소외자들에게 헌신한 자가 결국 스스로 소외자가 되어 처형을 받은 것이다. 라이트(N. T. Wright)는 유대적인 배경을 상세하게 연구함으로써 이러한 견해를 변호하였고, 존 마이어(John Meier)는 개신교도들과 가톨릭과 유대인들과 무신론자들이 원칙적으로 공유할 수 있는 엄격하고 비평적인 방법을 적용함으로써 이 견해를 변호하였다.[16]

---

14) Martin Hengel, *The Charismatic Leader and His Followers* (Edinburgh: T. & T. Clark, 1981).
15) Gerd Theissen, *The Shadow of the Galilean: The Quest of the Historical Jesus in Narrative Form* (London: SCM; Philadelphia: Fortress, 1987); Richard A. Horsley, *Jesus and the Spiral of Violence* (San Francisco: Harper & Row, 1987).
16) N. T. Wright, *Jesus and the Victory of God* (London: SPCK; Minneapolis: Fortress, 1996); John P. Meier, *A*

예수의 말씀에 대한 강조. 이 두 번째의 범주는 첫 번째를 배제하지 않는다; "세 번째 탐구자들" 모두는 행위와 말씀을 다루지만, 대부분은 어느 한 쪽에 더 큰 비중을 두는 것이 분명하다. 네 개의 작은 범주들을 또한 구분할 수 있다. 처음 두 가지는 예수와 지혜를 강조하며; 다음 두 가지는 짧고 과격한 격언의 스승인 예수를 강조한다.

이 네 가지 중에서 가장 통합적인 견해는 유대교 내에서 지혜를 하나님의 의인화로 여기고 발전시키는 것과 연계하여 예수를 신적인 지혜의 성육신(incarnation of Divine Wisdom)으로 보는 것이다(잠 9장 참조; 앞의 p. 76을 참조하라). 벤 위더링턴(Ben Witherington)은 예수의 대인관계와 행동과 말씀을 연구하였지만, 그 중에서도 그의 말씀이 가장 중요하다고 주장한다. 예언적이고 메시아적인 범주를 보완하면서 위더링턴은 다른 무엇보다도 한 명의 현자, 하나님의 사절(히브리어는 shaliach; 헬라어는 apostolos), 그리고 하나님을 사람에게 계시하기 위한 종말론적인 대행자로 보았다. 예수의 가르침들은 구약 성경의 욥이나 전도서의 가르침들처럼 때때로 반문화적이다. 여기에서 살펴본 견해들 중에서 이 견해는 소외된 메시아의 견해와 함께 예수가 누구인지에 대한 역사적이고 기독교적인 이해에 가장 근접한다.[17]

엘리자베스 슈슬러 피오렌자(Elisabeth Schüssler Fiorenza)는 이 지혜의 견해를 발전시켜서 예수를 시대를 앞선 여성주의자(feminist before his time)로 묘사하였다. 그녀는 또한 복음서 속의 지혜를 이해해야 할 중요성에 대해서도 힘차게 주장하였다. 하지만 그 당시 몇몇 유대 사상과 훨씬 헬라적인 종교사상에서 중요한 역할을 했던 "지혜"에 해당하는 헬라어 (여성) 단어(Sophia)를 통해서 하나님의 여성적인 측면을 강조하였다. 슈슬러 피오렌자에게 예수는 신적인 지혜 그 자체는 아니었지만 "지혜의 선지자"와 자손이었다. 여인들과의 관계에 대한 예수의 가르침과 행동은 나중에 초대교회의 "재-가부장주의적인"

Marginal Jew: Rethinking the Historical Jesus, 3 vols. (New York and London: Doubleday, 1991-). 훨씬 간략하게 기록한 책들은 Markus Bockmuehl, This Jesus: Martyr, Lord, Messiah (Edinburgh: T. & T. Clark, 1994; Downers Grove: IVP, 1996); 그리고 Peter Stuhlmacher, Jesus of Nazareth?Christ of Faith (Peabody: Hendrickson, 1993).

17) Ben Witherington III, The Christology of Jesus (Minneapolis: Fortress, 1990); 동일 저자, Jesus the Sage (Minneapolis: Fortress, 1994).

왜곡으로부터 분리해서 본다면, 예수야말로 여성의 영적, 사회적 해방을 부르짖은 참된 주창자였음을 보여준다.[18]

존 도미닉 크로상(John Dominic Crossan)의 영향력 있고 풍성한 문학적 소산은 예수를 냉소적인 현자(Cynic sage)로 묘사하였다. 크로상은 수년 동안 거의 모든 현대의 비평적인 방법을 동원해서 역사적 예수에 대해서 때로는 보완적이고, 때로는 모순적인 생각들을 도출하였다. 그는 마침내 예수를 유대의 종교지도자들의 범주보다는 헬라의 순회하는 견유철학자들(그들에 대해서는 pp. 61을 참조하라)과 더욱 많은 공통점을 가진다는 견해를 내놓았다. 크로상의 재구성에 핵심적인 것들은 예수가 동시대의 소외자들과 기꺼이 함께 식사하시는 모습과 이방의 "마술"과 현상학적으로 구분되지 않는 기적들(정신상관적인 암시력에 의한)을 수행할 수 있는 능력이다(이 점에 대해서는 p. 64-65를 보라). 그의 수난의 사건들에 대해서는 별로 알 수가 없지만, 비유와 금언(짧고 간결하고 관습에 얽매이지 않은 말씀들) 속에 담긴 그의 과격한 가르침들은 많이 복구될 수 있다. 예수는 급진적인 평등주의를 장려하면서 보다 나은 삶의 소망을 불러일으킴으로써 그를 처형한 주범으로 비난받아야 할 당시의 로마 당국자들에게 위협을 주기에 충분했다. 위에 열거한 다른 관점들과는 달리, 크로상의 관점은 비정경적인 문서들(또는 그 출처)의 저작 시기가 정경에 속한 복음서들보다 이른 시기로 추정될 수 있으며, 때로는 그런 문서들이 예수의 삶에 대해 역사적으로 더욱 신뢰할 만한 묘사를 보여준다는 신빙성 없는 전제에 주로 의존한다.[19]

많이 소개된 예수 세미나는 예수를 동양의 한 구루(oriental guru)로 보편화시키고 말았다. 지난 10여 년 간 스스로를 예수 세미나라고 부르며 크로상과 보르그를 대표로 한 몇 명의 매우 급진적인 학자들이 정기적으로 모여서 예수의 여러 말씀들과 행동들의 진정성에 대해서 표를 던졌다. 여러 가지 점에서 그들의 예수는 크로상의 예수와 유사했지만, 복음서(콥트 도마복음을 포함해서)에 담긴 말씀들 중에서 겨우 18%만이 예수가 실제로 말씀하신 것과 매우 근사하다고 결론지어졌다. 매우 개연성이 없는 방법론적인 가정들 중에는 예수께서 매

---

18) Elisabeth Schussler Fiorenza, *In Memory of Her* (New York: Crossroad, 1983); 동일 저자, *Jesus: Miriam's Child, Sophia's Prophet* (New York: Continuuam, 1994).
19) 특별히 John Dominic Crossan, *The Historical Jesus* (San Francisco: HarperSanFrancisco, 1991)를 보라. 또한 Burton L. Mack, *A Myth of Innocence* (Philadelphia: Fortress, 1988)를 참조하라.

우 짧고 난해한 말들 외에는 결코 말씀하지 않았다는 주장도 있다.[20] 비록 그런 용어를 사용하지는 않았지만, 예수 당시의 종교상을 위해 생각해 볼 수 있는 비유는 짧고 깊은 내용을 말할 때 외에는 거의 말하지 않는 것으로 유명한 전형적인 동방의 현자(Eastern holy man)일 것이다. 예수 세미나의 접근은 폭넓고도 혹독하게 비판을 받았고,[21] 자신들이 현대의 성서비평의 다수적인 의견이라는 주장 역시 무책임한 것이었다. 하지만 대부분의 학자들과는 달리 그들은 자신들의 견해를 널리 조장하기 위해 고의적으로 대중매체를 애용하였고, 불행하게도 그들이 학계의 주류를 대표하는 것으로 많은 사람들을 설득하고 말았다.

4) 진정성의 측정과 기준

이처럼 당황스러울 정도로 다양한 "예수들"을 우리는 어떻게 해야 할 것인가? 역사적인 방법론을 포기하거나 아니면 이 모든 수고가 개념적으로 잘못된 것이라고 주장하는 것이 어쩌면 더 쉬울지도 모른다.[22] 하지만 사실상, 약간의 엉뚱한 묘사들만 제거하고 나면, 역사적인 방법과 그것을 적용한 결과에 대해서 놀라울 정도의 많은 일치를 발견하게 된다. 복음서의 묘사 중 얼마나 많은 부분이 역사적인 연구에 의해서 확증될 수 있는지에 대해서 학자들이 의견의 일치를 보지 못하는 대표적인 이유 중 하나는 처음부터 세운 가정들과 관련이 있다. 반-초자연주의자(anti-supernaturalist)의 세계관은 선험적인 많은 것들을 명확하게 제외한다. 두 번째로 중요한 문제는 "입증해야 할 책임"(burden of proof)을 포함한다. 예수의 말씀이나 행동에 대해서 다른 자료와의 모순점이나 불일치가 없어야 참된 것으로 여겨질 수 있는가? 아니면 그 모든 자료를 받아들이기에 충분한 이유가 제시되지 않는다면 이를 모두 거짓된 것이라고 여기

---

20) Robert W. Funk, Roy W. Hoover, 그리고 Jesus Seminar, *The Five Gospels: The Search for the Authentic Words of Jesus* (New York: Macmillan, 1993).
21) 특별히 Luke T. Johnson, *The Real Jesus* (San Francisco: HarperSanFrancisco, 1996); Michael J. Wilkins and J. P. Moreland, eds., *Jesus under Fire* (Grand Rapids: Zondervan, 1995)를 참조하라. 보다 간략한 내용은 Craig L. Blomberg, "The Seventy-Four 'Scholars': Who Does the Jesus Seminar Really Speak For?" *Christian Research Journal* 17.2 (1994) 32-38쪽을 보라.
22) 아이러니컬하게도, 믿음과 역사를 분리한 계몽주의에 뿌리를 둔 많은 근본주의자들이 이 견해를 지지하고 있다.

는가? 전자의 방법은 다른 고대의 역사 문헌을 연구할 때 기본적인 접근방식이지만, 후자의 방법은 복음서에 자주 적용되는 방법이다.[23]

왜 이처럼 이중적으로 보이는 기준이 존재하는 것일까? 이에 대한 가장 보편적인 대답은 복음서가 직설적인 역사 이야기나 일대기가 아니기 때문이라는 것이다. 복음서는 믿음의 공동체의 산물로써 그 창시자인 예수를 영화롭게 하기 위해서 쉽게 그들의 보고를-의도적, 또는 비의도적으로-편파적으로 보도할 수 있었을 것이다. 하지만 이런 주장에 대해서 적어도 두 가지 대답을 주목해서 볼 필요가 있다. (1) 개념적인 편견은 사실상 이야기를 "직접적으로" 말하기 위한 관심을 자아낼 수 있다. 예를 들면, 위에서도 언급했듯이(p. 157), 제2차 세계대전 중 나치의 유대인 학살을 기록한 유대 역사가들은 그런 끔찍한 사건이 또 다시 발생하지 않도록 하기 위해 가능한 한 최선을 다하려고 했기 때문에 그들이야말로 가장 정확한 기록을 남길 수 있었던 것이다. (2) 고대에는 모든 역사 기록들이 개념적으로 편견에 쌓여 있었다. 어느 누구도 우리가 가끔 그러는 것처럼 정보 그 자체를 위해서만 정보를 기록하는 것을 생각하지 않았다. 오히려 그들은 이렇게 묻는 태도였다. 만약 역사가 어떤 교훈이나 도덕을 가르치지 않는다면 그것을 보존할 필요가 왜 있는가? 하지만 우리의 역사 교과서들은 복음서의 자료들보다 덜 입증된 고대세계에 대한 "사실들"로 가득 차 있다.[24]

한편, 우리가 꼼꼼한 의심에서부터 시작해야 한다고 주장하는 자들에게도 다양한 "진정성의 기준들"이 발전되었는데, 이들은 복음서 기록의 신뢰성에 대한 우리의 확신을 향상시키는데 도움을 줄 수 있다.[25] 이 중에서도 특별히 네 가지가 두드러진다.

(1) 비유사성의 기준(dissimilarity criterion)

예수에 관한 정보 중에서 그의 비유, 하나님 나라, 또는 "인자"의 칭호에 대한

---

23) Stewart C. Goetz and Graig L. Blomberg, "The Burden of Proof," *JSNT* 11 91981): 39-63쪽을 보라.
24) 특별히 A. N. Sherwin-White, *Roman Society and Roman Law in the New Testament* (Oxford: OUP, 1963)를 보라. Paul Merkley, "The Gospels as Historical Testimony," *EQ* 58 (1986), 특별히 320-336쪽.
25) 기준들에 대한 가장 상세한 설명은 Dennis Polkow, "Method and Criteria for Historical Jesus Research," *Society of Biblical Literature Seminar Papers* 26 (1987): 336-56쪽을 보라. 가장 복음주의적인 분석을 위해서는 Craig A. Evans, "Authenticity Criteria in Life of Jesus Research," *CSR* 19 (1989): 6-31쪽을 보라.

사용과 더불어, 그 당시의 전통적인 유대교나 초대교회의 주된 강조점들(어느 복음서 기자의 편집적인〈redactional〉 강조들을 포함해서)로부터 눈에 띄게 이탈한 내용들을 살핀다. 예수에 대한 괴상하거나 당황스러운 정보들도 역시 여기에 포함된다. 그러한 자료들은 유대인이든 이방인이든, 어떤 성도에 의해서 꾸며지지는 않았을 것이다. 이 기준은 무엇이 예수의 특징인지, 단순히 무엇이 독특한지를 결정하는 데에는 사용될 수 없지만, "비평적으로 입증된 최소한"의 역사적인 정보를 보여준다. 불행하게도, 이 기준을 통과하지 못한 자료는 때때로 비역사적인 것으로 명명된다. 물론 이것은 예수가 당시의 유대인과는 완전히 달랐으며 그를 따르는 모든 제자들로부터 오해를 받았음을 암시하는데, 이것은 너무나도 어리석은 가설이다.[26]

(2) 복수증거의 기준(criterion of multiple attestation)

이것은 몇 가지 형태를 취한다. 한 개 이상의 복음서, 한 개 이상의 복음서 자료, 또는 한 개 이상의 양식에 등장하는 것은 오직 한 번만 등장하는 것보다 참된 것일 가능성이 높다. 넓은 문맥에서 볼 때 이것은 예수의 사역의 주된 부분에 대해 선천적인 타당성을 제공하는데, 예를 들면, 유대 지도자들과의 충돌, 치유와 귀신축출, 그리고 그의 수난을 포함하여 거기까지 이르는 사건들이 그것이다. 하지만 역시 어떤 이들이 오직 한 번만 등장하는 자료를 제외시키기 위해서 이런 기준을 부정적으로 사용하는 것은 유감스럽다. 확인될 수 없는 자료도 여전히 역사적인 것일 수가 있다. 우리는 단순히 그것을 확실하게 알지 못할 뿐이다.

(3) 팔레스타인의 환경이나 셈족어의 기준(criterion of Palestinian environment or Semitic language)

많은 점에서 예수가 철저히 그 당대의 사람이었음을 우리에게 상기시켜 준다. 문화적으로 볼 때 교회가 헬라적이었던 시대에 복음서가 그리스어로 기록되었다는 사실에도 불구하고 팔레스타인의 문화나 환경에 독특한 특징들은 보

---

26) 특별히 A. E. Harvey, *Jesus and the Constraints of History* (London: Duckworth; Philadelphia: Westminster, 1982)를 보라.

존되어 있다(마을의 생활이나 농업 등에 대한 세부사항). 극히 셈어적인 관용구를 문자적으로 번역해 놓은 듯한 언어가 자주 등장한다—예를 들면, 영적일 뿐만 아니라 물질적인 가난에 시달리는 의미의 "가난한 자들"(히브리어 anawim에서 번역)이라는 단어가 그러하다. 이런 종류의 현상이 발생하면, 아마도 예수 당시까지 거슬러 올라가는 초기 팔레스타인의 유대 기독교만큼 오래된 전승을 접하는 것이 아닌가 추측하게 된다. 다시 언급하지만, 이 기준을 부정적으로 사용하는 것은 적합하지 않다. 독특한 헬라어 관용구들은 복음서 기자가 풀어쓴 기록을 반영해 주며, 예수 자신도 때로는 헬라어로 말씀하셨을 것이다. 팔레스타인 문화 이외의 요소들은 복음서 기자가 자신의 메시지를 그 요점을 왜곡하지 않은 채 이를 "상황화"하려고 한 의도를 보여준다. 예를 들면, 누가는 마가가 기록한 팔레스타인적인 짚으로 엮은 지붕을 그리스-로마식의 기와로 얹은 지붕으로 대체시켰다(막 2:4와 눅 5:19를 비교하라).

(4) 일관성의 기준(criterion of coherence)

위의 기준들 자체를 통과하지는 못했지만 그 기준들을 통과한 예수의 가르침과 행동 중에서 독특한 스타일이나 양식이나 내용에 매우 잘 들어맞는 사항들이 무엇인지 보여준다(예를 들면, "자연 기적들"이 하나님 나라에 관한 예수의 비유들과 다른 가르침에 밀접하게 일치한다는 우리의 주장, pp. 421-423을 보라).

부수적인 기준들은 다소 덜 결정적이지만 때때로 시사하는 바가 많은 것으로서, 발전하는 전승의 경향성(초기 형태가 나중에 발전한 증거를 보여주는 것, 또는 그 반대), 필요한 설명(후기의 역사적인 사실을 설명하기 위해 반드시 일어나야 하는 일—예를 들면, 십자가 처형이나 부활 신앙의 출현), 그리고 주어진 한 사건에 대한 목격자의 진술이라는 단서로서 생생함이다. 하지만 소위 전승의 경향성에 대해서도 거의 모두 그 반대적인 것을 발견할 수 있고,[27] 그 다음 두 가지 기준들은 매우 주관적이다.

이제 성경의 영감을 믿는 학생이라면, "이런 모든 토론 가운데 성령님은 어디에 계신가?" 또는 "우리는 복음서의 진위성을 단순히 믿음으로 받아들이지 않는가?"라고 질문할지도 모른다. 첫 번째 질문에 대한 답은 분명히 성령의 영감

---

27) E. P. Sanders, *The Tendencies of the Synoptic Tradition* (Cambridge: CUP, 1969).

이 자유주의자이건 보수주의자이건 역사적 예수 탐구에 종사하는 자들에 의해서 고려되지 않았다는 사실이다. 개념 정의에 따르면, 이 탐구는 순전히 역사적인 근거에서 알 수 있는 것, 성도와 불신자가 모두 단언할 수 있는 결과의 확인을 포함한다. 두 번째 질문에 대한 대답으로서, 부인할 수 없는 사실은 성도는 역사가 보여줄 수 있는 것 그 이상을 믿음으로 주장할 것이지만, 그러한 믿음은 무턱대고 행동하기보다는 실재하는 증거 위에 세워진다는 점에 대해서 더 많은 말을 할 수 있다.[28] 제5부에서 우리는 이 중에서 몇 가지 사항을 다시 다룰 것이며 복음서 전승의 진위성을 위한 논의를 발전시킬 뿐만 아니라 우리가 발견한 것들을 종합적으로 다룰 것이다.

2. 그리스도의 생애의 연대표

예수의 생애 속의 상세한 연대를 파악하는 것은 때때로 불확실한 작업이다. 고대사의 어떤 사건들의 연대는 잘 밝혀진 것도 있고, 어떤 사건들은 비교적 정확하지만, 다른 사건들은 고작해야 그럴듯한 추측에 불과하다. 우리가 1세기라고 부르는 기간은 로마인들에게는 754-854년을 포함하고(로마의 창립 시기로 추정된 때로부터 계산하여), 유대인들에게는 3760-3860년에 해당한다(천지창조의 연대로 추정되는 시기로부터 계산하여). 하지만 고대의 역사가들은 이러한 숫자를 사용하기보다는 어느 왕의 치세 "몇 번째" 해라고 언급하였다. 여기에서 애매한 문제가 발생한다. 어떤 저술가들은 왕이 등극한 정확한 연대로부터 계산하는가 하면, 다른 저자들은 그의 치세 원년으로부터 계산하였다. 어떤 이들은 "배타적인 계산"을 사용하지만(예를 들면, 둘째 해로부터 다섯째 해까지는 모두 삼 년이다), 다른 이들은 "포괄적인 계산"을 사용한다(둘째 해로부터 다

---

[28] G. N. Stanton, *Jesus of Nazareth in New Testament Preaching* (Cambridge: CUP, 1974), 189쪽 참조: "적어도 예수에 대한 묘사의 어떤 측면은 믿음에 필수적인데, 그 이유는 만약 역사적인 연구가 결과적으로 입증하는 것이 역사적인 예수와 복음서의 예수가 서로 다르다는 것이라면, 믿음은 분명히 파괴될 것이기 때문이다. 복음은 역사와 관련이 있는데, 복음의 주장들이 역사가에 의해서 입증될 수 있기 때문이 아니라, 나사렛 예수에 대한 초대교회의 묘사가 역사적인 연구에 의해서 왜곡된다면 복음은 무너지고 말 것이기 때문이다."

섯째 해까지 "둘, 셋, 넷, 그리고 다섯"을 계산함으로써 같은 길이의 4년이 된다). 더군다나, 유대인들과 로마인들의 달력은 한 해의 다른 시점에서 시작한다. 그러므로 성경의 연대에 관한 기초적인 서적들을 비교해 보면 여러 연대 때문에 한 해가 상이한 방향으로 바뀌는 것을 보게 된다. 본장의 마지막에 있는 도서목록에 열거된 사건의 논문들은 우리가 참조하고 있는 고대 저술가들로부터 중요한 연대들을 제시한다. 문제를 간소화하고 초보적인 학생들을 복잡하게 하지 않기 위해서 여기에 포함된 우리의 논의에는 그런 모든 정보들을 열거하지 않을 것이다.

1) 그리스도의 탄생

역설적으로 들리지만, 그리스도의 탄생 연도는 아마도 주전 6-4년이었을 것이다. 우리가 달력을 주전(B. C.)과 주후(A. D.)로 구분한 것은 물론 기독교적인 발상이다. 이 구분은 빠르게는 9-10세기부터 적용되기 시작했지만, 유럽에서는 1500년대 후반 교황 그레고리 8세 때가 되어서야 공식적으로 채택되었다. 예수의 탄생 연대를 처음으로 수정하려고 한 시도는 디오니수스 엑시구우스(Dionysus Exiguus)에 의해서 6세기 초에 시도되었지만, 그는 요세푸스의 자료를 고려하지 못했다. 우리가 주후 1년이라고 부르는 연대는 결국 너무나도 잘 변호되었기 때문에 달력을 바꾸는 것은 불가능하게 되었다. 헤롯 대제의 죽음과 그의 아들들의 통치 시작에 관한 요세푸스의 자료에 따르면, 헤롯은 우리가 오늘날 주전 4년이라고 알고 있는 때에 죽은 것이 분명하다. 헤롯이 죽기 직전에 "베들레헴과 그 모든 지경 안에 있는 사내 아이를 박사들에게 자세히 알아본 그때를 표준하여 두 살부터 그 아래로 다 죽였기" 때문에(마 2:16), 그리스도는 아마도 그보다 2년 앞서서 태어났을 것이다. 베들레헴의 별(2:2, 9-10)을 보기 드문 행성들의 결합(주후 7년과 6년)이나 혜성 또는 초신성의 출현(주전 5년)과 결부지으려는 시도들이 보다 정확한 연대를 제시해 주었지만, 만약 이 "별"이 정말 초자연적인 현상이었다면, 이것은 예수의 탄생 연대를 알아내기 위해서 더 이상 사용될 수는 없다.

문제를 더 복잡하게 하는 것은 누가복음 2:2인데, 예수께서 퀴리니우스(Quirinius)가 시리아의 총독이었을 때 태어나셨다는 기록이다. 우리가 퀴리니우스에 관해서 확실하게 알고 있는 것은 그의 통치가 주후 6년에 시작되었다는 것이다. 하지만 "총독"에 해당하는 헬라어는 매우 일반적인 단어이기 때문에 이것은 통치자의 여러 가지 역할을 의미할 수 있으며, 퀴리니우스가 다른 초기의 통치자 밑에서 행정적인 의무를 수행하고 있었을지도 모른다는 제안도 생각해 볼 수 있다. 이 구절을 다음과 같이 번역하는 것도 가능하다. "이 호적은 구레뇨가 수리아의 총독이 되기 전에 한 것이라." 하지만 이런 조정은 별로 타당성이 없다.[29]

예수의 탄생일은 더욱 불확실하다. 로마제국 서방의 기독교인들은 *Sol Intictus*("정복할 수 없는 태양"-p. 64를 보라)를 숭배하는 공휴일인 12월 25일에 "크리스마스"를 기념하기 시작했고, 동방에서는 1월 6일을 기념하기 시작했다. 이 두 날짜는 모두 고대의 달력에서는 때로는 동짓날에 일치하기도 했다. 그러므로 이 날짜들이 예수가 태어난 실제 날짜에 관한 어떤 정보를 보여준다고 믿기에는 의심스럽다. 어떤 역사가들은 목동들이 주로 대부분의 양들이 태어나는 봄철 저녁에 양떼를 돌보았을 것이라는 사실을 지적하기 때문에 예수는 아마도 봄에 태어났을 것이다. 하지만 우리는 그 날짜를 확실하게 알 수 있는 방법이 없다.

2) 그리스도의 사역 시작

그리스도의 성년 사역의 출발점을 밝히기 위해서는 수많은 자료들이 수집되고 해석되어야 한다.

누가복음 3:1에 의하면, 세례(침례) 요한은 티베리우스 카이사르(Tiberius Caesar) 치세 15년째에 말씀을 선포하였다. 티베리우스의 통치는 주후 14년에 시작하였는데, 이를 기준으로 보면 요한은 28년이나 29년에 사역을 시작했을 것이다. 하지만 12년에는 아우구스투스(Augustus)가 동부 지역에서 티베리우스에게 공동통치권을 주었기 때문에, 별로 개연성은 없지만 누가가 이 자료로부터 계산했을 가능성도 없지는 않다. 그렇다면 요한의 설교사역은 주후 26년

---

[29] Craig L. Blomberg, "Quirinius," in *ISBE*, vol. 4, 12-13; Darrell L. Bock, *Luke 1:1-9:50* (Grand Rapids: Baker, 1994), 903-9쪽을 참조하라.

또는 27년이 되는 셈이다.

누가복음 3:23절에서 예수는 "가르치심을 시작할 때에 삼십 세쯤 되셨다"고 기록한다. 이것은 우리가 초기의 연대를 받아들인다면 보다 정확하게 들어맞지만, 위에서 언급한 모든 연대에 대강 일치한다.

요한복음 8:57에서 예수의 대적자들은 그가 아직 오십이 되지 않았다고 말하였지만, 이것은 아브라함 이후의 시기와 비교해서 그의 인생에 얼마나 적은 세월이 경과했는지를 강조하기 위한 대략적인 숫자에 불과하다.[30]

요한복음 2:20에는 "유대인들"이 예수를 대적하면서 "이 성전은 사십육 년 동안에 지었거늘 네가 삼 일 동안에 일으키겠느냐?"라고 말했다. 요세푸스에 의하면 성전의 재건은 헤롯왕 18년째 해(주전 37년부터 계산하여)에 시작되었기 때문에, 재건 사업의 시작은 결국 주전 20년 또는 19년이 되는 셈이다.[31] 여기에 46년을 추가하면(그리고 "0"년이 없다는 것을 기억한다면), 그리스도의 사역 중 첫 번째 유월절은 주후 27년 또는 28년이었다는 계산이 나타난다.

그리스도의 사역 출범의 연대를 선정하는 문제는 그 사역에 몇 년의 기간을 책정하느냐에 의해 영향을 받으며, 십자가 처형을 언제로 보느냐에 따라서도 영향을 받게 된다(pp. 305-307을 보라). 하지만 여기에서는 요한과 예수의 사역 시작 시기를 주후 27년 또는 28년으로 보는 것이 가장 적절하게 여겨진다. 요한이 예수가 세례(침례) 받기 이전에 얼마나 오랫동안 사역을 했는지는 우리가 모른다. 대부분의 학자들은 최소한 몇 달 간이라고 생각하지만 어떤 이들은 1년까지 보기도 한다.

---

30) George R. Beasley-Murray, *John* (Waco: Word, 1987), 139쪽은 민 4:2-3, 39; 8:24-25와의 비교를 통해서 사람의 일생에서 가장 왕성하게 일할 나이에 대한 가능한 연대를 암시한다.

31) "짓다"(build)에 해당하는 헬라어는 부정과거형인데, 이 때문에 Harold W. Hoehner (*Chronological Aspects of the Life of Christ* [Grand Rapids: Zondervan, 1977], 40-43)는 이것이 여전히 미완성된 성전 경내 전체를 언급하는 것이 아니라, 성전 내부의 더 제한되고 이미 건축이 끝난 부분을 의미한다고 주장한다. 하지만 이 부분을 건축하는 데에는 1년 반 정도밖에 걸리지 않았으며, 부정과거 "지어졌다"는 "[46년] 동안 건재했다"를 의미한다고 여겨지지는 않는다. 사실상, 부정과거에 대한 호너의 해석은 너무나 협소하다. 부정과거는 성경에 자주 계속적인(durative) 의미로 등장하는데(영어의 완료시제에 해당), 어느 한 과정의 "이루어진" 일부를 뜻한다.

3) 그리스도의 사역 기간

수세기에 걸쳐서 다양한 성도들이 그리스도의 사역 기간을 1년, 2년, 3년, 또는 4년이라고 주장하여 왔다. 이런 제안들 중에서 가장 보편적인 것은 몇 달의 기간 차를 두고 3년의 사역으로 보는 것이다. 공관복음서는 오직 한 번의 유월절만 언급하기 때문에 관련자료는 우선적으로 요한복음에서 나타난다. (1) 요한은 세 번의 유월절을 분명하게 언급한다(요 2:13; 6:4; 그리고 12:1). (2) 요한복음 5:1은 유대인들의 언급되지 않은 명절에 대해서 말한다. 어떤 사본들은 이것을 "그 명절"(그냥 "하나의 명절"이 아니라)이라고 부른다. 유대인들에게 중심적인 "그" 명절은 장막절이었을 것이지만, (요한과 같은) 유대인 성도들에게 그것은 유월절이었을 것이다. 만약 이 명절인 유월절이었다면 요한의 연대기에는 또 한 해가 추가되어야 할 것이다.[32] (3) 요한복음 2:13-25에 예수께서 유월절에 성전을 청결케 하신 기록이 그의 인생 마지막 주간에 성전을 청결케 하신 사건과 다른 것인지(막 11:12-19를 보라), 아니면 요한이 이 기록을 예수의 전체적인 사역을 위한 일종의 표제로서 앞부분으로 옮겨 놓았는지는 결정하기가 어렵다.[33] 만약 후자가 맞는다면 비록 예수가 성전을 청결케 하지 않으면서 사역 초기에 유월절을 지키기 위해 예루살렘에 있었다고 해도 우리는 1년을 공제해야 할 것이다. (4) 공관복음서에는 봄철이 지나가는 암시가 두 번 나타난다. 마가복음 2:23-28과 이에 병행하는 구절들에는 예수와 그의 제자들이 들판에서 봄 추수 때에 무르익었을 듯한 곡식을 따서 먹는 장면이 나온다. 오천 명을 먹이신 사건에서 마가는 잔디가 "푸르다"고 말하였는데(6:39), 이는 겨울비가 내린 직후가 아니라면 광야에서는 보기 드문 현상이었다(32절). 이 모든 것을 종합해서 보면, 2-3년 기간의 사역이나 그보다 좀더 긴 사역도 충분히 가능하다.

---

32) 어떤 이들은 예수님이 추수할 때가 된 밭을 언급하신 요한복음 4:35에 기초해서 또 다른 연대를 추가하려고 시도했는데, 요한이 말한 것은 봄 추수기가 오기 전인 1월이나 2월이었을 것이라고 제안한다. 하지만 이것은 요한복음 5:1의 절기와 더 잘 일치하는데, 아마도 봄철의 유월절이나 가을의 장막절일 가능성이 많은데, 이스라엘에는 추수기가 두 번 있었기 때문이다. 예수께서 1년 중 어느 특정한 때를 언급하려고 하셨는지는 분명하지 않다; 아마도 전도자들을 기다리는 무르익은 영혼들의 추수밭에 대한 평범한 속담을 적용하는 것이었을 것이다.

33) 이 부분에 대한 찬반론은 Craig Blomberg, *The Historical Reliability of the Gospels* (Leicester and Downers Grove: IVP, 1987), 170-73쪽을 보라.

사역 기간을 대략 3년으로 보는 자들은 주로 그 기간을 세 개의 단계로 구분한다. 드러나지 않은 "해"(예수의 위대한 갈릴리 사역 이전의 모든 사건들을 포함한다), 인기가 높아지는 "해"(예수를 막연히 따랐던 자들이 오병이어의 사건 이후로 그를 떠나버리기 전까지-요 6:66), 그리고 거절 받으시는 "해"(오병이어로부터 그의 죽음까지).[34] 물론 이러한 구분은 이 각각의 기간들의 세부적인 특징들을 보여주지 않는 지나친 일반화이며, 처음 두 개의 단계는 연대를 개월 수까지 정확하게 추정할 수도 없다. 각 기간은 대략 1년 남짓했을 것이다. 하지만 이러한 구분은 그리스도의 사역을 넓은 문맥에서 살펴보기 위한 유용한 개요를 제공해 준다.

4) 그리스도의 십자가 처형

우리는 그리스도께서 총독 빌라도(주후 26-36년)와 대제사장 가야바(18-36년)와 분봉왕 안티파스(주전 4년-주후 37년)의 치세 중에 돌아가셨다는 사실을 알고 있다. 그는 아마도 금요일(안식일 전 날-막 15:42), 첫 번째 유월절 음식을 먹은 저녁 그 다음 날에 십자가에 달리신 것처럼 보인다(막 14:12, 14, 16).[35] 하지만 요한은 첫 유월절 음식을 먹기 전, 축제가 있었던 날에 십자가에 달리신 것처럼 기록한다(요 13:1; 18:28; 19:14, 31). 그렇다면 해질 때부터 다음 날 해질 때까지 하루를 계산했던 유대인들의 관습을 따른다면 유월절은 목요일 저녁부터 금요일 저녁까지였는가, 아니면 금요일 저녁부터 토요일 저녁까지였는가?[36] 유월절은 우리가 알다시피 니산월 15일째 날에 기념되었고 초승달이 떠

---

34) 예를 들면 Robert H. Gundry, *A Survey of the New Testament* (Grand Rapids: Zondervan, rev. 1994), 111-17쪽을 보라.
35) 어떤 이들은 십자가 처형이 수요일에 있었다고 주장하는데, 그 근거로는 마태복음 12:40에서 예수님이 "밤낮 사흘" 동안 "땅 속"에 있을 것이라고 예언하심으로써 부활 주일 이전에 3일이 필요하다는 것이다. 하지만 이 해석은 "밤낮"에 대한 유대인들의 기본적인 어법은 하루 24시간 중 아무 때라도 해당될 수 있다는 사실을 간과한 것이다. Robert H. Gundry, *Matthew: A Commentary on His Handbook for a Mixed Church under Persecution* (Grand Rapids: Eerdmans, rev. 1994), 244를 참고하라.
36) 이 점에 대해서 여러 가지 견해들이 제안되었다: (1) 예수님은 다른 달력과는 다른 에세네, 또는 갈릴리 달력을 사용하셨다(이 견해는 신빙성이 없는데, 그 이유는 다양한 유대 그룹들이 1주일 기간의 절기를 제각기 다른 날짜에 지킴으로써 생겨날 수 있는 혼란 때문이다). (2) 예수님께서 돌아가셔야 할 것을 아셨기 때문에 열두 제자들과 함께 하루 일찍 절기를 지키셨다(가능하지만 이를 입증할 수 있는 증거가 없다. 막

오르면서부터 계산되었기 때문에, 우리는 이 날이 금요일이나 토요일에 떨어지는 해를 결정하기 위해 천문학적인 자료를 사용할 수 있다.[37] 하지만 날씨의 조건 때문에 초승달의 뾰족한 끝이 새 달의 첫 날이나 둘째 날 중 언제 볼 수 있는지는 의심스럽다. 밝혀진 바에 의하면, 유월절이 금요일이나 토요일에 떨어진 경우는 주후 30년이나 33년이었다. 하지만 주후 33년의 명절의 연대를 금요일로 보는 것은 더욱 어렵다.

이러한 연대들 가운데서 선택하는 것은 무척 어렵다. 만약 마가복음 15:33과 사도행전 2:19-20에 기록된 우주의 대격변을 월식과 동일시한다면, 그 해는 33년이 되어야 한다.[38] 하지만 흑암이 전적으로 초자연적인 현상이었다면 이런 정보는 아무런 도움이 되지 못한다. 만약 그리스도의 사역의 시작을 위한 가장 초기의 연대를 주후 28년으로 본다면, 그리고 그 연대가 29년이 될 수도 있다면, 그리고 예수가 4년 간의 사역을 하셨다고 확신한다면, 역시 주후 33년을 선택하는 것이 자연스럽다. 하지만 위에서 언급한 모든 불확실성을 고려한다면, 예수의 사역이 단지 2년 또는 그보다 약간 더 지속했으며 대부분의 사역이 주후 28-30년 동안에 발생했을 가능성도 전혀 없지는 않다. 만약 세자누스(Sejanus)의 사망(주후 31년) 때문에 빌라도의 입장이 난처해 져서 예수를 심문할 때 그처럼 행동했다면(p. 45-46을 보라), 다시 주후 33년이 옳은 것처럼 보인다. 하지만 그 어느 것도 매우 결정적으로 입증할 수 없다. 이와 관련된 것으로는 사도행전에 기록된 사건들의 연대와 바울의 인생이다. 이러한 모든 세부 사항들은 주후 30년부터 시작하는 기간에 쉽게 끼워 맞출 수 있다. 만약 33년

14:12 참조). (3) 공관복음서는 옳고 요한복음은 틀렸다: 요한은 이러한 비역사적인 수정을 통해서 예수님을 유월절 어린 양으로 소개하는 신학을 전개하고자 했다(신빙성이 있지만, 요한은 다른 곳에서도 자료를 그처럼 왜곡하지 않은 채 다양한 절기 때마다 예수님의 신학적인 의미를 소개하려고 한 것처럼 보인다). (4) 요한복음이 옳고 공관복음이 틀렸다(이것은 연대에 대한 요한의 관심과 일치하지만, 공관복음서의 변화는 별다른 동기가 없게 만든다). (5) 요한복음과 공관복음서는 실제로 모두 예수께서 목요일 밤에 유월절 음식을 드셨고 금요일에 못박히셨다는 점에 동의한다(이 견해가 가장 타당성이 있다; 요 13:1-2는 그 자체가 유월절 식사를 언급하지는 않는다; 18:28은 양의 첫 제물을 드린 다음 날 점심에 먹는 chagigah를 언급하는 것일 가능성이 있다; 그리고 19:14, 31은 아마도 유월절 기간 중 안식일을 위한 예비일을 언급하는 것이다(막 15:42). 세부 사항을 위해서는 Blomberg, *Historical Reliability*, 175-78쪽을 참조하라.
37) 보다 철저한 자료의 편집은 Herman H. Goldstine, *New and Full Moons*, 1001 B. C. to A. D. 1651 (Philadelphia: American Philosophical Society, 1973)를 보라.
38) 특별히 Colin J. Humphrey와 W. G. Waddington의 중요한 논문("Dating the Crucifixion," *Nature* 306 [1983]: 743-46)을 보라. 하지만 복음서들은 태양이 어두워졌다고 기록한다.

까지 기다린다면 상황은 더욱 끼워 맞추기가 힘들게 된다.[39] 아무런 종류의 연대를 재구성할 정도로 복음서의 자료를 진지하게 다루는 주석가들에서는 주후 30년이 다소 선호하는 연대로 떠오른다. 다행히도, 해석학적인 의미는 이런 정확한 연대가 언제이냐에 크게 좌우되지 않는다.

5) 그리스도의 생애에 대한 다른 세부사항

요한복음에서 언급된 다른 명절들로부터 우리는 예수께서 예루살렘으로 가신 여행들에 대한 세부사항들을 확인할 수 있다. 요한복음 1:19-4:42은 그의 사역이 시작하는 기간이기 때문에 그 모든 내용이 공관복음이 설명하는 갈릴리 사역보다 선행한다고 가정하는 것이 관례이다. 가나에서 신하의 아들을 고친 사건(4:43-54)은 예수의 갈릴리 사역 초기에 있었던 백부장의 종을 치유한 사건(마 8:5-13)과 매우 유사하기 때문이다. 요한복음 2:13-4:42의 선행하는 사건들(모두 남쪽에서 일어났다)은 그렇다면 그리스도께서 갈릴리에서 본격적으로 사역을 시작하기 전에 있었을 것이다. 만약 요한복음 5:1이 장막절을 말하는 것이라면, 이것은 갈릴리 사역의 일단락을 의미한다. 그 이유는 6장에서 오천 명을 사건과 다시 북쪽의 호수에서 걸으신 사건이 등장하기 때문이다. 공관복음에 기록된 예수의 예루살렘 여행(눅 9:51에서 시작함; 막 10:1 참조)은 갈릴리로 돌아갔다는 것을 인정할 여지를 남기지 않는 듯하다. 그러므로 이것은 요한복음 7:1-10:21에 기록된 것처럼 예수께서 예전에 예루살렘으로 가셨던 직후에 있었을 것이다. 하누카(수전절, 요 10:22-39) 때에 예루살렘에서 사역하신 후에 예수는 돌아가시기 일주일 전에 예루살렘에 운명적으로 들어가실 때까지 이스라엘의 남부지역에서 머무셨던 것 같다(10:40-11:57). 이 모든 것은 가설에 불과하다는 것을 인정한다. 그럼에도 불구하고 이러한 결론들을 도식화하여 나타내 보이는 것은 유익하다.[40]

---

39) 예를 들면 F. F. Bruce, *Paul: Apostle of the Heart Set Free* (Grand Rapids: Eerdmans [=*Paul: Apostle of the Free Spirit* (Exeter: Paternoster)], 1977), 475를 보라.
40) 특별히 John A. T. Robinson, *The Priority of John* (London: SCM, 1985; Oak Park, Ill.: Meyer-Stone, 1987), 157과 앞장의 논의를 참조하라.

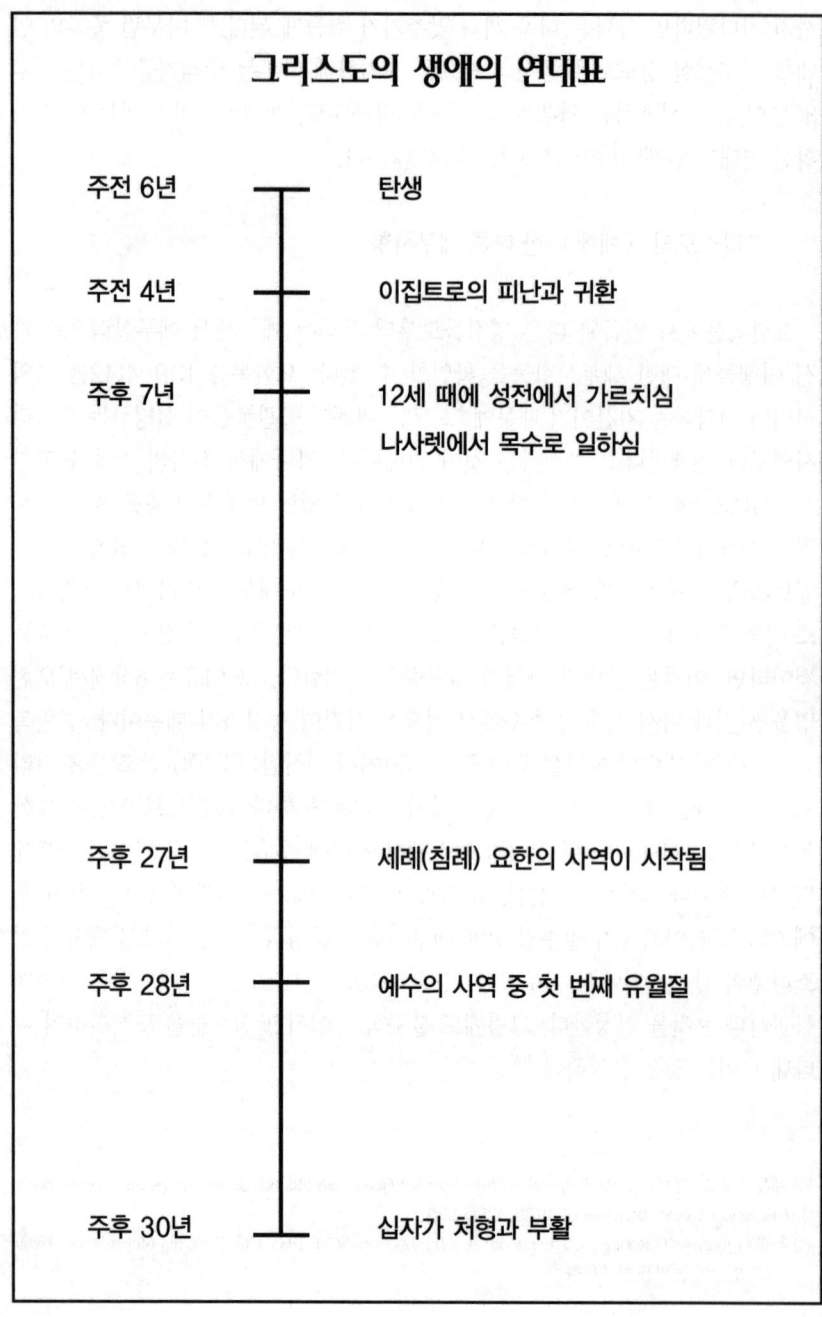

연대	사건
27년 말	세례(침례) 요한의 등장
28년 초	예수의 세례(침례) / 요한복음 1-2장의 초기 사건들
28년 봄	요한복음 2:13의 유월절
28년 봄-가을	요한복음 3-4장의 나머지 사건들 / 공관복음서에 나타난 갈릴리 사역
28년 가을	요한복음 5:1의 장막절(?)
29년 봄까지	공관복음서에 나타난 더 많은 갈릴리 사역
29년 봄	유월절 때 오천 명을 먹이심 / (요한복음 6:4 문단)
29년 가을까지	갈릴리 사역의 종결, 물러나심과 귀환
29년 가을(10월)	장막절(요 7:1-10:21)과 갈릴리 귀환
29년 11-12월	"베레아 사역" – 예수의 마지막 예루살렘 여행
29년 12월 말	예루살렘의 하누카(요 10:22)
30년 겨울-봄	유대와 예루살렘에서의 사역
30년 4월 2-6일	"승리의 입성", "고난주간"
4월 7-9일	십자가 처형과 부활

이상의 내용 이외에 그리스도의 생애 가운데 나타난 자세한 내용들이 언제 어디에 속하는지를 정확하게 재구성하기란 매우 어렵다. 이러한 관찰을 살필 때 우리는 일반적으로 받아들여지지만 극단적이고 유효하지 않은 두 가지 견해를 피해야 한다. 하나는 사복음서의 모든 이야기들을 하나의 연결되고 시종일관한 이야기체로 끼워 맞춤으로써 그리스도의 생애를 완전하게 재구성하는 것이 불가능하다는 주장이다. 이러한 시도는 과거에 종종 있었으며, 어느 학자가 재구성한 사건들의 순서가 다른 학자의 그것과 여러 가지 점에서 매우 유사하기도 하다. 조정할 수 없는 모순이 순서 가운데 발생하는 때는 연대기적인 순서가 분명하게 입증되지 않은 경우나(p. 189를 보라), 서로 그다지 유사하지 않은 모든 구절들이 참된 병행을 나타낸다고 가정할 때이다.[41]

다른 한편으로, 정반대의 결론을 마찬가지로 효력이 없게 만드는 것은 한 복음서의 내용을 다른 복음서와 비교하며 주제별로 다시 묶거나 재배열하는 것이다. 서로 다른 수많은 조화들이 시도되었는데 이들은 상세한 부분에서 일치하지 않으며, 많은 경우 어느 것이 가장 신빙성 있는 연대인지를 결정하기에 충분한 자료가 우리에게 부족하다. 예를 들면, 그리스도의 갈릴리 사역 중에서 어떤 사건이 산상수훈 이전에 발생했으며, 어떤 것이 이후에 발생했는가? 누가복음 6:12-16에서 예수는 그의 위대한 설교 전에 열두 제자들을 모두 부르신다. 이것은 마가복음 1:1-3:19의 모든 사건들, 즉 열두 제자들을 부르시기 전까지의 모든 사건들이 산상수훈보다 선행해야 함을 많은 사람들에게 암시해 준다. 하지만 이 사건들 중 많은 것들이 마태복음에서는 산상수훈 이후에 등장한다(특별히 8, 11, 12장을 보라). 마가와 마태가 이 시점에서 모두 주제별로 묶고 있다는 것을 깨닫고 나면, 연대에 관한 질문은 어느 한 방향으로 결정될 수 있다. 우리는 단지 그것을 알지 못할 뿐이다.

---

41) 이것 역시 약간의 조정이 필요하다. 복음서의 모순처럼 보이는 것들을 해결하기 위해서, 병행 본문은 그 사건을 예수님의 사역 중 같은 시간과 장소에 분명히 두고 있는데도 불구하고 그 일이 두 번 발생했다고 추정하는 것은 불합리하다(예를 들면, 야이로의 딸이 두 번 소생했다거나 마지막 만찬을 두 번 기념하셨다는 등). 다른 한편으로, 비록 누가와 마태는 예수님의 여러 가르침들을 서로 다른 곳에 두고 있지만, 모든 "Q" 어록이 오직 한 가지 상황에서만 발설되었다고 주장하는 것은 근거가 없다(예를 들면, 주의 기도나 잃은 양의 비유). 예수님의 가르침들(비유들) 중 한 중요한 예를 위해 몇몇 방법론적인 통제를 시도한 경우는 Craig L. Blomberg, "When Is a Parallel Really a Parallel? A Test Case: The Lucan Parables," *WTJ* 46 (1984): 78-103를 보라.

제10장 • 역사적 예수 – 탐구와 연대기

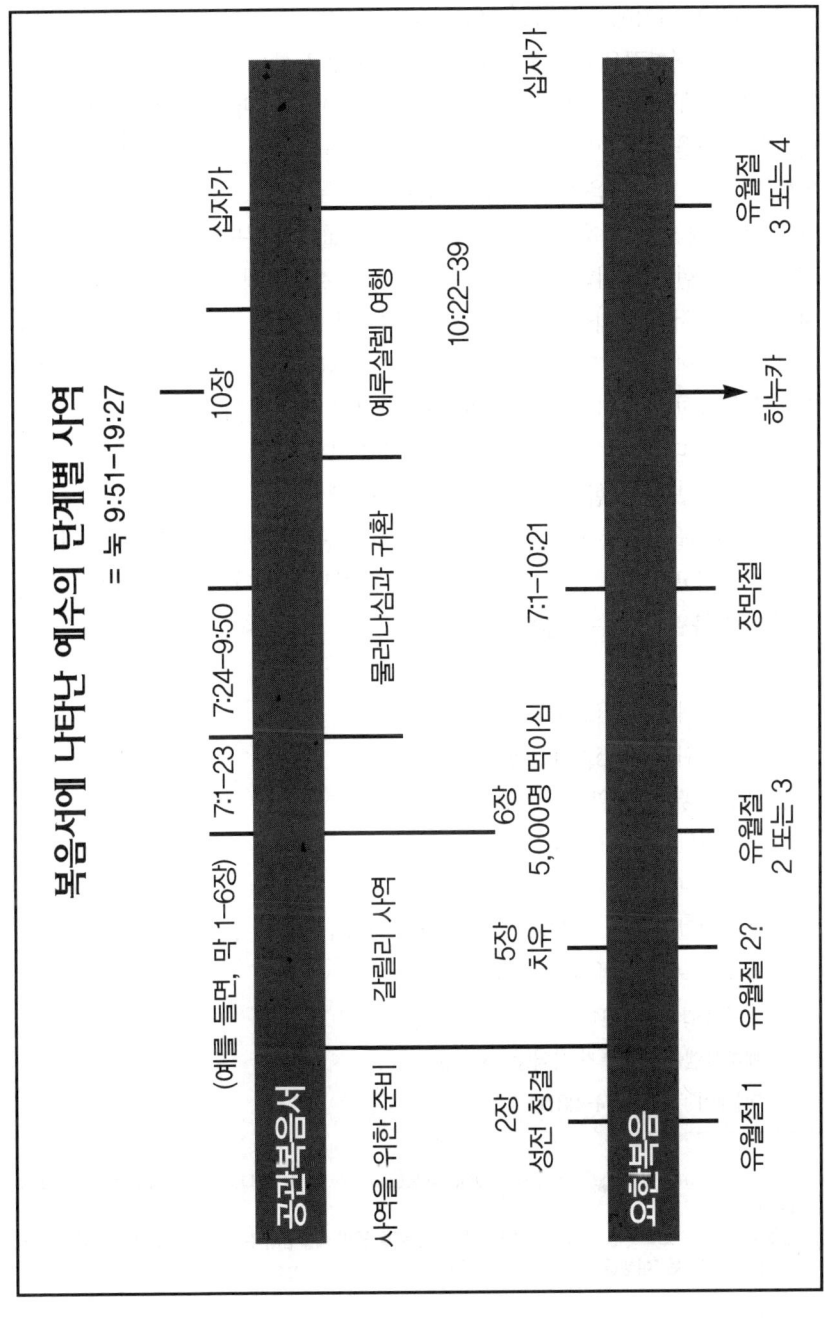

제4부의 나머지에서 그리스도의 생애를 개관할 때 만약 충분한 정보가 있는 경우라면 연대기적으로 다룰 것이며, 그렇지 않을 때에는 주제별로 다룰 것이다. 이런 주제별 묶음-예수의 치유, 논쟁적인 이야기, 비유, 기적-을 위해서는 마가의 개관을 주로 따를 것이며, 다른 복음서들로부터 같은 형태의 예들을 삽입할 것이다. 마가복음과 병행하지 않는 마태, 누가, 요한의 자료들을 다룰 때에는 그 속에 담긴 주제별 패턴에 주목하면서 별개의 문단들을 사용할 것이다. 위에서 언급한 광범위한 연대기적 윤곽보다 더 자세하게 그리스도의 생애 속의 사건들의 순서와 조화를 원하는 자들을 위해서 수많은 개관들이 주어졌다. 사 복음서 모두에 대한 학문적인 개관은 알란트(Aland)의 개관으로서, 학도들은 앞으로 등장하는 우리의 모든 논의 속에서 그의 개관을 자주 참조하는 것이 도움이 될 것이다.[42] 다음의 차트는 알란트의 순서를 약간 수정한 것으로서, 해당하는 성구를 모두 포함하고 있고 그리스도의 생애의 주요 단계들에 대한 타당성 있는 개관을 보여준다. 열거된 각각의 주요 단락 내에서는 세부적인 내용들이 연대적이고 주제적인 요소들의 복합에 의해서 진행되는데, 그 정확한 특징은 때때로 복원시킬 수가 없다.[43]

출생과 어린 시절(§2-5, 7-12)
사역을 위한 준비(§13-16, 18, 20)
예수의 공적인 사역의 시작(§21-29)
초기 갈릴리 사역(§30-32, 34-41, 49)
산상수훈(§50-83)
후기 갈릴리 사역, 예루살렘 여행을 포함한다(§84-86, 89-150).
갈릴리로부터의 퇴거(§151-63)
고향으로 귀환(§164-73)
예루살렘에서의 추가 사역(§238-50)
"베레아" 사역(§174-237)

---

42) Kurt Aland, *Synopsis of the Four Gospels: English Edition* (New York and London: United Bible Societies, 1982).
43) 입증할 수 있는 것보다 훨씬 그 이상을 말하는 것은 예를 들면 예수님의 갈릴리 그리고/또는 베레아 사역을 세 개의 독립된 "여행들"로 구분하는 이론들이다.

마지막 유대 사역(§251-68)
예루살렘에서의 마지막 사역(§269-304)
수난(§305, 307-51)
부활(§352-57, 366-67, 364-365)

3. 심층연구를 위한 자료

1) 역사적인 예수에 대한 탐구

(1) 초급

Borg, Marcus J. *Jesus in Contemporary Scholarship*. Valley Forge: TPI, 1994.

Brown, Colin, ed. *History, Criticism, and Faith*. Leicester and Downers Grove: IVP, 1976.

Chilton, Bruce D., and Craig A. Evans eds. *Studying the Historical Jesus: Evaluations of the State of Current Research*. Leiden: Brill, 1994.

Evans, C. Stephen. *The Historical Christ and the Jess of Faith*. Oxford: Clarendon, 1996.

Hagner, Donald A. *The Jewish Reclamation of Jesus*. Grand Rapids: Zondervan, 1984.

Harrisville, Roy A., and Walter Sundberg. *The Bible in Modern Culture: Theology and Historical-Critical Method from Spinoza to Käsemann*. Grand Rapids: Eerdmans, 1995.

Kissinger, Warren S. *The Lives of Jesus: A History and Bibliography*. New York and London: Garland, 1985.

McArthur, Harvey K. *The Quest through the Centuries: The Search for the Historical Jesus*. Philadelphia: Fortress, 1966.

Marchall, I. Howard. *I Believe in the Historical Jesus*. London: Hodder & Stoughton; Grand Rapids: Eerdmans, 1977.

Neill, Stephen C., and Tom Wright. *The Interpretation of the New Testament*

1861-1986. Oxford: OUP, 1988.
Schweitzer, Albert. *The Quest of the Historical Jesus*. London: A & C Black; New York: Macmillan, 1910.
Wilkins, Michael J., and J. P. Moreland eds. *Jesus under Fire: Modern Scholarship Reinvents the Historical Jesus*. Grand Rapids: Zondervan, 1995.
Witherington, Ben, III. *The Jesus Quest: The Third Search for the Jew of Nazareth*. Downers Grove: IVP, 1995.

(2) 참고문헌

Evans, Craig A. *Jesus*. IBR Bibliographies #5. Grand Rapids: Baker, 1992.

2) 그리스도의 생애의 연대

(1) 연대

Caird, G. B. "The Chronology of the New Testament." S.v. "Life of Jesus." In *IDB*. Vol. 1. 599-603.
Donfried, Karl P. "Chronology: New Testament." S.v. "Chronology of the Life of Jesus." In *ABD*. VOl. 1. 1012-16.
Finegan, Jack. "Chronology of the New Testament." S.v. "Chronology of the Life of Jesus." In *ISBE*. Vol. 1. 686-89.
Hoehner, Harold W. *Chronological Aspects of the Life of Christ*. Grand Rapids: Zondervan, 1977.
Vardaman, Jerry, and Edwin M. Yamauchi, eds. *Chronos, Kairos, Christos*. Winona Lake, Ind.: Eisenbrauns, 1989.

(2) 그리스도의 생애

Culver, Robert D. *The Life of Christ*. Grand Rapids: Baker, 1976.
Drane, John. *Son of Man: A New Life of Christ*. Alresford: Hunt & Thorpe; Grand Rapids: Eerdmans, 1993.
Guthrie, Donald. *Jesus the Messiah*. Grand Rapids: Zondervan, 1972.

Harrison, Everett F. *A Short Life of Christ*. Grand Rapids: Eerdmans, 1968.
Stauffer, Ethelbert. *Jesus and His Story*. London: SCM; New York: Alfred Knopf, 1960.
Stein, Robert H. *Jesus the Messiah: A Survey of the Life of Christ*. Downers Grove: IVP, 1996.

(3) 조화와 개관

Aland, Kurt. *Synopsis of the Four Gospels: English Edition*. New York and London: United Bible Societies, 1982.
Pentecost, J. Dwight. *A Harmony of the Words and Works of Jesus Christ*. Grand Rapids: Zondervan, 1981.
Robertson, A. T. *A Harmony of the Gospels*. New York: Harper & Row, 1922.
Thomas, Robert L., and Stanley N. Gundry, eds. *The NIV Harmony of the Gospels*. San Francisco: Harper, 1988.
Throckmorton, Burton H., Jr. *Gospel Parallels: A Synopsis of the First Three Gospels*. Nashville: Thomas Nelson, rev. 1992.

4. 복습을 위한 질문들

1) 역사적 예수에 대한 세 가지 탐구들은 무엇인가? 그 탐구들은 어떻게 서로 유사하거나 다른가?
2) 역사적 예수의 이해를 위한 주된 학문적 선택들은 무엇인가? 당신에게 어떤 선택이 가장 신빙성이 있는가? 그 이유는?
3) 진정성의 기준을 설명해 보라.
4) 그리스도의 생애의 연대를 우리는 어느 정도까지 확실하게 재구성할 수 있는가? 또 어느 정도까지는 할 수 없는가? 상대적으로 고정된 연대들은 무엇이며 우리는 어떻게 그런 결론에 도달했는가?

제11장

예수의 출생과 유년기

마가복음은 이미 성장하신 예수의 이야기로부터 시작한다. 하지만 마태와 누가는 예수의 출생과 관련된 사건들을 묘사하는데 각각 두 장씩 할애하였다. 요한복음의 서론은 매우 신학적인데, 예수의 선재(preexistence)와 성육의 개념을 발전시키고 있다. 우리는 먼저 마태복음과 누가복음을 살펴볼 텐데, 그 이유는 비록 이 두 복음서가 그 설명하는 사건들에서 상당한 차이를 보이고 있지만 예수의 초기 생애에 관한 정보를 실제로 제공하기 때문이다. 마태복음 1-2장과 누가복음 1-2장 사이에는 거의 아무런 유사성도 없기 때문에, 이 두 복음서 기자는 아마도 이 시점에서 그들 나름의 독특한 자료나 전승에 의존하고 있었을 것이다. 우리가 "유년시절 이야기"를 살펴보면서 왜 그들이 그러한 내용을 포함했는지 더욱 분명해질 것이다. 우리가 결코 잊지 말아야 할 사실은 다음과 같은 여러 세부 사항에서 상당한 내용이 일치하고 있다는 것이다. 정혼한 부부인 마리아와 요셉은 예수의 부모였지만, 예수는 헤롯 왕 시절, 마리아가 아직 처녀였을 때, 성령님에 의해서 잉태되셨다. 마리아와 요셉은 경건한 부부였다. 한 천사가 아이의 다가올 출생과 이름을 미리 선포하였다. 예수의 출생은 베들레헴에 일어났지만 그들은 나사렛에서 정착하였다. 예수의 다윗 혈통과 메시아로서의 역할이 두 복음서에서 모두 강조되고 있다.[1] 그 이상부터는 마태복음과 누가복음이 각각 다른 방식으로 전개된다.

---

1) Joseph A. Fitzmyer, *The Gospel according to Luke I-IX* (Garden City: Doubleday, 1981), 307 참조.

1. 마태복음의 유년기 이야기(마 1-2장)

1) 예수의 계보(1:1-17) [Aland §1, 6]

마태는 처음 시작부터 예수의 신학적인 의미를 강조한다. 예수는 유대의 메시아-그리스도-이시며 다윗 왕의 후손이시다. 그는 또한 유대 민족의 조상인 아브라함의 후손이시다(1절). 하지만 아브라함의 후손들은 모든 민족들에게 축복이 될 것이라는 약속을 받았고(창 12:2-3), 이 우주적인 특징은 마태복음의 계보에도 예시되고 있다. 놀랍게도 여기에는 다섯 여인들의 이름-다말, 라합, 룻, 우리아의 아내(밧세바), 그리고 마리아-이 포함되었다. 마리아 이외에는 모두 이방인들과 일종의 관계를 가지고 있었으며 마리아를 포함해 모두가, 그것이 사실이건 아니건, 그들의 성적인 행실에 대해 의혹을 받고 있었다.[2] 만약 메시아가 이런 조상들로부터 태어날 수 있다면 그는 평판이 나쁜 자들을 포함해 모든 종류의 사람들을 위한 구원자가 되실 수 있다.

비록 구약 성경은 조상들을 몇 명 더 언급하지만, 마태는 그의 계보에 등장하는 이름들을 14명씩 세 개의 그룹으로 나누어 배열하였고 그 14번째는 바로 다윗이었다. 히브리어에서 다윗이라는 이름의 게마트리아(*gematria*: 단어의 자음들이 가진 수적인 가치의 합계)는 14이다(D+V+D=4+6+4). 고대 유대교에서 게마트리아를 다양하게 창의적으로 사용했던 점을 고려한다면, 마태 역시 예수의 계보를 열거할 때에 그 방법을 사용하여 예수를 다윗의 아들로서 강조했을 가능성이 높다. "낳다"라는 동사는 "조상이 되다"는 뜻도 갖기 때문에 이름을 생략하는 것은 전혀 문제가 되지 않는다. 영어 성경의 16절에 나오는 "whom"은 여성형으로서 오직 마리아만이 예수의 생물학적인 부모임을 마태가 주장하는 것으로 볼 수 있다.

---

[2] Jane Schaberg (*The Illegitimacy of Jesus* [San Francisco: Harper & Row, 1987])는 증거를 벗어나 예수님이 문자 그대로 사생아라고 주장한다. 하지만 비합법적인 출생이나 성적인 관계의 의혹들은 이 다섯 여인들 모두를 둘러싸고 있다; Craig L. Blomberg, "The Liberation of Illegitimacy: Women and Rulers in Matthew 1-2," *BTB* 21 (1991): 145-50을 보라.

2) 예수의 출생을 둘러싼 사건들(1:18-2:23) [Aland §7, 8, 10, 11]

마태가 1-2장에 포함한 모든 내용은 예수의 유년기에 성취된 것으로 보이는 구약의 다섯 가지 본문 중 하나와 관련된다. 이 구절들을 읽으면 우리는 그리스도의 출생의 "누구"와 "어디서"에 대해서 알게 된다. 제 1장은 예수를 그리스도, 다윗의 아들, 그리고 임마누엘로 묘사한다. 제 2장은 예수가 베들레헴, 이집트, 나사렛에 계셨던 의미를 설명한다.[3] 복음서에서 구약 성경이 인용된 다른 부분과 마찬가지로, 이런 몇몇 예언들은 매우 문자적이고 직접적인, 이미 성취된 예견들이다. 예를 들면, 2:6은 메시아가 베들레헴에서 출생해야 한다고 기록한다 (미 5:2). 자신의 출생지를 선택하는 것은 예수가 성취하려고 목적하셨던 메시아의 "직무 내용"의 일부가 아니기 때문에, 이런 종류의 성취는 매우 변증적인 가치를 가진다.

한편, 어떤 성취들은 분명히 예표론적이다(*typological*). 예표론이란 "신구약 성경의 사건들 사이의 상호관련성을 인식하는 것으로서, 하나님이 역사하시는 원칙들의 변치않는 특성들에 대한 확신과, 구약의 모델을 통한 신약의 사건의 이해와 묘사 위에 기초한 것"이다.[4] 예를 들어 마태가 2:15에서 인용한 호세아 11:1은 하나님께서 이스라엘을 이집트에서부터 불러내신 사건이 기록된 본문을 포함하고 있는데, 이 사건은 원래 문맥상 예언이 아니라, 과거시제의 사건이었다. 하지만 기독교인들은 예수도 이스라엘 사람들처럼 하나님께서 그의 백성들과 맺은 언약을 확증하는 과정의 일부로서 이집트로 피신하셨다가 돌아오셨다는 사실에서 하나님의 우연과도 같은 섭리를 보았던 것이다. 일반적으로 기독교인들은 구속의 역사가 보다 큰 규모로 반복되는 패턴을 보이면서 각각의 경우마다 동일하신 하나님의 역사를 드러낸다고 믿었다.[5] 이러한 논리는 직설적인 예언과 성취와는 다를지라도 역시 엄청난 변증적인 힘을 갖는다.

---

3) Krister Stendahl, "Quis et Unde? An Analysis of Matthew 1-2," in *Judentum, Urchristentum, Kirche*, ed. W. Eltester (Berlin: Topelmanm 1960), 94-105.

4) R. T. France, *The Gospel according to Matthew* (Leicester: IVP; Grand Rapids: Eerdmans, 1985), 40.

5) 예표론에 대한 상세한 연구를 위해서는 Leonhard Goppelt, *Typos* (Grand Rapids: Eerdmans, 1982)를 보라. 특별히 이 구절에 관해서는 Tracy L. Howard, "The Use of Hosea 11:1 in Matthew 2:15: An Alternative Solution," *BSac* 143 (1986): 314-28을 보라. 그는 두 본문 사이의 "유비적 상관관계"에 대해서 말하고 있다.

다른 경우들에서는 문자적인 성취들과 예표론적인 성취들이 복합되기도 한다. 유명한 이사야 7:14의 처녀 잉태의 예언(마 1:23)은 미래를 바라보고 있지만, 그 아기가 아하스 시대에 태어나야 했다는 사실(사 7:15-16)은 적어도 이사야 시대에 부분적으로 성취되었음을 의미한다. 아마도 "처녀"(히브리어는 'almah')는 "결혼할 나이가 찬 젊은 여인"을 의미하며 약속된 아들은 마할살랄하스바스(8:3)였을 것이다. 하지만 이사야 7-9장의 넓은 문맥에서 보면, 태어나서 임마누엘("하나님이 우리와 함께 계시다"-7:14; 8:8)이라고 부르게 될 아기는 또한 "전능하신 하나님"과 동일하다(9:6). 70인역은 후에 이사야 7:14을 결코 성경험이 없는 여인을 의미하는 엄격한 헬라어 단어(parthenos)로 번역하였다. 의심할 나위 없이, 마태는 이사야의 예언이 아하스 시대에만 국한하는 것이 아니며 예언의 참되고 궁극적인 의도는 예수를 가리키는 것이라고 스스럼없이 결론지었다.[6] 사실상, "성취하다"는 단어는 "보충하다" 또는 "가득 채우다"는 개념을 포함할 수 있는 광범위한 의미를 가지고 있으며 다양한 종류의 예언들이 다중적으로 성취될 수 있음을 보여준다. 우리는 이제 마태복음 1:18-2:23 속의 다섯 가지 본문들에 대해서 차례로 그 주석적 의미를 살펴볼 것이다.

(1) 예수의 잉태(1:18-25)

'정혼'은 구속력이 있는 계약이기는 하지만, 혼인은 1년 혹은 그보다 오랜 시간 이후에 있게 될 결혼식이 있기 전까지는 완성되지 않았다. 젊은 유대 처녀들은 십대 초반에 두세 살 많은 남자들과 결혼하였다. 요셉과 마리아도 예외는 아니었을 것이다. 이 본문 속의 내용은 요셉의 관점을 보여주는데 아마도 요셉이 먼저 이 말을 했을 것이다. 하지만 요셉의 의로움은 마태복음의 한 가지 중요한 주제인 동시에 추가적인 강조이기도 하다. 그렇다고 요셉이 죄가 없었다는 것을 의미하지는 않는다. 단지 경건한 사람이었다는 뜻이다. 아기의 이름인 "예수"는 "야훼께서 구원하신다" 또는 "야훼는 구원이시다"는 뜻의 히브리 단어 "여호수아"(Joshua)를 헬라어로 번역한 것이다.

---

[6] 이와 연관된 개념들에 대한 설명과 해석적인 선택사항들에 대한 훌륭한 연구를 위해서는 John T. Willis, Isaiah (Austin: Sweet, 1980), 158-68을 보라.

(2) 베들레헴에서의 출생과 동방박사들의 방문(2:1-12)

흔히 알려진 크리스마스카드나 캐럴과는 달리, 마태는 동방박사들이 왕들이었다거나 세 명이었다고 말한 적이 결코 없다(왕에게나 바치는 선물을 세 개 가져온 것은 분명하지만). "박사들"(Magoi)이란 아마 페르시아에서 온 점성가들로서, 별을 관찰하는 원시적인 학문과 이를 통해서 시대와 미래의 징조를 파악하려는 시도를 한데 묶은 것이다. 여기에서 또 알 수 있는 것은 복음의 포괄적인 영향과 헤롯과 예루살렘 사람들(제사장들과 정부 관리들이 지배한)의 반응 사이의 놀라운 차이이다. 가장 기대하지 않았던 사람들이 아기 그리스도를 경배하러 찾아왔는데, 마땅히 그리스도를 기다리고 있어야 했던 사람들은 그의 나타나심 때문에 위협을 느꼈던 것이다. 사람들은 별을 종종 행성들의 결합체인 혜성이나 유성이라고 설명하지만, 초자연적으로 보이는 이 현상을 밝히려는 어떠한 합리적인 시도도 별이 나타난 때와 장소를 설명하지는 못한다. 마태는 6절에서 미가서를 인용할 때 "가장/결코"(by no means)라는 문구를 포함하였다. 이것이 마치 예언의 원래적인 의미를 부정하는 것처럼 보이지만, 우리가 이해해야 할 마태복음의 핵심은 비록 베들레헴이 그 자체로서는 작고 보잘 것 없는 마을에 불과할지라도 아기 그리스도의 탄생 때문에 이제 이 마을은 큰 의미를 갖게 되었다는 점이다.[7] 마리아와 요셉은 마치 그곳에 정착한 것처럼 보이지만(11절), 곧 그곳을 떠나도록 지시를 받았다.

(3) 이집트로 피신함(2:13-15).

이 피신에 대해서 누가복음에는 아무런 기록도 없지만 누가복음 2:39 속에 얼마나 오랜 시간이 포함되었는지는 아무도 모른다. 아마도 몇 달에서 수년의 세월이 흘러갔을 것이다.

(4) 아이들의 학살(2:16-18)

여기에는 마태가 호세아 11:1을 인용했을 때와 마찬가지로 일종의 예표론이 포함된 듯하다. 예레미야 31:15는 포로로 끌려갈 당시 자기 자녀들의 죽음을 슬

---

7) D. A. Carson ("Matthew," in *Expositor's Bible Commentary*, ed. Frank E. Gaebelein, vol. 8 [Grand Rapids: Zondervan, 1984], 88)은 이것을 "단순히 형식적인" 모순이라고 부른다.

퍼했던 여인들에 대해서 언급하고 있지만, 라헬을 이스라엘의 어머니들을 의인화한 표현으로 이미 암시하고 있다. 라헬의 두 아들 요셉과 베냐민이 "없어질" 위협을 당한 것처럼, 후대의 여인들도 그들의 자녀들이 죽임을 당하거나 포로로 잡혀갈 때 눈물을 흘렸다. 이제 마태는 이 동일한 주제를 베들레헴의 아기들이 헤롯의 군대에 의해서 살육을 당하는 상황에 또 다시 적용하였다. 우리는 살육당한 아기들의 수를 과장해서는 안 된다. 이처럼 작은 마을에서 두 살 미만의 아기들은 고작해야 20여명 정도였을 것이다.[8] 16절은 예수가 태어나신 지 적어도 2년 뒤에 방문했을 것이라고 암시한다. 분명히 목자들 곁에 말구유가 있는 그런 장면은 아니었다!

(5) 나사렛으로 돌아감(2:19-23)

"나사렛 사람이라 칭하리라"(23절)는 구절은 구약성경 어디에도 없다. 하지만 이것 또한 마태가 복수형태의 "선지자들"을 언급하면서 소개한 유일한 "인용"이다. 추측컨대, 마태는 실제적인 인용은 하지 않으면서도 다양한 예언들의 주제를 요약하고 있는 것이다. 하지만 그 주제란 어떤 것일까? 가장 일반적인 두 가지 제안들은, 히브리어 *nezer*("가지"), 예수가 이새의 "가지" 즉 다윗의 혈통으로서(사 11:1 참조) 그분의 왕권과 메시아의 역할을 언급하는 단어에 대한 언어유희(wordplay)라는 것과 나사렛을 "침체되고" "소박한" 시골(요 1:46 참조)을 의미하는 속담처럼 사용하여 메시아의 비천함을 언급하는 것에서(특별히 사 52:14; 53:2-9를 보라) 파생했다고 보았다.

그렇다면 마태는 단지 하나의 역사가로서가 아니라, 예수를 완벽한 다윗 계통의 왕에 대한 구약성경의 진정한 성취로서 보이려는 변증적인 동기를 품은 하나의 신학자로서 집필한 것이 분명하다. 이것은 현대의 기독교 변증학에도 의미를 제공한다. 복음서에는 2백 가지 이상의 예언들이 성취되었고 이 모든 것이 한 개인을 중심으로 합체될 수 있는 가능성이란 지극히 적다.[9] 문제는 복음서에서 "성취된" 구약의 본문들 중에서 겨우 몇 가지만이 직접적인 의미의 예

---

8) 이 이야기의 모든 측면들에 대해서는 Richard T. France, "Herod and the Children of Bethlehem," *NovT* 21 (1979): 98-120를 보라.

9) 예를 들면, Josh McDowell, *Evidence That Demands a Verdict* (San Bernardino: Campus Crusade for Christ, 1972), 147-84를 보라.

언들이라는 것이다. 하지만 우리가 고대 유대인들의 마음을 이해한다면, 신약성경에서 발견되는 광범위한 의미의 성취 속에는 여전히 놀라운 변증적인 가치가 있다. 하나님의 백성들의 구원을 선포하는 주요 사건들이 놀랍게도 유사한 형태로 되풀이될 때, 그것 역시 이 모든 것이 우연히 발생하는 것이 아니라는 사실을 입증하는 것이다.

3) 결론

요약한다면, 마태복음의 유년기 이야기는 세 자기 주제들을 강조한다. 첫째, 예수는 이스라엘의 소망으로서, 그들이 오랫동안 기다린 메시아이시며, 구약성경의 성취이시다. 둘째, 예수를 통해서 이방인들과 포로된 자들에게까지 축복이 확장된다. 셋째, 헤롯이나 예루살렘의 제사장들이나 그 어떤 세상의 권세자들이 아니라, 예수가 적법한 왕이요 통치자이시다.

2. 누가복음의 유년기 이야기(눅 1-2장)

1) 서론(1:1-4) [Aland §1]

우리는 이미 누가의 집필 목적과 상황을 살피기 위해서 이 구절의 기능에 대해서 언급한 바가 있다(p. 246-247). 매우 우아한 헬라어 필체로 기록된 이 구절들은 그 당시 다른 수많은 역사적이고 자전적인 문헌들에서 발견되는 서론의 형태를 따르고 있다.[10] 이 서론은 복음 전승의 형성을 양식 비평, 자료 비평, 편집 비평으로 분석된 세 가지 단계들로 묘사한다(앞의 pp. 134-137쪽을 보라). 이것은 누가를 역사가인 동시에 신학자로서 여길 수 있게 하며 그가 이 두 가지 영역 모두에서 신뢰할 수 있음을 입증한다. 그가 "차례대로"(3절) 기록했다는 사실은 반드시 연대기적이거나 "연속적인" 순서는 아닐지라도 계획적인 구조

---

10) Loveday Alexander (*The Preface to Luke's Gospel* [Cambridge: CUP, 1993])는 과학적인 논문에서 가장 근사한 병행들을 찾았는데, 가장 세련되고 고전적인 헬라 문체로부터 한 단계 떨어졌을 뿐이다.

를 갖추었음을 암시한다.

2) 출생 이야기(1:5-2:52) [Aland §2-5, 7-9, 11-12]

누가는 1:5부터 갑작스럽게 매우 셈족어의 특징을 가진 헬라어 문체를 도입하였다. 3장부터는 전형적인 코이네(koinē) 헬라어를 사용하면서 다른 복음서 기자들보다 더 문학적인 특색을 보여준다. 하지만 서론부는 너무도 우아하고 나머지 두 장의 문체는 히브리적이다. 이것은 때때로 누가가 히브리어나 아람어로 기록된 자료를 번역한 것은 아닌가 하는 의문을 제기하였다. 많은 정보가 예수의 가까운 친척들로부터 전해졌을 것이라는 점을 감안한다면 이러한 견해가 전혀 개연성이 없지는 않다.[11] 사실상 누가복음 1-2장은 남자들보다는 엘리사벳과 마리아의 관점을 보다 반영해 주기 때문에, 사람들은 누가가 마리아와 같은 사람들과 직접 대화를 했을 것이라고 추측한다.

마태가 예수의 유년기 이야기를 구약의 "예언들"을 중심으로 구성하고 있는 반면, 누가는 하나님의 구원 계획을 개관하고 세례(침례) 요한과 예수 사이의 유사점과 차이점을 강조하기 위해 자신의 내용을 구성하였다. 첫째, 요한의 출생은 예어되었고(1:5-25), 예수의 출생 역시 예언되었다(1:26-38). 두 어머니, 엘리사벳과 마리아는 함께 만나 그들의 아들들의 이야기가 어떻게 서로 연관되는지를 보여주었다(1:39-56). 그 후에 요한의 출생과 성장 이야기가 나오고(1:57-80), 뒤 이어서 예수의 출생과 성장이 기록되었다(2:1-52). 수많은 병행 구절들을 볼 때 누가가 새 시대의 선각자들로서 요한과 예수의 유사성을 강조하고 있는 것을 분명하게 알 수 있다. 그들은 성령께서 개입하신 기적적인 잉태와 외형적인 "표적들"을 경험한 경건한 유대 부모들에게서[12] 태어났다. 아기들에게서 발견되는 예언적이고 구속적인 중요성에 대한 천사들의 약속들; 영적인

---

11) 이 제안을 변호하기 위한 가장 복잡한 시도는 Stephen C. Farris, "On Discerning Semitic Sources in Luke 1-2," in *Gospel Perspectives*, vol. 2 ed. R. T. France and David Wenham (Sheffield: JSOT, 1981), 201-37인데, 이것은 그의 보다 광범위한 연구서인 *The Hymns of Luke's Infancy Narratives* (Sheffield: JSOT, 1985)와 부분적으로 중복된다.

12) 마태복음 1:19에서 요셉이 의롭다고 언급하고, 누가복음 1:6에는 "흠이 없다"고 언급하는 것이 그가 죄가 없다는 뜻이 아니라, 일반적으로 볼 때 옳고 준법적이라는 의미이다.

영역 뿐만 아니라 사회/경제적인 영역에서 구원을 제공하며 먼저는 이스라엘에게, 그리고 더 나아가 이방인들에게까지 미치는 영향력; 부모들이 처음에는 두려움과 불신으로 반응했지만 나중에는 이를 받아들이고 하나님을 찬송하였다. 그리고 아기들의 할례와 이름과 성장에 관한 자세한 내용 등이 공통점이다.

한편, 누가는 예수를 요한보다 더 위대하게 묘사하려고 한 것이 또한 분명하다. 처녀가 잉태한 기적은 단순히 불임의 태가 열리는 것보다 훨씬 놀랍다. 요한은 다른 사람들을 예수께 인도하는 선구자가 될 것이다. 오직 예수만이 "구세주", "그리스도", 그리고 "주"로 불리셨다(2:11). 실제로 예수의 출생과 성장에 할애된 자료의 양은 요한에게 할애된 것보다 훨씬 많다.[13]

(1) 예언된 요한의 출생(1:5-25)

요한은 나무랄 데 없는 제사장 가정에서 태어났다. 주후 1세기경, 이스라엘에 존재한 1만8천 명의 제사장들 중에서 사가랴가 성전의 지성소에서 섬길 수 있는 기회란 매우 드물었다. 천사의 선포는 태어날 아기가 특별한 아이임을 보여주었다. 절대금욕주의는 구약에서 드문 일이었다. 사람이 "그 모친의 태로부터"(NIV의 "태어날 때부터"보다 더 정확한 번역) 완전히 성령에 충만함을 입는 것은 전례가 없는 일이었다. 이러한 특징들은 예전의 엘리야처럼, 사람들에게 회개를 촉구하고 주님의 길을 예비했던 선지자들의 역할을 세례 요한과 분명하게 연결해 준다(17절; 더 자세한 내용은 p. 343-344를 보라). 사가랴는 천사의 말을 믿지 않았기 때문에 벙어리가 되었는데, 아마도 사가랴처럼 뛰어난 성경학자라면 하나님께서 사라, 라헬, 한나와 같은 여인들의 태를 열어주신 이야기들을 잘 알고 있었어야 했음을 전제로 한다. 하지만 그의 믿음은 회복되었고 나중에 하나님을 찬송하였다. 한편, 엘리사벳은 기뻐하였고 고대 유대교 내에서 불임으로 인한 사회적인 치욕을 씻어주신 하나님께 즉시 감사를 드렸다(25절).

(2) 예언된 예수의 출생(1:26-38)

마리아 역시 천사의 방문을 받았고 기적적인 잉태를 약속 받았다(또한 3:23

---

13) 이 문맥에서 요한과 예수님 사이의 유사성과 차이점에 대해서는 John Nolland, *Luke 1-9:20* (Dallas: Word, 1989), 40-41을 보라.

예수의 유년기 이야기

마태복음	누가복음
처녀에게서 잉태하심 (1:18-25)	세례 요한의 출생이 예언됨 (1:5-25)
베들레헴에서 태어나심 (2:1-12)	예수의 출생이 예언됨 (1:26-38)
	두 여인의 방문 (1:39-56)
이집트를 떠나심 (2:13-15)	세례 요한의 출생 (1:57-80)
라마에서의 통곡 (2:16-18)	예수의 출생 (2:1-40)
나사렛 사람으로 불리심 (2:19-23)	12세 때 성전을 방문하신 예수 (2:41-52)

절 참조). 가브리엘은 마리아를 "큰 은혜를 받은 자"(헬라어 kecharitomene는 문자적으로, "은혜를 받은" 또는 "너그럽게 대접 받은"-28절)라고 불렀다.

이 동사를 "은혜가 충만한"으로 표현하여 잘못 번역한 후대의 라틴어 번역 때문에 로마 카톨릭 교회는 마리아를 특별한 은총을 입었거나 그런 귀한 영예를 받은 자로 여기게 된 것이다. 사실, 원어는 단지 하나님께서 주도하셔서 은혜를 베푸셨음을 강하게 암시한다.[14] 어린 마리아가 낳게 될 아기는 "지극히 높으신 이의 아들"이 될 것인데, 이것은 문맥상 다윗 혈통의 왕권적인 메시아의 칭호이다(32상과 32하-33를 비교하라). 구교 뿐만 아니라 개신교 역시 마리아의 불신앙적인 응답 때문에 당황해 하였다(34절). 하지만 마리아가 사가랴보다는 덜 회의적이었다고 두둔하기보다는, 그녀가 유대 역사상 완전히 전례가 없는 약속을 받았음을 이해해야 한다. 아무튼 38절은 마리아가 가브리엘의 설명을 겸손하게 받아들이는 것으로 끝맺는다.[15]

(3) 마리가가 엘리사벳을 방문함(1:39-56)

마리아가 그녀의 "친족"의 집을 방문했을 때(36절), 나이 많은 엘리사벳은 천사의 축복을 거듭 반복하였다(41-45절). 이 구절은 "성령의 충만함을 입어서" 하나님의 말씀을 담대하게 선포한 사람에 대한 누가의 수많은 언급 중 처음으로 등장하는 언급이다. 요한은 태속에서 기뻐 "뛰었는데" 그 역시 성령의 충만함을 받았음을 보여준다(41절). 마리아는 하나님께 "복을 받았고" "내 주의 모친"(결코 "하나님의 모친"으로 불리지는 않았지만)이라고 불리었다. 마리아는 보통 "성가"(hymn)라고 알려진 시적인 찬송을 부름으로써 응답하였는데, 이 찬송은 사무엘상 2:1-10의 한나의 시를 거듭 반영해 준다. 아마도 그녀는 가브리엘의 방문을 받은 후에 주의 깊게 그 찬송시를 작시했을 것이다. 이 찬송은 누가복음의 유년기 이야기에 등장하는 몇몇 찬송시 중 첫 번째이다. 이 찬송시

---

14) 이것은 개신교 학자들뿐만 아니라, 가톨릭교 학자들에 의해서도 널리 인정되고 있다. 예를 들면, Raymond E. Brown, *The Birth of the Messiah* (New York and London: Doubleday, rev. 1993), 325-27; Fitzmyer, *Luke I-IX*, 345-46을 보라.

15) 신약성경과 외경 속의 마리아에 대해서 역사적, 신학적, 문학적 질문들의 단면을 다루는 최근 개신교의 연구를 위해서는, Beverly R. Gaventa, *Mary: Glimpses of the Mother of Jesus* (Columbia: University of South Carolina Press, 1995)를 보라.

들은 아기 그리스도를 이스라엘의 다가오는 구원으로, 또 더 나아가 "이방을 비추는 빛"으로 소개한다(2:32; 1:54-55 참조). 이 찬송시들은 그 구원의 영적이고 사회/경제적인 측면을 결합하여 억압적인 권세자들과 부자들을 보좌로부터 제하실 것을 약속한다(1:52-53). 마리아는 또 다시 복 받은 자라고 칭함을 받았는데, 이것은 오직 하나님께서 그녀를 위해서 행하신 위대한 일들 때문이었다(48-49절). 그녀의 "노래"(46-55절)는 라틴어 번역의 첫 단어를 따서 *Magnificat*이라고 부른다("높이다"-NIV "찬양하며"-46절). 누가복음 1-2장의 다른 찬송시들과 함께 이 찬송은 교회의 예배역사 가운데 소중한 위치를 차지한다.

(4) 요한의 출생과 성장(1:57-80)

여러 사건들이 예언된 대로 힘차게 진행되었고, 마침내 사가랴와 엘리사벳의 아기가 출생하였다. 그들은 아기의 이름을 그 부친이나 다른 친족을 따라서 짓지 않고 요한("주님은 은혜로우시다")이라고 부름으로써 주변 사람들을 놀라게 하였다. 사가랴는 입이 열리게 되었고 성령의 충만함을 받아, 약속하신 구원을 이루시는 하나님을 성가의 형태로 찬송하였다. 그의 찬송(68-79절)은 *Benedictus*("복 받은"이라는 의미의 라틴어; NIV는 "찬송하리로다"-68절)라고 부른다. 이 찬송 역시 이스라엘의 원수들로부터의 육체적인 구원의 약속과 영적인 회복(죄의 용서)을 결합하며 이러한 축복들이 이스라엘의 경계를 넘어서 확장되는 것을 암시한다. 아브라함과 맺은 언약은 모든 민족들의 축복을 포함해서 성취되고 있는 중이며, 유대인들에 대해서 주로 사용하는 표현이 아닌 "어두움과 죽음의 그늘에 앉은 자들"(79절)에게까지 유익을 가져다 줄 것이다. 요한은 길을 예비할 하나님의 선지자가 될 것이다(76절). 80절은 요한이 성숙하게 자라는 것을 한 문장으로 요약하며 빈들로 떠났다고 말함으로써 우리는 훗날 세례를 베푸는 그를 다시 만나게 된다(p. 342를 보라).

(5) 예수의 출생과 성장(2:1-52)

예수는 요한이 세상에 태어난 지 6개월 후에 태어나셨는데(1:26 참조), 아마도 주전 6년경이었을 것이다(p. 301-302을 보라). 인구조사에 관한 내용은 요셉과 다윗의 관계와 메시아가 되기 위한 적합한 "혈통"을 연결해 준다. 여기에는 그처럼 수많은 목가적인 말구유 장면을 창조한 그 유명한 "성탄절 이야기"가 있다. 우리는 이 본문을 보다 정확한 번역을 가지고 보다 신중하게 다시 읽어야 한다! 말구유는 먹이를 넣은 여물통이며, 짐승들 가운데서 출산이 이루어졌다. 7절에 등장하는 단어(*kataluma*)는 신약성경의 다른 곳에서 보통 "사관"으로 번역되었는데, "객실"이라는 뜻이다(눅 22:11; 막 14:4). 요셉과 마리아는 인구조사 때문에 초만원이 된 마을에서 식구나 친구 집에 머물고자 계획했을 것이 분명하지만, 다른 사람들 또한 그랬을 것이다. 한두 개의 방을 가진 팔레스타인의 조그만 가정에는 말구유를 경계로 방의 다른 높은 지대에서 구별된 구석에 젖소나 다른 짐승들도 함께 지냈다.[16] 어느 외경 전승에 따르면 예수가 동굴에서 출생하셨다고 전한다(*Protevangelium of James*〈야고보의 원복음〉, pp. 18-19).

목자들에게 선포가 임했다는 사실은 메시아의 낮고 치욕적이기까지 한 출생의 환경을 잘 보여준다. 1세기 당시의 목자들은 그들의 유목민적인 생활과 도적질로 인한 평판 때문에 종종 멸시를 받았다. (그들에 비하면 마리아와 요셉은 너무도 가난했기 때문에 그들은 양을 바치지 못하는 자들을 위한 제물을 드렸다-24절; 레 12:8 비교). 하나님께서 "오늘날 다윗의 동네에 너희를 위하여 구주가 나셨으니 곧 그리스도 주시니라"(11절)고 천사들을 보내어 선포하신 것은 황제나 그의 왕궁이 아니라 바로 그처럼 천한 자들에게였다.[17] 앞에서 언급하였듯이, '구주'는 누가복음에서 가장 독특한 명칭이며, '주'는 사도행전에서 가장 특징적인 명칭이다(p. 237-238을 보라). 14절(*Gloria in Excelsis*-"지극히 높은 곳에서는 영광"을 뜻하는 라틴어) 역시 자주 오해를 받는 구절이다. 가장 정확한 원문은 "땅에는 평화, 사람에게는 좋은 뜻이로다"(KJV) 보다는 "땅에는 좋은 뜻을 가진 사람들에게 평화로다"를 지지하는데, "좋은 뜻을 가진 사람들"이란 문맥상 "하나님의 은총을 받은 사람들"(NIV 참조)을 말한다.[18] 몇 절후에,

---

16) 특별히 Kenneth E. Bailey, "The Manger and the Inn: The Cultural Background of Luke 2:7," *Near East School of Theology Theological Review 2* (1979): 33-44를 보라.
17) Joel B. Green ("The Social Status of Mary in Luke 1:5-2:52: A Plea for Methodological Integration," *Biblica* 73 [1992]: 457-72)는 목자들이 멸시를 받는 자들이었다는 사상을 배척했지만, 특별히 엘리사벳과 사가랴의 높은 직위에 비교했을 때 마리아와 그녀의 가정과 출생의 천한 상황을 강조하였다.
18) 이 표현("[하나님의] 좋은 뜻을 가진 사람들")은 특별히 최근에 발견된 사해 두루마리에서 근접한 병행을 찾을 수 있다. Al Wolters, "Anthropoi Eudokias (Luke 2:14)와 'NSY RSWN (4Q416)," *JBL* 113 (1994): 291-92를 보라.

마리아는 아들의 사역이 이스라엘에서 기쁨 뿐만 아니라 슬픔을 초래할 것이라는 말을 듣는다(34-35절). 예수는 나중에 선포하시기를 그가 오심은 화평이 아니라 분열을 주려 하심이라고 하셨다(눅 12:51-53).

예수의 가정은 율법을 잘 준수하는 유대 소년으로 아기를 성장시켰다. 아이를 다양한 제사를 위해 성전에 데려갔을 때 그들은 연로한 시므온 선지자를 만났는데, 그는 탄생한 메시아를 볼 때까지 살 것이라는 약속을 받았다. 그는 이제 누가복음의 유년기 이야기의 마지막 성령 충만한 찬송시(Nunc Dimittis- "이제 놓아주시도다…"-29-32절)를 "부른" 후에 평안히 눈을 감을 수 있었다. 여기에는 이방인들에게까지 확장되는 메시아의 사역을 가장 분명하게 언급하고 있다(32절, 사 42:6이나 49:6을 암시). 시므온의 간증은 연로한 안나 여선지자의 간증과 조화를 이룬다. 누가는 남자와 여자의 평행한 역할을 함께 짝짓기 좋아한다. 하지만 22-40절은 예수와 요한 사이의 그러한 평행관계를 깨뜨리며 예수의 사역이 훨씬 위대하다는 점을 더욱 강조한다.

이 단락의 마지막 부분은 예수의 성장을 요약한다(41-52절). 그리스도의 유년기와 성년기 사역 중간에 그에 관해서 성경이 유일하게 기록하고 있는 사건은 그가 12세의 어린 나이에 성전에서 유대 지도자들의 질문에 대답함으로써 그들을 놀라게 한 이야기이다. 이것은 훗날 바르 미츠바(*bar mitzvah*, "계명의 아들") 의식의 기원이 되었을 것이다. 이 의식에서는 13세의 소년들이 율법을 스스로 읽고 해석함으로써 종교적인 의미에서 "성년"이 된다. 예수 역시 성전을 "내 아버지 집"이라고 부름으로써 하나님과의 특별한 관계를 암시하셨다(49절).[19] 그러나 후대의 묵시문학은 이를 지나치게 과장하여 소년 예수를 신동으로 뒤바꾸어 놓았다-진흙으로 참새를 만들어 날아가게 하거나, 요셉이 침대의 균형 잡는 것을 돕기 위해 목공소의 나무를 늘이거나, 싸움꾼 동무를 바짝 마르게 하여 그 부모를 놀라게 했다는 것이다(도마의 유년기 복음 2, 13, 3).[20] 역사적인 진리는 예수가 요셉의 견습공으로서 함께 열심히 일했다는 사실 이외에

---

19) 문자적으로, "내 아버지의 일들." KJV의 "내 아버지의 일(business)에 관하여"와 비교하라. Francis D. Weinert ("The Multiple Meanings of Luke 2:49) and Their Significance," *BTB* 13 [1983]: 19-22)는 "내 아버지의 교제"라고 번역하는 것이 이 표현의 의미를 가장 잘 보여준다고 주장한다.
20) 특별히 The Infancy Gospel of Thomas를 보라(앞의 66-69쪽에서 논의한 동일 저자의 콥틱 영지주의 복음서와 혼동하지 말아야 한다).

30세 이전에 무엇을 하셨는지를 분명하게 결정지을 수 있는 증거가 하나도 없다는 것이다.

사실상, 예수가 12세 때에 당국자들을 놀라게 한 것은 분명하지만, 아무런 기적도 여기에 묘사되지 않았다. 일반적인 생각과는 달리, 그가 결코 자기 스승들을 가르쳤다는 기록도 없다. 그리고 누가는 본문의 절정부에서 예수의 완전한 인성을 강조하려고 한 것 같다. 그는 부모의 소원대로 순종하며 그들을 따라 집으로 돌아갔고(51절), 모든 정상적인 소년들처럼 지식적으로, 신체적으로, 영적으로, 사회적으로 성장하셨다(52절).[21]

3) 예수의 계보(3:23-28) [Aland §6, 19]

마태와는 다르게 누가는 예수의 계보를 예수 시대로부터 역사를 거슬러 올라가 아브라함을 지나 "하나님의 아들"로 불린 아담에게까지 올라간다. 누가복음은 예수의 인성과 우주적인 중요성을 가장 강조한 복음서이다. 하지만 예수 역시 특별한 의미에서 하나님의 아들이신데, 이것은 누가가 예수의 계보를 그의 세례와 유혹 사이에 둠으로써 보여주려고 한 듯하다. 세례와 유혹 사건들에서 예수는 자신이 하나님의 '아들 됨'을 드러내셨다(3:22; 4:3). 예수와 가장 시대적으로 가까운 조상들의 이름은 마태복음의 명단과 크게 차이가 나는데, 그것은 단지 각 계보가 선택적이기 때문만은 아니다. 이러한 차이를 조절하려는 가장 일반적인 시도는 (a) 누가는 마리아의 계보를 열거한 반면(23절은 예수가 요셉의 혈육적인 아들이 아님을 암시한다), 마태는 요셉의 조상들을 제시한다. 또는 보다 더 그럴듯한 제안은 (b) 누가는 요셉을 통해 내려오는 예수의 인간적인 조상들을, 마태는 요셉을 통해 내려오는 예수의 법적이고 왕권적인 조상들을 열거한다는 것이다(이런 계보는 자손이 없는 자로부터 갈리게 된다).[22]

---

21) Charles H. Talbert, *Reading Luke* (New York: Crossroad, 1982), 38.
22) 이 나중 제안의 네 가지 상이한 형태에 대해서는 Darrell L. Bock, *Luke* 1:1-9:50 (Grand Rapids: Baker, 1994), 920-23을 보라.

4) 결론

간략하게 말해서, 누가복음의 첫 장들은 마태복음과 동일한 여러 주제들을 전혀 다른 이야기들을 선택함으로써 제시한다. 예수는 이스라엘의 위로자로서 오시는 다윗 혈통의 메시아이시지만, 또한 "이방인들을 깨우치러 오신 빛"이시다. 그분은 구주와 주님으로서, 영적이고 사회/경제적인 자유를 가져오시며, 특별히 여자들과 가난한 자들과 다른 사회의 낙오자들에게 긍휼을 베푸심으로써 세상의 기준과 가치관을 뒤바꾸어 놓으셨다. 하지만 누가복음과 사도행전이 보여주듯이, 마태와는 다르게 누가의 가장 큰 관심사에는 우주적이고 이방적인 주제들이 포함되어 있다. 예수는 분명히 "모든 사람들을 위한 분"이시다.

3. 그리스도의 처녀 잉태와 출생의 역사성과 신학

1) 역사성

현대의 독자들은 과연 그리스도의 처녀 잉태의 놀라운 이야기를 어떻게 이해해야 할까? 보다 쉽게 말해서, 이처럼 기적적인 꿈이나 천사들이나 움직이는 별 등으로 가득 찬 출생 이야기들은 과연 역사적으로 얼마나 신뢰할 만한가? 물론 연역적으로 기적을 인정하지 않는다면 여기에서 삭제되거나 완전히 재해석되어야 할 것들이 많이 있을 것이다. 하지만 때때로 자신이 창조한 우주 가운데 기적적으로 개입하시는 하나님을 인정하는 사람들에게는 유년기 이야기들의 신빙성을 믿을 만한 몇 가지 주장들이 있다.

첫째, 그리스도의 출생에 관한 여러 내용들과 이에 해당하는 구약성경의 구절들 사이의 직접적인 연관성의 결여는 복음서 기자들이 이런 자료들을 거창한 전설들로 고안했거나 그들의 자료를 "미드라시같이" 각색하지 않았음을 분명하게 보여준다. 만약 그들이 마음대로 자신들의 이야기를 만들어 낼 수 있었다면 구약성경의 구절들에 더욱 가깝게 일치하도록 만들 수 있었을 것이다. 주후 1세기의 사건들은 타협의 여지가 없는 것들이었다. 복음서 기자들은 병행구절

들을 찾으려고 구약성경을 "채굴"하였다.[23]

둘째, 이미 앞에서 지적한 것처럼, 누가복음의 서론은 다른 신뢰할 만한 역사적 작품들의 서론을 밀접하게 보여주는데, 1-2장에서 셈어적인 헬라어로 급격하게 바뀌는 것은 아마도 마리아 자신으로부터 유래하는 초기 유대적인 자료들의 사용을 암시한다. 그렇다면 마태가 요셉의 시각을 강조한 것은 "성가정"(holy family) 가운데 궁극적으로 요셉으로부터 유래하는 전승을 암시하는 것이다.

셋째, 비록 헤롯의 "유아학살"을 기록한 다른 고대의 자료들은 찾아볼 수 없지만, 이 사건은 아마도 매우 작은 규모로 발생하였기 때문에 관심을 품을 만한 정치적 중요성조차 없었을 것이다. 그렇다면, 헤롯에 대해서 사건 발생 후의 "예언"을 포함한 외경서 모세의 유언에 나타난 언급은 실제로는 그 학살을 암시하는 것이다(6:4-"그는 무자비하게도 어른과 아이를 모두 죽일 것이다"). 누가복음의 인구조사 역시 그의 신뢰성에 대해 의문을 던지지만, 이 문제에 대한 몇몇 가능한 해결책에 대해서는 이미 앞에서 언급하였다(p. 301-302).

넷째, 그리고 가장 중요한 것은, 초대 기독교회가 처녀 잉태 이야기 자체를 꾸며냈을 리 없다는 것이다. 잉태에 대해서는 묘사된 것이 거의 없다(후대의 위서인 야고보의 원복음에는 예수의 출생 이후에도 마리아의 처녀막이 찢어지지 않았다고 묘사한 것과 대조된다(19.3-20.1). 성경은 단지 성령께서 그녀를 "덮으실" 것이라고(눅 1:35) 기록하였고, 마리아는 이때부터 믿음을 잃지 않았다(38, 45절). 누가의 이야기는 그리스-로마의 "처녀 탄생" 신화들과 비교할 때 놀라운 재치와 절제를 보여준다. 알렉산더의 모친이 신성한 뱀에게 둘러싸여 있어서 아들이 잉태하는 날 밤에 그녀의 남편 필립은 접근할 수 없었다거나, 신들이 인간의 모습으로 나타나 여인들과 천하고 신인동형적으로 성교를 했다는 것이다.[24] 신성한 전설들을 지어내는 작가들은 누가가 한 것보다 주로 더 많은

---

23) R. T. France, "Scripture, Tradition, and History in the Infancy Narratives of Matthew," in *Gospel Perspectives*, vol. 2, 239-66 참조. 이와는 대조적으로, 예를 들면, Brown의 Messiah와 Robert H. Gundry의 *Matthew: A Commentary on His Handbook for a Mixed Church under Persecution* (Grand Rapids: Eerdmans, rev. 1994)의 핵심부분을 보라. 이들은 마태가 여러 곳에서 창의적으로 자료를 창작하였다고 보았다.
24) 이상의 내용과 다른 병행구들을 위해서는 J. Gresham Machen, *The Virgin Birth of Christ* (New York: Harper & Row, 1930), 317-79의 논의를 보라. 그의 주장은 이 사건의 역사성에 대한 최고의 변호로 남아 있다.

내용을 첨가한다. 또한 고대인들의 과학적인 지식을 과소평가하지 말아야 한다. 그 당시 사람들도 남녀가 결합해야 아기가 생긴다는 것을 알았기 때문에, 복음서의 이야기들의 기원을 과학이전의 어수룩한 시절의 것으로 치부해서는 안 된다. 처녀 잉태의 개념은 분명히 어떤 사람들에게 문제를 제기하였다(요 8:41 참조). 신약시대 이후의 반론자들은 늘 예수가 사생아였다고 주장하였다(예를 들면, 오리겐, 셀수스를 반박하여 1:32). 마지막으로, 신약성경의 다른 곳에서 이 교리에 대한 언급은 별로 없다(갈 4:4와 막 6:3에서 약간의 암시를 제외하고는). 이 모든 관찰을 통해 볼 때, 역사적으로 그렇게 할 만한 확실한 이유가 없는데도 초대교회가 그러한 이야기들을 포함했을 리는 없는 것이다.

2) 신학

처녀 잉태는 성육신을 입증하지도 않고, 전제조건이 되지도 않는다.[25] 그럼에도 불구하고, 이것은 예수가 완전한 하나님(신적인 부성)인 동시에 완전한 사람(인적인 모성)이라는 기독교 신앙을 강조하는 매우 적합한 방법이다. 그러므로 그분은 그 "십자가-사역"을 통해서 우리를 위한 적합한 대속자인 동시에 적합한 대표자가 되실 수 있다. 누가복음에서는 예수를 하나님의 완벽하신 선물로 강조하는데, 우리에게 은혜로 말미암은 구원을 상기시켜 준다. 마태복음에서의 강조점은 임마누엘 이신 예수, 우리와 함께 하시는 하나님이다. 신약성경과 복음서가 이 교리를 크게 강조하지 않는다는 사실을 고려할 때, 이것은 믿음의 5대 근본진리에 속할 만큼 중요하지는 않은 듯하다.[26] 하지만 이 교리는 경박하게 부인되거나 설명될 수 없는 소중한 진리임에는 틀림없다.

---

25) 역사성과 신학에 관하여는 특별히 C. E. B. Cranfield, "Some Reflections on the Subject of the Virgin Birth," *SJT* 41 (1988): 177-89; H. Douglas Buckwalter, "The Virgin of Jesus Christ: A Uion of Theology and History," *Evangelical Journal* 13 (1995): 3-14를 보라.

26) "근본주의"에서처럼, A. C. Dixon과 Louis Meyer, eds., *The Fundamentals*, 12 vols. (Chicago: Testimony Publishing, 1910-1915)에서 파생.

4. 요한복음의 서론(요 1:1-18) [Aland §1]

1) 배경과 양식

요한의 복음서는 다른 세 복음서들과는 매우 다르게 시작한다. 현대 학자들은 종종 이 서론을 그 고차원의 기독론 때문에 후기 헬레니즘 철학의 한 대표적인 예로 보았다. 예수를 '말씀'(로고스, p. 262를 보라)과 동일시하였고, 말씀을 하나님과 동일시하였다. "어두움에서" 비추는 "빛"에 관련된 언어(4절), 깨달음과 앎과 지식에 관한 언어(5, 10, 18절)는 "충만"(헬라어 pleroma-16절)이라는 표현과 함께 이 구절들이 기독교 초기의 정통교리보다는 후대의 영지주의적인 사상과 더 유사하다고 여겨졌다. 또 유사하게 보이는 것들로는 만다교(Mandaism), 스토아주의(Stoicism), 필로 등이 있다.

하지만 지난 세기 동안에 이런 모든 특성들이 철저히 유대적인 환경 속에서 설명될 수 있다는 인식이 크게 늘어났다. 아람어로 된 탈굼은 하나님의 이름에 대해서, 특별히 창세기의 첫 장들에서 memra("말씀")라는 단어로 대치하였다. 다시 말해서, 하나님은 그분의 말씀으로 창조하셨다. 사해사본은 수많은 이원론들을 보여주는데, 그 중에서도 가장 두드러지는 것은 빛의 아들들과 어둠의 아들들 사이의 전쟁에 대한 묘사이다. 그리고 요한이 "충만"이라고 표현한 것은 은혜와 율법을 비교한 문맥에서 나타난다. 요한이 복음을 상황에 맞게 고치려고 했던 영지주의 이전의 상황을 가정해 볼 수도 있지만, 그렇게 하면서도 그는 영지주의의 철학을 반대하였다. 서론에서 '말씀이 하나님이시라'는 선언보다 더 절정적이고 중요한 것은 14절이다. "말씀이 육신이 되어 우리 가운데 거하시매." 이 구절은 모든 가현설적인 부정에 대항하는 철저한 성육신을 보여준다.

앞에서도 본 것처럼, 요한은 유대교와 영지주의를 포함해서 수많은 다양한 배경을 가진 여러 부류의 청중들에게 글을 쓰고 있었을 것이다(p. 272). 그는 종교적으로 다양한 상황에서 잘 알려진 언어를 사용하면서도 여기에 기독교적인 내용을 포함하였다. 그러므로 그는 모든 일반 계시가 가리키며, 모든 사람의 종교들이 궁극적으로 추구하는 분이 바로 예수이심을 극적으로 보여주었다("참

빛 곧 세상에 와서 각 사람에게 비취는 빛이 있었나니"-9절).

서론은 시적인 형태를 갖추고 있지만 시구의 개수와 특성에 대해서는 일치하는 바가 거의 없다. 어떤 이들은 요한서신 이전의 형태를 가정하지만, 이것 역시 추측에 불과하다. 여하튼, 지금 우리가 가지고 있는 서론은 철저히 요한적이며 그의 중요한 주제들과 특성들을 소개하고 있다는 것이다.

2) 주석상의 설명

1-18절은 적어도 일곱 부분에서 교차대구를 보여주는 듯하다. 1-5절과 16-18절은 모두 말씀의 본질을 강조하고, 6-8절과 15절은 말씀에 대한 세례 요한의 증거를, 그리고 9-11절과 14절은 말씀의 성육을 강조한다. 결국 12-13절은 중앙부로서 절정에 해당하는데, 말씀에 대한 긍정적인 수용을 강조하는 것이다.[27]

(1) 말씀의 본질(1-5, 16-18절)

창세기 1:1을 분명히 암시하는 가운데 요한은 말씀(logos)이 창세 이전부터 하나님께 함께 있었음을 선포하면서 시작한다(1상, 2절). 그것 뿐만 아니라, "이 말씀은 곧 하나님이셨다"(1하). 비록 말씀이 성부 하나님과 동일하지는 않지만, 말씀은 그분의 신성을 완전히 공유하였다. 고대의 아리우스 이단(오늘날도 어떤 종파 가운데 남아 있다)은 헬라어의 "하나님"에 정관사가 없다는 사실을 강조한다. 그들은 1절 하반부를 "말씀이 하나의 신(a god)이었다"로 번역함으로써 그리스도를 높임을 받기는 했지만 최초로 창조된 존재로 만들었다. 이런 번역은 "x는 y이다"(be 동사로 연결된 두 명사)의 형태를 가진 수많은 문장들에서, 만약 저자가 두 명사 중 하나를 주어로 구별하고 싶다면 오직 그 명사에만 관사가 붙는다는 문법적인 원칙을 무시한 것이다.[28] 다시 말해서, 이 문장의 형태는 "하나님은 말씀이시다"로 번역하기보다는 "말씀"을 주어로 취해야 함을

---

27) 야간이 수정과 손질을 가미한 R. Alan Culpepper, "The Pivot of John's Prologue," NTS 27 (1980): 1-31; Jeff Staley, "The Structure of John's Prologue," CBQ 48 (1986): 241-64 참조.

28) 이 원칙은 종종 콜웰(Colwell)의 원칙이라고 부르는데, 헬라어 문법가인 E. C. Colwell이 "A Definite Rule for the Use of the Article in the Greek New Testament," JBL 52 (1933); 12-21에서 자세하게 연구한 내용에 근거한다.

분명하게 보여준다. 더 이상의 신학적 결론을 문법으로부터 유추할 수는 없다.

말씀은 또한 모든 창조를 위한 하나님의 조력자였다(3절). 이것은 창세기 1장에서 하나님께서 말씀으로 만물을 창조하셨던 사건을 암시할 뿐만 아니라, 모든 창조 이전에 하나님의 지혜가 의인화되어 창조 과정을 통해서 왕성하게 활동한다는 주제(잠 8:22-31)를 다룬다. 그분 안에는 영적이고 영원한 생명이 존재하는데, 말씀이 이를 모든 인류에게 계시하였다(4-5상). 그럼에도 불구하고 많은 사람들이 계속 그분을 거절하는데, 악은 결코 승리할 수 없을 것이다(5하). 5절 끝에 있는 동사는 "깨닫다"(understand)보다는 "이기다"(overcome)로 번역하는 것이 옳다. 말씀은 보이지 않는 하나님, 율법을 뛰어넘으시는 은혜와 축복의 하나님의 궁극적인 계시로서 자신을 드러냈다(16-18절). 그렇다고 은혜와 진리가 구약성경 시대에 없었다는 것은 아니다. 단지 신약시대에 와서 더욱 강조되었다는 것이다. 16절은 문자적으로, "우리가 다 그의 충만으로부터 받았으니, 은혜 대신(instead of) 은혜이다"라고 번역된다. 은혜의 한 차원이 그 이전 차원을 대신하는 것이다.[29]

(2) 말씀에 대한 증거(6-8, 15절)

네 번째 복음서에서 세례 요한의 우선적인 역할은 예수에 대해서 증거하는 것이다. 사도 요한은 세례 요한이 메시아가 아니라, 단지 그를 증거하는 자임을 특별히 강조하였다. 위에서 제안한 것처럼, 이것은 요한을 지나치게 강조한 에베소의 특정 그룹이나 사람들을 향한 대응으로서 나타났을 것이다(pp. 269-271을 보라). 그렇다면 이 서론은 누가복음 1-2의 구조를 연상시키면서 매우 다른 이유로써 예수와 요한을 번갈아 가며 묘사한다.

(3) 말씀의 성육(9-11, 14절)

말씀은 타락한 인류에게("세상"-9-10절), 그리고 유대인들에게 찾아오셨지만("자기 백성"-11절), 양쪽 모두로부터 거절 당하셨다. 이러한 오심은 말씀이 육신이 되어 우리 가운데 거하셨다는 표현으로 묘사된다(14절). "거하다"는 헬

---

29) Ruth B. Edwards, "χάριν ἀντὶ χάριτος" (요 1:16): "Grace and the Law in the Johannine Prologue," *JSNT* 32 (1988): 3-15 참조.

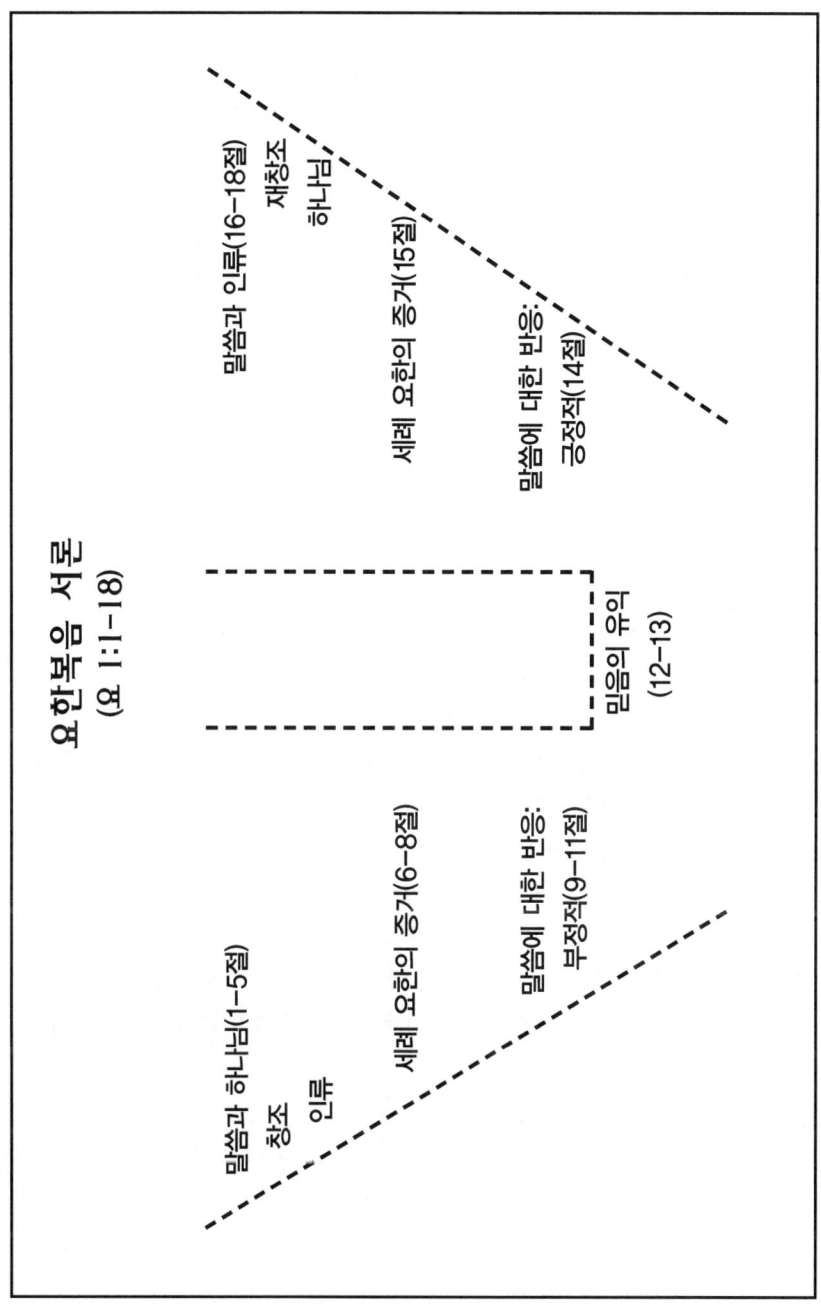

라어 동사는 "장막"(sken-)과 동일한 어근에서 파생되었으며 하나님의 세키나(shekinah) 영광에 해당하는 히브리어의 자음과 동일하기 때문에 70인역에서 사용되었다. 그러므로 성육은 이스라엘 백성들이 광야에서 "장막생활"을 하며 하나님께서 낮의 구름기둥과 밤의 불기둥으로 그들과 함께 하시던 시대를 상기시킨다. 그러나 예수 안에 계시된 하나님의 영광은 "독생자"의 영광이었다.

말씀에 대한 영접(12-13절). 오늘날은 예수를 마음속에 "영접"한다는 표현이 흔하다. 이런 언어는 신약 시대에는 상대적으로 보기 드물었지만(요 13:20과 골 2:6은 예외), 그럼에도 불구하고 중요하다. 영접은 "그분의 이름을 믿는 것"으로 정의 내릴 수 있는데, 이것은 그분의 능력과 권세에 대한 신뢰를 암시한다. 예수를 신뢰하는 자들은 그분을 자기들의 주인으로 인정하고 새로운 권세와 신분으로 하나님의 영적인 자녀들이 된다.

3) 결론

신약성경 전체에서 가장 "고등 기독론"을 가르치는 중요하고도 포괄적인 본문이 바로 이 본문이다. 여기에서는 예수의 선재와 신성을 분명하게 묘사한다. 하지만 영지주의적인 가현설에 대항하여 그리스도의 참된 인성 또한 마찬가지로 강조되었다. 문맥상, 사도 요한은 자기의 반대자들의 의견에 동의하면서(그리스도의 신성) 시작하며, 그들과 불일치하는 부분으로(그분의 인성) 옮아가려고 시도한다. 오늘날, 역사적인 기독교 신앙은 주로 그리스도의 신성을 부정하는 정반대의 오류와 맞서 싸운다. 하지만 자신을 기독교인으로 고백하는 자들 중에서 과연 얼마나 많은 사람들이 그리스도의 온전한 인성을 믿고 있을까? 수많은 사람들이 분명하고 지속적인 죄에 빠진 채 예수가 그들을 용서해 줄 수 없다고 주장하는 것을 볼 때 가현설은 우리에게서 결코 멀리 떨어져 있지 않다.

5. 심층연구를 위한 자료

1) 마태복음 1-2장과 누가복음 1-2장

Alexander, Loveday. *The Preface to Luke's Gospel.* Cambridge: CUP, 1993.

Boslooper, Thomas. *The Virgin Birth.* London: SCM, 1962.

Brown, Raymond E. *The Birth of the Messiah.* New York and London: Doubleday, rev. 1993.

Brown, Raymond E. *The Virginal Conception and Bodily Resurrection of Jesus.* New York: Paulist, 1973.

Farris, Stephen C. *The Hymns of Luke's Infancy Narratives.* Sheffield: JSOT, 1985.

Gundry, Robert H. *The Use of the Old Testament in St. Matthew's Gospel.* Leiden: Brill, 1967.

Hendrickx, Herman. *The Infancy Narratives.* San Francisco: Harper & Row, 1984.

Horsley, Richard A. *The Liberation of Christmas.* New York: Crossroad, 1989.

Machen, J. Gresham. *The Virgin Birth of Christ.* New York: Harper & Row, 1930.

2) 요한복음 1:1-18

Evans, Craig A. *Word and Glory: On the Exegetical and Theological Background of John's Prologue.* Sheffield: JSOT, 1993.

Harris, Elizabeth. *Prologue and Gospel: The Theology of the Fourth Evangelist.* Sheffield: Sheffield Academic Press, 1994.

Miller, Ed L. *Salvation History in the Prologue of John.* Leiden: Brill, 1988.

6. 복습을 위한 질문들

1) 마태복음과 누가복음의 출생 이야기나 요한복음의 서론을 특징짓는 구조적인 특징들은 무엇인가?
2) 세 공관복음의 저자들이 복음서 첫 부분에서 전달하고자 하는 독특한 신학은 각각 무엇인가?
3) 마태복음 1-2장에서는 구약성경이 어떻게 사용되었나? 이런 다양한 종류의 사용이 성도의 삶에 어떤 연관성을 갖는가?
4) 마태복음과 누가복음의 출생 이야기는 현대의 문화와 교회 내에 팽배한 일반적인 성탄절 개념과 어떻게 다른가?

제12장

예수 사역의 시작

1. 세례 요한의 사역

우리는 성인이 된 예수를 그 다음에 만난다. 사복음서는 모두 예수의 공생애가 세례 요한의 운동이 일어난 직후에 시작되었다는 점에 동의한다. 예수와 요한이 그 이전에 무엇을 했으며, 왜 요한은 그의 목수 사촌에 대해서 그처럼 잘 몰랐는지에 대해 궁금한 점들이 많이 있다. 우리는 이미 예수의 사회/경제적 상황이나 교육, 그의 부친을 이은 업종 등에 대해서 살펴본 바가 있다. 요한의 제사장적인 혈통은 그의 사역에 타당성을 제공하지만, 그 외에는 알려진 것이 없다. 이로부터 우리는 예수나 요한이 그 당시에 남들보다 두드러진 점이 없었다고 추론할 수 있다.

1) 배경

전통적으로 요한은 그 당시 유대 역사상 선례가 없는 외로운 인물로 여겨져 왔다. 사실상, 많은 유대인들이 말라기 시대 이후로 예언이 그쳤다고 믿었던 것처럼, 기독교인들은 요한의 사역이 그런 예언의 재출발로 보았다. 하지만 쿰란에서 사해사본이 발견됨으로써 이런 전통적인 견해에 대해 의문이 확산되게 되었다. 사해사본의 발견 이후에 과장된 주장들도 제기되었다. 요한(또는 심지어 예수)은 에세네파에 속하였고 사해 종파와 함께 살았다는 것이다. 때때로 이런 주장들이 새롭게 부활하곤 하지만, 점증하는 여론은 중간적인 입장을 취한다. (예수보다는) 요한이 에세네파를 쿰란, 또는 다른 곳에서 만났을 수도 있으며, 그의 메시지는 중요한 부분에서 그들과 공통점을 가진다. 하지만 궁극적으로는

그들 사이에 공통점보다는 차이점이 더 많다.[1]

비교와 차이점들은 무엇일까? 공통점들로는 (1) 요한의 주된 사역지, 적어도 공관복음서에 의하면 예루살렘과 사해 가운데 위치한 유대광야였다. (2) 이사야 40:3이 각자가 주도하는 두 운동 안에서 성취되었다는 확신(막 1:3; 1QS 8:12-14). (3) 회개와 죄로부터의 정결을 강조하는 금욕주의적인 생활. (4) 정결을 상징하는 중심적인 예식으로서 물에 잠기는 세례(쿰란에서는 "서약자"들이 이런 목적으로 매일 목욕의식을 집행하였다). 그리고 (5) 다가올 구원과 심판과 관련해서 성령과 불의 세례에 관한 예언이다(마 3:11; 1QH 3:29-36; 4:21).

한편, 요한의 사역은 결코 이런 장소나 예식들에만 국한되지 않았다. 제4복음서의 증거를 수용한다면, 요한은 요단 계곡을 오르내리며 사역하였다. 요단 저편의 베다니(요 1:28)는 북동쪽의 바타니아(Batanea)를 말하는 것이며,[2] 살림 근처의 애논(3:23)은 아마도 사마리아에 있었을 것이다.[3] 비록 요한도 여러 에세네들과 마찬가지로 제사장 출신이었지만, 그가 수행한 역할은 선지자, 특별히 엘리야 선지자의 역할에 더 가까웠다. 그는 선지자들의 의복과 동일하게 입었고(막 1:6상; 왕하 1:8), 회개하지 않는 자들에 대해 임박한 심판의 유사한 메시지를 전파하였다. 주님의 길을 예비하는 선구자로서 요한은 말라기 3:1과 4:5-6에 기록된 예언, 즉 주의 날이 오기 전에 다시 돌아올 엘리야에 관한 예언에 잘 적용되었다. 요한복음 1:21에서 요한이 자신을 엘리야가 아니라고 부인한 것은 아마도 어떤 유대인들이 하늘로부터 다시 돌아오리라고 믿었던 그 문자적인 엘리야가 아님을 의미했을 것이다.[4] 심지어 요한의 금욕주의(예를 들면 막

---

1) Leonard F. Badia, *The Qumran Baptism and John the Baptist's Baptism* (Lanham, Md.: University Press of America, 1980). 보다 간략하면서도 광범위한 것은 William S. LaSor, *The Dead Sea Scrolls and the New Testament* (Grand Rapids: Eerdmans, 1972), 142-53이다.
2) 특별히 Rainer Riesner, "Bethany beyond the Jordan (John 1:28): Topography, Theology and History in the Fourth Gospel," *TynB* 38 (1987): 29-63을 보라.
3) Jerome Murphy-O'Connor ("John the Baptist and Jesus: History and Hypotheses," *NTS* 36 [1990]: 359-74)는 요한도 자신의 메시지가 모든 이스라엘을 위한 것이라고 확신하고 갈릴리에 갔다고 주장한다. 이것은 요한이 갈릴리와 베레아의 분봉왕 안티파스와 어떻게 갈등 가운데 처하게 되었는지를 설명해 준다.
4) Marinus de Jonge ("Jewish Expectations about the 'Messiah' according to the Fourth Gospel," *NTS* 19 [1972-73]: 246-70) 역시 많은 유대인들이 "숨은 메시아"를 믿었다고 기록하였는데, 숨은 메시아란 엘리야가 와서 그를 계시하기 전까지는 자신이 누구인지 몰랐고 아무런 능력도 없는 메시아를 말한다. 요한은 이런 생각을 부정하고자 했을 것이다.

1:6하에 기록된 광야의 음식)의 예는 쿰란 이외에서도 찾아볼 수 있다. 특별히 요세푸스는 세례 요한처럼 매우 엄격한 광야생활을 영위했던 바누스(Bannus)라는 유대 성자(holy man)에 대해서 기록하였다(Life, 2:11). 다른 대중적인 예언 운동들 역시 광야에서 시작했지만, 요한의 운동은 그들 대부분과는 달리 비폭력적이었다.

2) 메시지(막 1:2-6; 눅 3:7-18; 요 1:19-51) [Aland §13-16, 21]

(1) 마가: 핵심 요약

마가복음 1:4는 요한이 어떤 사람이었는지에 대한 공관복음서의 관점을 보여준다. "죄사함을 받게 하는 회개의 세례를 전파하니." 이러한 예식이 얼마나 일찍부터 시작했는지는 불확실하지만, 유대인들은 유대교로 개종하는 자들에게 요구하는 입교예식으로부터 세례의 개념을 익히 알고 있었을 것이다. 그리고 이미 앞에서 언급하였듯이, 쿰란의 에세네파는 매일 목욕예식을 수행하였다. 발굴된 세례통의 크기를 보면 침수세례를 베푼 것이 분명했다. 하지만 요한은 모든 유대인들에게 죄의 회개를 상징하는 한 번의 행동으로서 세례를 받도록 독특하게 외치고 있었다. "회개"는 헬라어(*metanoia*)로 마음의 변화를 의미하지만, 이에 해당하는 히브리 단어(*shuv*)는 급격한 행동의 변화로 포함한다. "회개의 세례"에서 표현된 소유격은 주격("회개에 의해서 나타난 세례")이나 서술적("회개를 그 특징으로 하는 세례")으로 보아야 한다.

"죄사함을 받게 하는"은 오해의 소지가 있는 번역이다. 세례 예식 자체가 죄 용서를 가져온다고 요한이 가르치지는 않았을 것이다. 요세푸스는 이 부분에 대해서 흥미로운 기록을 보여주는데, 그는 안티파스 군대가 후에 패배하는 상황 가운데 요한의 사역을 묘사하였다.

> 하지만 어떤 유대인들에게는 헤롯의 군대가 멸망한 것이 세례자라는 별명을 가진 요한의 살인에 대한 신의 정당한 보복처럼 여겨졌다. 헤롯은 비록 요한을 죽이기는 했지만, 선한 사람이었고 유대인들이 의로운 생활을 영위하며 이웃에게 정의를 행하고 하나님을 경외함으로써 세례를 받도록 도와주었다. 그는 세례가 하나님께 합당하기 위해서는 그러한 절차가 필요하다고 생각하였다. 사람들은 그 범한 죄

를 용서받기 위한 목적으로 세례를 사용하기보다는, 그 영혼이 올바른 행위로 완전히 정결케 되었음을 보여주는 몸의 헌신으로써 사용해야 한다(*Antiquities* 18:5.2).

헬라어 전치사인 *eis*("위하여")는 또한 "~을 향한" 또는 "~와 관련해서"라고도 번역될 수 있으며, 세례가 용서를 위한 것이라는 것도 바로 이처럼 포괄적인 의미에서 사용되었을 것이다.[5] 여하튼 요한의 메시지는 이스라엘의 기득권자들로 하여금 그들의 혈통이 하나님의 은총을 보장하기에 충분하지 않음을 인식하도록 도전한다는 점에서 매우 급진적인 것이었다.

하지만 요한의 사역은 그 자체가 목적이 아니었다. 그는 또한 "오실 이"(아마도 시편 118:26과 탈굼서 이사야 5:26-27에 근거한 메시아적인 타이틀[6])를 예견하였는데, 그분의 사역에 비하면 요한은 천한 종에 불과하였다(막 1:7). 요한은 단지 물로 세례를 주었지만, 오실 분은 성령으로 세례를 베풀 것이다. 성령 "안에서", "~으로", "에 의한" 세례로 번역된 헬라어 표현은 신약성경에서 전부 일곱 번 등장하는데, 그 중 여섯 번은 요한이 한 이 말 가운데 나타난다(막 1:8; 마 3:11; 눅 3:16; 요 1:33; 행 1:5; 11:16). 사도행전 1-2장에 비추어볼 때, 이 표현은 적어도 오순절 때 예수의 제자들 위에 하나님의 성령이 넘치도록 부은바 되어 "교회 시대"를 시작했던 사건을 보여준다. 일곱 번째 구절은 고린도전서 12:13에 등장하는데, 여기에서 바울은 미숙한 성도들을 포함하여 모든 고린도 성도들이 성령 안에서 세례를 받았노라고 선포한다. 그러므로 이것은 그들의 회심 경험과 때를 같이한다. 이 문구를 성령의 후속적인 사역이나 소위 "두 번째 축복"을 의미한다는 성경적인 근거는 어디에도 없다. 누가는 추후에 주어지는 능력에 대해서 독특한 용어를 사용했는데, 사람들이 성령에 의해서 반복적으로 "충만해" 진다고 표현하였다(p. 243을 보라).[7]

---

5) 특별히 Murray J. Harris, "Appendix," *NIDNTT*, vol. 3, 1208을 보라.
6) Gordon D. Kirchhevel, "He That Cometh in Mark 1:7 and Matthew 24:30," *BBR* 4 (1994): 105-11을 보라.
7) James D. G. Dunn, *Baptism in the Holy Spirit* (London: SCM; Philadelphia: Westminster, 1970) 참조. Dunn의 주장은 가장 카리스마적인 Howard M. Erwin에 의해서 논박되었다(*Conversion-Initiation and the Baptism in the Holy Spirit* [Peabody: Hendrickson, 1984]). 간략한 논의를 보려면 Craig L. Blomberg, "Baptism of the Holy Spirit," in *Evangelical Dictionary of Biblical Theology*, ed. Walter A. Elwell (Grand Rapids: Baker; Carlisle: Paternoster, 1996), 49-50 참조.

(2) Q의 특징들

마태와 누가는 요한의 세례를 관찰하러 온 유대 지도자들에게 요한이 경고하는 장면을 추가하였다.[8] 생활의 완전한 변화가 아니라면 결코 충분하지 않을 것이다. 그들은 "회개에 합당한 열매를 맺어야" 했다(마 3:8). 그렇지 않으면 심판이 임박할 것이다. "이미 도끼가 나무뿌리에 놓였으니 좋은 열매 맺지 아니하는 나무마다 찍혀 불에 던지우리라"(10절). 심판은 또한 농부가 쭉정이로부터 알곡을 체질하는 타작마당의 비유를 통해서 묘사되었다(12절). 마태와 누가는 요한이 예수의 세례가 성령님 뿐만 아니라 불로써 이루어질 것을 예언했다는 점에 동의한다(11절). 성령님의 오심은 마치 정제하는 자의 불과 같아서 열을 견딜 수 없는 것들은 정결케 하지만 나머지는 태워버림으로써 그 무익함을 드러낸다.[9]

(3) 누가의 독특한 추가물

누가복음 3:10-14에는 요한의 윤리적인 가르침과 극단적인 요구들에 관한 문장이 추가되어 있다. 누가복음의 특징이기도하지만 누가는 자신의 이야기를 "로마제국 역사"와 결부짓는다(1-2절). 그는 또한 4-6절에서 이사야 40장의 많은 부분을 인용하였다. 인용구를 늘림으로써 누가는 "모든 육체가 하나님의 구원하심을 보리라"는 예언(6절)에서 절정에 이르도록 한다. 앞에서 이미 본 것처럼, 누가는 예수 안에서 주어진 하나님의 우주적인 구원의 제공을 강조한다.

(4) 요한의 특징들

세례 요한에 대한 예우는 제4복음서와 공관복음서 사이에 많은 공통점들이 있지만(특별히 요 1:23, 26-27, 30, 32을 보라), 차이점들이 더 뚜렷하다. 무엇보다도, 요한은 예수의 증인이었다. 제4복음서는 세례 요한이 누가 아닌지를 강조하는데(20-21절), 이것은 아마도 그를 숭배하려는 집단을 막기 위함이었을 것이다(p. 270을 보라). 저자는 요한이 예수를 "하나님의 어린 양"으로 증거했다고 기록한다-유월절 희생제물, 묵시적인 영웅, 고난 받는 종 등이 모두 하

---

[8] 마태복음 3:7은 NIV처럼 번역되어야 한다: 바리새인들과 사두개인들은 RSV에서처럼 "세례를 받으러"가 아니라, "그가 세례를 베푸는 곳으로" 나아왔다. 누가복음 7:30 참조.
[9] Craig L. Blomberg, "Baptism of Fire," in *Evangelical Dictionary of Biblical Theology*, 49 참조.

나로 혼합된 이미지(29, 36절). 그는 예수의 세례에 관한 직접적인 구절들은 생략하지만 초기의 제자들을 예수께서 부르시는 이야기는 자세하게 설명한다. 처음 두 제자들 중 하나는 안드레이고 다른 한 사람의 이름은 기록되지 않았다. 그들은 모두 요한에 대한 충성에서 예수께 대한 충성으로 이동해 갔다(35-40절). 안드레는 베드로를 불러 왔다. 예수는 빌립을 "찾으셨다"(43절). 그리고 빌립은 친구 나다나엘(공관서의 바돌로매와 아마도 동일인이었을 것이다)을 데려 왔다. 하지만 아직까지는 돌아다니며 제자훈련을 받기 위한 전문적인 헌신에 대해서 언급되지 않았고 나중에 갈릴리에서 보다 형식적인 임명이 있게 될 것이다(p. 371을 보라).

요한복음의 첫 부분에서 가장 특기할 만한 특징은 아마도 사람들이 예수께 붙인 호칭들일 것이다. 그분은 하나님의 어린 양이실 뿐만 아니라, 랍비(38절), 메시아(41절), 하나님의 아들과 이스라엘의 왕(49절)이셨다. 45절은 그분에 대해서 율법과 선지자들이 기록하였다고 말한다. 과연 그렇게 많은 사람들이 예수와 처음 만나는 동안 그런 놀라운 인상을 받을 수 있었을까? 그들은 오랫동안 세례 요한의 증거를 들어왔고, 예수도 매우 "카리스마적인" 성품을 가지셨을 것이다. 하지만 이 시점에서, 사람들이 예수를 오랫동안 기다려온 메시아이길 바랐다는 사실 이외에는 이러한 호칭들이 의미하는 바가 없다. 추후에 사건들이 발전하면서 보여주듯이, 이들 풋내기 제자들은 그 메시아에 대해서 매우 민족주의적인 관념, 즉 로마와 그 억압적인 군대를 전복시킬 메시아의 개념을 여전히 가지고 있었을 것이다.

요한복음 1장에서 가장 어려운 구절들은 47-51절이다. 예수는 나다나엘을 말 그대로, "그 속에 간사한 것이 없는 참 이스라엘 사람"이라고 부르셨는데, 이것은 족장 야곱/이스라엘의 두 이름에 대한 일종의 언어유희였다. "야곱"은 "사기꾼"을 의미했기 때문이다(47절). 예수가 어떻게 그를 알고 계신지 놀란 나다나엘의 질문에 대해서 예수는 "네가 무화과나무 아래 있을 때에 보았노라"고 설명하셨다(48절). 무화과나무 아래는 흔히 기도의 장소라고 여겨졌지만, 보다 의미심장한 것은 모든 이스라엘 사람들이 자기 무화과나무 아래에 평화롭게 앉게 될 다가오는 축복의 시대에 관한 구절들이다(예를 들면, 왕상 4:25; 미 4:4; 마카비상 14:12). 적어도 이 구절들 중 하나는 메시아적인 상황 가운데 등장한다(슥 3:10). 예수는 또한 나다나엘의 성품에 대한 단순한 통찰 뿐 아니라 놀라운 이적을 약속하셨다-"너는 하늘이 열리고 하나님의 사자들이 인자 위에 오르락내리락하는 것을 보리라"(51절). 이것은 분명히 하늘에 닿은 사다리에 관한 야곱의 꿈을 연상시킨다(창 28:10-12). 하지만 어떻게 "오르락내리락" 하는 순서가 예수께 적용되는가? 아마도 천사들이 그분의 몸을 하늘로 가져가는 것과, 전통적인 유대인들의 신념에 일치하게, 그분의 부활을 선포하기 위해 내려오는 것을 의미했을 것이다(마 28:2 비교).[10]

3) 요한의 생애 속의 다른 사건들

(1) 그리스도께 대한 추가적인 증언(요 3:22-36) [Aland §28-29]

요한과 예수의 사역은 정확하게는 알 수 없지만 일정 기간 중복되었다. 그들은 모두 세례를 베풀었고 제자들을 세웠는데(3:22-23), 예수는 제자들을 통해서 대부분의 세례를 집행하셨다(4:2). 시간이 흐르면서 예수의 사역은 요한의 사역과 중복되기 시작했지만, 요한은 예수께 큰 경의를 표하였다. "그는 흥하여야 하겠고 나는 쇠하여야 하리라"(3:30). 요한은 여전히 한 명의 증인이었고, 신랑을 위한 친구에 불과했다(29절).

(2) 수감(막 6:17-20) [Aland §144]

요한은 안티파스가 레위기 18:16을 범하면서 그의 동생 빌립의 전처인 헤로디아와 결혼한 것을 용감하게 비난한 까닭에 결국 어려움에 봉착하였다. 요세푸스는 여기에 등장하는 안티파스의 동생을 분봉왕 빌립이라고 기록하지 않고 또 다른 헤롯으로 밝혔다(*Antiquities* 18.5.1). 그는 또한 요한이 페레아의 요새인 마케루스에 수감되었다고 기술한다(18.5.2). 요세푸스의 묘사는 마가의 묘사보다 안티파스에 대해서 매우 부정적이다. 하지만 이러한 세부적인 차이들은 설명될 수 있는 것들이다.[11] 누가는 다른 복음서들보다 요한의 수감을 훨씬 일

---

10) F. F. Bruce, *The Gospel of John* (Basingstoke: Pickering & Inglis; Grand Rapids: Eerdmans, 1983), 62-63 참조. Christopher Rowland ("John 1.51, Jewish Apocalyptic and Targumic Tradition," *NTS* 30 [1984]: 498-507)는 창세기에 관한 탈굼의 내용이 천사들이 땅에서 하늘로 올라가면서 동료들에게 하나님의 영광의 보좌를 사모하는 경건한 자를 내려와서 보도록 초청한다. 이것은 예수님께도 잘 적용된다.

11) Harold W. Hoehner, *Herod Antipas* (Cambridge: CUP, 1972), 124-49. 분봉왕 빌립과 헤롯 빌립은 별개의 인물들이라고 믿을만한 이유가 있다.

찍 묘사하였는데(눅 3:19-20), 아마도 세례 요한에 관한 모든 자료들을 주제별로 깔끔하게 정리하기 위함이었을 것이다.

(3) 요한의 의심과 예수의 재확신(마 11:2-19) [Aland §106-107]

요한은 감옥에서 전령을 예수께 보내어 그분이 진정으로 "오실 분"이신지 질문하였다(2-3절). 그리스도께 대한 요한의 초기 증언과 교류에도 불구하고 이 질문은 충분히 이해할 만하다. 감옥은 구원의 전개에서 요한이 예상했던 계획의 일부가 아니었다. 그의 묵시적인 심판의 메시지는 결실의 기미가 보이지 않았고, 예수는 그의 원수를 향한 긍휼 때문에 점점 더 유명해지셨다. 예수는 요한의 질문에 직접적으로 대답하시지는 않았지만 그분의 기적들과 가난한 자들을 위한 관심의 의미를 깊게 생각하라고 말씀하셨다(4-6절). 이것은 나사렛에서의 선언을 연상시키며(눅 4:16-19), 또 다시 이사야 61:1-2의 종의 구절을 상기시킨다(더 자세한 내용은 p. 370을 보라). 그렇게 하심으로써, 예수는 자신의 메시아적인 사역을 무언으로 인정하셨을 뿐만 아니라, 요한의 관심을 그 참된 본질로 재조정하신 것이었다.

요한의 제자들이 스승에게 보고하러 돌아갈 때, 예수는 계속해서 청중들에게 요한에 대해서 말씀하셨다. 주님은 극진한 칭찬으로써 요한의 사역을 확증하셨다. 7-8절은 은연중에 그를 안티파스와 비교하는데, 안티파스는 동전을 갈대 표장으로 주조하였고 왕의 호화로움을 만끽하면서 살았다.[12] 하지만 지금까지 살았던 사람들 중에서 가장 위대한 사람은 왕이 아니라 바로 요한이다(11절상). 그러나 요한은 하나님 나라가 그리스도의 죽으심과 부활을 통해서 정식으로 발족되는 것을 보지 못할 것이다. 그러므로 이후에 태어나는 모든 성도들은 요한이 가지지 못한 특권을 누리는 것이다(11절하). 요한은 구약시대의 선지자들 중에서 가장 위대하며 장차 나타날 엘리야에 관한 예언들의 성취이다(13-14절). 하지만 헤롯이 이미 요한을 수감한 것처럼, 난폭한 자들로 하여금 공격하게 하는 더 위대한 능력이 이제 나타났다(12절).[13]

---

12) Gerd Theissen, *The Gospel in Context* (Minneapolis: Fortress, 1991), 26-42.
13) 마 11:12하는 번역하기 어려운 본문이지만, NIV의 번역보다는 "천국은 폭력에 시달리며 난폭한 자들이 천국을 공격한다"가 적절해 보인다. G. Schrenk, "βιάζομαι, βιαστής" *TDNT*, vol. 1, 609-14를 보라.

예수는 짧은 비유로써 청중을 향한 연설을 종결지으셨는데, 그 비유는 아이러니컬하게도 요한의 격한 심판의 메시지나 "죄인들"과 자유분방하게 교류하신 예수의 모습이 유대 지도자들로부터 인정받지 못함을 탄식한다. 하지만 그들로 대표되는 하나님의 지혜는 그 정당성이 입증될 것이라고 약속하신다(16-19절).[14]

(4) 요한의 죽음(막 6:14-16. 21-29) [Aland §143-144]

복음서는 헤롯보다 헤로디아가 요한을 더 제거하려고 했던 인물임을 암시한다. 그녀의 딸이 왕궁에서 춤을 추어 헤롯으로 하여금 무분별한 맹세를 하게 했을 때 기회는 찾아왔다. 비록 두드러지게 언급되지는 않았지만, 술이나 성적인 암시는 헤로디아의 왕실에서 흔히 있는 일이었고 그 상황에도 일조했을 것이다. 안티파스는 정의를 실천하는 일보다는 자신이 공개적으로 한 말을 지키는데 더욱 집착했고, 결국 요한의 목을 잘라 처형하기로 동의하고 말았다. 요한은 살아 있는 동안 예수를 메시아로 밝힌 것처럼, 그의 처형은 예수가 로마 사람들의 손에 죽게 될 것을 예표한다.

4) 역사성

세례 요한의 역할을 축소시키고 예수를 높이려는 초대교회의 관점을 고려할 때, 요한을 긍정적인 관점에 두는 거의 모든 것들은 아마도 역사적인 것일 것이다. 사역 초기의 숫자적, 지역적 엄청난 영향력, 예수의 첫 제자들이 요한을 따르던 자들이었다는 사실, 예수도 처음에는 요한을 한동안 따르셨을 가능성, 그리고 예수께서 요한은 이제까지 살아온 모든 사람 중에서 가장 위대하다고 칭찬하신 사실 등. 요한의 금욕적인 메시지와 예수의 기쁨에 찬 사역 사이의 강한 대조(마 11:16-19) 또한 전승의 신빙성을 반영해 준다. 기독교인들은 예수의 선구자를 그리스도와 너무나 다르게 묘사하지는 않을 것이다. 요한의 세례사역은 유대교와 초대교회가 모두 사용한 그런 종류의 세례로부터 구별하는 데 "이중적 비유사성"의 기준을 더더욱 만족시킨다. 한편, 천국에 들어가는 관점에서

---

14) Craig L. Blomberg, *Interpreting the Parables* (Downers Grove and Leicester: IVP, 1990), 208-10.

죄의 회개를 위한 용서의 필요성에 대해서는 유대교로부터 시작해서 예수를 거쳐 바울과 초대교회에까지 이어지는 강한 연속성 때문에 요한이 다르게 가르쳤을 것이라고 상상하는 것은 매우 힘들다. 요한이 예수에 대해서 메시아와 같은 뚜렷한 호칭을 사용하지 않았다는 사실은 ("오실 이"나 "하나님의 어린 양" 등에서 암시하고는 있지만) 여기에서도 역시 그의 사실적인 모습을 보여준다. 그리고 그가 안티파스의 손에 죽은 것은 요세푸스에 의해서 확인된다.

2. 예수의 세례(막 1:9-11) [Aland §18]

복음서가 때때로 자료들을 주제별로 묶어 놓듯이, 우리도 예수의 세례에 관한 이야기를 제외한 모든 세례 요한 이야기들을 함께 모아놓았다. 이제 우리는 이 사건으로 돌아와 예수의 사역이 진행되는 경로를 더듬어 볼 것이다. 이 사건은 그리스도께서 전도와 가르침과 병 고침을 위해 순회하신 공생애 사역을 위임한 주요 사건이다.

1) 세례의 목적

마태와 요한은 예수께서 세례 받으신 목적을 가장 의식적으로 보여주었다. 만약 세례가 죄의 회개와 용서와 관련되었다면, 예수께서는 자신이 죄를 지으셨다고 생각하신 것일까? 마태는 요한이 예수의 세례를 막으려고 했다는 독특한 구절을 삽입함으로써 그것이 아니라고 주장한다(마 3:14). 오히려 예수는 "모든 의를 이루시기" 위해서는 그렇게 해야 한다고 대답하셨다(15절). 마태가 "이룬다"는 단어를 "하나님의 말씀이 가리키는 모든 것을 완성한다"는 뜻으로 사용한 것을 감안할 때, 그는 아마도 예수께서 세례 요한의 세례를 지칭하시고 인정하신 말씀으로 이해한 듯하다. 그래서 마태는 요한과 예수의 사역을 동일한 단어를 사용하여 요약하였다. "회개하라 천국이 가까웠느니라"(3:2; 4:17). 하지만 고대 이스라엘에서는 회개가 민족 전체의 죄에 대한 집단적인 고백을 포함한다는 점에서, 예수 역시 여기에 동참하셨을 수도 있다. 간략하게 말해서, 예수는 하나님께서 요구하시는 모든 것을 행하신다. 제 사복음서(요한복음)에서 요한이 예수를 어린양이라고 증거한 것은 바로 이 시점이 분명한데(요 1:29), 또한 인류의 죄를 구속하시려고 하나님의 뜻을 성취하실 분으로 그를 소개한다.

2) 뒤따르는 표적들

사복음서 모두 비둘기를 언급하지만, 모두 성령이 예수 위에 비둘기 "같이" 내리셨다는 직유법을 사용한다(마 3:16; 막 1:10; 눅 3:22; 요 1:32). 우리는 문자적으로 무엇이 보였는지는 알 수 없지만, 무언가 보는 이들에게 비둘기를 연상시킨 듯하다. 고대 세계에서 비둘기는 평화, 사랑, 심지어 신성을 상징하지만, 가장 유명한 언급은 창조시 성령의 활동을 수면 위에 "맴돌거나 운행하는" 것으로 묘사한 창세기 1:2이다.[15] 예수는 이제 재창조의 사역을 시작하신다. 하늘에서 들린 음성 또한 수세기 동안 끊어졌던 하나님의 계시가 다시 시작된 것을 암시한다.

3) 세례의 메시지

하나님은 예수를 기뻐하시고 사랑하시는 아들이라고 선포하신다(막 1:11). 대부분의 주석가들은 이 선포가 시편 2:7과 이사야 42:1을 암시한다고 여긴다. 전자는 왕정시의 일부이고, 후자는 이사야의 종의 노래 중 하나이다. "아들"과 "종"은 모두 기독교 이전의 한 중요한 유대교 일파에서 메시아적인 의미로 이해되었다(4Qflor 10-14와 탈굼 이사야 42:1을 각각 보라). 그러므로 하나님은 예수를 왕과 같은 메시아로서 뿐만 아니라, 고난 받는 종으로도 강력하게 선포하시는 것처럼 보였다. 이 세례에는 또한 초기의 삼위일체사상이 나타나는데, 하나님께서 말씀하시고 성령께서 인자 예수 위에 강림하신다.

---

15) 최근에 발굴된 사해두루마리는 이 결론을 입증하는 것처럼 보인다. "메시아적인 환상"으로 알려진 사본에는 다음과 같은 말이 포함된다: "그분의 성령이 가난한 자들 위에 운행하고 신실한 자들을 그분의 능력으로 지지할 것이다." 이것은 메시아적인 문맥에서 처음으로 창세기 1:2에 대한 고대의 언급이며 예수께서 세례 받으실 때 강림한 비둘기는 예수님을 새로운 창조를 가져오시는 분으로 언급하는 것이라고 암시한다. Dale C. Allison, Jr., "The Baptism of Jesus and a New Dead Sea Scroll," *BAR* 18.2 (1992): 58-60.

4) 세례의 역사성

예수께서 죄의 회개를 상징한 요한의 세례를 인정하심으로써 신학적인 문제들이 야기되었기 때문에 초대교회가 이 이야기를 꾸며냈을 리는 없다. 이 이야기의 메시아적인 특성을 감안할 때, 예수의 세례는 비록 잘못 이해되기는 했지만 종말론적인 관심사를 뜨겁게 불러일으켰을 것이다. 그러므로 요한복음 후반부에서 예수에게 적용된 높여진 직분들은 그 나름대로 신빙성이 있는 것이다.

3. 예수의 시험(막 1:12-13; 마 4:1-11) [Aland §20]

지금까지 복음서에서 하나님은 하늘로부터 예수의 신분을 드러내셨다. 하지만 그리스도의 사역이 진행되면서 과연 그가 자신의 역할에 충성을 다할 것인가? 예수의 세례가 즉각적으로 그에게 유명세와 번영을 가져왔을 것이라고 생각할지도 모른다. 오히려, 하나님은 마귀로 하여금 그가 정말로 어떤 종류의 메시아이신지를 시험하도록 허락하신다. 마가는 마귀의 시험이 세례 직후에 찾아왔음을 강조한다. 그 후로 많은 성도들 역시 그들이 회심하거나 어떤 중대한 헌신을 결단한 직후에 끔찍한 갈등에 직면하기도 한다. 이러한 일이 계속 발생할 때마다 우리는 결코 놀라지 말아야 한다.

1) 배경과 자료

오직 마태와 누가만 시험 받으신 이야기를 자세하게 기록한다. 마가는 그 사건이 있었다는 사실과 누가 관련되었고, 어디에서 얼마 동안 있었는지만 기록한다. 하지만 흥미롭게도 오직 마가만이 예수께서 들짐승들과 함께 있었다고 덧붙였다. 마가는 천사들이 예수를 수종들었다는 점에 마태와 의견을 같이했다. 아마 이 내용들은 시험에 대한 예수의 승리와 자연세계에 대한 그분의 주권을 강조하려는 의도였을 것이다.[16] 들짐승들과 함께 있었다는 것은 광야의 위험

---

[16] Jeffrey B. Gibson, "Jesus' Wilderness Temptation according to Mark," *JSNT* 53 (1994): 3-34.

과 사탄의 공격을 더해 준다(Test. Naph. 8:4; 눅 11:24). 예수께서 40일 간 시험을 받으신 것은 모세가 율법을 받기 전에 40 주야로 준비한 기간(신 9:9)과 이스라엘이 광야에서 40년 간 방랑한 것을 상기시킨다. 예수는 모세보다 새롭고 위대하신 분이며 이스라엘 전체가 실패한 그곳에서 승리하실 것이다.

2) 수행자와 결과

마가는 시험이 세례 직후에 있었음을 강조한다. 세 개의 공관복음서 모두는 하나님의 성령께서 사건들의 결과를 주도하고 계시며 사탄은 그 시험의 직접적인 수행자였음을 균형 있게 묘사한다. 바로 여기에는 중요한 한 쌍의 진리가 담겨 있다. 하나님은 언제나 전지전능하시며 그분의 넓은 목적을 이루시는 경우 외에는 아무런 시험도 허락지 않으신다. 그러면서도 그분은 결코 어느 누구도 직접적으로 시험하지 않으시며(약 1:13 참조) 악으로부터 완전히 분리되신 분이다. 마태와 누가는 모두 예수께서 세 가지 특별한 방법으로 시험을 받으셨다는 사실에 동의한다. 돌을 떡으로 변하게 하고, 성전 꼭대기에서 뛰어내린 후에 기적적으로 죽음에서 건짐을 받게 하고, 사탄을 숭배함으로써 세상의 모든 왕국들을 차지하라는 시험이었다. 하지만 누가는 마지막 두 개의 순서를 바꾸었는데, 아마도 그에게 성전이 결정적으로 중요했기 때문일 것이다. 하지만 이것이야말로 복음서 저자들이 그들의 이야기들을 단지 "그리고"나 "하지만" 등으로 연결함으로써 시간적인 순서가 나타나지 않는 대표적인 경우이다.

3) 시험의 특성과 그리스도의 저항

그리스도께서 받으신 세 가지 시험들과, 에덴동산의 세 가지 유혹들(창 3:6), 그리고 요한일서 2:16에서 "이 세상에 있는 모든 것"을 요약하기 위해 열거한 세 가지 종류의 시험들 사이에는 놀라운 연관성이 있다.

예수의 시험	아담과 이브의 시험	요한일서 2:16
돌을 떡으로 만들라	나무가 먹음직하고	육신의 정욕
모든 왕국을 보라	보암직도 하고	안목의 정욕
기적적으로 생명을 보존하라	지혜롭게 할 만큼 탐스럽기도 했다(뱀: 죽지 않을 것이라고 유혹)	이생의 자랑

위의 연관성이 의도적인지의 여부에 관계없이, 이들은 모두 예수께서 온갖 종류의 대표적인 시험들을 경험하셨음을 제시하기 때문에, 히브리서의 저자는 그리스도께서 "모든 일에 우리와 한결같이 시험을 받은 자로되 죄는 없으시니라"고 선포할 수 있었다(히 4:15).[17]

마태복음과 누가복음의 문맥에서 볼 때, 귀신이 예수의 아들 되신 신분을 인식한 것은 매우 의미심장하다. 마태복음 4:3에 기록된 "네가 만일 하나님의 아들이어든"은 "네가 하나님의 아들이므로"라고 번역되어야 할 것이다. 마귀는 예수가 누구이신지 충분히 알고 있지만, 그를 잘못된 종류의 아들―십자가의 길을 포기하고 아버지의 뜻에 대해서 불충성하는 의기양양하고 당당한 메시아―로 유혹하려고 한다. 마귀를 무찌르기 위해서 그리스도가 사용한 우선적인 무기는 성경이다. 매번 그리스도는 신명기를 인용하심으로써 미혹자를 반박하셨다(8:3; 6:16; 6:13). 두 번째의 경우에는 마귀도 성경을 인용하였지만(시 91:11-12) 잘못된 사용이었다.

그리스도께서 받은 유혹들은 실제적이거나 악마적인 것은 틀림없지만, 어느 정도는 주관적이거나 환상적인 것이었을 것이다.[18] 본문은 "변화산"의 장소가 어디였는지를 설명하지 않지만 여행자들은 여리고가 내려다보이는 장소를 종

---

17) Henri J. M. Nouwen (*In the Name of Jesus* [New York: Crossroad, 1993])은 세 가지 유혹들을 모든 기독교 지도자들이 직면하는 유혹의 규범이라고 보았다: 기도, 사역, 인도함을 받는 것 대신에 현실지향적이고자 하고, 유명해지려고 하고, 남을 인도하고자 하는 욕망.
18) Robert H. Mounce, *Matthew* (Peabody: Hendrickson, 1991), 31.

종 소개받곤 한다. 사실, 세상의 모든 왕국들을 내려다 볼 수 있는 그런 산은 지구상에 존재하지 않는다. 또한 사십일 동안 아무런 음식도 먹지 않은 예수께서는 힘들게 산을 오르는 것은 물론이고 성전에 올라가는 것조차 가능하지 못했을 것이다. 마귀의 유혹대로 자기만족을 위해 초자연적인 능력을 발휘하지 않았다면 말이다. 그리스도께서 미혹자의 함정에 굴복하기를 거절했다는 사실은 그의 무죄성과 동시에 범죄할 수 있는 가능성을 보여준다. 수많은 자유주의 신학자들은 전자를 부인해 왔고, 수많은 보수주의 신학자들은 후자를 부인하였다. 하지만 죄를 범할 수 있는 가능성이 없었다면 예수께서 받으신 유혹이 우리의 유혹과 유사한 것이라고 말하기는 어려울 것이다. 범죄하지 않으셨다는 사실이 없다면 그의 속죄는 결코 대속적인 것이 될 수 없었을 것이다.[19]

4) 역사성

예수의 세례(침례)의 경우와 마찬가지로, 이 이야기를 초기의 어떤 기독교인이 꾸며냈다고 상상하기는 어렵다. 여기에서 예수는 인류의 연약함을 보여주며 가장 공격 받기 쉬운 상태에 놓이셨는데 반해서 사탄은 하나님께서 그리스도에게 주신 사명에 대해 다른 진정한 대안을 제공할 수 있는 능력을 소유한 것처럼 묘사되고 있다. 만약 그리스도께서 겟세마네 동산에서 제자들이 (잠에 곯아떨어지기 전에!) 그의 기도를 들을 수 있도록 가까이 두신 것이 중요하다고 생각하셨다면, 광야에서 받으신 이런 유혹들에 대해서도 그의 제자들에게 말씀하셨을 것이 분명하다.

4. 가나에서 가나까지(요 2-4장)

요한복음 1:19-4:42은 그리스도의 초기 유대 사역이라고 불리는데, 그 이유는 그가 세례 요한의 활동지 부근과 예루살렘 부근에 거점을 둔 것처럼 보이기

---

19) Millard J. Erickson, *Christian Theology*, vol. 2 (Grand Rapids: Baker, 1984), 720: "예수님은 죄를 범하실 수 있으셨지만, 범하지 않으셨다."

때문이다. 하지만 1장과 3장에는 예수께서 세례(침례)를 베푸신 사역의 정확한 장소에 대해서 아무런 언급도 없으며, 2장과 4장에 기록된 주요 사건들 중 두 가지는 각각 갈릴리와 사마리아에서 발생하였다. 위에서 언급하였듯이(p. 304-305), 이때는 또한 예수께서 숨어 지내시던 시기였다. 하지만 2:13이 그의 마지막 유월절 사건을 대체하는 것이 아니고 5:1이 유월절인 경우에만 1년의 시기가 지난 것이다. 또한, 이것은 다가올 갈릴리의 위대한 사역 동안 그에게 몰려든 큰 무리들에 비교했을 때에만 은닉의 시기이다. 우리는 상세한 내용들을 연대적으로 추적하려는 유혹을 물리치고 그러한 내용들을 통해서 요한이 그리스도에 관해서 우리에게 가르치려고 했던 것에 초점을 둘 때 그의 의도를 더욱 충분히 이해하게 될 것이다. 요한복음의 전체적인 개관(앞의 p. 260-261)을 보면 이 세 장들은 가나에서 수행된 두 가지 표적들에 의해서 "포괄형식"(inclusion; 어느 문학적인 단위의 시작과 끝을 표시하기 위해 테두리를 만드는 표현법)으로 감싸인 독립된 소단락을 형성한다.

1) 첫 번째 기적: 가나의 결혼식에서 물을 포도주로 바꾸심(2:1-12)
[Aland §22-23]

예수는 사역 초기에 어느 결혼식에 초대를 받으셨는데, 잔치 중에 포도주가 동이 나고 말았다. 축제를 위해 음식을 공급하지 못하는 것은 수일 간 지속되는 잔치의 주인에게 큰 낭패와 수치심을 가져온다. 특별히 음식과 곁들여서 포도주를 적당하게 마시는 것은 고대의 유대 사회에서는 흔한 일이었다. 때때로 그것은 물을 마시는 것보다 더 건강에 도움이 되었다. 다양한 성구와 중간기의 작품들을 보면 포도주를 즐거움의 선물이요 하나님께서 주신 기쁨으로 여긴다(특별히 시락서 31:27-28; 시 104:15; 삿 9:13을 보라). 그 당시의 포도주는 오늘날 포도주보다 훨씬 묽게 희석시킨 것이었지만, 지나치게 마신다면 분명히 취하게 만들 수 있다(그런 분위기에 기꺼이 참여하시는 예수의 모습 때문에 누가복음 7:34은 그를 "먹기를 탐하고 포도주를 즐기는 사람"이라고 묘사한다).

마리아 역시 이 결혼식에 초청을 받았으며, 이런 필요가 생기자 아들에게 도움을 요청하였다(3절). 자신의 때가 아직 이르지 않았다는 예수의 난해한 대답은 액면 그대로 듣는다면 지금은 도울 준비가 안 된 것처럼 들릴 수도 있다. 요한복음 전체에 나타난 유사한 내용에 비추어볼 때 그가 자신을 드러낼 절정적인 시기는 아직도 오지 않았음을 암시한다. 예수가 하신 대답의 원래적인 표현에는 무례함이 전혀 없으며[20] 하나님의 전지하신 때에 대한 순종을 강조한다. 마리아는 좌절하지 않고 예수께서 어떤 방법으로든지 도우실 수 있음을 신뢰하였다. 예수는 실제로 기적을 행하심으로써 잔치집 주인을 도와주었는데, 이 기적은 너무나도 조심스럽게, 심지어 은밀하게 행하여진 까닭에 오직 믿음의 눈을 가진 자들에게만 드러났다.

이 본문의 나머지 내용을 보면 이 사건은 사회적인 실수를 단순히 구해 주는 것 이상을 포함하고 있음을 보여준다. 이 보기 드문 이야기 속에서 특별히 6절의 내용은 눈에 두드러진다. 유대인들의 정결 예식을 위해 물항아리가 사용된다는 점을 왜 기록한 것일까? 유대문학에서 혼인잔치가 때때로 메시아의 시대를 상징한다는 점을 고려하는 수많은 주석가들은 여기에서 일종의 상징적인 차원의 의미를 보았다. 그것은 바로 예수가 새로운 시대의 포도주, 즉 유대적 예식의 옛 "물"을 초월하고 대체시키는 기쁨을 가져오신다는 것이다. 공관복음에서 예수께서 새 포도주를 낡은 부대에 담지 않는다는 비유를 통해서 이와 유사한 교훈을 하셨기 때문에 이런 해석은 가능하다(막 2:22 이하). 10절은 이 점을 더욱 뚜렷하게 보여준다. 예수는 최상의 포도주를 나중까지 가지고 계셨다.[21] 요한은 자신이 좋아하는 주제 중 하나를 추가한다. 즉 이 "표적"이 예수의 영광을 드러내었고 믿음을 초래하도록 도왔다는 것이다(11절. 하지만 p. 266에 나타난 균형 잡힌 주석을 보라).

2) 예루살렘의 성전 청결(2:13-25) [Aland §24-26]

대부분의 주석가들은 이것을 연대적으로 재배치된 구절로 보는데, 요한은 그렇게 함으로써 그리스도의 임박한 죽음과 부활의 의미를 그의 복음서 초두에서

---

20) 4절 상반절에 대한 NIV의 번역은 다른 번역들 보다 뛰어나다. 헬라어는 문자적으로 "여인이여, (그것이) 나와 당신에게 무슨 일입니까?" 영어로 읽으면 쉽게 오해될 수 있는 숙어적인 표현이다.
21) Craig L. Blomberg, "The Miracles as Parables," in *Gospel Perspectives*, vol. 6, ed.를 보라. David Wenham과 Craig Blomberg (Sheffield: JSOT, 1986), 333-37과 여기에 인용된 문헌들.

강조함으로써 장차 나타날 일들을 위한 일종의 표제로 삼았다.[22] 한편, 이런 종류의 일이 그리스도의 사역 초기에 정말로 발생했었음을 보여주는 암시가 요한복음과 공관복음에 있다. 그 중에서 가장 대표적인 것들로는 성전 건축에 소요된 46년에 대한 언급인데(요 2:20), 이에 따라 계산하면 이 사건은 주후 28년경으로 추정된다(p. 303을 보라). 또 하나는 예수께서 성전을 헐고 "손으로 짓지 아니한" 다른 성전을 지으실 것이라는 그리스도께 대한 곡해된 정죄이다(막 14:58 이하). 만약 예수께서 요한복음 2:19의 말씀을 2-3년 전에 하셨다면, 그리고 그분의 주장이 시간이 지나면서 곡해되었다면 이 정죄는 납득할 만하다.[23]

요한복음에서 더욱 중요한 것은 이 사건이 상징하는 것이다. 그것은 성전 청결(cleansing)이라기보다는 오히려 성전 청산(clearing)이라고 불려야 한다. 정확하게 말한다면 예수는 아버지의 집이 장사하는 집으로 변질된 것을 슬퍼하셨다(16절). 하지만 제사가 지속되려면 짐승을 사고파는 일은 필요했다. 그렇다면 요한은 예수의 말씀 속에서 보다 급진적인 의미를 본 것이 분명하다. 그것은 성전과 이에 관련된 모든 제사제도가 곧 다른 것으로 대체될 것이라는 의미이다.[24] 19절은 이 점을 더욱 강조하는데, 예수께서 성전을 부활하신 자신의 몸으로 대체하는 것에 대해서 말씀하신 것은 훗날 그것이 성취되기 전까지는 아무도 이해하지 못한 예언이었다(20-22절). 요한은 제자들이 나중에야 시편 69:9이 성취된 것을 보았다고 기록한다(17절). 하나님의 백성이 참된 예배를 드리고자 열심을 다할 때에는 때때로 핍박을 받는다. 요한은 표적의 긍정적인 가치를 언급함으로써 이 이야기를 종결짓지만 단지 표적에만 기초를 둔 신앙은 불안정하다는 사실을 경고하였다(23-25절).

---

22) 예를 들면, J. Ramsey Michaels (*John* [Peabody: Hendrickson, 1989], 50)는 요한복음의 두 주요 단락은 각각 연대기적으로 잘못 놓여진, 하지만 계획에 따라 강조된 이야기—2:13-25의 성전청결 사건과 12:1-10에서 예수께서 베다니에서 기름부음을 받은 사건—로 시작한다.
23) 특별히 John A. T. Robinson, *The Priority of John* (London: SCM, 1985; Oak Park, Ill.: Meyer-Stone, 1987), 125-31 참조.
24) Kenneth A. Mathews, "John, Jesus and the Essenes: Trouble at the Temple," *Criswell Theological Review* 3 (1988): 101-26; Charles H. Talbert, *Reading John* (New York: Crossroad, 1992), 96 참조.

3) 예수와 니고데모: 한 마디로 요약한 복음(3:1-21) [Aland §27]

다음에 이어지는 것은 예수에 대한 진정한 이해가 없는 피상적인 관심의 사례이다. 바리새인들 중 지도자였던 니고데모는 예수를 그분의 표적 때문에 하늘에서 보내신 선생으로 칭찬하면서 그에게 다가왔다. 대화가 지속되면서 니고데모는 자신의 무지를 더욱 드러냈다.[25] 이것이 바로 제자가 되려는 사람은 반드시 "거듭나야" 한다는 예수의 유명한 말씀에 대한 문맥이다(3절). 이 구절의 헬라어 원문은 또한 "위로부터 태어나다"(anothen)로 번역될 수 있으며, 아마도 이런 이중적인 의미를 의도했을 것이다.[26] 더 나아가서 5절은 이 새로운 출생을 "물과 성령으로 태어나는" 것으로 정의한다. 이 구절에 대해서는 적어도 네 가지 대표적인 해석들이 존재한다. (a) 이 구절이 사도행전과 신약성경의 나머지 부분에서 묘사된 기독교 세례를 언급하는 것이라는 해석(하지만 역사적으로 볼 때 이것은 오순절 이후부터 시작되었고, 다른 곳에서 요한은 세례와 성만찬에 대한 암시를 별로 하지 않는다. p. 269를 보라). (b) 이 구절이 회개의 표시로써 요한의 세례를 보여준다는 해석(하지만 그렇다면 니고데모는 매우 회의적이 되지 않았을까?). (c) 이 구절이 육체적인 출생뿐만 아니라 영적인 출생을 뜻하는 구절이라는 해석(6절 참조; 하지만 "물"을 육체적인 출생을 상징하는 것으로 사용한 예는 고대에 별로 없었다). 그리고 (d) 이 구절이 메시아 시대의 특징이 될 에스겔 36:25-27에 예언된 영적인 청결을 의미한다는 해석. 이 중에서

---

25) 이 본문에 대한 유익한 "강화 분석"은 F. Peter Cotterell, "The Nicodemus Conversation: A Fresh Appraisal," *ExpT* 96 (1985): 237-42를 보라. 니고데모가 대화에 끼친 기여는 점점 짧아지는 반면, 예수님은 점점 바리새인들의 이해 부족을 지적하신다. 니고데모는 요한복음(7:45-52와 19:38-42)의 보다 긍정적인 두 문맥에서 다시 등장하지만, 그가 헌신된 제자가 되었는지는 어디에도 분명히 나와 있지 않다. 후대의 경외전에서는 그것을 주장하지만, 우리는 Jouette M. Bassler ("Mixed Signals: Nicodemus in the Fourth Gospel," *JBL* 108 [1989]: 635-46)의 의견을 따르는 것이 좋을 듯하다. 그는 요한복음에서 니고데모가 언제나 천국 밖의 있는 자들을 대표하는 양면적인 인물로 남아 있다고 관찰하였다.

26) 마태복음 18:3에 대해서는 놀라운 병행구절이 있는데, 이 때문에 몇몇 주석가들은 공관복음서의 기록이 역사적인 핵심이고 그 위에 요한복음의 이야기, 즉 요한 공동체의 선교적인 채색이 기초를 두었다고 주장한다. 예를 들면, Barnabas Lindars, *The Gospel of John* (London: Oliphants, 1972; Grand Rapids: Eerdmans, 1981), 48, 150-51을 보라. 그러한 가설이 입증될 수 있는지의 여부와 관계없이, 몇몇 사람들이 주장하듯이, 요한복음의 예수님이 공관복음서의 예수님과 그다지 다르지 않다는 점을 보여주기 때문에 이 연결점은 매우 중요하다.

가장 그럴듯한 해석은 (a)와 (b)의 형태를 약간 결합한 (d)일 것이다.[27] 이 새로운 출생은 바람처럼 성령님의 주권적이고 예측할 수 없는 역사의 결과이다(8절). 헬라어 pneuma는 바람을 뜻하는 동시에 영(성령)을 의미할 수도 있다. 예수의 사역은 바리새인들의 전형적인 기대에 전혀 맞지 않았기 때문에 니고데모는 몹시 당황하였다(9절).

10-21절은 이 점을 더욱 설명해 준다. 1인칭("나" 또는 "우리")이 마지막으로 사용된 곳은 12절이며, 15절은 문단을 매듭짓고 있기 때문에 16-21절이 방금 앞에 등장하는 대화에 대한 요한 자신의 설명일 가능성이 크다. 10-15절에서 예수는 자신이 열거한 원칙들은 단순하기 때문에 이 세상에서 유추를 찾을 수 없는 난해한 것과 비교할 때(10-13절) 쉽게 이해할 수 있다고 관찰하셨다. 하지만 예수를 이해하기 위한 열쇠는 그분을 십자가에 달려 죽으셨다가 들림을 받으실 인자로서 받아들이는 것이다(14-15절). 요한(또는 예수)은 그 후에 사람들에게 궁극적으로 단지 두 가지의 선택만이 있을 뿐이라고 강조한다. 아들을 믿는 자들은 영원한 생명을 소유하게 될 것이지만, 그분을 거부하는 자들은 저주를 받게 될 것이다. 물론 16절은 모든 성경 중에서 가장 소중한 약속들 중 하나이며 자주 암송되는 구절이다. 하지만 17-21절 역시 매우 중요한 것으로서, 복음의 "어두운 면"을 강조한다. 그러나 "흑암" 속에 사는 자들은 "빛" 가운데 사는 것을 거부한 자들이기 때문에 하나님의 모든 저주 역시 공평하다(19-20절).

요한복음 3:22-26은 니고데모의 대화 속에 담긴 주제들을 반복하고 강조하는데, 이제 그 대화는 세례 요한과 그의 제자들 사이에서 지속된다. 여기에서는 세례 요한의 말이 언제 끝나고 사도들의 말이 언제부터 시작되는지 약간 불명확하다. 아마도 그 구분은 30절과 31절 사이에 나타나는 것으로 보인다. 더 자세한 설명을 원하면 p. 347을 보라.

4) 예수와 사마리아 우물가의 여인(4:1-42) [Aland §30-31]

네 번째 복음서 기자는 또 예수와 "외부인" 사이의 긴 대화를 기록하고 있지

---

27) 다양한 견해들의 철저한 개관과 (d)의 변호를 위해서는 Linda L. Belleville, "'Born of Water and Spirit' : John 3:5," *Trinity Journal* n.s. 2 (1981): 125-41을 보라. G. R. Beasley-Murray ("John 3:3, 5: Baptism, Spirit and the Kingdom," *ExpT* 97 [1986]: 167-70)는 이를 합병한 가설을 잘 변호한다.

만, 이 이야기와 예수와 니고데모의 이야기 사이의 대조는 너무나도 뚜렷하다. 그는 능력이 많고 아마도 부유했던 유대 남자로서, 종교지도자요 경건과 지혜의 모델이셨다. 하지만 그 여인은 힘도 없고 가난했던 사마리아 여자로서, 어떠한 종교교육도 받지 못했으며 난잡한 결혼관계 때문에 사회적으로 소외당했을 것이다. 그럼에도 불구하고 그녀는 예수의 말씀에 긍정적으로 응답하였고 결국에는 수많은 주민들을 주님께 인도하는 증인이 되었다.[28]

놀랍게도 1-9절에서 예수는 우물가에서 이 이름 모를 여인에게 먼저 말을 건네신다. 그렇게 하심으로써 그분은 세 가지 사회적 경계, 즉 성(性)과 종교/인종적인 배경의 차이, 그리고 성적인 부도덕의 낙인을 찍힌 사람과의 교제에 대한 금기 등을 초월하셨기 때문에 그분이 나눈 대화는 너무도 놀라운 것이었다.[29] 이 이야기는 전반적으로 전도의 방법을 보여주는 모델로 주로 사용되었고 이 이야기로부터 어떤 적절한 원칙들도 유추할 수 있을 것이다. 하지만 요한의 목적에 더욱 가까운 것은 누구를 전도해야 하는 범주를 제시하는 것이다. 복음은 특정 사람들을 2등 시민으로 차별하는 모든 인위적인 경계들을 무너뜨린다.

10-15절에서 예수는 여인에게 "생수"를 제공할 수 있는 그분의 능력에 대해 말씀하시면서 영적인 문제로 대화를 바꾸어 가신다. 여인은 처음에는 그 비유를 이해하지 못하였다. "생수"는 단순히 "흐르는 물"(우물 속의 물에 상반되게)을 뜻할 수도 있으며 그런 물은 유대인들의 정결예식에 사용되었다. 하지만 예수가 그 이상을 의미하셨음을 깨달은 여인은 고갈되지 않는 공급을 원하였다. 여인의 요구에 응답하시기 전에 예수는 주제를 바꾸어 여인이 자신의 결혼문제를 직면하도록 하셨다(16-19절). 예수는 당시 사회의 "죄인들"에 대해서 놀랍도록 개방하신 한편, 또한 그들 모두에게 회개를 명하셨다. 이 구절에서는 그것

---

28) 이러한 대조와 결과를 자세히 보려면 Craig L. Blomberg, "The Globalization of Biblical Interpretation: A Test Case-John 3-4," *BBR* 5 (1995): 1-15를 참조하라. 해석에 대한 여러 견해들의 좋은 개관은 David S. Dockery, "Reading John 4:1-45: Some Diverse Hermeneutical Perspectives," *Criswell Theological Review* 3 (1988): 127-40을 보라.
29) 여인이 이 점에 대해서 잘못되었음을 입증할 수 있다는 말은 아니다. 여인들은 이혼을 주도할 기회를 거의 누리지 못했기 때문에, 사마리아 여인 역시 간교한 수많은 남자들의 희생자였을 것이다. 마지막 남편이 법적으로 이혼하지도 않고 그녀에게 남긴 것이 무엇인지 그 누가 알겠는가? 그래서 여인은 단순히 경제적, 법적인 보호를 위해 억지로 그 남자와 살아야 한다고 느꼈을 것이다. Alice Mathews, *A Woman Jesus Can Teach* (Grand Rapids: Discovery House, 1991), 24-26 참조.

이 명확하게 나타나지 않지만 그럼에도 불구하고 여인의 마음에 깊은 인상을 남겼고 여인은 나중에 약간 과장이긴 하지만 자기가 행한 모든 것을 말해 준 사람을 만났다고 고백하였다(29, 39절). 야곱의 우물(6절)에 대한 배경과 예수와 야곱 사이의 비교(12절)는 또 다시 유대교와의 비교를 암시한다. 토라의 옛 물은 사마리아에서조차 예수의 새롭고 살아 있는 물에 자리를 양보해야 한다.

20-24절이 문제로부터 주의를 산만하게 하기 위해 여인이 늘어놓는 변명인지의 여부는 분명하지 않다. 이 구절들이 요한에게 대화의 중심적인 부분인 것만큼은 확실한데, 요한은 예수가 어떻게 모든 "거룩한 장소"들을 바꾸시는지를 강조한다. 시온산(예루살렘)에서 예배해야 하는지, 아니면 사마리아에 있는 그리심산에서 예배해야 하는지를 둘러싼 유대인들과 사마리아인들의 분쟁(이 모든 것은 신 12:5에 대한 해석에 기초한다)은 이미 이 때에도 논쟁거리였다. 하나님의 백성은 이제 그들이 원하는 어느 곳에서나 "신령과 진정으로" 주님을 예배할 수 있다(24절).[30]

25-26절은 대화의 절정을 보여준다. 예수는 이 여인에게 자신을 메시아로 계시하신다. 아이러니컬하게도, 예수는 적어도 사역 초기에는 당대의 그 어느 유대인들에게보다 이 여인에게 더욱 자신을 분명히 하셨다. 그것은 아마도 메시아에 대한 사마리아인들의 기대(Taheb-개종시키는 자, 구원자)가 유대교적인 기대에 비해서 덜 민족주의적이거나 군국주의적이었으므로 오해할 소지가 비교적 적었기 때문이었을 것이다.[31] 예수의 대화 이후의 여파는 27-42절에 기록되어 있다. 그 여인과 마을의 여러 주민들이 믿게 되었다. "세상의 구주"(42절)는 로마의 황제들이나 주장하는 권위를 예수에게 부여하며 제국주의적인 억압에 대한 사마리아인들의 증오를 암시해서 보여준다.[32] 예수는 그의 제자들이 밭이 "희어져 추수하게" 된 것을 깨닫도록 격려하신다(35절). 제자들 역시 예수의 비유적인 의미를 처음에는 깨닫지 못했다(33절). 하지만 주님은 이를 자세하게 설명하셨고, 이 구절들은 모든 시대를 거쳐 전도와 선교사역을 위한 핵심적

---

30) 이 주제에 관해서는 특별히 W. D. Davies, *The Gospel and the Land* (Berkeley: University of California, 1974)를 보라.

31) Raymond E. Brown (*The Gospel according to John*, vol. 1 [Grand Rapids: Doubleday, 1966], 172-173)은 사마리아인들이 스승이자 율법수여자를 더 찾고 있었음을 지적한다.

32) Richard J. Cassidy, *John's Gospel in New Perspective* (Maryknoll: Orbis, 1992), 34-35.

인 본문이 되었다. 37-38절은 핵심 원리를 이렇게 강조한다. 씨를 뿌리는 자가 있는 반면 거두는 자가 있지만, 직접적인 결과에 무관하게 수행되어야 할 위급한 일은 항상 있는 법이다.

4:43-54에 기록된 자세한 기적은 공관복음서에 기록된 동일한 이야기를 다루는 pp. 378-380에서 논의할 것이다. 우리는 가나까지 돌아오는 완전한 주기를 끝마쳤고 이제 예수의 위대한 갈릴리 사역으로 나아갈 준비가 되었다.

5) 역사성

물을 포도주로 바꾼 기적과 예수의 가죽부대 비유 사이의 유사성은 그 기적의 실제성을 말해 준다. 이 사건 속에서 예수와 마리아 사이의 이상스럽게 보이는 관계 역시 마찬가지이다. 주님께서 잔치를 위해서 너무나 많은 포도주를 만드심으로써 오해의 소지가 있었던 것 또한 마찬가지이다. 성전을 청결케 하신 사건은 공관복음서에도 나타나며, 이와 유사한 사건과의 관계에 대해서는 이미 살펴본 바가 있다(p. 358-359). 예수와 니고데모와의 대화는 예수를 유대 지도자들과 대립적인 관계로 두는 공관복음서의 다양한 이야기들과 다르지 않으며, 요한복음 3:3에 기록된 예수의 핵심적인 주장("사람이 거듭나지 아니하면 하나님 나라를 볼 수 없느니라")은 마태복음 18:3("너희가 돌이켜 어린아이들과 같이 되지 아니하면 결단코 천국에 들어가지 못하리라")과 매우 유사하다. 요한복음 3:29는 신랑에 관한 어느 작은 비유의 핵심을 포함하는데, 이 비유는 앞뒤를 둘러싸고 있는 대화를 쉽게 초래하고도 남았을 것이다. 사마리아 여인과의 만남 때문에 예수는 수없이 많은 타협적인 위치에 놓였고, "세리와 죄인의 친구"로서 그의 역할에 대한 공관복음서의 강조와도 완벽하게 연결된다. 요한복음 4:35-38은 마태복음 9:37-38을 많이 상기시켜 준다. 마지막으로 신하의 아들의 치유는 Q자료에 나타난 백부장의 종과 관련한 기적(마 8:5-13; 눅 7:1-10)과 너무나 유사한데, 어떤 학자들은 이것들을 동일한 사건의 변형이라고 생각한다. 이러한 모든 관찰들은 비록 요한이 자신만의 스타일과 독특한 목적을 염두에 두고 기록했을지라도 이 이야기들의 일반적인 진위성을 입증한다.

6) 신학

요한복음 2-4장은 매우 신중하게 구성된 통합체이다. 이 단락은 가나에서의 기적들로 시작하고 끝난다. 그 사이에는 서로 극적으로 대조를 이루는 두 개의 주요 대화-예수와 니고데모와 사마리아 여인-가 나타난다. 이 단락의 네 개 주요 부분들의 주된 교훈들은 모두 예수의 사역의 새로움을 강조한다. 예수가 시작하시는 새 시대는 심지어 사회의 가장 낮오된 자들에게까지도 새로운 기쁨(2:1-12), 새로운 예배와 성전(2:13-25), 새로운 출생(3:1-36), 그리고 새롭고 보편적인 구원의 초청을 가져온다(4:1-54).[33] 우리는 요한이 1:16-17에서 의도한 비교, 즉 율법 기간 중의 은혜와 예수 그리스도를 통해 오는 은혜와 진리 사이의 대조를 이제 조금이나마 더 이해할 수 있게 되었다.

5. 심층연구를 위한 자료

1) 세례 요한

Meier, John P. *A Marginal Jew: Rethinking the Historical Jesus*. Vol. 2, 19-233. New York and London: Doubleday, 1994.
Scobie, C. H. H. *John the Baptist*. London: SCM; Philadelphia: Fortress, 1964.
Webb, Robert L. *John the Baptizer and Prophet*. Sheffield: JSOT, 1991.
Wink, Walter. *John the Baptist in the Gospel Tradition*. Cambridge: CUP, 1968.
Witherington, Ben, III. "John the Baptist." In *DJG*, 383-91.

---

33) 이 마지막 주제는 4:43-54에서 신하의 아들을 치유하는 이야기에서 지속되는데, 이 사람은 아마도 이방인일 가능성이 크다. A. H. Mead, " 'The βασιλικός' in John 4:46-53," JSNT 23 (1985): 69-72를 보라.

2) 예수의 세례와 유혹

Beasley-Murray, G. R. *Baptism in the New Testament*. London: Macmillan; New York: St. Martin's, 1962.
Blomberg, Craig L. "Temptation of Jesus." In *ISBE*. Vol. 4, 784-86.
Gerhardsson, Birger. *The Testing of God's Son*. Lund: Gleerup, 1966.
Gibson, Jeffrey B. *The Temptations of Jesus in Early Christianity*. Sheffield: Sheffield Academic Press, 1995.

3) 요한복음 2-4장

Okure, Teresa. *The Johannine Approach to Mission*. Tübingen: Mohr, 1988.
Olsson, Birger. *Structure and Meaning of the Fourth Gospel: A Text-Linguistic Analysis of John 2:1-11 and 4:1-42*. Lund: Gleerup, 1974.

6. 복습을 위한 질문들

1) 다음의 항목들을 각각 이해하기 위해서 개관할 필요가 있는 가장 중요한 역사적 배경과 주석적, 또는 해석적 설명은 무엇인가? (1) 세례 요한의 사역과 메시지 (2) 요한에 의한 예수의 세례 (3) 예수가 받으신 유혹
2) 요한복음 2-4장에 기록된 모든 이야기들의 공통점은 무엇인가? 각 이야기들의 핵심 주제는 무엇인가? 그 주제를 우리가 어떻게 알 수 있는가?
3) 예수와 니고데모와 사마리아 여인의 만남을 각각 비교해 보라. 이 두 이야기를 나란히 열거한 요한의 목적은 무엇인가?

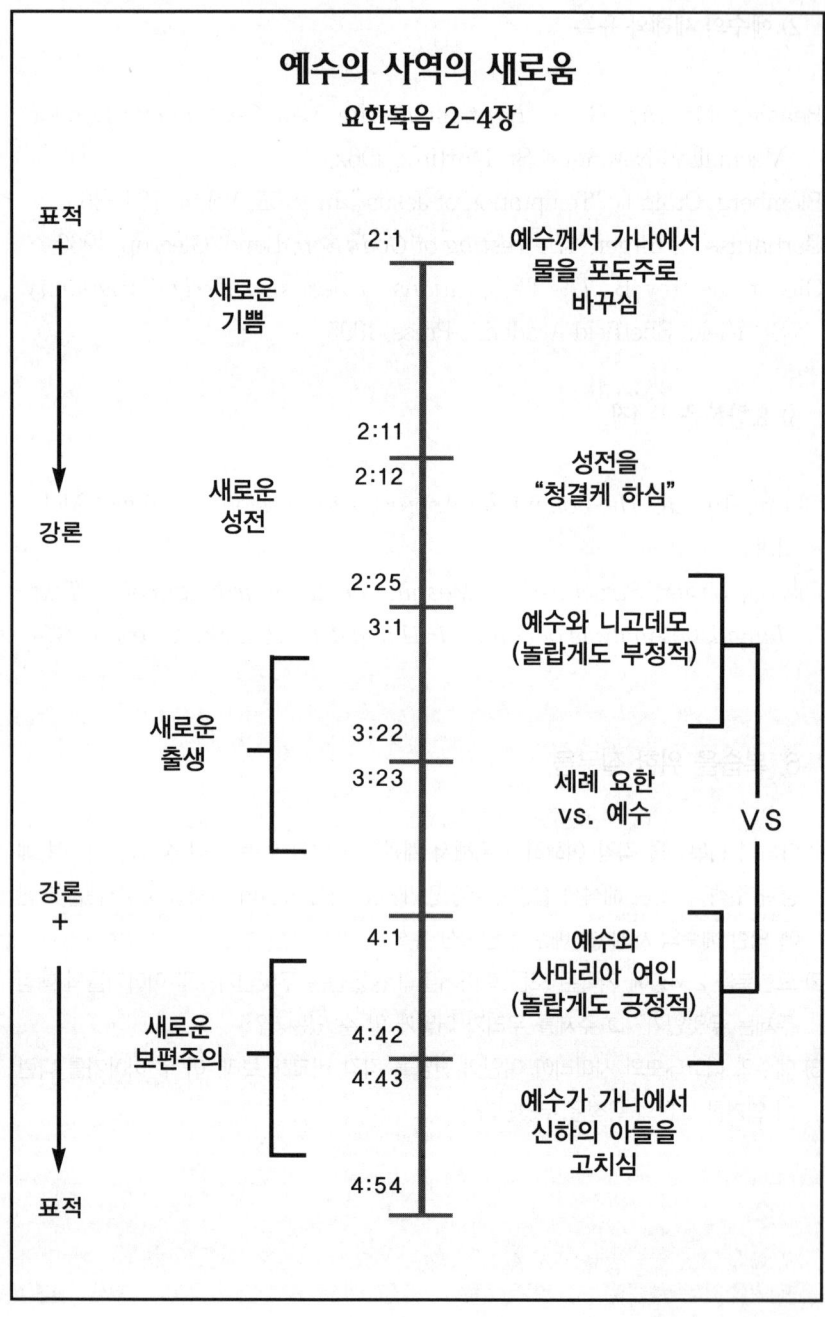

제13장

예수의 갈릴리 사역 – 초기단계

예수께서 가장 대중에게 드러나시고 인기를 누리는 기간이 이제 지속된다. 우리가 이전에 살펴보았듯이, 모든 공관복음서는 자료를 주제별로 묶어 놓았기 때문에 어떤 사건이 정확히 어떠한 순서로 발생했는지를 아는 것은 불가능하다. 예수의 광범위한 갈릴리 사역 초기에 전형적으로 나타나는 사건들을 살펴보기 위해 우리는 마가복음의 첫 세 장에 나타난 순서를 주로 참조할 것이다. 그렇게 한 후에 우리는 예수께서 이 지역을 다니시며 가르치고자 하셨던 내용의 핵심을 잘 보여주는 설교를 보다 심도 있게 살펴볼 것이다.

1. 치유, 논쟁, 제자훈련, 그리고 핍박

1) 예수의 사역의 주제(막 1:14-15 이하) [Aland §32-33]

세례 요한이 갇힌 후에 예수는 갈릴리의 종교생활의 중앙무대로 떠오르셨다. 마가는 요한복음을 상기시키는 언어로 자신의 메시지를 요약한다. 사람들은 회개하고 그가 전하는 좋은 소식을 믿어야 한다. 하나님 나라가 도래하고 있다. 하나님의 "나라"는 하나님의 "왕권"으로 가장 잘 이해되는 개념이다. 그것은 지리적인 영역보다는 우선적으로 하나님의 통치나 다스림을 의미한다. 그것은 어떤 장소가 아니라 능력을 말한다.[1] 1세기 이상의 논쟁이 지난 후에 현대 학자들

---

[1] 최근의 연구 동향은 Bruce D. Chilton, "The Kingdom of God in Recent Discussion," in *Studying the Historical Jesus*, ed. Bruce Chilton and Craig A. Evans (Leiden: Brill, 1994), 255-80을 보라. 하나님의 왕권이라는 표현은 비록 구약성경에 상대적으로 드물게 등장하지만, 이것은 유대 탈굼에는 자주 나타나며 하나

사이에 널리 확산된 견해는 예수의 사역이라는 관점에서 볼 때 이 왕권적인 능력은 현재적이면서 동시에 미래적이라는 것이다.[2] 마가복음 1:15에서 "가까왔다"라고 번역된 동사는 세밀한 연구의 주제가 되어왔다. 왕국이 단지 아주 가깝게 다가왔다는 것인가, 아니면 그 나라가 어떤 점에서 이미 도래하였다는 것인가? 몇 가지 논란에도 불구하고 후자가 가장 그럴듯해 보인다.[3] 예수의 사역은 인류의 역사 속에 새로운 시대를 출범하는 것이다(더 자세한 것은 pp. 604-609를 보라).

그의 개성에 맞게 마태는 예언이 어떻게 성취되는지를 지적함으로써 예수께서 갈릴리에서 그의 사역을 시작하는 것에 관한 자신의 논의를 확대한다(마 4:13-17). 그는 또한 예수의 가르침을 세례 요한의 가르침과 동일한 것으로 요약하였다(17절; 3:2 참조). 하지만 대부분의 경우, 마태는 "하나님의 나라"라는 표현의 사용을 회피하였고, 그보다는 "천국"을 사용하였다. 이 표현은 마태복음에 33번 등장하며 신약성경의 다른 곳에서는 전혀 나타나지 않는다. 이러한 표현들이 다른 병행구절에서 상호교환적으로 등장하는 여러 경우(마태복음 자체를 포함해서-예를 들면, 19:23-24)에는 그것들이 동의어임을 분명히 보여 준다. 아마도 마태는 거룩한 것을 너무나 가볍게 취급하는 위험을 피하기 위해서 유대적인 풍습을 따라 하나님의 이름 대신 "완곡한 표현"을 사용한 것이 분명하다.

누가는 예수의 가르침에 대한 한 줄의 요약으로 예수의 갈릴리 사역을 시작하지 않고, 오히려 예수께서 그의 고향 나사렛에서 말씀을 전하신 이야기를 전

님께서 "능력 가운데" 역사하시는 것을 의미한다. 하나님이 이전에는 왕이 아니셨음을 뜻하는 것이 아니라, 그분의 주권이 이제는 보다 새롭고 분명하고 강력한 방법으로 드러나는 것을 말한다.

2) 최근의 발전 역사를 위해서는 Wendell Willis, ed., *The Kingdom of God in 20th Century Interpretation* (Peabody: Hendrickson, 1987)을 보라. 소수의 견해가 이 다수적인 견해로부터 분리하여 시대를 초월한 또는 "영원한 종말론"을 주장하고자 예수님의 가르침으로부터 미래의 묵시적인 요소를 제거하려고 시도했다. 이 견해에서는 예수께서 실존주의의 옛 형태와 마찬가지로 이 세상의 전형적인 사상을 뒤엎으시려고 하신다. 특별히 Robert W. Funk, Roy W. Hoover, 그리고 Jesus Seminar, *The Five Gospels: What Did Jesus Really Say?* (New York: Macmillan, 1993)을 보라.

3) G. R. Beasley-Murray, *Jesus and the Kingdom of God* (Exeter: Paternoster; Grand Rapids: Eerdmans, 1986), 72-73. 전자의 견해에 대한 가장 설득력 있는 주장은 천국이 그리스도의 죽음과 부활 직후에 도래한다는 것이다. 특별히 Chrys C. Caragounis, "Kingdom of God, Son of Man and Jesus' Self-Understanding," *TynB* 40 (1989): 3-23, 223-38을 보라.

한다. 누가복음 4:14-15는 마태복음과 마가복음의 병행구절이 암시하는 내용, 즉 이 사건이 갈릴리 사역 중에 실제로 발생했음을 확인시켜 준다(막 6:6하-13 이하). 하지만 누가는 이 사건을 자신의 복음서를 위한 "표제"로서 초기에 둠으로써 예수가 누구신지를 분명히 하고 나중에 심화될 핍박을 예견하고 있다(16-30절). 풍습에 따라서 저명한 손님은 안식일을 위해 지정된 구절을 두루마리에서 읽고 강해하도록 초청을 받는다. 예수는 이사야에 기록된 종의 예언 중 하나가 포함된 본문을 읽으시고(사 61:1-2), 그 예언이 바로 그 순간 자신에게서 성취되었다고 선포하심으로써 청중을 놀라게 하셨다. 여기에서 누가가 즐겨 사용하는 몇몇 주제들-성령에 의한 능력, 사회/경제적으로 낙오된 자들을 위한 운명의 뒤바뀜, 그리고 몸과 영혼의 종합적인 치유 등의 주제가 등장한다. 한 마디로, 예수는 모든 채무가 용서 받는 희년의 도래를 선포하신 것이다(레 25:8-55 참조). 흥미롭게도, 누가가 인용한 구약성경은 이사야의 본문이 "하나님의 신원의 날"로 이어지기 직전에 끝나는데(사 61:2하), 이것은 아마도 예수께서 자신이 두 번-지금은 구원하시려고, 그리고 나중에는 심판하시려고-오셔야 함을 이해하고 계셨기 때문일 것이다. 청중은 그의 "은혜로운 말씀"에 깜짝 놀랐지만(22절), 예수는 계속 말씀하셨고 하나님께서 구약 시대에 그의 선택하신 백성보다 더욱 호의를 보이신 이방인들에게 관심을 돌렸다. 이 때문에 청중들의 놀람은 분노로 변하였고 충동적으로 예수를 죽이려고 했지만 그 시도는 기적적으로 무마된 것처럼 보인다.[4]

2) 제자들을 모으심(막 1:16-20 이하) [Aland §34, 41]

세 권의 공관복음서는 모두 예수가 갈릴리 사역 초기에 제자들을 부르셨다는 점에 동의한다. 특별히 여기에 열거된 네 사람의 이름은 베드로, 안드레, 야고보, 그리고 요한이다. 마태/레위는 잠시 후에 등장하게 될 것이다. 이들 중 몇몇 개인들이 유대에서 예수와 맺었던 과거의 관계를 생각한다면(요 1:35-51), 그

---

[4] 이 페이지 전체에 관해서는 특별히 William W. Klein, "The Sermon at Nazareth (Luke 4:14-22)," in *Christian Freedom: Essays in Honor of Vernon C. Grounds*, ed. Kenneth W. M. Wozniak and Stanley J. Grenz (Lanham, Md.: University Press of America, 1986), 153-72 참조.

들이 어떻게 그처럼 갑작스럽게 가족과 직업을 버리고 예수의 순회사역에 합류했는지를 과대평가해서는 안 된다. 하지만 그럼에도 불구하고 그들이 버리고 떠났다는 것은 부모에게 순복하고 가정의 의무를 수행해야 하는 문화적인 상황을 고려할 때 급진적인 행동이었다. 예수의 행동은 랍비들의 전형적인 관습을 뒤집어엎었다. "지원자들" 중에서 고르는 대신, 예수는 사람들에게 자기를 따르도록 명령하셨다. 그리고 사람들을 하나님께로 향하게 하는 선지자들과는 달리, 예수는 사람들을 자신에게 향하게 하셨다.

누가는 이 문맥 속에 기적적으로 물고기를 잡은 이야기를 포함한다(눅 5:1-11). 예수는 이런 실물 교육을 사용하셔서 그의 제자들이 장차 사람을 낚게 될 것이라고 설명하신다(눅 5:10; 막 1:17; 마 4:19). "제자로의 부르심은 또한 사역으로의 부르심을 의미한다."[5] 우리는 또한 계획적인 사명과 성령께서 주권적으로 예상치 못한 방법으로 역사하시도록 허락하는 것 사이의 균형을 본다. 비록 베드로는 순종할 것이지만, 그는 지극히 거룩하신 분을 두려워하였고 충동적으로, 하지만 감명 깊게 이렇게 외쳤다. "주여 나를 떠나소서. 나는 죄인이로소이다"(눅 5:8).

3) 몇 가지 귀신축출과 다른 치유들(막 1:21-45 이하) [Aland §35-40, 42, 50]

마가복음 1:21-34는 치료자 예수의 생애의 한 전형적인 모습을 보여준다. 가버나움은 이제 예수의 "본거지"(또한 마 4:12-16)가 되었다. 마가는 1장의 나머지 전체에서 귀신축출을 포함하여 예수께서 치유하신 대표적인 사례들을 한데 묶어 놓았다. 각각의 경우에서 두드러지게 나타나는 것은 사탄과 흑암의 세력에 대한 그리스도의 권위이다. 유대와 그리스-로마의 다른 치유자들이나 축령사들에 대한 수많은 보고가 고대로부터 보존되어 왔다. 하지만 예수는 그의 단도직입적인 모습에 의해서 다른 모든 자들로부터 구별된다. 그분은 마법을 걸기 위해 수많은 신들에게 기도하거나, 공식화된 주문을 외우거나, 신비스런 물

---

5) Morna D. Hooker, *The Gospel according to Saint Mark* (London: A & C Black; Peabody: Hendrickson, 1991), 60.

건들을 사용하시지도 않는다. 단순히 꾸짖는 말 한 마디면 충분하다.[6]

복음서의 귀신축출의 뚜렷한 특징 가운데 하나는 귀신들이 그리스도의 참된 정체를 인식하고 있었다는 것이다(막 1:24 이하). 사실, 공관복음서 초두에서는 오직 귀신들만이 예수의 참된 정체를 알고 있었다. 놀랍게도, 예수는 언제나 그러한 인식을 꾸짖으신다. 하지만, 사실상 이것은 치열하게 벌어지는 영적인 전쟁이다. 상대방을 무찌를 초자연적인 힘을 얻기 위한 비결 중 하나는 그분의 이름에 호소하는 것이다(막 5:9에 기록된 예수 자신의 전략). "인정 형식들(The recognition-formula)은 신앙고백이 아니라, 예수를 제어하려는 방어적인 시도로서 어떤 개인이나 귀신의 정확한 이름을 사용하면 그를 확실히 통제할 수 있을 것이라는 기대이다."[7] 그러나 매번 귀신들의 책략은 실패하고, 예수는 그들을 내어 쫓으셨다. 흥미롭게도, 마가는 회당에서 예배하는 자들이 예수의 귀신축출을 "새 교훈"이라고 불렀다고 기록함으로써(1:27), 예배자들을 위한 형식적인 강해에 더불어 귀신을 향한 예수의 명령을 연결하였다.[8] 마태 역시 예수께서 초기 사역 가운데 설교/가르침과 치유에서 그분만의 권위를 드러내셨다고 요약한다(마 4:23-25).

비록 귀신축출과 치유는 복음서에서 자주 결합되어 나타나지만, 그것들은 또한 서로 구별되기도 한다(막 1:32-34).[9] 마가복음 1:29-39는 각각의 예를 더 보여주는 한편, 40-45절은 어느 나병환자의 치유에 대해서 보다 자세하게 기록하고 있다. 이 구절은 몇 가지 주제들을 설명해 준다. (a) 예수의 신적인 능력 (b) 병자들을 향한 동정심(그리고/또는 질병과 그 영향에 대한 격분[10]) (c) 병자를 만지심으로써 예식상 더러워지는 것까지도 무릅쓰심 (d) 사람들에 대한 증거로서 기

---

6) 유사성과 차이점에 대한 신중한 분류를 위해서는 Graham H. Twelftree, "EI DE… EG.Ω. EKBALL.Ω. TA DAIMO-NIA…" in *Gospel Perspectives*, vol. 6 ed. David Wenham and Craig Blomberg (Sheffield: JSOT, 1986), 361-400을 보라.
7) William L. Lane, *The Gospel according to Mark* (Grand Rapids: Eerdmans, 1974; London: Marshall, Morgan & Scott, 1975), 74.
8) 이것에 관해서는 특별히 R. T. France, "Mark and the Teaching of Jesus," in *Gospel Perspectives*, vol. 1, ed. R. T. France and David Wenham (Sheffield: JSOT, 1980), 101-36을 보라.
9) 이것은 고대인들이 그 차이를 분간할 수 없으며, 그 결과 여러 생리학적인 질병의 원인을 귀신 들린 것으로 돌렸다는 주장에 반대된다. 고대에도 그 치이를 널리 인식했다는 견해에 대해서는 Edwin Yamauchi, "Magic or Miracle? Diseases, Demons, and Exorcisms," in *Gospel Perspectives*, vol. 6, 98-183쪽을 보라.
10) 다소 빈약하게 입증된 다른 사본은 41절의 "불쌍히 여기사"를 "화를 내사"로 대치하였다. 하지만 전자는 예수님께 적용하기에 부적절하며 후대의 기록자들에 의해서 추가되었다고 보기에도 부적절하다. 이것은 43절의 "엄한 경고"에 잘 일치한다.

적-나환자의 건강에 대해서 뿐만 아니라, 예수가 누구신지에 대한 증거[11] 그리고 (e) 말씀보다는 행동에 의한 증언. 44절에 등장하는 "메시아 비밀"의 주제에 관해서는 p. 195를 보라.

4) 선언 이야기 모음(막 2:1-3:6 이하) [Aland §43-47]

그 다음에 마가는 다섯 가지의 일련의 이야기들을 한데 묶었는데, 그 이야기들은 모두 양식 비평가들이 "선언 이야기"라고 부른 범주에 속한다(p. 138을 보라). 그것들은 또한 갈등, 또는 논쟁 이야기라고도 불린다. 매번, 이야기의 절정은 유대인들의 전통에 도전하고 당국자들과의 갈등을 야기하는 예수의 급진적인 선언이다. 마가는 그의 복음서 초두에 기록된 이 다섯 가지 논쟁들을 그의 복음서 절정부에서 다른 다섯 가지와 균형을 맞추었다(막 11:27-12:37). 여기의 다섯 가지 이야기들은 아마도 교차구조(chiasm)를 이루는 것으로 보인다. 논쟁적인 치유를 포함하는 두 이야기(막 2:1-12; 3:1-6), 음식에 관한 논란-언제 추수하고 누구와 함께 먹을 것인지-을 포함하는 두 이야기(2:13-17, 23-28), 그리고 하나님 나라의 기쁨과 새로움에 관한 가운데의 절정적인 비유들(2:18-20, 21-22).

(1) 중풍병자의 치유(2:1-12 이하)

비록 이 이야기는 1장에서 강조하는 치유 기적의 또 다른 사례를 시작하지만, 진정한 초점은 죄를 용서하실 수 있다는 예수의 주장으로 즉시 바뀐다(5절). 예수는 질병이 때때로 죄에 대한 형벌이라는 유대인들의 상투적인 신념에 도전하시는 것처럼 보일 수도 있고, 사람의 죄가 용서되었다고 선언하심으로써 신적인 권위를 자신에게 돌리셨다. 이것은 유대지도자들에게 신성모독이었다. 예수는 어떻게 자신의 주장을 입증할 수 있을까? 사람이 영적으로 온전해졌다고 말하는 것이 육체적으로 건강해졌다고 말하는 것보다 언제나 쉽다. 그 이유는 후자가 훨씬 빠르게 반박될 수 있기 때문이다. 그러므로 예수는 쉬운 것을 확증하기 위해서 더 어려운 일을 수행하신 셈이다(9-12절).

---

11) "저희에게 증거하라"(44절)는 "저희를 거슬러 증거하라"고 번역되어야 할 것이다. 막 6:11과 13:9 참조. Edwin K. Broadhead, "Mk 1,44: The Witness of the Leper," *ZNW* 83 (1992): 257-65를 보라.

선언 이야기의 교차대구법
마가복음 2:1-3:6

A 2:1-12
중풍병자를
고치심

A' 3:1-6
안식일에
고치심

B 2:13-17
레위를 부르심/
죄인들과 함께
식사하심

B' 2:23-28
안식일에
이삭을 자름

C 2:18-22
금식에 대해서, 그리고 옛 것과
새 것에 관해서 말씀하심

(2) 마태/레위를 부르심(2:13-17 이하)

예수께서 여기에서 하신 중요하고 논쟁적인 선언은 그의 역할을 의사의 그것과 비교하는데, 그것은 영적으로 건강한 자들이 아니라 약한 자들을 부르시는 것이다. 그분이 하신 말씀, "내가 의인을 부르러 온 것이 아니라 죄인을 부르러 왔노라"(17절)는 두 가지 점에서 모호하다. 첫째, 누가 죄인들인가? 아마도 단순히 암-하-아레츠(Am-ha-aretz)는 아닐 것이다. 그 이유는 예수도 그들 중 한 명이기 때문이다. 예수가 자신과 같은 부류의 사람들과 교제하시는 것을 바리새인들이 대적했을 리도 없다. 아마도 이 세리들은 로마를 위해 일하는 그들의 배신 때문에 유대 사회에서 더욱 악명 높은 자들을 집약적으로 상징하였을 것이다. 예수는 모든 사회적인 금기에도 불구하고 그러한 사람들과 함께 식사하셨을 뿐만 아니라, 참회의 유예기간을 요구하지도 않으시고 그들을 자신의 제자들로서 받아들이셨다.[12] 둘째, 누가 의인들인가? 추측컨대 유대 지도자들이었을 것이다. 하지만 그렇다면 예수는 역설적으로 말씀하시는 것일까? 아마도 그럴 것이다. 지금 단계에서 예수는 논쟁을 위해서 그들 스스로 붙인 명칭을 액면 그대로 받아들이시는 것이다.[13] 마태는 또한 성경 인용문을 추가하였는데(마 9:13; 호 6:6), 그 인용문은 절대적인 이분법(제사가 아니라 긍휼)보다는 상대적인 우선순위(제사보다는 긍휼; 시 61:16-19)를 설명해 준다. 누가는 독특하게도 그가 즐겨 사용하는 "회개"에 대한 언급을 포함한다(눅 5:32).

(3) 금식에 관한 질문(막 2:18-22 이하)

예수는 다시금 자신을 하나님과 간접적으로 연결짓는 것처럼 보인다. 그는 일주일에 두 번씩 금식하는 바리새인들의 전통을 거부하셨는데, 그 이유는 이제야말로 혼인잔치를 즐길 시간이었기 때문이었다. 혼인잔치는 메시아적인 축제를 상징하는 유대의 보편적인 이미지였다. 야훼를 상징하는 구약성경의 비유인 신랑(예를 들면, 사 61:10; 62:5; 렘 2:2, 32)이 여기에 등장한다. 하지만 예

---

12) 이 부분에 대해서는 특별히 E. P. Sanders, *Jesus and Judaism* (London: SCM; Philadelphia: Fortress, 1985), 174-211을 보라.
13) R. T. France, *The Gospel according to Matthew* (Leicester: IVP; Grand Rapids: Eerdmans, 1985), 168 참조. "의는 완전히 역설적인 것은 아니다: 단어의 의미상으로 그들은 의로웠지만(빌 3:6 참조), 예수께서 항상 의심하셨던 것은 바로 그러한 의의 적절성이었다."

수는 자신을 언급하시는 것처럼 보인다! 그러나 장차 그분은 빼앗겨질 것이다(십자가에 대한 간접적인 표현일까?). 그렇다면 금식은 애도의 일부로서 적절할 것이다.[14] 포도주와 가죽부대의 비유가 보여주듯이, 즐거운 새 시대는 헝겊 조각을 붙인 모세의 언약만이 아니라 새로운 방식을 요구하면서 도래하였다. 마태는 때때로 이 점에서 불일치하는 것으로 여겨졌다. 그는 "둘(두 언약들?)이 다 보전되느니라"라고 첨가하였다(마 9:17). 그러나 문맥 속에서 "둘"은 새 술과 새 부대를 의미하는 것으로 보는 것이 자연스럽다. 누가 역시 난해한 설명을 덧붙인다. "묵은 포도주를 마시고 새것을 원하는 자가 없나니 이는 묵은 것이 좋다 함이니라"(눅 5:39). 하지만 이것은 아마도 예수의 "새 포도주"를 거부하는 자들에 대한 풍자적인 애도라고 보아야 한다.

(4) 안식일 논쟁(막 2:23-3:6 이하)

여기에서 마지막 두 선언 이야기들은 안식일에 대한 유대인들의 전통적인 이해에 도전한다. 비록 예수가 구전으로 내려오는 토라는 범하셨지만 성경의 그 어떤 율법도 깨뜨리셨는지는 확실하지 않다. 곡식을 수확하는 것과 타작하는 행위는 미슈나에서 안식일에 금지된 39개의 항목 중 두 가지였다(Shabbat 7:2). 미슈나는 또한 목숨이 위태한 사람을 안식일에 고치는 것조차 금하였다(Yoma 8:6). 하지만 예수는 이런 모든 궤변을 꿰뚫어 보실 뿐 아니라, 자신을 안식일이 이제 어떻게 적용되는지를 결정할 수 있는 "안식일의 주인"(막 2:28)이라고 주장하신다. 그리고 그분이 예로 사용하신 선례-성전의 진설병을 먹은 다윗(삼상 21:1-6[15])-에는 구전뿐만 아니라 기록된 율법까지 범한 경우가 포함된다. 마태복음의 설명에서는 예수께서 "성전보다 더 큰 이가 여기 있느니라"

---

14) "그 날"이 기독교 시대에까지 확장되는지의 여부는 불확실하다. 성도의 금식은 신약 성경의 나머지 부분에서 오직 두 번 등장하는데, 모두 중요한 교회의 결정을 위해 하나님의 인도하심을 구하는 문맥에서 발생한다(행 13:2-3; 14:23). Robert H. Gundry (*Mark: A Commentary on His Apology for the Cross* [Grand Rapids: Eerdmans, 1993], 133)는 이렇게 설명한다. "그러므로 이 문장은 교회 내에서 금식을 계속해서 실천하는 것을 밀하는 것이 아니라, 예수님의 인식을 중심으로 한다."
15) 막 2:26의 아비아달과 사무엘상에 나오는 아히멜렉 사이의 유명한 "모순"에 관해서는 John W. Wenham, "Mark 2, 26," *JTS* n.s. 1(1950): 156을 보라. 마가는 아마도 "아비아달"이라는 이름으로 확인되는 두루마리의 주요 부분을 언급하고 있는지도 모른다; 막 12:26에도 동일한 헬라어 구조(속격 형태의 *epi*)가 동일한 방식으로 사용되었다.

는 말씀을 덧붙이신다(마 12:6). 한편 손 마른 사람의 경우에서는, 세 복음서 모두 예수께서 안식일에 "선을 행하는 것"이 옳다고 믿었다는 점에 의견을 모으는데(막 3:4 이하), 여기에는 심지어 구약 성경이 "노동"이라고 부른 수많은 것들이 포함될 수 있다. 그러므로 예수는 제자들이 이 네 번째 계명을 어떻게 지켜야 하는지에 대해서 매우 폭넓은 변화를 제안하시는 것처럼 보인다.[16] 마태는 곤경에 처한 양을 기꺼이 구하려는 유대인들의 모습과 그분이 사람을 고치신 것에 대한 그들의 반대를 예리하게 비교한다(눅 13:10-17; 14:1-6 참조).[17] 그렇기 때문에 마가복음 3:6과 병행구절들에서 우리는 사역 초기에 그리스도에 대한 반대의 소절정(miniclimax)을 보게 된다.

5) 열두 제자들을 공식적으로 부르심(막 3:7-19/눅 6:12-19) [Aland §48-49]

지금까지 진행된 예수의 사역(막 3:7-12)에 대해 요약한 후에 마가는 그리스도를 가장 가깝게 따르게 될 열두 제자들을 공식적으로 부르시는 장면을 설명한다(13-19절). 누가복음의 병행구절에는 그 직후에 그리스도의 평야설교가 뒤따른다. 그렇다면, 이 설교를 시간적으로 배치할 장소를 찾는다면 아마도 바로 여기에 삽입되어야 할 것이다. 하지만 마가는 이 설교에 대한 아무런 정보도 제공하지 않으며, 그의 주제별 분류 때문에 우리는 설교에 대해서 논의하기 전에 3장 끝까지 그의 이야기를 따라가는 것이 보다 편리하다. 마태는 예수께서 나중에 선교적인 강론을 하시기 전까지는 열두 제자들의 이름을 나열하지 않지만(마 10장), 이미 그들을 함께 부르셔서 어느 정도 시간이 흘렀음을 분명하게 볼 수 있다(1절). 12라는 숫자는 신학적으로 의미가 깊다. 이스라엘의 열두 지파가 모세의 언약이 체결될 당시에 하나님의 백성을 구성했던 것처럼, 이제 열두 제자들 또한 새 언약이 시작되는 시점에서 하나님의 백성을 위한 기초를 형성하

---

16) 안식일에 대한 심도 깊은 신약신학을 위해서는 D. A. Carson, ed., *From Sabbath to Lord's Day* (Grand Rapids: Zondervan, 1982)를 보라. 주일은 기독교의 안식일이 아니라(한 주간의 일곱 번째 쉬는 날), 한 주간의 첫 날에 예배의 날이자 부활의 기념일이다. 보다 간략하게는 Craig Blomberg, "The Sabbath a s Fulfilled in Christ," in *The Sabbath in Jewish and Christian Traditions*, ed. Tamara C. Eskenazi, Daniel J. Harrington, and William H. Shea (New York: Crossroad; Denver: University of Denver, 1991), 122-28 참조.
17) 쿰란에서는 우물에 빠진 짐승을 안식일에 건져주는 것조차 금지되었다(CD 11:13-14).

게 될 것이다. 그들이야말로 예수를 따르는 모든 자들 가운데에서 참된 이스라엘, 또는 회복된 이스라엘인 셈이다.[18] 376쪽에 있는 도표에는 우리가 알고 있는 각 열두 제자들에 관한 간략한 요약이 담겨 있다. 수많은 부수적이고 전설적인 자료들이 존재하지만, 역사적인 사실에 근거하고 있는 부분을 가려내기란 매우 힘들다.[19] 이 도표는 주로 복음서를 통해서 우리가 알 수 있는 내용을 요약한다.

6) 백부장의 종을 고치심(마 8:5-13; 눅 7:1-10; 요 4:43-54?) [Aland §85]

또 한 가지의 치유/선언 이야기가 예수의 초기 갈릴리 사역 가운데 산상/평지 수훈 직후에 등장한다. 이 이야기는 마가복음에 등장하지 않지만 그리스도의 사역 중 같은 기간에 있었던 유사한 형태의 이야기들과 함께 여기에서 다루는 것이 자연스럽다. 마태복음과 누가복음에서 예수는 가버나움에서 온 백부장의 병든 종을 먼 거리에서부터 고쳐주셨다. 마태복음에서는 백부장이 직접 와서 치유를 요청하는 것처럼 보이지만, 누가복음에서는 종을 위해 유대인 사절단을 보내어 간청한다. 이런 "모순"은 실제보다 더 피상적인 것인데, 고대의 관습에 따르면 대리자를 통해서 행동하는 사람에 대해 말할 수 있었기 때문이다.[20] 유대 지도자들에 대해 반론을 펼치는 마태는 이 방법을 사용하였다(p. 215를 보라. 마 8:11-12는 마태의 독특한 구절들이다). 누가는 유대인들을 보다 긍정적인 시각으로 묘사하고자 했지만, 이 사절단은 이 선한 이방인의 고결함을 입증하는 역할을 주로 하였다. 그러므로 누가복음의 이야기는 장차 이방인들을 향한 기독교 선교를 분명하게 예시해 준다. 실제로, 이 구절은 나중에 이방인 백부장인 고넬료의 회심(행 10장)과 뚜렷한 병행을 보여준다. 하지만 이런 구절들

---

18) 이 부분에 관해서는 특별히 Ben F. Meyer, *The Aims of Jesus* (London: SCM, 1979), 153-54, 기타 다른 곳을 보라.
19) 이 일을 위한 최고의 자료는 Edgar Hennecke, *New Testament Apocrypha*, ed. Wilhelm Schneemelcher, vol. 2 (London: Lutterworth; Philadelphia: Westminster, 1965), 35-74이다. 흥미롭게도 이러한 정보는 대부분 개정판에서 생략되었거나 급격하게 축소되었다(Cambridge: James Clarke; Louisville: Westminster/John Knox, 1992).
20) "대통령은 오늘… 라고 선포하였다"는 오늘의 신문 기사를 읽는 것과 비교하라. 이 보고는 사실 담화문 작성자에 의해서 기록되고 공보관에 의해서 낭독된다.

예수의 열두 제자들에 대한 간략한 개요

시몬(Simōn). "들음"에 해당하는 히브리어에서 파생. 베드로(Petros), 또는 게바(Kephas)라고 불렸으며 각각 헬라어와 아람어로 "바위"라는 뜻이다. 열두 제자들의 대표이며 때로는 대변자가 되기도 했다. 결혼하여 가버나움에 거주하였다. 예수를 세 차례 부인했지만 교제를 회복하였다(요 21장). 오순절 이후에 예루살렘 교회의 첫 지도자가 됨으로써 마태복음 16:16-19의 약속을 성취하였다. 베드로 전후서는 모두 그의 저작으로 알려졌다. 전승에 의하면 그는 주후 60년대 네로 치하에 순교하였고 거꾸로 십자가에 매달렸다.

안드레(Andreas). "남자다움"을 뜻하는 헬라어에서 파생. 베드로의 형제이며 그들은 원래 벳새다 출신 어부였고 이전에는 세례 요한의 제자들이었다. 그는 마가복음 13:1; 요한복음 6:8, 그리고 12:22에 등장한다.

야고보(Iakōbos). "야곱"(창 25:26)이라는 히브리 이름에서 파생. 또 다른 갈릴리의 어부. 세베대의 아들이며 비교적 부유한 어부였다. "우뢰의 아들"(막 3:17) 중 한 명인데, 이것은 아마도 누가복음 9:52-54에 나타난 그의 복수심과 마가복음 10:35-40에 나타난 이기심을 설명해 준다. 그의 모친은 살로메였고, 그러므로 아마도 예수의 사촌이었을 것이다. 주후 44년 이전에 헤롯 아그립바 1세에 의해서 처형되었다(행 12:2). 그러므로 그는 야고보서를 기록한 야고보나, 사도회의의 지도자는 아니었을 것이다(행 15장).

요한(Iōannēs). "주님은 은혜로우시다"는 뜻의 히브리어에서 파생. 야고보의 형제. 야고보, 베드로와 함께 핵심적인 세 제자를 구성한다. 요한복음 19:25-27을 보면 마리아와 특별한 관계를 가졌음을 알 수 있다. 사도행전 전체에서 베드로의 "오른팔" 같은 동역자였다. 그가 저술한 책들은 제4복음서, 세 개의 서신, 그리고 밧모섬에 유배되었을 때 마지막으로 기록한 요한계시록이다. 전통적으로 그는 "사랑받는 제자"로 알려져 있다(요 13:23-26; 19:25-27; 20:2-10; 21:2, 20-23). 또 전승에 의하면 그는 노년에 에베소 교회에서 사역하였고 열두 제자들 중에서 자신의 믿음 때문에 순교 당하지 않은 유일한 제자였다(다른 전승은 이 점을 반박한다).

빌립(Philippos). "애마가"(愛馬家)를 뜻하는 헬라어에서 파생. 시몬, 안드레와 함께 예수의 첫 제자들 중 한 명(요 1장). 벳새다 출신. 요한복음 6:5-7; 12:21-22; 14:8-9에 짧게 등장한다. 사도행전 6장과 8장의 빌립 집사와 혼동해서는 안 된다.

바돌로매(Bartholomaios). "달매의 아들"을 뜻하는 히브리어에서 파생. "하나님께서 주셨다"는 뜻의 히브리어에서 파생한 이름 나다나엘(Nathanael)-요한복음 1장에 나오는 빌립의 동료-과 같은 사람으로 여겨지는데, 공관복음서의 명단에 항상 빌립과 함께 등장하기 때문이고, 바돌로매는 이름이라기보다는 아버지 이름에 접사를 붙인 형태이기 때문이다.

마태(Maththaios). 나다나엘과 동일한 히브리 문구에서 파생한 이름. 병행구절에서는 야곱의 아들들 중 한 명의 이름을 따라서 레위라고 불린다. 회심한 세리. 전승에 의하면 그는 자신의 이름을 가진 복음서의 저자이다. 예수는 구설수를 무릅쓰고 마태와 그의 친구들과 교제하셨다. 알패오의 아들. 후기 전승에서는 그가 에티오피아로 가서 그곳에서 순교했다고 묘사한다.

도마(Thōmas). "쌍둥이"라는 뜻의 히브리어에서 파생. 개인적으로 예수를 보고 만질 때까지 그의 부활을 의심한 것으로 유명해졌다(요 20:24-29). 하지만 그는 어떠한 희생도 두려워하지 않고 예수께 대한 불같은 충성을 보여주었다(요 11:16). 믿을 만한 전승은 그를 인도의 복음화와 연관지어서 설명한다.

작은 야고보(Iakōbos ho micros). 또한 "어린 야고보"로 번역되기도 한다. (다른 사람?)의 아들. 알패오, 또는 클레오파스. 그의 모친인 또 다른 마리아는 예수의 무덤에 갔던 여인들 중에 한 명이었다. 그밖에는 알려진 바가 없다.

유다(Ioudas). 히브리어 "유다"(Judah, "찬양")에서 파생. 또한 다대오라고 불리며, 어떤 사본에서는 레배오(Lebbaeus)라고도 불린다. 그에 관한 기록은 오직 요한복음 14:22에 나타나며, 그 외에는 알려진 바가 없다.

셀롯인 시몬(또는 가나안 사람 시몬, 히브리어 "열심당"에서 파생). 로마에 대항하다가 주후 70년에 멸망한 유대 혁명당원이었으며 회심함.

가룟 유다(Iskariōth). 예수를 배반한 것으로 유명. 열두 제자들을 위한 회계원이자 도둑. 이스가룟은 주로 "그릇 사람"을 뜻하는 히브리어로 해석된다. 다른 해석들로는 sicarii("암살자")-열심당 운동의 급진적인 일파-또는 "거짓된 자"로부터 파생했다는 설을 포함한다. 목매달았다가 밧줄이 끊어져 떨어져서 "배가 터져 창자가 다 흘러 나와" 죽었다(마 27장; 행 1장).

은 모두 예수의 권세가 그 어느 때보다 지금 더욱 위대하게 나타난다는 점에 동의한다. 예수는 사람들을 치료하기 위해서 신체적으로 그들과 함께 있을 필요도 없으신 분이다.

마태복음에서는 이 치유의 이야기가 예수께서 정통 유대인들로부터 사회적으로 배척당한 자들을 고쳐주신 세 가지 이야기들 중 두 번째로 등장하는데, 첫째는 나병환자이고, 둘째가 백부장, 그리고 마지막은 여인이다(마 8:1-4, 5-13, 14-15). 구약성경에서 인용하기를 좋아했던 마태는 이 모든 일들 속에서 이사야 53:4의 성취를 보았다. "우리 연약한 것을 친히 담당하시고 병을 짊어지셨도다"(8:16-17). 오늘날 카리스마적인 논쟁에서는 이 구절이 속죄 속에 신체적인 치유가 포함되는지의 질문을 해결하기 위해서 주로 사용된다. 문맥상, 이 구절은 그런 문제를 전혀 다루고 있지 않고, 예식적인(ritual) 불결의 범주를 폐지하시려는 예수의 관심을 보여준다.[21]

앞에서 언급했듯이, 요한은 예수께서 치명적인 열병으로 죽어가는 신하의 아들을 먼 곳에서 고치신 유사한 이야기를 포함한다(요 4:43-54). 이야기 속의 언어가 애매하기 때문에 이것은 아마도 마태와 누가가 기록한 이야기의 한 변형일지도 모른다. 요한의 basilikos는 이방의 군대장교일 수도 있다. 누가는 주로 노예를 뜻하는 doulos를 사용하였지만, 마태의 pais는 종 뿐만 아니라, 아들이 될 수도 있다. 하지만 확실하게 알 수 있는 자료가 우리에게 충분하지 않다. 이 두 사건들은 전혀 다른 별개의 사건일 수도 있다. 우리는 마치 예수의 사역에 관한 모든 자료를 우리가 가지고 있는 것처럼 생각하는 유혹을 물리쳐야 한다. 복음서가 전하는 내용들은 의심할 나위 없이 다른 수많은 유사한 이야기들 중에서 대표적으로 선택한 것들이다. 요한이 이 사건을 특별히 전해 주는 이유는 기적적인 표적들이 믿음을 가져올 수 있고, 가져와야만 한다는 사실, 하지만 우리는 그 기적들에 의지해서는 안 된다는 사실을 강조하기 위함이다(53절과 48을 보라. 48절은 분개하시는 외침으로 보아야 하며, 신하가 보지 않은 채 믿고 돌아갔다는 50절을 주목하라. 또한 p. 265를 기억하라).

---

21) David E. Garland, *Reading Matthew* (New York: Crossroad, 1993), 107 참조.

7) 예수의 가족, 비판자들, 그리고 참된 제자들(막 3:20-35 이하)
[Aland §116-121]

마가복음 1-3장의 마지막 단락에서는 예수의 제자들을 예수의 적대자들과 비교한다. 이 구절은 마가가 두 사건을 비교하고 대조하기 위해 샌드위치 구조(ABA)를 사용한 몇 가지 경우들 중 첫 번째이다. 마가는 하나의 이야기를 두 개의 부분으로 나누고 두 번째 이야기를 그 중간에 삽입함으로써 독자들이 그 두 이야기가 서로 밀접하게 연관되어 있음을 보게 하였다. 여기에서 예수의 가족들과 친척들의 반응(3:20-21, 31-35)은 유대 지도자들의 공격(22-30절)으로 샌드위치처럼 둘러싸여 있다. 우리는 예수의 혈연적인 친족들이 물론 바리새인들이나 서기관들만큼 그분에 대해서 큰 적대감을 가지지는 않았지만, 그들조차도 그분을 이해하지 못했음을 보게 된다(21절-"그가 미쳤다." 30절-"더러운 귀신이 들렸다"). 이와는 대조적으로 예수의 제자들은 혈연적으로 관련이 있든지 없든지 무관하게, 그들이야말로 하나님의 뜻을 행하는 자들이므로 그분의 참된 가족을 형성한다(33-35절). 가정적인 헌신을 다른 모든 사회적인 의무보다 소중하게 여기는 문화 속에서, 예수의 말씀은 정말로 급진적이고 선동적인 것임에 틀림없었다.[22]

서기관들의 비방(22절)은 예수가 누구신지에 대한 유대인들의 일반적인 설명으로써 후대에까지 지속되었다. 탈무드는 "나사렛 예수는 마법을 행하고 이스라엘을 미혹하였다"고 주장한다(b. Sanhedrin 43a, 107b). 고대의 유대인들 중에서 기적을 행하시는 그리스도의 활동을 부인하려는 자에 대한 기록은 전혀 존재하지 않는다. 그들은 단지 예수의 능력의 출처를 하나님보다는 마귀에게 돌린다. 비판자들에 대한 예수의 대답은 두 가지였다. 첫째, 그들의 정죄는 자기-모순적이었다. 사탄은 자신의 노력을 스스로 파괴하기 위해 일하지 않는다. 사탄을 결박하기 위해서 오시는 분은 바로 메시아이다(23-27절). 둘째, 그들의 정죄는 자기-비판적이었다. 당시에 널리 인식된 사실은 하나님으로부터 능력을 받은 다른 유대 축령가들이 있었다는 것이다.[23]

---

22) 특별히 Stephen C. Barton, *Discipleship and Family Ties in Mark and Matthew* (Cambridge: CUP, 1994), 67-96을 보라; David M. May, "Mark 3:20-35 from the Perspective of Shame/Honor," *BTB* 17 (1987): 83-87 참조.
23) A. E. Harvey, *Jesus and the Constraints of History* (London: Duckworth; Philadelphia: Westminster, 1982),

바리새인들이 그들 모두를 악마에게 사로잡힌 것으로 정죄하고자 했을까?(마 12:27/눅 11:19) 사실상, 그러한 정죄들은 용서받을 수 없는 죄-"성령을 훼방하는" 죄(막 3:28-30)를 범하는 것이 되어버린다.

이런 흥미로운 표현은 수세기 동안 수많은 성도들에게 불필요한 근심을 초래하였다. 참된 성도라면 과연 그런 죄를 범할 수 있을까? 중요한 것은 이 구절을 문맥 속에서 이해하는 것이다. 여기에서 예수를 비판한 자들은 그의 제자들이 아니라, 그분을 나중에 십자가 못박을 가장 악독하고 무자비한 대적자들이었다. 문맥상, 성령께 대한 훼방은 그분을 믿기를 거부한 자들이 그리스도의 능력을 계속해서 귀신의 능력과 동일시하는 완악함을 의미한다. 보다 애매한 증거에 기초한 다른 모든 죄들은 용서함을 받을 수 있다(28절).[24] 진실되게 회개하고 하나님께로 돌아가기 원하는 자가 그런 기회를 거부당한 사례는 성경 어디에도 없다. 사실, 어떤 성도들이 자신이 용서받을 수 없는 죄를 범했는지 여부에 대해 염려하는 그 자체야말로 그들이 그런 죄를 범하지 않았음을 보여준다.[25]

마태와 누가는 이 문맥 속에 예수의 또 다른 중요한 가르침들을 포함하였다. 만약 그분이 바알세불이 아니라 하나님의 성령에 의해서 귀신들을 쫓아내신다면, 이것은 하나님 나라의 임재를 보여주는 또 다른 표적인 것이다. 마태복음 12:28/누가복음 11:20은 "실현된 종말론"-그리스도의 성품과 사역을 통해서

98-119 참조. 한편, Robert Shirock ("Whose Exorcists Are They? The Referents of οἱ υἱοὶ ὑμῶν at Matthew 12.27/Luke 11.19," *JSNT* 46 (1992): 41-51])은 "너희 아들들"은 장차 이스라엘을 다스리게 될 예수님의 제자들을 의미한다고 강력하게 주장한다(마 19:28).

24) 22절의 미완료 시제를 주의하라(문자적으로, "그들은 계속해서 말하였다"). 마가는 용서받는 "사람의" 신성모독에 대해서 말하지만; 마태와 누가는 "인자를 거스리는" 신성모독에 대해서 말하였다. 후자는 아마도 이 호칭의 애매한 성격을 보여준다(아래 405-407쪽을 보라). 증거가 분명하지 않을 때 그리스도를 거부하는 것은 사람이 사는 동안 언제나 돌이킬 수 있다. 하지만 그러한 돌이킴이 없는 거부는 영적인 죽음을 불가피하게 가져온다. Robert A. Guelich, *Mark 1-8:26* (Dallas: Work, 1989), 185: "그러므로 예수 그리스도 안에 있는 인류를 위한 하나님의 구속을 거부하는 자는 '용서받을 수 없는 죄'를 범하는 것이다." 하지만 28절은 "하나님의 포괄적인 용서에는 다른 사람들과 하나님께 대하여 지은 모든 죄까지도 포함한다는 사실을 하나님의 용서를 구하는 모든 자에게 확신시켜준다."

25) Larry Hurtado, *Mark* (Peabody: Hendrickson, 1989), 66 참조: "그런 일을 행하는 자는 그 일에 대한 그리스도의 용서에 관해서 관심조차 갖지 않을 것이다. 그러므로 자신을 그리스도의 용서로부터 끊을만한 일을 범한 것이 아닌가 하는 염려 그 자체는, 아이러니컬하게도, 그가 그리스도께서 하나님으로부터 보내심을 받으신 분임을 믿는다는 증거이며, 또한 여기에서 경고한 죄를 그가 범할 수 없다는 증거이기도 하다."

적어도 부분적으로 하나님 나라가 도래하였다는 주장-을 지지하는 복음서의 뚜렷한 구절들 중 하나이다. 마태복음 12:38-42/누가복음 11:29-32는 유대 지도자들이 오해하게 된 부분적인 이유를 설명해 준다. 그들은 오해할 소지가 전혀 없는 절대적인 표적들을 찾고 있었다. 하지만 하나님은 결코 그처럼 결정적인 것을 주시는 분이 아니다. 주님은 믿음을 강요하기를 거부하신다. 그리스도의 죽으심과 부활의 표적(선지자 요나의 경험과 유사한)이면 충분하다.[26] 마지막으로, 귀신을 쫓아내는 것만으로는 충분하지 않다. 악을 긍정적인 선으로 바꾸어야 한다. 그렇지 않으면 더 많은 귀신들이 돌아올 것이다(마 12:43-45/눅 11:24-26).

8) 역사성

예수께서 오셔서 그의 메시지의 핵심으로서 부분적으로는 현재의, 부분적으로는 미래의 나라를 선포하셨다는 사실이 우리가 역사적인 예수에 대해서 알 수 있는 내용의 핵심이라고 널리 받아들여진다. "하나님 나라"는 구약성경에서는 발견되지 않는 표현이지만, 왕이신 하나님의 개념은 널리 퍼져 있다. 복음서 이후에는 기독교 작가들이 예수의 선포를 요약하기 위해 "영생"이나 "구원" 등의 다른 표현들을 즐겨 사용하였다. 나사렛에서 시작한 예수의 사역은 결코 화려한 것이 아니었고-몇 개의 기적들만 행하셨고 그를 죽이려는 군중들의 위협을 피하셔야 했다-꾸며낸 이야기라고 볼 수도 없다. 예수는 이사야 61:1을 읽으심으로써 그의 주장을 유대의 성경 위에 기초하셨지만, 그것들을 이루셨다는 선언은 전대미문이었다. 하지만 후대에 경건하게 지어낸 이야기들이 아마도 예수의 입술에 보다 뚜렷하고 칭호에 맞는 주장들을 두게 했을 것이다.

제자들을 모으는 것은 예수의 사역에 관한 다른 유대적인 증거와도 일치한다(예를 들면, b. *Sanhedrin* 43a). 하지만 앞에서 살펴 본대로, 전형적인 랍비들

---

26) 마가와는 달리, Q 자료는 "요나의 표적 외에는"—그리스도의 죽으심과 부활—즉, 요나가 큰 물고기 속에 들어갔다 나온 사건에 해당하는 다른 표적이 주어지지 않을 것이라는 예수님의 말씀이 포함되어 있다(마 12:39-40; 눅 11:29-30; 또한 마 16:4 참조). 하지만 이런 종류의 "표적"은 요청된 표적과 동일한 종류가 아니기 때문에 이것은 마가복음의 내용과 모순되는 자료가 아니다. Jefferey Gibson, "Jesus' Refusal to Produce a 'Sign' (Mk 8.11-13)," *JSNT* 38 (1990): 37-66 참조.

과는 달리 예수는 "지원자들을 받으시기"보다는 제자들을 친히 부르셨다. 12라는 숫자는 이스라엘의 열두 지파와 밀접한 관련을 맺으며 예수의 사역을 그 당시 유대교 안에 기초를 두게 하지만, 유다를 대신해서 맛디아가 보강된 이후로 성도들이 느끼기에 반드시 보존되어야 할 숫자는 아니었다(행 1:20-26). 대표적인 배반자 유다가 포함된 것을 볼 때, 이 명단이 실제임을 입증해 준다. 역사를 함부로 다루는 사람이라고 할지라도 예수의 핵심 제자들 가운데 그런 극악무도한 자를 포함시키지는 않을 것이다.

이미 살펴본 것처럼, 예수께서 귀신을 쫓아내신 것은 비기독교 유대 자료에 의해서도 입증되지만, 그 단순성과 직접성을 고려할 때 그 당시의 다른 축령들과는 다르다(p. 371를 보라). 당대의 유명했던 아니나 벤 도사(Hanina ben Dosa)와는 달리 예수는 성부 하나님께 먼저 기도하지도 않으신다. 한편, 사도들은 "예수의 이름으로" 귀신을 내쫓았다(예를 들면, 눅 10:17; 행 16:18). 복음서의 축령은 마가복음과 Q자료, 그리고 요약문(예를 들면, 눅 8:1-3), 다른 치유들(예를 들면, 막 9:14-29 이하), 비유들(막 3:27 이하)을 포함한 여러 형태들에서도 등장한다. 귀신들이 예수와 영적 전쟁을 벌이며 항상 즉각적으로 패배되지는 않는다는 사실 또한 이런 이야기들을 성도들이 꾸며냈을 것이라는 주장에 반대된다. 더욱이 귀신축출은 하나님 나라의 도래를 보여주는 중요한 표적이기 때문에 여기에서는 일관성의 기준이 중요한 역할을 하게 된다(마 12:28 이하).[27]

예수의 치유 기적들이 정말로 초자연적인 사건들인지 아니면 암시의 힘을 통한 신체정신학적 치유에 불과한지에 대해서 여전히 논란이 있지만, 예수께서 육체적인 치유를 수행하셨다는 사실은 또한 천국의 시작과 예수의 신성에 대한 중요한 증거로서 널리 받아들여진다(특별히 마 11:4-6 이하를 보라). 여기에서 다시 볼 수 있는 것은, 단순한 명령만을 통해서 치료를 가져왔다는 특징이다. 침이나 진흙을 사용하는 고대의 방법이 포함된 구절들은 세 군데이며(막 7:33; 8:23; 요 9:6), 이 두 단계의 치유는 마치 예수의 능력이 부족한 것처럼 보이게 하는데(막 8:23), 이것 역시 이 이야기가 꾸며낸 것이 아님을 입증한다. 몇 가지

---

[27] 다양한 귀신축출의 역사성에 대한 가장 상세한 변호는 Graham H. Twelftree, *Jesus the Exorcist* (Tübingen: Mohr; Peabody: Hendrickson, 1993)이다.

치유 이야기들은 마치 예수가 나병환자를 만지심으로써 부정케 될 위험을 무릅쓰시고, 안식일에 위급하지도 않은 질병을 고치시고, 이적을 행하시는 사역을 주로 사회의 소외자들(여인, 사마리아인, 이방인 등)에게 베푸심으로써 문제를 자초하시는 것처럼 보이게 한다. 이러한 특징들은 또한 예수를 그의 동시대인들로부터 구별시키며 그의 제자들에 의해서 널리 모방되지도 않는다. (예수께서 "전염적인" 것이라고 믿으신 것은 불결함이 아니라 거룩함이었는데,[28] 이것은 대부분의 종교에서는 실행은 고사하고 받아들이기조차 힘든 개념이었다.) 고대의 기록 중 가장 유사한 "병행"은 필로스트라투스의 아폴로니우스의 인생(이 사람에 대해서는 p. 62를 보라)에서 찾을 수 있지만, 이것이 복음서의 예수 이야기에 영향을 끼쳤다고 보기에는 너무 시기가 늦어 보인다. 예수의 치유 기적들이 확실함을 지지하는 또 다른 것들로는 그 이야기들이 사도행전 10:38과 히브리서 2:4의 후대의 기독교 증거를 포함해서 여러 자료들에 등장한다는 사실이다.[29]

예수의 선언 이야기들은 "비유사성 테스트"를 통과한 자료들의 예를 추가로 보여준다. 모든 논쟁들은 초기의 유대적인 상황 속에서는 충분히 상상할 수 있는 것들이지만, 각각의 경우 예수는 죄를 용서할 수 있는 권세를 주장하시거나, 언제 금식하고 누구와 잔치를 벌여야 하는지에 대한 전통을 무시하거나, 널리 알려진 안식일 규례와 친지를 공경하는 전통적인 방식에 도전하시는 등 급진적인 입장을 취하셨다. 하지만 중풍병자의 치유 이야기 속에는 기독론이 분명하게 나타나지 않는다. "인자"라는 호칭 외에는 아무런 호칭도 사용되지 않았다. 그리고 초대교회는 먹는 것과 먹지 않는 것, 안식일 규정, "가정의 가치관" 등에 관해서 더욱 보수적인 관행으로 속히 되돌아갔으며, 결국 이 자료가 꾸며진 것

---

28) 특별히 Marcus Borg, *Conflict, Holiness, and Politics in the Teaching of Jesus* (New York and Toronto: Mellen, 1984)를 보라.

29) Craig L. Blomberg, "Healing," in *DJG*, 304-5 참조. 예수님의 치유 사역의 일반에 관한 상세한 내용은(비록 몇몇 개별적인 구절들의 내용에 대해서는 매우 회의적이지만) John P. Meier, *A Marginal Jew: Rethinking the Historical Jesus*, vol. 2 (New York and London: Doubleday, 1994), 617-45, 678-772를 보라. Meier는 그럼에도 불구하고 이렇게 결론을 내린다: "전세계적으로 볼 때, 예수님의 기적 전승은 그분의 생애와 사역에 관해 다른 유명하고 잘 받아들여지는 전승들보다 역사성의 원칙에 의해서 확고한 지지를 받는다…이것을 지나치게 과장하지 않고 극적으로 표현한다면: 만약 예수님의 공생애 중 기적 전승이 비역사적인 것으로 전부 거부되어야 한다면, 그분에 관한 복음서의 다른 모든 전승들 역시 거부되어야 한다" (p. 630).

이 아님을 다시금 보여준다. 그리스도께 대한 훼방의 고소 역시 마찬가지이다.

9) 결론과 신학적인 특징

이러한 다양한 사건들을 어디에 두는지 그 차이에도 불구하고, 마태와 마가와 누가는 모두 예수께서 그의 갈릴리 사역 초기에 행하신 일들의 유형에 대해서 폭넓은 일치를 보여준다. 그분은 회개하도록 남녀를 부르셨으며, 제자들을 모으셨고, 귀신을 쫓아내시고 병자를 고치셨으며, 복음의 완전한 새로움으로 전통적인 유대의 지혜에 도전하셨고, 그분을 따를 사람들 중에서 새로운 가족을 구성하셨고, 이스라엘 민족의 지도자들 가운데 몇 사람들에게 많은 적대감을 일으키게 하셨다. 이 모든 것은 하나님의 통치의 새롭고도 활발한 임재를 보여주었다.

이 외에도, 각 복음서 기자들은 나름대로 독특한 강조점들을 가진다. 마가는 메시아 비밀, 예수의 권세, 예수 사역의 완전한 새로움 등을 강조하였고, 유대 지도자들과의 대립을 그의 사역 초기에 두었다. 마태는 예수가 누구이시며 제자가 되기 위한 요건이 무엇인지에 초점을 두었는데, 특별히 중요한 치유의 기적들과 이와 연관된 가르침들을 두 장씩 묶음으로써 그렇게 하였다(마 8-9장). 이 장들은 5-7장에 기록된 설교와 결합되어 말씀/가르침과 치유에 있어서 예수의 권세를 드러내 보여준다. 마태는 예수께 대한 유대 당국자들의 적대심이 어떻게 체계적으로 발전되었는지를 묘사하기 때문에 대립의 이야기들은 12장에 가서야 나타난다. 자신의 복음서 전체에 걸쳐서 그는 또한 다양한 사건들이 어떻게 구약성경의 예언을 성취하였는지를 보여주는 몇몇 사례들을 추가하였다. 누가는 유대 지도자들에 대한 묘사에서 다소 덜 부정적이며, 소외된 자들에 대한 그리스도의 긍휼을 강조하며, 회개를 향한 그의 부르심을 강조한다. 누가는 그 외의 내용에서는 마가의 순서를 마태보다 더 면밀하게 따랐다.

2. 산상수훈

앞에서 언급하였듯이(p. 377), 갈릴리 사역을 시작하신지 그리 오래지 않아서 예수는 기도하시기 위해 산에 오르셨고 그의 열두 제자들을 공식적으로 부르셨다(막 3:13-19; 눅 6:12-16). 마태는 열두 제자들의 명단을 그의 복음서 후기 단계에 소개하였지만 예수를 따르는 작은 무리들이 초기부터 그의 "제자들"로 여겨졌음을 알고 있었다(마 5:1). 이 경우에 그는 주변에 몰려온 큰 무리와 함께 그의 제자들에게 그의 가장 유명한 설교를 가르치셨다. 이것은 예수의 대표적인 가르침이다.

마태와 누가는 각각 이 설교를 포함하고 있는데(마 5-7장; 눅 6:20-49), 마태의 것이 훨씬 길다. 각 설교는 팔복으로 시작하며, 사랑, 특별히 원수를 향한 사랑에 대한 가르침으로 발전하며, 지혜로운 건축가와 미련한 건축가의 비유를 포함하여 예수께 대해 올바르게 응답할 필요성에 관한 예화들로 끝을 맺는다. 누가는 예수께서 평지에서 설교하신 것으로 기록하는데(눅 6:17), 어떤 이들은 누가의 본문을 평지설교라고 부르기도 하며, 심지어 예수께서 두 차례의 상이한 설교를 전하셨다고 추측하기까지 한다. 하지만 누가는 예수가 산 위에 계셨음을 알고 있었고(12절), 예수는 아마도 많은 무리들을 가르치기 위해서 어떤 작은 고원 위에 서 계셨을 것이기 때문에, 두 복음서 사이에 반드시 모순이 있다거나 두 개의 전혀 다른 설교가 존재한다고는 말할 수 없다.

마태복음의 설교와 누가복음의 설교 사이의 관계에 대한 기본적인 견해는 각 저자가 Q로부터 다양한 가르침들을 사용하여 지금 존재하는 것과 같은 하나의 통일된 설교의 형태를 창조했다는 것이다. 누가는 어쩌면 Q로부터 상대적으로 더 오래된 원래의 내용을 보존했지만, 마태는 그것을 더욱 확대했는지도 모른다. 이런 견해는 본질적으로 미심쩍거나 반박할 만한 것이 아니다. 이와 유사한 견해가 근대 성서학이 발전하기 수세기 전에 칼빈에 의해서 제안되었다.[30] 하지만 예수께서 마태나 누가가 보존한 것보다 훨씬 더 길게 설교하셨거나, 복음서 저자들이 그 원래의 말씀에서부터 발췌하였을 가능성도 배제할 수 없다.[31] 공관

---

30) John Calvin, *A Harmony of the Gospels Matthew, Mark, and Luke*, ed. David W. Torrance and Thomas F. Torrance, vol. 1 (Edinburgh: St. Andrew; Grand Rapids: Eerdmans, 1972 [Latin orig. 1555], 168.

31) George A. Kennedy, *New Testament Interpretation through Rhetorical Criticism* (Chapel Hill: University of North Carolina Press, 1984), 67-69 참조. 마가복음에서 발견되지 않는 누가복음의 설교 자료가 담긴 곳에서 누가는 마태복음과 병행된 예수님의 가르침들을 단순히 확대하고 있다. 이 가설은 신빙성을 얻고 있다. 예를 들면, 마태는 여덟 개의 동일구조 팔복(9개 중에서)을 가지고 있지만, 누가복음에는 네 개뿐이다.

복음서에 대한 복잡하고 불확실한 자료 비평을 고려할 때, 복음서 기록의 기원은 이러한 접근들을 모두 결합시킨 것이라고 생각할 수도 있다.

1) 해석의 역사

산상수훈은 수세기에 걸쳐 성도들이 좋아하는 말씀이며, 이를 해석하는 방법도 수없이 많이 있다. 최근의 한 연구에 따르면 무려 36가지나 된다고 한다![32] 이것은 예수의 메시지에 담긴 엄청난 요구나 "하늘에 계신 너희 아버지의 온전하심과 같이 너희도 온전하라"는 요약문(마 5:48)을 고려할 때 놀랄 일은 아닐 것이다. 하지만 우리는 문제를 간단하게 정리하여 산상수훈에 대한 해석의 역사를 지배해 온 여덟 가지의 대표적인 학설들을 살펴볼 수 있을 것이다.

(1) 전통적인 가톨릭

중세 가톨릭은 예수의 어려운 가르침의 문제를 성도들을 두 종류로 분류함으로써 해결하였다. 그들은 의에 대한 이처럼 극한 요구는 특정 성직자나 수도사들에 의해서만 문자적으로 수행될 수 있다고 주장하였다. 하지만 산상수훈은 원래 그러한 구별이 없이 그리스도의 모든 제자들과 큰 무리들에게 주어졌다.

(2) 루터교

마틴 루터는 율법에 대한 바울의 견해를 이해하듯이 산상수훈을 읽었다. 산상수훈은 복음이 아니라 율법이며, 우리가 하나님의 도덕적인 기준을 지킬 수 없음을 깨닫고 무릎 꿇고 회개하도록 하기 위해 주어진 것이다. 그것은 우리에게 구세주와 은혜가 필요함을 보여줌으로써 우리를 참회하고 그리스도께 돌아가게 한다. 하지만 산상수훈은 하나님 나라에 들어갈 수 있는 방법을 알기 원하는 자들에게 먼저 주어진 것이 아니라, 이미 그리스도께 대해 헌신을 표현한 자들에게 주어졌다.

하지만 누가에는 네 개의 대조적인 화(woes)가 있다. 에녹 2서 52:11-12의 여섯 가지 대조적인 축복들과 저주들의 작은 모음집을 특별히 고려한다면, 여덟 가지의 복과 화가 원래 있었음을 추정하기가 어렵지 않다. 최근에 번역된 사해사본 4Q525 또한 예수님의 가르침을 연상하게 하는 몇 가지 축복들을 담고 있다.

32) Clarence Bauman, *The Sermon on the Mount: The Modern Quest for Its Meaning* (Macon: Mercer, 1985).

(3) 재세례파

여러 급진적인 개혁가들은 산상수훈의 윤리를 매우 문자적인 방식으로 적용하여 개인적인 영역 뿐만 아니라 사회적인 영역에까지 철저한 평화주의를 조장하였다. 후대의 러시아 기독교 작가인 톨스토이 역시 이와 유사한 견해를 장려하였다. 하지만 우리가 보게 되겠지만, 예수께서 가르치실 당시의 역사적인 배경이 로마의 지배하에 있던 팔레스틴의 마을이다. 다양한 상황들은 상이한 실천들을 요구할 것이다. 더욱이, 예수는 제자들에게 어떻게 공동체에서 살아가야 하는지 기준을 제시하고 계신다. 그분의 모든 원칙들이 국가나 정부에까지 직접 적용될 수 있는지는 확실하지 않다.

(4) 과거의 자유주의와 후천년주의

19세기에는 선교활동을 통해서나 기독교적인 원칙들을 국가의 법에 적용함으로써 세계를 기독교화 하는 가능성에 대해 낙관주의가 팽배하였다. 성령의 능력을 힘입은 성도들의 노력을 통해서 하나님 나라가 그리스도의 재림 이전에 시작될 것이라고 많은 사람들이 믿었다. 그렇게 되면 산상수훈의 윤리는 폭넓게 실행될 것이다. 후천년주의는 오늘날 몇몇 기독교 종파에서 부활하기는 했지만, 20세기의 수많은 전쟁과 대량 학살은 이러한 낙관주의를 철저히 무너뜨리고 말았다. 비슷하게 전성기가 사라진 듯한 세속적인 대응물은 바로 마르크시즘이다.

(5) 과도기적 윤리

20세기에 접어들면서 앨버트 슈바이처는 예수께서 자기 세대에 종말이 임할 것이라고 생각했다는 견해를 퍼뜨렸다. 우리는 세계 역사가 오랫동안 계속되리라는 것을 알기 때문에 그의 해석은 예수의 윤리에 지금보다 더 큰 절박감을 주었다. 하지만 그리스도께서 종말이 임박했다고 잘못 생각한 것으로 슈바이처가 해석한 본문(막 9:1 이하; 막 13:30 이하; 마 10:23)은 아마도 전혀 그런 의미를 내포하지 않는다.[33]

---

33) Craig Blomberg, *The Historical Reliability of the Gospels* (Leicester and Downers Grove: IVP, 1987), 33-34를 보라.

(6) 실존주의

특별히 루돌프 불트만의 저작을 통해서 일어난 20세기의 한 주요 사상은 예수의 왕국 윤리를 사람이 "진정한 실존"을 포용할 때 발생하는 개인적인 변화로 재해석하였다. 이 접근은 산상수훈에서 어떤 절대적인 윤리를 찾는 것을 거부하지만, 그 대신 인간의 유한성에 대한 자각과 신과의 만남이라는 관점에서 개인적인 결단을 촉구하는 심오한 도전으로 여긴다. 설교 속에는 절대화되어서는 안 될 부분들이 많이 있지만, 실존주의자들은 산상수훈 전체를 "비신화화"하기에 충분히 설득력 있는 해석을 발전시키지 못했다. 때때로 그들의 철두철미한 상대주의적인 전제는 역사적인 기독교와 양립되지 않는다.

(7) 고전적인 세대주의

과거의 세대주의자들은 산상수훈이 예수께서 유대인들에게 주신 천국 제안의 일부라고 가르쳤다. 유대인들이 그 가르침을 받아들였다면 백성들은 예수께서 가르치신 윤리대로 살았을 것이다. 하지만 그들이 그 가르침을 거부하였기 때문에 하나님 나라는 천년왕국 때까지 연기되었으며, 그때가 되어야 산상수훈의 불가능해 보이는 이상들이 실현될 것이다. 하지만 이 명령들이 인간윤리의 "황금기"만을 위한 것이라고 주장하기는 어렵다. 그 이유는 그 속에 악과 핍박과 증오와 반대 등에 대응하는 방법이 담겨 있기 때문이다. 현대의 신학 사조에서 "진보적인" 세대주의자들이 이 견해를 거부하는 것은 놀랄만한 일이 아니다.[34]

(8) 왕국 신학

현대 학자들 가운데 널리 받아들여지는 견해는 여덟 번째로서, 특별히 큄멜(W. G. Kümmel)과 래드(G. E. Ladd)의 수많은 저작들을 통해서 유포되었다.[35] 하나님 나라가 시작되었다면(부분적으로는 지금 존재하지만 궁극적인 실

---

34) Craig A. Blaising과 Darrell L. Bock에 의해서 주도되는 운동과 특별히 연관된 칭호인데, 그들의 저서인 *Progressive Dispensationalism* (Wheaton: Victor, 1993)에 잘 나타나 있다.

35) 특별히 Werner G. Kümmel, *Promise and Fulfillment: The Eschatological Message of Jesus* (London: SCM; Naperville, Ill.: Allenson, 1957); 그리고 George E. Ladd, *The Presence of the Future* (Grand Rapids: Eerdmans, 1974; London: SPCK, 1980)을 보라. 이 견해에 대한 짧고 중요한 설명을 위해서는 Robert A. Guelich, "The Matthean Beatitudes: 'Entrance Requirements' or Eschatological Blessings?" *JBL* 95 (1976): 415-34를 보라.

현은 그리스도의 재림 이후이다-p. 369를 보라), 예수의 윤리는 또한 현재의 성도들을 위한 것이라고 생각하는 것이 가장 합당하게 보인다. 하지만 우리가 인정해야 하는 것은 비록 그 윤리가 우리 모두가 성령님께 순종하면서 추구하려고 힘써야 할 이상적인 것이기는 하지만 그것이 현세에서는 오직 부분적으로만 실현이 가능하다는 것이다. 이것은 우리로 하여금 그리스도의 제자가 되도록 만드는 "행위로 인한 의"(works-righteousness)가 아니라, 주님께 대한 우리의 지속적인 충성을 보여주는 "회개에 합당한 열매"이다.

위에서 살펴본 모든 견해들 속에는 나름대로 진리가 있는 것이 분명하지만, 우리는 이 마지막 견해가 가장 적절한 해석을 보여준다는 믿는다. 더욱이, 예수의 윤리는 개개인의 삶에 분명히 적용되며, 성도들은 그들이 속한 사회에서 도덕적인 생활을 장려하기 위해서 모든 합법적인 방법을 사용해야 한다. 한편, 예수의 설교는 우선적으로는 개개인이나 정부에게 주어진 것이 아니라 그를 따르는 자들의 공동체에게 주어졌다. 예수 그리스도의 교회가 지역 공동체 속에서 예수의 윤리를 따르는 것을 점점 더 배워나갈 때, 그분의 뜻이 이 땅 위에 실현될 것이며 많은 사람들이 믿음을 소유하게 될 것이다.[36]

2) 마태복음 5-7장의 내용과 해석

마태복음의 산상수훈은 신중한 구조를 가지고 있는데, 예수의 가르침들을 세 개의 단위로, 또는 삼의 배수의 항목들로 분류한다. 아홉 개의 복과 빛과 소금의 교훈은 서론을 구성한다(5:3-16). 그 후에 중심 문단이 뒤따른다. 예수는 "더 나은 의"를 요구하신다(5:17-20). 이것을 보여주는 여섯 가지 예들이 율법과 예수의 윤리를 비교하면서 계속 등장한다(5:21-48). 그 다음에는 자기의 경건을 과시하지 말라는 세 가지 본보기가 뒤따른다(6:1-18). 그리고는 재물과 염려에 관한 세 가지 가르침들이 따라오고(6:19-34), 그 다음은 다른 사람을 대하는 방법에 대한 세 가지 문단이 나오는데(7:1-12), 여기에는 설교의 절정으로서

---

36) 특별히 Richard Lischer, "The Sermon on the Mount as Radical Pastoral Care," *Interpretation* 41 (1987): 157-69; James L. Bailey, "Sermon on the Mount: Model for Community," *Currents in Theology and Mission* 20 (1993): 85-94를 보라. 또한 Craig L. Blomberg, "How the Church Can Turn the Other Cheek and Still Be Political," *Southern Baptist Public Affairs* 3.1 (1990): 10-12 참조.

황금률이 포함된다(12절). 예수의 고전적인 메시지의 결론은 수용이나 거절이라는 오직 두 가지 선택에 초점을 맞추기 위해서 세 가지 예를 사용한다(7:13-27).[37] 흥미롭게도, 산상수훈에 담긴 예수의 거의 모든 가르침에 병행이 되는 구절들은 다른 유대 저술에도 나타난다.[38] 하지만 예수의 가르침에 담긴 누적된 효과와 그 가르침의 배경이 되는 하나님 나라의 도래 때문에 산상수훈은 유대 저술과는 현저하게 다르다(7:28-29 참조).

(1) 팔복(5:3-12) [Aland §51]

예수는 "천국 축복들"로 설교를 시작하신다(3, 10절). 헬라어 *makarios*는 "복을 받은", "행복한", 또는 "축하를 받은"을 의미한다.[39] 이 동사들의 시제는 대부분 미래시제이지만, 첫 번째와 여덟 번째 복은 현재 시제의 복을 말한다-"천국이 저희 것임이라." 그러므로 우리는 이 축복들이 장차 완전하게 드러날 것과 동시에 부분적으로 실현되었음을 보게 된다.

복 있는 자로 여겨져야 할 첫 번째 종류의 사람은 "심령이 가난한 자들"이다(3절). 누가복음에는 단순히 "가난한 자"라고 언급되어 있다(눅 6:20). 많은 사람들이 이것을 복음서들 간의 뚜렷한 모순으로 여긴다. 하지만 "가난"에 해당하는 헬라어(*ptochoi*) 배후에 있는 히브리어는 (*anawim*)인데, 이것은 구약성경의 후반부에서 물질적으로 억눌리고 빈핍한 자들을 지칭할 때 주로 사용되게 되었다. 그들은 하나님만을 유일한 소망이요 피난처로 여긴 자들이었다(예를 들면, 사 61:1). 비록 누가는 사회적인 차원에 더 많은 관심을 두었지만(p. 239를 보라), 억압의 영적인 측면 또한 인식하였다(6:22-23). 그러므로 두 복음서의 팔복은 "지속된 경제적인 착취와 사회적인 고통 때문에 오로지 하나님께만 소망을 두는 사람들"을 격려하는 말씀으로 이해하는 것이 가장 적절하다.[40]

---

37) 이 개관은 Dale C. Allison, Jr., "The Structure of the Sermon on the Mount," JBL 106 (1987): 423-45에서 주로 인용하였다.
38) 상세한 편집에 관해서는 Dennis Stoutenburg, *With One Voice/B' Qol Echad: The Sermon on the Mount and Rabbinic Literature* (Bethesda, Md. And London. International Scholars Publications, 1996)을 보라.
39) France, *Matthew*, 108.
40) D. A. Carson, "Matthew," in *Expositor's Bible Commentary*, ed. Frank E. Gaebelein, vol. 8 (Grand Rapids: Zondervan, 1984), 131. 또한 Frederick D. Bruner (*The Christbook* [Waco: Word, 1987], 135) 참조: "만약 우리가 '심령이 가난한 자는 복이 있다'가 '부자들도 겸손하게 행동하면 복이 있다'를 의미한다고 말한다

이 두 갈래의 초점은 팔복의 나머지 내용을 관통한다. 애통하는 자들은 죄를 회개하는 자들이거나 하나님의 의로운 기준이 땅 위에 실현되지 못하는 것을 슬퍼하는 자들일 것이다. 온유한 자들은 영적으로 겸손하거나 육체적으로 억눌린 자들일 수 있다. 우리가 주리고 갈급해야 할 의는 영적인 동시에 사회적이다.[41] 예수의 제자에 대한 복합적인 묘사는 그리스-로마세계에서 추앙하는 모습과는 정반대를 보인다. 오늘날의 스페인 문화 용어를 빌린다면, "남자답지"(macho) 않은 모든 자들이 복이 있는 셈이다!

(2) 빛과 소금의 비유들(5:13-16) [Al0and §52-53]

팔복에 표현된 반문화적인 가치관들 때문에 어떤 이들은 예수가 금욕생활을 조장했다고 제안한다. 하지만 13-16절은 그러한 생각을 일소한다. 예수의 제자들은 이 세상에서 효과적인 변화의 대행자들이 되어야 한다. 고대 사회에서 소금이 내포하는 모든 이미지들 중에서 본문에 가장 적절한 것은 부패와 타락을 막는 기능이다. 전기가 없던 시대에 빛은 사람의 길을 밝히고 안내하기 위해 가장 소중한 자원이다.

(3) 예수와 율법(5:17-48) [Aland §54-59]

예수의 반문화적인 팔복과 세상에서 그런 가치관을 몸소 행하라는 그분의 명령을 종합해서 볼 때 많은 사람들은 예수가 모세의 율법을 뒤엎으시려고 한다고 의문을 품을 수 있다. 17-20절은 설교 내용을 소개하면서 이 질문에 간략하게 대답한다. 예수는 구약성경을 폐지하러 오신 분이 아니다. 그렇다고 모든 것들은 변함없이 보전하시지도 않는다. 율법을 "성취하심"으로써 그분은 율법이 가리키는 모든 것들을 완성하신다(18절하 -" 후대 신약성경의 교회는 예를 들면 제사와 같이 율법의 상당 부분이 문자적으로 준수될 필요가 더 이상 없다는 결론에 도달하였다. 하지만 그것은 성도들이 궁극적인 희생이신 예수를 믿을

면, 우리는 본문을 영해하는 것이다. 다른 한편으로, 우리가 '가난한 자는 복이 있다' 가 '가난한 사람들은 행복한 사람들이다' 를 뜻하는 것이라고 말한다면, 우리는 본문을 세속화시키는 것이다… 예수님은 마태의 영성과 누가의 사회성의 좋은 면만을 함께 통합한 무언가를 말씀하셨다."
41) 이 본문들의 영적이면서 사회적인 차원을 균형 있게 설명한 강해는 Michael H. Crosby, *Spirituality of the Beatitudes: Matthew's Challenge for First World Christians* (Maryknoll: Orbis, 1981)를 보라.

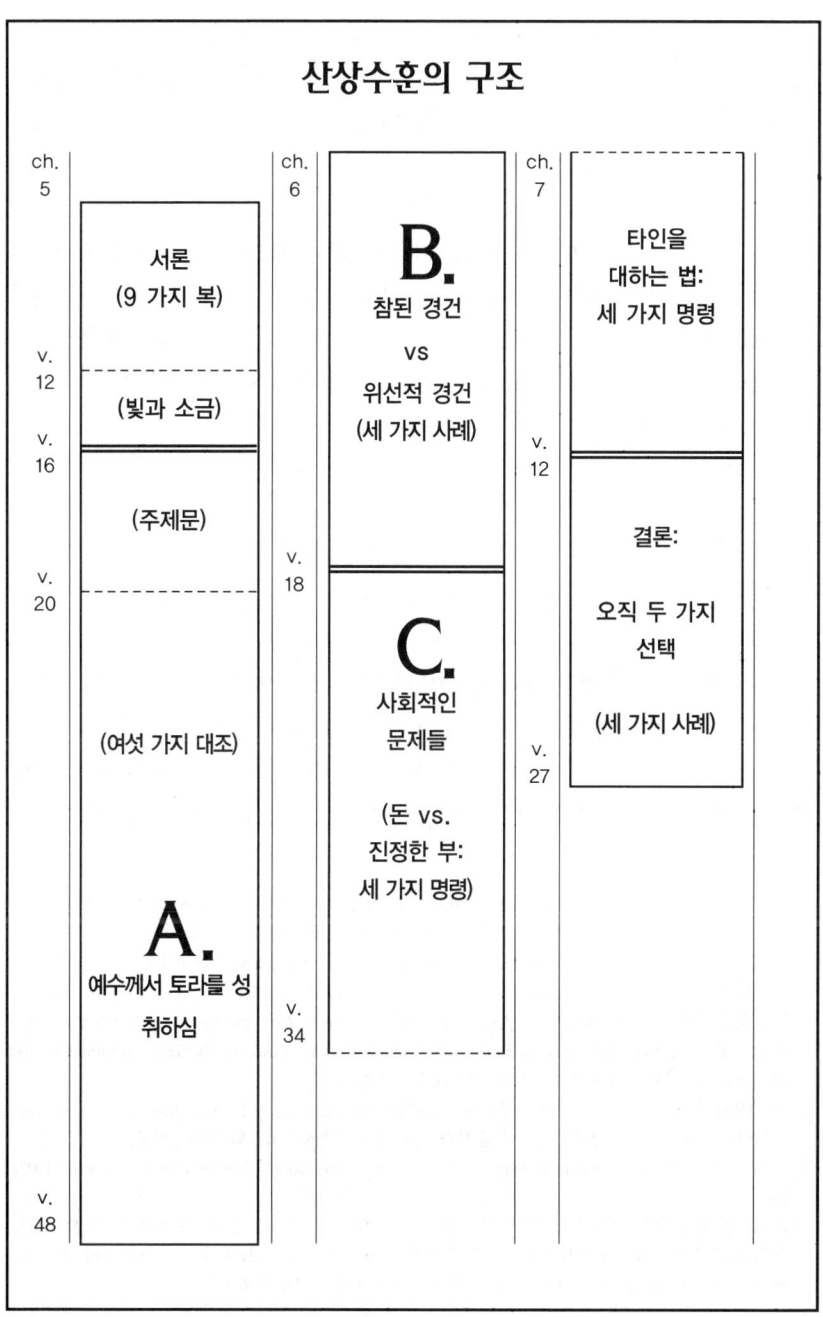

때 모든 율법이 준행되었기 때문이다. 구약성경의 모든 계명은 오늘날 그것의 적용이 어떻게 바뀌었는지를 보기 위해서 그리스도 안의 성취를 통해 여과되어야 한다.[42] 천국의 기준은 유대 지도자들이 행한 것보다 더 큰 의를 요구하지만(20절), 예수는 또한 더 큰 능력을 제공해 주신다(마 11:28-30 참조).

21-48절은 여섯 개의 "대조"라고 알려져 있다. 이것들은 율법에 대한 전통적인 유대인들의 해석과 예수의 이해를 대조시킴으로써 여러 가지 율법과 예수의 관계를 설명해 준다. 세 가지 대조들은 율법의 요구를 더 심화시키고 내면화하지만(21-26, 27-30, 43-47), 다른 세 가지는 토라의 일부분을 무효화시키는 것처럼 보인다(31-32, 33-37, 38-42). 여섯 가지 모두를 하나로 묶는 특징은 예수가 자신이 시작하시는 새 시대에 율법을 어떻게 적용하는지 설명하시면서 율법의 전능하신 해석자로 스스로를 나타내 보이신다는 점이다.[43] 또한 여섯 가지 대조들 중에서 다섯 가지를(31-32절은 제외하고) 두 부분만 아니라, 세 부분으로 구분할 수 있다. 더 이상 적절하지 않은 옛 금지 사항들, 예수의 새로운 금지 사항들, 그리고 금지 사항 배후에 있는 원칙들을 실행하기 위한 긍정적인 덕목들이다.[44]

첫째, 예수는 살인 뿐만 아니라, 증오와 험한 욕설까지도 정죄하신다. 우리는 원수와 화해하기 위해서는 적극적인 자세를 취하여야 한다(21-26절). 둘째, 간음 뿐만 아니라 정욕도 악한 것이다. 제자들은 간음을 조장하는 상황으로부터 자신을 격리시키기 위해 과감하게 행동해야 한다(27-30절).[45] 셋째, 예수는 이

---

42) 우리는 본문이 정당화하지 않는 두 가지 양극단을 피해야 한다. 혹자는 신약성경에서 폐지되지 않은 구약의 모든 가르침들이 여전히 유효하다고 주장한다. 다른 사람은 신약에서 재확인되지 않은 구약의 모든 가르침들은 더 이상 유효하지 않다고 믿는다. 디모데후서 3:16은 구약성경의 모든 율법도 여전히 성도들에게 의미가 있다고 주장하게 만든다. 하지만 우리가 율법이 그리스도 안에서 어떻게 성취되었는지를 이해하지 못한다면 아무것도 적용될 수 없다. 특별히 John P. Meier, *Law and History in Matthew's Gospel* (Rome: BIP, 1976)를 보라. Robert Banks, "Matthew's Understanding of the Law: Authenticity and Interpretation in Matthew 5:17-20," *JBL* 93 (1974): 226-42 참조.
43) 이 이해를 위해서, 그리고 경쟁적인 해석들의 개관을 위해서는 Douglas J. Moo, "Jesus and the Authority of the Mosaic Law," *JSNT* 20 (1984): 3-49를 보라. 같은 저자의 "Law," in *DJG*, 450-61 참조.
44) Glen H. Stassen, "Grace and Deliverance in the Sermon on the Mount," *Review and Expositor* 89 (1992): 234-35.
45) 29-30절은 과장이나 수사학적인 과장법의 좋은 예를 형성한다. 이 구절들은 결코 문자적인 의미를 의도할 수 없다; 소경이나 불구자 역시 음욕을 품을 수 있다! John R. W. Stott, *The Message of the Sermon on the Mount* (Leicester and Downers Grove, IVP, 1978), 89의 유익한 주석을 참조하라.

혼에 대해서는 매우 엄격한 입장을 견지하신다(자세한 내용은 pp. 484-486을 보라). 넷째, 예수는 맹세를 정죄하시고 확고한 인격의 사람들이 되도록 명령하신다(33-37절). 다섯째, 예수는 lex talionis(모세의 "동등상해법")를 폐하시고 상대방에게 선을 베풀기 원하신다(38-42절). 마지막으로, 그분은 원수를 사랑하라고 명령하신다(43-47절). 비록 원수를 증오하라고 말하는 구약성경의 구절은 없지만, 어떤 대적들은 멸절시키라는 명령을 고려할 때, 원수를 미워하는 것은 많은 사람들에게 틀림없이 자연적인 결론이 되었을 것이다! 이 모든 것의 최고 절정은 온전하라는 명령이다(48절). 여기에 사용된 단어(헬라어, teleios)는 "성숙한"이나 "완성된"으로 번역하는 것이 더 나을 것이다. 누가복음의 해당 본문에는 제유법(synecdoche; 일부로 전체를 나타내는 표현법)을 사용하여 이러한 성숙의 주된 요소를 강조하는데 그것은 바로 자비를 보이는 것이다(눅 6:36).

마태복음 5:33-42 전체에서 우리는 일련의 명령들을 발견하는데, 그 모든 것은 신약성경의 다른 곳의 내용과 "모순"되어 보인다. 이것이야말로 이런 명령들이 절대화되기보다는 역사적 상황 속에서 이해되어야 함을 보여주는 암시이다.[46] 예수는 모든 맹세들을 폐하신 것이 아니고(갈 1:20; 고후 1:23), 하나님의 이름에 직접적으로 호소하는 맹세에 비해 덜 얽매이려고 어떤 성별된 물건으로 맹세하는 바리새인들의 궤변을 정죄하셨다. 예수는 귀신을 내어 쫓음으로써 분명히 악을 대적하셨지만, anthistemi("대적하다"-39절)는 때때로 법적인 상황에서 대항하거나, 폭력으로 맞서는 것을 의미한다.[47] "다른 뺨도 돌려댄다"는 것은 자신이나 자기가 사랑하는 사람에게 신체적인 상해를 입히라는 말이 아니라, 뺨을 손등으로 때리는 것은 자기보다 "열등한" 사람을 모욕하는 유대인들의 특징이다. 예수는 보복하려는 마음을 품지 말고 모욕을 참으라고 우리를 부르신다(롬 12:14). 겉옷을 주는 것은 법정에서 담보물을 제공하는 행동이었다. 먼 길을 가는 것은 로마 군대에 징집되어 그들의 무기를 짊어지는 것

---

46) 이 점에서 특별히 도움이 되는 것은 Richard A. Horsley, "Ethics and Exegesis: 'Love Your Enemies' and the Doctrine of Non-Violence," *JAAR* 54 (1986): 3-31이다.
47) 후자의 해석으로부터 하나의 전반적인 사회 윤리를 도발적으로 발전시킨 사람은 Walter Wink, "Jesus and the Nonviolent Struggle of Our Time," *Louvain Studies* 18 (1993): 3-20이다.

을 의미했다. 예수는 청중들에게 무엇을 빌리려고 하는 자에게 마음껏 주라고 말씀하시는데(42절; 눅 6:30, 34 참조), 그 이유는 모든 빚을 탕감 받을 수 있는 희년 직전에는 돈을 대여해 주는 자들이 더욱 망설이기 때문이다. 예수의 윤리는 여전히 급진적이지만, 지혜롭게 실행되어야 한다. 이 구절들 속에 담긴 사례들은 "초점 사례(focal instances)"의 형태를 취하는데, 이것은 상황이 바뀔 때 다양하게 적용되어야 하는 중요한 윤리적인 문제들에 우리의 관심을 모으게 하는 극단적인 명령들을 말한다.[48]

마지막 대조는 원수 사랑에 대한 것으로서 예수의 모든 윤리 항목들 중에서 가장 독특한 부분이다. 이런 관찰은 우리가 이 점에서 그분께 순종하지 않는다면 이방인보다 나을 것이 없다는 예수의 말씀과 긴밀하게 연결된다(47절). '온전하라'는 명령을 곧바로 주시면서(48절), 예수는 원수를 사랑하는 것이야말로 성숙한 성도의 가장 뚜렷한 특징임을 암시하시는지도 모른다. 로마서 12:17-21은 칼을 휘두를 권세를 국가에 주었던 그런 상황에서 이 말씀을 상기시키기 때문에(13:4), 산상수훈으로부터 완벽한 평화주의의 교리를 유추할 수 있는지는 분명하지 않다. 하지만 개인적인 차원에서는 복수를 용납하지 않는 것이 분명하다.

(4) 종교적인 위선(6:1-18) [Aland §60-63]

대조를 통해서 의가 단순히 외면적인 것이 아님을 강조하신 후에 예수는 이제 경건의 외적인 행동을 위한 올바른 동기에 대해서 말씀하신다. 세 가지 예-구제와 기도와 금식-는 모두 동일한 원칙을 설명해 준다. 선행은 사람의 칭찬을 듣기 위해 행해져서는 안 된다(6:1). 5:16에서 제자들은 대중 앞에서 선행을 수행하도록 명령을 받지만 그렇게 함으로써 사람들이 성부 하나님을 찬양하게 하려는 목적이었다. 세 가지 예들 중 두 번째의 문맥 속에서 예수는 주의 기도라고 알려지게 된 것을 추가하셨는데(6:9-13), 예수께서 결코 이 기도를 하신 적이 없고 하실 수도 없기 때문에("우리 죄를 사하여 주옵소서"), 모범적인 기

---

48) Robert C. Tannehill, "The 'Focal Instance' as a Form of New Testament Speech: A Study of Matthew 5:39b-42," *Journal of Religion* 50 (1970): 372-85.

마태복음 5:33-48
맹세, 보복, 그리고 원수를 사랑함

예수의 명령	반대의 예	역사적 배경	교회의 적용
맹세하지 말라 (34절)	바울은 자신의 주장을 확증하기 위해 하나님의 이름을 사용하였다(갈 1:20; 고후 1:23)	바리새인들은 하나님 외의 다른 것으로 맹세함으로써 책임을 회피하였다	말하는 대로 믿을 수 있도록 신실하고 정직하라
악을 대적하지 말라(39절)	귀신축출(복음서, 사도행전), 영적 전쟁 (엡 6장)	"대적하다"는 반뜻을 어, 그러므로 법정으로 가져가지 말라	성도들은 다른 성도들을 송사하지 말아야 한다(고전 6장)
다른 뺨을 돌려 대라(39절)	예수는 적대적인 상황을 피하셨다(마 12:15; 14:13)	손등으로 때리는 것은 유대인들에게 모욕이다	보복하지 말고 모욕을 감당하라(롬 12:14)
겉옷을 주라 (40절)	없는 자는 그 있는 것까지 주라(마 10장)	법정 소송에서 담보물은 옷이었다	희년이 가까우면 빌려주기를 꺼려한다
오리를 더 가라(41절)	쉼이 필요하심(막 6:31)	강제적인 행렬(짐꾼)에서 무기를 들음으로써 로마 병정을 도움	유아 동일
빌리는 자에게 주라(42절)	진주를 돼지에게 주지 말라(마 7:6)	부탁받은 것 그 이성을 행함으로써 관대하라	어떻게 줄지 지혜롭게 선택하되, 부족하게 갖는다고 야까워하지 말라
원수를 사랑하라(44절)	잡초 미워하고(계 2:6; 사 23장) 악을 대적하라(벧전 5:9)	개인적으로 보복하지 말고 정의는 법에 맡기라	슬픔을 삭이기 위해 적절한 방법을 사용하라, 좋아하지 않는 자들의 최고 관심사를 찾아보라

도, 또는 제자들의 기도라고 호칭하는 것이 옳을 것이다.[49]

이 기도는 조심스럽게 구성되었다. 전반부는 하나님의 뜻에 초점을 두고 있고, 후반부는 인간의 필요에 초점을 둔다. 전반부는 또한 하나님의 자비로우심과 그분의 주권 사이에 균형을 유지한다. 성부를 지칭하기 위해 예수께서 독특하게 Abba("아빠"에 가장 근접한 아람어)라는 단어를 사용하신 것(막 14:36)은 아마도 주기도가 시작하는 문장의 배경을 이룬다. 하지만 하나님은 또한 그분의 통치를 주장하시고 그분의 뜻을 성취하실 하늘의 아버지이시다. 주기도의 후반부는 성도들의 물질적인 필요(일용할 양식)와 그들의 영적인 필요(죄의 용서와 악으로부터의 보호)를 잘 조화시킨다. 하나님은 아무도 시험하시지 않기 때문에(약 1:13) "우리를 시험에 들게 하지 마옵시고"는 오해의 소지가 있는 번역이다. 그 뜻은 아마도 "우리를 유혹에 굴복하지 않게 하옵소서" 일 것이다.[50] 전통적인 종결부("나라와 권세와 영광이 아버지께 영원히 있사옵나이다")는 가장 오래되고 가장 믿을 만한 사본에는 없으며 아마도 이 기도문에 "적절한" 결론을 주기 원했던 후대의 필사자에 의해서 첨가되었을 것이다. 이것은 아마도 역대상 29:11-13에 기초했을 것이다.

마태복음 6:7-8에서 제자들은 단순히 마술적인 주문처럼 반복하기 위해서가 아니라, 이방인들로부터 자신을 구별하기 위해서 이 기도를 사용하도록 권면을 받는다. 흥미롭게도, 교회사 속에서 어떤 이들은 그처럼 반복해서 기도하였으며, 어떤 이들은 이를 아예 거부함으로써 과민하게 반응하기도 하였다! 주기도는 여전히 훌륭한 본보기이지만, 기계적으로만 사용되면 아무런 의미도 없게 된다. 가장 중요한 것은 단순히 문장을 외우는 것이 아니라 그 속에 담긴 개념이다.

---

49) 주님은 이스라엘의 집단적인 죄를 고백하실 수는 있으셨을 것이다. 기도에 대한 뛰어난 논문은 Jan M. Lochman, *The Lord's Prayer* (Grand Rapids: Eerdmans, 1990)이다.

50) W. D. Davies and Dale C. Allison, Jr., *A Critical and Exegetical Commentary on the Gospel according to St. Matthew*, vol. 1(Edinburgh: T & T Clark, 1988), 612-13 참조. 또 다른 선택사항은 이것을 "우리를 시험하지 마옵소서"라고 번역하는 것이다. 이것은 때때로 기도문의 하반부 전체가 인류 역사의 종말을 알리는 일에 초점을 둔다는 견해와 연결되어 있다. 이 견해는 11절을 "오늘 우리에게 내일(즉, 메시아 시대)을 위한 양식을 주옵소서"라는 번역을 포함한다. 하지만 어휘적인 증거는 이러한 번역을 지지하지 않으며, 하나님은 순결한 가치를 위해서 시험을 사용하시는 분이다. Kenneth Grayston ("The Decline of Temptation and the Lord's Prayer," *SJT* 46 [1993]: 294)은 다른 흥미로운 해석을 제공한다. "분개에 빠질만한 상황, 너무나 고통이 견디기 힘들어서 화를 내거나 주님의 인내를 시험할 정도의 상황으로 우리를 인도하지 마옵소서."

(5) 재물과 염려(6:19-34) [Aland §64-67]

설교 속에서 다음 두 단락의 순서에 대해서는 그 이유를 분명히 알 수 없다. 어느 영향력 있는 접근방법에서는 이 단락들이 주기도의 후반부 내용을 풀어 설명하는 것으로 보았지만, 병행구절들은 그러한 일관성을 보이지 않는다. 보다 적절한 해석은, 사람의 행동과 태도가 옳은 경우라고 해도, 하나님이 돈보다 더 섬김을 받지 않는다면 제자들에게 요구되는 더 큰 의는 존재하지 않는다는 것이다. 19-21절은 너무 많은 재물을 축적하지 말라고 우리에게 명령하는데, 재물의 축적은 우리의 보물이 하늘이 아니라 이 땅에 있다는 분명한 증거인 셈이다. 22-24절은 이 영역에서 내리는 결정이 삶의 다른 모든 영역에까지 영향을 끼치는지를 강조한다. 사람은 물질적인 소유("재물")를 섬기든지 아니면 하나님을 섬긴다. 25-34절은 물질적인 필요에 관해서 염려하지 말라고 우리에게 반복적으로 명령한다. 하나님께서 우리를 돌보실 것이기 때문이다. 여기에서 설교의 공동체적인 초점을 이해하는 것이 중요하다. 33절은 개별적인 약속으로 볼 때는 분명히 잘못된 것이다. 헌신된 성도들이라고 해도 때때로 굶어 죽는 경우가 있다. 하지만 하나님의 백성들이 하나가 되어 하나님의 의로운 기준을 추구한다면(여기에 사용된 동사는 2인칭 복수 명령형이다), 그들은 그들 중에 있는 궁핍한 자들과 물질을 나누게 될 것이다. 이 구절에 대한 누가복음의 병행구절(눅 12:31)은 이런 해석을 입증하는데, 이것은 소유를 팔아 가난한 자들에게 주도록 성도들에게 명령하는 상황에 기초를 두고 있기 때문이다(33절).[51]

(6) 타인을 대하는 법(7:1-12) [Aland §68-71]

산상수훈의 마지막 세 가지 교훈은 사회적인 행동에 대한 명령들을 함께 묶는다. 제자들은 비판적이거나 까다로워서는 안 되지만(1-5상), 다른 사람들의 행동에 대해서는 분별력 있는 판단을 내릴 수 있어야 한다(5하-6절). 그들은 자신들의 필요를 위해서 담대하고 지속적으로 기도해야 하며 하나님께서 응답해

---

51) Robert A. Guelich, *The Sermon on the Mount: A Foundation for Understanding* (Waco: Word, 1982), 373 참조: "천국의 임재의 일부는 분명히 물질적인 축복이다. 그러므로, 우리는 하나님의 통치 아래에 살고 그분의 축복을 받으면서 굶주림과 궁핍의 필요를 돕는 일에 그 축복을 사용하지 않을 수가 없다." 19-34절에 관해서 보다 일반적으로 Craig L. Blomberg, "On Wealth and Worry: Matt. 6:19-34 Meaning and Significance," *Criswell Theological Review* 6 (1992): 73-89를 보라.

주실 것을 기대해야 한다(7-11절). 아직도 예수는 우리가 주기도문 중 "당신의 뜻이 이루어지이다"는 구절(6:10)을 기억하고 있다고 전제하신다. 더욱이, 하나님은 오직 좋은 선물만 주시는데(7:11), 불행하게도 정말 좋은 것에 대한 우리의 견해는 때때로 크게 왜곡되어 있다. 마지막으로, 그리스도는 그분의 윤리의 핵심을 잘 요약해 주는 문장으로 설교를 매듭짓고 있다. 그것은 바로 소위 황금률이라는 것이다(12절). 다른 종교들의 스승들을 포함해서, 다른 수많은 유대교 선생들도 거의 동일한 것을 가르쳤다고 주장되지만, 그들 대부분은 이를 부정적으로 묘사한다. 즉 "너희는 남으로부터 대접받기를 원하지 않는 대로 남을 대하지 말라"라고 요약할 수 있다. 예수는 이 원칙을 이처럼 매우 긍정적인 형태로 표현한 유일하신 분이다.[52] 열심히 선을 행하는 것이야말로 단순히 악을 회피하는 것보다 언제나 더 도전적이다.

(7) 결론: 오직 두 가지 길(7:13-27) [Aland §72-75]

예수께서 하신 최고의 설교는 모두 동일한 점을 강조하는 세 가지 예화들로 결론을 맺는다. 궁극적으로, 선택할 수 있는 사항은 오직 두 가지 뿐이다—예수를 위하든지, 아니면 그를 배척하든지이다. 그분은 우리 모두가 듣고, 순종하고, 따르기를 원하신다. 좁은 문과 넓은 문의 비교(13-14절)는 앞으로 제자가 되기를 원하는 자들에게 그 길이 험난한 길임을 상기시켜 준다. 좋은 나무와 나쁜 나무(15-20절)는 제자들이 적합한 열매를 결실함으로써 그들의 참됨을 드러내 보이도록 촉구한다. 앞에서 살펴보았듯이(p. 216), 마태는 그 당시의 거짓 교사들과 싸우고 있었는지도 모른다. 분명한 것은, 거짓으로 드러난 자들 중 어떤 이들은 그럼에도 불구하고 가르치고, 귀신을 내어쫓고, 기적을 행하는 사역에 종사하고 있었다는 것이다. 예수께서 "내가 너희를 도무지 알지 못하니"(23절)라고 말씀하신 것으로 보아, 21-23절은 그들이 거짓으로 가장하고 있었다는 것을 분명하게 보여준다. 마지막으로, 지혜로운 건축자와 미련한 건축자의 비교는 예수의 가르침을 들을 뿐만 아니라 이에 순종함으로써 견고한 기초를 세

---

52) 가장 흔하게 인용되는 병행구들 중에서 12 가지의 목록을 보려면 Bock, *Luke 1:1-9:50*, 596-97을 보라. 이 중에서 가장 유명한 것은 힐렐의 소위 은의 규칙(Silver Rule: 유대적인 호칭은 분명히 아니다)이다: "당신에게 혐오스러운 것은 당신의 이웃에게도 행하지 말라; 이것이 전체 율법이며, 나머지는 그 설명이다" (b. *Shabbat* 31a).

우도록 우리를 권면한다. 많은 사람들이 그들의 인생을 향한 예수의 개인적인 주장을 받아들이지 않은 채 산상수훈의 윤리를 찬양하지만(금세기의 대표적인 사람은 모한다스 간디이다), 그리스도는 그러한 선택을 수용할 만한 것으로 여기지 않으신다.

(8) 군중의 반응(7:28-29) [Aland §76]

예수의 말씀은 그 말씀 특유의 권위 때문에 사람들을 놀라게 한다. 그것은 유대 지도자들에게 큰 힘이 없었기 때문이 아니다. 하지만 그들의 가르침은 언제나 성경에 기초하거나 그 이전의 랍비들의 가르침에 근거해야 했다. 예수는 이 설교에서 자신의 견해를 확증하기 위해서 누군가를 인용하지도 않으셨고, 성경을 인용하실 때에도 오로지 그것을 극적으로 재해석하시려고 그렇게 하셨다. 이처럼 무모한 행동은 그것이 하나님의 권위를 반영하지 않는다면 정신 이상으로 비춰질 것이 자명했다.

3) 평지설교(눅 6:20-49) [Aland §78-83]

누가복음의 간략한 설교에 나타난 거의 모든 가르침들은 마태복음의 긴 설교에 등장하거나 다른 형태로 병행을 이룬다(추가적인 팔복이나 대조적인 화 등등). 누가복음의 기록 역시 신중하게 구성되어 있으며 자연스럽게 세 부분으로 나누어진다. (1) 서론적인 축복과 경고(20-26절), (2) 원수를 사랑하는 것에 관한 중심적인 가르침들(27-36절), 그리고 (3) 예수께 대한 적합한 응답을 보여주는 세 개의 결론적인 예화들-비판주의를 거부하고, 좋은 열매를 맺으며, 지혜롭게 건축하는 것(37-49절). 당연히 누가는 이방 성도들에게 집필하는 이방인으로서, 예수의 가르침을 율법에 비교하고 유대 지도자들의 행동을 도전하는 마태의 모든 자료들을 삭제하였다. 하지만 그렇게 해서 남은 내용들은 예수의 윤리의 가장 독특한 측면인 원수 사랑에 더욱 예리하게 초점을 둔다.[53] 더욱이, 위에서 언급하였듯이, 누가는 세상 사람들의 사회/경제적인 곤경에 상당히 많

---

53) 이 주제에 대해서는 특별히 John Piper, "*Love Your Enemies*": *Jesus' Love Command in the Synoptic Gospels and in Early Christian Paraenesis* (Cambridge: CUP, 1979)를 보라.

은 관심을 가진다.

4) 역사성

예수의 위대한 설교 가운데 거의 모든 중심 주제들은 "비유사성" 테스트를 통과하였다. 여기에서 대략 살펴본 "도덕적 완전"은 그 어떤 종교도 따르기를 기대하거나 꾸며낼 수 있는 범위를 벗어난다! 유대교 내의 많은 사람들은 부자를 복되다고 여겼지만, 예수는 가난한 자들을 축복하셨다. 팔복의 형태는 유대교에서도 일반적이지만, 모욕을 당하는 자들을 예수께서 높이신 것은 어떠한 고대 종교에서도 보기 드물다. 제자들에게 빛과 소금이 되라는 가르침은 비유를 사용하시는 예수의 독특한 모습에도 잘 어울린다. 율법에 대한 그분의 초월성-그것을 폐하시는 것이 아니라 성취하심-은 유대교나 기독교에서 성공적으로 수행하기 힘든 밧줄타기와도 같다.[54] 여러 비교들에 나타난 과장법은 지키기 어려운 명령을 창조하는 것이 사실이다. 하지만 우리가 팔레스타인 지역의 독특한 생활 배경을 이해하고 나면 그 의미가 분명하게 드러나는 것을 보게 된다. 복수하지 않고 원수를 사랑하는 것은 심지어 유대교 내에서도 그 유사한 가르침을 찾아볼 수 없다. 주기도는 거의 모든 문장 속에서 유대적인 정취를 풍기지만, "아바"의 친밀성과 천국 신학 때문에 독특한 내용을 형성한다. 청지기와 비판주의에 관한 예수의 말씀 역시 후대의 성도들이 쉽게 적용하기에는 너무나 큰 부담이 된다. 황금률에는 여러 병행구절들이 있지만, 이미 살펴보았듯이, 그 구절들 대부분은 부정적으로 쓰여 있다. 결론적인 "두 가지 길" 단락은 정평 있는 유대의 저술 형태를 따르고 있지만 매우 독특한 기독론적 강조를 담고 있다. 군중들이 예수의 필적할 수 없는 권세에 놀란 것은 결코 놀랄 일이 아니다!

---

54) 보다 분명하게, 산상수훈의 한 전형적인 "전승역사"는 여기에 소개된 서로 충돌하는 경향성들을 가정하였다: 급진적인 예수는 초기의 유대 기독교에 의해서 희석되고 "재-유대화" 되었다. 특별히 Hans Dieter Betz, *Essays on the Sermon on the Mount* (Philadelphia: Fortress, 1985)를 보라. 하지만 마태는 편집자로서 이러한 경향성들을 모순적이라고 보지 않았다. 만약 그랬다면 적어도 그것들 중 하나를 제거했을 것이다. 그러므로 이러한 균형은 결과적으로 이중적인 비유사성에 비추어볼 때 예수님 자신에게 돌려야 마땅할 것이다.

3. 심층연구를 위한 자료

1) 치유, 논쟁, 제자도, 그리고 핍박

Carson, D. A. *When Jesus Confronts the World: An Exposition of Matthew 8-10*. Grand Rapids: Baker, 1987; Leicester: IVP, 1988.

Dewey, Joanna. *Markan Public Debate*. Chico: Scholars, 1980.

Hultgren, Arland J. *Jesus and His Adversaries: The Form and Function of the Conflict Stories in the Synoptic Tradition*. Minneapolis: Augsburg, 1979.

Kümmel, Werner G. *Promise and Fulfillment: The Eschatological Message of Jesus*. London: SCM; Naperville, Ill.: Allenson, 1957.

Kuthirakkattel, Scaria. *The Beginning of Jesus, Ministry according to Mark's Gospel (1,14-3,6)*. Rome: BIP, 1990.

Ladd, George E. *The Presence of the Future*. Grand Rapids: Eerdmans, 1974; London: SPCK, 1980.

Mack, Burton L., and Vernon K. Robbins. *Patterns of Persuasion in the Gospels*. Sonoma, Calif.: Polebridge, 1989.

Sloan, Robert B., Jr. *The Favorable Year of the Lord*. Austin: Schola, 1977.

Twelftree, Graham H. *Jesus the Exorcist*. Tübingen: Morh; Peabody: Hendrickson, 1993.

2) 산상수훈

(1) 초급

Carson, D. A. *The Sermon on the Mount*. Grand Rapids: Baker, 1978; Carlisle: Paternoster, 1994.

Carter, Warren. *What Are They Saying about Matthew's Sermon on the Mount?* New York: Paulist, 1994.

Dockery, David S., and David E. Garland. *Seeking the Kingdom: The Sermon on the Mount Made Practical for Today*. Wheaton: Harold Shaw, 1992.

Stott, John R. W. *The Message of the Sermon on the Mount*. Leicester and Downers Grove: IVP, 1978.

(2) 중급

Guelich, Robert A. *The Sermon on the Mount: A Foundation for Understanding*. Waco: Word, 1982.

Lapide, Pinchas. *The Sermon on the Mount: Utopia or Program for Action?* Maryknoll: Orbis, 1986.

Strecker, Georg. *The Sermon on the Mount: An Exegetical Commentary*. Nashville: Abingdon, 1988.

(3) 고급

Betz, Hans Dieter. *The Sermon on the Mount*. [Hermeneia] Minneapolis: Fortress, 1995.

Davies, W. D. *The Setting of the Sermon on the Mount*. Cambridge: CUP, 1964.

(4) 참고도서

Kissinger, Warren S. *The Sermon on the Mount: A History of Interpretation and Bibliography*. Metuchen, N. J.: Scarecrow, 1975.

4. 복습을 위한 질문들

1) 마가에 의하면, 어떤 종류의 활동들이 예수의 갈릴리 사역 초기 단계를 가득 채웠는가? 그는 예수의 메시지의 핵심을 어떻게 요약하는가?
2) "하나님 나라"는 무엇을 의미하는가?
3) 귀신 들린 사람들로부터 귀신을 내어 쫓으시는 예수에 관해서, 그리고 다른 치유의

기적들로부터 우리는 어떠한 내용을 배워야 하는가?
4) 선언 이야기는 무엇인가? 그것은 그밖에 어떤 것으로 불리는가? 이런 형태를 이해하는 것이 마가복음 2:1-3:6과 다른 곳에 있는 이야기들을 해석하는 데 어떻게 우리에게 도움을 주는가?
5) 왜 예수는 열두 제자들이라는 특별한 무리를 부르셨는가? 그들의 부르심에는 무엇이 독특했는가?
6) 본서에서 산상수훈을 해석하는 데 즐겨 인용된 접근법은 무엇인가? 왜 이 접근법이 즐겨 사용되었는가? 어떠한 차이가 나타나는가?
7) 산상수훈의 해석적인 특징들 중 몇 가지를 나열해 보라. 만약 당신이 이 설교에 관해서 시리즈로 가르친다면 당신과 함께 살거나 일하는 사람들에게 당신은 어떤 문제들에 대해서 설명하기 원하는가? 당신은 무엇을, 왜 강조할 것인가?
8) 예수와 율법 사이의 어떠한 관계가 5:17-20과 그 다음 등장하는 대조(21-42절) 속에서 묘사되었나? 이 중 후반부에 등장하는 불가능해 보이는 요구들을 우리는 어떻게 해야 잘 이해할 수 있는가(33-42절)?

제14장

예수의 갈릴리 사역 - 후기 단계

모든 공관복음서는 계속해서 각 자료를 주제별로 정리하여 놓았기 때문에 우리 역시 그렇게 할 것이다. 마가는 예수의 비유들로 그의 이야기를 다시 시작하였고(4:1-34), 그 후에는 보다 놀라운 몇 가지 기적들을 열거하였다(4:35-6:6; 6:30-56). 열두 제자들을 보내신 것(6:7-13)에 대해서는 나중에 논의할 것이며(pp. 452-454), 세례 요한의 죽음에 관해서는 이미 앞에서 다루었다(pp. 348-350). 7:1-9:50에서 예수는 영적인 의미(유대의 전통에 대해서 지금까지 가장 혹독한 비판을 가하심으로써)에서, 그리고 실제적인 의미(북쪽과 동쪽으로 여행하심으로써)에서 갈릴리로부터 물러나셨다. 예루살렘을 향한 결정적인 여행을 시작하시기 전에 잠시 갈릴리를 방문하셨다. 그러므로 본 장은 자연스럽게 예수의 비유, 그분의 기적, 그리고 갈릴리로부터의 물러나심 등 세 부분으로 나뉘어진다. 이 중에서 마지막 단락은 또한 예수께서 십자가의 길을 떠나시기 전에 갈릴리에서 마지막으로 사역했던 날들에 대해서 다루게 될 것이다.

1. 비유

1) 해석 방법

비유란 하나의 짧은 은유적 이야기이다. Parabolē라는 헬라어는 "옆에 내던지다"는 뜻의 두 단어로부터 파생하였는데, 비유가 가진 상징적이거나 유추적인 특징을 암시한다. 비유는 두 가지 차원의 의미를 가진 이야기이다. Parabole는 이에 해당하는 히브리어 māshāl과 마찬가지로 잠언, 우화, 예언적 담화, 수수께끼 같은 이야기 등을 포함하여 매우 다양한 문학 형태를 의미할 수 있다. 교회 역사의 대부분을 통해서 성도들은 예수의 비유들을 자세하게 설명된 우화(allegories)로 여겼다. 가장 유명한 예는 어거스틴이 선한 사마리아인의 이야기(눅 10:30-35)를 천상의 도시를 떠나 사탄의 공격을 당한 아담에 관한 이야기로 다룬 것이다. 율법과 선지자들은 그를 구원하지 못했지만, 사마리아 사람인 그리스도는 그를 구제하고 그가 다시 돌아올 때까지 안전하게 교회로 데려다 주었다. 하지만 이러한 해석은 이 이야기의 핵심, 즉 율법사가 "내 이웃이 누구오니이까?"라고 물은 질문(25-29, 36-37절)에 대한 대답은 완전히 무시한 것이다.

19세기 말엽에 아돌프 쥘리쳐(Adolf Julicher)는 이런 종류의 해석에 종지부를 찍는 방대한 작품을 저술하였다.[1] 예수의 모든 비유들에 대한 우화적인 해석들의 모순과 불합리함을 지적하면서, 쥘리쳐는 각각의 비유는 오직 한 가지 핵심 교훈을 전달하며 비유 속의 세부 사항들은 우화적으로 해석하지 말아야 한다고 주장하였다. 그런 세부 사항들은 1세기 팔레스타인의 실제적인 상황을 담고 있는 반영물들로서 이야기의 전체적인 핵심을 돕기 위해 사용되었을 뿐이다. 그러므로 선한 사마리아인은 우리가 친절하게 대해야 할 가난한 자들을 위한 선행의 사례를 보여줄 뿐이다(37절). 대부분의 20세기의 해석들은 쥘리쳐를 따르며 예수의 비유들의 목적은 하나님 나라에 관한 진리를 설명하는 것임을 강조하였다. 그러므로 비유들이 하나님의 왕 같은 통치를 주로 미래적으로 보여주는지, 아니면 현재적으로 보여주는지, 아니면 두 가지 모두로 보여주는지의 질문에 관해서 수많은 저술이 나왔다. 이 중에서 마지막 입장은 특별히 요아킴 예레미아스(Joachim Jeremias)의 중요한 작품을 통해서 생겨난 의견의 일치를 보여준다.[2]

가장 최근의 연구는 비유의 문학적이고 구조적인 분석을 강조한다. 예수의 이야기들은 단순한 예화들이 아니라 "전쟁 무기들"이다. 그것들은 무해하게 보이는 이야기로 사람들의 흥미를 끌어당기고는 제자도의 요건들로 그들을 직면

---

1) Adolf Julicher, *Die Gleichnisreden Jesu*, 2 vols. (Freiburg: Mohr, 1899). 현대의 성서학이 가진 궁금증 중 하나는 엄청난 영향력을 가진 이 작품이 결코 영어로 번역된 적이 없다는 사실이다.
2) Joachim Jeremias, *The Parables of Jesus* (London: SCM; Philadelphia: Westminster, rev. 1972).

하게 함으로써 틀에 박힌 종교적 전통이나 기대를 깨뜨려 버린다. 비유 속의 모든 세부 사항들이 실제적이지는 않다. 사마리아인을 영웅으로 묘사한 것은 예수의 말씀을 듣는 유대 청중들에게 충격을 주었고 심지어 불쾌하게 했지만, 그것이 바로 이야기의 핵심, 즉 지독한 원수조차 그의 이웃이라는 것이다.

쥘리쳐 이후에 남아 있었던 (그리고 서서히 발전해온) 소수의 견해가 이제 그의 두 가지 핵심에 정면으로 도전한다. 예수의 비유들은 교회가 종종 그렇게 대한 것처럼 자세한 내용을 담은 우화는 아닐지라도, 그럼에도 불구하고 은유적인 요소들을 어느 정도는 가지고 있다. 비유들이 오직 한 가지 핵심 진리만을 가르친다는 것은 쥘리쳐의 주장처럼 그렇게 분명하지는 않다. 만약 사마리아인에게 초점을 둔다면 긍휼의 본보기를 발견하게 될 것이고, 곤경에 처한 사람의 시각에서 본다면 원수까지도 이웃이 될 수 있다는 교훈을 배우게 된다. 하지만 이러한 교훈들은 굳이 제사장이나 레위인을 소개하지 않아도 배울 수 있다. 또한 세 번째 교훈을 발견할 수 있다. 종교적인 의무(또는 이 종교인들이 부상당한 자를 지나칠 때 그 마음속에 어떤 이유가 있었든지)는 결코 사랑을 베풀지 못한 것에 대한 이유가 되지 않는다.

나는 비유를 해석할 때 유효한 하나의 중요한 가설은 비유 속의 주인공이나 주요 등장인물들과 연관된 하나의 핵심 주제를 발견하는 것이라고 주장한 적이 있다. 이러한 가설은 때때로 주인공과 두 명의 서로 대조되는 조연들과 연관된 세 가지 주제들을 발견하게 한다. 이 방법은 고대의 랍비들의 비유를 해석할 때 가장 잘 들어맞으며, 다양한 문화 속의 수많은 문학적인 이야기들이 진리를 전달하는 방식에도 적절하게 적용된다. 비유는 일반적으로 실생활로부터 사용되지만, 각 본문에서 적어도 한 번의 번쩍이는 순간에 매우 비현실적인 무언가가 예수께서 전달하려고 하신 진리의 영적, 또는 은유적인 차원에 대한 단서를 제공한다. 지나친 영해에 대한 적절한 해결책은 비유로부터 모든 은유를 제거해 버리는 것이 아니라, 주어진 본문 속에서 어떤 세부사항이 다른 것을 상징한다는 주장이 있을 때 그것이 1세기 초의 유대 청중들이 이해했을 법한 내용과 일치하는지를 확인하는 것이다. 유대인들의 비유 속에는 수많은 "평범한 은유들"-하나님께는 왕, 심판에는 추수, 하나님의 백성들에는 종, 등등-이 포함된다. 하지만 선한 사마리아인의 비유에 등장하는 "여관"을 교회라고 부르는 것은 교회가 아직 존재하기 이전이었기 때문에 분명히 시대착오적

제14장 • 예수의 갈릴리 사역 – 후기 단계

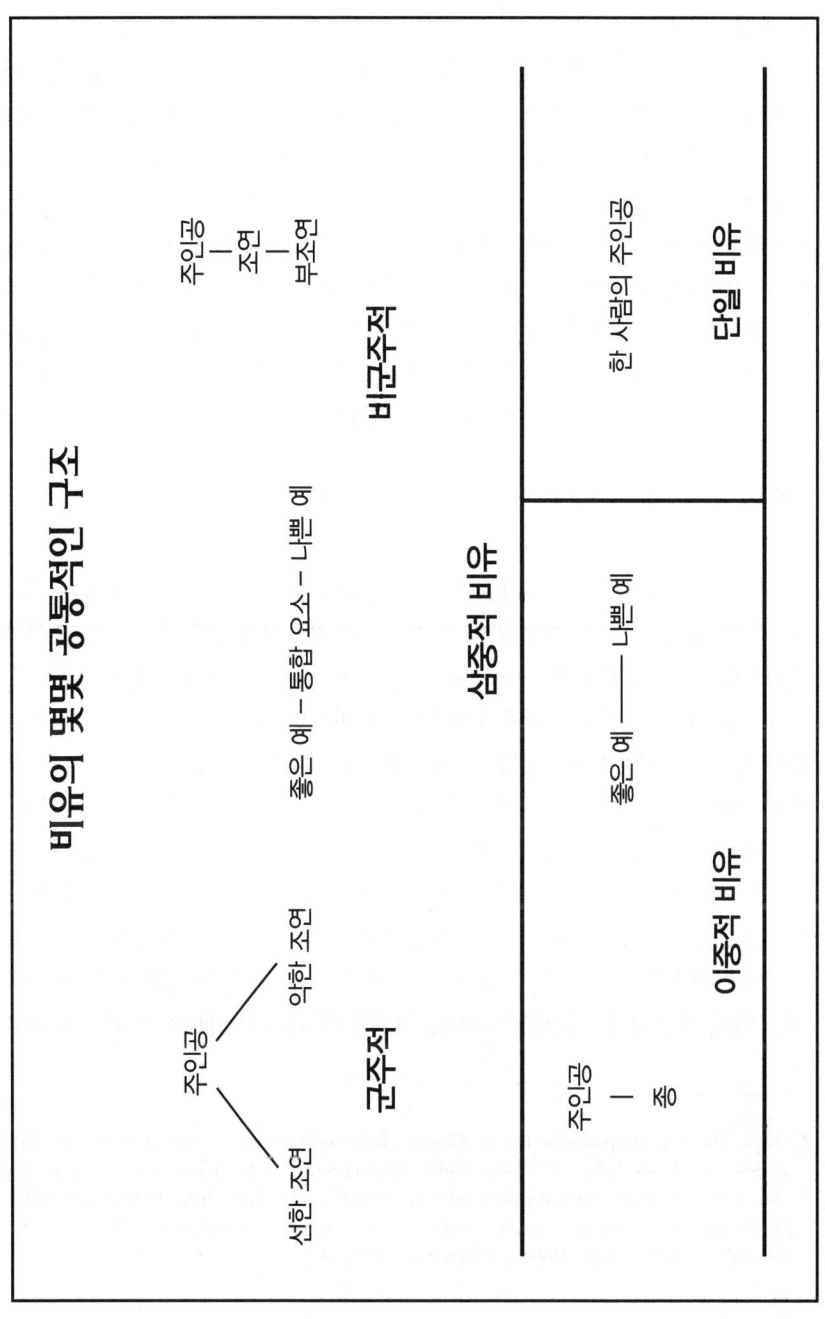

인 발생이다.[3]

복음서의 비유들이 등장하는 문맥은 여기에서 강조하는 중재적인 관점을 지지한다. 두 경우에서 복음서 기자들은 어느 주어진 비유에 대한 비교적 상세한 은유적 해석을 예수께 돌리고 있는데, 바로 씨 뿌리는 자의 비유(막 4:13-20)와 곡식과 가라지의 비유(마 13:37-43)이다. 쥘리쳐 이후의 비평적인 여론은 이 비유들이 이미 예수를 오해한 초대교회의 비역사적 창작물이라고 주장한다. 하지만 거의 모든 비유에서는 예수, 또는 이야기를 전하는 복음서 기자에 의한 짧은 서론적, 또는 결론적인 문구가 본문의 주된 인물들이 은유적인 요소를 지니고 있음을 암시해 준다. 예를 들면, 탕자는 분명히 세리나 "죄인들"을 상징하며, 바리새인들과 서기관들은 큰 아들을 의미한다(눅 15:1-2). 또는 시장에서 노는 아이들의 비유에서, 다른 놀이를 제안하는 동무들은 예수와 요한을 상징하며, 그들의 고집 센 친구들은 예수와 요한을 거부한 동시대인들을 대표한다(마 11:16-19).

물론, 여러 비평가들은 이러한 모든 문맥상의 요소들을 신뢰할 수 없는 것으로 내어버릴 것이다. 하지만 만약 초기의 해석자들이 한결같이 예수를 오해한 것이라면, 예수가 원래 의도하신 뜻을 우리가 안다고 주장하는 것은 주제넘은 일일 것이다. 복음서의 문맥을 활용하거나, 아니면 전혀 모르겠다고 인정하는 것이 낫다! 하지만 우리가 본문의 해석들을 따른다면, 주어진 어떤 비유를 한 가지 의미만으로 제한하는 것은 실제로 불가능하다. 예를 들어서, 누가복음 18:1-8은 끈기 있는 기도에 관한 것일까(눅 18:1처럼), 아니면 자기의 택하신 백성을 신원하시는 하나님의 열심에 관한 것일까(6-8절처럼)? 단일 교훈의 해석 원칙을 고수하는 자들은 이 두 가지 진리 중에서 어느 것이 더 중요한지 끊임없이 논쟁하겠지만, 만약 그 본문이 등장인물마다 교훈을 찾을 수 있다면 문제는 쉽게 해결된다. 재판관은 하나님의 성품에 대해서 가르치기 위한 하나의

---

3) Craig L. Blomberg, Interpreting the Parables (Downers Grove and Leicester: IVP, 1990)을 보라. 가장 오래되고 유사한 유대의 비유들을 수집하기 위한 뛰어난 작품으로 Harvey K. McArthur와 Robert M. Johnston, They Also Taught in Parables (Grand Rapids: Zondervan, 1990)이다. 보다 폭넓은 양식 비평의 시각을 보려면, John W. Sider, Interpreting the Parables (Grand Rapids: Zondervan, 1995)을 보라. Sider는 비유로부터 얻는 여러 교훈들이 주요 인물들과 예상대로 잘 일치한다고 믿지는 않는다.

제14장 • 예수의 갈릴리 사역-후기 단계

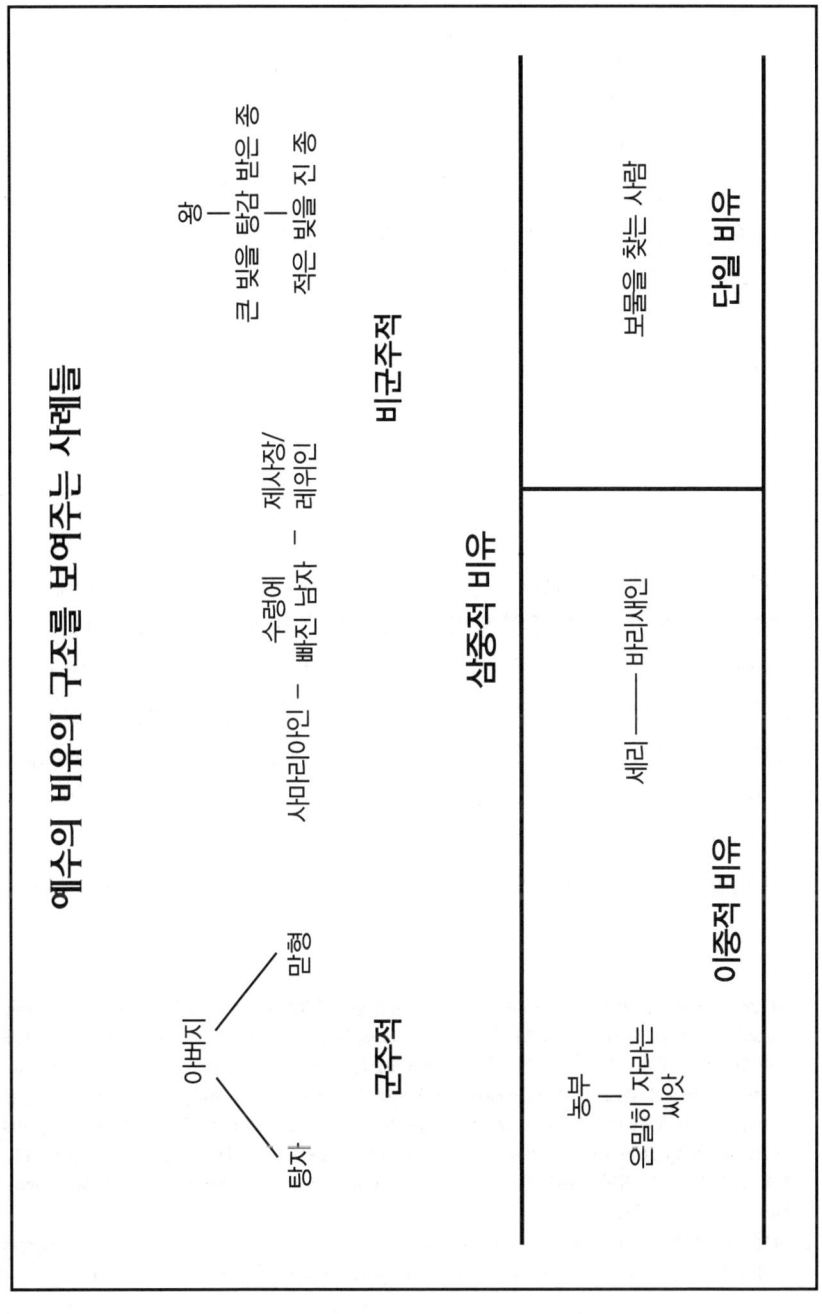

409

도구이며, 과부는 주의 백성들의 적합한 반응을 가르치기 위한 도구이다.[4]

마가의 대부분의 비유들은 그의 복음서 4장에 등장한다. 마태는 13장에 추가적인 비유들을 모아놓았다. 누가복음의 병행구인 8장은 보다 간결하다. 마태복음의 다른 비유들은 주로 예수의 생애의 마지막 부분에 집약되어 있다. 누가복음의 다른 비유들은 그의 특징이라고 할 수 있는 중앙 부분에 모여 있다. 우리는 나중에 이런 구절들 중 몇 가지에 대해서 설명할 것이지만 여기에서는 마가복음 4장과 그 병행적인 자료들에 주로 초점을 둘 것이다.

2) 마가복음 4장, 마태복음 13장, 그리고 누가복음 8장의 비유들

(1) 씨 뿌리는 자(막 4:1-9, 13-20) [Aland §122, 124]

마가는 예수의 첫 번째 비유를 "비유에 관한 비유"(13절 참고)로 소개한다. 이것을 이해한다면 예수의 나머지 이야기들 뿐만 아니라, 그분의 나머지 가르침들을 보다 널리 이해할 수 있는 열쇠가 될 것이다. 이것은 예수의 비유들 속에 적어도 어느 정도의 알레고리(풍유)가 있음을 인정해야 하는 또 다른 이유이다. 이 비유는 예수께서 친히 상세하게 은유적인 해석을 주신 두 가지 본문 중 하나이다(13-20절). 하지만 여기의 은유는 자연스럽다. 유대 문헌들은 씨앗을 하나님의 말씀으로 여기는 수많은 선례들을 제공한다(가장 대표적인 것은 4 에스라 9:30-33). 일단 이 점을 인식하면, 다른 모든 세부사항들은 제 위치를 찾게 될 것이다.[5]

이 이야기는 하나님의 말씀이 받아들여지는 다양한 방식에 관한 것이다. 첫눈에 보면, 여기에는 다섯 가지 주된 "인물들" 또는 초점들—씨 뿌리는 자와 씨

---

4) 여기에서 소개한 견해에 상응하는 해석의 역사와 원칙들을 간략하게 보여주는 것은 Craig L. Blomberg, "Parable," *ISBE*, vol. 3, 655-59; 그리고 Klyne R. Snodgrass, "Parable," *DJG*, 591-601이다. 나의 저서에서 채택한 입장에 대해서 논문 길이의 변호를 보려면, Craig L. Blomberg, "Interpreting the Parables of Jesus: Where Are We and Where Do We Go From Here?" *CBQ* 53 (1991): 50-78을 보라. 업데이트를 보려면 같은 저자의 "The Parables of Jesus: Current Trends and Needs in Research," in *Studying the Historical Jesus: Evaluations of the State of Current Research*, ed. Bruce Chilton and Craig A. Evans (Leiden: Brill, 1994), 231-54를 보라. 설교적인 의미를 위해서는 같은 저자의 "Preaching the Parables: Preserving Three Main Points," *PRS* 11 (1984): 31-41을 보라.

5) 특별히 Philip B. Payne, "The Authenticity of the Parable of the Sower and Its Interpretation," in *Gospel Perspectives*, vol. 1, ed. R. T. France and David Wenham (Sheffield: JSOT, 1980), 163-207을 보라.

앗이 뿌려진 네 가지 상이한 종류의 땅-이 있는 것처럼 보인다. 하지만 "종결-강조"(end-stress)의 원칙과 농사의 본질로부터 분명히 알 수 있는 것은 처음 세 가지 종류의 토양은 모두 부적절한 응답의 예화들이라는 것이다. 농부가 염려하는 유일한 추수는 풍성한 열매를 가져오는 추수이다. 그러므로 이 이야기에서 유일한 참 제자란 참고 인내하여 풍성한 열매를 생산하는 자들이다. 사이먼 키스테메이커(Simon Kistemaker)는 씨 뿌리는 자, 나쁜 토양, 그리고 좋은 토양에 관련되는 세 가지 주된 교훈들과, 세 종류의 나쁜 토양들에 각각 연관되는 세 가지 부차적인 교훈들을 간략하게 잘 요약하였다. "하나님의 말씀은 선포된 후에 그 말씀을 듣는 자들 가운데 분열을 가져온다. 하나님의 백성은 그분의 말씀을 받고, 그 말씀을 이해하며, 순종적으로 그 말씀을 성취한다. 다른 사람들은 완악한 마음, 천박함, 또는 부와 소유에 대한 지나친 관심 때문에 말씀을 듣지 못한다."[6] 이러한 모든 응답들은 복음서들 안에서 설명된다. 하지만 예수에 대한 광범위한 배척에도 불구하고 그의 제자들은 하나님 나라가 다가올 것을 확신하였다. 고대의 추수에서 100배의 결실은 예외적이며 하나님의 통치의 놀라운 성장을 가리킨다.

(2) 예수께서 비유로 말씀하시는 이유(막 4:10-12, 21-25, 33-34 이하) [Aland §123, 125, 130]

씨 뿌리는 자의 비유와 그 설명 중간에 예수의 제자들은 예수께서 왜 이러한 형태를 사용하셔서 가르치시는지 질문한다. 예수의 대답에 많은 사람들이 당황하였다. 그분은 비유가 진리를 드러내기보다는 오히려 감춘다고 말씀하시는 듯하다(11하-12절). 하지만 예수의 원수들도 다른 곳에서는 그분의 비유 속에 담긴 의미를 포착하였다(막 12:12 이하). 이 문제에 대해 적절하게 대답하려면 다음과 같은 점들을 고려해야 한다. 첫째, 성경에서 말하는 참되고 영적인 깨달음은 단지 인식하는 차원 뿐만 아니라, 의지적인 차원까지 포함한다. 즉 순종적인 제자가 됨으로써 예수의 가르침을 행동에 실천하지 않는다면, 그는 예수의 메시지를 진정으로 이해한 것이 아니다. 둘째, 예수는 에리한 수사학적 표현을 사용하신다. 비유는 일단 그 교훈을 전달한 후에는 사람을 끌어 당기거나 쫓아버

---

6) Simon Kistemaker, *The Parables of Jesus* (Grand Rapids: Baker, 1980), 29.

린다. 예수를 영접할 준비가 되어 있지 않은 사람들은 그에게 더욱 적대적이 되기도 하지만(막 12:12 이하), 다른 이들은 죄를 깨닫고 뉘우친다. 셋째, 예수는 이사야서 6:9-10을 인용하시는데, 그것은 선지자가 이미 반역하는 민족에게 심판을 선언하라는 명령을 받는 문맥이다. 하지만 6장 끝에서(13절)는 경건한 남은 자들이 다시 나타날 것을 약속하고 있다. 하나님은 "외부인"에서 "내부인"이 되려고 하는 자를 그렇게 하지 못하도록 이 땅에서 심판을 행하시는 분이 결코 아니시다.[7]

요약하면, 예수는 자기 백성을 위한 하나님의 계획에 관해서 과거에는 알려져 있지 않던 비밀을 계시하신다(11상, 21-23절).[8] 이미 하나님을 떠난 자들에게는, 이러한 비밀을 비유로 계시하심으로써 하나님의 다가오는 나라를 설명하시는 그의 난해하지만 강력한 전달방법은 오히려 그들을 더욱 쫓아버리고 추방한다(24-25절). 예수의 가르침에 마음을 연 자들에게는 더 깊은 이해와 제자의 모습이 결과적으로 뒤따를 것이다(33절). 하나님은 여전히 전능하시며 어떤 이들은 다른 이들과는 다른 방법으로 다루시는 분으로 묘사된다.[9]

(3) 은밀하게 자라는 씨앗(막 4:26-29) [Aland §126]

이 비유는 농부와 그의 씨앗이라는 오직 두 가지 초점을 포함한다. 농부의 관점에서 볼 때 추수는 변덕스런 자연에 의존하기 때문에 항상 불확실하다. 여기 등장하는 특별한 씨앗의 관점에서는, 하나님의 전능하심 덕분에 좋은 수확이 보장되어 있다. 크랜필드(cranfield)는 비유의 의미에 대한 그의 요약에서 이 두 가지 개념을 모두 파악하였다. "파종기가 지나면 추수할 때가 되듯이, 현재 하나님 나라의 숨겨지고 모호한 특징 이후에는 그 영광스런 모습이 드러날 것

---

7) William L. Lane, *The Gospel according to Mark* (Grand Rapids: Eerdmans, 1974; London: Marshall, Morgan & Scott, 1975), 159 참조: "이사야 6:9를 인용한 것은 '밖에 있는 자들'이 믿게 될 가능성을 부인하는 것을 의미하지 않는다. 그것은 계속 불신하는 동안은 천국의 비밀을 배울 기회를 그들이 놓치게 될 것을 의미한다."
8) 천국의 "비밀"은 하나님의 통치가 임재하기는 했지만 저항할 수 없는 능력으로 임한 것은 아니라는 사실로 가장 잘 설명된다. George E. Ladd, *The Gospel of the Kingdom* (Grand Rapids: Eerdmans; Exeter: Paternoster, 1959), 56을 보라.
9) Craig A. Evans, *To See and Not Perceive* (Sheffield: JSOT, 1989) 참조. Evans는 이사야와 마가복음의 본문이 피할 수 없는 예정론적인 요소들을 포함하고 있으며 후대의 유대 및 기독교 해석가들이 이를 희석시키려고 시도했음을 보여준다.

이다."[10]

(4) 겨자씨와 누룩(막 4:30-32 이하; 마 13:33 이하) [Aland §129-129]

이 짧은 쌍둥이 비유는 작은 시작으로부터 나오는 위대한 결말이라는 두 가지 초점 사이의 비교라고 표현될 수도 있지만, 아마도 오직 하나의 핵심 주제를 가지고 있을 것이다. 겨자씨는 그 크기가 작기로 유명하며 중간 크기의 덤불로 여겨질 정도로 크게 자라난다. 이 씨앗은 "모든 나물(실제로는 '채소')보다 커지며"(막 4:32), 그렇기 때문에 마태와 누가는 이것을 "나무"라고 부를 수 있었다(막 13:32; 눅 13:19). 누가 역시 헬라 청중을 위해 "밭"(마 13:31)이나 "땅"(막 4:31)을 "채전"(garden, 눅 13:19)의 일부라고 명확히 밝힘으로써 이 이야기를 문맥에 맞게 수정하였다. 이 이야기는 식물의 크기 때문에 청중을 놀라게 한 것이 분명하다. 마찬가지로, 하나님 나라는 오합지졸처럼 보이는 예수의 제자들로부터 어설프게 시작한 점에 비교할 때 장차 그 규모와 영향력은 놀라울 정도로 클 것이다. 가지에 깃들인 공중의 새들에 관한 구절은 에스겔 17:23이나 다니엘 4:12를 연상시키는데, 이 구절들에서 새는 이방인들을 상징한다. 하나님의 통치는 심지어 유대인 이외의 민족들을 포함할 정도로 크게 확장된다.

몇몇 주석가들은 누룩의 비유에서 누룩을 교회 내부를 부패시키는 영향력에 대한 상징으로 보고 이를 다르게 해석한다. 비록 누룩이 성경에서 특별히 유월절 때에 오직 무교병만을 사용했던 문맥에서처럼 종종 부패의 상징으로 나타나지만, 항상 그런 의미로만 사용된 것은 아니다(특별히 레 23:17). 여기의 직접적인 문맥으로 볼 때 부정적인 해석은 매우 부적절하다. 예수는 동일한 교훈을 가져오는 비유들을 종종 한 데 묶으셨고(예를 들면, 눅 14:28-32; 15:3-10; 마 13:44-46), 복음서 기자들은 때때로 남자와 여자에 대한 균형 잡힌 관심을 보여주는 예들을 함께 묶었다(특별히 누가복음; p. 235를 보라). 어쩌면 이 두 비유들 속에도 이와 유사한 경향이 존재할 것이다.

---

10) C. E. B. Cranfield, *The Gospel according to St. Mark* (Cambridge: CUP, rev. 1977), 168.

(5) 곡식과 가라지와 그물(마 13:24-30, 36-43, 47-50)
[Aland §127, 131, 133]

곡식과 가라지는 예수께서 자세한 은유적 해석(37-43절)을 제공하신 두 번째 비유이다. 이야기의 내용은 1세기 유대인이라면 누구나 쉽게 이해할 수 있는 것이었다. 하나님과 사탄이 서로 대립하여 각각 서로의 계획을 무너뜨리려고 한다. 세 개의 주된 초점은 농부와 곡식과 가라지이다. 이 비유는 세 개의 삽화들로 구분될 수 있는데, 각각의 경우 세 가지 초점 중 하나가 잠시 득세한다. 처음에는 가라지가 득세하는 것처럼 보인다(24-28상). 때때로 악인이 이 세상에서 하나님의 목적을 무너뜨리는 것처럼 보인다. 하지만 그러는 중에도 곡식은 끝까지 생존한다(28하-30상). 하나님 나라는 때때로 그분의 백성을 원수들로부터 구분할 수 없는 것처럼 보이는 상황에도 불구하고 계속해서 확장될 것이다.[11] 마지막에는, 심판의 날이 모든 것을 적절하게 구별하게 될 것이다(30하). 악인들은 멸망을 당할 것이며, 의인들은 영원토록 하나님의 임재를 누리게 될 것이다.

그물의 비유(47-50절)는 동일한 삼각형 구조-어부와 좋은 물고기와 나쁜 물고기-를 가지고 있지만 심판 이전의 기간에 대한 강조가 없다. 여기에는 아마도 이방 선교에 대한 암시가 있다. 어부들이 "각종" 물고기를 잡는다(47절). "종류"로 번역된 헬라어(*genos*)는 종종 백성의 "부족"을 뜻하며 물고기에 사용된 것은 다소 예외적이다.

(6) 보화와 진주(마 13:44-46) [Aland §132]

겨자씨와 누룩의 쌍둥이 비유와 마찬가지로, 이 짧은 예화들은 오직 한 가지 중심 주제를 전달하지만, 한편으로는 적어도 두 가지 상이한 방식으로 표현될 수도 있다. 하나님 나라의 헤아릴 수 없는 소중함, 또는 그것을 얻기 위해 모든 것을 희생할 필요. 첫 번째 비유에서는 사람이 우연히 밭에서 보화를 발견하지

---

11) 이 부분에 대한 어거스틴의 유명한 해석(성도와 불신자가 뒤섞인 교회를 위한 칭의)은 정당화되지 않는다. 예수님은 "밭은 세상"이라고 분명하게 말씀하셨다(38절). 혼동이 초래한 까닭은 하나님 나라를 교회와 동일시했기(41절) 때문이다. 하나님의 왕 같은 통치는 때때로 상황에 따라 다른 양상으로 나타나지만, 단순히 그분의 백성들뿐만 아니라 온 세상에 걸쳐 발휘된다.

만, 두 번째 비유에서는 값진 진주를 찾아다닌다. 우연히 발견하든지, 아니면 구해서 찾아 다니든지, 하나님의 주권적인 통치에 대해서 발견한 사람은 그 통치에 순복하기 위해 필요한 모든 일을 수행해야 한다.

(7) 하나님 나라를 위해 훈련된 서기관(마 13:51-52) [Aland §134]

마태복음에서 비유로 전한 "설교"의 결론으로서, 예수는 진리를 깨닫는 제자를 옛 것과 새 것을 곳간으로부터 내어 오는 집주인에 비교하신다. 마태복음 5:17-20을 다룰 때 논의하였듯이, 하나님 나라에 대한 예수의 가르침에는 유대인들의 율법과 구약 시대와의 연속성과 비연속성이 모두 들어 있다. 현명한 제자들은 이 모두를 발견할 것이다.

3) 다양한 여인들의 사역(눅 7:36-8:3) [Aland §114-115]

모든 복음서들의 비유들 중에서 본서의 뒷부분에서 자연스럽게 다루지 않은 유일한 비유는 누가복음 7:41-43에 기록된 두 채무자들에 관한 짧은 이야기이다. 본문에서 예수는 바리새인인 시몬의 집에 저녁 식사를 초대받으셨다. 그곳에 계시는 동안 예수는 길에서 들어온 어느 평판 나쁜 여인(창녀?)으로부터 엄청난 호의의 대상이 되신다(37-38절). 시몬이 불쾌해 하는 것을 아신 주님은 두 채무자의 이야기를 들려주시는데, 한 명은 적은 빚은 탕감 받았고, 다른 사람은 훨씬 큰 빚을 탕감 받았다. 누가 더 고마워하겠냐는 이 비유 끝의 결론적인 질문에 대한 대답은 자명하다. 하지만 예수는 이 여인을 더 많이 용서 받은 채무자와 비교하고자 하셨고 더 나아가 그 여인의 죄가 용서 받았다고 선언하셨다(47절).

그 다음에 등장하는 "저의 사랑함이 많음이라"는 설명은 전통적인 가톨릭 사상에서 행위로 인한 의를 정당화하기 위해 사용되었다. 하지만 오늘날 널리 받아들여지는 견해는 예수께서 여인의 사랑이 그보다 먼저 있었던 그녀의 죄용서 받음을 증명해 보였다고 선포하셨다는 것이다. 문법적으로, "위하여" (또는 "~때문에")는 "저의 많은 죄가 사하여졌도다"를 수식하는 것이 아니라, "내가 네게 말하노니"를 수식한다. 다시 말해서, 예수는 그녀의 죄가 용서 받았다는 사실에 대한 그녀의 공개적인 행동 때문에 그렇게 선포하실 수 있으셨다.[12] 마가복음 2:17에서처럼, 예수는 이 유대 지도자가 스스로를 적게 용서 받을 필요가 있는 자라고 여긴 것에 대해 의문을 제기하지 않으셨다. 이 비유는 종결부가 따로 없으며 시몬에게 계속적인 교제를 제공하면서도 그의 부족한 친절에 대해서 도전하였다. 본문의 마지막 단어는 그 여인의 구원을 선포한다(50절). "네 믿음이 너를 구원하였다"는 문구는 복음서의 다른 세 본문에서도 반복된다(막 5:34 이하; 막 10:52 이하; 눅 17:19). 이 각각의 구절들에서 예수는 누군가의 신체적인 질병을 고쳐주셨으면서도 그 사람이 또한 하나님과 바른 관계를 맺게 되었음을 지적하시는 듯하다. 구원에 대한 이와 유사한 총체적인 이해는 누가복음 7:50에도 암시되어 있지만, 이 여인이 과거에 예수께 어떤 육체적인 고통을 치유 받았는지에 대해서는 분명하게 언급되어 있지 않다.[13]

그럼에도 불구하고 누가는 곧이어 예수께서 고쳐주신 몇 명의 여인들을 묘사하는데, 그들은 그 대가로 자신들의 물질을 드려서 예수와 그의 떠돌이 일행을 지원하였다. 실제로 그들은 예수와 함께 여행을 떠나기도 하였다(눅 8:1-3). 그 중에서도 가장 주목할 만한 사람은 막달라 마리아로서, 그녀는 일반적인 이해와는 반대로, 7:36-50의 평판 나쁜 여인과 동일 인물이 아니다. 적어도 이 여인들 중 한 명(구사의 아내)은 꽤 부유했을 것이다. 어쩌면 그들 모두가 부유했는지도 모른다. 비록 이 여인들이 그리스도의 열두 (남자) 제자들만큼 특수한 위치를 차지하지는 못했을지라도, 그들이 예수와 함께 여행했다는 사실은 고대사회에서는 좋지 않은 소문을 가져오기에 충분했을 것이다. 누가복음 10:38-42에서 알 수 있듯이, 예수는 아마도 그들을 가르치셨고, 군중 가운데 있는 더 많은 남자들이나 그분을 가까이서 따라다녔던 자들과 동등하게 취급하셨다.[14]

---

12) Joseph A. Fitzmyer, *The Gospel according to Luke I-IX* (Garden City: Doubleday, 1981), 691-92 참조.
13) Craig L. Blomberg, "'Your Faith Has Made You Whole' : The Evangelical Liberation Theology of Jesus," in *Jesus of Nazareth: Lord and Christ*, ed. Joel B. Green and Max Turner (Carlisle: Paternoster; Grand Rapids: Eerdmans, 1994), 75-93을 보라.
14) 이 짧은 본문 속의 여덟 가지 중심 주제들에 대한 유익한 목록은 Ben Witherington III, "On the Road with Mary Magdalene, Joanna, Susanna, and Other Disciples? Luke 8, 1-3," *ZNW* 70 (1979): 247-48을 보라.

4) 역사성

비유들이 예수의 권세 있는 가르침 중에서 가장 핵심을 이룬다는 것은 널리 수용된 견해이다. 비유는 하나님 나라를 설명하는 그분의 독특하고 특징적인 방식을 보여준다. 랍비적인 유대교는 우리에게 2천 개가 넘는 비유들을 남겼지만 그 대부분은 성경 본문을 해석하기 위한 목적으로 사용되었는데, 예수는 결코 그런 용도로 그분의 비유를 사용하지 않으셨다. 그리스도는 랍비들과 마찬가지로 수많은 평범한 인물들을 사용하신다—하나님에 대해서는 왕과 주인, 하나님의 백성에 대해서는 종과 아들, 마지막 심판에 대해서는 잔치와 추수 등. 그리고 그분의 이야기들은 주로 팔레스타인 농민들의 생활의 기본적인 특징들에 의존하지만, 각각의 이야기 속에는 거의 언제나 놀라운 반전이 들어 있다. 순전히 심미적인 측면에서, 여러 문학 비평가들은 예수의 비유들을 비길 수 없는 최고의 것으로 평가한다. 물론, 비유들은 전통의 발전하는 경향성에 관한 여러 가설들의 주제가 되어왔지만, 이 가설들은 매우 상이한 비유들의 쌍(예를 들면, 마 22:1-10의 혼인잔치와 눅 14:16-24의 큰 연회)이 원래 하나의 비유에서 파생한 것이라는 전제에 기초하였다. 뚜렷한 은유적 요소와 해석들 역시 종종 거부되어 왔다. 하지만 제한적이기는 하지만 비유 속에 알레고리(풍유)가 존재한다는 우리의 주장이 옳다면(pp. 408-411을 보라), 이러한 반대 역시 사라질 것이다.[15]

5) 신학적 특징

다른 곳과 마찬가지로, 공관복음서 저자들의 신학적인 특징들이 예수의 비유들에 대한 그들의 독특한 취급과 배열을 통해서 번득인다. 마가는 제자들의 이해 부족과 비유들이 가진 혼란케 하는 기능을 강조한다. 그는 또한 비유를 올바로 이해하는 것이야말로 그의 복음서의 의미를 보다 일반적으로 분별할 수 있

---

15) Philip B. Payne, "The Authenticity of the Parables of Jesus," in *Gospel Perspectives*, vol. 2, ed. R. T. France and David Wenham (Sheffield: JSOT, 1981), 329-44 참조. 소위 전승의 경향성에 관해서는 특별히 Jeremias 의 주장(*Parables*, 23-114)과 나의 비평(Blomberg, *Parables*, 79-94)을 보라.

는 열쇠라고 보았다.[16] 마태는 복음서 중에서 한 장에 가장 많은 비유를 한 데 모아 놓았는데 그 비유들은 그의 이야기들 가운데 문학적인 중심 또는 회전축에 위치한다. 13장은 하나의 전환점을 형성하는데, 예수가 고향 사람들로부터 배척을 당하셨기 때문에 이때부터는 그의 제자들과 이스라엘 외부의 사람들에게 더욱 집중하시기 시작했다. 그러므로 13장은 예수께서 이스라엘에 자신을 드러내신 것으로부터 하나의 중요한 변화를 표시하며, 마태복음에서 자주 볼 수 있듯이, 구약성경의 성취가 등장한다(마 13:35; 시 78:2 참조).[17] 누가는 씨 뿌리는 자를 세 개의 문맥 속에 위치하였는데 그 문맥들은 모두 어떻게 하나님의 말씀을 올바로 듣고 순종하는지를 다루고 있다(눅 8:4-21; 특별히 11, 18, 21절).[18] 그리고 두 채무자의 비유는 누가가 즐겨 사용한 몇 가지 주제들을 설명해 주는 문맥 속에 담겨 있는데, 그 중에서 가장 주목할 만한 것으로는 여인들과 사회의 천대받는 자들을 향한 예수의 긍휼, 그리고 몸과 영혼에 대한 그분의 총체적인 치유가 있다.

2. 기적

1) 고려해야 할 배경

비유를 다룰 때와 마찬가지로, 우리가 마가복음 4-6장과 다른 곳의 기적 이야기들을 곧바로 해석하기 전에 이보다 광범위한 문제들을 다루어야 할 것이

---

16) 수많은 저술가들이 마가의 이야기체가 전반적으로 "비유적"으로 나타나는 것을 지적하였다. 가장 최근에 Terence J. Keegan ("The Parable of the Sower and Mark's Jewish Leaders," *CBQ* 56 [1994]: 501-18)은 씨뿌리는 자의 비유에 대한 상이한 반응들이 마가복음 전체의 주인공들의 다양한 응답들과 어떻게 일치하는지를 보여주고 그의 전반적인 줄거리를 이해하도록 돕는다.
17) 13장 자체 역시 두 부분으로 나뉘어진다?예수님은 먼저 "외부인들"에게 말씀하신 후에 "내부인들"에게 말씀하신다(13:1-35, 36-52). 13:1-52의 교차대구적인 구조에 대해서는 David Wenham, "The Structure of Matthew XIII," *NTS* 25 (1979): 517-18을 보라. 마태복음 13장에 대한 훌륭한 분석을 보려면, J. D. Kingsbury, *The Parables of Jesus in Matthew 13* (Richmond: John Knox; London: SPCK, 1969) 참조; 그리고 마태복음 전체의 비유를 위해서는 Jan Lambrecht, *Out of the Treasure* (Grand Rapids: Eerdmans; Louvain: Peeters, 1992)를 보라.
18) Charles H. Talbert, *Reading Luke* (New York: Crossroad, 1982), 93-94.

다. 오늘날 같은 과학 시대에도 사람들이 기적을 믿을 수 있을까? 과학으로 설명할 수 없는 놀라운 현상들이 존재한다면, 어떻게 하면 진정한 기적을 속임수나 전설로부터 구별해 낼 수 있을까? 기적 이야기들이 고대에도 풍부했다는 사실을 고려할 때, 수많은 헬라인들과 로마인들이 그들의 영웅들을 신격화했던 것처럼, 복음서 기자들은 예수를 단순히 초인적인 기적수행자로 묘사한 것은 아닐까?

이러한 질문들과 이와 연관된 질문들에 대한 자세히 대답은 본서의 범위에서 벗어나야 찾을 수 있을 것이지만, 이 부분에 관심을 품은 학생들을 위해 방향을 제시할 수는 있다. 이러한 종류의 논의에서는 연구자의 종합적인 세계관과 선입견들이 주로 작용하게 된다. 만약 그가 온 우주를 통치하시는 초자연적인 하나님을 믿는다면, 기적들은 그러한 신론의 자연스런(필수적이지는 않을지라도) 결과물이다. 만약 그가 모든 사건이 오로지 인과관계의 기계적인 제도에 의해서만 결정되는 폐쇄된 우주를 믿는다면 복음서의 기적들은 믿을 수 없는 이야기들이 되고 만다. 하지만 아인슈타인 이후, 하이젠버그(Heisenberg) 이후의 시대에서는 그러한 과감한 선언을 내리는 과학자들이 갈수록 적어지고 있다. 어느 일정 기간 동안 의술을 사용해온 거의 모든 의사들은 진지하게 기도한 직후에 심각한 질병으로부터 설명할 수 없게 치유를 받은 환자들을 만나보았을 것이다. 사실상, 오늘날 많은 학자들은 비록 복음서의 기록이 전하는 치유의 모든 내용을 수용하지는 않을지라도 예수께서 정말로 치유를 행하셨음을 기꺼이 인정한다(pp. 383-386을 보라).[19]

하지만 보다 어려운 것은 마가복음 4:35-6:56에 몰려 있는 소위 "자연 기적"들이다. 우리는 예수께서 정말로 풍랑을 잔잔케 하시거나, 떡과 물고기를 증식시키시거나, 물 위를 걸으시거나, 죽은 자를 다시 살리실 수 있다고 믿을 수 있을까? 그렇다면 아무도 역사적인 사실로서 진지하게 받아들이지 않는 종교적인 인물들과 연관된 고대의 유사한 전설들은 어떻게 보아야 하는가? 하지만 세밀하게 관찰해 보면, 복음서의 기적들과 다른 종교 문헌 속에 있는 기적 이야기들

---

19) 복음서의 여러 기적들의 신빙성을 문단별로 논의한 세 가지 작품들은 Rene Latourelle, *The Miracles of Jesus and the Theology of Miracles* (New York: Paulist, 1988); Leopold Sabourin, *The Divine Miracles Discussed and Defended* (Rome: Catholic Book Agency, 1977); 그리고 Hendrik van der Loos, *The Miracles of Jesus* (Leiden: Brill, 1965)이다.

사이에는 유사성보다도 차이점들이 더 많다. 예수는 자기 자신의 유익을 위해서 기적을 행하신 적은 한 번도 없으시다. 예수는 단순히 사람들의 시선을 사로잡는 것에 대해서 관심이 없으셨고 실제로 회의론자들을 만족시키기 위한 목적으로 이적을 행하시는 것을 자주 거부하셨다. 그분은 먼저 하나님께 기도하거나, 어떤 종교적인 주문을 중얼거리시거나, 신비스런 물건을 사용하시지도 않으셨다. 기적이 발생하는 방식에 대해서는 종종 기록조차 찾아볼 수 없다.

오히려, 예외적인 "자연 기적들"은 모두 하나님 나라에 관한 예수의 가르침, 특별히 참된 것으로 널리 받아들여지는 그분의 가르침에 밀접하게 연관되어 있다. 실제로, 예수의 비유들에서 나타나는 주제들, 특히 복음서 중에서도 의심할 나위 없이 가장 확실한 부분으로 자주 인용되는 주제들이 그분의 자연 기적들과 밀접하게 일치하는 것은 흥미롭다. 우리는 이미 예수께서 물을 포도주로 바꾼 사건과 가죽부대의 비유 사이의 유사성을 살펴보았다(p. 357을 보라). 우리는 나중에 무화과나무가 말라버리는 기적과 예수께서 하신 동일한 주제에 관한 비유 사이의 놀라운 상관관계를 살펴볼 것이다(p. 499를 보라). 이 단락에서는 마가복음 4-6장의 모든 기적들이 어떻게 사람들의 관심을 예수께로 이끌며 그분의 정체에 관한 질문에 직면하게 하는지를 주목하게 될 것이다. 그 기적들은 하나님 나라의 본질과 도래에 관해서 연출된 "실물 교육"인 셈이다. 이런 관점에서, 우리는 기적들을 불가능한 것으로 무심코 치부해 버리기 전에 다시 한번 생각해 보아야 할 것이다.[20]

2) 마가복음 4:35-6:56의 기적들 및 이와 관련된 구절들

다음에 등장하는 구절들에서 우리는 재난과 귀신과 질병과 죽음에 대한 예수의 능력과 권세를 보게 된다.

(1) 풍랑을 잔잔케 하심(막 4:35-41) [Aland §136]

역사 속의 수많은 성도들이 이 구절을 마치 예수께서 "이생의 풍랑을 잔잔케

---

20) Craig L. Blomberg, "The Miracles as Parables," in *Gospel Perspectives*, vol. 6 ed. David Wenham and Craig Blomberg (Sheffield: JSOT, 1986), 327-59 참조.

하실" 것이라는 약속으로 적용해 왔다. 문맥상, 세 개의 공관복음서들은 모두 이 기적이 매우 다른 목적을 가졌다는 점에 동의하는데, 그것은 바로 사람들로 하여금 "저가 뉘기에 바람과 바다라도 순종하는고?"라고 말하게 하는 것이다 (막 4:41). 이 이야기의 모든 세부 사항들은 예수의 전능하신 권세와 혼란 중에서의 잔잔함을 강조한다. 구약성경에서는 오직 하나님만이 흉용하는 바다의 파도를 잔잔케 하실 수 있는 능력을 소유하셨다(욘 1-2장; 시 104:7; 107:23-32). 복음서 기자들은 예수의 능력을 제자들의 결핍된 믿음에 비교한다. 마가는 이를 예리하게 지적한다. 풍랑이 잔잔해진 후에도(마 8:26과는 달리) 예수는 그의 제자들을 꾸짖으신다. "어찌하여 이렇게 무서워하느냐? 너희가 어찌 믿음이 없느냐?"(막 4:40).[21] 기적은 예수가 하나님의 아들이라는 믿음을 더 크게 불어 넣는 것을 목적으로 한다. 예수가 항상 인생의 풍랑을 잔잔케 하시지는 않지만, 그분을 믿는 자들을 그러한 풍랑 가운데서도 영적으로 보호해 주실 것을 약속하신다.[22]

(2) 거라사인에게[23] 들린 귀신을 내쫓으심(막 5:1-20) [Aland §137]

우리는 예수께서 이전에도 귀신을 내쫓으시는 것을 보았지만, 여기에서는 여러 귀신들이 한 사람에게 들어간 경우를 다루시는데, 특별히 마가는 그 사람이 매우 난폭하고 자학적이라고 묘사하였다. 그러므로 이런 상황을 다루시는 예수의 능력은 그분의 신적인 권세를 더욱 크게 보여준다. 마가복음 1:24에서와 마찬가지로, 그리스도에 대한 귀신들의 지식은 영적인 전쟁을 보여주는데, 예수

---

21) Gunther Bornkamm ("The Stilling of the Storm in Matthew," in *Tradition and Interpretation in Matthew*, by Gunther Bornkamm, Gerhard Barth, and Heinz J. Held [London: SCM; Philadelphia: Westminster, 1963], 52-57)은 마태가 예수님의 책망을 기적 이전으로 제한하고 제자들이 "적은" 믿음을 소유했음을 강조함으로써 제자들을 보다 긍정적인 시각으로 묘사하려고 했다는 유명한 주장을 남겼다. 우리는 이것을 인정할 수는 있지만 마태복음 8:26은 어떤 상황에서도 결코 칭찬으로는 보기 어렵다.
22) David E. Garland, *Reading Matthew* (New York: Crossroad, 1993), 158 참조.
23) 최고의 문헌적인 증거에 의하면 마가와 누가는 "거라사"(Gerasene)로 표기하며 마태는 "가다라"(Gadarene)로 표기한다. 복음서의 몇몇 사본들은 "거르기사"(Gergesene)를 선호한다. 기다라와 기리시의 마을들은 갈릴리 동편 연안으로부터 상당히 멀리 떨어져 있지만 케르사(Khersa)는 가까이에 있었다. 거라사와 거르기사의 헬라어 표기는 모두 케르사를 음역하려고 한 결과인지도 모르며, 마태가 가다라를 사용한 것은 단지 큰 지역을 의미한 것인지도 모른다. Cranfield, *Mark*, 176 참조.

제4부_그리스도의 삶에 대한 조망

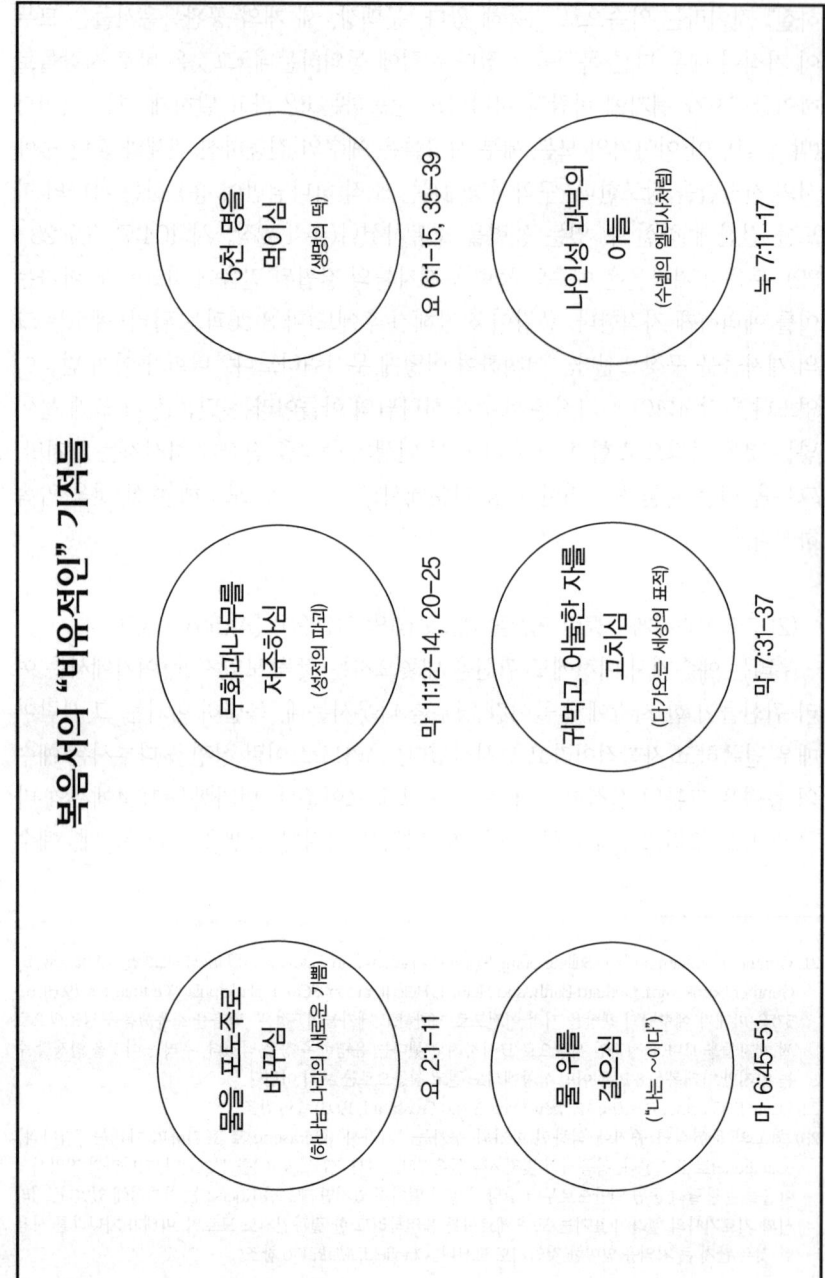

는 그들의 이름("군대")을 파악하심으로써 그들과 싸우셨다-9절. 그들이 돼지에게로 추방된 것은 그리스도께서 처음 오신 것은 귀신들의 영역에 대한 완전하고 궁극적인 심판의 시간이 아니라는 사실을 보여준다(마 8:29). 귀신들은 여전히 생명을 파괴하도록 허락을 받지만, 이 경우에 사람의 생명을 파괴할 수는 없었다. 식견이 있는 유대인이라면 (이방) 농부가 돼지들을 잃은 것에 대해서 슬퍼하지 않을 것이다. 그들은 돼지고기를 먹는 것을 금한 구약성경의 율법을 알고 있기 때문이다.[24] 풍랑을 잔잔케 하신 경우와 마찬가지로, 기적의 한 가지 목적은 믿음을 불어넣는 것이다(막 5:19-20). 물론 기적적으로 물고기를 잡은 경우처럼, 이처럼 능력이 많고 거룩하신 분 앞에 즉시 나아온 자들 중 어떤 이들은 주님께 떠나실 것을 간청하기도 했다(17절).

오늘날 많은 사람들이 귀신의 존재나 귀신 들리는 것에 대해 의심을 품는다. 하지만 밀교(occult)에 빠졌던 사람을 대해 본 성도는 너무나 많은 유사한 경우들에 대해서 입증할 수 있기 때문에 그러한 회의론은 설득력을 잃어버리고 만다. 성경에서 귀신에 들리는 것은 마가복음 5:1-20과 이에 병행한 구절들에서 관찰되는 다음과 같은 현상들이 포함된 경우들을 주로 지칭한다. 첫째, 개인의 존엄성이 무시된다. 둘째, 사회적인 격리. 셋째, 가장 단순한 형태의 은둔처로 물러감. 넷째, 예수의 신성을 인식함. 다섯째, 귀신이 언어를 통제함. 여섯째, 소리지름. 마지막으로 엄청난 힘 등이다.[25] 종종 성도들은 단지 귀신에게 억눌릴 뿐 결코 귀신 들릴 수 없다고 주장한다. 하지만 귀신에게 억눌린다는 표현은 성경에 나타나지도 않으며, 실제로 "귀신 들린"으로 종종 번역되는 표현은 하나의 헬라어 단어인 *daimonizo*(문자적으로, "귀신 들리게 하다")이다. 성도이든지 아니든지 누군가가 귀신의 영향력에 완전히 자신을 내주지도 않았는데 귀신에 의해서 이처럼 이상하게 통제될 수 있다는 생각에 대해서 성경은 아무런 근거도 제공하지 않는 것이 분명하다(요일 4:4).

---

24) Robert H. Gundry, *Mark: A Commentary on His Apology for the Cross* (Grand Rapids: Eerdmans, 1993), 262 참조: "돼지에 대한 혐오 때문에 유대 청중들은 돼지떼의 몰살과 더러운 귀신들의 자멸에 대해서 즐겁게 들었을 것이다."
25) Walter L. Liefeld, "Luke," in *Expositor's Bible Commentary*, ed. Frank E. Gaebelein, vol. 8 (Grand Rapids: Zondervan, 1984), 913.

(3) 야이로의 딸을 살리시고 혈루증 여인을 고치심(막 5:21-43) [Aland §138]

마가는 그의 특징 중 하나로서 두 가지 연관된 이야기들을 여기에서 함께 묶어 놓는다. 이 이야기들은 또한 시간적으로도 함께 속한다. 예수는 죽음 직전에 있는 회당장의 딸을 고쳐 달라는 부탁을 받으셨다.[26] 주님은 이 부탁에 응답하기도 전에 12년 동안 피를 간헐적으로 흘리는 여인을 대하셔야 했다. 두 이야기 모두에서 예수는 종교적으로 불결한 자들을 만지심으로써 부정케 되는 위험을 감수하신다. 하지만 예수의 사역과 메시지는 사회적으로 소외된 모든 자들에게 기쁜 소식과 깨끗함을 가져온다. 혈루증 여인의 경우, 그녀의 종교적인 불결은 그 상태가 오래 지속된 것을 고려할 때 신체적인 질병보다도 더 심각한 문제였을 것이다.[27] 야이로의 딸의 경우에는 예수의 능력은 지금까지 행하신 가장 위대한 기적, 즉 죽은 자를 살리시는 기적을 통해서 드러난다. 이 두 가지 경우에서 예수는 기적을 추구하는 자들의 믿음은 그들이 원하는 결과를 가져오도록 도와주는 원칙이 된다고 말씀하신다(막 5:34, 36). 그러므로 기적은 믿음을 생성하거나 견고케 하기 위한 목적을 가지거나(p. 423), 믿음에 대한 응답으로 나타날 수도 있다(여기에서처럼).

(4) 나인성 과부의 아들을 살리심(눅 7:11-17) [Aland §86]

예수는 갈릴리 사역의 후반기 중 어느 시점에서 두 번째의 "소생"을 수행하셨다.[28] 이 사건은 오직 누가의 복음서에만 기록되어 있지만 자연 기적들을 개관

---

[26] 마태는 마가의 샌드위치 구조를 나누었고 각 이야기들을 따로 설명한다(마 9:18-26). 그렇게 함으로써 그는 야이로가 먼저 도착하고 그 후에 그의 딸이 죽었다는 소식을 전하는 전령에 대해서 이야기할 필요가 없게 된다. 그 결과 소녀가 정확히 언제 죽었는지에 대해서 마가나 누가의 내용과 모순된 것처럼 보인다. 하지만 이런 종류의 문학적 관행은 고대 세계에 흔히 있었고 "잘못"으로 여겨지지 않는다. 더욱이 고대에는 죽은 시간이 매우 부정확했다. Robert H. Stein, *Difficult Passages in the Gospels* (Grand Rapids: Baker, 1984), 33-34 참조.

[27] 특별히 Marla J. Selvidge, *Woman, Cult, and Miracle Recital* (Lewisburg, N.J.: Bucknell University Press, 1990)을 보라.

[28] "부활"이라는 단어는 예수님께 발생한 사건과 장차 모든 성도들에게 나타날 사건—결코 끝나지 않을 생명으로 다시 깨어나는 것—을 위해서만 사용하는 것이 나을 것이다. Murray J. Harris는 이런 종류의 기적에 대한 그의 뛰어난 연구에서 이 용어를 사용하였다: "'The Dead Are Restored to Life': Miracles of Revivification in the Gospels," in *Gospel Perspectives*, vol. 6, 295-326. Harris는 또한 아래에 등장하는 엘리사(Elisha)와 아폴로니우스(Apollonius) 이야기의 유사성과 차이점을 논의하였다.

하는 여기에서 가장 잘 다룰 수 있다. 이 기적은 엘리사가 수넴 과부의 아들을 살린 이야기와 매우 유사하다(왕하 4:18-37). 그 유사성 중 하나는 나인이 구약 성경의 수넴과 거의 동일한 장소에 해당한다는 사실이다(또한 왕상 17:17-24에서 엘리야가 수행한 유사한 기적을 참조하라). 군중들이 예수를 "큰 선지자"라고 부르면서 응답했을 때 그들은 이러한 유사성을 알고 있었을까(눅 7:16)? 적어도 누가는 그런 유사성에 관심을 불러 모으려고 했던 것이 분명하다. 예수와 거의 동시대인인 티아나의 아폴로니우스(Apollonius of Tyana)가 행한 것으로 알려진 후대의 유사한 기적 때문에 어떤 사람들은 누가가 예수를 유대인들과 이방인들의 소망을 모두 성취하시는 분으로 보았다고 주장한다. 하지만 누가의 저작은 1세기 중반에 집필된 것으로 여겨지기 때문에 그가 아폴로니우스의 이야기를 알고 있었다는 것은 불가능하다.

(5) 소경과 벙어리 귀신 들린 사람을 고치심(마 9:27-34) [Aland §96-97]

누가와 마찬가지로, 갈릴리 사역 중에 행하신 예수의 기적들에 대한 마태의 이야기는 주로 마가의 내용에서 중복된다. 하지만 마태 역시 자신의 복음서에만 있는 몇 가지 짧은 구절들을 추가한다. 그 구절들은 예수께서 나중에 행하실 기적들에 밀접하게 연관을 맺는다(마 12:22-24; 막 7:31-37; 10:46-52). 그러므로 우리는 그런 기적들에 대해서는 추후에 살펴볼 것이다.

(6) 나사렛에서 배척당하심(막 6:1-6) [Aland §139]

앞에서 언급한 것처럼, 이 사건은 누가가 자신의 복음서 초반에 자세하게 설명해 놓은 사건과 아마도 동일한 것이다(눅 4:16-30; p. 370을 참조). 연대적으로 보다 정확하게 사건을 배열하는 마가는 예수께서 다른 곳에서 그처럼 여러 가지 위대한 일을 행하신 후에 그의 고향에서는 그들의 결핍된 믿음 때문에 아무런 기적을 행하지 못하셨음을 강조하였다(5-6절). 마태는 마가의 기록을 약간 수정하여, 그리스도께서 무능력하시기 때문이 아니라 예수께서 나사렛 사람들의 의심 때문에 다르게 응답하셨음을 분명히 하였다(마 13:58). 이 구절은 또한 예수가 목수이시며 또한 목수의 아들이시라는 유일한 기록을 포함하고 있다(막 6:3; 마 13:55). 그리고 예수의 형제들의 이름을 열거하고 여동생에 대해서

언급한 것 또한 독특하다.[29]

(7) 천 명을 먹이심(막 6:30-44, 53-56) [Aland §145-146, 148-149]

여기에서 예수의 목적은 믿음을 불어 넣어주거나 믿음에 응답하는 것이 아니라, 단순히 궁휼을 보이시기 원하셨다(막 6:34). 하지만 그것은 일차적으로 굶주린 군중에 대한 그분의 동정심이 아니라, "그 목자 없는 양 같음" 때문이었는데, 이것은 이스라엘에 적절한 지도자가 없음을 선지자가 한탄했던 에스겔서 34장(특별히 5절)을 암시한다. 이 장은 하나님께서 그의 백성이 적합한 목자의 인도를 경험하게 될 날을 예언하시는 메시아적인 어조로 가득 차 있다. 오천 명을 먹이신 것 또한 하나님이 광야에서 처음으로 음식을 제공하셨던 모세의 때를 연상케 한다. 신명기 18:18을 읽어보면 많은 유대인들이 메시아께서 이 기적을 훨씬 큰 규모로 재연하시리라고 기대하게 되었다(구약성경의 다른 병행구를 보려면 시 132:15; 왕상 17:9-16; 왕하 4:42-44 참조). 이전의 구절들과 마찬가지로, 이 "선물-기적"(gift-miracle) 또한 근본적으로는 그리스도 중심적, 즉 예수를 메시아로 제시한다.

요한은 예수께서 가버나움의 회당에서 말씀하신 것(요 6:25-59)과 그 결과(60-71절)에 대해서 설명하면서 이런 기독론을 가장 두드러지게 보여준다. 예수는 여기에서 자신을 생명의 떡이라고 소개하신다(35, 48절). 주님은 모세의 기적을 수행하라는 요청에 응답하신다(30-31절). 오천 명을 먹이신 사건 이후에 그들은 또 무엇을 더 원했던 것일까? 아니면 이 군중들은 오천 명을 먹이실 때 그 자리에 없었던 다른 사람들인가? 하나님은 예수 안에서 그의 백성들에게 하늘로부터 참된 영적인 떡을 주신다(32-33, 41-42, 50-51절).[30] 사람들을 먹이신 기적 속에 담긴 메시아적인 암시를 그 자리에 참여했던 사람들은 놓치지 않았지만 이 땅의 왕을 바랬기 때문에 예수가 어떤 종류의 메시아이신지에 대

---

29) 현대의 가톨릭 주석가들도 "형제"와 "자매"에 대한 헬라어가 "사촌들"로 번역되어야 한다는 고대 로마의 견해가 석의보다는 교리 위에 기초한 것임을 인정한다. 두 가지 해석들은 요셉과 마리아가 그리스도의 출생 이후에 정상적인 인간 관계를 통해서 이 자녀들을 낳았거나, 아니면 이보다 신빙성은 떨어지지만, 요셉이 과거의 결혼을 통해서 자녀를 가졌다는 것이다(예를 들면, John P. Meier, *A Marginal Jew: Rethinking the Historical Jesus*, vol. 1 [New York and London: Doubleday, 1991], 324-32를 보라).

30) 이 주제에 관해서, 그리고 이 설교의 구조와 의미에 대해서는 Peder Borgen, *Bread from Heaven* (Leiden: Brill, 1965)을 보라.

해서는 잘못 해석하였다(15절).

예수의 말씀으로부터 다섯 가지의 주제들이 더 드러난다. 첫째, 하나님을 기쁘시게 하기 위해 무엇을 행하는 대신, 예수는 정말 필요한 유일한 행위는 바로 그분을 믿는 것이라고 강조하신다(28-29절). 둘째, 30-31절에서 질문하는 사람들이 오천 명을 먹이시는 것을 보거나 들었는지 관계없이, 요한이 기적과 설교를 문학적으로 나란히 배열한 것은 표적에 기초한 믿음은 종종 부적절하다는 그의 주제를 더욱 강하게 보여준다(p. 266을 보라). 만약 사람들을 먹이신 기적에도 설득되지 않는다면 아마도 그 어떤 기적에도 설득되지 않을 것이다. 셋째, 예수는 그의 참된 제자들을 보존하신다. 그분은 성부께서 그에게 주신 자들을 한 명도 잃어버리지 않으실 것이다(37-40절). 하지만 사람들을 그리스도께로 이끄시는 하나님의 능력은 "겁탈자의 무례한 난폭함이 아니라 연인의 부드러운 사랑의 매력으로" 나타난다(44절).[31] 그리고 예수는 유다가 결코 그의 진정한 제자가 아니며 그를 배반할 것임을 알고 계셨다(64, 70-71절). 넷째, 성도는 그리스도의 살을 먹고 그의 피를 마셔야 한다(51-58절). 이 말씀은 종종 성만찬의 예시로 받아들여지지만, 요한복음의 직접적인 문맥에서는 예수의 청중이 이 말씀을 그렇게 이해했을 것이라는 단서가 전혀 없고, 마지막 만찬의 구절들은 한결같이 떡을 그리스도의 살이 아니라 그분의 몸에 연관시킨다. 또한 이런 해석에 대해서 51, 53-54, 그리고 56-58절은 성만찬 자체가 구원을 주는 것처럼 여기게 하는데, 이것은 63절(그리스도의 "말씀"이 생명을 제공한다)에 기초해서 볼 때 하나의 의심스러운 해석일 뿐이다. 유식한 유대인이라면 하나님의 지혜 역시 사람들로 하여금 그 지혜와 지혜의 음식을 먹도록 부른다는 사실을 기억할 것이다(시락서 24:19-21; 잠 9:5). 아마도 그리스도의 살과 피를 취하는 것은 사람들이 그리스도와 매우 밀접한 관계를 맺음으로써 필요에 따라서는 그분을 위해서 고통을 겪고 심지어 죽을 수 있는 것을 보여주는 생생한 은유이다.[32] 다섯째, 열두 제자들을 제외하고 제자들의 큰 무리가 떠나버렸다(66절).

---

31) Roy Clements, *Introducing Jesus* (Eastbourne: Kingsway, 1986), 75.
32) C. K. Barrett (*Church, Ministry, and Sacraments in the New Testament* [Exeter: Paternoster; Grand Rapids: Eerdmans, 1985], 74-75)은 성만찬이 그 자체로서 구원을 보장하는 하나의 자동적인 예식이 될 위험스러운 시기에 요한이 기록했다고 믿으며, 그리스도께 대한 믿음만이 구원을 가져온다는 사실을 분명하게 하려고 이러한 전승들은 성만찬의 문맥으로부터 결별시켰다. 하지만 요한복음 3:5의 "물로 나지 아니하면"이라는 구절로부터 요한의 독자들은 성찬에 해당하는 부수적인 암시를 발견한다.

가이사랴 빌립보 도상에서 베드로가 말한 고백(막 8:27-30)에 대한 요한복음의 해당 구절을 보면, 베드로가 예수만이 그 말씀으로 "영생"을 주시는 "하나님의 거룩하신 자"라고 열두 제자들을 대표해서 고백한다(68-69절).

(8) 물 위를 걸으심(막 6:45-52) [Aland §147]

오천 명을 먹이신 기적 직후에 예수는 제자들을 갈릴리 호수 건너편으로 앞서 보내셨다.[33] 큰 풍랑 때문에 노 젓기가 힘들어지자 예수께서 물 위를 걸으시며 그들에게 나타나셨다. 비록 풍랑이 그치고 배가 건너편에 도착했지만 이 기적 배후의 주된 교훈은 물리적인 구원이 아니었다. 오히려 그리스도께서는 그분의 성품의 초월적인 차원을 계시하신다. 마가복음 6:50의 "내로라"(헬라어, *egō eimi*)는 출애굽기 3:14에서 언급된 하나님의 이름 "나는 스스로 있는 자"와 동일한 표현을 보여준다. 또한 "지나가시다"는 동사(48절) 역시 출애굽기 33:19와 34:6에서 모세를 "지나가시는"(즉 자신을 그에게 계시하시는) 하나님에 대해서 사용한 것과 동일한 단어이다. 욥기 9:8과 시편 77:19는 바다를 밟으시는 여호와에 대한 구약성경의 배경을 제공한다. 여기에서 그리스도는 자신의 신성을 보여주시는 것이다.[34]

마태복음에만 등장하는 것은 베드로가 주님을 흉내 내려고 했다는 이야기이다(마 14:28-31). 실제로 마태는 14-18장에 베드로와 관련한 다섯 가지의 독특한 삽입구를 포함한다(또한 15:15; 16:17-19; 17:24-27; 18:21). 하지만 이 중 어느 것도 긍정적이지 않다. 마태는 그 당시에 이미 어떤 무리들 속에 만연하기 시작한 베드로에 대해 지나치게 높아진 견해를 무마시키려고 한 듯하다. 앞에서 언급했듯이(p. 212),[35] 마태는 마가보다 훨씬 긍정적으로 그의 기적 이야기를 끝맺고 있지만 예수를 하나님의 아들로 고백한 것(14:33)은 16:16-23에서 심각한 오해와 함께 다시 등장하는데, 이것은 이런 상황에서조차도 "둔하여진 마음"이 여전히 존재했음을 보여준다(막 6:52). 마가는 이러한 결핍된 이해를

---

33) 막 6:45("벳새다로")와 요 6:17("가버나움으로") 사이에 모순이 있는 것처럼 여겨지지만, 만약 제자들이 갈릴 바다 동쪽으로부터 출발했다면 두 도시들은 북서쪽에 위치하게 되며 전자는 후자로 가는 길 가운데 멈추었다 가는 지점이 될 것이다. 풍랑은 훨씬 남쪽으로 불었기 때문에 그들은 실제로 겐네사렛에 상륙하였다(막 6:53). 이것은 보다 서쪽 방향을 가리킨다.
34) John P. Heil, *Jesus Walking on the Sea* (Rone: BIP, 1981) 참조.
35) Augustine Stock, "Is Matthew's Presentation of Peter Ironic?" *BTB* 17 (1987): 64-69.

오천 명을 먹이신 사건과 결부짓는다. 만약 제자들이 여기에서 기독론적인 의미를 충분히 깨달았다면, 그들은 예수께서 물 위를 걸으신 사건의 교훈도 쉽게 깨달았을 것이다. 마가복음 6:53-56은 기적을 행하시는 예수의 사역을 개괄적으로 정리하며 그의 복음서의 이 소단락을 끝맺는다.

(9) 마태복음과 누가복음에만 등장하는 추가적인 자료(마 11:20-30) [Aland §108-110]

그리스도의 기적 사역을 적절히 이해하고 이에 응답하는 것은 결코 작은 일이 아니다. 여기에서 예수는 그의 말씀을 듣고도 회개하지 않은 도시들을 꾸짖으시고, 구약성경 시대의 원수들(두로, 시돈, 소돔, 고모라)이 그들보다 견디기 쉬울 것이라고 말씀하셨다(20-24절). 한편, 그분의 사역에 응답하는 자들은 이 세상의 "어린아이들", 즉 자신의 종교적, 지식적 특권을 자랑하지 않는 자들이다(25-27절). 우리가 성경에서 계속 보는 것처럼, 이런 구절들은 인간의 자유의지에 대한 분명한 이해와 예정론적인 개념 사이에 적절한 균형을 유지한다("아버지 외에는 아들을 아는 자가 없고… 아들과 또 아들의 소원대로 계시를 받는 자"와 "수고하고 무거운 짐 진 자들아 다 내게로 오라"-27-28절). 이 두 문단(20-24절, 25-30절)은 하나님이 많은 것을 자에게서 많은 것을 요구하신다는 사실과, 그분의 멍에(유대인들이 스스로 메는 "토라의 멍에"에 비교해서?)는 쉽고 그분의 짐은 가볍다(28-30절)는 사실을 강조한다. 많은 요구와 함께 많은 능력이 주어질 것이다.[36]

3) 역사성

우리는 이미 자연 기적들이 제기하는 특수한 문제들을 살펴보았고 그 신빙성에 대한 철학적, 과학적, 그리고 역사적인 반대들에 대해서 간략하게 응답하고자 시도하였다(pp. 421-424). 우리는 그 기적들이 하나님 나라라는 예수의 중심 주세와 일치한다는 점을 강조하였다. 그 기적들은 예수의 동시대인인 원 그

---

36) 11:25-30에 관해서는 특별히 Celia Deutsch, *Hidden Wisdom and the Easy Yoke* (Sheffield: JSOT, 1987)을 보라.

리는 사람 호니(Honi the Circle-Drawer)의 비 내리게 하는 마술과는 근본적으로 다르다. 또한 그리스/로마 종교의 순환적인 출생과 부활과 같은 풍요의 미신도 아니다. 기적들은 후대의 기독교 외경에 비교할 때 매우 절제되어 있다. 이것과 가장 유사한 기적들은 열왕기 상하의 엘리야/엘리사 이야기에서 발견된다. 구약성경의 배경을 이해하면 기적들의 신빙성을 더 잘 이해할 수 있다. 육신의 치료와 귀신축출의 경우처럼, 자연 기적들은 여러 가지 형태로 나타나는데, 이 중 어떤 것들은 마가 이전으로 추정되기도 한다.[37] 그리고 자연 기적들은 당시 팔레스타인의 실제적인 정황을 매우 자세하게 보여준다. 예를 들면, 갈릴리에서는 통곡하는 여인들이 유대에서처럼 관 뒤에서가 아니라 앞서서 걸어간다. 그러므로 예수께서 관에 다가가기 전에 먼저 나인성 여인과 말씀하신 것은 당연하다(눅 7:13-14).[38] 하지만 유대의 풍습이 보다 잘 알려져 있었음을 고려할 때, 누가가 만약 이 이야기를 창작한 것이라면 어떻게 이런 점을 정확히 기록할 수 있었을까? 이 기적들에는 헬라어로 그대로 음역한 아람어들(예를 들면, 막 5:41의 *Talitha koum*)이나 당황스런 내용(막 5:30에서 "누가 내 옷에 손을 대었느냐?"는 예수의 질문과 같은 내용)이 포함된다. 그리고 초기의 기독론적인 의미는 주로 후대의 신학적인 추가(오천 명을 먹이신 사건에 붙여진 성만찬의 개념이나, 풍랑 이는 바다의 두 기적들에서 믿음과 제자도에 관한 질문들) 때문에 다소 약화되었다. 모든 것을 종합해서 볼 때, 이러한 현상을 연역적인 것으로 제외시키지 않는다면, 기적들의 역사성을 상당부분 주장할 수 있을 것이다.

4) 신학과 결론

그리스도의 생애의 다른 부분과 마찬가지로, 각 복음서 저자들은 예수의 기적에 대해서 나름대로 독특한 신학적 강조점들을 가지고 있다. 마가는 예수의 거의 모든 기적들을 복음서 전반부(1-8장)에 모아 놓음으로써 기적을 행하시는

---

[37] 이 점에 대해서는 특별히 Paul J. Achtemeier, "Toward the Isolation of Pre-Markan Miracle Catenae," *JBL* 89 (1970): 265-91을 보라.
[38] Harris, "Revivification" 298-99.

메시아와 고난 받는 메시아를 대조하였다. 마태는 자신의 이야기를 간소화하고 기독론적인 문제에 보다 집중하기 위해서 주변적인 내용들은 축약하거나 생략하였다. 누가는 예수의 기적들에 대해서 약간 "마술적인" 견해를 가지고 있으며(예를 들면, 눅 8:44-46), 사탄의 힘과 영역에 대한 정복을 강조한 것으로(예를 들면, 10:18-20; 또한 8:35, 39; 13:11-12 참조) 여겨진다. 우리가 이미 보았듯이, 요한은 믿음을 격려하는 표적으로서 기적과 강화를 연결 지었다. 하지만 믿음이 성장하면서 표적들은 덜 중요하게 된다.

기적을 행하시는 예수의 사역은 "증거를 제시하고, 복음을 전하며, 감동을 주며, 종말론적인" 목적을 가진 것으로 설명된다.[39] 기적과 믿음 사이에는 예측할 수 있는 관계가 없다. 믿음은 종종 기적을 가져오는 데 도움을 준다. 그리고 기적은 종종 믿음이 없는 곳에 믿음을 불어넣는 역할을 한다. 유대인들의 전통에 도전하고, 사회적인 장벽을 무너뜨리고, 고난 받는 자들에게 긍휼히 대하는 것도 모두 중요한 주제들이다. 하지만 기적의 일차적인 초점은 기독론적이다. 즉 예수가 거룩한 메시아이며 하나님 나라가 이제 새로운 능력으로 인류 역사 가운데 침입하고 있음을 보여주는 것이다(마 11:2-6; 눅 11:20). 기적을 정의한다면 예외적인 사건들이다. 우리는 하나님으로부터 기적을 기대하거나 요구해서는 안 된다. 비록 역사와 인간의 경험으로부터 볼 때 흑암의 세력이 지배하는 곳에 하나님의 통치가 강력하게 돌진할 때마다 기적이 더 많이 나타났다는 증거가 있지만, 우리는 하나님이 주권 가운데 언제 기적을 행하실지는 예측할 수 없다.

3. 갈릴리로부터의 물러나심과 귀환

갈릴리의 풍성한 사역 이후에 예수는 고향을 떠나가셔서 북부와 동부 지역에서 많은 시간을 보내셨다. 갈릴리로 돌아가신 후에도 공관복음서는 예수가 빈번하게 그곳을 떠나셨다고 기록한다. 또한 바로 이 기간에 베드로는 예수가 그리스도이심을 극적으로 고백하였다. 하지만 베드로는 여전히 그리스도께서 고

---

39) Douglas J. Moo, "Synoptic Gospels" 강의노트, Trinity Evangelical Divinity School, Deerfield, Ill., 1978.

난을 받으셔야 한다는 것을 이해하지 못했고, 그래서 예수는 이 점을 반복해서 가르치셔야 했다. 이러한 초점의 변화는 사역의 세 번째 기간으로 접어들면서 그리스도의 생애 가운데 하나의 중요한 전환점으로 여겨진다. 이 "배척"의 기간(p. 306을 보라)은 예루살렘으로 향하는 그의 마지막 여행과 그곳에서 그를 기다리고 있는 운명 가운데 절정에 이르게 될 것이다. 우리는 본 장의 나머지 부분에서 이러한 진행을 예수의 갈릴리로부터의 퇴거와 베드로의 고백 및 그 여파라는 두 가지 제목으로 관찰할 것이다.

1) 물러나심

우리는 그리스도의 생애의 이 부분에 대해서 오직 마태복음과 마가복음에 의존한다. 마가복음 7:1-8:26에 해당하는 내용은 누가복음에 없다. 마가복음의 이 부분은 양식 비평가들이 누가의 "위대한 생략"이라고 부르는 자료를 구성하는데, 누가는 그리스도의 사역을 갈릴리로부터 사마리아와 유대를 거쳐 예루살렘으로 연결하는 지형적인 순서에서 벗어나기를 원치 않았던 것 같다(p. 231-232를 보라).

(1) 이스라엘 밖의 사역을 위한 준비: 불결에 관해서(막 7:1-23) [Aland §150]
예수께서 유대 땅을 떠나시기 직전에 우리는 예수께서 지금까지 가장 극적으로 유대인들의 신학에서 이탈하신 것으로 묘사하는 한 가지 사건에 대해서 읽게 된다.[40] 예루살렘에서 갈릴리로 온 유대 지도자들은 예수가 손 씻는 정결예식을 그의 제자들이 범하도록 방치하셨다고 예수를 비난하였다(1-5절). 이것은 토라에 기록된 율법이 아니라 구전되어온 부분이었다. 예수는 우선 바리새인들의 또 다른 전통인 고르반(corban) 규례의 위선을 비판하심으로써 대응하셨다(6-13절). 비록 그 세부사항에 대해서는 불확실 부분도 있지만, 이 규례는 기본적으로 하나님께 바쳐진 돈을 사람이 죽은 뒤에 성전을 위한 용도로 사용하는

---

40) 세 가지 "민족적인 의의 상징들" 중 두 개(위 46쪽을 보라)가 직접적으로 도전을 받았는데, 바로 안식일 준수와 음식규례였다. Robert A. Guelich, *Mark 1-8:26* (Dallas: Word, 1989), 362는 Gnilka를 따르면서 이렇게 말했다: "예수님의 이스라엘 사역에서 영적인 이탈이 지리적인 이탈보다 선행한다."

것처럼 보인다. 한편 이 돈으로부터 한 사람이 수입을 얻을 수도 있었지만, 그 외에는 아무리 절박한 필요가 있다고 해도 도움을 받을 수 없었다.

구전된 율법 전반으로부터 자신을 구별하신 예수는 다시 손 씻는 구체적인 문제로 돌아와 사람을 진정으로 더럽히는 것은 (몸속으로 들어가는) 음식이나 음료가 아니라 (몸으로부터 나오는) 악한 생각과 말과 행동이라고 선포하셨다(14-23절). 여기에서 분명하게 제시된 원칙은 구약성경의 모든 정결규례를 폐지할 가능성을 가지고 있었다. 마가는 자신의 당대에 예수의 말씀이 음식과 관련된 모든 율법을 뒤엎으셨다는 부가적인 설명을 추가할 수 있었다(19하). 물론, 만약 모든 음식이 깨끗하다면 손 씻는 예식은 불필요하며 이방인들과의 교제에 주된 장애가 없어진다. 하지만 이런 모든 심오한 의미들을 사람들이 그 자리에서 바로 이해했는지는 확실하지 않다. 나중에 베드로는 부정한 음식을 깨끗하다고 선언하시는 하나님의 환상을 세 차례나 경험해야 했고, 그 후에 이방인 고넬료는 베드로의 설교에 회개하며 응답하였는데, 이 모두는 교회가 이를 폭넓게 이해하기도 전이었다(행 10:1-11:18). 마태는 유대 지도자들을 눈 먼 인도자라고 부름으로써 자신의 독특한 논점을 강조하였다(마 15:14).

(2) 수로보니게 여인의 딸에게 든 귀신을 쫓으심(막 7:24-30) [Aland §151]

이제 예수는 갈릴리로부터 물러나셨다. 처음에는 그분의 신학이 유대 지도자들의 신학처럼 민족주의적이거나 배타적으로 보인다. 한 이방 여인이 자신의 딸을 고쳐달라고 간구하지만, 예수는 "나는 이스라엘 집의 잃어버린 양 외에는 다른 데로 보내심을 받지 아니하였노라"고 대답하셨다(마 15:24). 이 구절은 오직 마태복음에만 등장하며 그의 유대적인 배타주의에도 일치한다. 실제로 예수는 이 여인과 그녀의 딸을 "개"라고 부르셨는데, 이것은 이방인들을 모욕할 때 일반적으로 사용하는 유대들의 욕이었다(막 7:27)! 그럼에도 불구하고, 여인은 재치 있게 응수하였고, 믿음 때문에 칭찬을 받았으며, 간구한 대로 치료를 받았다. 어떻게 된 일인가? 이 문제에 대답하려면 적어도 세 가지 관찰이 도움이 된다. 첫째, 예수는 먼저 유대인에게 찾아가시고 그 다음에 헬라인을 찾는 성경의 일관된 방식을 따르신다(27절에 마가가 "먼저"라고 한 말과 롬 1:16을 비교하라). 이방인들을 위한 사역은 예수의 부활 사건 이후에야 본격적으로 시작될 것이다. 둘째, *Kunarion*이라는 단어는 여인의 딸을 집에서 기르는 애완 동물("작은 강아지")에 견주시는 예수의 애정을 암시하는 것으로 볼 수도 있다. 만약 예수가 무뚝뚝하게 행동하시는 것이라면, 그것은 아마도 여인의 믿음을 시험하시고 그녀의 끈질김을 드러내고자 하셨는지도 모른다. 셋째, 갈릴리 사람들은 시리아 지방의 통치세력을 매우 싫어하였는데, 그들은 정부의 자금을 너무나 인색하게 사용하였기 때문에 유대인들은 겨우 "부스러기"만 받았을 뿐이다. 예수는 상황이 뒤바뀐 것처럼 제안했을 때 여인이 어떻게 응답할지 보기 원하셨을 것이다.[41]

(3) 데가볼리에서 귀먹고 어눌한 사람을 고치심(막 7:31-37) [Aland §151-52]
예수는 이방인 지역에 머무시면서 그 다음 기적을 행하셨다. 고침을 받은 사람이 "어눌한" 사람(32절)이었다는 사실이 특이하다. 여기에 사용된 단어(mogilalos)는 헬라어 성경인 70인역의 이사야 35:6에서만 발견되는데, 이 구절은 메시아 시대가 오면 이러한 사람이 "기뻐 외칠" 것이라고 기록한다. 이것은 또한 예수께서 치유의 한 과정으로서 침이나 타액을 사용하신 세 군데의 본문 중 하나이다. 이런 행동은 원시적인 의학과 마술에서도 찾아볼 수 있다. 이것은 예수께서 누군가를 곧 치유하실 것을 알리기 위해서 자신의 사역을 헬라 청중들의 상황에 맞추시는 한 방법인지도 모른다. 물론 여기에는 보다 초자연적인 요소가 작용하고 있었을 것이다.

(4) 사천 명을 먹이신 사건과 그 후의 대화(막 8:1-21) [Aland §153-155]
지리적인 진행을 관찰해 보면, 예수는 무리를 먹이신 후에 호수를 건너 서쪽 연안인 마가단(아마도 막달라의 또 다른 이름)에 도착하셨기 때문에 여전히 갈릴리 밖에 계셨다(마 15:39).[42] 이 기적은 오천 명을 먹이신 사건과 놀랍도록 유사하지만, 이번에 보여주신 예수의 긍휼은 군중 가운데 있었던 심각한 기아문제를 드러내었다(막 8:2-3). 그럼에도 불구하고, 또 다시 제공된 풍성한 음식은 예수가 메시아이심을 보여주었다(p. 430). 이 이야기가 갈릴리로부터 예수

---

41) 특별히 Gerd Theissen, *The Gospels in Context* (Minneapolis: Fortress, 1991), 61-80을 보라.
42) 마가복음 8:10의 병행구절은 다른 곳에서는 입증되지 않는 "달마누다"를 언급한다. 하지만 막달라는 믹달 누니아(Migdal Nunya, "물고기 탑")의 변형으로서 디베랴 외곽의 어느 마을일 것이다. 이 두 단어의 첫 음절을 제거하면 달누니아(Dalnunya)가 되는데, 이것은 쉽게 달마누다로 바뀔 수 있게 된다.

께서 물러나신 내용의 일부를 구성하기 때문에 예수께서 이전에 주로 유대인 무리들에게 행하셨던 기적을 이번에는 혼합된 청중, 또는 주로 이방인 청중에게 반복하신다고 말할 수 있을 것이다. 이전에는 먹고 남은 조각을 열두 광주리(이스라엘 지파와 같은 수)에 거두었지만, 이번에는 일곱 광주리(모든 인류를 상징하는 완전 수)에 거두었다. 이 두 본문에서 "광주리"에 사용된 헬라어도 서로 다른데(kophinos와 spuris), 하나는 유대적인, 다른 하나는 헬라적인 바구니나 자루를 각각 의미한다. 예수는 유대인과 이방인 모두를 위한 생명의 떡이시다.[43]

처음에 군중을 먹이신 기적 현장에 제자들이 있었다는 사실을 고려할 때 그들의 우둔함은 정도가 심했다(4절). 그러나 이번에는 제자들이 예수를 모방해야 하는 의무를 느꼈다고 마태복음 15:33은 암시한다("우리가 어디서 이런 무리의 배부를 만큼 떡을 얻으리이까?").

기적에 바로 뒤이어 두 개의 대화가 곧 이어진다(막 8:1-10). 다시 갈릴리에서 어떤 바리새인들이 하늘로부터 오는 표적을 요청하였다(11-13절). 무리를 먹이신 기적 직후이기 때문에 이러한 요청은 매우 이상하게 보인다. 그들은 하나님께서 정말로 역사하신 것으로 밖에 달리 해석될 수 없는 표적을 구한 것이 틀림이 없지만, 완고한 회의자들의 기준을 만족시킬 수 있는 그런 기적이 과연 어디에 있을까(눅 16:31 참조)? 예수는 그들의 요청을 거절하셨다. 그러한 기적이 설사 가능하다 할지라도, 하나님은 "요청에 의해서", 특별히 하나님을 비판하는 자들의 요청에 의해서 기적을 수행하시지는 않는다.

둘째, 예수는 다시 제자들과 함께 호수를 건너셨다(14-21절). 15절에서 그들은 은유적인 누룩(유대 지도자들의 부패시키는 영향력[44])에 대한 주님의 경고를 충분한 떡을 가져오지 않은 것에 대한 꾸지람으로 오해하였다. 예수는 제자들이 다시 은유적인 차원에서 생각할 수 있도록 하기 위해 두 차례의 음식 기적을

---

43) 이 병행구절들에 대해서, 그리고 예수께서 고향에서 행하신 일을 이방 지역에서 반복하신 다른 사례들에 대해서는 Eric K. Wefald, "The Separate Gentile Mission in Mark," *JSNT* 60 (1995): 3-26을 보라.

44) 마가복음 8:11에서는 오직 바리새인들만 예수님을 심문했다고 기록한다. 그런데 15절에서 예수님은 바리새인들과 "헤롯"의 누룩을 경고하셨다. 마태복음 16:1에서는 바리새인들과 사두개인들이 모두 예수님을 책잡고자 했으며, 12절에서 예수님은 "바리새인과 사두개인들의" 누룩을 경고하셨다. 마태는 그의 복음서의 몇 군데에서 사두개인들에 대한 논쟁적인 언급을 추가하였다. 하지만 사두개인들은 헤롯의 편을 들었기 때문에 그들의 견해에는 모순이 없었다.

그들에게 상기시켜 주었다. 그처럼 풍성하게 제공하신 분은 틀림없이 그들의 육체적인 필요도 채워주실 수 있다. 하지만 그들은 예수가 누구이신지를 이해할 필요가 있었고 유대 지도자들처럼 오해하지 말아야 했다. 혹자는 여기에서 유대인-이방인이 하나되는 분위기를 느낄지도 모른다. 예수께서 그들 모두에게 떡을 제공하셨듯이, "떡 한 개"(14절)라도 그들이 이방인 지역으로 향해 갈 때 모든 사람의 필요를 충족하기에 충분할 것이다.[45]

(5) 벳새다의 소경을 고치심(막 8:22-26) [Aland §156]

예수께서 유대와 이방 지역의 경계 부근에서 사역하는 동안에는 복음서에서 오직 "두 단계"의 치유에 관해서만 읽었다. 침을 사용하셨던 경우처럼, 우리는 주님께서 어떠한 방법을 사용하시던지 사람들을 고치시는 하나님의 주권을 인식해야 할 것이다.[46] 앞의 이야기에서 드러난 제자들의 영적인 우둔함을 고려한다고 해도, 이 이야기 속에 담긴 은유적인 의미를 보지 못하는 것이 오히려 어렵다. 이 소경처럼, 제자들도 오직 부분적인 시각에서 시작하였고 더 많은 이해를 필요로 하게 된다(특별히 8:18을 보라). 이것은 바로 베드로의 고백을 담은 다음 이야기에서 드러나지만, 후속하는 사건들은 오직 부활 사건 이후에 가서야 제자들이 진정으로 깨닫게 될 것을 보여준다.

2) 베드로의 고백과 그 여파

(1) 예수의 사역의 전환점(막 8:27-9:1) [Aland §158-60]

예수는 다시 갈릴리 밖으로, 이번에는 가이사랴 빌립보 부근을 여행하셨다. 이곳이 헬라의 신 판(Pan)을 숭배했던 고대의 중심지였다는 사실은 결코 우연이 아닌지도 모른다. 도시 파네아스(Paneas) 역시 황제와 헤롯 필립을 기념하

---

45) 특별히 Norman A. Beck, "Reclaiming a Biblical Text: The Mark 8:14-21 Discussion about Bread in the Boat," *CBQ* 43 (1981): 49-56을 보라.
46) J. Keir Howard ("Men as Trees, Walking: Mark 8,22-26," *SJT* 37 [1984]: 163-70)는 이것이 예수님의 기적 중 실제의 의학적인 치유와 가장 가까운 기적이라고 관찰했는데, 만약 시각상실이 선천적인 것이 아니라면 이 사람은 심각한 백내장에 시달렸고, 타액이 말라버린 분비물을 씻어내고 예수께서 그의 눈을 손으로 누르심으로써 눈의 수정체를 바른 위치에 재조정할 수 있게 되었을 것이다.

여 개명되었다. 예수의 제자들이 그분의 참되고 거룩하신 성품을 깨달았는지의 여부를 파악하기에 이보다 더 적절한 도시가 어디 있겠는가? 베드로는 제자들의 기독론적 이해의 전모를 대조적으로 표현하였다. 여기에서 마태의 설명은 지금까지의 설명 중 가장 길다(마 16:13-28).

한편, 베드로는 예수가 "그리스도시요 살아 계신 하나님의 아들"이라고 고백한다(16절). 문맥상, 이것은 예수가 단순히 선지자 중 한 명이었다는 당시의 견해에 비해 상당한 진전이었다(14절). 이것은 하나님께서 계시하신 통찰력이었다(17절). 이 때문에 예수는 "이 반석 위에" 그분의 교회를 세우시겠다고 약속하셨다(18절). 중세의 수많은 논쟁은 이 본문을 예수께서 원래 의도하셨던 것으로 보기 어렵게 만든다. 종교개혁 당시의 로마 가톨릭은 베드로 이후로부터 끊어지지 않고 지속되는 사도적인 승계 가운데 로마의 감독들(즉 교황)의 권위 있는 사역을 지지하기 위해 이 본문을 사용하였다. 반대로 루터는 이 반석을 그리스도라고 주장하였다. 그 이후 여러 학자들과 신학자들은 중재적인 입장을 고수하였는데, 그것은 교회가 세워질 "반석"은 바로 예수를 그리스도로 믿은 베드로의 신앙고백이었다는 것이다.

하지만 원래의 문맥에서 볼 때, 이 반석을 베드로 자신 이외의 다른 것으로 보는 것은 이상하다. 그렇지 않다면 왜 베드로의 이름("너는 '반석'〈헬라어, *Petros*〉이라. 내가 이 반석〈*petra*〉 위에… ")을 사용하여 언어유희를 하겠는가?[47] 베드로는 예수가 누구신지 고백하였고, 이제 예수는 베드로가 누구인지를 말씀하신다. 더 나아가, 예수는 곧 베드로를 또 다른 종류의 반석("넘어지게 하는 돌"-23절)으로 부르실 텐데, 만약 예수가 여기에서 베드로를 기초석이라고 직접 부르셨다면 이것은 더욱 예리한 대조를 보여주는 것이 되는 셈이다. 하지만 베드로를 반석이라고 이해한다고 해서 우리가 반드시 교황이나 사도적인 승계에 관한 교리에 동의하는 것은 아니다. 여기의 문맥 속에는 이러한 로마의 전통이 전혀 들어 있지 않고, 사실 마태복음 18:18은 16:19에서 베드로에게 주어졌던 동일한 권세를 제자들 전체에게 적용한다. 베드로는 예루살렘 초대교회의 지도자였다는 점에서 기초석이며, 사도행전 8장과 10장에서 사마리아와 이

---

47) *petra*의 종결부 어미변화는 여성형이며 남성 고유명사를 만들려면 끝부분이 os로 바뀌어야 했다. 아람어에서 *Kepha*는 두 형태 모두로 사용되었다.

방인 선교의 문을 여는 핵심 인물이다.[48] 그가 인도한 유약한 교회는 결코 죽음의 권세("음부의 문") 앞에 굴복하지 않을 것이다. 문을 여는 사역, 즉 회개하는 모든 자들에게 용서를 베푸는 사역은 19절에서 "천국 열쇠"를 받는 것으로 묘사된다. 그러므로 하늘에 계신 하나님과 땅 위의 성도들은 누가, 또는 무엇이 "매이거나 풀리는지"에 대해 서로 뜻을 같이한다(요 20:23 참조).[49]

한편, 베드로는 예수와 하나님의 특별한 관계에 대해서는 어느 정도 이해한 듯했지만, 여전히 로마를 무너뜨리거나 유대의 민족주의를 촉진하기를 거부하는 고난 받는 메시아에 대해서는 준비되어 있지 않았다. 이런 이유 때문에 예수는 그를 지금은 잠잠케 하셔야 했고(막 8:30), 제자들에게도 자신의 임박할 죽음에 대해서 알려주셨다(8:31-9:1). 여기에서 예수의 배척 기간이 시작되면서 세 개의 주요 "고난 예언" 중 첫 번째가 등장한다(8:31-32; 9:30-32; 10:32-34). 베드로는 곧 "영웅"에서 "죄인"으로 전락하고 말았다! 그는 예수가 하신 그러한 예언에 대해서 "책망"하였고(8:32), 예수는 이에 대응하셨다(33절). "사단아, 내 뒤로 물러가라!"고 말씀하신 것은 베드로가 귀신에 들렸다는 것이 아니라, 베드로가 그리스도를 십자가의 길로부터 벗어나게 하려고 했던 마귀와 동일한 시각을 품고 있음을 매우 심각하게 강조하신 것이었다. 예수는 계속해서 진정한 제자들에게 요구되는 자기-부인에 대해서 열두 제자들에게 가르치셨다(34-38절). 이것은 십자가로 처형당하는 죄인에게 주어질 수치를 의미하거나(34절), 아니면 이 세상의 물질이나 지위를 버리는 것을 포함할 수도 있지만(35-37절), 그 결과는 단순한 보상 이상의 하늘의 영광이 될 것이다(38절).[50] 진정으로 신적인 사람만이 이 마지막 구절의 내용을 합법적으로 주장할 수 있을 것이다.

---

48) R. T. France, *The Gospel according to Matthew* (Leicester: IVP; Grand Rapids: Eerdmans, 1985), 253-54 참조.
49) 미래 완료 수동태의 문장구조가 "매이거나/풀릴 것이다"(will be bound/loosed)로 번역되어야 할지, 아니면 "매이거나/풀리게 될 것이다"(will have been bound/loosed)로 번역되어야 할지에 대한 문법적인 논쟁은 "매이거나/풀리게 되는 상황에 놓이게 될 것이라"의 중재적인 의미로 해결될 수 있다. 예수님은 성도들이 사역을 적절히 수행할 때 의견의 일치를 보인다고 해서 천국이 그들의 결정을 인정할 것이라고 말씀하지 않으신다. Stanley E. Porter, "Vague Verbs, Periphrastics, and Matt. 16:19," *Filología Neotestamentaria* 1 (1988): 155-73을 보라.
50) Morna D. Hooker, *The Gospel according to Saint Mark* (London: A & C Black; Peabody: Hendrickson, 1991), 208은 이것을 간략하게 설명한다: "대가는 크지만 상급 또한 클 것이다."

마가복음 9:1과 병행구절들은 복음서 가운데 가장 난해한 말씀 중 하나이지만, 그 다음에 나오는 구절을 고려할 때, 이것은 아마도 변화산과 관련이 있을 것이다.[51] 그리스도의 재림, 그리고 그것과 함께 강권적으로 임할 천국의 온전한 현현은 아직도 먼 현실이지만, 예수의 몇몇 제자들은 불과 며칠 만에 그분의 초월적인 영광의 일면을 보게될 것이다. 그러한 일면과 그 여파는 다음 단락에 묘사되어 있다.

(2) 예수의 변모와 그 후속담(막 9:2-29) [Aland §161-163]

예수와 그의 제자들에게 고난과 죽음은 영원한 영광보다 선행해야 하지만, 그들 모두는 이생에서도 그러한 영광을 맛보도록 허락되었다. 성도들에게 그러한 예시는 종종 어려운 시기 가운데 인내하기 위해 필요한 힘을 제공한다. 예수의 변모에는 모세가 시내산에서 율법을 받았을 때의 경험들과 유사한 내용이 많이 포함되며, 의심할 나위 없이 예수를 새로운 모세, 새로운 언약의 개시자, 그리고 최고의 선지자로 여기는 신학을 보여준다. 특별히 누가는 다음과 같은 공통점들을 강조한다. 첫째, 예수는 산 위에 계셨다.[52] 둘째, 하늘로부터 음성을 들으셨는데, 세례 받으실 때와 동일한 메시지를 들으셨다(이 점에 대해서는 p. 352를 보라). 셋째, 구름이 다가오고 하나님의 영광이 나타났다. 넷째, 대화의 주제는 예수의 "출애굽"(눅 9:31-NIV "떠남")이었다. 다섯째, 베드로가 광야 방랑 때처럼 "초막"을 지을 것을 제안하였다. 여섯째, 메시아의 선구자요 산 정상의 현현을 보았던 모세와 엘리야가 예수와 함께 대화하였다. 일곱째, 신명기 18:15-18의 성취로서 제자들은 예수께 경청해야 한다(7절). 여덟째, 이 모든 일들이 "엿새 후에" 일어났다(막 9:2; 출 24:16 참조).[53]

---

51) 특별히 Cranfield, *Mark*, 285-88을 보라. 천국이 능력 가운데 임하는 것에 대한 다른 제안들에는 부활, 오순절, 교회의 설립, 주후 70년 예루살렘의 멸망, 그리고 그리스도께서 청중들의 살아생전에 재림하실 것이라는 잘못된 신념 등이 포함된다.
52) 이 산의 이름은 언급되지 않았다. 전통적으로 이 산은 갈릴리 중부의 다볼산으로 알려져 있다. 하지만 이 "산"은 겨우 1900피트이며, 예수님 당시에는 산꼭대기에 요새가 있었다. 현대의 학자들은 종종 헬몬산(9200피트, 갈릴리 북동쪽)을 제안하지만, 너무 거리가 멀고 지형도 험하다. Liefeld, "Luke," 929는 메론(Meron)산을 제안하는데 이스라엘 부근에서는 거의 4000피트에 달하는 가장 높은 산으로서 갈릴리 바리 북서쪽에 위치한다.
53) 누가의 "팔 일쯤"(28절)은 마태나 마가와 모순되지 않는데, 육 일이나 팔 일 모두 한 주간의 기간을 뜻하

또다시 제자들은 무슨 일이 일어나고 있는지 깨닫지 못했다. 베드로는 산꼭대기의 경험을 지속하기 원했지만(막 9:5), 아직은 영광 가운데 안주할 시간이나 장소가 아니었다. 산을 내려오면서 제자들은 엘리야에 관해서 질문하였다(11-13절). 엘리야가 모든 것을 회복시키기 위해 선구자로 올 것이라면 메시아가 고난과 죽음을 당할 이유가 없어 보였다(말 4:5-6). 하지만 만약 세례 요한이 이 예언을 성취하였고 아직 처형을 당하지 않았다면, 그리스도께서 어떻게 다른 사람을 기대할 수 있겠는가?[54]

산 아래 계곡에서는 예수와 함께 산 위에 오르지 못한 아홉 제자들이 그들에게 맡겨진 사명을 성취하지 못하고 있었는데(막 6:7), 그것은 간질병에 걸린 소년에게서 귀신을 쫓아내지 못했던 것이다(막 9:14-29). 여기에서 또 다시 예수의 위엄과 제자들의 실패가 강한 대조를 보이고 있다. 예수는 귀신을 쫓아내신 후에, 그분을 드러내놓고 배척하는 "믿음이 없는 세대"처럼 행동하는 제자들을 꾸짖으셨다. 그들의 문제는 기도의 부족(29절; 몇몇 후대의 사본에는 "그리고 금식"이 추가되었다), 즉 하나님을 전적으로 신뢰하지 못하는 것이었다. 마태는 계속해서 적은 믿음이 가진 능력에 관한 예수의 약속을 추가하였지만(마 17:20-21), 이 구절들은 우리가 드리는 모든 기도 가운데 하나님의 뜻이 우리의 뜻에 우선되어야 한다는 주님의 명령과 항상 균형을 이루어야 한다(6:10).

(3) 제자도에 관한 다른 가르침들(막 9:30-50) [Aland §164, 166-168]

첫 번째의 수난 예고와 마찬가지로, 예수의 두 번째 예고 역시 제자들은 깨닫지 못했다(31-32절). 그래서 마가는 예수의 가르침을 한데 묶어 놓았는데, 그와 동일한 내용이 마태복음과 누가복음에는 흩어져 있다. 이 가르침들은 모두 겸손, 섬김, 화평한 삶 등에 초점을 두고 있는데, 십자가를 향해 나아가는 신실한 순례자에게 요구되는 덕목들이다.[55] 예수의 제자들은 누가 위대한지에 대해서 논쟁하고 있었기 때문에(33-34절), 예수는 그들에게 (a) 어린이와 같은, 또는

는 기본적인 표현들이기 때문이다.
54) Craig L. Blomberg, "Elijah, Election, and the Use of Malachi in the New Testament," *Criswell Theological Review* 2 (1987): 100-108과 이곳에서 인용한 다른 자료들을 참조하라.
55) Harry Fleddermann, "The Discipleship Discourse (Mark 9:33-50)," *CBQ* 43 (1981): 57-75.

종과 같은 자세를 가져야 하고(35-37절) (b) 그들의 무리 가운데 속했든지 아니든지 예수의 권세 아래 사역하는 자들은 모두 인정해 주어야 하며(38-41절)[56] (c) 다가올 심판을 고려하여 다른 사람들과 그들 자신을 위해서 범죄할 가능성을 피해야 하고(42-49절) (d) 서로 화평하면서 살아야 한다고(50절) 설명해 주셨다.

(4) 성전세에 관한 논의(마 17:24-27) [Aland §165]

이 시점에서 오직 마태만이 예루살렘 성전의 유지를 위해 매년 반 세겔의 세금을 내는 것에 관한 흥미로운 이야기를 전하고 있다. 예수는 여기에서 두 가지 점을 분명히 하셨다. 첫째, 예수와 제자들은 "천국의 자녀들"로서 면제되어야 한다. 이것은 예수께서 유대인들의 시민법과 제사법을 계속해서 거부한 것과 일치한다. 성도들은 이제 구약성경의 의무조항들로부터 자유하다. 하지만 둘째로, 예수는 불필요한 문제를 야기시키고자 하지 않으셨고 자발적인 헌금을 격려하셨다. 하지만 세금을 지불한 방법- 입에 동전을 문 물고기를 잡음으로써- 은 이 과정에서 어느 누구에게도 고통이 생기지 않았음을 보여준다![57]

3) 역사성

마가복음 7-9장과 병행구절들 속에 있는 몇몇 주제와 문학적 양식들(예를 들면, 기적 이야기들이나 유대 지도자들과의 갈등)의 신빙성에 관해서는 이전 장에서 이미 논의하였다. 추가로, 우리는 여기에서 논의한 다양한 구절들의 역사성을 위해서 다음과 같은 주장들을 열거할 수 있다. 첫째, 유대인들의 음식규례에 대한 예수의 도전은 이중적인 비유사성의 기준을 만족시킨다. 그것은 유대

---

56) 누가복음 11:23(마 12:30)은 이 본문의 담화 내용을 담고 있다("나와 함께 아니하는 자는 나를 반대하는 자요"). 하지만 이 주장은 문맥상 마찬가지로 적절하다: 모든 불신자들은 아무리 친절해도 궁극적으로는 그리스도를 반대하는 자들이다. 하지만 모든 참된 성도들은 엘리트 그룹에 속하든지 그렇지 못하든지 궁극적으로 우리와 한편이다.

57) Richard Bauckham ("The Coin in the Fish's Mouth," in *Gospel Perspectives*, vol. 6, 219-52)은 예수님과 제자들이 사역 이 즈음에 빈털터리였다고 주장한다. 반세겔은 두 드라크마나 데나리온과 같으며 이틀간의 품삯에 해당한다.

교와는 매우 다르지만 초대교회가 이를 곧바로 따랐던 것은 아니다.[58] 사실, 로마서 14:14는 그리스도의 바로 이 가르침을 암시하는 듯하다. 둘째, 수로보니게 여인에 대한 예수의 "모욕적인" 행동은 "수치"(embarrassment)의 테스트를 통과하기는 하지만, 유대적인 배경에서 볼 때 이해할 수 있는 행동이며, 그의 난해하면서도 재치 있는 응답은 그의 특징이기도 하다. 그리고 이 구절의 형태와 내용은 가버나움의 백부장의 아들을 고치신 이야기와 매우 유사하다(마 8:5-13). 셋째, 마가복음 7:34의 에바다(ephphatha)는 복음서에서 보기 드문 아람어이며, 소경을 고치신 두 이야기(막 7:31-37과 8:22-26)는 고대의 유대교나 초대교회에서 그 비근한 예를 찾아볼 수 없는 기적을 묘사한다. 넷째, 마가복음 8:11-13, 14-21과 병행구절들은 예수가 그 반대자들의 요구대로 응답하기를 꺼리시는 전형적인 모습과도 일치한다. 예수는 그들의 함정을 피하셨고 은유적인 경고를 주셨다.

가이사랴 빌립보로 가는 길에서 베드로와 예수 사이의 대화는 보다 광범위한 역사적인 질문을 제기한다. 예수가 교회를 세우려고 의도하셨는지의 여부조차 논쟁의 대상이 되어 왔다. 다시 말해서, 예수는 그의 제자들이 지속적인 교제의 모임을 확립할 만큼 오래오래 살 것을 정말로 기대하셨을까? 그리고 그 모임이 지금처럼 매우 발전하고 조직화된 기관이 될 것을 과연 상상이라도 하셨을까? 후자의 질문에 대한 대답은 "아니오"일 것이지만, 아마도 그의 제자 공동체가 그가 돌아가신 이후에도 지속되어 오랫동안 그분의 사명을 수행하리라는 것은 기대하셨을 것이다. 유대교에서는 메시아가 메시아적인 공동체, 즉 새롭거나 새롭게 된 이스라엘을 암시하였다. "교회"에 해당하는 헬라어(ekklesia)는 히브리어 qabal을 번역한 것인데, 이 단어는 하나님의 백성의 "총회"를 표현하는 구약성경의 기본적인 용어이다. 예수의 윤리적인 가르침-세금, 이혼, 복수하지 않는 것, 원수사랑, 재물의 청지기 등등-의 본질은 그의 제자들이 일상생활의 모든 문제들을 직면해야 하는 상당량의 시간적인 격차를 분명히 전제하고 있

---

[58] 이 주장에 대한 가장 심각한 도전은 E. P. Sanders, *Jesus and Judaism* (London: SCM; Philadelphia: Fortress, 1985), 264-67로부터 나타나는데, 그 근거는 만약 예수께서 음식규례를 철폐하셨다면 초대교회도 분명히 그 규례를 포기했을 것이라는 것이다. 하지만 예수님의 도전은 언제나 그렇듯이 간접적이며 한 가지 이상의 해석을 가능케 한다. 예수님의 난해한 말씀에 대해 제자들이 쉽게 오해할 소지를 감안할 때, 이 문제에 대한 초대교회의 보수성은 그다지 놀랄만한 일이 아니다.

다. 심지어 마태복음에만 등장하는 부분들에도 예수의 말씀을 그대로 번역한 듯한 유대적인 표현들이 많이 담겨 있는데 여기에는 "살아 계신 하나님의 아들", 팔복의 형태("복이 있나니"), bar-jonah("요나의 아들"[59]), "살과 피"(유한한 인간을 표현하는 숙어), 베드로의 이름에 대한 언어유희-게바("바위"), "지옥의 문"(즉 죽음의 권세), 그리고 묶거나 풀어주는 이미지 등이 있다. 이 시점에서 마태복음이 마가복음보다 실제로 앞서는지, 아니면 자신의 기본적인 자료를 단순히 보충하는지 관계없이, 그는 아마도 역사적 전승 위에 기초하는 것이 분명하다.[60]

예수가 그 후에 철저한 제자의 삶으로 부르신 부름들(막 8:34-38; 9:33-50)은 쉽게 지어낸 것이 아닌 "어려운 말씀들" 가운데 포함된다. 그리스도에 대한 베드로의 질책과 예수의 응답(8:32-33)은 그다지 자랑할 만한 내용이 아니므로 아마도 역사적으로 신빙성이 있을 것이다. 자신의 고난과 부활에 대한 예수의 삼중적인 예고(막 8:31; 9:31; 10:33-34)에 대해서는 더 많은 논쟁이 있다. 하지만 초자연적인 지식이 없더라도, 1세기 유대-로마 정세의 일반적인 분위기나 마카비 시대의 순교자들의 선례를 이해한다면 예수가 그 당시의 당국자들과 충돌 가운데 있었다는 사실은 쉽게 파악할 수 있다. 오직 마태복음 20:19에서만 십자가 처형에 의한 죽음이 실제로 언급되어 있다. 사건 발생 후의 "예언"이었다면 분명히 더 많은 내용을 보여주었을 것이다. 하지만 만약 예수가 순교를 예상하셨다면, 아마도 하나님의 신원(vindication)까지도 기대하셨을 것이다. 사두개인들을 제외하고, 부활은 다가올 세대를 위한 유대인들의 기본적인 소망이었지만, 십자가에 달리시고 부활하게 될 메시아에 대한 기대는 없었다. 그러므로 예수의 예언은 유대적인 상황 속에서 생각할 수 있으면서도 독특한 부분과 조화를 이룬다.[61] 마지막으로, 마가복음 9:1은 아마도 혼동스러운 구절이지만 이를 설명하기 위해 뒤따르는 변화산 이야기와 같은 내용을 전제로 한다. 그

---

[59] 또는 NIV와는 반대로, "요한의 아들." Baronia는 bar Johanan의 축약형일 것이며 요한복음 1:42과 21:15는 모두 시몬을 요한의 아들이라고 언급한다.

[60] Gerhard Lohfink, *Jesus and Community* (Philadelphia: Fortress, 1984; London: SPCK, 1985); Leonhard Goppelt, *Theology of the New Testament*, vol. 1 (Grand Rapids: Eerdmans; London: SPCK, 1981), 207-22; Ben F. Meyer, *The Aims of Jesus* (London: SCM, 1979): 185-97 참조.

[61] 수난 예언의 역사성에 대한 심도 깊은 변호는 Hans F. Bayer, *Jesus' Predictions of Vindication and*

리고 베드로후서 1:16-18은 이 사건에 대한 독립적이고 직접적인 증거를 제공한다.

4) 신학적인 특징

다시 말하지만, 각각의 복음서는 이 부분에 대해 나름대로 독특한 특징을 부여한다. 마가복음 8:27-30은 분명히 하나의 전환점을 형성하여 마가복음을 양분하고 있는데, 기적을 수행하시는 영광스러운 그리스도에서 고난 받으시는 종이신 예수로 바뀌는 시점을 보여준다(p. 190을 상기하라). 제자들의 결핍된 이해를 강조하기 위해서 마가는 군중을 먹이신 기적, 바다를 건너신 이야기, 바리새인들과의 갈등, 떡과 치유와 신앙 고백에 관한 대화를 이중적으로 전하고 있다(6:31-7:37; 8:1-30).[62] 마태 역시 베드로의 고백을 중심축으로 가지고 있지만(16:13-20; p. 128을 보라), 여기까지 진행되는 자료들을 유대인과 이방인 가운데의 주기적인 사역으로 묶어 놓았다. 예수는 그들 모두에게 생명의 떡이시다(14:13-36; 15:1-16:12).[63] 누가는 전환점을 그의 복음서에서 약간 뒤늦게 설정하였다(눅 9:51; 이 점에 대해서는 p. 456을 보라). 이미 언급했듯이, 누가는 지리적/신학적인 목적 때문에 예수가 갈릴리로부터 퇴거하신 모든 이야기를 생략하였지만, 마가복음과 병행하는 자료를 누가복음 9:1-50에 모아놓음으로써 예루살렘을 향한 예수의 여행을 예고하였다. 그는 여기에서 기독론과 제자도의 주제들을 강조하였는데, 특별히 예수를 종말론적인 선지자로 여겼다.[64]

Resurrection (Tübingen: Mohr, 1986)을 보라.
62) Lane, *Mark*, 269.
63) Craig L. Blomberg, *Matthew* (Nashville: Broadman, 1992), 210 참조.
64) 이 점에 대해서는 David P. Moessner, "Luke 9:1-50: Luke's Preview of the Journey of the Prophet like Moses of Deuteronomy," *JBL* 102 (1983): 575-605; and Robert F. O'Toole, "Luke's Message in Luke 9:1-50," *CBQ* 49 (1987): 74-89를 보라.

4. 심층연구를 위한 자료

1) 비유

(1) 초급

Clements, Roy. *A Sting in the Tale*. Leicester: IVP, 1995.
Hunter, A. M. *Interpreting the Parables*. London: SCM; Philadelphia: Westminster, 1960.
Kistemaker, Simon. *The Parables of Jesus*. Grand Rapids: Baker, 1980.
Sider, John W. *Interpreting the Parables*. Grand Rapids: Zondervan, 1995.
Stein, Robert H. *An Introduction to the Parables of Jesus*. Philadelphia: Westminster, 1981.
Wenham, David. *The Parables of Jesus: Pictures of Revolution*. London: Hodder & Stoughton; Downers Grove: IVP, 1989.

(2) 중급

Bailey, Kenneth E. *Poet and Peasant and Through Peasant Eyes*. [2 vols. bd. As 1] Grand Rapids: Eerdmans, 1983.
Blomberg, Craig L. *Interpreting the Parables*. Downers Grove and Leicester: IVP, 1990.
Dodd, C. H. *The Parables of the Kingdom*. London: Nisbet, 1935; New York: Scribner's, 1936.
Donahue, John R. *The Gospel in Parable*. Philadelphia: Fortress, 1988.
Herzog, William R., II. *Parables as Subversive Speech*. Louisville: Westminster/John Knox, 1994.
Jeremias, Joachim. *The Parables of Jesus*. London: SCM; Philadelphia: Westminster, rev. 1972.
Via, Dan O., Jr. *The Parables: Their Literary and Existential Dimension*. Philadelphia: Fortress, 1967.

Young, Brad H. *Jesus and His Jewish Parables*. New York: Paulist, 1989.

(3) 고급

Crossan, John Dominic. *In Parables: The Challenge of the Historical Jesus*. New York: Harper & Row, 1973.

Funk, Robert W. *Parables and Presence*. Philadelphia: Fortress, 1982.

Scott, Bernard B. *Hear Then the Parable*. Minneapolis: Fortress, 1989.

(4) 참고문헌

Kissinger, Warren S. *The Parables of Jesus: A History of Interpretation and Biliography*. Metuchen, N. J.: Scarecrow, 1979.

2) 기적

(1) 초급

Deere, Jack. *Surprised by the Power of the Spirit*. Grand Rapids: Zondervan, 1993.

Moule, C. F. D., ed. *Miracles*. London: Mowbray, 1965.

Richardson, Alan. *The Miracle-Stories of the Gospels*. London: SCM, 1941.

Smedes, Lewis B., ed. *Ministry and the Miraculous*. Pasadena: Fuller Theological Seminary, 1987.

(2) 중급

Latourelle, René. *The Miracles of Jesus and the Theology of Miracles*. New York: Paulist, 1988.

Brown, Colin. *Miracles and the Critical Mind*. Grand Rapids: Eerdmans; Exeter: Paternoster, 1984.

Sabourin, Leopold. *The Divine Miracles Discussed and Defended*. Rome: Catholic Book Agency, 1977.

van der Loos, Hendrik. *The Miracles of Jesus*. Leiden: Brill, 1965.

(3) 고급

Blackburn, Barry L. *Theios Aner and the Markan Miracle Traditions*. Tübingen: Mohr, 1991.

Kee, Howard C. *Miracle in the Early Christian World*. New Haven and London: Yale, 1983.

Theissen, Gerd. *The Miracle Stories of the Early Christian Tradition*. Edinburgh: T. & T. Clark; Phladelphia: Fortress, 1983.

Wenham, David, and Craig Blomberg, eds. *Gospel Perspectives*. Vol. 6, *The Miracles of Jesus*. Sheffield: JSOT, 1986.

3) 갈릴리로부터 물러나심

Bayer, Hans F. *Jesus' Predictions of Vindication and Resurrection*. Tübingen: Mohr, 1986.

Booth, Roger P. *Jesus and the Laws of Purity*. Sheffield: JSOT, 1986.

Caragounis, Chrys C. *Peter and the Rock*. Berlin and New York: de Gruyter, 1990.

Fowler, Robert M. *Loaves and Fishes*. Chico: Scholars, 1981.

McGuckin, J. A. *The Transfiguration of Christ in Scripture and Tradition*. Lewiston: Mellen, 1986.

5. 복습을 위한 질문들

1) 우리는 비유를 해석할 때 어떤 원칙들을 마음에 두어야 하는가? 구체적으로 비유를 선택하고 설명하라.
2) 마가복음 4:10-12를 설명하라.
3) 예수의 기적들, 특별히 "자연 기적들"을 해석할 때 마음에 명심해야 할 원칙들은 어떤 것인가? 구체적으로 기적을 선택하고 설명하라.
4) 복음서에서 기적과 믿음 사이의 관계에 대해서 논의하라.

5) 예수께서 "갈릴리로부터 물러나심"의 내용에서 핵심 교훈은 무엇인가? 몇 가지 본문을 예로 들어 설명해 보라.
6) 베드로의 "고백" 속의 핵심 교훈은 무엇인가? 그는 어떻게 아직도 이해하지 못했는가?

제15장

예수의 다른 가르침들
–마태복음, 누가복음, 요한복음을 중심으로

우리는 그리스도의 갈릴리 사역을 주로 마가복음의 내용을 중심으로 살펴보았다. 필요에 따라서는 다른 복음서로부터 관련된 자료를 삽입하였다. 이제는 예루살렘을 중심으로 한 예수의 마지막 절정적인 시간을 다루기 전에, 다시 돌아가 우리가 건너뛰었던 내용을 다룰 시간이다. 마태복음에서는 두 개의 주요 설교가 여기에 해당하는데(10장과 18장), 몇몇 서로 다른 상황으로부터 한데 모은 예수의 가르침은 아닐 것이다. 누가복음에서는 다른 복음서에서 그 병행구절을 찾을 수 없는 그의 복음서의 중심 부분(9:51-18:34)이 여기에 해당하는데, 그 대부분은 비유의 형태로 전해진 가르침들이다. 요한복음에서, 우리는 예수께서 예루살렘을 간간히 방문하신 내용과 유대 지도자들과의 논쟁을 살펴보아야 한다(5-11장의 대부분).

1. 마태복음 10장과 18장

1) 선교 강론(마 9:36-10:42) [Aland §98-105]

(1) 문맥(마 9:36-10:4)

갈릴리 사역의 대략 중간 즈음에, 예수는 말씀을 전하고 가르치고 병을 고치시는 자신의 사역을 그의 제자들이 본받아 수행하도록 명령하셨다. 추수의 가능성은 위대하였지만, 추수할 일꾼들이 더 늘어날 필요가 있었다(9:35-38). 제자들은 비록 일찍 선택되기는 했지만(p. 377을 보라) 바로 이 시점에서 마태는 열두 제자들의 이름을 열거한다(10:1-4). 마태가 전하는 설교는 두 개의 단락으로 대별된다. 예수 생애 동안의 사역을 위한 가르침(5-16절)과 다가오는 핍박과 그의 죽음과 부활 이후의 상황에 대한 전망(17-42절)이다.[1] 이 중에서 오직 후자에만 후대 제자들의 세대에게 적용될 수 있는 교훈들이 담겨 있다.

(2) 메시지(10:5-42)

당분간 제자들은 유대 지역에만 머물러 있어야 했고(5-6절) 그들이 섬기는 사람들의 환대에 의존하면서 가볍게 여행해야 했다(7-16절). 착용할 물건의 제한과 짧은 체류기간에서 보이는 엄한 규율은 선교의 제한된 범위에서 나오는 것이라기보다는, 메시지를 전해야 하는 긴박함에서 기인한다.[2] 앞에서 설명한 대로(p. 214), 예수는 유대인들이 복음을 먼저 들어야 한다고 하셨지만, 나중에는 제자들에게 모든 인종 집단에게 가서 메시지를 전하도록 명령하신다(28:18-20).[3] 사실, 예수는 돌아가시기 전에도 여행 준비를 위한 이런 특별한 가르침 중 일부를 폐지하셨다(눅 22:35-38). 그러나 복음을 선포하고 병자를 치유하는 기본적인 임무는 사도행전으로 계속 이어진다.

17-42절은 세 부분으로 나뉜다. 첫째, 예수는 장래의 적대감에 대해서 묘사하신다(17-25절). 제자들과 그리스도의 밀접한 관계 때문에 이것은 불가피했다(24-25절). 하지만 성령님은 이 모든 일들 가운데에서도 그들을 보호하시고 인도하실 것이다(17-23절). 실제로, 예수는 그들에게 증거할 수 있는 기회를 주실 것이다(18절). 사람들을 주의하는 것(17절)과 염려하지 않는 것(19절) 사이에는 예리한 균형이 존재한다. 이 단락에는 예수가 "인자가 오기 전에" 그의 제자들이 이스라엘의 모든 동네를 다 여행하지 못할 것이라고 약속하신 난해한 구절이 담겨 있다(23절). 만약 이 예언이 5-16절에 등장한다면, 우리는 이것을 단순히 제자들의 단기 선교에 대한 언급으로 생각할 수 있지만, 미래의 적대심을 다

---

1) 이 설교에 대한 문학 비평적인 분석을 위해서는 Dorothy J. Weaver, *Matthew's Missionary Discourse* (Sheffield: JSOT, 1990)를 보라.
2) 복음서의 병행구절에서 소위 모순이라고 부르는 것들 중에는 예수께서 제자들에게 지팡이와 신발을 모두 금지하셨는지, 아니면 단지 여분으로 가져가는 것을 금하셨는지가 포함된다. 이 부분을 해결하기 위해 제안된 다양한 견해들은 Barnabas Ahern, "Staff or No Staff," *CBQ* 5 (1943): 332-37을 보라. 보다 최근의 자료 비평적인 설명을 위해서는 Craig Blomberg, *The Historical Reliability of the Gospels* (Leicester and Downers Grove: IVP, 1987), 145-46을 보라: 마태의 기록은 아마도 누가복음 10장에서 묘사된 칠십(이)인의 파송과 막 6에 기록된 열두 제자들의 파송을 혼합한 것이다. 각각의 경우 명령들이 약간 다르게 나타난다.
3) Amy-Jill Levine, *The Social and Ethnic Dimensions of Matthean Social History* (Lewiston: Mellen, 1988) 참조.

루는 이 문맥에서는 그러한 해석이 잘 적용되지 않는다. 아마도 예수는 유대인 선교의 불완전한 특성을 예언하시거나, 어쩌면 그 지속적인 우선순위를 암시하시는지도 모른다.[4] 둘째, 적대심에 대한 적절한 반응은 사람이 아니라 하나님을 두려워하는 것이다(26-31절). 육체의 죽음은 영원한 형벌보다 훨씬 덜 중요하다. 셋째, 산상수훈 끝부분과 마찬가지로, 궁극적으로는 두 가지 선택 밖에 없다. 예수를 인정하든가 아니면 그분을 배척하는 것이다(32-42절). 믿음을 끝까지 지키고자 하는 자들은 결과적으로 식구들로부터 소외될 수도 있지만, 무엇보다도 하나님을 최우선순위에 두어야 한다(34-39절). 하지만 모든 사람은 궁극적으로 성도들의 전도를 받아들였는지의 여부에 기초해서 심판을 받게 될 것이므로(40-42절), 커 보이는 희생일지라도 무릅쓸 가치가 있다.

2) 겸손과 용서에 관한 설교(마 18:1-35) [Aland §166, 168-173]

예루살렘을 향한 예수의 절정적인 여행 이전에, 마태는 제자들만을 위한 예수의 또 다른 긴 강론을 기록(편집?)하였다. 자신의 교회를 세울 것을 이미 약속하신(마 16:16-19) 주님은 여기에서 이제 갓 태어난 공동체를 위한 기본적인 원칙들 중 몇 가지를 자세하게 설명하셨다. 예수의 "설교"는 겸손에 대한 가르침(1-14절)과 용서에 대한 가르침(15-35절)으로 양분된다.[5] 1-9절은 제자들에게 필요한 겸손을 설명한다. 제자들은 하나님께 대한 어린아이 같은 의지는 본받아야 하지만(1-5절), 가장 중요하게 보이지 않는 성도라 할지라도 그를 실족하게 하는 일은 피해야 한다(6-9절). 10-14절은 방랑하는 인류를 구원하시기 위해서 위대한 걸음을 내딛으신 하나님의 겸손을 보여준다. 여기의 문맥에서(눅 15:4-7), 길 잃은 양의 비유는 길에서 벗어난 성도에게 우선적으로 적용되는 것처럼 보인다.[6] 여기에서 "소자"란 마태가 동료 성도를 지칭하기 위해 즐겨 사용

---

4) J. M. McDermott, "Mt. 10:23 in Context," BZ 28 (1984): 230-40을 보라. 다른 해석들에 대한 간략한 개관을 위해서는 D. A. Carson, "Matthew," in *Expositor's Bible Commentary*, ed. Frank E. Garbelein, vol. 8 (Grand Rapids: Zondervan, 1984), 250-53을 보라.
5) 본 장에 대한 가장 상세한 연구는 W. G. Thompson, *Matthew's Advice to a Divided Community* (Rome: BIP, 1970)이다.
6) 잃은 양에 대한 마태와 누가의 기록은 비평가의 가정들을 확인하기 위한 하나의 전형적인 선례를 보여준다. 이 두 기록 사이의 유사성들이 마태와 마가가 같은 자료를 각각 수정한 것이라고 여기게 한다면, 그들

한 용어이다.

15-35절은 용서의 주제를 보충적으로 설명해 준다. 죄를 범한 성도가 회개하지 않는다면, 그의 마음을 돌이키기 위해서는 갈수록 엄격한 중재절차가 필요하다(15-18절). 이것은 징계의 과정을 이해하기 위해 교회가 주목하는(또는 주목해야 하는) 신약성경의 전형적인 구절이다. 극단적인 경우에는 출교 조치가 필요할 수도 있겠지만, 그것 역시 그를 회복시키기 위한 기대 속에서 진행되어야 한다. 성도를 "이방인과 세리"같이 여기라는 말(17절)은 그들을 오직 성도들만을 위한 모임에는 받아들일 수 없되, 여전히 불신자를 그리스도께 인도할 때와 마찬가지로 친절과 사랑으로써 대해야 한다는 것을 의미한다.[7] 19-20절은 분명히 이런 문맥에 포함된다. 예수의 이름으로 모인 "두세 사람"은 16절에서 "한두 사람"의 증인 앞에서 동료 성도의 잘못을 지적하는 경우와 유사하다. 예수는 여기에서 모든 소그룹 기도 모임마다 자신이 함께 할 것을 가르치시는 것이 아니라(비록 그것이 사실일지라도), 하늘이 적절하게 수행된 교회의 징계와 뜻이 일치한다는 사실에 대해서 가르치시는 것이다.

이와는 대조적으로, 예수는 21-22절에서 일흔 일곱 번씩 용서하라고 명령하신다. 이것을 15-20절과 모순된 것으로 보지 않는 유일한 방법은 여기에서 참된 회개가 일어났다는 것을 가정하는 것이다. 추가된 비유 속의 왕이 은혜로운 모습과 엄격한 모습을 교대로 보이는 것(23-35절)은 이러한 결론을 확인해 준다(또한 눅 17:3-4를 보라). 21-35절 모두는 진정으로 회개하는 자들, 즉 단순히 사죄하기보다는 자신의 행동을 바꾸는 자들에게 베풀어져야 하는 후한 회개에 대해서 보여준다. 그러나 회개의 고백에도 불구하고 용서의 행동이 나타나지 않는 경우에는 끔찍한 심판이 있게 될 것이다. 34-35절은 하나님의 은혜와 용서가 철회될 수 있다는 생각을 지지하는 구절로 여겨져 왔지만, 리더보스(Ridderbos)처럼 이해하는 것이 보다 도움이 된다. "하나님의 용서로부터 사람

은 분명히 자신들의 전승에 대해 상당한 자유를 느꼈을 것이다. 하지만, 두 개의 전혀 다른 배경과 적용을 고려할 때, 예수께서 하나의 이야기를 두 개의 상이한 문맥 속에서 두 가지 상이한 방법으로 사용하셨다고 볼 수는 없을까? Craig L. Blomberg, "When Is a Parallel Really a Parallel? A Test Case: The Lucan Parables," *WTJ* 46 (1984): 78-103을 보라.

7) 이 주제에 대해서 보다 일반적으로 J. Carl Laney, *A Guide to Church Discipline* (Minneapolis: Bethany, 1985)을 보라.

의 용서를 분리하려고 하는 자들은 더 이상 하나님의 긍휼을 기대할 수 없다. 그렇게 할 때 그는 비유 속의 종처럼 단순히 긍휼을 잃어버릴 뿐만 아니라, 애당초 받지도 못했음을 드러낼 뿐이다. 하나님의 자비는 오로지 한 번 경험하는 무의미한 어떤 것이 아니다. 그것은 인생 전체에 충만한 지속적인 능력이다. 그것이 어떤 능력처럼 드러나지 않는다면 그런 능력은 애당초 받지도 못한 것이다."[8]

3) 역사성

"M"자료(p. 154를 보라)가 마태복음의 독특한 자료이든지, 아니면 사도의 기억이든지, 우리는 오직 마태복음에만 등장하는 이 자료의 신빙성을 진지하게 고려해야 한다. 마태복음 10:1-16의 유대적인 배타성은 그 대부분이 나중에 폐지되기는 했지만 마태가 그 당시의 변화된 상황으로부터 역사적인 정보를 구별했음을 분명하게 보여준다. 23절은 그 신빙성을 거의 확신할 수 있을 만큼 충분히 난해하고 당황스럽다. 34-36절과 37-39절은 "어려운 말씀들"이 분명한데, 특별히 유대교와 후기 기독교의 "가족관"에 예리하게 대립된다. 마태복음 18장의 주제와 형태는 이 "설교"의 중요한 핵심 내용의 신빙성을 지지한다. 두 개의 "삼중적인" 비유들, 용서와 회개에 대한 예수의 독특한 주제(이 주제들은 각각 나름의 변화를 가지고 묘사되었다), 그리고 겸손에 대한 초점이다(겸손은 대부분의 헬라 사회에서는 덕목으로 여겨지지 않았고, 고대의 유대 사회나 초대교회 즉 기독교 진영에서는 별로 따르지도 않았다).

2. 누가복음의 중앙 부분(9:51-18:14) [Aland §174-237]

1) 연대와 지리와 개관

복음서를 개관할 때 논의하였듯이(제3부), 누가복음의 중앙 부분, 또는 여행

---

8) H. N. Ridderbos, *Matthew* (Grand Rapids: Zondervan, 1987), 346.

이야기라고 불리는 부분은 거의 대부분 Q 자료와 L 자료로 구성되어 있다. 이 자료들은 거의 모두 예수의 가르침으로 이루어져 있다. 이 부분은 예수께서 그를 기다리고 있는 운명을 위하여 마치 갈릴리에서 예루살렘까지 예수의 여정을 더듬을 것처럼 시작하지만(9:51), 후속하는 아홉 개의 장에는 다른 복음서의 해당 부분과 비교할 때 연대나 지리를 보여주는 내용이 별로 없다. 그러한 내용을 추론할 수 있는 본문은 겨우 세 개에 불과하다. (1) 9:51-56은 예수가 사마리아에서 배척을 당하시고 "다른 촌"으로 가셨다고 기록한다. 이것은 예수가 사마리아 지경을 모두 피하시고 요단강 동편을 따라 베레아를 거쳐 여행하는 유대인들의 일반적인 경로를 따르셨음을 의미하는 것으로 종종 해석된다. 하지만 이것은 단순한 추측에 불과하며, 예수는 아마도 사마리아의 다른 마을로 여행하셨을 것이다. (2) 10:38-42에서 예수는 베다니에 살고 있는 마리아와 마르다를 만나셨는데, 베다니는 예루살렘 근방에 있었다(하지만 우리는 오직 요한복음 11:1을 통해서 이 위치를 알고 있을 뿐이다). (3) 17:11에서 예수는 사마리아와 갈릴리 접경을 따라 여행하신다. 우리가 어떤 결론을 내리든지, 이것은 갈릴리로부터 예루살렘까지 향하는 직선적인 경로는 결코 아니다!

이 아홉 장들이 주제에 따라 배열된 점을 고려할 때, 이것들은 누가가 예수의 가르침들을 모으는 방식이라고 보는 것이 가장 좋은데, 아마도 예수께서 수많은 장소를 다니시던 공생애의 절정기에 주로 전하신 가르침들일 것이다. 하지만 이 모든 것은 장차 나타날 "십자가의 그림자 아래"에서 이해해야 한다(9:51). 사실 이 중앙 부분을 개관하기 위한 가장 설득력 있는 시도는 연대와는 아무런 관계도 없다. 몇몇 학자들은 9:51부터 시작되는 구절들 가운데서 병행구절들과 신명기에서 뽑은 가르침들을 보았는데, 이것은 누가가 예수를 모세가 예언했던 종말론적인 선지자로서 묘사하기 원했다는 증거가 된다.[9] 이보다 더 주목할 만한 것은 "여행 이야기"를 하나의 확대된 교차대구법(chiasmus)으로 보는 분석인데, 주로 예수가 자신이 예루살렘으로 가서 그곳에서 죽어야 한다고 엄숙하

---

9) C. F. Evans("The Central Section of St. Luke's Gospel," in *Studies in the Gospels*, ed. D. E. Nineham [Oxford: Blackwell, 1955], 37-53)에 의해서 처음 제안된 중요한 가설은 신명기 1-26과 일치하는 누가복음 10-18의 22개의 개별적인 병행구절들을 나열하고 있다. 다른 학자들은 이 병행구절들이 모두 똑같이 유사하거나 설득력이 있는 것이 아니라고 지적하면서 누가복음의 중심부에 담겨 있는 신명기의 중심 주제들에 대해서만 언급한다 (237쪽을 보라).

게 선언하신 것을 그 절정에 두고 있다(13:31-35).[10] 이러한 분석의 가장 설득력 있는 부분은 한 쌍의 매우 유사한 비유들과 일치하는데, 그러므로 이 가설은 다음과 같이 약간 수정할 수 있다. 누가는 교차 대조 형식으로 배열된 비유들을 사용하였는데(구전이든지 기록된 것이든지), 이를 중심으로 누가는 항목별로 연관된 예수의 가르침들을 한데 모아놓음으로써 주제에 따라 구성된 단락을 보여주고 있다. 이런 가설적인 자료의 가장 절정적인 중심에는 14:7-24의 위대한 잔치 비유와 연관된 가르침들이 등장하는데, 이 구절들은 회개하지 않는 이스라엘에 대한 임박한 심판, 천국을 받아들인 유대 사회의 소외자들, 그리고 이방인 선교에 대한 예시 등 누가의 주요 주제들을 강조한다.

2) 개별적인 구절들에 대한 선별된 주해

누가복음의 중앙 부분에 있는 모든 구절들을 살펴보기에는 공간이 부족하기 때문에, 우리는 여기에서 주로 누가복음에만 나오는 독특한 구절들과 이야기의 전반적인 흐름을 집중적으로 살펴볼 것이다. Q 자료의 대부분은 마태복음의 자료를 논의하는 본서의 다른 부분에서 이미 다루어졌다.

(1) 제자도의 대조적인 모습(9:52-62) [Aland §175-176]

누가복음 초반에 나오는 예수와 엘리야 사이의 모든 병행구절들을 보면, 엘리야가 대적들을 무찌르기 위해 하늘로부터 불을 내리게 했던 기적을 제자들도 수행하겠다고 제안한 것은 놀랄 일이 아니다(54-56절; 왕상 18:38 참조). 하지만 십자가를 향해 가는 사람은 복수하지 않고 고통을 감당할 준비가 되어 있어야 한다. 그러므로 예수는 제자가 되고자 하는 사람에게서 철저한 헌신이 요구된다는 사실을 강조하신다(57-62절). 아버지를 장사지내고 식구들과 작별하는 것은 예수와 연합하기 전에 친족들이 죽을 때까지 기다리는 것에 대한 완곡한 표현일 수도 있지만, 예수의 부르심에 담긴 엄격함을 지나치게 약화시키지 말아야 한다. "주님을 따르는 것은 마치 두 번째의 직업을 갖는 것처럼 다른 것들에 추가되는 과업이 아니다… 그것은 모든 것이다. 그것은 제자 지망생으로 하

---

10) 특별히 Kenneth E. Bailey, *Poet and Peasant* (Grand Rapids: Eerdmans, 1976), 80-82를 보라.

여금 그의 다른 모든 의무들을 재정리하도록 만드는 엄숙한 헌신이다."[11]

(2) 칠십(이) 인의 선교(10:1-24) [Aland §177-181]

누가복음의 중앙 부분에 나오는 보기 드문 이야기 중 하나에서 예수는 칠십 (이) 명의 제자들을 내보내시는데, 이것은 창세기 10장에 열거된 민족들의 수와 동일하다.[12] 그들에게 주신 주님의 위임은 이스라엘의 마을들만 다니며 복음을 전하고 병을 고치라고 일찍이 열두 제자들에게 주셨던 위임과 유사하다(마 10:5-15). 만약 예수가 이때에 베레아에 계셨다면 이것은 명확한 이방 선교를 의미할 것이다. 하지만 베레아에 계시지 않았다면 이처럼 많은 제자들의 사역은 적어도 그것을 예시하는 것이다.[13] 이러한 이유 때문에 예수께서 유대의 큰 마을들에서 배척당하신 것과 이 세상의 "소외된" 자들로부터 영접받으신 것을 비교하는 Q 자료의 다양한 구절들을 삽입하였다(13-16, 21-24절). 그 사이에서 누가는 제자들이 성공적으로 귀신을 내쫓은 것이 어떻게 하나님의 통치가 도래함으로써 이루어진 사탄의 패배를 보여주었는지를 독특하게 강조하고 있다(17-20절). 비록 마귀들이 완전히 심판을 받은 것은 아직 아니지만 그들의 멸망은 확실하다.

(3) 하나님과 이웃 사랑에 관하여(10:25-42) [Aland §182-184]

예수를 함정에 빠뜨리려 하는 어떤 율법사가 영생에 대해서 예수께 질문하였다. 예수는 처음에는 다분히 유대적인 대답을 주셨다. 하나님을 사랑하고 이웃을 사랑하라(신 6:5; 레 19:18). 인종 중심적으로 생각한 것이 분명한 율법사는 "이웃"의 정의가 얼마나 넓게 확대되는지 질문하였고, 예수는 선한 사마리아인의 비유를 말씀하신다(25-37절). 사마리아인의 모범으로부터 우리는 궁핍에 처한 모든 사람에게 자비를 베풀어야 한다는 교훈을 배운다. 제사장과 레위인으로부터는 종교적인 의무는 사랑을 베풀지 않는 것에 대한 핑계가 될 수

---

11) Robert J. Karris, *Invitation to Luke* (Garden City: Doubleday, 1977), 130.
12) 누가복음 10:1, 17에서 "칠십"과 "칠십이" 사이의 문헌적인 증거는 상대적으로 골고루 균형을 이루지만, 후자를 다소 선호한다. 창세기 10장에 대한 히브리어와 헬라어 사본 사이에도 유사한 변형들이 각각 등장한다.
13) John Nolland, *Luke 9:21-18:34* (Dallas: Word, 1993), 558 참조.

누가복음의 중앙 부분에 독특한 교차대조적인 비유들

A. 선한 사마리아인(10:25-37)	A.' 바리새인과 공의원(18:9-14)
(소외자들은 영웅—유대 지도자들은 악한 역할)	
B. 자정에 찾아온 친구(11:5-8)	B.' 불의한 심판관(18:1-8)
(수사학적인 질문 형태—담대하고 끈질긴 기도)	
C. 미련한 부자(12:13-21)	C.' 부자와 나사로(16:19-31)
(재물의 오용으로 인한 영원한 위기)	
D. 깨어 있는 종(12:35-38)	D.' 불의한 청지기(16:1-13)
(종의 비유들—청지기 직분의 옳고 그른 사용)	
E. 말라버린 무화과나무(13:1-9)	E.' 잃은 양과 동전과 아들(15:1-32)
(회개에 관한 세 가지 병행 구절들—두 개는 길고 하나는 짧다)	
F. 큰 잔치(14:7-24)	
(절정적인 중심부—역전, 가난/부유, 그리스도의 재림 등 누가의 주된 주제들)[a]	

a. Craig L. Blomberg, "Midrash, Chiasmus, and the Outline of Luke's Central Section", in *Gospel Perspectives*, vol. 3, ed. R. T. France and David Wenham (Sheffield: JSOT, 1983), 217-61.

없다는 것을 보게 된다. 하지만 율법사의 질문에 대답을 주고 왜 사마리아인이 영웅인지를 설명해 주는(그렇게 함으로써 유대 청중들을 놀라게 한), 이 구절의 가장 절정적이고 통합적인 주제는 우리의 원수가 바로 우리의 이웃이라는 것이다.[14]

하지만 이웃을 향한 사랑은 단순히 겉치레로 전락하거나 하나님을 향한 적절한 사랑을 희생시킬 수도 있다. 그래서 누가는 두 자매, 미리아와 마르다의 예

---

14) 특별히 Robert W. Funk, *Parables and Presence* (Philadelphia: Fortress, 1982), 29-34, 64-65를 보라.

수의 도전적인 만남을 나란히 놓았다. 당시 유대 사회의 통념에도 불구하고 예수는 마치 자기가 남자 제자인양 랍비의 발아래에 앉아 이상하게 행동하는 마리아가 이 경우에 정말로 필요한 것을 선택하였다고 선포하신다. 마르다가 예수와 그의 일행을 환대하기 위해 "전형적인 여성"의 모습으로 집안일에 분주한 것은 사회가 기대한 바이기는 하지만 중요한 점을 놓치고 말았다.

(4) 기도에 관한 가르침들(11:1-13) [Aland §185-187]

이 문맥에서 독특한 것은 밤늦게 찾아온 친구의 비유이다(5-8절). 이 비유의 이미지와 언어는 기도의 끈질김(이 점은 18:1-8에서 발견된다)보다는 부끄러운 줄 모르는 담대함을 가르쳐 준다.[15] 추가된 Q 자료(9-13절)에서 예수는 하나님께서 그 자녀들의 기도에 대한 응답으로 오직 좋은 선물만 주실 것이라고 약속하신다. 하지만 마태복음의 구절과는 달리, 누가는 성령님을 성도들이 받을 수 있는 최상의 선물로 언급함으로써 결론을 맺는다. 이것은 아마도 "제유법"(synecdoche, 일부로서 전체를 나타내는 표현법)의 사용일 것이다.

(5) 바리새인들과의 논쟁(11:14-54) [Aland §188-194]

이 부분은 거의 전적으로 Q 자료이며 본서의 다른 여러 곳에서 논의되었다.

(6) 다가올 심판을 위한 준비(12:1-13:9) [Aland §195-207]

이 부분에서 누가만의 독특한 내용은 다양한 비유들을 중심으로 한다. 미련한 부자(12:13-21)는 그의 재물 때문이 아니라, 욕심(NIV는 "탐심"-15절), 자기중심적인 부의 축적과 저장(16-20절), 그리고 하나님에 대해서는 전혀 생각하지 않았기 때문에(21절) 화를 당한다. 성도들을 포함해서 가장 부유한 서구인들의 문제점은 우리가 이러한 내용을 보면서도 얼마나 이 사람과 유사한지를 보지 못

---

15) 최근의 NIV 개정판은 8절의 *anaideia*를 "담대함"으로 올바로 번역하였다. 남자의 요구에 담긴 "뻔뻔스러움" 역시 다른 오래된 번역에 반영되어 있는데, 여전히 인내의 요소를 잘못 보여주고 있다. "뻔뻔스러움"은 또한 그 사람이 잠을 자고 있음을 의미할 수도 있는데, 필요한 도움을 그가 제공하지 못했다는 소문이 마을에 퍼질 때 그에게 따르올 수치를 피하고자 했기 때문이다. J. D. M. Derrett, "The Friend at Midnight: Asian Ideas in the Gospel of St. Luke," in *Donum Gentilicum*, ed. Ernst Bammel, C. K. Barrett and W. D. Davies (Oxford: Clarendon, 1978), 78-87을 보라.

한다는 사실이다.[16] 12:35-48에서는 하나의 L 자료와 두 개의 Q 비유들이 한데 묶여서 그리스도의 재림을 위한 경각심을 보여준다. 하지만 재림(Parousia)의 시기를 추측하려는 모든 시도는 잘못된 것이다. 주님은 아주 늦게(35-38절), 전혀 예상하지 못하게(39-40절), 또는 아주 일찍(42-46절) 오실지도 모른다. 이 중 가장 마지막 비유에 대해 누가는 심판의 가혹한 정도가 개인의 지식에 따라 달라질 것을 강조하는 두 독특한 구절들을 추가한다(47-48절). 이로 인해 예수는 지옥 형벌의 다양한 차등을 가르치는 것처럼 보이는데, 이것은 심판이 사람의 행위에 기초하기 때문에 당연하게 여겨진다. 누가복음 13:1-9는 또한 이 복음서에만 등장한다. 근래에 있었던 두 가지 재앙에 대한 언급은 이스라엘 민족이 회개하지 않으면 임하게 될 심판에 관한 비유로 이어진다.

(7) 천국의 역전(13:10-14:24) [Aland §208-216]

이 부분은 두 개의 상호 병행적인 단락들로 나뉜다(13:10-35; 14:1-24). 각 단락은 예수께서 안식일에 병자를 고치시는 사건으로 시작되며, 계속해서 한 쌍의 짧고 나란한 비유들을 제시한 후에 누가 천국에 들어갈 것이며 들어가지 못할 것인지에 대한 긴 강론으로 매듭을 짓는다. 모든 것을 종합해서 볼 때, 이 부분의 지배적인 주제는 천국에 참여하게 될 자들에 대한 동시대인들의 기대의 놀라운 역전이다. 서로 초대를 주고받던 전형적인 풍습을 질책하시면서(14:7-14상), 그리스도는 돌려받기를 바라지 않은 채 그분을 따르는 자들에게만 주어질 영원한 상급을 약속하신다(14하, 15-24절에서 설명된다).[17]

(8) 제자도의 대가(14:25-35) [Aland §217-218]

다시금 누가만의 독특한 비유들이 이 짧은 부분의 핵심을 구성한다(28-32절). 마태복음 10:37은 누가복음 14:26을 이해하는 데 중요하다. "미워하는" 것

---

16) Craig L. Blomberg, *Give Me Neither Poverty nor Riches: A New Testament Theology of Material Possessions* (Leicester: IVP; Grand Rapids: Eermands, 근간).
17) 위대한 잔치 비유의 세 가지 교훈들은 세 수인상들과 연관되며 Robert H. Stein, *An Introduction to the Parables of Jesus* (Philadelphia: Westminster, 1981), 89에 잘 설명되어 있다: "중요한 것은 하나님 나라가 이미 도래하였고 그것을 수용하리라 예상했던 자들(종교적인 특권층)은 그렇게 하지 않은 반면, 전혀 예상하지 못했던 자들(세리, 가난한 자들, 창녀들)은 수용했다는 점이다."

은 "덜 사랑하는" 것에 대한 유대적인 과장법이다. 그리스도께 대한 철저한 헌신보다 "가정의 소중함"에 대한 헌신을 더 강조하는 듯한 오늘날의 보수적인 기독교에 대해서 심각한 경고를 던진다. 중세 시대의 교회는 "비용을 계산하는" 주제에 너무나 도전을 받은 나머지 때로는 이 구절들을 성직자들이나 수도사들에게만 제한적으로 적용하였다! 우리는 또한 간단한 영접 기도를 드리거나 전도 집회에 참석해서 손을 들은 사람들을 성도라고 너무 쉽게 선포하는 것에 대해서 재고해 볼 필요가 있을 것이다. 길고 쓰라린 기간을 인내한 사람들만이 진정으로 구원받은 사람들임을 입증한다. 여전히 28-30절은 주님을 따르는 비용을 따르지 않는 비용과 대조하는데(31-32절), 분명한 것은 후자의 비용이 훨씬 크다는 사실이다.

(9) 회개의 기쁨(15:1-32) [Aland §219-221]

이 부분은 또한 "잃어버리는 것에 관한 세 가지 비유들"-잃은 양, 잃은 동전, 잃은 아들들-이라고 부를 수 있다. 이 세 가지 교훈들은 특별히 탕자의 비유를 세 등장인물들의 관점으로 읽으면 더욱 분명해진다. 첫째, 방랑하는 개인들은 얼마나 타락했는지 관계없이 회개하도록 항상 초청받는다. 둘째, 하나님은 언제나 죄인이 돌아오기를 환영하며 기다리신다. 아버지는 사회적인 체면도 벗어버린 채 아들에게 달려감으로써, 그리고 회개를 요구하기보다는 잔치를 베풂으로써 아낌없는 사랑을 보여준다. 셋째, 하지만 가장 핵심적인 교훈은 보수적이고 종교적인 사람들에게 주어진다. 스스로를 보다 의롭다고 여기는 자들은 하나님의 은혜를 받을 "자격 없는" 사람들에 대해서 결코 분개하지 말아야 한다. 누가복음 15:1-3은 이야기 속의 아버지가 하나님을 상징하고(그리고 간접적으로는 예수를 상징), 탕자는 세리와 죄인들을, 그리고 큰 형은 예수를 비판하는 바리새인들과 서기관들을 대표한다는 점을 분명히 보여준다. 하지만 이것은 앞서서 등장하는 두 비유 속의 목자와 여인 역시 어떤 의미에서 하나님에 대한 상징임을 의미하는데, 목자들을 경멸하고 여인들을 열등하게 취급하는 문화에서는 충격적인 비유들이라고 할 수 있다![18]

---

18) 본 장 전체에 대해서는 특별히 Kenneth E. Bailey, *Finding the Lost: Cultural Keys to Luke 15* (St. Louis: Concordia, 1992)를 보라.

(10) 재물의 사용과 남용(16:1-31) [Aland §222-228]

불의한 청지기의 이야기(16:1-13)는 아마도 예수의 비유들 중에서도 가장 당황스런 비유일 것이다. 어떤 이유에서 주인은 자신의 재산을 탕진하고 또 다른 돈으로 그를 합법적으로 속인 사람을 칭찬하는 것일까? 가장 단순하면서도 정확한 대답은 아마도 그의 지혜(shrewdness, 8절) 때문일 것이다. 예수는 하나님의 백성이 종종 타락한 인류보다도 더 총명하지 못하다고 역설적으로 말씀하신다. 우리는 특별히 물질 사용에서 비윤리적이지 않으면서도 지혜로워지는 방법을 배워야 한다. 9절은 신앙생활 가운데 우리의 청지기 직분으로부터 유익을 얻은 남녀들이 오는 세상에서 우리를 영접할 수 있도록 우리의 물질적인 자원을 천국을 위해 우선적으로 사용할 것을 명령한다.[19]

누가복음 16:19-31 역시 누가복음에만 등장하는데, 우리의 재물을 올바로 사용하는 것에 대해서 다루고 있다. 호화스런 잔치를 배설한 사람은 단순히 부유하다는 이유 때문에 정죄를 당한 것은 아니다. 회개하지 않은 자기 가족들을 위한 그의 염려(30절)는 그 사람 역시 하나님과 옳은 관계를 가진 적이 결코 없음을 보여준다. 하지만 그가 회개하지 않았음을 보여주는 것은 그의 문 앞에 앉아 구걸하는 가난한 병자를 그가 매일 등한시했다는 사실이다. 그에게는 모세와 선지자-히브리 성경(31절)-가 있었고, 궁핍한 자들을 향해 관대해야 하는 자신의 의무에 대해서도 알고 있었지만, 그는 이 모든 것을 무시했다. 어느 시대이건, 이와 유사한 행동은 그가 믿는다고 고백할지도 모르는 그리스도께 대한 신앙에 어긋난다.[20]

---

19) 이 접근 방법에 대해서, 그리고 전체 해석 역사에 대해서는 Dennis J. Ireland, *Stewardship and the Kingdom of God* (Leiden: Brill, 1992)를 보라. 최근의 몇몇 다른 해석들에 대한 응답으로서 이와 유사한 견해를 보려면 Dave L. Mathewson, "The Parable of the Unjust Steward (Luke 16:1-13): A Reexamination of the Traditional View in Light of Recent challenges," *JETS* 38 (1995): 29-39를 보라.

20) 만약 이 비유가 내세의 본질에 관해서 자세하게 가르치기 위해 사용되었다고 말한다면 그는 핵심을 놓치고 지나치게 해석하는 것이다. 이와 유사한 이야기들이 이집트와 유대 진영에도 알려져 있으며, 예수께서 자신의 독특한 목적에 맞추기 위해서 이 유명한 이야기를 고의적으로 차용했을 것이다. 정통 기독교는 결코 이 본문을 사용해서 아브라함의 품으로부터 음부(기독교에서 천국과 지옥으로 알려지게 된 것에 해당하는 유대적인 표현)로 가고자 하는 사람들이 있다고 가르친 적이 없다-26절. 이와 상반된 몇몇 주장에도 불구하고, 십자가 이전에 지하에 두 개의 구분된 부분들이 있어서 사람들이 서로 말을 주고받을 수 있었다고 주장하는 것 역시 마찬가지로 부적절하다. 한 등장 인물의 이름(나사로)이 기록되어 있기 때문에 이것은 비유가 아니라는 주장에 대해서는, 이 이름의 의미("하나님이 도우신다")가 가진 고의적인 상징성을

(11) 믿음에 관한 가르침들(17:1-19) [Aland §229-233]

여기에서 누가복음에만 나타나는 내용은 무익한 종의 짧은 비유인데(7-10절), 오직 믿음을 통하여 은혜로 말미암는 구원의 성경적인 교리를 이야기 형태로 잘 표현하고 있다. 열 명의 나병 환자들 이야기(11-19절)는 사마리아인들을 포함해 사회의 소외된 자들에 대한 누가의 관심을 잘 보여준다. 이것은 또한 서로 이익을 주고받는 기대에도 역행한다. 고침 받은 사마리아인이 할 수 있는 일이라곤 오로지 돌아와서 감사를 표하는 것뿐이었다. 나머지 유대인 환자들은 예수께 마땅히 은총을 받아야 한다고 생각했기 때문에 돌아와 감사드리지 않았을 것이다. 하지만 우리는 그리스도께서 우리를 위해 행하신 것에 대해서, 감사를 표현하는 것 이외에는 결코 아무것도 갚을 수 없다. 그 결과, 오직 사마리아인만 육체적이고 영적인 나음을 체험한다.

(12) 천국이 나타날 때와 방법(17:20-18:8) [Aland §234-236]

이 단락의 대부분은 누가의 자료 속에 등장하지만, 누가는 천국의 임재를 강조하는 20-21절을 22-25절에 추가함으로써 현재와 미래의 종말론 사이에 균형을 유지한다. NIV의 난외주에는 21절에 대한 보다 그럴듯한 해석이 있다. 천국은 바리새인 "안에"(within)가 아니라 "가운데"(among) 있다. 그러므로 천국의 도래에 대해서 외면적이거나 사회적인 측면을 포함하는 해석과는 반대로, 이 본문을 단순히 천국에 대한 영적이거나 내면적인 해석만을 지지하는 것으로 사용할 수는 없다. 18:1-8에서 예수는 다시 기도의 주제를 다루시는데, 이번에는 더 한층 기도의 필연성을 강조하신다. 만약 타락한 재판관조차 정의를 실행하도록 설득될 수 있다면, 하나님께서 그의 택하신 자녀들을 위해 원수 갚으실 것 또한 분명히 기대할 수 있다.

(13) 바리새인과 세리(18:9-14) [Aland §237]

누가복음의 전체적인 구조를 볼 때, 그의 중앙 부분은 아마도 이 단락보다 조

기억하라. 이 구절의 서론과 전체적인 구조는 다른 수많은 비유들과 정확하게 일치하며, 이 구절 역시 마찬가지로 구분되어야 할 것이다. 특별히 Richard Bauckham, "The Rich Man and Lazarus: The Parable and the Parallels," NTS 37 (1991): 225-46 참조.

금 더 확장된다. 하지만 18:15부터는 다시 마가복음의 줄거리를 매우 근접하게 따라가며, 우리도 다음 장부터는 그곳에서부터 이야기를 다루게 될 것이다. 여행 이야기에서 누가복음에만 등장하는 마지막 구절은 누가 하나님과 올바른 관계를 가지고 있는지의 기대에 대한 놀라운 역전을 보여주는 이 비유이다. 우리가 바리새인을 보다 경건한 척하는 사람으로 이해하지 않는다면, 종교 지도자보다 세리를 의롭다고 선언하시는 예수의 권세를 놓치고 말 것이다. 하지만 자신을 하나님의 긍휼하심에 온전히 내어 던짐으로써 의롭다함을 받는다는 원칙을 이해한 사람은 오직 세리뿐이었다.

3) 역사성

누가복음의 중앙 부분에 나오는 Q 자료의 역사성에 대해서는 본서의 다른 곳에서 다루었다. 이 중에서 많은 구절들은 대답하기 힘든 하나의 질문을 우리에게 제시한다. 언제 예수가 한 번 이상 말씀하셨으며, 언제 마태나 누가가 (아니면 둘 다) 주어진 어떤 말씀을 새로운 문맥 속으로 옮겨 놓았는가? 누가의 독특한 자료에 관해서 우리는 그 속에 예수의 독특하고 도전적인 비유들이 다른 간결하고 과격한 말씀들과 함께 가득 차 있다는 것을 관찰하게 된다. 가끔 일어나는 기적들에는 안식일의 치유(13:10-17; 14:1-6)나 소외된 자들을 향한 칭찬(17:11-19)이 포함되어 있기 때문에 다른 곳에 나타난 예수의 행동과도 조화를 이룬다. 누가복음 9:57-62는 급진적인 제자도의 주제를 더욱 확대하는데, (영적으로) 죽은 자들로 하여금 (육적으로) 죽은 자들을 장사하게 하는 것은 꾸며진 내용으로 보기에는 너무 거칠다는 것이 거의 모든 사람의 견해이다.[21] 칠십(이) 인의 파송(10:1-24)은 열두 제자들의 파송과 유사하다(막 6:7-13). 고라신과 벳새다에서 있었던 놀라운 일들에 대한 언급(눅 10:13-15)은 이 기적들이 다른 곳에서 실제로 묘사되지 않은 것으로 미루어 아마도 역사적일 것이다. 예수께서 집안일에 분주한 마르다보다 랍비의 제자처럼 배우는 마리아를 칭찬하신 것(10:38-42)은 유대의 풍습과 초대교회의 풍습을 거의 전적으로 뒤집어 놓

---

21) 특별히 E. P. Sanders, *Jesus and Judaism* (London: SCM; Philadelphia: Fortress, 1985), 252-55를 보라.

앗다. 그러므로 이것 역시 신빙성이 있다. 13:1의 끔찍한 사건은 다른 곳에서 입증할 수 있는지의 여부와 무관하게 요세푸스가 묘사한 빌라도의 잔인한 행동과 잘 일치한다. 누가복음 13:31-35는 헤롯에 대한 예수의 비난의 말씀과 예루살렘을 향한 슬픈 애가 속에 가혹함과 부드러움을 인상적으로 비교해 놓았는데, 이 모두는 복음서 어디에서도 볼 수 없는 바리새인들에 대한 가장 긍정적인 진술을 그 문맥으로 하고 있다. 이러한 모든 특징들은 쉽게 창작된 것으로 보기 어렵다. 누가복음의 중앙 부분, 특별히 14-15장에 가득 차 있는 "위대한 역전"이라는 주제는 역사적인 예수의 전반적인 형태와 잘 맞물리는데, 17:7-10과 11-19절은 예수의 놀라운 은혜를 보여주는 두 가지 예를 전달한다. 누가복음 17:20-37은 천국의 도래에 대한 예수의 "이미 하지만 아직"이라는 독특한 접근방식을 균형있게 보여준다. 이 구절 뿐만 아니라 이와 유사한 구절들은 누가가 자신만의 내용을 위해서도 다른 전승이나 자료들을 의존했다는 가설을 지지한다. 그 전승 역시 역사적인 신빙성을 입증하는 수많은 증거를 보여준다.

3. 요한복음 5-11장

요한복음에서 유독 예수의 위대한 갈릴리 사역에 관한 자료를 제공하며 그 결과 공관복음서의 기록과 중복되는 내용을 전하는 장은 6장이다(p. 429를 보라). 5장과 7-11장은 모두 예수가 첫 번째와 마지막 유월절을 예루살렘에서 보내신 기간 사이에 명절 때마다 그곳을 찾아간 것과 관련된 사건들을 묘사한다. 요한이 여러 가지 절기들에 대해서 언급하였기 때문에, 우리는 예수의 사역의 대략적인 연대를 추정할 수 있지만, 요한이 이러한 내용을 기록한 주된 목적은 우리로 하여금 그리스도의 생애를 재구성할 수 있도록 하기 위함은 아니었다. 오히려 그는 예수께서 어떻게 유대교의 모든 주요 제도들을 성취하시는지 보여주기 원했다.[22] 각각의 경우, 예수의 주장은 유대 청중 가운데 많은 논란과 반박을 야기하였다. 5장에서 요한은 임박한 명절이 어떤 것인지를 밝히지 않았는데

---

22) 특별히 Charles H. Talbert, *Reading John* (New York: Crossroad, 1992)를 보라.

제15장 • 예수의 다른 가르침들

(5:1), 아마도 여기의 주된 쟁점은 안식일에 병을 고친 사건을 둘러싼 것이었기 때문이다. 하지만 연대적으로 5장은 예수의 사역에서 비교적 이른 시기의 어느 유월절(봄)이나 초막절(가을)에 있었던 사건들을 기록하고 있다. 요한복음 7:1-10:21은 예수의 사역 마지막 해의 초막절과 관련된 내용을 보여준다. 요한복음 10:22-39는 예수의 마지막 해의 수전절(12월)과 연관된다. 위에서 연대에 대하여 논의할 때 언급하였듯이(pp. 191-193), 요한복음 11장에서 예수는 베다니 부근에 계셨기 때문에, 예루살렘으로 떠난 예수의 마지막 여행은 아마도 이 두 절기 중간에 시작되었을 것이다. 12장과 함께 예수 생애의 마지막 한 주간이 뒤따르며 요한복음과 공관복음의 내용은 다시 중복되기 시작한다.

1) 안식일에 중풍병자를 고치심(5:1-47) [Aland §140-141]

요한복음 5:1-18은 마가복음 2:1-12과 그 병행구절에 등장하는 예수의 가버나움 기적을 독자들에게 상기시켜 주는데, 특별히 "일어나 네 자리를 들고 걸어가라"는 예수의 극적인 명령(요 5:8)이 인상적이다. 하지만 상황은 달랐다. 예수는 병자들이 물에 들어가 하나님의 치유를 얻기 위해 기다리고 있는 베데스다 연못을 지나가고 계셨다(2-3, 7절). 흥미롭게도, 예수는 그 많은 사람들 중에서 오직 한 명에게만 그의 은혜를 부어주셨다. 주님은 또한 그 사람의 질병과 그의 과거 죄악된 행실 사이의 관계를 전제하셨다(14절).[23] 하지만 공관복음서의 여러 가지 치유와 마찬가지로, 예수의 행동이 야기한 주된 논쟁은 그가 안식일에 "일을 행하신" 것과 관련된다(9-10, 16절). 예수는 그가 자기 아버지라고 부르신 하나님께서 계속 일하시기 때문에 자신도 일한다고 방어하셨다. 하지만 예수께서 안식일을 범한 잘못을 하나님의 행동에 호소함으로써 정당화하는 것은 그가 신적인 권세를 은연중에 주장하는 것을 의미한다. 그러므로 유대 지도자들은 또 다시 그를 죽이고자 했다(17-18절).

요한복음에서는 종종 기적이 강화로 이어진다. 19-47절은 예수의 행동에 대해 더 많은 변호를 제공한다. 19절은 때때로 그 자체로서 하나의 작은 비유처럼

---

23) 이러한 연관성은 항상 적절하게 파악되지 않는다. John C. Thomas, "'Stop Sinning Lest Something Worse Come Upon You'," JSNT 59 (1995): 3-20을 보라.

여겨졌는데, 어느 견습공의 아들이 항상 그의 주인을 모방해야 할 필요성을 가르치며 예수는 이제 이것을 자신에게 적용하신다.[24] 이 예화를 시작으로, 예수는 19-30절과 31-47절 두 단락에 걸쳐서 자신의 "설교"를 자세하게 전달하신다. 19-30절은 두 가지 핵심 주제를 분명히 한다. (1) 예수는 성부 하나님께 전적으로 의존하시며 순종하신다. (2) 성부 하나님은 예수께 모든 심판을 위임하신다. 이 주제들은 하나님과 예수의 존재론적(또는 근본적) 동등성(ontological equality)이라고 부르는 것을 삼위 사이의 기능적 종속성(functional subordination)과 조화시킨다. "성부께서는 시작하시고, 보내시고, 명령하시고, 위임하시고, 허락하신다. 성자는 성부의 뜻에 응답하시고, 순종하시고, 이를 수행하시며, 권세를 받으신다."[25] 예수는 하나님과의 동등성 때문에 우리보다 뛰어나시다. 그분은 순종하시는 모습 속에서 우리와 함께 계셔서 어떻게 우리가 하나님을 철저히 의지함으로써 그분의 뜻을 수행할 수 있는지를 보여주신다. 31-47절은 그리스도의 주장을 확증하기 위해 네 가지 증거들, 즉 세례 요한(33-35절), 예수의 "역사"(36절), 성부 하나님(37-38절), 그리고 성경(39-47절)을 열거한다.[26] 하지만 마지막 세 가지는 서로 두드러지게 구별되지는 않는다. 성부께서는 예수의 기적과 성경을 통해서 말씀하시기 때문이다.

2) 초막절의 성취이신 예수(7:1-10:21)

(1) 생수(7:1-52) [Aland §238-241]

7장의 도입부(1-13절)는 물을 포도주로 바꾸신 가나 기적의 도입부를 연상시킨다(2:1-11). 예수의 식구들은 예수께 자신을 명백하게 드러내도록 권하지만, 그리스도께서는 이를 거절하시는 것 같으면서도 결국 그들이 원하는 때가 아니라, 그분의 때에 그렇게 하신다. 14절부터 우리는 예수께서 예루살렘에 공개적으로 나타나셨을 때 일어난 일들에 대해서 읽게 된다. 그분의 강화는 지난 번

---

24) 특별히 C. H. Dodd, "A Hidden Parable in the Fourth Gospel," in More New Testament Studies (Manchester: Manchester University Press, 1968), 30-40을 보라.
25) D. A. Carson, The Gospel according to John (Grand Rapids: Eerdmans; Leicester: IVP, 1991), 251.
26) 자세한 설명은 Urban C. von Wahlde, "The Witnesses to Jesus in John 5:31-40 and Belief in the Fourth Gospel," CBQ 43 (1981): 385-404를 보라.

제15장 • 예수의 다른 가르침들

마을에 계셨을 때 말씀하신 부분(5장)에 이어진다. 14-24절은 예수의 놀라운 가르침의 기원에 대한 문제를 다시 제기하고 안식일에 병을 고치신 정당성을 변호한다. 예수께서 설명하시면서 그를 죽이려고 하는 자들의 위선을 넌지시 지적하셨는데(5:18을 기억하고 7:1, 11, 13절을 참조하라), 군중은 이런 음모에 대해서 모르고 있었다(20절). 율법에 따르면 아이를 할례해야 한다면 안식일 규례도 범할 수 있었다. 그렇다면 성부 하나님을 대신해서 말씀하시는 분은 당연히 그런 규례들을 무시할 수 있지 않겠는가(22-24절)?

예수의 말씀 때문에 사람들의 의견이 분분해졌다. 25-31절은 이 논쟁에 대해서 기록한다. 27절은 메시아가 "어디선지 모르게" 갑자기 나타날 것이라는 유대인들의 전승을 암시하는데, 사람들은 예수가 나사렛 출신인 것을 알고 있었다. 28절은 "너희가 나를 알고 내가 어디에서 왔는지 안다고 생각한다"는 하나의 역설적인 선언이나, 아니면 "너희가 나를 알고 있느냐… ?"는 질문으로 이해할 수 있다. 유대 지도자들 역시 예수를 죽이려고 안달이었다(32절). 예수는 이 모든 것을 아셨고 곧 떠나실 것(죽으심)을 예언하셨지만, 그의 말씀을 듣는 자들이 이해하기에는 너무나 난해한 말씀이었다(33-36절).

37절은 7장에서 가장 절정적인 주장을 우리에게 보여준다. 7일 동안 명절에 참여한 사람들은 재사장들이 금주전자에 물을 담아 실로암 연못에서부터 성전까지 나팔을 불면서 이사야 12:3을 선포하며 진행하는 예식을 지켜보았다. "너희가 기쁨으로 구원의 우물들에서 물을 길으리로다." 그러면 모든 참여자들이 종려나무 가지를 흔들면서 기쁨으로 하나님을 찬양한다. 마지막 날인 제 8일째는 이런 예식이 실행되지 않았다. 그렇다면 예수께서 친히 일어나 자신이 바로 생수이시며, 유대인들이 고대한 구원의 제공자이시라고 선포하신 것은 얼마나 극적이고 시기적절하였을까?[27] 현대의 여러 주석가들은 37-38절에 대해서는 원문보다 NIV의 난외주를 선호하는데, 그렇게 함으로써 오직 그리스도께서 이 은유적인 물의 근원이라는 사실이 분명해진다. "누구든지 목마르거든 내게로 오게 하라. 나를 믿는 자로 하여금 마시게 하라. 성경에 이름과 같이, 생수의 강

---

27) George R. Beasley-Murray, *John* (Waco: Word, 1987), 113-14 참조. 자주 간과되지만 이러한 배경을 잘 보여주는 두 개의 랍비적 문헌(Pesikta Rabbati 52:4, 6; t. Sukkoth 3:3-12)에 대해서는 Bruce H. Grigsby, "If Any Man Thirsts…' : Observations on the Rabbinic Background of John 7,37-39," *Biblica* 67 (1986): 101-8을 보라.

이 그(즉 그리스도)에게로부터 흘러나리라." 예수는 여기에서 구약성경의 어떤 구절도 인용하시지 않았지만, 그분이 말씀하시는 주제는 이사야 58:11, 스가랴 14:8, 그리고 느헤미야서 8-9장의 여러 구절들에서 등장한다. 요한도 예수가 장차 오실 성령님에 대해서 말씀하시는데, 이 성령님은 예수께서 "영화"되신 후에, 즉 죽으시고 부활하시고 높임 받으신 후에 그리스도를 통하여 그의 백성들에게 주어질 것이다(39절). 그리스도의 기원을 둘러싸고 또 다시 무리 가운데 논쟁이 일어났다(40-44절). 그들은 메시아의 혈통이 나타나게 될 다윗의 도시 베들레헴에서 그가 태어났다는 사실에 대해서 모르고 있었던 것이 분명하다. 유대 지도자들은 또 다시 격분하였다. 하지만 니고데모는 예수를 위해 약간의 변호를 제공하였다(45-52절).[28]

(2) 세상의 빛과 신적인 자아선언(8:12-59) [Aland §243-247]

7:53-8:11이 요한이 원래 기록한 내용에 속하지 않는 것이 거의 확실하다는 것을 이해한다면(p. 129를 보라), 8:12-59이 자연스럽게 연결된다. 예수는 아직 초막절 기간에 자신이 세상의 빛이라고 두 번째로 선포하신다. 이 선언 역시 사람들에게 충격을 가져다주었다. 명절 기간에는 매일 밤 사람들이 즐겁게 노래하며 춤을 출 수 있도록 네 개의 커다란 등잔불이 켜졌다. 하지만 마지막 날 밤에는 가장 큰 촛대에 일부러 불을 켜지 않음으로써 이스라엘이 아직도 온전한 구원을 경험하지 못했음을 상기시켜 주었다. 예수는 이제 자신이 바로 그 구원을 제공할 수 있는 사람이라고 선포하시는 것이다(12절).

예수의 선언은 곧 종교 지도자들의 반대에 직면하였다(13절). 자신의 주장을 확증해 주는 증거로서 예수는 또 다시 성부 하나님과 자신의 임박한 죽음(십자가 처형과 하늘로 되돌아가심)에 호소하신다(14-29절).[29] 처음에는 많은 사람들이 믿었지만(30절), 그 후의 대화가 보여주듯이(31-59절), 그들은 모두 예수를 오해하였다(2:23-25의 변덕스런 믿음에 대한 묘사를 참조하라). 올바른 믿

---

28) 7장의 이야기 흐름에 대한 뛰어난 분석은 Harold W. Attridge, "Thematic Development and Source Elaboration in John 7:1-36," *CBQ* 42 (1980): 160-70을 보라.
29) 이 장 전체는 예수께서 그의 청중을 심판하는 하나의 재판과 같다. 이 과정의 핵심에는 32-58절에 기록된 진술, 오해, 설명의 5중적인 순환이 포함된다. Jerome H. Neyrey, "Jesus the Judge: Forensic Process in John 8,21-59," *Biblica* 68 (1987): 509-42를 보라.

음은 예수의 가르침을 계속 붙들고 영적인 자유를 제공해 준다(31-32절). 하지만 예수의 말씀을 듣는 자들은 하나님의 선택받은 민족이라는 그 조상들의 특권이 이미 그러한 자유를 보장하였다고 믿었기 때문에(33절), 예수와 그의 청중은 아브라함의 진정한 영적 후손들이 누구인지, 그리고 누가 "마귀의 자식들"인지 논쟁하였다(34-47절). 논리적으로 대항하지 못하자 당국자들은 욕설과 폭언을 퍼부었다(48절). 예수께서 자신이 아브라함보다 위대하고, 아브라함보다 먼저 계셨고, 출애굽기 3:14의 "나는 스스로 있는 자"라는 거룩한 이름에 합당하시다고 자신의 주장을 변호하자 긴장은 더욱 고조되었다(49-58절).[30] 당국자들은 너무나 화가 난 나머지 폭동을 주도하였고 예수를 돌로 쳐서 죽이려고 하였다(59절). 로마 치하에서 유대인들은 대부분의 사형을 집행할 수 없었지만, 유대인들의 율법은 신성모독자를 돌로 쳐서 죽이도록 규정하고 있다(요 18:31). 감정이 격해지다보니 법은 안중에도 없었다.

(3) 세상을 위한 빛: 나면서 소경된 자를 고치심(9:1-41) [Aland §248]

예수가 행하신 다음 기적은 초막절 직후에, 그리고 예수께서 명절 순례자들과 함께 예루살렘을 떠나 마지막으로 갈릴리로 돌아가시기 전에 일어난 듯하다. 이 기적은 5:1-15의 내용과 비교된다. 예수는 또 의도적으로 안식일을 택하셔서 그분의 일을 행하셨고(14절), 흙에 침을 뱉어 소경의 눈에 바르는 유별난 방법을 사용하셨다(6절). 그래서 예수는 반죽하거나 침을 사용하는 것을 금하는 바리새인들의 안식일 규례를 범했다는 비난을 받으셨다. 여기에서도 예루살렘의 연못에 씻는 것이 치유의 수단이 되었다. 실로암의 종말론적인 중요성에 대한 랍비들의 전승에 따르면 여기에 일종의 상징이 암시되어 있다.[31] 하지만 이 경우에 예수는 사람의 죄가 결코 그의 신체장애를 직접적으로 초래하는 것이 아님을 분명히 하셨다. 오히려 "그에게서 하나님의 하시는 일을 나타내고

---

30) 이것은 "아브라함이 나기 전부터 내가 있느니라"(58절) 속의 "엉터리 문법"을 설명해 준다. "나는…이다"에 해당하는 헬라어(egō eimi)는 사 41:4 "나 여호와라. 태초에도 나요 나중 있을 자에게도 **내가 곧 그니라**"와 같은 본문을 의존했음을 보여준다. Philip B. Harner, *The "I Am" of the Fourth Gospel* (Philadelphia: Fortress, 1970) 참조.

31) Bruce Grigsby, "Washing in the Pool of Siloam A Thematic Anticipation of the Johannine Cross," *NovT* 27 (1985): 227-35. 이것은 특별히 에스겔 47에서 예언된 성전으로부터 흐르는 생수의 도래와 관계된다.

자 하심"이었다(3절). 우리는 질병이나 재앙이 항상 사람이 범한 죄의 직접적인 결과라고 생각하거나 아니면 전혀 관계가 없다고 생각하는 것에 대해 주의해야 한다.

8:12에서처럼, 예수는 자신을 세상의 빛이라고 선포하신다. 소경을 고치신 사건은 이러한 원칙을 영적인 영역뿐만 아니라, 물리적인 영역에서도 생생하게 설명해 준다. 이 기적 이후에(9:1-12), 바리새인들은 이전에 소경이었던 사람을 심문하였고, 그의 부모와 또 다시 그를 심문함으로써 자초지종을 조사하였다(13-34절). 그들은 안식일을 범하는 사람이 하나님께로부터 올 수 있다는 사실을 믿을 수 없었다. 소경은 그의 삶에 그처럼 위대한 선행을 베푸신 분이 하나님께로부터 오지 않았을 리가 없다고 믿었다. 이 경우에, 경험이 전통을 논박한 셈이다. 하지만 여기에서도 논리보다는 욕설이 앞섰다. 9장의 마지막 부분에서 예수는 고침 받은 사람과 함께 계시면서 그에게서 신앙고백을 이끌어내셨고 영적으로 눈먼 비판자들을 향해서는 심판을 선언하셨다(35-41절).[32] 39절은 예수께서 비유로 말씀하시는 이유를 상기시켜 주는데(막 4:11-12), 여기에 대해서 부루스는 이렇게 설명한다. "이 세상에서 (예수의) 존재와 활동은 남녀로 하여금 그분을 위하는지, 아니면 반대하는지 정체를 드러내게 하기 때문에 그 자체가 하나의 심판을 구성한다."[33]

(4) 선한 목자(10:1-21) [Aland §249-250]

9장과 10장 사이에는 시간이나 장소의 아무런 변화도 보여주지 않으며, 10장은 아마도 앞선 사건에 대한 하나의 은유라고 볼 수 있다. 이제 예수는 자신이 선한 목자이시라는 또 다른 비유를 말씀하신다. 1-5절은 거의 비유에 준하는 내용을 담고 있고(6절) 7-18절에서는 이것을 보다 자세하게 설명한다. 이 부분

---

32) 이 시각장애의 이중적인 육체적, 영적 차원은 9장 전체에 걸쳐 나타나며 J. Louis Martyn, *History and Theology in the Fourth Gospel* (Nashville: Abingdon, rev. 1979)의 중요한 이론을 위한 기초를 형성하는데, 그는 주장하기를 요한이 그 당시 성도들을 회당으로부터 추방하는 유대인들과 대항하기 위해 기록했다는 것이다(특별히 22절). 22절은 또한 오직 요한의 시대에만 적용되는 시대착오적인 기록으로 여겨지지만, 그것은 제국 전체의 대학살을 뜻하는 것으로 전제하는 것이다. 아마도 예루살렘 내부의 잠정적이고 지엽적인 정책을 말하는 것으로 보는 것이 옳을 것이다. 결국, 추방을 두려워한 사람은 고침 받은 사람이 아니라, 그의 부모였으며, 그들은 예수님을 믿는 자들로 묘사되지도 않았다.

33) F. F. Bruce, *The Gospel of John* (Basingstoke: Pickering & Inglis; Grand Rapids: Eerdmans, 1983), 220.

전체는 백성의 참되고 고결한 지도자 예수와 백성을 잘못된 길로 인도하는 거짓된 유대 정권을 비교하고 있다. 예수는 (a) 문을 통해 양우리로 들어가는 선한 목자인 자신과 벽을 넘는 도적들을 비교하셨고, (b) 양들이 목자의 음성을 듣고 안으로 들어오는 실제적인 양의 문인 자신과 양들이 그 음성을 분별하지 못하는 삯군 목자를 비교하셨다.[34] 이러한 대조와 비교 배후에는 백성들을 거짓된 목자들로부터 구원하실 메시아적인 목자에 대한 예언을 담고 있는 에스겔서 34장이 놓여 있다.

예수를 다른 모든 것보다 그처럼 "선한" 분으로 만드는 것은 자신의 양떼를 위해서 기꺼이 자기 목숨까지 버리시려는 희생이다(11, 15, 17절). 여기에서 예수는 "이 우리에 들지 아니한 다른 양들"에 대해 언급하시면서(16절) 다가오는 이방인 사역을 암시하셨다. 주님은 모든 사람에게 "풍성한 생명"(10절; NIV-"생명을… 풍성히 얻게")을 약속하셨지만, 문맥상 여기에는 풍성한 영생의 약속 이외에 아무런 세상 영화나 번영에 대한 약속이 포함되지 않는다("나로 말미암아 들어가면 구원을 얻고"-9절). 또 다시 예수께서 하신 모든 말씀 때문에 청중 사이에는 큰 분쟁이 일어났다(19-21절).[35]

3) 수전절(하누카): 예수와 하나님은 한 분이시다(10:22-42) [Aland §257-258]

요한복음 10:22-11:54의 사건들은 아마도 예수의 유대 사역이 시작한 이후에 일어났을 것이다(아래 16장을 보라). 하지만 선행하는 자료와의 연관성 때문에 이 부분에 대해서는 지금 설명하는 것이 적절하다. 주후 29년(또는 32년) 12월에 예수는 자기의 목숨을 버리실 유월절 이전의 마지막 명절을 위해 예루살렘에 계셨다(22-23절). 예수는 유대의 다른 주요 제도들을 성취하셨던 것처럼, 수전절이 기념하는 육체적인 자유에 해당하는 참된 영적 자유를 제공하실

---

34) 이 모든 것들이 얼마나 현실적인지에 대한 흥미로운 논의에 대해서(현대 중동의 목자들의 관습을 기준으로 볼 때), Kenneth E. Bailey, "The Shepherd Poems of John 10: Their Culture and Style," *Near East School of Theology Theological Review* 14 (1993): 3-21을 보라. 하지만 몇 마리 양을 돌보기 위해 스스로 죽임을 당하는 것은 매우 드문 일이며, 예수님의 비유의 핵심과 은유적인 의미를 강조해 준다.
35) 이 장에 대해서 보다 일반적으로 Johannes Beutler와 Robert T. Fortna, eds., *The Shepherd Discourse of John 10 and Its Context* (Cambridge: CUP, 1991)를 참조하라.

것이다. 예수의 말씀을 듣는 청중은 예수께서 전에 예루살렘에 계실 때 하셨던 신성모독적인 주장 때문에 당황했지만 그런 주장들이 다양하게 해석될 수 있음을 깨닫고는 예수께 자신의 정체를 분명하게 밝히라고 요구하였다(24절). 하지만 주님은 이를 거절하셨다. 그들이 믿음의 눈을 가졌다면, 그분의 말씀과 행실만으로도 충분하다는 것을 발견할 것이다. 예수께 속한 사람들은 이미 그 관계가 확고하다(25-29절). 또 다시 주님은 "나와 아버지는 하나이니라"(30절)는 신성모독처럼 들리지만 여전히 다른 해석의 여지를 남기는 주장을 통해 대답하셨다.[36]

신성모독이라는 비난을 벗어나기 위해서 예수는 34절에서 시편 82:6을 인용하시면서 수수께끼 같은 말씀을 하신다. 이 구절에서 시편기자는 그 당시의 타락한 재판관들(또는 율법을 받을 당시의 이스라엘)을 "신들"이라고 부른다. 만약 권위 있는 성경이 세상의 지도자들과 같은 단순한 인간을 "신들"이라고 부를 수 있다면, 예수께서 이런 용어를 하나님께서 이 세상에 특수한 임무를 띠고 보내신 자신에게 적용하는 것은 얼마나 당연하겠는가(35-36절).[37] 여러 이단들과 당파들의 주장과는 대조적으로, 이 구절은 결코 성도가 신격화되는 것에 대해서 가르치지 않는다. 예수는 다시 자신의 행하는 사역을 증거로 삼으셨지만, 아무 소용도 없었다. 주님은 일단 더 이상의 문제를 피하기 위해 예루살렘을 떠나셔서 많은 사람이 그분을 믿게 될 요단강 건너편으로 가셨다(37-42절).

4) 나사로를 살리심(요 11-1:54) [Aland §259-261]

요한복음의 처음 "절반"은 예수의 부활을 제외하고 그의 모든 사역 중에서 가장 극적인 기적을 그 절정으로 하고 있다. 예수는 과거에도 사람들이 죽은 직후에 그들의 목숨을 소생시킨 적이 있었지만, 죽은 지 4일이나 지나 이미 무덤에 매장된 사람을 살리신 적은 결코 없었다(11:17). 사람이 죽은 후에 그 영혼이 3일

---

36) J. Ramsey Michaels, *John* (Peabody: Hendrickson, 1989), 187은 여기에서 삼단논법을 발견하였다: 28절과 29절이 만약 성자와 성부에 관한 병행적인 진리를 보여준다면 이 둘은 하나이다.
37) "작은 것에서 큰 것으로" 옮겨가는 이 구절의 논리와 그 다양한 의미들에 관해서는 Jerome H. Neyrey, "I Said 'You Are Gods' : Psalm 82:6 and John 10," *JBL* 108 (1989): 647-63을 보라.

동안 시체 곁에 떠다닌다는 유대인들의 전설을 고려할 때(예를 들면, Genesis Rabbah 100 [164a]), 나사로는 그야말로 "영혼마저도 포기한" 사람이었다. 또 다시 예수의 행동은 하나님의 전능하신 때를 강조한다. 나사로가 병에 든 것을 들으신 예수는 일부러 이틀을 지체하신 후에 베다니로 떠나셨다(6절). 그 결과 하나님의 영광을 위하여 그 기적이 크게 사용되었다(4절). 제자들이 예루살렘과 그 부근은 너무 위험하다고 반대하자, 예수는 자신의 비극적인 운명의 시간이 오기 전에는 안전하다고 설명하신다(9-10절).

그러므로 요한복음 11:16은 기적을 위한 배경을 설정해 준다. 17-44절은 그리스도께서 마을에 도착하실 때 일어난 일을 묘사한다. 나사로의 누이들인 마르다와 마리아와 나눈 대화(17-37절)는 누가복음 10:38-42에서 그들에 대해 관찰할 수 있는 몇몇 동일한 특징들을 강조한다. 예를 들면, 분주한 마르다는 뛰어나와 예수를 만나지만, 사색적인 마리아는 집에 머물러 있다(20절). 하지만 이보다 더 중요한 차이가 이 두 여인과의 만남을 특징짓는다. 예수는 마르다로부터 믿음의 고백을 이끌어내시지만(27절), 이 고백은 여전히 전통적인 유대 사상에 기초하고 있다(24절). "그리스도"와 "하나님의 아들"은 1:49에서 나다나엘이 한 말처럼 "민족적인 메시아" 이상을 의미하지 않는다. 마르다가 그 이상을 의미했다고 해도 아직 나사로의 소생을 생각한 것이 아님은 분명하다(24절). 마르다는 가정에서 친절을 베푸는 문맥을 통해서만 요한복음에 다시 등장한다(12:2). 하지만 마리아는 나사로가 소생하는 것을 목격하고 진정으로 믿게 된 유대인들 중에 있었던 점으로 보아 보다 분명하게 이해했던 것처럼 보인다(11:45). 12장에서 마리아는 예수의 장사를 준비하기 위해 그 몸에 기름을 부은 사람인데, 아마도 예수가 어떤 종류의 메시아가 되실 지를 완전하게 깨달은 첫 번째 사람일 것이다(12:3-8).[38]

물론 요한복음 11장의 핵심은 소생의 기적 그 자체이다(38-44절). 무덤에 도착하신 예수는 깊은 감정을 보이셨다(35절). 눈물은 이제 분노로 바뀌었다(38절에 사용된 *embrimaomai*라는 동사의 보다 일반적인 의미. NIV는 "크게 감

---

[38] Francis Moloney, "The Faith of Martha and Mary: A Narrative Approach to John 11, 17-40," *Biblica* 75 (1994): 471-93 참조. 유다는 가장 빨리 이해한 또 다른 사람이지만, 그의 응답은 전혀 반대로 나타났고 유대인들을 배반한 자라고 믿은 자를 팔아버리고 말았다.

동하여"라고 번역). 예수의 격한 감정은 승리한 것처럼 보이는 죽음에 대한 것일 뿐만 아니라, 사람들의 불신앙에 대한 것이기도 했다(37절). 예수의 슬픔과 분노는 서로 균형을 이룬다. "분노가 없는 슬픔과 동정심은 단순한 감상에 지나지 않고, 슬픔이 없는 분노는 독선적인 교만과 까칠한 성깔로 변하고 만다."[39] 그리스도께서는 나사로를 무덤에서 불러 나오게 하심으로써 자신이 부활과 생명이라는 주장을 확증하신다(25절). 이것은 예수께서 기적을 행하시기 전에 먼저 소리내어 기도하신 내용을 기록한 유일한 기적이다. 하지만 주님은 또한 이것이 자신을 위함이 아니라 둘러선 무리를 위함이라고 설명하셨다(41-42절).

45-54절은 나사로의 소생 이후의 여파에 대해서 설명한다. 여기에는 복음서 중에서 가장 역설적인 말씀이 등장한다. 대제사장 가야바가 산헤드린과 함께 내린 결정은 사람의 생명을 소생시킬 수 있는 사람은 살려두기에는 너무 위험하다는 것이다. 마치 예수를 영원히 없앨 수 있다고 생각한 듯하다! 예수를 죽이려고 단단히 결심한 가야바는 자기가 알고 있는 그 이상을 말하였다. 50절이 그에게 의미한 것은 아마도 예수가 무리를 선동하기 전에 그를 희생함으로써 로마의 보복으로부터 유대 민족을 구원해야 한다는 것이었을 것이다. 하지만 요한은 이 말 속에서 그리스도의 대속적인 희생에 대한 하나의 무의식적인 예언을 보았다.[40] 그러나 예수는 일단 예루살렘에서 대략 12마일 북동쪽에 위치한 작은 마을인 에브라임으로 무리의 눈을 피해 물러나셨다(54절).

예수의 사역 중 이처럼 늦은 때에, 그리스도의 신성을 가장 강조한 요한복음에서조차, 예수의 말씀과 행동은 매우 자명하다. 그분이 누구신지를 설명하는 방법은 얼마든지 있다. 하나님은 절대로 믿음을 강요하시지 않는다. 하지만 예수께 대해서 점증하는 극단적인 반응들은 결국 폭력과 처형으로 폭발될 것이다.

5) 역사성

예수도 유대인이셨기 때문에 명절 때마다 예루살렘으로 율법이 정한 순례를

---

39) Carson, *John*, 416.
40) 요세푸스는 대제사장이 예언의 은사를 사용할 수 있다는 신념에 대해서 거듭 말하였다(*Antiquities* 11.8.4, 13.10.3).

떠나셨을 것이 틀림없다. 이것과 상반된 행동은 예수와 유대 지도자들 사이의 논쟁에 대한 공관복음서의 기록에 분명히 등장한다. 5장과 9장에 기록된 안식일 치유 사건은 공관복음서의 치유와 갈등 이야기, 특별히 마가복음 2:1-12과 그 병행구절들의 내용과 스타일에 일치한다(특별히 막 2:9와 요 5:8을 비교하라). 소경의 치유와 타액의 사용(요 9:6) 역시 우리가 공관복음서에서 본 것과 매우 유사하다. 여러 장들 속에 기록된 일반적인 주제들(예를 들면, 육체적이고 영적인 건강에 대한 예수의 공통적인 관심과 하나님의 보내심을 받은 자로서 성부께 대한 순종) 뿐만 아니라, 그리스도의 특별한 가르침들 역시 마찬가지이다(예를 들면, 요 5:30과 눅 22:42; 또는 요 9:39와 마 15:14). 그럼에도 불구하고 이 장들 속에 나타난 대화와 강화들의 길이와 취지는 분명히 독특하다. 아마도 아들의 견습생활에 대한 첫 비유(5:19-20상)가 하나의 강화로 발전한 것이다(p. 467을 보라). 아마도 예루살렘의 당국자들과 만날 가능성이 높이 때문에 보다 자세한 설명이 필요하다고 느끼셨는지도 모른다. 예수의 사역 중 한 부분을 전부 생략하려고 선택할 때 공관복음서 기자들은 예수의 논쟁이나 강화 중 어떤 독특한 형태를 빠뜨렸을 수도 있다.

요한복음 7장은 마가복음 3:31-35과 병행구절과 마찬가지로 예수와 그의 식구들 사이의 어색한 관계로 시작한다. 우리는 예수의 자아선언("I Am")이 원래의 문맥 속에서는 지금보다 더 난해했을 것이라는 점을 이미 살펴보았다. 만약 예수가 자신을 세상의 빛으로 믿으셨다면(요 8:12; 9:5), 그의 제자들에게 그 빛을 비추라고 말씀하시는 것은 당연했을 것이다(마 5:14). 요한복음 7:23은 누가복음 13:15-16과 14:5에서와 마찬가지로 안식일에 관한 동일한 논리를 포함한다. 예수의 대적들이 한 심한 비난들(그가 귀신 들렸다-7:20; 그가 사마리아 사람이며 귀신 들렸다-8:48; 그가 귀신 들려 미쳤다-10:20)은 이 본문들이 창작된 것이 아님을 보여준다. 8:35에서 종과 아들의 비교는 공관복음서의 비유들 속에 담긴 이미지를 많이 반영한다. 아브라함의 자손들에게 영적인 자유가 보장된 것이 아니라는 예수의 부인(8:37-58)은 세례 요한의 경고(마 3:8-9)와 일치한다. 심지어 8:58에서 예수가 자신을 "나는 스스로 있는 자"와 동일시하신 것은 마가복음 6:50에 이미 암시된 내용을 드러내신 것에 불과하다(p. 431을 보라). 그리고 이런 장들에 나타난 군중들의 극단적인 반응들은 카리스마가 충만한 사람에게서 기대할 수 있는 것들이다.

예수께서 유대의 절기를 성취하심(요 5-11장)

	5	6	7	8	9	10	11
	"명절"(5:1) (유월절?) 안식일	유월절 (6:4)	(7:2)	----초막절----	안식일		
	물로 행하는 유대교의 예식을 성취하심 (5:2)	생명의 떡 (6:35)	생수 (7:38)	세상의 빛 (8:12)	세상의 빛 (9:5)	양의 문, 선한 목자 (10:7, 11) 하누카 (10:22)	부활이요 생명 (11:25)

요한복음 10장의 비유들은 공관복음서와 잘 조화를 이룬다. 예수께서 자신을 선한 목자라고 부르신 것은 잃은 양의 비유 속에서 하나님의 역할과 일치하며 (눅 15:3-7), 자신을 문이라고 부르신 것(즉 양우리를 위한 문)은 옳은 문으로 들어가라는 그분의 명령(마 7:13-14)을 우리에게 상기시켜 준다. 그의 양들을 위해 자기 생명을 버리시겠다는 그분의 약속(요 10:11-18)은 공관복음서의 수난 예언들과도 잘 일치한다. 10:24에 기록된 유대인들의 요청은 나중에 예수의 재판 때에 가야바가 던지게 될 질문(막 14:61)을 예시한다. 요한복음 11장에 기록된 나사로의 소생은 복음서에 나오는 첫 번째 소생 기적은 아니지만, 아마도 가장 극적인 기적일 것이다. 야이로의 딸의 경우처럼(막 5:21-43), 예수는 오기를 지체하셨는데, 이것은 오히려 그 기적을 더욱 극대화하였다. 마리아와 마르다의 모습(예를 들면, 요 11:20)은 누가복음 10:38-42에 묘사된 그들의 모습과 완벽하게 일치한다. 예수의 매우 인간적인 감정표현(요 11:35, 38)은 이 이야기를 후대의 기독교 외경으로부터 구별시키며, 그 당시 상황에 대한 자세한 설명은 직접 그 사건을 목격한 사람의 증언처럼 들린다. "모든 기적들 중 가장 위대한" 이 기적이 공관복음서에 빠져 있는 것은 아마도 마지막 유월절이 오기 전까지는 예수를 예루살렘이나 그 부근에 계신 것으로 묘사하고 싶지 않아서였을 것이다.

4. 심층연구를 위한 자료

1) 누가복음의 중앙 부분

Bailey, Kenneth E. *Poet and Peasant and Through Peasant Eyes*. [2 vols. Bd. As 1] Grand Rapids: Eerdmans, 1983.

Drury, John. *Tradition and Design in Luke's Gospel*. London: Darton, Longman & Todd; Atlanta: John Knox, 1976.

Egelkraut, Helmuth L. *Jesus' Mission to Jerusalem*. Frankfurt am Main: Peter Lang, 1976.

Evans, Craig A., and James A. Sanders. *Luke and Scripture*.

Mineapolis: Fortress, 1993.

Goulder, Michael D. *The Evangelists' Calendar*. London: SPCK, 1978.

Moessner, David P. *Lord of the Banquet*. Minneapolis: Fortress, 1989.

2) 예수의 가르침

Anderson, Norman. *The Teaching of Jesus*. London: Hodder & Stoughton; Downers Grove: IVP, 1983.

Beck, James R. *The Healing Words of Jesus*. Grand Rapids: Baker, 1993.

Bruce, F. F. *The Hard Sayings of Jesus*. London: Hodder & Stoughton; Downers Grove: IVP, 1983.

Dalman, Gustaf. *The Words of Jesus*. Edinburgh: T. & T. Clark, 1902.

Hunter, A. M. *According to John*. London: SCM; Philadelphia: Westminster, 1968.

Hunter, A. M. *The Work and Words of Jesus*. London: SCM; Philadelphia: Westminster, rev. 1973.

Manson, T. W. *The Sayings of Jesus*. London: SCM, 1957; Grand Rapids: Eerdmans, 1975.

Manson, T. W. *The Teaching of Jesus*. Cambridge: CUP, 1939.

Stein, Robert H. *The Method and Message of Jesus' Teachings*. Louisville: Westminster/John Knox, rev. 1994.

Vanderlip, D. George. *Jesus of Nazareth: Teacher and Lord*. Valley Forge: Judson, rev. 1994.

5. 복습을 위한 질문들

1) 마태와 누가와 요한복음에 기록된 예수의 다른 가르침들을 고찰하면서 이 세 공관복음서 기자들의 독특한 신학적 강조점들을 열거해 보라. 얼마나 많은 것들을 위에서

고찰한 자료 중에서 찾을 수 있는가? 어느 것들이 특별히 두드러지는가?
2) 특정 구절들에 대한 주석적인 관찰들 중에서 당신에게 특별히 새로운 것으로 보이는 것이 있는가? 오늘날 성도의 삶 가운데 특별히 적용될 수 있는 것은? 몇 가지의 항목으로 나누어 설명해 보라.

제4부 _ 그리스도의 삶에 대한 조망

제16장

예수의 유대 사역

공관복음서는 예수의 갈릴리 사역의 후기 단계를 제각기 다른 방식으로 묘사하지만, 예수께서 그의 생애의 마지막 시기를 위해 유대에 도착하시면서 다시 한 곳으로 모인다. 상호 유사한 구전적 병행구절들 때문에 복음서 기자들 사이에는 이렇다 할 편집 비평적인 특색들이 별로 없다. 본장에서는 예루살렘으로 가는 도중에 이루어진 예수의 가르침, 마지막 주간에 예루살렘에서 진행된 그의 마지막 공적 사역, 그리고 도시가 내려다보이는 감람산에서 그의 제자들에게 하신 예수의 "설교"를 관찰할 것이다.

1. 예루살렘으로 향해 가는 유대 땅에서(막 10; 요 11:55-12:11)

마가복음 10장과 그 병행구절들에서 설명된 사건들은 예수께서 예루살렘에 가까이 가시면서 대부분 연대적인 순서에 따라 진행된다. 그 이야기들은 또한 다음과 같은 내용을 보여줌으로써 연결된다. (a) 주로 가르치는 내용. (b) 몇 가지 논쟁들. 이 논쟁들은 종종 예수와 대화하려고 접근하는 질문자들이 만든 "함정들"이다. (c) 제자도의 요구에 대한 예수의 늘어나는 초점. 그리고 (d) 여인, 어린이, 가난한 자, 병든 자들을 향한 관심을 표현함으로써 그 당시 힘 있고 종교적인 남자들이 특권을 누리는 것을 변화시키려고 하신 관심. 베다니에서 기름부음을 받으신 사건(요 12:1-11)은 예루살렘의 마지막 주간을 시작하는 예수의 "승리의 입성" 전날 발생하였다.

1) 이혼에 관한 가르침(막 10:1-11) [Aland §251-252][1]

활발한 논쟁 때문에 예수 보다 몇 십 년 전의 두 유명한 랍비들인 샤마이(Shammai)와 힐렐(Hillel)의 바리새 학파들이 나뉘게 되었다. 신명기 24:1은 남편이 아내에게서 "수치되는 일"을 발견하면 이혼할 수 있도록 허락한다. 이것은 성적인 부정에만 제한되는 것일까(샤마이의 입장)? 아니면 이보다 훨씬 광범위하게 적용될 수 있을까(힐렐의 입장)? 미슈나에서는 "아무 이유에서건" 이혼할 수 있다는 견해를 힐렐에게 돌린다. "남편은 아내가 음식을 못해도 이혼할 수 있다"(*Gittin* 9:10)! 그렇다면 예수는 어떻게 생각하셨을까? 이 바리새인들은 세례 요한이 헤롯 안티파스를 비난한 결과 죽음을 맞은 것처럼 예수도 스스로 함정에 빠지기를 바랐을 것이다.

하지만 예수의 대답은 두 학파보다도 더 보수적이었다. 마가복음에서는 이혼에 대한 금지가 절대적으로 보인다. 마태복음에서는 음행의 경우에는 이혼을 허락하셨지만(19:9; 5:32), 두 바리새 학파처럼 그것을 의무화하지는 않으셨다. 여러 편집 비평학자들은 마태복음의 "예외 조항"은 그리스도의 거의 불가능하고 이상적인 요구를 부드럽게 하기 위해 후기에 추가한 것이라고 주장한다. 몇몇 극단적인 보수주의자들은 마가나 마태가 어떤 상황 하에서도 이혼을 허용하지 않는다고 주장하는데, 그것은 *apoluo*라는 동사가 "별거하다"로 번역될 수도 있기 때문이다. 하지만 신명기 24:1로부터 분명히 알 수 있는 것은 바리새인들이 논쟁하고 있는 것은 단순한 별거가 아니라 이혼이며, 이 단어의 의미가 문장 중간에 바뀐다는 문맥상의 증거도 없다. 아마도 마가는 당시의 모든 유대와 그리스/로마의 견해가 인정하듯이 간음이 실제로 결혼을 깨뜨리며, 그 후에는 이혼과 재혼이 예상되기 때문에 자신의 원칙에 예외적인 상황을 밝히지 않은 것이다. 마태는 유대 성도들에게 집필하였기 때문에 예수의 말씀을 보다 충실하게 보존하는데, 그때문에 예수는 유대인들과의 논쟁의 한복판에 휘말리게 되셨다.[2] 하지만 이 두 복음서는 모두 강조되어야 할 지배적인 주제는 결혼서약에

---

1) 다음에 나타나는 강해의 상세한 내용에 대해서는 Craig L. Blomberg, "Marriage, Divorce, Remarriage and Celibacy: An Exegesis of Matthew 19:3-12," *Trinity Journal* n.s. 11 (1990): 161-96을 보라.
2) William A. Heth ("Divorce and Remarriage: The Search for an Evangelical Hermeneutic," *Trinity Journal* n.s.

대한 일평생의 헌신으로서, 이것은 하나님의 창조 섭리에 일치하며 이혼이 만연했던 사회에 역행하는 것이었다.

다른 수많은 해석학적 논쟁들은 마태복음 19:9와 5:32을 중심으로 한다. Porneia(NIV "부부관계의 부정")는 혼전성관계까지 포함하도록 "간음"보다 더 광범위하게 번역되어야 하는가? 아니면 레위기 18장에서 금지하는 친족 간의 결혼으로 제한하도록 좁게 해석되어야 하는가(고전 5:1처럼)? 아마도 둘 다 옳은 것이 아닐 것이다. 유대 여인들은 매우 일찍 결혼하였기 때문에 혼전성관계는 문제가 되는 일이 거의 없었고, porneia라는 단어는 헬라어에서 성적인 죄를 뜻하는 일반적인 용어였기 때문에, 직접적인 문맥상의 증거도 없이 그것을 근친상간으로 제한할 수는 없다. 그렇다면 "음행/부부관계의 부정 이외의"는 무엇을 수식하는가? 단지 "이혼"인가, 아니면 "이혼과 재혼" 모두를 수식하는가? 이 문장이 두 단어 사이에 위치한 점과[3] 이미 언급한 사회적인 전제를 고려한다면 아마도 후자일 것이다. 누구나 인정하듯이, 초대교회의 지배적인 견해는 모든 재혼을 금하였다. 하지만 이것은 성경이 종종 재혼을 격려하는 과부나 홀아비까지 포함하며, 당시 헬라와 라틴 교회 속으로 성적인 문제에 있어서 점점 더 잠입하고 있던 비성서적인 금욕주의로부터 큰 영향을 받은 견해였다. (그래서 후대의 로마 가톨릭은 성직계급과 수도사들에게 독신을 강요하였다.)

이혼에 대한 예수의 가르침을 오늘날 적용한다면 수많은 해석학적 정교함과 목회적 감수성이 요구된다. 적어도 다음의 다섯 가지 사항들을 고려할 필요가 있다.

첫째, 결혼에 대한 하나님의 우선적인 의도는 어떤 형태로든지 별거하는 것이 아니다. 결혼을 생각하고 있거나 첫 번째 배우자와 아직도 결혼한 상태인 성

---

16 [1995]: 63-100)는 예수님이 여기에서 문화적인 관습을 따르고 있다고 추측해서는 안 된다고 주장하며, 예수님은 결코 이혼 이후에 재혼을 허용하시지 않았다고 주장한다. 예수님은 여러 가지 면에서 반문화적이셨기 때문이다. 하지만 예수께서 당시의 지배적인 도덕에 역행하시는 다른 경우를 보면, 그렇게 행하시는 점을 분명하게 밝히셨다. 만약 예수님(또는 복음서 저자들)이 마태복음 19:9이나 5:32에서 모든 재혼을 금지하시는 것으로 우리가 이해하기를 의도하셨다면 지금보다 훨씬 더 분명하게 그렇게 밝히셨을 것이다.
3) 구문론 자체는 애매모호하다. 하지만 예외절을 첫 번째 동사 이전이나 마지막 동사 다음에 두는 것은 가장 인접한 동사만 수식하고자 했음을 더욱 분명하게 보여줄 것이다. 자세한 내용은 Phillip H. Wiebe, 'Jesus' Divorce Exception," JETS 32 (1989): 327-33을 보라; 그리고 Stanley E. Porter와 Paul Buchanan, "On the Logical Structure of Matt. 19.9," JETS 34 (1991):335-39에서 제기하는 경고를 참조하라.

도들은 서로에게 계속해서 신실하도록 최선을 다해야 한다.

둘째, 완전히 반문화적인 입장에서, 예수는 남편과 아내의 권리를 동일한 기초에 두셨다(막 10:11-12).

셋째, 어떤 성도들은 평생 결혼하지 않을지도 모르며, 그런 사람들을 2등 시민처럼 취급해서는 안 된다. 사실, 독신은 다른 영적 은사들과 마찬가지로 하나님께로부터 오는 선물일 수도 있다(마 19:10-12; 고전 7:7). (11절의 "이 말"은 아마도 10절의 내용을 가리킨다. 그러므로 모든 사람이 다 이 선물을 받는 것은 아니다.) 만약 가톨릭이 독신의 가치를 역사적으로 너무 과장해 왔다면, 개신교는 거룩한 독신 생활의 가치를 역사적으로 너무 강조하지 않은 셈이다.

넷째, 또 다른 중요한 가르침이 고린도전서 7장에 등장하는데, 여기에는 이혼이 허용되는 두 번째 예외적인 상황, 즉 불신자로부터 버림을 받는 경우를 포함한다(15-16절). 이 예외적인 상황이 마태복음의 상황과 어떤 공통점이 있는지 주의할 필요가 있다. 이 상황들은 각각 창세기 2:24이 정의하는 결혼 관계의 절반을 깨뜨린다("남자가 부모를 떠나 그 아내와 연합하여 둘이 한 몸을 이룰지로다"). 첫 부분은 서로간의 친밀한 연합을 언급하고, 두 번째 부분은 성적인 결합을 통한 하나 됨의 완성을 말한다. 버림을 받게 되면 서로간의 충성을 지속시키기가 불가능하다. 부정을 범하면 성관계의 배타성이 파괴된다. 하나님이 보시기에 이혼이 허락되는 다른 상황이 존재하는지의 질문에 답하려면 결혼의 토대를 무너뜨리는 것이 무엇인지를 질문해야 한다. 경우에 따라서 결정이 내려져야 하지만, 언제나 결혼을 보존하도록 도우려는 쪽으로 기울어야 한다.

마지막으로 다섯째, 이혼이 이미 이루어진 현실인 경우에, 우리는 동정과 단호함 사이에 올바른 균형을 가져야 한다. 결혼이 붕괴될 때 어느 한편이 자신이 범한 잘못에 대한 회개와 죄에 대한 슬픔이 나타나지 않는다면, 그 성도가 마치 아무 일도 없었던 것처럼 계속 교회의 일원으로 남아 있거나 사역을 지속하도록 용납되어서는 안 된다. 하지만 그러한 회개가 있었고, 그 사람이 어느 기간 동안 독신생활로 남아 있었음을 입증하거나, 두 번째 배우자에 대한 신실함을 입증하였다면, 이혼을 용서받지 못할 죄로 다루어서는 안 된다. 이 경우에는 교회의 한 성도로서의 자격이나 사역을 위한 기회를 박탈할 필요가 없다.[4]

---

[4] 디모데전서 3:2의 "한 아내의 남편"은 과부를 제외하는 것이 아니라면 이혼한 사람을 제외할 수 없다(즉, 이

제4부 _ 그리스도의 삶에 대한 조망

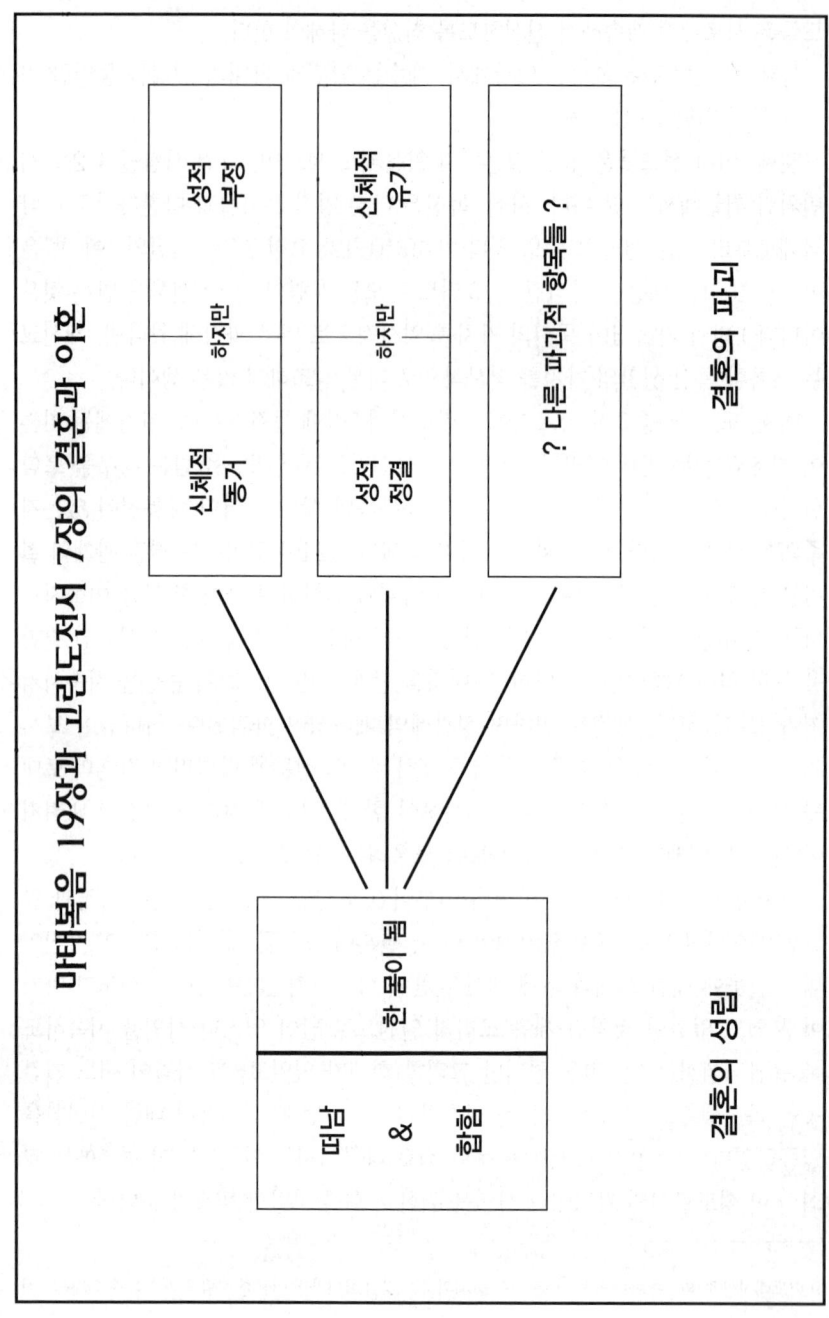

2) 예수께서 어린아이들을 축복하심(막 10:13-16) [Aland §253]

결혼과 이혼을 논의한 후에는 어린이를 다룬 주제가 자연스럽게 뒤따른다. 고대의 유대 사회에서는 랍비들에게 종종 소년 소녀들을 축복하도록 부탁하였고, 그들은 하나님의 은총이 그들에게 임하도록 위해서 기도하곤 하였다. 예수의 제자들은 예수의 축복을 구하는 어린아이들을 꾸짖음으로써 어린이들에 대한 고대의 일반적인 낮은 견해를 보여주었다. 이 이야기는 하나의 "선포"나 "논쟁" 이야기가 되었는데, 여기에서 예수는 천국에 들어가려면 어린아이들처럼 되어야 한다고 선언하셨다. 마태복음 18:3-4에서처럼, 예수는 유치한 모습이 아니라 어린이다운 모습을 칭찬하신다. 어린이들이 어른들의 세계를 그들이 좋아하든지 하지 않든지 간에 절대적으로 그것을 의지하는 것처럼, 성도가 되려는 자는 하나님께 대한 전적인 의지를 깨닫고 그분에 나아가야 한다.[5] 예수께서 어린이들을 축복하신 것은 종종 유아세례를 장려하기 위해 인용되곤 하는데, 분명한 것은 이 본문 속에 유아들이나 세례가 전혀 등장하지 않는다는 사실이다.[6]

구절이 문자적으로 오직 한 번만 결혼한 사람을 언급하는 것이라면 두 번째 결혼을 위한 이유들을 구분하지 않는다). 하지만 바울은 다른 곳에서 과부와 홀아비들에게 상황에 따라서는 재혼하도록 권면하였고(딤전 5:14; 고전 7:9), 만약 그런 사람이 교회의 직분을 맡기에 부적절하다는 것을 그가 알았다면 그렇게 권면하지 않았을 것이다. 디모데전서 3:1-7의 다른 모든 기준들은 장로 후보자들의 현재적인 모습을 언급하는 것이지, 오래 전에 그들이 행했던 일들을 말하는 것이 아니다. "한 아내의 남편"은 그러므로 현재 배우자에게 신실한(또는 신실했던) 사람을 의미하는 것으로서 성숙하고 헌신된 가정적인 사람, 그 이상도 이하도 아니다. 예를 들면, Thomas D. Lea와 Hayne P. Griffin, Jr., *1, 2 Timothy, Titus* (Nashville: Broadman, 1992), 109-10 참조; Ed Glasscock, "'The Husband of One Wife' Requirement in 1 Timothy 3:2," *BSac* 140 (1983): 244-58.

5) James L. Bailey, "Experiencing the Kingdom as a Little Child: A Rereading of Mark 10:13-16," *Word and World* 15 (1995): 58-67은 어린아이의 연약한 측면을 강조하였다; Stephen Fowl, "Receiving the Kingdom of God as a Child: Children and Riches in Luke 18. 15ff," *NTS* 39 (1993): 153-58은 소망을 부단하게 일편단심으로 추구하는 특성을 강조하였다.

6) 이 주장은 "어린아이들을 금하지 말라" (막 10:14)는 표현이 세례 받으시는 문맥에서 뚜렷이 등장한다는 관찰 위에 종종 기초를 둔다(마 3:14; 행 8:36; 10:47; 11:17). 하지만 이 주장은 이 단어들이 세례가 언급되지 않은 다른 문맥에서도 등장한다는 사실과 조화를 이루어야 한다(눅 6:29; 행 24:23; 고전 14:39).

3) 젊은 부자 관원과 그 관련된 사건들(막 10:17-31; 눅 19:1-27) [Aland §254-255, 265-266]

길에서 예수께 다가온 다음 사람은 회당의 부유한 관리였다(눅 18:18에서는 "관원"이라고 부른다). 누가복음 10:25의 율법사처럼, 이 사람도 영생을 유업으로 받을 수 있는 방법에 대해서 질문한다. 예수는 이상하게도 그를 거절하신다. 마가복음에서 예수는 오직 하나님만 선하신데 왜 그가 예수를 "선한" 선생이라고 부르는지 이유를 물으신다(막 10:18). 예수는 자신이 선하다는 사실을 부인하시는 걸까? 자신이 하나님이라고 암시하시는 걸까? 마태의 편집을 보면 전자의 결론을 내릴 가능성은 별로 없다(마 19:17). 아마도 예수는 그 사람의 부적절한 기준("내가 무엇을 하여야 하리이까?")으로부터 관심을 돌려 선함에 대한 하나님의 기준에 초점을 두게 하신지도 모른다. 그리스도께서는 계속해서 십계명의 주요 계명들을 인용하셨지만, 젊은 관원은 자기가 그 계명들을 모두 지켰다고 주장하였다(막 10:19-20). 하지만 주님은 여전히 부족한 면을 느끼신다(마 19:20). 예수는 그에게 많은 소유를 팔아서 가난한 자들에게 주고 제자가 되어 그를 좇으라고 명령하시면서 그의 부족함을 지적하셨다(막 10:21). 이 명령들은 하나의 종합된 묶음으로 여겨져야 한다. 그리스도께 대한 헌신이 결여된 이타주의나 박애적인 도움은 영원한 관점에서 볼 때 아무런 중요성도 없다.

예수는 제자가 되려고 하는 모든 자들에게 너무나 엄격한 요구를 하고 계시는가? 누가복음의 개요가 분명하게 보여주듯이, 그 대답은 "아니요"이다. 누가는 곧 삭개오의 회심 이야기(눅 19:1-10)와 므나의 비유(11-27절)를 나란히 놓을 것이다. 전자는 세리장(로마를 위해 직접적으로 일하는 징세원 중 한 명)의 180도 전환을 묘사하는데, 자발적으로 자기의 재산 중 절반을 가난한 자들에게 주고 세금업을 하면서 사취한 자들에게는 네 배를 되갚아주겠노라고 약속한다.[7]

보통 랍비들의 율례는 사람이 20퍼센트 이상을 남에게 주지 못하게 한다. 그

---

7) 이것이 회심 이야기인지, 아니면 변호 이야기인지에 대해 격렬한 논쟁이 뒤따랐다(눅 19:8은 삭개오의 이제 곧 시작하려고 하는 행동이 아니라, 그 특유의 습관을 묘사하는 것이다). 전자일 가능성이 높다. John Nolland, *Luke 18:35-24:53* (Dallas: Word, 1993), 906 참조.

렇다면 삭개오는 분명히 해야 할 의무 이상을 하는 것이지만, 여전히 많은 양의 재산을 계속 간직한다. 므나의 비유는 자신의 재산을 투자하여 더 많은 돈을 남긴 충성스런 종들을 칭찬하지만, 그 모든 돈은 주인의 섬김과 사용을 위해 그에게 돌아간다.[8] 분명히 하나님께서 우리에게 주신 물질적인 소유에 대해 좋은 청지기가 될 수 있는 길은 많이 있다. 하지만 만약 재물이 우리가 하나님께 전심으로 충성하는 일에 방해가 된다면 우리는 그러한 재물을 우리에게서 벗어버려야 한다. 건드리(Gundry)는 이렇게 말하였다. "예수가 그를 따르는 모든 제자들에게 그 모든 소유를 다 팔도록 명령하시지 않았다는 사실에 위안을 얻는 사람에게는 그분이 그 명령을 주셨을 것이다."[9]

젊은 부자 관원이 슬픈 기색으로 돌아간 후에, 예수는 부유한 사람이 일반적으로 천국에 들어가기가 얼마나 어려운지를 강조하심으로써 청중을 놀라게 하셨다(막 10:23-24). 극적인 과장법을 사용하시면서 이 상황을 낙타가 바늘귀로 들어가려는 것, 즉 팔레스타인에서 가장 큰 동물이 가장 작은 구멍을 통과하려는 것에 비유하셨다(25절)! 제자들은 이 이야기 속에서 철저한 불가능을 인식하였다. 그리고 부귀를 신실한 자들을 위한 하나님의 축복으로 여긴 구약 시대의 두드러진 생각을 고려한 그들은 과연 그 누구가 구원 받을 수 있을지 의아해 하였다(26절). 예수의 대답은 인간적으로 불가능한 일이 하나님의 은혜로 가능해진다는 점을 분명히 한다(27절). 그렇다면 자신의 재산을 버리고 그리스도와 함께 길을 떠난 제자들은 어떻게 되겠는가(28절). 예수는 그들에게 100백배의 보상을 약속하신다. 또한 핍박에 대해서 말씀하시기 때문에, 29-30절을 영해하거나 하늘의 상급으로만 제한하는 것은 불가능하다. 오히려, 제자들은 더 많은 형제, 자매, 부모, 자녀를 얻는 것과 같은 방식으로 100백배의 집과 밭을 얻게 될 것이다. 하나님의 백성 공동체의 모든 일원들은 한 가족이며 누구든지 궁핍

---

[8] 이 비유는 종종 마태복음 25:14-30에 대한 후대의 은유적인 설명으로, 그리고 마태의 비유에 "보좌 요청자의 비유"(귀족이 왕국을 차지하러 가지만 그의 시민들 대표의 반대를 받는 이야기)의 혼합으로 여겨진다. 하지만 누가의 문맥(십자가의 길도 나아가면서 오해와 반대가 점증한다)은 여기 예수님의 비유를 나름대로 의미 있게 만든다. 마태복음의 강조점은 제자들의 적절한 응답에 있으며, 누가복음은 적대자들의 끔찍한 운명에 있다.

[9] Robert H. Gundry, *Matthew: A Commentary on His Handbook for a Mixed Church under Persecution* (Grand Rapids: Eerdmans, rev. 1994), 388.

한 사람과 서로 나눈다.[10] 마태복음은 열두 제자들에게만 주어진 듯한 약속을 추가한다. 새로운 시대가 완전히 도래하면 그들이 보좌 위에 앉아 이스라엘을 다스리게 될 것이다(마 19:28). 하지만 고린도전서 6:2-3은 모든 성도들이 온 세상과 심지어 천사들까지 다스리게 될 것이라고 말하기 때문에, 이 특권은 어느 정도 상대화되어 버렸다.

4) 포도원 품군의 비유(마 20:1-16) [Aland §256]

마태는 특권에 혈안이 된 세상에서 모든 제자들의 동등성을 강조하는 예수의 한 비유를 독특하게 추가하였다. 세 가지 교훈이 주인과 연관되어 있는데, 첫 번째 품군들과 마지막 품군들에 대해서는 마태복음 20:13-16에 기록되어 있다. 우리가 처음 고용된 자들에게서 배우는 교훈은 하나님께서 어느 누구도 부당하게 대하시지 않는다는 것이다(13-14절). 마지막에 고용된 자들에게서는 하나님이 어떤 사람들은 매우 관대하게 대하신다는 사실을 발견한다(15절). 비유의 이미지를 배경으로 16절을 해석하면 우리는 모든 제자들이 하나님 앞에서 근본적으로 동등하다는 사실을 인식하게 된다. 모든 역할은 상호 교환될 수 있기 때문에 이런 문맥에서는 처음이 마지막이고 마지막이 처음이다. 이 비유는 천국에서 영원한 상급에 차등이 있다는 견해를 반박하는 성경의 가장 분명한 가르침 중 하나이다. 결국 완전을 어떻게 더 향상시킬 수 있겠는가?[11]

---

10) 특별히 David M. May, "Leaving and Receiving: A Social-Scientific Exegesis of Mark 10:29-31," PRS 17 (1990): 141-54를 보라.

11) Craig L. Blomberg, "Degrees of Reward in the Kingdom of Heaven?" JETS 35 (1992): 159-72를 보라. Millard J. Erickson (Evangelical Interpretation [Grand Rapids: Baker, 1993], 92-94)은 완벽이란 완벽하게 되는 것에 대해 상대적인 것이라고 올바로 지적했다?영원한 상태에서도 성도들은 신격화되지 않는다. 하지만 상급을 추구하는 것이 과도하게 경쟁적으로 될지 모른다는 나의 염려를 제거하고자 그는 달란트 비유에 기초해서 상급이 하나의 놀라운 선물처럼 올 것이라고 제안한다. 역설적으로, 이것은 그의 견해가 아니라, 오직 나의 견해를 지지하는 사람에게만 발생할 수 있는데, 나는 상급의 차별을 믿지 않기 때문이다. 이 교리를 유지하기 위한 설득력 있는 주석적인 이유가 없다면, 지나치게 조심하면서 성도들이 심판 날에 하나님 앞에 설 때 우리 각자가 경험하게 될 것 이상의 영원한 차이를 가정하지 않는 것이 훨씬 낫다. 영원한 상급 교리의 기원은 실제로 종교개혁 중에서도 루터 이외의 종파에게서 발견되는데, 그들은 로마 가톨릭의 연옥 개념과 같은 것을 보존하였다; Emma Disley, "Degrees of Glory: Protestant Doctrine and the Concept of Rewards Hereafter," JTS 42 (1991): 77-105을 보라.

재물과 청지기 직분에 대한 누가의 구절들

18:18-30	19:1-10	19:11-27
예수와 젊은 부자 관원	삭개오의 회심	므나의 비유
"네게 있는 것을 다 팔아 가난한 자들을 나눠 주라."	"내 소유의 절반을 가난한 자들에게 주겠사오며 만일 뉘 것을 토색한 일이 있으면 사 배나 갚겠나이다."	"그러면 어찌하여 내 은을 은행에 두지 아니하였느냐? 그리하였으면 내가 와서 그 변리까지 찾았으리라."
(22절)	(8절)	(23절)

(RSV)

5) 세 번째의 수난 예고와 제자들의 오해(막 10:32-45) [Aland §262-263]

특권보다는 섬김에 대한 자신의 헌신을 강조하기 위해 예수는 자신의 고난과 죽음과 부활을 또 다시 예언하시는데(막 8:31; 9:31를 기억하라), 이번에는 지금까지의 예언들 중에서 가장 자세하다(10:32-34). 마가는 놀라운 대조를 보이면서 곧 두 제자가 예수의 왕국에서 높은 자리를 요청한 사건을 나란히 두었다(35-37절). 예수는 그들에게 나누어줄 수 있는 것은 고난 받을 특권뿐임을 분명히 하셨고(38-41절), 참된 영적 지도력은 권위주의적인 힘자랑이 아니라 욕심 없는 섬김을 통한 다스림으로 정의하셨다. 후자는 기독교인의 모습이 아니라 이방인의 모습이다(42-45절). 이 본문은 예수께서 자신의 임박한 죽음의 대속적인 특성에 대하여 남기신 보기 드문 중요한 말씀을 그 절정으로 하고 있다. "인자의 온 것은 섬김을 받으려 함이 아니라 도리어 섬기려 하고 자기 목숨을 많은 사람의 대속물로 주려 함이니라"(45절). 대속물이라는 말은 노예시장을 연상케 하는데, 노예를 풀어주기 위해 지불하는 돈을 말한다. 예수께서 누가복음 22:37에서 12절을 분명하게 사용하신 점으로 미루어 볼 때, 하나님의 고난 받는 종에 관한 이사야서 53:10, 또는 12절이 암시되어 있다. "위하여"에 해당하는 헬라어(*anti*)는 아마도 "~를 대신하여"로 읽는 것이 가장 좋은데, 그렇게 함으로써 희생의 대속적인 특성을 잘 보여준다.[12]

6) 소경 바디매오를 고치심(막 10:46-52) [Aland §264]

이제 예수는 목적지인 예루살렘으로부터 15마일 떨어진 여리고에 계셨다.[13]

---

[12] 이 말의 의미와 신빙성에 관해서는 특별히 Sydney H. T. Page, "The Authenticity of the Ransom Logion (Mark 10:45b)," in *Gospel Perspectives*, vol. 1, ed. R. T. France and David Wenham (Sheffield: JSOT, 1980), 137-61을 보라.

[13] 마가와 마태는 예수께서 여리고를 떠나실 때 이 이야기를 전한다(막 10:4; 마 20:29). 누가는 그들이 마을에 도착하기 전에 이 이야기를 두는 듯이 보인다(눅 18:35). 하지만 "가까이 오실 때"는 보다 일반적으로는 "근처에 계실 때"를 의미할 수 있다(Stanley E. Porter, "'In the Vicinity of Jericho': Luke 18:35 in the Light of Its Synoptic Parallels," *BBR* 2 [1992]: 91-104를 보라). 아니면 누가는 자신의 자료를 단축하는지도 모른다. 중간 정보를 생략함으로써 모순처럼 보이도록 지어냈다(Craig Blomberg, *The Historical Reliability of the Gospels* [Leicester and Downers Grove: IVP, 1987], 128-30 참조).

복음서의 마지막 기적 이야기가 뒤따른다. 소경 바디매오는 그가 메시아("다윗의 아들")로 믿은 사람에게 자신의 눈을 뜨게 해 달라고 외쳤다.[14] 예수는 그를 고쳐 주셨고 "네 믿음이 너를 구원하였느니라"(52절)-육적으로만 아니라 영적으로-는 복음서에서 마지막으로 기록된 구절을 반복하셨다. 예전에는 그의 기적을 경험한 자들에게 아무 말도 하지 말거나 집에 돌아가 가족에게 증거하라고 말씀하셨다. 하지만 이제 올바른 응답은 십자가로 나아가는 길을 예수와 함께 따라가는 것이다. 바디매오의 육적, 영적 시력은 제자들의 계속적인 시각 결핍과 대조를 이루는데, 가장 최근의 예는 높은 위치를 서로 차지하려는 모습에서 나타난다.

7) 베다니에서 기름부음을 받으심(요 11:55-12:11; 막 14:3-9)
   [Aland §261, 267-268]

오직 요한만이 이 사건이 발생한 정확한 시기를 말해 주는데, 바로 유월절 엿새 전(12:1), 즉 우리가 오늘날 종려주일이라고 부르는 날 이전 토요일이다. 마가와 마태는 예수의 장사를 준비하는 상징 때문에 이 본문을 주제에 맞게 재배치하여, 유대 지도자들이 예수를 체포하려는 음모(막 14:1-2)와 예수를 배반하려는 유다의 계획(10-11절) 가운데 두었다. 요한과 마가/마태 사이에는 다른 주목할 만한 차이점들도 있지만, 그 중 어느 것도 모순으로 여길 필요는 없다.[15] 여하튼, 마리아는 1년 월급에 달하는 값비싼 향유를 예수께 부음으로써 그녀의 사랑을 아낌없이 쏟아 부었다(요 12:3). 유다는 이러한 "낭비"에 대해서 항의하였지만, 성경은 그가 제자들의 돈궤에서 돈을 훔치곤 했다고 우리에게 전한다(4-6절).

예수의 응답은 이와 유사한 항의에 대해서도 답을 주는데, 이 항의는 성숙한

---

14) 마태복음 9:27-31에서와 마찬가지로 마태의 기록은 두 명의 소경을 언급한다(20:30). 아마도 바디매오가 주된 화자였거나, 아니면 나중에 스스로 제자가 된 사람이었을 것이다.
15) 이 집이 시몬의 집이었을까? 아니면 나사로의 집이었을까? 아마도 시몬의 집이었으며, 나사로와 그의 식구들은 초대받은 손님들이었을 것이다. 예수님은 머리에 기름부음을 받으셨을까? 아니면 발에 받으셨을까? 아마도 여기에 사용된 감송유는 몸 전체에 쓰고도 충분했기 때문에 머리와 발 모두에 부어졌을 것이다. 더욱이 요한복음에서 마리아와 유다는 마가복음에 나오는 무명의 등장인물이었으며, 그들의 동기에 대한 추가적인 정보가 주어졌다. D. A. Carson, *The Gospel according to John* (Grand Rapids: Eerdmans; Leicester: IVP, 1991), 426-27 참조.

사회적 양심을 가진 어느 선량한 사람이 제기한 것이었다. 그리스도께 대해 단 한 번의 반복될 수 없는 값비싼 헌신의 행위를 드릴 때가 있다. 하지만 "가난한 자들은 항상 너희와 함께 있다"는 말씀(8절)은 아무런 구제도 하지 않는 것에 대해 어떠한 변명도 제공하지 않는다. 예수의 대답을 보다 자세히 기록하는 마가는 이렇게 설명한다. "아무 때라도 원하는 대로 도울 수 있거니와"(막 14:7). 그의 기록은 사실 신명기 15:11("땅에서는 언제든지 가난한 자가 그치지 아니하겠으므로")을 암시하는데, 이 구절은 곧 이어서 이렇게 선포한다. "내가 네게 명하여 이르노니 너는 반드시 네 경내 네 형제의 곤란한 자와 궁핍한 자에게 네 손을 펼지니라." 하지만 이 특별한 경우에 마리아의 "낭비"는 적절한 것이었다. 브루스는 이렇게 설명한다. "장례식 때 큰 비용을 지출하는 것은 부적절하게 여겨지지 않는다. 만약 때가 되어 죽은 사람에게 부어져 사용되었을 향유를 그 사람이 살아 있으면서 그런 행동을 가져온 사랑을 느낄 수 있을 때 그에게 사용된다면 왜 반대할 이유가 있겠는가?"[16]

8) 역사성

이 단락에 기록된 예수의 선언은 유대교 뿐만 아니라 초대 기독교와도 계속해서 다르다. 법적인 적용보다는 창조 섭리에 호소함으로써 이혼을 엄격하게 금지하신 것, 어린이를 겸손의 전형적인 예로 높이신 것, 그리고 재물의 청지기에 관한 엄격한 가르침. 이 뿐만 아니라, 마가복음 10:18에는 당황스럽게 보일 수 있는 기독론이 담겨 있다. 23-25절에는 예수 특유의 과장이 담겨 있다. 마태복음 19:28은 비록 그 병행구절을 찾아볼 수 없지만, 새로운 (또는 새롭게 된) 이스라엘을 세우시려는 예수의 의도의 핵심을 보여준다.[17] 마가의 다른 독특한 자료는 주로 비유들이며, 일반적으로 그 진정성이 인정된다. 예수의 죽으심이 대속물이라는 말씀(막 10:45)에 대해서는 논란이 많다. 수난 예고처럼, 이 구절도 예수께서 이사야 52-53장과 마카비 순교자들의 예를 묵상하신 후의 자연스런 결과처럼 여겨지지만, 예수 당시의 유대교에서는 찾아볼 수 없는 독특한 메

---

16) F. F. Bruce, *The Gospel of John* (Basingstoke: Pickering & Inglis; Grand Rapids: Eerdmans, 1983), 257.
17) 특별히 E. P. Sanders, *Jesus and Judaism* (London: SCM; Philadelphia: Fortress, 1985), 98-102를 보라.

시아적 적용을 가지고 있다. 소경 바디매오를 고치신 사건은 우리가 지금까지 살펴 본 다른 소경들의 치유 기적과 일치한다. 나병환자 시몬의 집에서 기름부음을 받으신 사건에서는 마리아와 유다의 행동은 비록 다른 형태이기는 하지만 모두 당황스런 행동임에는 틀림없다. 흥미롭게도, 사해사본 중 하나는 베다니 근처에 그 당시 나환자촌이 있었음을 확증해 준다(11QTemple 46:16-18).

2. 예루살렘에 계신 예수: 공생애의 마지막 날들(막 11-12장)

예수께서 예루살렘에 도착하시자, 기대와 갈등이 함께 극도에 달하였다. 이 단락에서 다루는 사건들은 그리스도의 처형 이전 주일부터 화요일까지를 포함한다. 세 가지 예언적인 "실물 교육"은 모두 이스라엘의 불길한 미래를 예고한다. 그런 후에 예수는 성전에서 유대 지도자들이 말로 던지는 함정을 교묘하게 피하시면서 가르치셨고, 그들을 향한 심판을 선포하심으로써 말씀을 맺으셨다.

1) 심판의 행동(막 11:1-26; 요 12:17-50)

(1) 예루살렘 입성(막 11:1-10; 눅 19:41-44) [Aland §269-270, 302-304]
이 이야기는 흔히 "승리의 입성"이라고 불리며 기독교 역사를 통해 부활절 한 주 전인 "종려주일"에 기념되어 왔다. 하지만 보다 나은 명칭은 아마도 "반(反)-승리의 입성"일 것이다. 당나귀에 올라탄 갈릴리 시골뜨기를 수행한 이 어중이떠중이들은 군사를 대동하고 백마를 탄 총독이나 장군들을 열렬히 환영하는 모습에 대한 하나의 익살스런 장난처럼 보였을 것이다. 하지만 예수는 분명하게 메시아적인 선언을 하신다. 그분의 행동은 스가랴 9:9의 예언을 성취하시는데, 마태와 요한은 그 점을 분명히 하였다(마 21:5; 요 12:15). 주님은 왕다운 절차를 통해 짐승을 구해오도록 명령하셨다(막 11:2-3). 나귀는 전에 타본 적이 없어야 했는데, 그래야 거룩한 목적을 위해 "정결하고" 적합할 수 있었다.[18] 그리고 예수는 갈릴리에서 온 순례자들에 의해서 마치 구약 성경과 신구약 중간

---
18) 마태가 예수님이 두 마리 나귀에 타셨다고 말함으로써 상황을 왜곡시켰다고 종종 주장된다(마 21:5, 7).

제4부 _ 그리스도의 삶에 대한 조망

예수의 마지막 주간

토	일	월	화	수	목	금	토	일
베다니에서 기름부음	승리의 입성	성전 청결과 무화과나무 (1)	무화과나무 (2)와 성전/감람산에서 가르침	?	유월절, 마지막 만찬 준비 & 겟세마네	재판(들), 판결, & 처형		부활!

기 시대에 왕들을 영접하는 것을 연상시키듯이 환호를 받으셨다(왕하 9:13; 마카비1서 13:51). 그들은 길 위에 자기들의 옷과 근처 여리고에서 꺾어온 종려가지를 깔아놓고는(막 11:8; 요 12:13), 순례자들이 성전 언덕을 올라가면서 관습에 따라 부르는 시편 118의 메시아적인 언어를 사용하여(25-26절) "호산나"(히브리어, "하나님, 우리를 구원하소서")를 외쳤다.

하지만 군중은 여전히 예수께서 죽으시기 위해 그 민족의 수도에 오신 것과 왕으로써의 통치는 아직 미래의 일임을 깨닫지 못했다. 전쟁의 말들과 달리, 당나귀는 평화와 겸손을 상징하는 짐승이다. 이 주간에는 어느 로마인도 정복당하지 않을 것이다. 누가복음에서 이 직전에 나오는 므나의 비유는 천국이 즉시 권능 가운데 임할 것이라는 생각을 쫓아버리기 위해 말해졌다(눅 19:11). 누가는 또한 사람들이 예수의 평화 제의를 깨닫지 못하는 것에 대한 예수의 슬픔을 추가하였다. 그 결과, 예루살렘은 주후 70년에 있게 될 멸망만을 기다리게 될 것이다(19:41-44). 이 부분에 대해서는 예수께서 추후에 감람산에서 많이 말씀하실 것이다. 그래서 지금 예수를 환영하는 자들 중에서 불과 5일 후에 각성하여 예루살렘 주민들과 합세하여 예수의 처형을 요구하는 자들이 생기게 될 것이다.[19]

자주 그랬듯이, 요한은 심지어 제자들조차 예수의 부활 이후까지도 이런 사건들의 의미를 깨닫지 못했음을 분명히 밝힌다(요 12:16). 또한 요한은 여느 때와 마찬가지로 현재 다루는 주제에 대한 예수의 강연을 추가하였다. 이 경우에는 인자의 영화이다(12:23-50). 이것이 언제 주어졌는지를 확실히 아는 것은 불가능하다. 일요일과 목요일 사이의 아무 때였을 것이다. 하지만 요한에게는, 이러한 말들이 예수의 공생애에 대한 적절한 결론을 형성한다. 이 말들은 예수를 보려고 찾아온 몇몇 헬라인들(즉 이방인들)의 소망 때문에 생겨났다(20-22절). 본질적으로, 예수는 지금은 청중을 위한 시간이 아니라, 헬라인들을 포함

하지만 5절은 유사대구법으로서, 7절의 마지막 "그것들"에 대한 헬라어 선행사는 짐승이라기보다는 겉옷들로 보는 것이 자연스럽다. 어린 나귀 위에 손쉽게 태우기 위해서 어미 나귀가 함께 동행해야 한다는 사실(그리고 본문은 짐승이 이전에 아무런 짐도 짊어진 적이 없다고 기록하지는 않는다)은 마땅히 예상된다. Gundry, *Matthew*, 409를 보라.

[19] 이 이야기에 담긴 승리의, 반-승리의, 전통적이면서도 혁명적인 의미에 대한 해석을 보려면 Brent Kinman, "Jesus' 'Triumphal Entry' in the Light of Pilate's," *NTS* 40 (1994): 442-48과 Paul B. Duff, "The March of the Divine Warrior and the Advent of the Greco-Roman King," *JBL* 111 (1992): 55-71을 보라.

하여 모든 민족들을 위한 구원을 위한 시간이라고 대답하셨다. 자신의 때가 아직 오지 않았다고 종종 말씀하신 후에(2:4; 7:30; 8:20), 요한은 예수의 때가 이제 도래하였다고 극적으로 선포한다(12:23; 13:1; 17:1). 씨앗처럼, 죽음은 승리에 선행하여야 한다. 이것은 제자들에게도 마찬가지이다((24-26절). 예수의 메시지 뒤에는 이를 확증하는 하늘의 소리가 들려왔고(27-30절), 예수께서 소리내어서 드린 기도는 나사로의 무덤에서 드린 기도를 연상케 한다(11:41-42). 그분의 죽음은 대적자들에 대한 심판을 가져올 것이지만, 그분께 이끌리게 될 모든 자들에게는 구원의 기회를 가져올 것이다(12:31-32).[20] 32절의 "들림"은 요한의 전형적인 이중 의미를 암시한다. 십자가 처형은 그리스도께서 높아지시는 것으로 이어진다. 군중은 여전히 예수의 의도를 깨닫지 못했는데(33-36절), 예수는 이것을 이사야 6:10의 성취라고 여기셨다(37-43절). 44-50절은 성부 하나님의 뜻에 대한 철저한 일치로서 그리스도의 사명이 가진 이중적인 능력-심판하고 구원하시는-을 반복함으로써 강화를 매듭짓는다.

(2) 말라버린 무화과나무(막 11:12-14, 20-25) [Aland §271-272, 275]

예루살렘을 향한 예수의 "승리의 입성"의 일부는 성전으로 가셔서 둘러보시고 아무것도 하시지 않는 것이었다(막 11:11). 베다니 부근에서 하루를 지내신 후에, 예수는 그 다음날 성전으로 향하셨다. 가시는 도중에 잎은 무성한데 열매가 하나도 없는 무화과나무를 발견하시고는 저주를 선언하셨다(12-14절). 그 다음날이 되자 나무는 완전히 말라버렸다(20-21절). 복음서에서 이 두 번째 멸망의 기적은 분명히 상징으로 가득 차 있다. 마가는 "성전 청결" 이야기(15-19절)를 다른 두 이야기 사이에 고의적으로 끼워놓았다.[21] 그 두 사건들은 함께 해석되어야 한다. 유대 문헌에서 무화과 열매를 결실하지 못한 땅이 이스라엘을 향한 심판을 상징하듯이(특별히 미 7:1; 렘 8:13), 그리고 예수께서 일찍이 저주

---

20) "불신의 저항 외에는 예수님의 구원의 능력에 아무런 제한이 없다. 이 문장의 만인구원적인 색채와 경향에도 불구하고 믿음은 여전히 하나의 조건으로서 포함되어 있다." (Rudolf Schnackenburg, *The Gospel according to St. John*, vol. 2 [London: Burns & Oates; New York: Seabury, 1980], 393).
21) 깔끔한 문학적 이야기를 만들고자 마태는 무화과나무 이야기의 부분들을 한 데 묶어서 마치 그것이 하루에 모두 발생한 것처럼 보이게 했다(마 21:18-22). 하지만 마태는 여러 말로 그렇게 하지 않았고, "즉각적으로" 말라버렸다는 문제(19절)는 그것이 몇 시간에 걸쳐 발생했다고 하더라도 여전히 적절하다. 나무가 썩으려면 보통 많은 시간이 걸린다.

를 받아 말라버린 무화과나무의 비유를 말씀하셨던 것처럼(눅 13:6-9), 이제 유대 민족이 회개하지 않으면 임하게 될 임박한 심판을 보여주시기 위해서 하나의 행동으로 보여준 비유, 또는 실물 교육을 사용하신 것이다.[22]

제자들은 깜짝 놀랐고, 예수는 이 사건을 사용하셔서 믿음에 관한 또 다른 연관된 교훈을 가르치셨다(막 11:22-25). 이 구절들은 종종 문맥을 벗어나서 사용되며 본문이 의도하지 않는 방식으로 일반화되기도 한다. 비록 산을 움직이는 믿음에 관한 표현은 고대의 속담이지만(고전 13:2), 예수는 여기에서 "누구든지 이 산더러 들리어" 바다에 던지우라 하면 그대로 될 것이라고 구체적으로 약속하신다(막 11:23). 제자들이 베다니에서 성전으로 걸어갔기 때문에, "이" 산은 감람산이나 성전이 있었던 시온산을 의미한다고 보는 것이 자연스럽다. 감람산이 두 개로 나뉘게 될 것이라는 종말론적인 상징(슥 14:4)과 말라버린 무화과나무의 상징과 성전에서 있었던 관련된 사건을 고려할 때, 예수는 성전을 교체할 새로운 세계질서가 임박했다는 그분의 약속을 제자들이 신뢰하도록 부르시는 것이 분명하다. 24-25절은 비록 "기도가 믿음의 능력의 근원이며 그 힘의 수단일 때 하나님의 주권만이 그 유일한 제한이다"[23] 라는 말이 신학적으로 사실이라 할지라도 이 문맥 속에서 해석되어야 할 것이다.

(3) 성전을 "청결케 하심"(막 11:15-19) [Aland §273-274]

예수께서 성전 경내의 환전상들이나 희생제물을 파는 행상인을 내쫓으심으

---

22) 나뭇잎이 있었다는 것은 열매가 있어야 함을 암시한다고 종종 주장한다. 마찬가지로, 유대 지도자들은 하나님을 따르는 외적인 표징들을 모두 보여주기는 하지만 진정한 영적 추수를 거두지는 못했다. 하지만 막 11:13의 마지막 절은 이런 해석을 부당하게 만든다. 아마도 아직 무화과 때가 아니라는 언급은 독자들이 이 이야기 전체를 상징적으로 해석하도록 하기 위한 마가의 방법일 것이다. 가다라의 귀신에 의한 돼지들의 죽음이 생명의 부당한 상실처럼 보이듯이, 무화과나무가 말라버린 것 역시 예수님의 교훈을 위한 "불필요한" 희생일지도 모른다. 하나님의 눈에 짐승들이나 식물은 사람들과 동등하지 않다. 물론 그렇다고 이것이 환경을 헤치는 선례를 제공하는 것은 아니다. 매우 예외적인 상황이기 때문이다. 이와 유사한 접근과 해석의 상세한 역사를 위해서는 William R. Telford, *The Barren Temple and the Withered Tree* (Sheffield: JSOT, 1980)을 보라.

23) William L. Lane, *The Gospel according to Mark* (Grand Rapids: Eerdmans, 1974; London: Marshall, Morgan & Scott, 1975), 410. *Prayer, Power, and the Problem of Suffering: Mark 11:22-25 in the Context of Markan Theology*의 깊은 연구를 위해서는 Sharyn E. Dowd (Atlanta: Scholars, 1988)이 저술한 같은 이름의 연구를 보라.

로써 건물을 깨끗하게 하시고 기도의 집으로서의 그 원래의 목표를 회복하셨다는 점에서 성전에서 보이신 예수의 행동은 전통적으로 "청결"이라고 부른다. 청결의 요소가 담겨 있는 것은 분명하지만, 예수의 사역에서 너무 늦은 때인 것처럼 보이며 예수의 행동이 어떤 지속적이고 긍정적인 결과를 가져오기에는 유대 지도자들의 적대심이 너무 심각한 듯하다. 어쩌면 회개의 마지막 기회를 제공하시는 것일 수도 있지만, 그 결과는 너무나 자명했다. 당연하게도 이 사건은 예수의 죽음을 궁리하는 자들을 부추기는 일에 결정적인 촉매작용을 하고 말았다(막 11:18; 눅 19:47-48). 또한 예언적인 상징의 요소도 본문 전체에 존재한다. 무화과나무의 경우처럼, 성전과 또 그것이 상징하는 모든 것들이 곧 멸망을 당하게 될 것이다. 성전 건물은 주후 70년이 되어서야 무너질 것이지만, 제사제도는 그리스도께서 돌아가시고 부활하시면 곧바로 구식이 되어 다른 것으로 대체될 것이다(예수의 제자들은 이 사실을 바로 이해하지 못했다). 오직 예수 안에서만 죄의 용서를 찾을 수 있을 것이다. 이것은 예수가 왜 그 다음 날 마지막으로 성전을 떠나시면서, "너희 집이 황폐하여 버린바 되리라"고 선언하시는지를 설명해 준다(마 23:38). 또한 이방인의 뜰의 의도된 용도와 이를 "민족주의자의 요새"로 탈바꿈한 것 사이에 하나의 대조가 있다. 예수 안에 있는 하나님의 구원은 모든 사람들에게도 동일하게 주어질 것이다.[24]

2) 성전에서 가르치심(막 11:27-12:44)

화요일 아침이 되자 예수와 제자들은 삼일 째 연속 성전으로 돌아왔다. 세 공관복음서들은 모두 예수를 스스로 함정에 빠뜨리려는 유대 지도자들로부터 어떤 질문공세를 받으셨는지를 보고한다. 각각의 질문은 그것을 묻는 사람의 유형과 잘 들어맞는다. 마가복음에서는 이러한 논쟁 이야기들이 2:1-3:6에서 설명된 유사한 논쟁 이야기들과 함께 하나의 수미쌍관(inclusio)을 형성한다. 마가복음 12:13-37에 기록된 네 가지 이야기들은 흥미롭게도 고대의 유월절 예

---

[24] 사건 전체에 관해서는 Craig A. Evans, "Jesus' Action in the Temple: Cleansing or Portent of Destruction?" *CBQ* 51 (1989): 237-70; Morna D. Hooker, "Traditions about the Temple in the Sayings of Jesus," *BJRL* 70 (1988): 7-19와 Sanders, *Jesus and Judaism*, 61-76을 보라.

배의 네 가지 질문들에 각각 해당한다. (a) 율법의 한 항목과 연관된 질문(세금을 내는 것에 관한-13-17절) (b) 조소가 담긴 질문(부활에 대하여-18-27절) (c) "순전히 경건한" 사람의 질문(가장 위대한 계명에 관하여 질문한 서기관-28-34절) 그리고 (d) 집의 가장이 스스로 하는 질문(다윗의 자손에 관하여 질문하시는 예수-35-37절).[25] 복음서 기자들은 이런 방법을 통해서 예수가 유월절의 진정한 성취이심을 보이려고 했을까?

(1) 예수의 권세에 관한 질문(막 11:27-33; 마 21:28-32; 막 12:1-12; 마 22:1-14) [Aland §276-279]

성전의 지도층을 구성하는 세 종류의 그룹이 예수께 찾아와 그가 무슨 권세로 전날의 혼란을 야기하였는지 먼저 질문하였다(막 11:27-28). 예수는 일반적인 랍비들의 방식을 따라 그들의 질문을 또 하나의 질문으로 대응하셨다. 그들로 하여금 세례 요한의 정체에 관한 문제에 대답하게끔 하신 목적은 뚜렷했다. 즉 그분의 권세는 세례 요한의 권세와 마찬가지로 동일한 근원(하나님)으로부터 왔다는 것이다. 하지만 지도자들은 이것을 양심상 인정할 수 없었고 그렇다고 공개적으로 그것을 부인하지도 못했다. 결국 그들의 함정은 아무런 효과도 없었다(29-33절).

하지만 예수는 계속 말씀하신다. 세 공관복음서는 모두 악독한 소작인의 비유를 기록하고 있는데, 이 비유에는 지도자들의 권세에 대한 뚜렷한 도전이 포함되어 있다. 마태는 이 비유를 당시의 유대 지도층의 재판-"판결", "구형", 그리고 "처벌"-을 은유적으로 설명하는 세 개의 연속적인 비유들 중 가운데에 포함하였다.[26] 두 아들의 비유는 천대 받는 자들과 죄인들이 종교 지도자들보다 먼저(또는 "대신에") 천국에 들어가는 것을 묘사한다. 실천이 약속보다 중요하다(마 21:28-32).

악독한 소작인의 비유는 지도자들의 불순종의 결과를 보여준다. 하나님 나라는 그들에게서 빼앗겨 적절한 열매를 맺는 백성(즉 인종적인 배경과 관계없이

---

25) David Daube, *The New Testament and Rabbinic Judaism* (London: Athlone, 1956), 158-69.
26) Eduard Schweizer, *The Good News according to Matthew* (Richmond: John Knox, 1975; London: SPCK, 1976), 402.

예수를 따르는 자들)에게 주어질 것이다(마 21:33-46, 특별히 43절을 보라). 이 비유의 주인공들과 연관해서 세 가지 분명한 교훈을 발견할 수 있다. 하나님의 인내, 반역자들의 궁극적인 멸망, 그리고 하나님의 구원활동의 중심으로서 이스라엘이 교회로 바뀌는 것 등이다. 하지만 아들의 역할은 비록 약하기는 하지만 네 번째 교훈을 암시한다. 그 아들처럼 예수도 곧 죽임을 당하실 것이지만, 시편 118:22-23의 버린 돌처럼 그분은 결과적으로 높임을 받으시고 그를 대적하는 자들에게 해를 끼치게 될 것이다. 예수를 대적하는 자들이 이처럼 희미한 기독론적 주장을 이해했는지는 분명히 알 수 없지만, 확실한 것은 그들이 이 비유 속에 나타난 그들의 역할을 인식하고 더욱 그를 죽이려고 결심한 채 떠났다는 것이다(막 12:12).[27]

마태복음 22:1-14는 이 세 가지 비유를 절정으로 가져간다. 6-7절이 "사건 이후의 예언"인지에 관한 논쟁에 대해서는 p. 219를 보라. 예수는 주후 70년에 있을 유대의 반란에 대한 로마의 압제를 넘어서 마지막 심판을 바라보고 계셨을 것이다. 여기에서도 세 가지 교훈들이 등장한다. 두 가지는 누가의 위대한 잔치의 비유를 연상시킨다(눅 14:16-24). 하나님은 모든 종류의 사람들을 그분의 나라에 초청하시지만, 초청을 거부한 처음 손님들은 내어 쫓기고 다른 손님들로 채워진다. 마태의 비유가 가진 독특한 초점에는 결혼예복을 입지 않은 사람에 관한 흥미로운 이야기가 포함된다(11-13절). 아마도 잔치를 배설하는 고대의 풍습에서는 예복을 입는 것이 조건이었을 것이다. 그렇다면 이 사람은 의도적으로 그렇게 하지 않은 것이다. 여하튼, 예수는 그분에게 나아오는 모든 사람들은 자기들 마음대로가 아니라 그분의 조건에 맞게 나와야 함을 강조하시는 것처럼 보인다.

(2) 가이사에게 바치는 세금에 대하여(막 12:13-17) [Aland §280]

그 다음으로 예수를 심문하는 자들은 그분을 함정에 빠뜨렸다고 확신했다. 바리새인들은 로마에 세금을 바치는 것을 싫어했지만, 헤롯당원들은 체제지지론자들이었다. 이 질문에 대해 예수가 어떻게 대답하시든지, 어느 한 쪽은 화를

---

27) 비유 전반에 대한 자세하고 뛰어난 연구를 위해서는 Klyne R. Snodgrass, *The Parable of the Wicked Tenants* (Tübingen: Mohr, 1983)을 보라.

낼 것이다. 예수는 그들의 견해의 일부를 인정해줌으로써 "진퇴양난"의 위기를 피하신다. 사람이 세운 정권은 적법하면서도 제한된 범위를 가진다. 유대인들은 재정적인 용도에 맞으면 가이사의 얼굴이 새겨진 로마 동전을 기꺼이 사용했기 때문에 그러한 용도에 맞지 않는 경우라 해도 세금을 바쳐야 했다. 하지만 하나님은 최우선적인 충성을 요구하신다-만약 그분의 명령과 인간의 규정 사이에 마찰이 일어나면 항상 후자가 양보해야 한다. 이 구절은 루터교, 침례교, 그리고 후대에 정치적인 "왕국"과 종교적인 "왕국"은 분리되어야 한다는 미국인들의 신념에 중요한 영향을 끼쳤다. 그리고 만약 예수가 외세의 폭정에 시달리는 사람들에게 이러한 명령을 주실 수 있었다면, 오늘날 민주주의 국가에서 살아가는 성도들은 마땅히 그 제도 속에서 적법하게 살아야 하지 않겠는가![28]

(3) 부활을 조소함(막 12:18-27) [Aland §281]

사두개인들은 죽은 자의 부활을 믿지 않았는데, 그 이유는 부활에 대한 가르침을 모세의 다섯 책에서 발견하지 못했기 때문이다(p. 87을 생각하라). 그들은 이 부활의 교리를 조롱하고 다른 유대 지도자들이 함정에 빠뜨리지 못한 예수를 흠잡으려고 일곱 명의 형제들을 남편으로 삼았던 여인에 관한 이상한 상황을 꾸며내었다. 이런 각본은 아이가 없고 과부가 된 형수를 위해 형제들이 결혼하고 자녀를 양육해야 하는 구약성경의 수혼법(levirate)에 기초한 것이다(신 25:5; 창 38:8). 예수의 대답은 두 가지를 성취하였다. 장차 올 세상에도 지금처럼 결혼제도와 출산이 지속될 것이라는 사두개인들의 잘못된 생각을 깨뜨렸고, 토라로부터 부활의 생명이 존재한다는 것을 보여주었다. 예수께서 출애굽기 3:6("나는 아브라함의 하나님이라")의 내포된 현재시제를 강조하신 것이 적어도 현대의 해석 기준으로 볼 때에는 그분의 결론을 지지하는 것 같지 않지만, 고대 유대인들의 해석법과 매우 유사한 것은 사실이다(특별히 *b Sanhedrin* 90b는 민 18:28로부터 부활을 유추한다). 아마도 우리의 현대 해석학은 종종 지나치게 제한적인지도 모른다![29]

---

28) Robert H. Stein, *Luke* (Nashville: Broadman, 1992), 496 참조. 하나님의 주장이 너무 포괄적이어서 예수께서 하신 말씀의 첫 부분("가이사에게 주라…")을 무효화한다고 보는 견해는 바리새인이나 헤롯당 그 누구도 완전히 만족시키지 않는 예수님의 대답의 정교한 균형을 깨뜨리기 때문에 타당성이 없다.
29) 예수님의 논리를 이해하려는 대부분의 시도들은 하나님이 족장들과 세우신 사랑의 관계나 언약에 초점

(4) 가장 큰 계명(막 12:28-34) [Aland §282]

이제는 한 서기관이 다가와서 질문을 던진다. 그는 자연스럽게 가장 큰 율법에 관해서 질문을 하는데, 이것은 이미 유대인들의 열띤 논쟁의 주제이기도 했다. 예수의 대답은 매우 정통적이었다. 하나님을 사랑하라는 명령은 셰마(Shema; "이스라엘아 들으라. 우리 하나님 여호와는 오직 하나인 여호와시니"-신 6:4-5) 직후에 주어지며 모든 생명체에 근본으로 여겨진다. 힐렐은 이미 레위기 19:18을 통해서 율법을 요약하였고 아키바(Akiba) 역시 후대에 이를 인정하였다(b. Shabbat 31a; Sifra 89b). 하지만 예수는 하나님과 이웃을 사랑하라는 명령을 함께 융합하여 둘 중 한 가지만 하는 것을 비본질적인 것이라고 주장하셨다. 그리고 비록 서기관이 예수의 요약과 의견을 같이했지만, 예수는 여전히 그를 하나님 나라 밖에 있는 자라고(멀지는 않지만) 비판하셨다(막 12:34). 그는 예수의 제자가 아니었기 때문에 그 계명들을 적절하게 성취할 수 없었다.

(5) 다윗의 후손에 관한 질문(막 12:35-37) [Aland §283]

질문자들이 침묵하게 되자, 이제 상황이 바뀌어 예수께서 그들에게 질문을 던지신다. 어떻게 그들은 메시아를 단순히 다윗의 왕위를 잇는 인간적이고 민족주의적인 후손으로 여길 수 있는가? 예수는 그 당시 다윗의 저작으로 널리 알려진 시편 110편을 인용하심으로써 이 부분을 도전하신다. 시편에는 두 명의 "주"가 등장한다. 야훼 하나님 또 다른 "주"(히브리어는 adonai)이다. 만약 말하는 자가 이스라엘의 왕인 다윗 이외의 다른 사람이라면, 이 두 번째 "주"는 이 세상의 어떤 주인일 것이다. 하지만 이스라엘에서 다윗보다 더 높은 사람은 없었다. 그렇다면 그 주는 메시아이며, 그분은 다윗보다도 높은 분이시다. 아무도 이 논리를 반박하지 못하였고 사람들은 깜짝 놀랐다. 시편 110편은 당연히 신약성경에서 가장 널리 인용된 구약성구가 되었다.[30]

을 두는데, 많은 유대인들은 시간이 흐르면서 죽음조차도 이 언약을 깨뜨릴 수 없다고 믿게 되었다. 대표적인 연구를 위해서는 John J. Kilgallen, "The Sadducees and Resurrection from the Dead: Luke 20, 27-40," Biblica 67 (1986): 478-95를 보라.

30) 이 구절에 다양한 사용과 교회의 발전하는 기독론 속에서 그 상관관계에 대해서는 Martin Hengel, Studies in Early Christology (Edinburgh: T. & T. Clark, 1995), 119-225를 보라.

(6) 유대 지도자들에 대한 경고와 재앙(마 23장) [Aland §284-285][31]

예수는 몇몇 바리새인들과 서기관들에 대한 심한 경고로서 성전에서의 가르침을 끝맺으셨다. 마가는 이 독설의 간략한 일부만을 전한다. 하지만 마태는 그 끔찍한 내용을 상세하게 기록하였다. 마태가 기록한 마지막 설교의 시작부분에 등장하는 예수의 재앙의 메시지는 그의 첫 번째 설교 초두에 나오는 팔복(마 5:3-12)과 함께 수미쌍관을 이룬다. 마태복음 23장은 신약성경에서 가장 반-유대적인 장이라고 불리지만, 이것은 다음과 같은 이유 때문에 부당하다. 첫째, 예수와 그의 첫 제자들은 모두 유대인들이었다. 둘째, 예수께서 모든 유대인들이나 모든 유대 지도자들을 비난하신 것은 아니었다. 셋째, 예수의 말씀은 구약성경의 긴 예언들, 특별히 하나님께서 그의 백성과 지도자들에게 진노하시는 예레미야서의 예언보다는 가혹하지 않다. 넷째, 예수는 통렬한 애가를 마지막으로 사용하여 논쟁을 일단락 하시는데, 이 애가는 이스라엘에 대해 그분이 얼마나 실망하셨는지를 보여준다(37-39절). 다섯째, 마태가 이러한 자료를 우선적으로 적용하고자 했던 사람들은 아마도 그의 교회 내의 보수적이고 율법주의적인 성도들이었을 것이다(8-12절).

모든 종교 공동체마다 위선자들이 있기 때문에, 예수의 경고는 역사적으로 타당성이 충분하다. 예수는 경고의 말씀 초두에 이러한 선생들이 토라와 일치하는 말씀을 전할 때에는 그들을 본받아야 한다고 인정하셨다(2-3절).[32] 하지만 몇몇 심각한 모순들 때문에 그들을 혹평하셨다. 그들은 사람의 칭찬과 영예를 얻기 위해 행동하며(5-12절), 개종시키려는 열정 때문에 눈이 멀어 있다(13-15절). 그들은 맹세와 십일조에 있어서 우선순위를 뒤바꾸어 놓았고(16-24절), 도덕적인 순결보다도 예식적인 깨끗함에 더 관심을 품었다(25-28절). 설상가상으로, 그들은 하나님께서 그들에게 보내신 대언자들을 저주하고 살인함으로써 그들의 반역스런 조상들의 행위를 재연하였다(29-36절). 이런 구절들에는 신랄한 역설이 가득 차 있다. 굿 뉴스(Good News) 번역은 32절의 의미를 이렇게 표현한다. "그렇다면 너희 조상들이 시작한 것을 너희가 끝내어보

---

31) 이 장 전체에 관해서는 특별히 David E. Garland, *The Intention of Matthew 23* (Leiden: Brill, 1979)를 보라.
32) 이 난해한 구절들에 관해서는 특별히 Mark A. Powell, "Do and Keep What Moses Says (Matthew 23:2-7)," *JBL* 114 (1995): 419-35를 보라.

라!" 하지만, 이스라엘 민족의 죄가 역사적으로 이 시점에서 극도로 악화된 상태이기는 했지만, 결코 여기에는 민족의 영원한 저주를 암시하는 구절이 전혀 없다. 예수께서 죽으신 때로부터 예루살렘이 멸망할 때까지가 40년인데, 이것은 정확히 한 세대에 해당하는 기간이다. 36절은 그렇다면 이 기간이 지난 후에는 심판이 끝나고 회복이 올 것이라는 의미인가? 39절은 적어도 이스라엘이 예수를 마침내 그들의 메시아로 인정하게 될 때를 암시해 준다.[33]

(7) 과부의 헌금(막 12:41-44) [Aland §286]

이스라엘 내의 부자들과 영향력 있는 자들에 대한 비난에 걸맞는 대조로써 마가는 성전 연보궤에 풍성한 헌금을 드린 과부의 칭송할 만한 모범으로써 예수의 성전 이야기를 끝맺는다. 예수는 우리가 얼마나 많이 드리는가가 아니라, 얼마나 많이 희생하는가에 감동하신다. 여기에는 또한 그러한 빈익빈 부익부를 가져온 사회에 대한 은연중의 비판도 가정할 수 있다.[34]

3) 역사성

이 전체 단락 속의 단순히 "암시적인" 기독론이야말로 그 진정성을 강력하게 말해 준다. 예수는 스가랴의 예언을 행동으로 실천하셨지만 예루살렘에 입성하실 때에 자신이 메시아이심을 뚜렷하게 주장하지 않으셨고, "승리의 입성"과 관련해서는 오히려 전통적인 기대에 반대되게 행동하셨다. 성전의 임박한 멸망에 대한 그분의 비유들은 당시 유대인들의 지배적인 신념에 직접적으로 도전하시면서도, 초대교회와는 달리 기도와 전도의 장소로서의 성전을 즉각적으로 포기하지도 않으셨다. 성전에서 가르치신 내용 중에는 그분을 넘어뜨리기 위해 설치해 놓은 함정을 지혜롭게 피하신 그분의 독특한 경고 이야기들이 포함된다. 사악한 소작인들의 비유는 예수께서 스스로를 하나님의 아들로 여기셨음을 암시하는데, 그것은 단순히 이야기의 한 부차적인 주제에 불과하다. 다윗의 후

---

33) 이 점에 관해서는, 특별히 Dale C. Allison, Jr., "Matt. 23:39 = Luke 13:35b as a Conditional Prophecy," *JSNT* 18 (1983): 75-84를 보라.
34) 이 구절에 대해 몇몇 유익한 통찰력을 제공하는 최근의 연구들은 Elizabeth S. Malbon, "The Poor Widow in Mark and Her Poor Rich Readers," *CBQ* 53 (1991): 589-604쪽을 보라.

손이 어떻게 그의 주님이 될 수 있는지에 관한 질문 역시 같은 방향을 제시하지만 이것 역시 간접적일 뿐이다. 예수께서 과부의 헌금을 칭찬하신 것은 고대의 종교에서는 별로 찾아볼 수 없는 자선에 대한 견해를 보여준다.

서기관들과 바리새인들을 향한 광범위한 경고는 매우 난해하다. 하지만 여기에서 반유대주의가 발견되지 않는다고 앞서 제시한 이유들(p. 495)은 이 내용의 대부분이 역사적으로 사실일 때에만 성립된다. 만약 이것이 기독교의 두 번째 세대에 유대 지도자들을 공격하기 위해 후대의 교회가 꾸며낸 것이라면, 이를 (비기독교적인) 유대교를 향한 총괄적인 비난으로 보지 않기가 어렵다. 하지만 이것이 어떤 고정된 역사적 사건들 속에서 특정 유대 지도자들과 사람들에 국한된 것이라면, 보다 이해하기가 쉬워진다. 이 점에서 공관복음이 실제 발생한 사건들을 기록하는데 보다 충실하다는 증거 중에는 마태복음 23:2-3상에서 서기관들과 바리새인들의 권위를 매우 긍정적으로 인정한 것, 경문, 옷술, 십일조, 개종자, 맹세, 잔과 대접, 무덤 등등에 대한 논쟁들이 가진 유대적인 특징(5-30절), 39절을 이스라엘을 위한 미래의 소망으로 해석할 수 있는 가능성, 그리고 31-36절 배후에 있는 전승에 대해서 사도 바울이 알고 있었을 것이라는 추측(데살로니가전서 2:14-16) 등이 포함된다.

요한복음 12장의 후반부에는 하나의 강연으로 발전될 수 있는(24-26절의 "한 알의 밀")[35] 또 다른 "비유"와, 겟세마네를 연상시키는 예수의 내면적인 고뇌(27-28절)가 포함된다. 40절에서 이사야 6:10을 사용한 것은 마가복음 4:12와 그 병행구절에 기록된 예수의 말씀과 매우 유사하다. 이 경우에는 각각 공관복음서와의 유사성 때문에 그 역사적인 신빙성이 더욱 드러난다.

4) 감람산 강화(막 13; 마 24-25장; 눅 21:5-38)

예수는 성전을 떠나 기드론 골짜기 건너편 동쪽을 향하여 감람산 기슭으로 올라가셨다. 함께 걸으면서 제자들은 당연히 성전의 아름다움에 놀라고 말았다. 하지만 예수는 성전의 임박한 멸망을 예언하심으로써 제자들을 더욱 놀라게 하셨다(막 13:1-2). 제자들은 이런 일이 언제 있게 될 것이며, 그것이 임박했

---

35) C. H. Dodd, *Historical Tradition in the Fourth Gospel* (Cambridge: CUP, 1963), 366-69.

다는 증거는 무엇인지 두 가지 질문을 던졌다(3-4절). 이에 대한 예수의 대답을 보면, 마태가 이것을 두 가지 구별된 질문으로 해석한 것이 분명하다. 즉 언제 성전이 멸망될 것이며, 그리스도의 재림과 세상의 종말이 임박했다는 증거는 무엇인가(마 24:3)? 제자들의 마음속에는 이 두 사건들이 의심할 나위 없이 하나이며 동일했다. 하지만 예수의 대답은 그것들이 상이한 문제들임을 분명하게 보여준다.

이 대답은 또한 종말론적인 강화라고 알려져 있는데, 역사를 통해서 수많은 해석을 야기하여왔다. 기초적인 수준에서 가장 보편적인 몇몇 접근들은 건전한 해석학을 통해서는 가장 변호를 받지 못하는 것들 가운데 있다. 다음의 간략한 해석은 마땅히 알려져야 하는데 별로 알려지지 못한 복음적이고 학문적인 견해를 보여준다.[36]

5) 성전은 언제 멸망할 것인가?(막 13:5-23) [Aland §287-291]

(1) 지나치게 중요한 것으로 해석되지 말아야 할 사건들(5-13절)

당시의 지나친 종말론적 열기를 가라앉히기 위해서 예수는 이 첫 번째 질문에 대해서 간략하게 "즉시는 아니라"고 대답하신다. 5-13절은 굳이 종말을 예고하지 않고도 발생해야 할 사건들을 항목별로 모아놓았다(7, 8, 10, 13절). 여기에는 다음과 같은 것들이 포함된다. 첫째, 거짓 메시아의 출현(5-6, 21-23절 참조; 6절의 "내 이름으로"는 "예수"보다는 "그리스도"를 언급하는 것으로 보인다). 둘째, 난리와 난리 소문(7절). 셋째, 지진, 기근, 그리고 연관된 자연 재해(8절; 눅 21:11 참조). 넷째, 정부와 식구들로부터 오는 핍박(9, 11-13절). 다섯째, 만국에 복음을 전파하는 것(10절). 첫째부터 넷째까지는 십자가 처형과 성전이 멸망한 시기 중간(주후 30-70년)에 모두 명백하게 성취되었다. 사도행전 5:36에는 이 시기에 스스로를 메시아로 자처한 드다에 대해서 언급하고 있고,

---

36) 세부적인 내용의 약간의 차이와 더불어 자세한 설명을 위해서는 Carson의 마태복음 주석과 Lane과 Cranfield의 마가복음 주석을 보라. 이 구절에 대한 해석의 전반적인 역사와 유사한 강해를 위해서는 George R. Beasley-Murray, *Jesus and the Last Days* (Peabody: Hendrickson, 1993)를 보라. 네 가지 현대 복음주의적인 접근에 대한 간략한 개관과 비평을 위해서는 David L. Turner, "The Structure and Sequence of Matthew 24:1-41: Interaction with Evangelical Treatments," *GTJ* 10 (1989): 3-27을 보라.

요세푸스는 다른 몇몇 사이비 그리스도들의 출현을 묘사하였다(*Antiquities* 20. 97-99, 160-72, 188). 종종 일어나는 전쟁들은 주후 67년에 있게 될 유대인들의 반란에 전조가 되는데, 이 사건이야말로 성전의 멸망을 야기한 중요한 전쟁이었다. 60년대 초에는 라오디게아와 폼페이에 엄청난 지진이 발생하였고, 40년대 말엽에는 로마제국의 여러 지역들, 특히 유대에 심각한 기근이 덮쳤다(행 11:28). 사도행전은 초대교회를 괴롭힌 핍박에 대해서 거듭 기록하고 있다(또한 고후 11:23-12:10에 기록된 바울의 마음 아픈 고난의 목록을 보라). 심지어 로마서 10:18; 골로새서 1:6, 23; 그리고 디모데전서 3:16에 기록된 바울의 설명을 고려하여 "만국에 복음을 전파하는 것"을 "로마제국 전역에 걸친 대표적인 전도"와 동일시한다면, 다섯째 역시 적어도 한 번은 성취된 것처럼 보인다(종종 "온 세상"으로 번역되는 헬라어 *oikoumenē*는 사실 제국의 통치 영역 내의 모든 경계를 주로 언급한다).[37]

물론 위의 다섯 가지 활동들은 교회 역사를 통해서 계속적으로 반복되어 왔다. 요한계시록은 이와 유사한 "종말의 공포들"을 묘사한다. 하지만 예수의 말씀을 종말에 관한 논쟁거리로 삼는다면 이것은 성전 멸망의 시기에 관한 제자들의 질문과 다를 바가 없다. "이런 일이 있어야 하되 끝은 아직 아니니라"(막 13:7). 한편, 이 모두 예언들이 주후 70년에 어떤 의미에서 모두 성취되었기 때문에, 그 후의 모든 교회들은 끝이 아무 때라도 올 수 있다는 사실을 믿을 수 있었다. 예수의 재림까지 시간이 짧든지 길든지 관계없이, 성도들을 향한 도전은 믿음에 굳게 서서, 배교나 사랑이 식어지는 것을 피하고, 필요하다면 순교까지 무릅쓸 준비를 하며, 그 결과 (영적으로) 구원을 얻는 것이다(마 24:9, 12-13).

(2) 성전의 멸망을 둘러싼 사건들(14-23절)

14절은 주후 70년의 문턱으로 우리를 인도한다. 예수는 다니엘서 9:27; 11:31; 12:11, 그리고 마카비서 1:54; 6:7의 용어들을 사용하시면서 "멸망의 가증한 것"을 암시하셨다(p. 35를 보라). 안티오쿠스 에피파네스가 성전을 더럽힌 것만큼, 아니 그 이상으로 나쁜 일이 다시 발생할 것이다. 마가는 "읽는 자는

---

37) 특별히 Robert H. Gundry, *Mark: A Commentary on His Apology for the Cross* (Grand Rapids: Eerdmans, 1993), 739를 보라. 그는 다른 문헌들도 열거하였다.

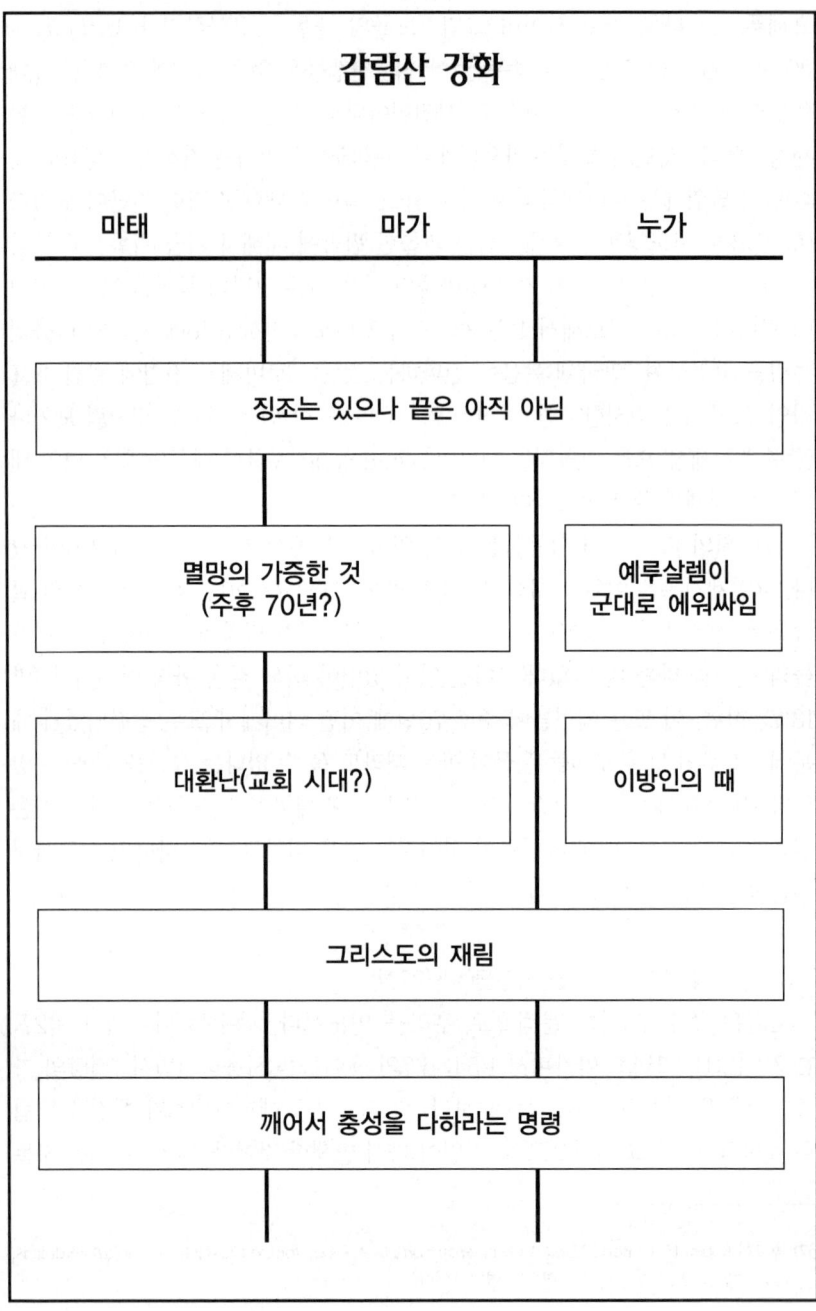

깨달을진저"라는 문구를 삽입함으로써, 앞으로 복음을 읽게 될지도 모르는 정부 관리들이 성도들을 반-로마 단체로 비난하지 못하도록 그 내용을 일부러 애매한 언어로 기록하였음을 보여준다! 이 "가증한 것"을 둘러싼 지독한 조건들 중에는 지붕 위에 살거나 안식일에 여행하는 것(막 13:15; 마 24:20) 등 1세기 유대인들의 독특한 관심사가 포함된다. 누가는 여기에서 말하는 사건이 예루살렘의 멸망임을 분명히 밝히는데(눅 21:20, 24), 이때부터 유대인들의 포로로 잡혀가고 흩어지기 시작하며, 이 기간에 예루살렘 성이 이방 거주자들에 의해서 침략을 당한다. 이것이 바로 주후 70년 이후부터 1,900년 동안 발생하게 될 일이다.

바로 이러한 상황 속에서 예수는 전례 없는 환난에 대해서 말씀하신다(막 13:19). 1세기 예루살렘에서의 핍박이 인류 역사의 다른 모든 핍박보다 더 심했는지는 입증하기 어렵다(p. 51을 기억하라). 하지만 이 핍박을 그리스도의 재림 직전에 있게 될 몇몇 사건으로만 제한하는 것 역시 부당하다. 그렇다면 예수가 그보다 더한 고통이 다시는 없을 것이라고 말씀하신 것이 의미가 없기 때문이다. 분명히 누가는 이 환난이 주후 70년에 시작하였다고 보았지만, 마태는 또한 그리스도의 재림을 예시하는 사건들이 환난 후 "곧" 발생할 것이라고 보았다(마 24:29). 그러므로 예수의 예언은 성전의 멸망으로부터 그분의 재림까지의 기간 전체를 "다시없을 큰 환난"으로 언급하신 것으로 보는 것이 가장 좋을 듯하다. 그렇다고 모든 진실된 성도들이 핍박으로 점철된 인생을 살아왔음을 의미하지는 않는다. 그것은 신약성경의 기록자들과 예수가 주님을 충성스럽게 따르고 그분의 메시지를 전파하는 성도들의 이 땅에서의 몫을 명예나 부귀로 보지 않으셨음을 의미한다(특별히 딤후 3:12를 보라)! 이러한 정통적인 기독교 신앙의 뚜렷한 표현과 한결 같은 적용은 다른 종교나 사상보다 더 많은 적대심을 부추겼는지도 모른다.[38]

---

38) 요한계시록의 문체와 성경 예언의 다중적인 성취에서 발견되는 패턴은 교회 시대 마지막에 특별히 "환난"이 가중하게 될 때가 있을 것을 제안한다. 하지만 예수님은 이 문맥에서 인류 역사의 그 마지막 기간을 언급하기 위해 이 용어를 제한하시는 것은 아닐 것이다.

6) 종말의 징조는 무엇인가?(막 13:24-32) [Aland §292-293]

두 번째 질문에 대한 예수의 대답은 한 마디로 "확실한 것은 없다", 또는 "염려하지 말라! 그 일이 발생하면 너희는 분명히 알 것이다!"이다. 정확한 시간은 알 수 없지만 성전이 멸망한 이후에 그리스도께서 다시 오실 것이다(24-27절). 여기에 묘사된 우주적인 환난은 인류 역사의 전환기에 발생하게 될 극적이고 광범위한 정치적/종교적 혼란과 격변을 의미하는 비유적인 표현들로서 묵시문학에서는 일반적인 것이었다(사 13:10; 34:4; 겔 32:7; 단 8:10; 욜 2:10; 학 2:21).[39] 예수의 강화 중에서 "징조"라는 단어가 등장하는 곳은 오직 마태복음 24:30 뿐이다. 하지만 이 "인자의 징조"가 무엇이든지 간에[40] 그것은 당대의 사건들을 해석하여 그리스도의 재림 시기를 분명하게 예언하려고 하는 자들에게는 너무 늦는 것처럼 보인다. 그것은 오히려 여기에서 묘사된 예수의 재림 (*parousia*) 자체의 일부이다. 그리고 이 재림은 공개적이고, 전 세계적이며, 모든 사람이 볼 수 있는 사건이 될 것이며(마 24:30-31), 스스로 그리스도인 체 하는 모든 자들의 주장을 깨뜨리실 것이다(막 13:21-23).[41]

종말의 시기에 대한 예수의 말씀의 두 번째 부분은 잎사귀가 나는 무화과나무의 비유이다(28-31절). 이 비유의 핵심은 간략하게 말해서, 나무의 잎사귀가 여름이 가까운 것을 보여주듯이, "이 모든 일들"의 성취는 그리스도의 재림이 가까웠음을 보여준다는 것이다. 하지만 30절에서 "이 세대가 지나가기 전에 이 일이 다 이루리라"고 선포하신 말씀은 무슨 뜻인가? 많은 학자들은 추측하기를 예수께서 제자들이 살아 있는 동안에 다시 오실 것이라고 잘못 생각하셨다는 것이다. 다른 사람들은 *genea*를 "세대"가 아니라 유대인들을 지칭하는 "종족"

---

39) N. T. Wright (*Jesus and the Victory of God* [London: SPCK; Minneapolis: Fortress, 1996])는 더 나아가 인자의 재림 자체 역시 마찬가지로 상징적이라고 주장한다. 적어도 누가에게 행 1:9와 11절은 이 견해를 반대하는 것처럼 보인다.

40) Jonathan A. Draper ("The Development of 'the Sign of the Son of Man' in the Jesus Tradition," *NTS* 39 [1993]:1-21)는 종종 군기나 부대기로 해석되는 이 징조가 보다 구체적으로는 전쟁을 위해 부족을 한데 모으려는 목적으로 세워진 "토템"이라고 그럴듯하게 주장한다(특별히 렘 51:27). 하늘의 징조는 그리스도께서 더 이상 고난 받는 종이 아니라, 왕, 정복자, 심판주로서 재림하실 것이라는 사실을 선포한다.

41) 그러므로 여기 인자의 "오심"을 주후 70년 그리스도께서 비가시적으로 오셔서 성전을 심판하신 것으로 제한하는 견해 또한 깨뜨리실 것이다. 다른 곳에서 *parousia*의 한결 같은 사용 역시 이 견해를 반박한다. Beasley-Murray, *Jesus and the Last Days*, 430을 보라.

으로 번역하였다. 현대의 세대주의자들은 "이 세대"가 종말의 세대를 뜻하는 것으로 해석하는데, 그리스도의 재림을 예견하는 사건들은 시작부터 끝까지(이스라엘이 1948년에 새로운 정부로 설립된 때로부터) 한 세대의 기간이 걸린다는 것이다.[42]

하지만 위의 견해들은 그 어느 것도 타당성이 없다. 복음서의 다른 곳에서 일관되게 사용되어 온 것을 고려할 때 "이 세대"는 예수의 때를 시작으로 대략 40년의 기간을 말한다고 볼 수 있다(마태복음에서만, 11:16; 12:39, 41, 42, 45; 16:4; 17:17; 그리고 특별히 23:36).[43] 하지만 본문의 문맥을 주의 깊게 살펴보면, 예수는 "이 세대" 안에 다시 돌아오실 것을 주장하시는 것이 아니다. 30절의 "이 모든 일들"이란 29절의 "이런 일들"과 동일하다. 하지만 29절에서 말하는 일들은 마지막이 가까웠음을 보여주게 될 일들이다. 더 나아가, 그리스도의 재림이 종말이 임박했음을 보여준다고 말하는 것은 의미가 없다. 재림 자체가 곧 종말의 도래를 뜻하기 때문이다! 그러므로 "이런 일들"은 5-23절에 기록된 모든 사건들을 말하며, 이 사건들은 사실상 이미 발생하였고 적어도 주후 70년 이전에 시작하였다. 다시 말해서, 아무것도 그리스도의 재림 앞을 가로막지 않는다. 하지만 예수는 우리가 그분의 재림 시기를 예측할 만한 아무런 "징조"도 주지 않으신다.

마가복음 13:32는 이 점을 더욱 분명하게 한다. 하나님으로서 전지전능하신 속성을 스스로 제한하여 인간이 되셨기 때문에 성자 예수조차도 자신의 재림이 언제일지 알지 못하셨다. 그렇다면 예수도 모르시는 것을 어떻게 우리가 감히 안다고 주장할 수 있겠는가! 예수께서 단순히 "그날과 그때"는 예수도 모르신다고 하셨기 때문에 재림의 주간이나 월이나 연도나 시대를 안다고 주장하는 것 역시 부당하다. "그날과 그때"는 성경에서 불특정한 기간을 지칭할 때 주로 사용되는 용어들이며, 사도행전 1:7은 이보다 더 일반적이다. "때와 기한은 아버

---

[42] 이 견해를 가장 보편화시킨 사람은 Hal Lindsey(*The Late Great Planet Earth* [Grand Rapids: Zondervan, 1970], 43)이다. 그는 무화과나무가 유대 문학에서 얼마나 자주 이스라엘을 상징하는지를 지적한다. 하지만 Lindsey는 한 세대를 40년의 기간과 동일시함으로써 아무리 오래 기다려도 1988년에는 재림을 보게 되리라고 암시하였다. 성경을 믿는 성도들이 Lindsey의 접근이 얼마나 잘못되었는지를 깨달으려면 얼마나 더 기다려야 할까?

[43] D. A. Carson, "Matthew," in *Expositor's Bible Commentary*, ed. Frank E. Gaebelein, vol. 8 (Grand Rapids: Zondervan, 1984), 507 참조.

지께서 자기의 권한에 두셨으니 너희의 알 바 아니요."[44]

7) 깨어 있으라는 명령(막 13:33-37; 마 24:37-25:46) [Aland §294-300]

그렇다면 우리는 어떻게 살아야 하는가? 날짜를 계산하려고 하거나, 당대의 사건들로부터 "시대의 징조"를 읽으려 하지 말아야 한다면, 그리스도께서 우리에게 깨어서 근신해야 한다고 명령하신 의미는 무엇인가? 매우 간단하다. 준비하고 기다리라! 하나님 나라의 사역에 최선을 다하면 종말이 예상치 못할 때 온다고 할지라도 당신은 준비되어 있을 것이다. 마가는 간략하게, 그리고 마태는 보다 자세하게 예수께서 다양한 비유들을 통해서 이 점을 어떻게 분명히 하셨는지 기록하고 있다.

문지기의 비유(막 13:33-37)는 이 개념을 간략하게 보여준다. 밤의 네 가지 기본적인 시간들(3-4 가지 구분들) 중 아무 때에든지 주인이 돌아올 수 있기 때문에 깨어 있어야 한다. 마태복음 24:37-42와 43-44는 노아 시대의 홍수와 급작스런 도적의 침입을 비유로 들면서 이 명령을 더욱 강조한다.[45] 그렇다면 24:45-51과 25:1-13의 비유들은 주인이 놀라울 정도로 일찍, 또는 늦게 돌아오는 상황을 비교해서 보여준다. 제자들은 만일의 사태에 대비해서 준비하고 있어야 한다는 가르침을 받고 있다. 달란트의 비유는 그리스도의 초림과 재림 사이의 기간이 길든지 짧든지 우리가 무엇을 하고 있어야 하는지를 잘 보여준다. 우리는 주님께서 하나님 나라의 목적을 위해 우리에게 맡기신 모든 자원을 활용해야 한다. 모든 사람들은 그들의 행동에 대해서 책임을 져야 하며, 주님을 위해 아무것도 하지 않은 자들은 스스로 아무런 제자도 아님을 보여주는 것이

---

44) 유익하고 대중적인 수준의 작품인 B. J. Oropeza, *99 Reasons Why No One Knows When Christ Will Return* (Downers Grove: IVP, 1994)를 참조하라.
45) 마태복음 24:40-41(눅 17:34-35)은 종종 비밀스런 휴거를 가르치는 구절로 여겨졌다: 예수님이 환난 전에, 그리고 그분의 우주적이고 공개적인 *Parousia* 이전에 재림하시면 성도들이 불신자들만을 이 땅에 남겨두고 이 세상으로부터 갑자기 사라질 것이라는 것이다. 하지만, 문맥상, "데려감을 당한다"는 것은 심판을 받기 위해 데려가는 것을 의미한다(마 24:39의 홍수가 회개하지 않는 모든 자들을 "멸하는" 것처럼). 휴거에 대한 입장이 어떠하든지 간에 이 구절로부터 인용하지 않는 것이 좋다. John F. Walvoord, *Matthew: Thy Kingdom Come* (Chicago: Moody, 1974), 193 참조.

며 결국 영원한 형벌을 당하게 된다(마 25:14-30).[46]

감람산 강화는 또 하나의 비유 같은 예화로 끝을 맺는다. 심판의 날에 있을 사건들은 달란트 비유에서 이미 묘사되었는데, 마치 자신의 양과 염소를 구분하는 목자와 같다(마 25:31-46). 장차 오실 왕, 예수는 그를 따르는 자들을 형벌 받을 자들로부터 구분하실 것인데, 전자는 영원히 그분의 임재를 경험할 것이며, 후자는 영원한 형벌에 처하게 될 것이다. 하지만 이러한 구분은 어떠한 기준에 의해서 이루어질 것인가? 얼핏 보면, 그 기준은 세상의 가난하고 궁핍한 자들을 위해 수행된 선한 행위처럼 보인다(굶주린 자들을 먹이고, 헐벗은 자들을 입히는 등등). 예수는 행위에 의한 구원을 가르치시는 것일까? 분명히 그렇지는 않다(막 5:34; 10:52; 눅 7:50; 11:17-19; 18:10-14 등). 그렇지 않다면 제자가 보여주는 참된 의 속에 그러한 행위가 포함된다는 것을 가르치시는 것일까? 이것이 그 당시에는 가장 흔한 해석이었지만, 교회 역사에 걸쳐서 지배적인 견해는 아니었으며,[47] 가장 설득력 있는 견해도 아니었다. 마태복음에 등장하는 "형제(들)"은 혈육의 형제들을 의미하지 않을 때에는 영적인 친족, 즉 동료 유대인이나 예수의 동료 제자들을 의미했다(마 5:22-24, 47; 7:3-5; 12:48-50; 18:15, 21, 35; 23:8; 28:10). 이 중에서 "가장 작은 자"라는 용어(25:40, 45)는 마태가 기독교인을 지칭하는 독특한 표현들 중 하나인 "작은 자"(10:42; 18:6, 10, 14; 5:19; 11:11)의 최상급을 사용한다. 마태복음 10:40-42는 순례하는 제자들에게 조그만 친절을 베푸는 자들을 위해 상급을 약속하는 밀접한 병행구를 보여준다. 그러므로 예수는 고난을 당하며 핍박을 받는 기독교 사역자들을 위해 행한 자비의 행동에 대해서 말씀하시는 것처럼 보인다. 복음의 메시지를 이미 받아들인 사람이기 때문에 그는 이제 그 메시지를 전달하는 자를 위해 관심을 품는다. 더욱이, 이 "양들"은 그리스도를 따르는 자들로 여겨지는 사실에 대해 놀라지 않는다("익명의 그리스도인" 이론). 그들은 예수께서 더 이상 인간의 모습으로 이 땅에 계시지 않기 때문에 그들이 예수를 직접 섬겼다는 말씀을 들

---

46) 이 구절들의 핵심과 그 세부 내용에 대한 주석은 Craig L. Blomberg, *Interpreting the Parables* (Downers Grove and Leicester: IVP, 1990)을 보라.

47) 해석의 자세한 역사는 Sherman W. Gray, *The Least of My Brothers: Matthew 25:31-46-A History of Interpretation* (Atlanta: Scholars, 1989)를 보라.

고는 깜짝 놀란다. 하지만 예수께서는 그들이 섬긴 모든 제자들 가운데 함께 계심을 분명히 하신다. 그렇다고 해서 우리가 이 세상 불신자들의 필요를 돌볼 의무로부터 면제되는 것은 아니다. 우리는 다른 본문에서 그러한 가르침을 발견할 수 있다.[48]

8) 역사성

이 강화가 기본적인 공관복음 자료들로부터 창작된 합성물이라고 일반적으로 추측하지만, 마태와 마가와 누가가 각자 나름대로 요약해 놓은 공관복음 이전의 "설교"라고 주장할 수 있는 가능성 또한 매우 크다.[49] 이 강화를 시작하게 된 질문에 대해 예수께서 결코 직접적으로 대답하지 않으셨다는 사실(막 13:4)은 이 설교의 신빙성을 말해 주며, 이 강화의 난해한 특성, 특별히 멸망의 가증한 것에 대한 언급(막 13:14) 그 자체 역시 이 설교의 진정성을 보여준다. 만약 이 가르침이 성전의 멸망 이후나 직전에 만들어진 것이라면 예수께서 예비적인 징조들을 강조하신 것-"아직 끝은 아니니라"(7절)-은 불필요한 일이었을 것이다. 그리스도께서 자신의 재림의 때와 시기에 대해서 모르셨다는 것(13:32)은 아마도 기독론을 우스꽝스럽게 만들지도 모른다. 하지만 주의 날이 가까웠다는 구약 선지자들의 반복적인 문구를 고려할 때, 그리고 1세기 유대교의 묵시문학적인 사고의 만연을 생각해 볼 때, 예수께서 결코 그 같은 방식으로 종말의 주제를 다루지 않으셨다는 것은 정말 놀랍다. 데살로니가전서 4:16-17, 5:2, 그리고 데살로니가후서 2:3-6은 모두 이와 유사한 초기의 "예수-전승"의 인식을 보여준다. 그리고 이 강화에 추가된 마태의 독특한 자료는 거의 모두가 비유들로서, 거의 보편적으로 그 신빙성을 인정받고 있는 병행하는 비유들의 형식과 내용에 일치한다.

---

[48] 이러한 해석에 대해서는 예를 들면 George E. Ladd, "The 'Parable of the Sheep and the Goats' in Recent Interpretation," in *New Dimensions in New Testament Study*, ed. Richard N. Longenecker and Merrill C. Tenney (Grand Rapids: Zondervan, 1974), 191-99; 그리고 John R. Donahue, "The Parable of the Sheep and the Goats: A Challenge to Christian Ethics," *TS* 47 (1986): 3-31을 참조하라.

[49] David Wenham, *The Rediscovery of Jesus' Eschatological Discourse* (Sheffield: JSOT, 1984).

3. 심층연구를 위한 자료

1) 예루살렘으로 향해 가는 유대 땅에서

(1) 예수와 이혼

Atkinson, David. *To Have and to Hold*. London: Collins, 1979; Grand Rapids: Eerdmans, 1981.

Cornes, Andrew. *Divorce and Remarriage: Biblical Principles and Pastoral Practice*. London: Hodder & Stoughton; Grand Rapids: Eerdmans, 1993.

Garland, David, and Diana Garland. *Marriage: For Better or For Worse?* Nashville: Broadman, 1989.

Heth, William A., and Gordon J. Wenham. *Jesus and Divorce*. London: Hodder & Stoughton, 1984; Nashville: Nelson, 1985.

House, H. Wayne, ed. *Divorce and Remarriage: Four Christian Views*. Downers Grove: IVP, 1990.

Keener, Craig S. ⋯ *And Marries Another: Divorce and Remarriage in the Teaching of the New Testament*. Peabody: Hendrickson, 1991.

Luck, William F. *Divorce and Remarriage*. San Francisco: Harper & Row, 1987.

(2) 예수와 재물

Hengel, Martin. *Property and Riches in the Early Church*. London: SCM; Philadelphia: Fortress, 1974.

Moxnes, Halvor. *The Economy of the Kingdom*. Philadelphia: Fortress, 1988.

Pilgrim, Walter E. *Good News to the Poor*. Minneapolis: Augsburg, 1981.

Schmidt, Thomas E. *Hostility to Wealth in the Synoptic Gospels*.

Sheffield: JSOT, 1987.

Seccombe, David P. *Possessions and the Poor in Luke-Acts*. Linz: Studien zum Neuen Testament und seiner Umwelt, 1982.

(3) 다른 주제

Carter, Warren. *Households and Discipleship: A Study of Matthew 19-20*. Sheffield: JSOT, 1994.

Via, Dan O., Jr. *The Ethics of Mark's Gospel-In the Middle of Time*. Philadelphia: Forress, 1985.

2) 감람산 강화

Beasley-Murray, George R. *Jesus and the Last Days*. Peabody: Hendrickson, 1993.

Geddert, Timothy J. *Watchwords: Mark 13 in Markan Eschatology*. Sheffield: JSOT, 1989.

Giblin, C. H. *The Destruction of Jerusalem according to Luke's Gospel*. Rome: BIP, 1985.

Hartman, Lars. *Prophecy Interpreted*. Lund: Gleerup, 1966.

Wenham, David. The Rediscovery of Jesus' Eschatological Discourse. Sheffield: JSOT, 1984.

4. 복습을 위한 질문들

1) 예수의 유대 사역으로부터, 우리는 이혼에 관한 그분의 견해에 대해서 무엇을 배우는가? 재물의 올바른 사용에 대해서는 무엇을 배우는가? 매우 민감한 이 두 주제를 다루는 본문은 오늘날 어떻게 적용되어야 하는가?
2) 마가복음 11:1-26의 중심적인 이야기들을 모두 살펴보고 그것들이 어떻게 "심판의 행동들"인지를 설명하라.

3) 마가복음 11:27-12:44의 여러 가르침을 예수께서 성전에서 가르치시는 순서대로 살펴보라. 각 본문의 핵심적인 가르침은 무엇인가? 각각의 경우, 그분과의 구체적인 대화상대가 누구인지를 파악하는 것이 왜 중요한가?

4) 본장에서 소개된 예수의 감람산 강화의 주된 구조와 해석을 요약하라. 이러한 접근을 따른다면, 감람산 강화는 오늘날 그리스도의 재림을 기다리면서 살아가는 현대의 성도들에게 어떠한 의미를 주는가?

제17장

고난과 십자가와 부활

복음서의 마지막 사건들이 이제부터 빠르게 진행된다. 기록된 내용 중에서 그 어떤 것도 예수의 마지막 주간 수요일에 발생했다고 확실하게 말할 수 있는 것은 없다. 유대 지도자들이 예수를 죽이려고 음모를 꾸민 것(막 14:1-2; Aland §305)은 아마도 화요일이었을 것이다. 그들은 아직도 예수를 따르는 군중들과 부딪히기를 원치 않았다. 하지만 그들이 유월절 기간 중에 그를 체포했다는 사실은 비록 그것이 은밀히 밤중에 자행되었다고 해도, 계획에 변화가 있었음을 보여준다. 그렇지 않다면 마가복음 14:2상은 "축제에 온 사람들을 피해서"라고 번역해야 한다. 우리는 목요일 밤에 있었던 사건들로부터 시작하는데, 예수께서 열두 제자와 함께 하신 마지막 만찬, 겟세마네 동산을 향한 출발, 그리고 그분의 체포로 이어진다. 그 다음에는 그분의 유죄판결, 처형, 그리고 죽은 자들로부터의 부활이 뒤따른다.

1. 목요일 밤: 다락방과 겟세마네

1) 최후의 만찬(막 14:10-26) [Aland §307-316]

(1) 준비(10-16절)

여기에는 두 가지 줄거리가 뒤섞여 있다. 유다는 예수를 배반하기 위해 유대 지도자들과 내통하고 있었고(10-11절), 이 사실을 알고 계셨던 예수는 마지막 유월절 만찬을 제자들과 함께 기념하시기 위해서 준비하고 계셨다(12-16절). 마태는 우리가 나중에 예언의 성취를 볼 수 있도록 도와줄 정보를 특징적으로 추가하였다. 유다는 은전 30개에 예수를 배반하기로 동의하였다(마 26:15; 27:9). 유다가 어떤 동기로 그렇게 했는지는 아무런 설명도 없다. 단순한 욕심이었을 것이라는 제안에서부터(그러기에는 몸값이 그리 많지 않았다) 예수를 다그쳐서 백성들이 원했던 군사적인 왕처럼 행동하도록 강요하려고 했다고 제안한다. 하지만 이러한 제안들은 신빙성이 없다. 보다 설득력 있는 설명은 유다가 그리스도께서 강조한 "고난 받는 종"의 개념에 실망하였을 것이라는 점이다. 무교절의 첫 날(막 14:12)에 유대인들이 집에서 모든 누룩을 제거하기 때문에 이 날은 비공식적으로 일주일 간의 유월절의 시작을 알린다. 유월절 식사를 어떻게 준비해야 하는지에 관한 예수의 지시는 주변에 도사리고 있는 위험과 대중의 시선을 피하기 위해 미리 계획된 신호임을 보여준다(13-16절).

(2) 유월절 식사(17-26절)

유월절은 유대인들이 1년 중 가장 보편적으로 지키는 절기이다. 이집트에서의 탈출을 기념하고(출 12장을 보라), 하나님께서 그들에게 명하신 율법을 따라 진행되는(레 23:4-8; 민 9:1-14; 신 16:1-8) 이 절기는 주로 가족 단위로 지키는 연례 축제였다. 예수는 마치 한 가정의 아버지처럼 제자들과 함께 한 식탁에서 주인 역할을 하신다. 사람들은 U자 모양으로 자리를 마련한 자리(couches)에 기대어 눕는다. 만찬의 주인이신 예수는 끝에서 두 번째에 앉으셨고, 왼편에는 유다, 그리고 오른편에는 요한이 앉았을 것이다. 베드로는 요한의 맞은편에 앉았을 텐데 이것은 비천한 종의 자리였다.[1] 열세 명의 남자들은 함께 유월절 "학가다"(haggadah), 또는 예배식을 재연하기 시작했을 것이다. 네 잔의 포도주를 마실 때마다 출애굽기 6:6-7상의 일부를 묵상하였다. 이 예배식은 아마도 다음과 같은 내용과 순서를 가지고 포함했을 것이다.

축사와 첫 번째 포도주잔("내가 너희를 빼어내며…")
음식 내용: 무교병, 쓴 나물, 채소, 끓인 열매, 볶은 양고기 등. 모두 첫 번째 유월절
　의 세부적인 내용을 상징한다.

---

1) 앉는 것과 대화에 대한 자세한 내용은 Leon Morris, *The Gospel according to John* (Grand Rapids: Eerdmans, rev. 1995), 555-58을 참조하라.

막내아들이 "오늘 밤은 다른 밤들과 왜 다른가요?"라고 질문하면 이야기를 다시 들
려준다.
두 번째 포도주잔("내가 그 고역에서 너희를 건지며")
할렐("찬양") 시편 113편(또는 113-114편)을 노래함.
떡을 떼며 음식을 먹음
식사 끝에 세 번째 포도주잔을 마심("내가 너희를 구원하리라")
할렐("찬양") 시편 114(또는 115)-118편을 노래함.
네 번째 포도주잔("내가 너희로 내 백성을 삼고 나는 너희 하나님이 되리라")[2]

세 개의 공관복음서는 모두 이 예배식의 여러 부분들을 분명하게 암시한다. 예수는 그분의 임박한 죽음을 통해서 이제 새로운 유월절이 주어질 것이라고 선포하신다. 요한은 이 만찬이나 그리스도의 "제정의 말씀"에 관한 상세한 내용을 포함하지 않았고, 그 대신에 예수께서 이날 밤 몸소 보이신 "세족식"에 대해서 묘사하였다. 유월절 식사 다음에는 유다의 배반에 대한 예언이 따른다. 그렇다면 예수의 상세한 고별설교(p. 527을 보라)를 추가함으로써 요한은 자신의 이야기를 하나의 그리스-로마의 "심포지엄"-형식적인 연회 후의 격식을 갖추지 않은 교제와 진지한 대화-으로 묘사하면서 이를 토착화하였는지도 모른다.

요한복음 13:1-20은 발 씻는 장면을 설명한다. 1-2절은 이 사건을 예수의 궁극적인 사랑의 표현으로 묘사함으로써 그 시작을 보여준다.[3] 샌들을 신고 먼지투성이의 길을 걸었던 발에서 먼지를 씻는 것은 잔치에 참석한 손님들을 위해

---

2) Graham N. Stanton, *The Gospels and Jesus* (Oxford: OUP, 1989), 257. 유월절 하가다를 위한 우선적인 자료에 대해서는 Gordon J. Bahr, "The Seder of Passover and the Eucharistic Words," *NovT* 12 (1970): 181-202를 보라. 특별히 *Pesahim* 10:1-7 참조.
3) 요한복음 13:1은 많은 학자들로 하여금 요한이 예수님을 마지막 밤을 유월절 전에 그의 제자들과 보내시는 것으로 묘사하려고 했다고 생각되는 몇몇 구절들 중 첫 번째 구절이다. 그들에 의하면 십자가 처형은 유월절 양을 죽이는 날(공관복음서에서처럼 그 다음 날이 아니라)에 있었다. 하지만 1절이 말하는 바는 유월절 전에 예수께서 앞으로 일어날 일에 대해서 아셨고 그의 제자들을 끝까지 사랑할 준비가 되어 있으셨다는 것뿐이다. 다른 요건을 더 밝히지 않은 채 2절에 묘사된 식사는 1절에 유월절에 대해서 언급한 점에 미루어 유월절 식사로 보는 것이 자연스럽다. 29-30절에서 유다가 "명절"에 쓸 물건을 사러 나갔을 때, 일주일 기간의 명절의 나머지 시간들을 의미한 것이다.

주인이 베푸는 일반적인 호의였지만, 이 일은 주로 가장 비천한 종에게 할당되었다. 예수는 제자들의 불평에도 불구하고 섬김의 사역에 관한 강력한 실물 교육을 가르치시기 위해 친히 모범을 보이셨는데, 곧 당하실 죽음을 고려할 때 더욱 적절한 가르침이었다. 주님은 또한 영적인 씻음에 관해서도 가르치기 원하셨다(8절). 이 교훈의 의미를 깨달은 충동적인 베드로는 몸 전체를 목욕시켜 달라고 요청하였다! 하지만 예수는 이미 목욕한 사람은 발만 씻으면 된다고 대답하신다. 대부분의 해석가들은 사람이 그리스도 안에서 얻는 구원(그리고 아마도 세례)은 반복될 수 없는 사건이며, 그 이후의 죄에 대해서는 회개하고 용서를 받는 기회를 정기적으로 필요로 한다는 가르침으로 인식한다. 몇몇 교회들은 발 씻는 행위를 교회 내에서 종종 문자적으로 수행해야 할 예식이나 성례로 규정하였다. 이것에 대해서 굳이 반대할 이유는 없지만, 이 세족식은 단순히 집에서 일상적으로 수행되는 친절의 행위라는 것 이외에, 기존의 종교적인 예식 위에 기초하지 않는다는 점에서 세례와 성만찬과는 다르다.

예수는 이미 1-20절에서 그의 제자들이 모두 영적으로 깨끗하지 않다는 사실을 알고 계셨고(10, 18절), 이를 구체적으로 밝히셨다(21-30절; 막 14:18-21). 열두 제자 중 한 명이 그분을 십자가에 못박히게 넘겨줄 것이다("배반하다"와 "넘겨주다"에 해당하는 헬라어는 동일하다). 예수는 무슨 일이 벌어지고 있는지 알고 계셨고, 실제로 이 일은 미리 정해진 것이기도 했지만, 그럼에도 불구하고 유다는 자신의 배반에 대해서 전적으로 비난을 받아야 했다. 하나님의 예정과 인간의 책임을 이처럼 예리하게 대치시킨 것은 이 두 주제들에 대한 성경의 일관된 가르침에도 부합된다.[4] 제자들은 예수께 그 배반자가 누구인지 말씀하시도록 졸랐지만, 주님의 대답은 그와 함께 떡을 소스에 찍는 사람이라고만 하셨는데, 이것은 식사를 하는 동안 열두 제자들 모두가 한 행동이었다. 마태는 유다가 '자기가 그 사람인지' 질문했다고 추가하지만(마 26:25), 예수의 대답에 대해서 대부분은 "네가 말하였도다"라고 번역하지만, 이것은 결코 명백한 대답이라고 할 수 없다! 요한복음에는 사랑하는 제자(아마도 요한 자신이었

---

4) 특별히 D. A. Carson, *Divine Sovereignty and Human Responsibility* (London: Marshall, Morgan & Scott; Atlanta: John Knox, 1979)를 보라. Charles H. Talbert (*Reading John* [New York: Crossroad, 1990], 196)는 예수께서 유다와 식탁에서 교제하며 제안하신 것을 "파멸 직전에 있는 자를 위한 사랑의 마지막 호소"라고 묘사하였다.

을 것이다. pp. 275-280을 보라)가 예수 옆에 누웠고 유다가 배반자임을 구체적으로 발견한다(요 13:26). 하지만 이것은 귓속말로 나눈 대화여서 아무도 듣지 못했을 것이다. 유다가 떠날 때 나머지 제자들은 그가 왜 밖으로 나가는지 알지 못했기 때문이다(28-29절).

누가는 유월절 만찬에 대해서는 마가나 마태보다 더 자세하게 설명한다.[5] 예수는 포도주를 두 번 받으시면서 이에 대해 엄숙하게 선포하셨다(눅 22:17, 20). 구약성경에서는 "잔"이 종종 하나님의 퍼부으시는 진노를 상징한다(예를 들면, 시 75:8; 사 51:17). 첫 번째 구절이 예배식의 첫 번째 포도주잔에 해당하는지, 아니면 두 번째 잔에 해당하는지는 분명히 알 수 없지만, 마가복음과 마태복음에서 사용된 두 번째 구절은 식사가 시작된 후에 마시는 잔으로서 틀림없이 학가다의 세 번째 잔에 해당된다. 예수는 떼어진 떡과 부으신 포도주를 통해서 자신의 임박한 죽음에 대해서 말씀하셨는데, 유월절 예배의 잔은 예식에 참여하는 자들에게 하나님의 구원을 상기시켜 준다. 후기의 기독교 신학에서는 예수가 여기에서 하신 말씀 위에 정교한 신학적 체계를 세웠는데, 성체설이나 공존설과 같은 이론들(즉 떡과 포도주가 언제, 그리고 어떻게 정말로 그리스도의 몸과 피가 되는지에 관한)이 여기에 해당한다. 하지만 이 모든 것들은 역사적인 문맥에서 볼 때 시대착오적이다. 예수께서 한 덩어리의 떡과 한 잔의 포도주를 들고 계신 것을 보면서 그 누구도 예수께서 그것들을 자기 신체의 일부로 주장하신다고 생각하지는 않았을 것이다! "이것은 내 몸이라", "이것은 내 피라"라는 표현 배후의 아람어는 존재동사("~이라")조차 사용하지 않았을 것이다.[6] 오히려 예수는 행동으로 재현된 하나의 비유를 보여주시는데, 이 비유는 유월절 식사의 이러한 요소들이 이제 어떻게 그분의 임박한 대속적이고 희생적인 죽음으로 대표하거나 상징하거나 묘사하는지에 관한 것이다.[7] "많은 사람"(막 14:24)은 아마도 이사야 53:4, 10, 12에 나타난 고난 받는 종의 역할을 암시

---

5) 몇몇 고대의 사본들은 눅 22:19b-20을 생략하고 있지만, 그것을 포함해야 한다는 증거는 매우 강하다.
6) 분명히 연결사의 형태("~이라"의 존재동사)가 제공되어야 하지만, 단지 암시만 되었을 분 분명하게 표현되지 않은 어떤 개념에 대해서 확고한 결론을 내리는 것은 위험하다.
7) 후속하는 신학적인 논쟁에 대한 짧고 읽기 쉬운 역사를 위해서, 그리고 상이한 전승을 가진 진정한 성도들이 주의 만찬에 함께 참여할 수 있는 방법에 대한 제안을 위해서는 Donald Bridge와 David Phypers, *The Meal That Unites?* (London: Hodder & Stoughton, 1981)을 보라.

해 준다. "새 언약"은 분명히 예레미야 31:31-34에서 예언된 언약을 회상하게 한다.

마가복음 14:25는 예수가 네 번째 포도주잔을 마시지 않았을 것이라고 암시한다. 여하튼 예수는 그분의 재림 때까지는 이 절기를 다시 지키지 않을 것을 알고 계셨다. 하나님 나라의 미래적인 측면에 대한 암시는 성만찬을 지킬 때 과거를 회상하게 하는 효과뿐만 아니라 장래를 내다보게 하는 효과도 제공한다. 우리는 성만찬을 통해서 그리스도의 대속적인 죽음을 기념하고 재현할 뿐만 아니라, 그분의 나라를 이 땅에 온전히 세우시기 위해 다시 오실 날을 대망하고 그분의 재림에 대한 우리의 신앙을 선포한다(계 19:9는 메시아의 잔치에 대한 언급으로서 사 25:6의 이미지로부터 차용한 것이다). 누가는 이 시점에서 마가복음 10:41-45에 해당하는 짧은 이야기를 삽입하였다(마 20:24-28; 19:28). 그것은 누가 위대한지에 관한 제자들의 논쟁에 대해서 예수께서 섬김의 리더십을 가르치신 내용으로서, 그것은 그리스-로마 사회에 팽배했던 권위주의적인 지도체계를 고려할 때 정말로 반문화적이었다(눅 22:24-30).[8] 예수의 일행은 그 후에 할렐 시편들을 부르면서 예루살렘의 다락방을 떠나 감람산 기슭으로 향하였다(막 14:26).

(3) 베드로의 부인에 대한 예언(막 14:27-31; 눅 22:35-38)

감람산으로 떠나실 즈음, 예수는 제자들이 모두 그를 버릴 것이며 특별히 베드로는 그날 밤에(닭이 두 번 울기 전에-막 14:30)[9] 세 번이나 부인할 것이라고 예언하셨다. 누가복음 22:31-32은 이것을 사탄의 행위로 본다. 하지만, 성경 전체를 통해서 일관적으로 알 수 있듯이, 사탄의 힘은 하나님의 주권적인 허락에 의해 제한된다. 예수는 베드로에게 그의 믿음이 나중에 회복됨으로써 하나님의 백성을 인도할 수 있게 될 것이라고 약속하셨다. 누가복음에 독특한 또 다른 내용은 부활 이후에 제자들의 선교 사역을 위한 예수의 "전략 수정"이다

---

8) 이 점에 대해서는 특별히 Peter K. Nelson, *Leadership and Discipleship: A Study of Luke 22:24-30* (Atlanta: Scholars, 1994)를 보라.
9) 이 구절에 대한 문헌적이고 해석적인 문제들에 관해서는 David Brady, "The Alarm to Peter in Mark's Gospel," *JSNT* 4 (1979): 42-57을 보라.

(35-38절). 과거에는 그들이 평화롭게 나아가 다른 사람들의 환대에 전적으로 의존하였다(9:1-6을 기억하라; 10:1-12). 하지만 이제부터 그들은 자급자족해야 하며, 적대심과 핍박에 대비해야 한다. 제자들은 예수의 말씀을 지나치게 문자적으로 받아들이고 칼을 두 개씩이나 휘둘렀지만, 이에 대해 예수는 "충분하다"고 분개하시면서 대답하셨는데, 이것은 거의 "그만 되었다. 너희는 도무지 깨닫지 못하는구나!" 라는 말씀과 동일했다.[10]

베드로의 부인을 예언한 요한복음의 기록 역시 독특한 자료를 포함하고 있다. 예수께서 영화롭게 되실 시간이 가까웠음을 상기시키는 말씀(요 13:31-33)과 서로 사랑하는 "새로운" 계명을 주시는 내용인데, 그리스도 안에서 이제 그들이 계명에 순종할 수 있는 새로운 힘을 가지게 되었다는 의미에서 그것은 "새로운" 것이었다(34-35절).[11] 이 사랑은 우리를 바라보고 있는 세상에 대해 힘찬 증거를 제공한다. 대략 200년이 지난 뒤에, 터툴리안은 성도들의 미덕에 대해 이방인들의 찬미를 인용함으로써 이러한 결과를 입증한다. "'보라,' 그들은 말한다, '그들이 얼마나 서로를 사랑하는지를'(그들은 서로 증오하기 때문이다). '그들은 서로를 위해 죽을 준비가 되어 있도다'(그들은 서로를 죽이려고 혈안이 되어 있다)"(*Apology* 39.7).

2) 고별강화(요 14:1-17:26)

오직 요한만이 유월절 식사 이후 예수의 긴 말씀을 기록한다. 형식적으로 이 "강화"는 이미 13:31에서 소개되었지만, 31-38절은 위에서 베드로의 부인에 대한 예언을 다룰 때 함께 다룬 바가 있다. 이런 침울한 예언에도 불구하고 예수는 이제 제자들에게 근심하지 말고 하나님과 자신을 믿으라고 권면하신다(14:1). 14-17장은 유대 문학의 고별강화라는 장르와 여러 가지 점에서 유사한데, 어떤 유명한 영웅이 죽음을 앞두고 그의 제자들에게 그가 죽은 후에 어떻게 살아야 할지를 가르치는 등의 내용을 담고 있다(특별히 열두 족장들의 유언서

---

10) I. Howard Marshall, *The Gospel of Luke* (Exeter: Paternoster; Grand Rapids: Eerdmans, 1978), 827 참조.
11) "새 계명"을 의미하는 라틴어(*mandatum novum*)는 기독교 달력에서 "세족 목요일"(Maundy Thursday)이라고 부르는 것으로 알려지게 되었다.

⟨Testaments of the Twelve Patriarchs⟩). 14-16장은 강화의 본문에 해당하는 내용을 포함하며, 17장은 끝맺는 기도를 추가하고 있다. 14-16장은 자연스럽게 네 부분으로 나누어지며 ABBA의 구조를 보여준다. 예수의 떠나심과 돌아오심(14:1-31), 사랑해야 할 제자들의 의무(15:1-17), 제자들을 향한 세상의 증오와 비교함(15:18-16:4), 그리고 예수의 떠나심과 돌아오심에 대한 추가적인 내용(16:5-33).[12]

(1) 예수의 떠나심과 돌아오심(14:1-31) [Aland §317-319]

예수의 강화 중 이 부분은 네 명의 제자들이 던진 네 가지 질문에 의해서 조화를 이루는데, 각 질문은 예수에게서 다소 모호한 답변을 이끌어내며 그 답변은 또한 다음 질문을 유발한다. 베드로는 이미 13:36에서 예수가 어디로 가시는지 질문하였다. 예수는 14:1-4에서 계속 답변하신다. 그분은 제자들을 위해서 한 장소를 마련하기 위해 성부에게 돌아가신다. 2절 상반부는 NIV 역본처럼 번역하는 것이 가장 좋다. "내 아버지 집에 거할 방들이(*rooms*) 많도다"(이탤릭체는 추가됨, 이는 KJV가 말하는 "저택들"⟨mansions⟩이 아니다). 고대 이스라엘에서 방이 여럿 달린 가장 유명한 거처는 물론 성전이다.[13] 2-3장에 기록된 예수의 말씀은 성부 하나님의 존전에서 살아가는 삶은 제자들이 대망할 수 있는 넓은 공간의 집이며 반가운 교제를 포함한다. 그들도 그 길을 알 것이라고 주장하심으로써 예수는 다음 질문을 유도하셨는데, 이번에는 도마가 질문하였다.

5-7절은 성부 하나님께 나아가는 길에 대해서 다룬다. 예수는 자신이 참되고 살아 있는 길이라고 대답하신다(6절). 문맥을 고려할 때 여기에서 핵심 교훈은 아무도 성자를 통하지 않고는 성부에게로 갈 수 없다는 것이다. 예수를 거부하

---

12) 학자들 사이에서는 "두 개의 고별 설교"(또는 그 이상!)에 대해서 말하는 것이 일반적인데, 그 이유는 14:31에서 문학적으로 분명한 차이를 보이기 때문이다?예수께서 "일어나라. 여기를 떠나자" 라고 말씀하셨으면서도 여전히 다락방에 있는 것처럼 계속 말씀하신다. 하지만 14-16장의 이야기 흐름은 위에서 열거한 네 개의 부분들처럼 누 무문(14장, 15-16장)으로 말끔하게 나누어시시 않느냐. 이 장들은 하나의 통합된 전체로 보이기 때문에 편집의 여러 단계를 상정하는 가설은 입증하기도 어렵고 불필요하다.
13) 예수께서 여기에서 성전 이미지를 마음에 품으셨다는 이론을 변호하고, 요한복음 전체에 나타난 성전 주제를 살펴보려면 James McCaffrey, *The House with Many Rooms: The Temple Theme of John 14, 2-3* (Rome: BIP, 1988)을 보라.

는 자들은 또한 하나님께도 등을 돌리는 것이다. 이 구절은 예수에 대해서 전혀 들어본 적인 없는 자가 구원을 받을 수 있는지의 여부에 대해 다루지 않는다. 하지만 누군가가 구원을 얻을 수 있는 것은 오직 그리스도의 십자가 사역 위에 기초할 때이다. 빌립은 그럼에도 불구하고 예수께 하나님을 보여 달라고 간청하였다(8절). 예수의 대답은 두 부분으로 나타난다. 예수는 열두 제자들에게 자신을 쳐다보라고 말씀하신다(9-14절). 그리고는 그분을 대체하기 위해서 오실 성령님을 약속하셨다(15-21절). 9-14절은 네 가지 교훈을 전달한다. 첫째, 성부와 성자는 서로 밀접한 관계를 맺고 있기 때문에 예수는 서로가 서로 "안에" 있다고 말씀하실 수 있었다(9-10절). 둘째, 만약 사람들이 예수 자신의 주장들을 믿지 않는다면, 그들은 그분이 행하신 기적들에 기초해서 믿어야 한다(11절). 셋째, 믿는 자들은 그리스도보다 더 큰 일들-질적인 면이 아니라 양적인 면에서-을 할 것이다(12절). 성령님은 성도들에게 능력을 주셔서 예수께서 인간적인 한계와 주로 이스라엘에 국한된 사역을 통해서 이 땅에 계실 때 하셨던 것보다 더 많은 사람들에게 복음을 전하고 세상에 영향을 끼칠 수 있게 하실 것이다. 넷째, 그리스도의 능력과 권세("이름"의 의미)에 기초한, 그래서 그분의 뜻에 일치하는 간구들은 응답을 받게 될 것이다(13-14절).

15-21절은 고별강화의 다섯 가지 "보혜사"(Paraclete) 구절 중 첫 번째를 소개한다. Parakletos라는 헬라어는 위로자, 상담자, 변호사, 격려자, 권면자를 의미하는 용어이다. 이 구절들에서 우리는 성령님이 예수를 대체하시는 한 분의 인격자로 소개되는 것을 보는데("또 다른" 보혜사-16절), 그분은 돕는 자(14:16), 해석자(14:26), 증인(15:26), 기소자(16:7), 그리고 계시자(16:13)의 역할을 감당하신다.[14] 14:15-21에서는 예수께서 떠나시면 보혜사(파라클레테)가 제자들을 고아와 같이 남겨두지 않으심으로써 그들을 도우신다. 성령님은 예수와 함께 하셨던 것처럼, 그리고 구약시대의 성도들과 함께 하셨던 것처럼, 이제 그들과 함께 하신다. 하지만 오순절 이후로는 그들 안에 계셔서(17절), 그의 백성 가운데 영원히 내주하시면서 그들이 그리스도의 명령에 순종하고 사랑을 실천하도록 힘을 주실 것이다(21절).

---

14) F. F. Bruce, *The Gospel of John* (Basingstoke: Pickering & Inglis; Grand Rapids: Eerdmans, 1983), 302.

14장의 마지막 질문은 유다가 던진다. 하나님은 왜 성도들에게만 자신을 예수와 성령님을 통해서 계시하시는가(22절)? 예수의 대답은 기본적으로 사람들이 스스로 선택해야 하지만 삼위 하나님은 기꺼이 사랑하고 순종하려고 하는 자에게 "거처"를 정하실 것이라고 약속하신다(23-24절). 25-31절은 본장을 요약한다. 이 강화의 목적은 제자들이 다가올 사건들, 특별히 예수의 죽으심과 부활을 그 사건들이 일어난 이후에 깨달을 수 있도록 돕는 것이다. 성령님은 그들이 그분의 사역을 이해하도록 도우심으로써(26절), 세상이 주겠다고 약속하는 외적인 적대심의 중단이 아니라, 진정한 내면적 평안을 경험할 수 있게 하신다(27절). 28절은 삼위일체의 신 곧 성부, 성자, 성령의 동등성을 강조한 이전 구절에 대해서 균형을 제공한다. 삼위 사이에는 취소할 수 없는 일종의 위계질서가 여전히 존재한다.[15] 31절 끝의 이상한 말씀은 아마도 제자들이 예수를 따라 다락방에서 나와 겟세마네로 향하는 때를 언급하는 것이다. 이 강화의 나머지는 길을 가면서 하신 말씀일 가능성이 크다. 포도나무와 가지의 이미지는 분명히 성전 부근의 포도원을 지나 감람나무가 우거진 산비탈로 올라가면서 쉽게 사용되었을 것이다(p. 280을 보라).

(2) 포도나무와 가지(15:1-17) [Aland §320-321]

이 단락은 두 부분으로 구분된다. 1-8절은 예수를 따르는 자들에게 그분 안에 거하도록 권면한다. 9-17절은 그들에게 서로 사랑하라고 명령한다. 가지가 계속해서 자라 열매를 맺으려면 포도나무에 붙어 있어야 하듯이, 이 사랑은 원래 그리스도 안에 거함으로써 넘쳐흐른다. 1-8절은 오직 두 가지 선택을 보여주는데, 거하든지(자라서 열매를 맺음) 거하지 않든지이다. 어떤 가지들(신실한 성도들)은 더 많은 열매(성도의 순종이 보여주는 모든 특징들)를 맺기 위해 가지치기(징계)를 한다. 그들은 간구하는 모든 것을 받는다(하지만, 그리스도 안에 거한다는 것은 그러한 요청들이 그분의 뜻에 일치함을 의미한다-7, 10절). 다른 가지들은 잘려서 불태워진다(2, 6절). 여기에 해당하는 사람은 요한의 다른 구절에 의해서 해석된다. "저희가 우리에게서 나갔으나 우리에게 속하지 아니하였나니 만일 우리에게 속하였더면 우리와 함께 거하였으려니와 저희가 나

---

15) 특별히 C. K. Barrett, *Essays on John* (London: SPCK; Philadelphia: Westminster, 1982), 19-36를 보라.

간 것은 다 우리에게 속하지 아니함을 나타내려 함이니라"(요일 2:19). 이런 맥락에서 볼 때, 유다는 "거하지" 않은 가장 분명한 예를 보여준다(요 13:18). 예수께서 포도나무 비유를 사용하신 것은 그분이 여기에서 자신을 새로운 이스라엘로 제시하시는 것을 또한 암시한다.

요한복음 15:9-17은 사랑의 주제를 보다 자세하게 다룬다.[16] 사랑의 순종을 통해서 성도의 기쁨은 더욱 충만해 진다(11절). 가장 위대한 사랑의 예는 친구를 위해 기꺼이 죽고자 하는 것인데, 예수께서 곧 그렇게 행하실 것이다(13절). 제자들을 종이라고 하지 않고 친구라고 부르심으로써 예수는 그들이 성부 하나님의 계시를 받는 특별한 신분을 가졌음을 지적하신다(15절). 하지만 이러한 특권은 전적으로 하나님께서 주신 것이므로 결코 그들이 자랑할 수 있는 것이 아니다(16절).

(3) 세상의 증오(15:18-16:4) [Aland §322-324]

제자들은 서로 사랑해야 하지만, 적어도 몇몇 외부인들이 그들을 증오할 것이라 예상할 수 있다. 이러한 생각은 네 가지 요점을 통해서 전개된다. 첫째, 예수께서 미움을 받으셨으므로 그들 역시 미움을 받게 될 것이다(15:18-21). 이것이 바로 "종이 주인보다 더 크지 못하다"(20절)는 격언을 위한 배경이 되는데, 이 격언은 다른 상황에서는 거짓이 될 수도 있다. 하지만, 미움을 받아 십자가에 달린 사람을 따르는 충성된 제자들이라면 결코 일평생 핍박에서 면제될 것을 기대할 수 없을 것이다. 둘째, 사람들은 예수의 선하신 가르침과 위대한 행동에 대해서 알 수 있기 때문에 그러한 미움은 핑계가 될 수 없다(15:22-25). 그럼에도 불구하고 다윗 왕이 아무런 연고 없이 미움을 받았던 것처럼, 이러한 증오는 지속될 것이며, 그럼으로써 성경을 상징적으로 성취할 것이다(25절; 시 35:19; 69:4). 셋째, 성령께서 그들이 핍박 중에도 담대하게 증언할 수 있도록 능력을 주실 것이다(15:26-27). 사도행전 5:29-32는 이 약속에 대한 하나의 극적인 성취를 설명해 준다. 넷째, 이러한 경고들은 모두 예방적인 것들로서 이를 통해 제자들은 장차 일어날 일들에 대비할 수 있다(16:1-4). 유대 성도들을

---

16) 더 자세한 설명을 위해서는 특별히 Fernando F. Segovia, *Love Relationships in the Johannine Tradition* (Chico: Scholars, 1982)를 보라.

향한 핍박은 회당에서 출교를 당할 만큼 확대될 것이다(2절; 9:22를 기억하라). 이러한 조처는 처음에는 산발적으로만 전개되는 듯했지만, 1세기 말에 가서는 로마 제국 전체에 널리 확산되었다(p. 51을 보라).

(4) 예수의 떠나심과 재림에 대한 추가적인 내용(16:5-33)
[Aland §325-328]

여기에서도 네 가지 요점들을 발견할 수 있다. 우선, 예수는 성령님의 사역을 개관하신다(5-15절). 이 단락은 예수께서 어디로 가시는지 묻지 않은 제자들을 꾸짖으시는 모순적인 말씀으로 시작한다(5절; 하지만 13:36; 14:5를 보라). 아마도 여기에서 예수의 초점은 미움에 대한 이런 모든 말씀을 하신 후에 제자들이 예수께서 떠나실 것을 슬퍼하기 때문에 지금이야말로 이 질문을 해야 할 적절한 때라는 사실이다(6절).[17] 하지만 예수께서 떠나시지 않으면, 성령께서 그분을 대신할 수가 없다(7절). 그리고 성령님의 사역은 정말로 놀라울 것이다. 그분은 불신자들의 죄와 겉치레 같은 의와 다가올 심판에 대해서 정죄하실 것이다(8-11절).[18] 성령님은 예수의 제자들을 통해서 성도들을 "모든 진리 가운데로" 인도하실 것이다(12-15절; 특별히 13절을 보라). 여기에는 요한복음과 신약성경의 다른 문서들을 기록하는 것 자체가 분명히 포함되지만, 문맥을 고려할 때 이 예언을 성경에만 국한해야 할 필요는 없다. 하나님은 오늘날 성경과 동일한 수준의 계시는 더 이상 주시지 않지만, 성령님은 여전히 그분의 백성들을 위한 그분의 말씀과 뜻을 조명해 주신다.[19]

둘째로, 제자들의 슬픔은 기쁨으로 변할 것이다(16-22절). 이 단락은 잠시 후면 열두 제자들이 그를 더 이상 보지 못할 것이지만, 조금 후면 다시 그를 보게 될 것이라는 예수의 불가사의한 말씀을 중심으로 하고 있다(16절). 예수의 떠나

---

17) C. K. Barrett, *The Gospel according to St. John* (London: SPCK; Philadelphia: Westminster, rev. 1978), 485 참조.
18) D. A. Carson ("The Function of the Paraclete in John 16:7-11," *JBL* 98 [1979]: 547-66)은 세 개의 형용사들을 모두 타락한 세상의 속성들로 보는 것이 가장 자연스럽다고 강조한다. 이보다 더 보편적인 다른 해석은 중간의 용어(의)를 그리스도께서 성도들에게 주시는 것을 의미하는 것으로 여긴다.
19) Bruce, *John*, 320 참조: "메시아가 그의 오심에 선행한 계시의 완전한 의미를 평이하게 보여주리라고 기대되었듯이, 파라클레테 역시 메시아 안에 구체화된 계시의 완전한 의미를 평이하게 보여주고 차후의 세대에 적절하게 적용할 것이다."

심과 돌아오심은 그분의 죽으심과 부활을 언급하는 것으로 해석될 수도 있지만 그분의 승천과 재림으로 해석될 수도 있다. 어떤 해석을 따르든지, 그리스도의 일시적인 "부재"로 인해 생겨나는 슬픔 뒤에는 행복이 따를 것이다. 하지만 셋째로, 예수께서 안 계신 동안에도 제자들은 그리스도의 "이름"으로 성부 하나님으로부터 많은 것들을 구하고 받을 수 있다(23-28절). 이제 그들은 예수께 직접 기도할 수 있게 되었다. 나중에는 보다 간접적으로 기도할 것이다. 하지만 그리스도를 통해 그분의 능력과 권세에 의해서(그리고 그분의 뜻에 맞게) 간구하는 것은 놀라운 결과를 가져올 것이다.[20]

마지막 넷째로, 제자들은 깨달았다고 주장한다. 하지만 예수의 대답은 그런 제자들의 주장이 아직은 미숙함을 보여준다(29-33절). 그들은 아직도 예수의 떠나심에 대해서 준비되어 있지 않았다. 하지만 하나님께서 함께하시면 그들은 "재기할" 것이다. 교회 시대 중에 겪게 될 핍박에도 불구하고 제자들은 하나님과 평화를 누리게 될 것이다. 주께서 세상을 이기시고 그들에게 궁극적인 승리를 약속하셨음을 깨닫는 그들은 끝까지 인내할 것이다.

(5) 진정한 "주의 기도"(17:1-26) [Aland §329]

예수는 자신을 위해서(1-5절), 그의 제자들을 위해서(6-19절), 그리고 후세대의 제자들을 위해서(20-26절) 간절히 기도하심으로써 그의 고별강화를 끝맺으신다. 이 기도의 중보적인 기능 때문에, 종종 예수의 대제사장 기도라고 부른다. 예수께서 제자들을 위해 모범적으로 가르치신 기도가 주의 기도라고 알려지지 않았다면, 이 명칭은 바로 여기의 기도에 붙여졌을 것이다. 다시 예수는 자신이 떠나실 시간이 되었음을 인식하신다(1절). 자기 자신을 위해서는 성부께서 그를 보내어 맡기신 일을 끝마치도록 기도하셨다. 그렇게 할 때 그분께 영광을 가져오지만, 예수는 단지 그 영광을 성부 하나님께 돌릴 것이다(1, 4-5절).

제자들을 위한 주된 기도는 예언된 역경 가운데 영적인 보호를 위한 것이었다. 그들의 영원한 안전에 근거해서(6-14절) 예수는 제자들이 이 세상에서 마

---

[20] 23상반절과 23하반절 사이의 대조는 정보를 묻는 질문을 던지는 것(제자들이 종종 그렇게 하였듯이)과 다른 것들을 요구하는 것(원하는 정보는 성령님에 의해서 제공될 것이기 때문에) 사이의 대조일 것이다. J. Ramsey Michaels, *John* (Peabody: Hendrickson, 1989), 276 참조.

귀에게 압도당하지 않고, 오히려 거룩해지도록(거룩함 속에서 성장하도록) 기도하신다(15-19절). 9절은 예수가 불신자들을 위해서 기도하는 것이 아니라고 말씀하심으로써 우리를 놀라게 한다. 그렇다고 예수께서 그들을 위해 전혀 기도하시지 않는다는 뜻은 아니다. 단지 지금 그들을 위해서 기도하는 것이 아닐 뿐이다. 하지만 예수께서 장차 그분의 메시지를 전파하게 될 그의 제자들을 위해서 기도하심으로써 길 잃은 영혼들을 위한 관심을 분명히 보여주신다.[21] 12절은 영원한 안전의 원칙에 대한 하나의 예외가 아니라, 그리스도를 배반하는 자는 처음부터 "멸망의 자식"이었음을 강조할 뿐이다. 15절은 어떤 문화에서든지 성도의 삶을 위한 풍부한 적용을 보여준다. 예수는 결코 고립주의나 금욕주의를 조장하지 않으셨고, 대환난으로부터의 면제를 약속하지도 않으셨다. 하지만 그분은 이 세상의 고난과 죄로부터의 보호를 위해 기도하셨고, 우리는 그것을 확신할 수 있다.[22] 우리는 성도들이 "세상에 있어야 하지만 세상에 속하지 않는다"는 간결한 요약을 14-16절에서 발견한다.

제자들을 위한 예수의 기도에는 하나 됨을 위한 기도가 포함된다(11절). 사도들의 사역을 통하여 장차 믿게 될 자들을 위한 중보기도 가운데는 하나 됨이 지배적인 주제가 되고 있다(21-23절). 연합을 원하시는 주된 이유는 그 전도의 영향력 때문이다(21하, 23하). 하지만 교회 내에 횡행하는 당파주의와 교파주의 때문에 후대의 기독교는 너무나 무력해지고 말았다! 오늘날 복음적인 선교단체(parachurch) 활동은 여러 신학적 전통에 속한 성도들(성경을 믿는 성도들)이 하나님 나라의 목표를 위해 함께 일할 수 있는 가능성을 보여준다. 제도화된 교회와 교단들이 상호간의 교제를 거부하지 않고 오히려 길 잃은 세상을 그리스도를 위하여 복음화하기 위해 공동으로 협력할 날이 올 때까지 얼마나 더 기다려야 하는가?[23] 이 단락에서 예수의 기도만큼 놀라운 것은 우리의 하나 됨이 삼

---

[21] 특별히 George R. Beasley-Murray, *John* (Waco: Word, 1987), 298 참조.
[22] 흥미롭게도, "~로부터 보호하다"를 뜻하는 두 개의 동일한 헬라어들(*tereo*라는 동사에 *ek*라는 접두사를 첨가한 것)은 요한계시록 3:10에서도 등장하는데, 이 구절에서 요한은 예수님이 온 세상에 임할 환난의 때로부터 그들을 "보호하시리라"고 빌라델비아의 신실한 교회에게 약속하시는 것으로 묘사한다. 그러므로 만약 이 구절이 교회 시대 마지막에 있을 큰 환난을 의미한다면, 그것은 전환난설(환난으로부터 완전한 면제)보다는 후환난설(환난 중간에 보호될 것)과 일치한다.
[23] Ben Witherington III, *John's Wisdom: A Commentary on the Fourth Gospel* (Louisville: Westminster/John Knox, 195), 274는 이렇게 기록한다: "개신교는 진리(Truth)를 대문자 T로 떠받들면서 연합(unity)은 소문

위일체 하나님을 반영할 수 있기를 예수께서 원하신 사실이다(21상, 22, 24절). 이것은 성도들이 신격화되는 것을 의미하는 것이 아니라, 우리가 하나님의 계시를 알게 되었음을 의미한다(25-26절). 고린도전서 2:10-16은 이에 대한 적절한 해석을 제공한다.

3) 동산에서의 기도와 체포(막 14:32-52) [Aland §330-331]

마침내 예수와 제자들은 감람산 서쪽 비탈에 위치하여 기드론 계곡과 예루살렘 성전이 내려다보이는 겟세마네(히브리어로 "기름 짜는 곳") 동산에 도착하였다(막 14:32-42). 예수는 그를 따르는 모든 자들에게 기다리라고 말씀하시고는 세 명의 제자만 데리고 다른 곳으로 가서 시험에 들지 않도록 열심히 기도하라고 명하셨다. 예수는 조금 더 가서서 자신을 위해 이렇게 기도하셨다, "아바 아버지여… 이 잔을 내게서 옮기시옵소서. 그러나 나의 원대로 마옵시고 아버지의 원대로 하옵소서"(36절). 여기에서 우리는 예수와 성부 하나님의 개인적인 친밀함을 본다(아바에 관해서는 p. 401을 보라). 예수의 완전한 인성이 여기에서 하나님께 대한 그분의 완벽한 순종과 함께 드러난다. 그 누구도 그리스도 앞에 놓인 고통을 견디고자 하지 않겠지만, 예수는 마치 다른 방법이 없는 것처럼 하나님께 순복할 준비가 되어 있으셨다. 이것은 또한 기도하는 자의 잘못은 아니지만 그가 원한 방식대로 기도가 응답되지 않은 완벽한 예를 보여준다! 히브리서 5:7은 나중에 이 본문을 다루면서 "그의 경외하심을 인하여 들으심을 얻었다"고 강조한다. 하지만 예수의 기도에 대한 응답은 죽음의 면제가 아니라, 죽음 이후의 부활이었다. 하나님은 우리의 가장 간절한 기도에 대해서 힘든 시기를 피해가지 않는 종종 동일한 방법대로 응답해 주신다.[24]

자 u로 말하는 경향이 있는데, 그 결과 개신 교회들과 교단들은 끝없이 분열하고 당파를 일삼고 말았다. 한편으로, 가톨릭과 정교회는 연합을 대문자 U로 떠받들지만, 적어도 개신교의 시각에서 볼 때에 이것은 진리를 희생시키면서 진행된다. 다시 말해서, 진리와 연합을 균형 있게 유지하는 교회가 없는 것처럼 보인다는 것이다."

24) 그리스도께서 동산에서 시기상조의 죽음을 피하도록 기도하셨다는 견해는 결코 정당화될 수 없다. 누가복음 22:43-44는 가장 오래되고 믿을만한 사본들에는 존재하지 않으며 그러므로 반드시 역사적인 것으로 볼 필요는 없다. 그것이 역사적이라고 할지라도 이 구절들이 말하는 바는 예수님이 땀을 많이 흘리셔서 "땀이 땅에 떨어지는 피 방울같이" 되었다는 것뿐이다.

제17장 • 고난과 십자가와 부활

잠시 후에, 유다가 유대 당국자들을 데리고 예수를 붙잡으려고 도착하였다(막 14:43-52). 그리스도께서는 깨어서 기도하지 못하는 제자들을 잠에서 깨우셔야 했다(41-42절). 유다는 전형적인 우정의 표시인 입맞춤으로 예수를 맞았다(43-46절). 왜 예수를 당국자들에게 확인시킬 필요가 있었을까? 아마도 밤이 어두웠기 때문일 것이고, 예수가 다른 사람들과 너무도 흡사하게 생겼기 때문일 것이다. 사람들이 검과 몽치를 들고 나타난 것은 여러 제자들이 무장을 하고 나타날지도 모른다고 두려워했음을 보여준다. 사실 베드로는 대제사장의 종인 말고의 귀를 자름으로써 짧게 대항하였다(요 18:10). 하지만 예수는 그를 책망하셨고, 말고의 귀를 고쳐주심으로써 원수를 향한 용서를 보이셨고(눅 22:51), 폭력으로 맞설 때가 아니라고 재차 강조하셨다(마 26:52-56). 다른 복음서들보다 요한복음은 예수가 얼마나 이 상황에서도 침착하셨는지를 강조한다. 처음에, 군인들이 예수를 보고는 땅에 엎드러졌고 그분을 체포하지 못하였다(요 18:4-9). 하지만 이제는 그들의 "때"이며, 그들은 어둠의 권세에 속하였기 때문에 예수는 순복하셨다(눅 22:53). 이와는 매우 대조적으로, 제자들은 모두 도망하였는데, 이 중에는 홑이불을 내버리고 벗은 몸으로 도망한 젊은이도 있었다(막 14:51-52). 이 구절은 마가복음에만 등장하는 내용인데, 종종 마가복음의 수치스러운 기록으로 여겨진다. (우리는 행 12:12로부터 제자들이 예루살렘에 있는 마가의 집에서 모였음을 알 수 있다. 그렇다면 이곳은 마지막 만찬을 나누었던 같은 장소였을까?) 이 젊은이가 누구였든지 간에, 그 역시 그리스도를 내버렸다. 이제 그를 따르던 모든 자들이 떠나버렸다.[25]

4) 역사성

이 시점에서부터 요한복음과 다른 공관복음서 사이의 일반적인 유사성은 대부분의 고난 이야기들을 포함하는 초기의 기록된 어떤 자료가 있었음을 많은 사람들에게 암시하였다. 제자들의 배반과 부인과 도망은 모두 꾸며낸 이야기로

---

[25] 어쩌면 이것이 마가가 여기에서 강조하려는 유일한 교훈인지도 모른다. Harry Fleddermann, "The Flight of a Naked Young Man (Mark 14:51-52)," *CBQ* 41 (1979): 412-18; Michael R. Cosby, "Mark 14:51-52 and the Problem of Gospel Narrative," *PRS* 11 (1984): 219-31을 보라.

보기에는 너무나 수치스럽다. 겟세마네 동산에서 유혹을 받으신 예수의 경우에도 마찬가지인데, 이것은 히브리서 5:7-10에서도 입증하는 이야기이다. 성부하나님의 뜻에 대한 예수의 순종은 주기도에 나타난 간구("당신의 뜻이 이루어지이다")와도 잘 조화를 이룬다. 마지막 만찬은 고린도전서 11:23-26에서 바울에 의해 성례의 전통으로 전수된 "성만찬 제정의 말씀" 속에서 그 자세한 내용을 확증할 수 있다. 유월절 식사의 나머지 사건들도 유대인들의 예식 속의 세부사항들과 완전히 들어맞지만, 예수는 이에 대해 그분 나름의 놀라운 재해석을 덧붙이셨다. 이 이야기는 전반적으로 매우 유대적인 특징을 담고 있다.[26]

요한복음 13-17장은 제4복음서의 대부분의 구절들처럼 매우 복잡하다. 여기에는 목요일 저녁의 사건을 기록한 공관복음서의 내용과 중복되는데, 그 대표적인 것은 베드로의 부인과 유다의 배반에 대한 예언이다. 요한이 떡과 포도주에 대한 성만찬 제정의 말씀을 생략한 나름의 이유가 있었을 것이라는 점은 앞에서도 이미 살펴보았다(p. 269를 보라). 오히려 그가 묘사한 세족식은 그날 밤의 초점인 겸손, 자기헌신, 희생적인 사랑 등과 잘 조화를 이룬다(특별히 눅 22:24-27). 다른 여러 가지 개별적인 구절들은 공관복음서에서 그 병행구절들을 발견할 수 있다(예를 들면, 요 13:20과 마 10:40; 요14:13-14; 16:23-24와 마 7:7-11). 자신의 죽음과 부활과 재림에 대한 예수의 예언들은 고별강화와 공관복음서에 모두 가득 들어 있다. 요한복음 14:6("나는 길이요")은 왜 첫 기독교인들이 "길"(道, 예를 들면 행 9:2)이라고 불렸는지를 설명해 주며, 요한복음 15장은 그 핵심적인 이미지들을 위해서(포도나무, 가지치는 자, 결실 등등) 비유 같은 가르침에 의존하는 듯하다. 세상의 미움에 관한 경고들은 특별히 15:18-16:4에 두드러지게 나타나는데, 마태복음 10:17-42의 여러 예언들과 유사하다. 요한복음 13:16과 마태복음 10:24는 이 점에서 특별히 서로 나란하게 나타난다. 다가오는 환난의 주제 역시 감람산 강화와 연결된다(특별히 요 16:21과 막 13:8의 해산하는 여인의 반복적인 이미지). 앞에서도 언급하였듯이(p. 255), 오실 보혜사의 사역에 관한 약속들(14:26; 15:26)은 요한이 자신의 복음서를 기록하고자 느꼈던 자유를 어느 정도 설명해 준다. 하지만 그가 성령님의 이 역할

---

26) Joachim Jeremias, *The Eucharistic Words of Jesus* (Oxford: Blackwell; New York: Macmillan, 1955), 120-27을 보라.

을 예수가 생애 마지막 날에 하신 말씀으로부터 구별하여 미래적인 것으로 보았다는 사실은 성령의 과거와 현재의 사역이 서로 혼동되지 않았음을 더욱 분명하게 보여준다. 마지막으로 요한복음 17장은 마태복음 6:9-13에 기록된 주의 기도를 확장한 것으로 볼 수 있다.

2. 금요일: 예수의 재판과 십자가 처형

1) 산헤드린 앞의 예수(막 14:53-15:1) [Aland §332-335]

체포되신 후 예수는 세 가지 단계로 유대 지도자들 앞에 불려가셨다. 첫째, 안나스 앞의 재판. 둘째, 아직도 어두울 때에 가야바와 산헤드린 앞에서 받으신 보다 형식적인 심문. 그리고 셋째는 같은 법정에서 아마도 적법하다는 냄새를 풍기기 위해 전날 밤에 내린 판결을 이른 아침에 간략하게 "승인"해 버린 것이다.

(1) 안나스 앞에서(요 18:12-14, 19-23)

비록 가야바는 주후 15년에 대제사장으로 법적인 승인을 받았지만, 그의 장인이자 전임자(주후 6-15)였던 안나스를 유대인들은 그 직분에 합당한 사람으로 여겼다. 유대인들의 율법은 대제사장 직분을 일평생 감당하도록 규정하였기 때문이다. 그러므로 예수를 결박한 당국자들은 이 유명한 예수를 안나스 앞에서 짧게나마 심문함으로써 그에 대한 경의를 표하고자 했을 것이다. 만약 안나스가 무언가 새롭고 놀라운 것을 배울 수 있으리라고 생각했다면, 예수는 드러내어 말씀하지 않은 것 때문에 심문을 받는 것이 아니라고 분명히 말씀하셨다. 이러한 퉁명스럽고 비협조적인 모습 때문에 누군가가 예수를 때렸는데, 예수는 곧 그 부당함을 지적하셨다. 특별히 요한복음에서는, 비록 예수가 유대와 로마 당국 앞에서 재판을 받으셨지만 영적인 차원에서 본다면 오히려 그들이 예수 앞에서 재판을 받으신 것이 더욱 분명해진다![27]

---

27) D. A. Carson, *The Gospel according to John* (Grand Rapids: Eerdmans; Leicester: IVP, 1991), 585은 이렇게 덧붙인다: "예수님은 어느 누구의 이름을 부르지 않으셨다; 사과해야 할 일이 아무것도 없으셨다. 그분은 '다른 뺨을 돌려대기'를 거절하지도 않으셨다: 십자가 자체가 그것을 분명히 보여준다. 하지만 진리를 중

(2) 밤중에 산헤드린 앞에서: 실내의 장면-예수의 고백(막 14:53-65)

사복음서는 모두 예수가 그 다음으로 가야바 앞에서 심문을 받았다고 기록한다(비록 요한복음에는 이 이야기가 18:24, 28상에서 암시만 되었다). 공관복음서는 산헤드린이 예수를 고소할 적법한 근거가 없음을 분명히 한다. 그들은 거짓 증인들조차도 제대로 일치시키지 못하였다(막 14:56)! 그들이 고작 이끌어낸 것이라곤 예수가 성전을 허물 것이라고 주장하셨다는 왜곡된 고소 정도였다. 이것은 아마도 성전의 임박한 멸망에 대한 예수의 예언을 의미하거나, 아니면 요한복음 2:19을 암시한다("너희가 이 성전을 헐라. 내가 사흘 동안에 일으키리라"). 가야바는 마침내 예수께 직접 질문을 던진다. "네가 찬송 받을 자의 아들 그리스도냐?"(막 14:61). 그는 예수가 정말로 스스로를 메시아라고 주장했는지 알고 싶어 했다. 이 모든 것은 예수가 그를 대적하는 자들에게 자신의 메시아 됨을 이전에 분명하게 말씀한 적이 없었다는 중요한 증거를 보여준다.

드디어 예수께서 대답하신다. 마가는 그분의 대답을 간단하게, "내가 그니라"(62상)고 기록한다. 마태와 누가는 다소 모호한 대답을 보여준다(마 26:64; 눅 22:67, 70). "내가 그 사람이라고 너희가 말한다", 또는 "네가 말하였느니라"는 조심스럽고 완곡한 긍정문을 보다 문자적으로 번역한 것일지도 모른다.[28] 예수는 이렇게 말씀하심으로써 심문자들을 오히려 고발하시는 것처럼 보인다. 하지만 여기에서 멈추지 않으신다. 예수는 계속해서 "인자가 권능자의 우편에 앉은 것과 하늘 구름을 타고 오는 것을 너희가 보리라"고 말씀하신다(막 14:62하). 이 대답에는 다니엘 7:13과 시편 110:1에 대한 암시들이 포함되어 있다. 이 문맥 속에서 "인자"는 단순한 사람 그 이상을 의미한다. 예수는 "하늘 구름을 타고 와서 옛부터 항상 계신 자에게 나아와 그 앞에 인도"되는 "인자 같은 이"로서 자신을 묘사하시는데, 인자는 온 인류에 대한 능력과 권세를 가지고 우주적인 예배와 영원한 통치를 이루실 분이다(단 7:13-14). 자신이 단순한 인간 그 이상이라는 주장은 아마도 유대의 법정으로부터 신성모독이라는 판결을 가져오게 했을 것이다. 다양한 기대에도 불구하고, 그들은 스스로 메시아인척 하는

거하지 않고 다른 뺨을 돌려대는 것은 도덕적인 결단의 열매가 아니라, 공포에 질린 소심한 사람들의 겁에 불과하다."

28) 특별히 David R. Catchpole, "The Answer of Jesus to Caiaphas (Matt. XXVI. 64)," *NTS* 17 (1970-71): 213-26을 보라.

예수의 마지막 시간들

목요일	해진 후	최후의 만찬 동산에서 기도 배반과 체포
목-금요일	야간	감금 안나스 앞에서 심문 가야바 앞에서 심문 베드로의 부인
금요일	이른 아침	감금 안나스 앞에서 심문 가야바 앞에서 심문 베드로의 부인
	늦은 아침/정오	예수께서 십자가에 못박히심
	오후 중반	돌아가심
	해질 무렵	장사되심

모든 자들을 정죄할 수는 없었다. 그렇게 한다면 절대로 메시아를 맞을 수 없을 것이다! 하지만, 그들이 볼 때 지나치게 자신과 성부 하나님을 밀접하게 연관시키는 사람은 신성모독적이며 죽음을 당해야 마땅했다.[29]

하나님의 우편에 앉는다는 표현은 시편 110:1을 연상시키는데, 예수는 이 구절을 이미 성전에서 가르치실 때에 사용하신 적이 있다(막 12:35-37). 아마도 이런 이유 때문에 누가는 다음과 같은 예수의 말씀을 첨가했을 것이다. "내가 말할지라도 너희가 믿지 아니할 것이요 내가 물어도 너희가 대답지 아니할 것이니라"(눅 22:67-68). 예수가 "오시기" 전에 "앉아" 계신다는 것은 다른 종류의 "오심"(권세를 받으시기 위해 성부에게 오시는 것, 또는 주후 70년 예루살렘을 심판하시기 위해 보이지 않게 오시는 것)을 말하는 것이 아니라, 이 땅에 오시기 전에 성부와 동등한 위치에 계셨음을 보여주는 것이 분명하다. 산헤드린이 사형판결을 내리자 사람들은 예수께 욕설을 퍼붓기 시작하였다. 그들은 주님의 얼굴을 가리우고 누가 그를 때리는지 "예언하라"고 조롱하였는데(막 14:65), 이것은 아마도 이사야 11:3의 해석을 연상하게 한다. 이 구절을 보면 메시아는 그가 보거나 듣는 것으로 판단하지 않고, "여호와를 경외함으로 즐거움을 삼을 것"이다. "즐거움"이라는 단어는 또한 "냄새를 맡다"를 의미할 수 있는데, 그래서 생긴 전설은 메시아가 누가 무슨 짓을 그에게 하는지를 냄새로 알아차릴 수 있다는 것이다(b. Sanhedrin 93b).

(3) 불 곁에 있는 종들 앞에서: 실외의 장면-베드로의 부인(막 14:66-72)

마가는 다른 곳에서도 그랬듯이, 두 사건을 샌드위치처럼 강하게 대조하는데, 여기에서는 베드로의 부인 이야기의 두 부분 사이에 예수의 고백 이야기를 삽입하였다(막 14:54, 55-65, 66-72). 이야기들 사이의 대조는 너무나 극명했

---

[29] 이상하게도, 오늘날 일반 기독교적인 용법은 "인자"가 예수님의 완벽한 인성을 뜻하고 "하나님의 아들"은 그분의 충만한 신성을 의미한다고 주로 생각한다. 문맥상 이 용법은 거의 정반대이다. "인자"는 예수님을 너무나 거룩하고 들림 받으신 메시아로 만들기 때문에 산헤드린을 분개하게 만들었지만, "하나님의 아들"(마 26:63)은 단순히 많은 사람들이 기다렸던 군사-정치적인 통치자에 대한 다른 표현에 불과하다. 새롭게 번역된 사해 사본 4Q246에서 이 호칭이 어떻게 사용되었는지 참조하라. 가야바의 질문을 약간 다르게 이해하는 방법은 그가 예수님을 정치적인 부류의 메시아가 아니라 "하나님의 아들" 형태의 메시아인지(즉, 단순한 사람이 아니라 보다 신적인 메시아) 질문하는 것으로 여기는 것이다; Joel Marcus, "Mark 14:61: 'Are You the Messiah-Son-of-God?'" *NovT* 31 (1989): 125-41을 보라.

다. 예수는 죽게 될 상황에도 불구하고 용감하게 자신의 신분을 밝히시지만, 베드로는 가장 비천한 종들에게까지도 자신이 예수의 제자임을 시인하지 못하고 소심하게 두려워한다.[30] 그렇게 함으로써 베드로는 예수께서 앞서 하신 예언을 성취하였다(27-31절). 수탉이 두 번 우는 것을 들은 베드로는 그리스도의 말씀이 생각나 심히 통곡하였다(막 26:75). 우리는 이것을 회개의 눈물로 이해하는데, 특별히 마태복음은 여기에 유다의 자살 이야기를 덧붙인다(27:3-10; 행 1:18-19 참조). 유다 역시 통회하며 자신의 죄를 뉘우친 것처럼 보인다(4절).[31] 하지만 그는 예수께 돌아가기보다는 그에게 아무런 도움도 주지 못하는 대적자들을 찾아갔다. 그러므로 베드로는 예수와는 바람직하지 못한 대조를 보이지만, 유다보다는 훨씬 호의적인 대조를 이룬다. 그리스도께 나아오기를(또는 돌아오기를) 거부하는 것 말고는 용서 받지 못할 죄란 없다.

(4) 아침에 산헤드린 앞에서: 예수께서 끌려가시다(막 15:1)

누가복음에서는 산헤드린 앞에서의 재판이 모두 동튼 이후에 발생한 것처럼 보인다(눅 22:66). 하지만 마가와 마태는 이 소송 사건이 밤중에 있었으며, 단지 마지막 "상담"만 아침에 예수께서 빌라도에게 끌려가시기 전에 있었다고 기록한다(막 15:1; 마 27:1-2). 이 후자의 시간진행이 보다 더 정확한 듯한데, 이것은 아마도 법적인 판결이 밤중에 내려질 수 없었기 때문이었다. 누가는 문학적인 목적에 따라 이야기의 줄거리를 진행하였고 더 복잡한 야밤 소송이 동트기 전에 형식적으로나마 반복되었을 것이라고 추측하였다.[32]

---

30) 병행구절들을 비교해 보면 적어도 세 사람 이상이 베드로에게 그가 예수님의 제자인지를 질문한 것처럼 보인다. 하지만 베드로가 세 번 이상 대답했다고 추측할 근거는 없다. 네 개의 다양한 이야기들에서 설명된 편집 비평적이고 문체상의 요소들에 대해서는 특별히 Neil J. McEleney, "Peter's Denials?How Many? To Whom?" *CBQ* 52 (1990): 467-72를 보라.
31) 마태복음 27:3에 대한 몇몇 번역들은 유다가 심지어 "회개하였다"고 기록한다. 하지만 여기 사용된 동사는 *metanoeo*(신약성경에서 "회개하다"를 뜻하는 대표적인 단어)가 아니라 *metamelomai*이다. 그래서 "크게 자책하여"라고 번역한 NIV가 문맥상 더 적절하다. 마태는 특징적으로 유다의 죽음에서 성경의 성취를 보았다. 오직 예레미야만 언급되었지만, 그는 분명히 예레미야 19장(1, 4, 6, 11절)과 스가랴(11:12-13)의 구절들을 마음에 품은 것이 분명하다. Douglas J. Moo, "Tradition and Old Testament in Matt. 27:3-10," in *Gospel Perspectives*, vol. 3, ed. R. T. France and David Wenham (Sheffield: JSOT, 1983), 157-75를 보라.
32) A. N. Sherwin-White, "The Trail of Christ," in *Historicity and Chronology in the New Testament*, ed. D. E. Nineham과 다른 자들. (London: SPCK, 1965), 97-116 참조.

이 모든 것은 산헤드린의 소송을 둘러싼 위법성의 문제를 제기한다. 중대한 소송에 관한 미슈나 규례(소논문 산헤드린에서)와 비교해 보면 여러 학자들이 복음서 기록의 역사성을 받아들이기 어렵게 만드는 변칙들이 너무나 많이 발견된다.[33] 이 중에는 재판이 안식일 저녁, 축제 때에 있었다는 사실, 고소를 당한 자를 위한 증인이 아무도 없었다는 점, 그리고 대제사장이 그보다 신분이 낮은 사람들 앞에서 말하는 것 등이 포함된다. 이러한 몇몇 세부사항들에 대해서는 아무런 설명이 없다. 다른 것들도 뚜렷하게 위법성을 보여준다. 첫째, 2-3세기 유대 법정에 관한 이런 모든 후기의 법령들(beth din)이 예수 당시에도 적용이 되었는지를 보여주는 증거는 없다. 둘째, 널리 알려진 법령들은 공의회를 장악했던 사두개인들에 의해서가 아니라 바리새인들에 의해서 지지되었다. 셋째, 심지어 후기의 유대 문헌은 우상숭배의 선동자들이나 거짓 선지자들의 경우에는 절기 중에서 재판을 허용하였다(t. Sanhedrin 10:11과 11:7). 그리고 넷째, 다급해진 당국자들은 더 중요한 이유가 있다고 여겨지면 종종 율법을 조작할지도 모른다.

이와 밀접하게 관련된 질문은 복음서들이 예수의 처형을 유대인들의 책임으로 돌리는 점에서 과연 반-유대적(anti-Semitic)인지의 여부이다. 이러한 비난은 분명히 근거가 없다. 예수와 그를 따른 첫 제자들은 모두 유대인들이었다. 복음서는 적어도 초기에는 유대인들 내부의 문제들을 묘사한다. 심지어 "그 피를 우리와 우리 자손에게 돌릴지어다"라는 예루살렘 군중들의 분명하고도 엄중한 외침(마 27:25)조차 모든 시대의 모든 유대인들을 정죄하지는 않는다. 이것은 단지 예루살렘의 한 특정 유대 지도자들 그룹과 그들이 즉시 결성하여 흥분의 도가니로 몰아넣은 추종자들이 예수의 죽음에 대한 책임을 받아들였다는 것이다. 마태는 "우리 자손에게"라는 문구에서 예루살렘의 멸망을 그 절정으로 하는 주후 30-70년의 세대를 뜻하는 것으로 보았을지도 모른다. 우리는 또한 이 군중들이 외친 바로 그 죽음 때문에 그들에게 나중에 용서가 제공되었다(행 2:37; 6:7; 21:20). 비록 빌라도는 예수를 사면하려고 시도했지만, 로마를 대표

---

33) 간략한 목록을 위해서는 Raymond E. Brown, *The Death of the Messiah*, vol. 1 (New York and London: Doubleday, 1994), 358-59를 보라. 재판 이야기 속의 수많은 요소들의 역사성에 대한 최고의 자세한 변호로 여겨지는 작품은 Josef Blinzler, *The Trail of Jesus* (Cork: Mercier, 1959)이다.

하는 자로서 그는 십자가 처형에 대한 동일한 책임을 감당해야 했다. 더욱이, 보다 신학적인 관점에서 볼 때, 우리 모두는 우리 자신들의 죄 때문에 바로 우리가 그리스도를 십자가에 못박았음을 인정해야 한다.[34]

2) 로마 당국자들 앞의 예수(막 15:2-20상) [Aland §336-342]

요한복음 18:31은 산헤드린이 그 당시 로마 치하에서 사형을 언도할 수 있는 권한이 없었다고 설명한다.[35] 그러므로 유대 당국자들은 예수께 대한 그들의 불만을 적절히 변경하여서 로마 총독의 관심을 사야했다. 메시아가 이 땅의 왕으로 올 것이라는 여러 유대인들의 기대 때문에 빌라도 앞에서 그런 식으로 소송을 제기하는 것은 자연스러웠다. 그렇게 된다면 이것은 로마에 대한 위협을 의미했기 때문이다. 예수는 산헤드린 앞에서 하셨던 것처럼(막 15:2) 빌라도에게도 우회적으로 대답하셨고, 나중에는 아예 침묵을 지키셨다. 사복음서 모두에서 빌라도는 예수가 사형에 처할 만한 죄를 범하셨다고 생각하지 않았다. 특별히 누가복음은 예수가 결백한 피해자시라는 주제를 강조한다(눅 23:4, 13-16, 22). 오직 누가만이 빌라도가 예수를 헤롯 안티파스(유월절을 지키기 위해 갈릴리에서 내려와 예루살렘에 있었다)에게로 보내 판결을 받게 함으로써 자신의 의무를 피하려고 했다고 설명한다(6-12절). 마태는 독특하게 빌라도의 아내가 꾼 꿈을 기록하였는데, 꿈에서 여인은 "저 옳은 사람"에게 아무 상관도 하지 말라고 경고를 받았다(마 27:19). 요한은 일곱 장면에 걸쳐서 이야기를 전개하고 있는데, 빌라도는 그의 왕궁에서 그리스도를 심문하다가 밖으로 나와서는 유대인

---

34) Joseph A. Fitzmyer, "Anti-Semitism and the Cry of 'All the People' (Mt. 27:25)," TS 26 (1965): 667-71; Timothy B. Cargal, "'His Blood Be upon Us and upon Our Children': A Matthean Double Entendre?" NTS 37 (1991): 101-12; John P. Heil, "The Blood of Jesus in Matthew: A Narrative-Critical Perspective," PRS 18 (1991): 117-24 참조.

35) 이 주장에 대한 놀라운 확증처럼 보이는 것이 p. Sanhedrin 1:1; 7:2에 등장하는데, 이 문헌에는 성전이 멸망하기 40년 전에 이 권한이 이스라엘로부터 박탈되었다고 기록되었다. 이것뿐만 아니라 요한의 재판 이야기에만 등장하는 다른 논쟁적인 요소들의 상세한 내용은 F. F. Bruce, "The Trial of Jesus in the Fourth Gospel," in Gospel Perspectives, vol. 1, ed. R. T. France and David Wenham (Sheffield: JSOT, 1980), 7-20을 보라. 하지만 매우 특별한 경우에는 유대인들이 범죄자들을 처형할 수도 있었던 것처럼 보인다. Bruce Corley, "Trail of Jesus," in DJG, 850을 보라.

들의 증오스런 음모를 단념시키려고 애썼다(요 18:28-19:16). 오직 요한복음에서만 예수께서 자신의 나라가 이 세상에 속한 것이 아님을 분명히 밝히셨다(18:36). 그렇다고 그분이 아무런 정치적 위협이 아니라거나, 하나님의 통치가 이 세상의 정권과 구조에 아무런 사회/정치적 영향을 끼치지 않는다는 것을 의미하지는 않는다. 오히려, "요한은 이 세상에 영향을 끼치기 위해 엄습하는 천국의 위력을 분명히 기대했지만, 이것은 무장한 세력에 의해서 쉽게 저항될 수 있는 그런 종류의 갈등과 승리는 아니었다."[36]

빌라도는 유월절 관례에 따라서 다른 죄수를 군중들에게 풀어줌으로써 탈출구를 찾고자 했다. 그는 예수를 악명 높은 선동자요 폭력배인 바라바와 비교하였다(막 15:7). 마태복음 27:17의 초기 사본 전승은 바라바를 아마도 그의 진짜 이름인 "예수 바라바"라고 표기한다("바라바"는 고유명사라기보다는 "아버지의 아들"-bar-abba-을 뜻하는 하나의 별명이었다). 그렇다면 이것은 얼마나 아이러니컬한가? 군중은 그들의 천부 아버지의 참된 아들은 십자가에 못박고 이 흉악한 살인자 바라바의 자유를 원했던 것이다. 빌라도는 더 이상 유대인들의 요구를 거절함으로써 폭동이 일어나 로마의 눈에 자신의 위신이 실추되는 것을 용납할 수 없었기 때문에(특별히 요 19:12), 마침내 무리들의 요구에 응하고 말았다. 예수는 채찍에 맞으셨는데, 이것은 전통적으로 로마의 매우 끔찍한 매질로서, 밧줄 끝에 쇳조각이 달려서 때릴 때마다 기소된 죄인의 살이나 등의 근육을 찢어 상처를 냄으로써 그 자체만으로도 치명적인 형벌이라고 할 수 있다. 그 후에 예수는 십자가에 못박히시기 위해 넘겨졌다. 그들은 예수를 끌고 가기 전에 가짜 왕관과 왕복과 홀을 쥐어줌으로써 더 큰 모욕을 주었다(막 15:17-20상).

3) 십자가 처형(막 15:20하-47) [Aland §343-351]

(1) 형벌의 특징

십자가에 달아 죽이는 것은 인류가 고안해 낸 가장 잔인한 형벌 중 하나이

---

36) Carson, *John*, 594.

다.[37] 이것은 또한 가장 수치스러운 고대의 형벌 중 하나이기도 하다. 로마 시민들은 대부분 이런 종류의 고문으로부터 제외되었다. 이것은 일반적으로 가장 비천한 노예나 죄수들에게 가해졌다. 이러한 방법으로 형벌을 받은 사람은 주로 십자가의 빗장을 스스로 짊어지는데, 결국에는 그 빗장에 손목을 관통하는 못을 박거나 밧줄을 감음으로써 자신의 팔을 매어단다. 발목 역시 수직한 각목에 유사하게 달아맨다. 종종 발을 얹는 대나 자리가 놓이기도 하는데, 이것은 아픔을 덜기 위함이 아니라, 죄인이 죽지 않고 더 오래 살아서 고통을 견디게 하기 위함이었다. 십자가는 때때로 X자 모양으로 세워지기도 했지만, 주로 영어 대문자 T나 소문자 t의 모양으로 세워졌다. 초대교회의 증언은 예수가 이 후자의 두 가지 형태 중에서 어떤 십자가를 지셨는지에 대해 의견이 나뉘어 있는데, 후대 기독교 예술에서는 거의 한결같이 t의 모양을 선호한다.

십자가로 인한 죽음은 주로 서서히 진행되며, 때로는 며칠 동안 지속되기도 하는데, 주된 사인은 마지막에 찾아오는 질식이다. 희생자는 가슴을 들어 숨을 쉬지 못할 정도로 약해진다. 예수는 너무나 빨리 죽으셨는데, 아마도 그 전에 당하신 채찍질이나 밧줄 대신 대못에 박히셨기 때문이었을 것이다. 복음서들은 예수께서 그분이 선택하신 시간에 자원해서 죽으셨음을 암시한다. 마지막에 그분은 큰 소리로 외칠 만큼 힘을 남겨두셨고 자신을 하나님께 의탁하실 만한 의지를 가지고 계셨다. 유대인들은 십자가로 인한 죽음을 "나무에 달리는 것"과 동일시하였고 그래서 그런 방법으로 형벌을 받는 자는 하나님께 저주를 받는 것이라고 결론지었다(신 21:22-23). 이것은 왜 십자가에 달리신 메시아를 전하는 기독교의 메시지가 그처럼 많은 유대인들에게 걸림돌이 되었는지를 잘 설명해 준다(고전 1:23).

(2) 해석적인 관찰들

유월절 주간의 안식일 전날 아침에서 정오 사이에, 빌라도는 예수를 십자가에 못박히도록 병사들에게 넘겨주었다.[38] 그들은 예수를 예루살렘의 사람 많고

---

37) 더 심도 깊은 연구를 위해서는 Martin Hengel, *Crucifixion* (London: SCM; Philadelphia: Fortress, 1977)을 보라. 현대의 과학적인 연구를 위해서는 William D. Edwards, Wesley J. Gabel과 Floyd E. Hosmer, "On the Physical Death of Jesus Christ," *Journal of the American Medical Association* 255 (1986): 1455-63을 보라.
38) 마가의 "삼 시"(오전 9시; 막 15:25)와 요한의 "제 육시"(정오; 요 19:14)는 아마도 밤이나 낮의 1/4 그 이상

좁은 길을 통과하게 하였는데, 이 길은 오늘날 비아 돌로로사(Via Dolorosa, "슬픔의 길")라고 기념되고 있다. "행렬"은 그 도시를 방문하는 황제들의 승리로운 행진을 음산하게 흉내 낸 것이었다.[39] 예수는 이미 지치고 죽기 직전이셨기 때문에 십자가의 빗장을 짊어질 수 없으셨고, 그래서 지나가던 구레네 시몬이 그 빗장을 지고 나머지 길을 걸어갔다(막 15:20하-21). 군중 속의 여러 여인들이 예수를 위해 통곡하였지만, 주님은 그들에게 오히려 예루살렘에 임할 하나님의 심판에 대해서 통곡하라고 말씀하셨다(눅 23:27-31). 행렬은 드디어 골고다에 도착했다.[40] 이곳은 아마도 유사한 "범죄"를 공개적으로 저지하기 위한 처형의 효과를 높이기 위해 선택된 분주한 교차로였을 것이다. 예수는 두 lestai(강도들이 아니라, 반란가들-막 15:27) 사이에 놓인 십자가에 매달리셨고 죽을 때까지 방치되었다.

복음서는 예수께서 십자가에 세 시간 동안 매달려 계신 시간을 두 가지 대표적인 문학양식을 통해서 기록하였는데, 그것은 그분을 본 자들의 반응과 예수의 마지막 말씀이었다. 복음서들을 모두 종합해서 살펴보면, 예수는 십자가에 달리신 동안 일곱 가지 말씀을 하셨는데, 이것은 기독교 문학사에서 그리스도의 마지막 "칠언"으로 유명하게 알려졌다. 구경꾼들의 반응 역시 예수에게 모욕을 더하였다. 군인들은 몰약을 탄 포도주를 예수께 제공하였다(막 15:23). 이것은 어쩌면 그리 강하지 않은 진통제였겠지만, 무례하게도 자신을 왕이라고 주장한다고 여긴 자에 대한 계속적인 모욕의 일부였다(26절). 그들은 예수의 옷을 가지기 위해 도박하였다. 예수는 아마도 벌거벗겨져 십자가에 달리셨을 것인데, 유대인의 눈에는 가장 치욕적인 수치였다(24절). 요한복음 19:24는 이 사건에서 시편 22:18의 예표론적인 성취를 보았다. 사실 시편 22편과 다른 구약

으로 자세하게 언급하지 않았던 문화 속에서는 적절한 표시로 여길 수 있다. 요한복음 19:14와 31은 모두 유월절의 "예비일"에 대해서 언급하는데, 이것은 공관복음서에서 암시된 "유월절 전날"과 모순되는 것은 아니다. 오히려, 이것은 유월절 주간의 안식일을 위한 예비일을 의미하는 것일 것이다. 오늘날에도 "예비일"(paraskeuē)는 헬라어로 금요일을 뜻하는 기본적인 단어로 남아 있다.

39) Thomas E. Schmidt, "Mark 1.16-32: The Crucifixion Narrative and the Roman Triumphal Precession," NTS 41 (1995): 1-18.

40) 이 장소는 현재 성묘교회(Church of the Holy Sepulchre)에 의해서 장악되었지만, 오늘날 고돈의 갈보리로 알려진 장소에 있는 언덕의 해골 모양의 바위와 모양이 비슷했을 것이다.

성구들은 예수의 고난 이야기 전체에 반영되어 있다.[41] 십자가 위에 모든 사람들이 읽을 수 있도록 세 가지 언어로 적어 달아놓은 명패는 그의 치욕스러운 죽음이 의미하는 것과는 정반대로 그를 왕으로 표현하고 있다(요 19:20). 여러 사람들이 그에게 능력을 발휘하여 십자가에서 내려와 보라고 조롱하였다(막 15:29-32). 아이러니컬하게도, 만약 예수께서 자신을 구하셨다면, 그를 고문하는 자들을 포함해서 다른 사람들을 구원하실 수 없었을 것이다. 그와 함께 십자가에 달린 범죄자들도 주님께 욕설을 퍼부었지만, 그 중 한 명은 예수께서 죽으시는 숭고한 모습을 보고는 마음을 바꾼 듯하다(눅 23:39-42).[42]

하지만 예수의 죽음은 예수께서 죽으시면서 하신 말씀에 초점을 맞출 때 그 의미가 더욱 분명해진다. 예수의 마지막 일곱 가지 말씀들은 아마도 다음과 같은 순서였을 것이다. 첫째, "아버지여, 저희를 사하여 주옵소서. 자기의 하는 것을 알지 못함이니이다"(눅 23:34). 원수를 사랑하라고 가르치신 분이 심지어 사람들이 자기를 죽이는 순간에도 모범을 보이신다. 예수의 기도는 그의 죽음에 가담한 모든 유대 지도자들과 로마인들이 구원받게 될 것을 의미하는 것이 아니라, 그들이 회개하면 용서를 받을 수 있는 길을 닦아 놓는다.[43] 둘째, "내가 진실로 네게 이르노니 오늘 네가 나와 함께 낙원에 있으리라"(눅 23:43). 지옥에 떨어진다는 교리는 후대 성도들이 만든 것으로서, 신약성경의 어떤 구절에 의해서도 결정적인 지지를 받지 못한다.[44] 여기에서 예수는 천국이 성도가 죽는 순간부터 이루어지며 자신이 이 "임종직전의" 개심자와 함께 영적으로 즉시 천국에 가실 것을 분명히 하셨다. 셋째, 예수는 먼저 마리아에게, 그 후에는 요한에게 말씀하시면서 가까운 자들을 향한 관심(그의 원수들에게 하셨던 것처럼)과 혈육의 식구들을 그의 영적인 가족 속에 포함시키시는 열정을 보여주셨다.

---

41) 이 점에 관해서는 특별히 Douglas J. Moo, *The Old Testament in the Gospel Passion Narratives* (Sheffield: Almond,, 1983)을 보라.
42) 이 주제에 관해서는 특별히 John J. Pilch, "Death with Honor: The Mediterranean Style Death of Jesus in Mark," *BTB* 25 (1995): 65-70을 보라.
43) E. Earle Ellis, *The Gospel of Luke* (London: Oliphants, 1974; Grand Rapids: Eerdmans, 1981), 267: "기도는 그의 죽음에 의해서 응답되었고, 그의 죽음은 죄의 용서를 가져왔다(행 2:38)."
44) 베드로전서 3:18-21은 지옥으로 내려가신 것을 지지할 때 가장 일반적으로 인용되는 구절이다. 하지만 이 구절은 예수님의 승천의 일부로서 귀신의 영역에 대한 승리의 선포를 가르치는 구절일 것이다. 이 해석의 자세한 역사에 대해서는 William J. Dalton, *Christ's Proclamation to the Spirits* (Rome: BIP, rev. 1989)를 보라.

넷째, "나의 하나님, 나의 하나님, 어찌하여 나를 버리셨나이까?"(막 15:34; 시 22:1). 이 말씀에 대한 최고의 해석은 가장 문자적인 것이다. 예수는 하나님으로부터 버림 당하는 것을 느끼셨다.[45] 예수께서 일평생 경험해 오신 성부 하나님과의 친밀하고 끊임없는 교제가 갑자기 중단되어 버린 것이다. 신약성경의 다른 기록자들은 이것을 예수께서 세상의 죄를 지시고 우리가 마땅히 받아야 할 하나님의 진노를 경험하신 순간으로 이해하였다(예를 들면, 고후 5:21). 후대의 기독교 신학자들은 이 구절에서 대답해 주지 않는 그리스도의 신성과 인성 사이의 관계에 대한 수많은 질문들과 씨름하였다. 예수께서 일평생 사셨던 것과 똑 같은 모습으로 돌아가셨다고 말하는 것으로 충분하다. 초기 영지주의와 가현설(p. 273-274를 보라)에 맞서기 위해서 기록한 요한은 예수께서 참으로 인간으로서 죽으셨음을 입증하기 위해 창에 옆구리를 찔리셨다고 묘사함으로써 이 점을 강조하였다(요 19:34-35).

다섯째, "내가 목마르다"(요 19:28). 의심할 나위 없이, 이것은 문자적으로 사실이며, 영적으로 말할 때에는 더욱 요한에게 의미심장했을 것이다. 약한 진통제를 드렸지만 예수는 이를 거절하심으로써 끝까지 최악의 고통을 참으셨다. 여섯째, "다 이루었다"(요 19:30). 그리스도는 신포도주를 먹지도 않으실 것이지만, 이 말씀의 영적인 의미는 더욱 중요하다. 그분의 생명이 다하는 것처럼, 그분께서 오신 최고의 성취, 즉 인류의 죄를 위해 대속의 죽음을 죽으시는 것 역시 완성된다. 일곱째, "아버지여, 내 영혼을 아버지 손에 부탁하나이다"(눅 23:46; 시 31:5). 놀랍게도 방금 하나님으로부터 버림 받음을 경험한 사람이 존재하지도 않아 보이는 성부께 대한 믿음의 기도를 드리는데, 이것은 훗날 유대 어린이들이 잠자리에 들 때 드리는 대표적인 기도가 되었다. 이러한 말씀들을 하시고 예수는 숨을 거두셨다.

(3) 예수의 죽음 직후의 사건들

공관복음서는 우리가 오늘날 성금요일이라고 알고 있는 날 정오부터 오후 3

---

[45] 청중은 예수님의 (분명하지 않은) 발음을 주의 길을 예비해야 하는 엘리야 선지자를 부르는 절규로 오해했다. "역설적으로, 엘리야는 예수님의 예수님의 편에 간여하지 않겠지만, 하나님은 모든 사람들이 볼 수 있는 가시적인 방법으로 그렇게 하실 것이다"(Brown, *Death*, vol. 2, 1063).

시까지 초자연적인 어둠이 그 땅에 내렸다고 이미 기록하고 있다(막 15:33). 그 원인이 무엇이었든지 간에, "자연"조차도 하나님의 아들이 끔찍한 죽음을 당하시는 것을 슬퍼하는 것이 분명했다. 묵시적인 징조들은 성전 휘장이 위에서 아래까지 찢어지면서 계속되었다(38절). 이러한 상징적인 사건들을 둘러싼 모든 궁금증을 모두 푸는 것은 불가능하다(성전 휘장이 예수의 죽음 직전에 찢어졌는가, 아니면 직후였나? 그 휘장은 내부의 휘장인가, 아니면 외부 휘장인가? 이제 사람들이 하나님께 직접 나아갈 수 있게 된 것을 보여주는 엡 2:14-16과 히 4:14-16의 개념이 여기에 암시된 것인가?). 하지만 휘장이 찢어진 것은 사건 전체와 조화를 이룬다. 성전과 도시와 그 부패한 제도에 충성을 다한 모든 자들은 비록 자신들이 예수를 저주하고 있다고 생각할지 모르지만 사실은 그들이 저주를 받고 있는 것이다.

재판을 지켜보던 이방 백부장은 이러한 징조들과 예수의 죽음을 관찰한 후에 그리스도의 결백에 대해서 확신하게 되었다.[46] 더 많은 묵시적인 징조들이 그 지역을 뒤흔들었는데, 가장 대표적인 것은 바로 지진이었다(마 27:51). 이 모든 것들 중에서도 가장 이상한 사건은 오직 마태복음에만 등장하는데(52-53절), 바로 무덤이 열리고 어떤 "성도들"이 소생한 사건이다. 여러 번역본들을 보면 마치 이 사람들의 소생이 예수의 부활 이전에 있었던 것처럼 보인다. 하지만 본문은 다음과 같이 기록되어야 한다. "무덤이 열렸다. 그리고 죽었던 여러 성도들의 몸이 되살아났고, 예수의 부활 이후에 무덤에서 나온 그들은 거룩한 성으로 들어갔다."[47] 또 다시 말하지만, 이 신비한 사건을 둘러싼 질문들 중에는 아직도 많은 것들이 대답을 기다리고 있다(이 성도들은 누구인가? 그들은 얼마나 오랫동안 나타났는가? 그들은 결국 어떻게 되었는가?) 하지만 마태의 관점은 바울의 관점과 비슷하다. 예수의 부활은 구약과 신약의 모든 성도들의 부활에

---

46) 눅 23:47에서는 백부장이 "이 사람은 정녕 의인(결백한 분)이었도다" 라고 말한다. 막 15:39와 마 27:54는 매우 다른데, 예수님을 하나님의 아들로 선포한다. 아마도 그가 실제로 한 말은 다음과 같을 것이다, "그 분은 좋은 분이셨고, 하나님을 자신의 아버지로 부르신 것이 마땅하다"(Alfred Plummer, A Critical and Exegetical Commentary on the Gospel according to S. Luke [Edinburgh: T. & T. Clark, 1896], 539). 하지만 마가와 마태는 두 번째 차원의 의미도 보았는데, 그것은 예수님의 진정한 신적 아들되심(divine sonship)의 확증이다.

47) 특별히 John W. Wenham, "When Were the Saints Raised?" JTS 32 (1981): 150-52 참조.

대한 "첫 열매"이다(고전 15:20). 이 사실에 대한 하나의 극명한 증거로서 어떤 사람들은 세상의 종말 때가 아니라, 예수와 함께 소생하였던 것이다.

복음서의 고난 이야기는 예수께서 장사되신 이야기로 끝을 맺는다. 산헤드린의 일원이었던 아리마대 요셉은 예수의 시신을 묻게 해달라고 빌라도에게 간청했다(막 15:42-47). 유대인들은 저녁부터 시작된 안식일 동안에 땅이 죽은 사람 때문에 더럽혀지는 것을 꺼렸기 때문에 이 이야기는 신빙성이 있다. 하지만 누가는 요셉이 선한 사람이었으며 공의회의 판결에 동의하지 않았다고 첨가한다(눅 23:50-51). 마태와 요한은 그를 예수의 (은밀한) 제자로서 묘사한다(마 27:57; 요 19:38). 요한복음에는 니고데모 역시 비록 그 동기는 알 수 없지만 아무튼 요셉과 동행하였다. 후대의 기독교 전승에 의하면 니고데모 역시 성도가 되었다고 하지만, 이것을 확인할 수 있는 근거는 없다(39절). 여하튼, 이 사람은 예수를 새로 판 무덤에 예를 갖추어 수많은 양의 향료를 사용하여 장사지냈다. 예수의 모친을 포함한 여인들은 하루 종일 이루어진 모든 일들을 목격한 후에 안식일이 지나 다시 돌아와 시신을 돌보고자 예수가 어디에 장사되는지 확인하였다(막 15:40-41, 47).

마태복음에만 등장하는 것은 예수의 제자들이 와서 시신을 훔친 후에 그분이 예언하신 대로 부활하셨다고 주장하지 못하도록 유대 지도자들이 빌라도에게 허락을 얻어 무덤을 봉하고 경비를 세웠다는 이야기이다(마 27:62-66). 이 사건은 오직 마태복음에만 등장하는 두 번째 문장을 독자들로 하여금 준비시키는데, 그 문장은 부활 이야기의 일부로서, 어떻게 동일한 당국자들이 훔친 시신 이야기를 사용해서 빈 무덤을 설명하려고 했는지 보여준다(28:11-15). 하지만 아직은 제자들과 원수들이 모두 예수께서 아주 사라지신 것으로 생각한다. 그들은 나중에 자신들이 얼마나 잘못 생각하였는지를 배우게 된다.

4) 역사성

체포당하실 때 저항하지 않으시고 오히려 대적자들(특별히 말고)에 대해 긍휼을 보이신 것은 이중적 비유사성의 기준을 통과한다. 심지어 요한의 세 번에 걸친 극적인 "내가 그로라"(요 18:5, 6, 8)는 기록도 "내가 그니라"와 "나는 ~이다"(막 6:50; 13:6)의 이중인 의미를 암시하는 공관복음의 유사한 문장과도 조화를 이룬다. 안나스 앞에서 재판을 받으신 기록은 요한복음에만 등장하는데, 이 전직 대제사장과 그의 아들 가야바 사이의 관계에 대한 누가의 기록(눅 3:1)으로부터 신빙성을 얻는다. 우리는 이미 산헤드린 앞에서 받으신 재판의 위법성(또는 역사적인 부당성)에 대해서 살펴보았다(p. 542). 여기에 덧붙여서 우리는 후대의 탈무드 전승에 따르면 예수께서 신성모독으로 유대 지도자들에 의해 정죄를 받으셨다는 점을 추가할 수 있는데(b. Sanhedrin 43a), 이것은 아마도 예수가 노골적으로 자신을 하나님이라고 주장했기 때문이 아니라, 자신을 하나님 앞으로 나아가실 수 있는 인자와 동일시하였기 때문이다. 이것은 마치 지성소에 들어가는 것과 동일한 것처럼 여김으로써 예수를 유대 지도자들보다 높은 위치에 두는 것과 마찬가지라고 할 수 있다.[48] 하나님 우편에 앉아 계시고 장차 구름을 타고 오실 인자를 예수께서 언급하신 것(단 7:13의 뒤바뀐 순서가 아니라)은 단순히 예수의 말씀을 지어내기 위해 구약성경을 인용한 것이 아님을 분명하게 보여준다.

그 후에 뒤따르는 모든 장면들–조롱, 채찍질, 십자가, 하나님께로부터 버림당하시는 절규–은 십자가에 달린 메시아의 전례가 없는 상황에서 초대교회 성도들이 꾸며낸 이야기라고 보기에는 너무나 치욕적이다. 그리스도께서 당하신 채찍질은 한 세대 후에 예수 벤 아나니아(Jesus ben Ananias)에게 가해진 채찍질과 매우 유사하다(요세푸스, 유대 전쟁사 6.5.3.). 빌라도의 무정함과 비겁함 역시 그의 다른 행동에 대한 요세푸스의 묘사와 잘 들어맞는다(유대 고대사 18.3.1; 18.3.2; 18.4.1-2). 매년 유월절 전례에 기초해서 바라바를 풀어준 것은 다른 자료를 통해서 확실하게 문서화된 것은 없지만, Pesahim 8:6상과 이 구절에 대한 후대의 해석에서 묘사된 대사면과 유사하다. 물론 십자가 사건 그 자체는 비기독교 작가들에 의해서 폭넓게 확인된다(요세푸스, 유대고대사 18.3.3; 타키투스, Annals 15.44; b. Sanhedrin 43a 〈매달아 죽이는 것에 대한 언급〉). 예수의 죽음이 갖는 대속적인 의미는 기독교 역사 초기부터 받아들여졌는데, 이것은 바울 이전의 신조들에 그러한 의미가 이미 나타난 것을 보면

---

48) 특별히 Darrell L. Bock, "The Son of Man Seated at God's Right Hand and the Debate over Jesus' 'Blasphemy'," in *Jesus of Nazareth: Lord and Christ*, ed. Joel B. Green and Max Turner (Grand Rapids: Eerdmans; Carlisle: Paternoster, 1994), 181-91을 보라.

알 수 있다(고전 15:3). 요한복음의 독특한 특징 역시 유대적인 배경-아람어 표현인 가바다(요 19:13), 십자가 위에서 보이신 유언적인 당부(19:26-27),[49] "유월절의 예비일"이라는 표현(19:14)-을 보여주며 직접적으로 목격한 증거임을 나타낸다(19:35).

예수의 죽으심에 수반된 다른 사건들 역시 역사적인 신빙성을 보여준다. 유다의 죽음(마 27:3-10)은 여기에 덧붙여진 구약성경의 성취 인용과 너무나도 이상스럽게 잘 들어맞기 때문에 그 자세한 내용까지도 정확하게 기록되었다. 고난 이야기 전체에 구약성경이 빈번하게 인용된 사실 역시 그 신빙성을 입증한다.[50] 로마의 역사가 탈루스(Thallus)는 어둠과 지진에 대해서 언급하였고 이것은 율리우스 아프리카누스(Julius Africanus)가 인용하였다(*Greek Papyri* 10:89). 아리마대 요셉이 예수의 시신을 묻은 것은 안식일을 범하지 않으려는 유대인들의 전통에 비추어 볼 때 가능성이 높다. 그것이 사용한 적이 없는 무덤이라는 점, 그리고 장사를 지켜본 여인들이 그곳으로 먼저 갔다는 점은 예수의 제자들이 안식일 후에 실수로 아무 곳이나 갔을 것이라고 생각하기 어렵게 만든다. 무덤에 경비를 세운 이야기는 그 자체로서 하나의 탈출구를 가지고 있기 때문에 성도들의 조작이라고 볼 수 없다. 만약 제자들이 예수의 시신을 훔쳐서 그가 부활하셨다고 거짓으로 주장하려고 했다면, 경비가 도착하기 전에 그 모든 것을 감행해야 했을 것이다(마 27:57-61, 62-66).

5) 신학적인 특징

편집 비평적인 특징들은 수난 이야기에서도 전면에 등장한다. 마가복음에서는 예수의 십자가 처형이 고난 받는 종으로서의 그분의 사역에 절정을 이룬다. 예수는 자신의 목숨을 여러 사람을 위한 대속물로 주신다(막 10:45; 14:22-25를 기억하라). 제자들의 실패와 오해라는 주제 역시 절정에 달한다. 그들은 예수께서 예언하신 것처럼 부인하고, 배반하고, 달아났다. 유대인들에게 성전과 그것이 상징하는 제도는 이제 저주를 받고 임박한 심판과 멸망을 기다리고 있

---

49) Ethelbert Stauffer, *Jesus and His Story* (London: SCM; New York: Knopf, 1960), 136-38.
50) Joel B. Green, "Passion Narrative," in *DJG*, 602-603.

다. 하지만 십자가는 예수를 하나님의 아들로서 확증한다(15:39). 예수를 따르고 유사한 결과를 얻고자 하는 사람은 먼저 고난과 거절의 길을 따라가야 한다.

마태는 피값이라는 동기를 강조하면서 예수의 죽으심에 대한 책임을 유대 지도자들과 유대인들에게 돌린다(마 26:3, 57; 27:25). 한편, 로마는 예수의 결백을 알고 있는 것으로 분명히 묘사되었다(27:19-24). 이것은 하나님 나라가 유대의 지도세력으로부터 예수를 따르고자 하는 모든 민족에게로 넘어가는 순간이다(21:43을 기억하라). 특별히 유다와 관련해서 더 많은 성경의 예언들이 성취되었다(26:14-25, 50; 27:3-10). 십자가 사건은 먼저 연속적인 조롱 장면들에 의해서 설명되었고(27:39-40, 41-43, 44) 그 후에는 그리스도의 죽음에 대한 묵시적인 해석을 입증하는 우주적인 징조들을 강조함으로써 설명된다(27:51-53).

누가복음에는 예수의 고난 기간이 사탄의 왕성한 활동이 재개되는 시간이다(눅 22:3, 31, 53하; 4:13을 기억하라). 예수의 결백이 강조된다. 그분은 원수들을 용서하시는 의로우신 희생자시다(23:2, 4, 6-16, 34, 43, 47). 예수는 폭력을 피하셨고(22:38, 51-53) 예루살렘의 운명을 한탄하시면서 우셨다(23:27-31; 19:41-44를 기억하라). 그분은 죽는 순간까지도 하나님을 온전히 신뢰하셨고, 거절과 처형에 직면하면서까지도 하나님의 정의를 담대하게 선포한 "예언자-순교자"이시다.

요한복음에서 예수는 그 어느 때보다도 체포당하실 때 가장 의연하셨다(요 19:4-6). 주님은 진리를 말씀하셨지만 당국자들은 이를 거절하였다(19:23, 37). 예수는 완전한 인간의 모습으로 죽으심으로써 온갖 종류의 가현설을 물리치셨다(19:31-37). 그분의 죽음은 자기-계시, 성부와 성자 상호간의 영화롭게 하심, 그리고 타인을 향한 사랑의 궁극적인 행위이다(13-17장). 그것은 또한 목자의 희생이다. 십자가 위에서 그분은 세상에 만연한 흑암의 큰 권세에 대해서 승리하셨는데, 이 흑암의 "때"는 잠시 정복을 당하였다. 예수는 자신을 보내신 성부께 돌아가시면서 장차 그분의 제자가 될 모든 자들을 위해서 이와 비슷한 "귀향"을 가능하게 하셨다.

3. 부활

1) 철학적이고 역사적인 문제들

부활은 우리에게 복음서 이야기들의 핵심과 절정을 가져온다. 나사렛 예수는 십자가에 죽으신 후에 다시 살아나셨다! 사도행전을 보면, 초대교회 설교의 중심적인 주제를 형성하는 것은 언제나 부활이었다(예를 들면, 2:22-36; 17:18; 26:6-8). 비록 바울은 누구보다도 더 십자가에 초점을 두는 것처럼 보일 수도 있지만(특별히 고전 2:2를 보라), 많은 분량의 가르침을 또한 부활에 할당함으로써 십자가에 연결되어야 하는 후편으로 강조할 수도 있었다(고전 15장; 엡 1:15-20; 골 3:1-4; 살전 4:13-18). 부활은 예수가 그리스도(메시아)이시며 주님이시라는 주장을 확증해 준다(행 2:36). 그것은 예수의 생애와 죽음에 의미와 목적을 부여한다. 예수는 하나님께서 세상에 주신 성공적인 계시이며(요한복음의 주제) 세상의 죄를 위한 대속의 희생이시다(공관복음서의 주제). 그리고 부활은 우주를 위한 하나님의 계획과 목적이 결국에는 승리할 것을 분명히 하며, 역사를 통해서 하나님의 모든 백성의 부활과 영화를 보장해 준다(고전 15:20-28).[51] 만약 그리스도의 육체적인 부활이 사실이 아니라고 입증된다면, 바울은 성도들이야말로 가장 불쌍한 사람들이라고 선언한다(19절).

하지만 부활 이야기들은 정말 믿을 수 있을까? 현대의 과학적인 사람들은 죽은 사람이 절대로 다시 살아날 수 없다는 것을 너무나 잘 알고 있다. 사실, 고대인들 역시 부활이 불가능할 것이라고 여겼고 초대교회의 여러 변증가들도 오늘날까지 지속되는 동일한 회의론을 주제로 다루어야 했다. 19세기에 들어와서는 부활에 대해 여러 합리주의적인 설명들이 쏟아졌는데, 이것은 오늘날에도 일반 대중을 위한 저술에 종종 다시 등장한다. 어떤 이들은 그리스도께서 십자가 위에서 완전히 죽으신 것이 아니고, 무덤에서 소생하여 빠져나와 나중에 돌아가실 때까지 그의 제자들에게 나타나셨다고 주장한다. 다른 이들은 유대인들의 첫 주장처럼 제자들이 예수의 시신을 훔쳤다고 생각한다(마 28:13). 아니면 제

---

51) 신약성경의 여러 저자들에게서 발견되는 부활의 주제에 대한 훌륭한 연구를 위해서는 John F. Jansen, *The Resurrection of Jesus Christ in New Testament Theology* (Philadelphia: Westminster, 1980)을 보라.

자들이 다른 사람의 빈 무덤에 잘못 찾아갔다는 것이다. 혹자는 부활을 목격한 모든 사람들이 일종의 집단 환각을 경험한 것이라고 생각한다.[52]

현대의 학자들은 대부분 이러한 설명들을 부활 그 자체보다 더 믿기 어려운 것으로 거부한다. 십자가 처형의 끔찍한 묘사나, 장례에 소요된 시간, 그리고 무덤을 막은 돌의 크기 등은 모두 예수가 죽지 않으시고 빠져나오셨다는 생각을 불가능하게 한다. 만약 제자들이 시신을 훔쳤다면, 그들의 인생 전체가(그리고 많은 경우 그들의 순교가) 뻔한 사기극을 위한 것이 되어버리는데, 이것은 심리학적으로 볼 때 개연성이 전혀 없는 가설에 불과하다. 제자들이나 여인들이 처음부터 무덤을 잘못 찾아간 것이라면, 예수께서 묻히신 무덤은 기독교의 대적자들에 의해서 쉽게 발견되었을 것이다. 그리고 40여일에 걸쳐서 어떤 기적도 기대하지 않았던 5백 명의 사람들에게 집단 환각이 나타난 예는 알려진 바가 없다(고전 15:6; 행 1:3; 요 20:19).[53]

그러므로 학문적인 회의론 가운데 널리 퍼진 주장은 복음서의 부활 이야기들이 주로 전설에 근거했다는 것이다. 제자들이 일종의 영적인 경험을 통해서 그리스도의 정신이 지속됨을 확신하게 되었다고 많은 사람들이 단정한다. 많은 사람들이 기꺼이 인정하는 것은 예수의 불멸의 영혼(spirit)이 계속 살아남았으며, 제자들이 그것을 경험하였다는 것이다. 대부분의 사람들에게 계속 걸림돌이 되는 것은 그것이 문자 그대로 몸의 부활이라는 사실이다. 그러므로 전설 형성의 마지막 단계에 가서야 예수가 영적으로 계속 살아 계신다는 이야기가 육체적인 부활이라는 표현으로 "신화화"되었다고 종종 주장한다. 때로는 그 당시의 다른 종교들을 인용해서 이러한 이론을 지지한다. 여기에 해당하는 것은 신적인 사람이 내려왔다가 올라가는 영지주의의 구원자 신화, 또는 풍요 제의에서 믿듯이 매년 죽었다가 다시 살아나는 자연의 신들의 신화이다.

하지만 영지주의의 발전된 신화들은 초대교회에 영향을 끼쳤다고 보기에는

---

52) 이러한 견해들에 대한 최근의 유일한 학문적인 변호는 Gerd Ludemann, *What Really Happened to Jesus?* (Louisville: Westminster/John Knox, 1995)에서 등장하는데, 그는 베드로와 바울이 모두 심리적으로 부활하신 예수님의 환상(즉, 환각)을 보았으며, 그들의 열정이 다른 모든 사람들에게 영향을 끼쳐 그들도 나중에 유사한 경험을 하게 되었다고 주장한다.

53) 이런 다양한 이론들에 대한 보다 상세한 반박은 George E. Ladd, *I Believe in the Resurrection of Jesus* (Grand Rapids: Eerdmans; London: Hodder & Stoughton, 1975), 132-42를 보라.

너무 시대가 늦으며(p. 69를 보라), 이방의 풍요 제의와의 연관성도 매우 희박하다. 만일 기독교가 그리스에서 시작되어 이스라엘로 이주하였다면, 영적으로 거듭난다는 이야기가 나중에 육체적인 부활의 언어로 새롭게 입혀졌을 것이라고 보는 것이 더 그럴듯하게 여겨질 것이다. 하지만 그리스 세계에서는 영혼의 불멸만을 수용했지만, 대부분의 유대인들은 마른 뼈들이 말 그대로 다시 살이 붙게 될 것을 언제나 믿었다(예를 들면, 겔 37장). 그러므로 유대교에서 시작되어 나중에 그리스/로마 세계로 전파된 종교에서 볼 때, 영에서 육으로 발전한다는 가설은 오히려 거꾸로 진행하는 셈이다. 신화적인 부활 이야기가 정말로 어떤 것인지는 가현설적인 위경서 베드로 복음 10:39-40에 잘 나타나 있다. 여기에서는 그리스도께서 구름 위로 머리를 내미시고 땅 위를 성큼성큼 걸어가신다!

다른 여러 내용들을 최초의 부활 이야기들이 거짓이 아님을 보여준다. 신명기 21:23은 십자가에 달린 자는 모두 하나님의 저주를 받은 자들이라고 1세기 유대인들에게 증거하기 때문에, "십자가에 달리신 메시아"의 부활이 정말로 발생하지 않았다면 그 이야기를 거짓으로 꾸몄다고 보기는 지극히 어렵다. 사복음서는 모두 부활을 처음 목격한 증인이 여인들이라는 점에 동의하는데, 그들이 모두 여자라는 점에서 그들의 증언이 법정에서 용인될 수 없는 것과 마찬가지로 이것을 꾸며낸 것으로 보기는 어렵다. 그 누구도 예수의 시신을 발견했거나 초대교회에서 어느 무덤을 기념한 적이 없었기 때문에, 빈 무덤은 하나의 역사적인 사실임이 거의 분명한 것처럼 보인다. 더욱이, 십계명을 받은 때로부터 하나님께서 거룩하게 지키도록 명하신 안식일에 안식하고 예배하던 것을 초대교회 성도들이 중단하고 그 대신 주일을 준수하였기 때문에, 첫 주일에 무언가 놀라운 일이 벌어진 것이 분명하다(행 20:7; 고전 16:2; 계 1:10). 실제로, 예수의 육체적인 부활만이 "부활 이후" 성도들의 신앙적인 부흥을 적절하게 설명해 줄 수 있다고 주장할 수 있다.[54]

우리는 또한 40일에 걸쳐 여러 장소에서 다양한 증인들이 나타난 것, 그 증인

---

54) 이러한 주장들과 이와 유사한 주장들에 대해서는 Craig Blomberg, *The Historical Reliability of the Gospels* (Leicester and Downers Grove: IVP, 1987), 100-110; 그리고 William L. Craig, "Did Jesus Rise from the Dead?" in *Jesus under Fire*, ed. Michael J. Wilkins and J. P. Moreland (Grand Rapids: Zondervan, 1995), 141-76; 그리고 위의 작품들에서 인용된 문헌들을 보라.

들 대부분이 누구인지 알 수 없다는 사실(글로바와 다른 무명의 제자, 이름이 밝혀지지 않은 5백 명의 제자들), 몇 차례에 걸친 예수의 현현에도 불구한 제자들의 무기력한 모습(요 21:2-3),[55] 몇 가지 부활 이야기 속의 다양한 관찰자들이 예수의 부활을 즉시 깨닫지 못하고 수용하지 못한 것, 예수의 현현에 대한 바울 이전의 초기 전승(고전 15:4-8), 마가복음 16:2에 기록된 "안식 후 첫 날"이라는 표현(나중에는 이 표현보다 "삼일 후에"를 더 사용하였다), 그리고 만약 무덤이 비어 있지 않았다면(산헤드린은 아리마대 요셉을 통해서 이를 확인할 수 있었을 것이다) 믿지 않는 유대인들의 박해를 무릅쓰고 과연 부활을 전할 수 있었을까? 하는 점들을 지적할 수 있다.

하지만 과학적이고 철학적인 반대들에 대해서는 어떻게 생각해야 하는가? 물론, 만일 기적적인 현상들의 가능성을 모두 부정한다면, 부활은 불합리하게 보일 것이다. 그러나 수많은 "현대의 과학적인" 사람들도 과학이 규범적인 것이라기보다는 서술적인 것임을 인정한다. 만약 하나님께서 계시다면 그분에게는 과학이 지금까지 발견하였거나, 설명할 수 있는 것을 초월한 능력이 있으며 그 능력을 자신의 목적대로 사용하실 수 있다고 기대하는 것은 지극히 자연스럽다.[56] 고대 역사 속에서 주장되어온 모든 기적들 중에서 부활이야말로 사실상 가장 역사적인 지지를 가진 것이 아닐 수 없다.

또 다른 종류의 반대는 성경이 예수의 육체적인 부활을 주장하지 않는다는 것이다. 학자들은 이 부분에서 주로 고린도전서 15:38-58을 인용한다. 바울은 "신령한" 몸에 대해서 말하면서(44, 46절), "혈과 육은 하나님 나라를 유업으로 받을 수 없다"고 강조하였다(50절). 아마도 제자들이 처음 보았던 것은 실제적인 것이었겠지만, 실제적인 육체적 부활이 아니라, 실제적인 환상이었을 것이다. 물론 이것은 예수께서 도마에게 그분을 만져보고 그분의 상처를 보라고 말

---

55) 특별히 요 21의 역사성에 대한 이 증거와 다른 증거들을 위해서는 특별히 Grant R. Osborne, "John 21: Test Case for History and Redaction in the Resurrection Narratives," in *Gospel Perspectives*, vol. 2, ed. R. T. France and David Wenham (Sheffield: JSOT, 1981), 293-328을 보라.
56) 기적을 정밀로 믿는 "현대의" 수많은 사람들에 관해서는 John P. Meier, *A Marginal Jew: Rethinking the Historical Jesus*, vol. 2 (New York and London: Doubleday, 1994), 509-34를 보라. 과학적인 질문에 관해서는 특별히 Peter Medawar, *The Limits of Science* (San Francisco: Harper & Row, 1984)를 보라. 유신론적인 세계관을 가정했을 때 부활을 위한 철학적인 변론을 위해서는 Stephen T. Davis, *Risen Indeed* (Grand Rapids: Eerdmans, 1993)을 보라.

씀하신 것(요 20:27)이나, 그분의 신체적인 존재를 보이시려고 물고기를 잡수신 모습(눅 24:40-43)과 조화를 이루기 어렵다. 사실, 고린도전서 15장에 기록된 바울의 표현은 다르게 이해되어야 한다. "신령하다"는 것은 "비육체적이다"는 의미가 아니라, "초자연적"으로 이해되어야 하며, "육과 혈"(눅 24:39처럼 "살과 뼈"가 아니라)은 연약하고 타락한 인간을 표현하는 히브리 관용구이다.[57] 동시에, 부활은 단순히 시체가 소생하는 것 그 이상을 포함하는 것이 분명하다. 예수는 나타나셨다가 없어지실 수도 있었고, 잠긴 문을 통과하여 들어오시거나 얼마동안 사람들의 시선에 감지되지 않으실 수도 있었다. 우리는 영화롭게 되고 온전해진 몸이 지금 우리의 몸과는 훨씬 다를 것이라고 기대할 수 있다! 사람의 개체성은 연속되지만 모습은 상당부분 다를 것이다.

2) 해석학적인 문제들(막 16; 마 28; 눅 24; 요 20-21장) [Aland §352-367]

(1) 사건들의 순서

사복음서는 예수의 부활에 관해서 포함한 내용 면에서 매우 다양하다. 그럼에도 불구하고 부활 사건의 역사성을 충분히 확증할 만큼 기본적인 내용에서 서로 의견을 같이한다.[58] 사건들의 내용과 순서를 적절하게 나열한다면 다음과 같다. ① 몇 명의 여인들이 동틀 무렵 무덤에 왔는데, 아마도 막달라 마리아가 가장 먼저 도착했을 것이다(마 28:1; 막 16:1-3; 눅 24:1; 요 20:1). ② 마리아와 다른 여인들은 두 명의 천사들을 만났는데, 그 중 한 명은 대언자처럼 행동하면서 예수의 부활을 선포하였다(마 28:2-7; 막 16:4-7; 눅 24:2-7). ③ 여인들은 공포와 기쁨이 뒤섞여 무덤을 떠났으며, 처음에는 아무 말도 하려고 하지 않았지만 결국 열두 사도들에게 그 사실을 알렸다(마 28:8; 막 16:8). 막달라 마리아는 다른 여인들보다 먼저 달려가서 베드로와 요한에게 말했을 것이다(요 20:2).

---

57) Craig L. Blomberg, 1 Corinthians (Grand Rapids: Zondervan, 1994), 316-22 참조.
58) 독일의 대표적인 역사가인 H. E. Stier의 설명을 참조하라. 그의 설명은 Hugo Staudinger, The Trustworthiness of the Gospels (Edinburgh: Handsel, 1981), 77에서 인용되고 번역되었다: "예수님의 부활을 위한 자료들은 그 세부적인 내용에 대한 큰 모순들과 함께 바로 이런 이유 때문에 놀라운 신빙성의 기준을 이 역사가에게 제공한다. 만약 이것이 어떤 회중이나 사람들이 꾸며낸 조작이었다면, 이야기는 일관성 있고 명백하게 완성되었을 것이다." 우리는 Stier가 사용한 "모순들"이라는 용어 앞에 "외관상의"(apparent)라는 단어를 추가하고 싶다.

④ 예수께서 길을 가시다 남은 여인들과 만나셔서 제자들에게 가서 말하라고 당부하셨고 갈릴리에서 그들과 만나실 약속도 상기시키셨다. 여인들은 이에 순종하였다(마 28:9-10; 눅 24:8-11).
⑤ 한편 베드로와 요한은 막달라 마리아의 보고를 듣고는 무덤으로 돌아와 그것이 비어 있는 것을 발견하였다(요 20:3-10; 눅 24:12). ⑥ 베드로와 요한이 떠난 후에 마리아도 무덤으로 돌아왔다. 그녀는 천사들을 보았고 예수를 만났는데, 처음에는 그분을 동산지기로 착각하였다(요 20:11-18). ⑦ 그날 오후에 예수는 엠마오로 향하는 글로바와 다른 무명의 제자를 만나셨고, 또 별개의 상황에서 베드로와 만나셨다(눅 24:13-35). ⑧ 같은 날 주일 저녁, 예수는 예루살렘의 어느 문이 잠긴 방에서 열 제자들(열두 명에서 유다와 도마를 뺀 나머지)에게 나타나셨다(눅 24:36-43; 요 20:19-23). ⑨ 일주일 후에, 예수는 같은 방법으로 열한 제자 앞에 나타나셨는데, 이번에는 도마가 함께 있었다(요 20:24-29). ⑩ 40일 동안 예수는 갈릴리를 포함한 여러 장소에서 여러 차례 나타나셨는데, 5백여명이 함께 그분을 목격하기도 하였다(행 1:3; 요 21장; 고전 15:6). ⑪ 결정적으로 갈릴리에서 제자들에게 온 세상에 다니며 이 소식을 전하도록 사명을 주셨다(마 28:16-20). ⑫ 아마도 예수는 그 직후에 제자들에게 성령님의 오심을 기다리라고 지시하시면서 하늘로 올라가셨을 것이다(눅 24:44-53; 행 1:4-11).[59]

(2) 편집 비평적인 강조점

물론 각 복음서 기자들은 복음서의 내용들을 조화시키려는 의도가 없었지만, 나름대로의 신학적인 관심들을 전달하려고 노력했다. 그러한 관심들이 가장 분명하게 드러난 곳은 다름 아니라 부활 이야기이다.[60] 마가의 짧은 이야기는 여인들이 빈 무덤을 발견한 것과 제자들이 갈릴리에서 예수를 만날 것이라는 젊은이의 선포에 초점을 둔다. 아마도 마가는 이것을 새로운 출발로 생각한 듯하다. "그들은 예수를 실망시켰다. 그들은 자신들의 십자가를 지고 예수를 따라가

---

59) 유사한 조화와 자세한 설명을 위해서는 Ladd, *Resurrection*, 91-93을 보라. 세부적인 내용은 John Wenham, *Easter Enigma* (Exeter: Paternoster; Grand Rapids: Zondervan, 1984) 참조.
60) 특별히 Grant R. Osborne, *The Resurrection Narratives: A Redactional Study* (Grand Rapids: Baker, 1984); 같은 저자의 "Resurrection," in *DJG*, 673-88 참조.

지 못했지만, 이제 그들은 다시 그분을 따르도록, 그래서 제자가 되는 것이 무엇을 의미하는지를 다시금 배우도록 명령을 받는다."[61] 더욱 놀라운 것은 마가복음이 매우 이상하고 불충분하게 보이는 16:8에서 갑자기 끝난다는 사실이다.[62] 하지만 이것은 복음서 전체에 나타난 예수의 제자들에 대한 마가의 묘사와 일치한다. 래인(Lane)은 다음과 같이 결론을 내린다. "공포는 마가복음에서 예수의 초월적인 자기 계시에 대한 한결 같은 반응이었다." "인간의 부족함, 이해의 결핍과 연약함 등은 하나님의 역사와 그 의미와 뚜렷한 대조를 보인다."[63]

하지만 8절은 7절과 함께 읽어야 한다. 부활은 여러 번 예언되었고, 예수는 믿을 만한 예언자임이 입증되었다. 심지어 복음서의 이야기를 전혀 모르는 사람이라도 마가복음을 읽고 나면 마가가 7절이 성취될 것을 믿었음을 확신할 수 있다. 그렇다면 원래의 독자들은 부활 이야기를 설교의 핵심으로 이미 들었고 그로 말미암아 믿음을 가지게 되었을 것이다. 그러므로 마가는 여기에서 이야기를 다시 말할 필요가 없었다. 그렇게 하지 않은 것은 그리스도의 재림 전까지 성도들의 삶에서 긴장을 잃지 않고 유지하려고 했기 때문이다. "약속의 말씀과 제자들의 실패, 하지만 인간의 실패에도 불구하고 약속의 말씀이 승리한다."[64]

마태복음은 주로 마가복음과 공통된 자료들로 시작하지만, 수난 이야기에서처럼 우주적인 징조들을 강조하였다. 여기에는 또 다른 지진이 있었고, 청년이 천사가 되고, 흰 옷이 눈과 같았다(28:2-3). 하지만 예수의 제자들을 마가보다 언제나 긍정적으로 묘사한 마태복음에는 여인들이 두려움을 극복하고 제자들

---

61) Morna D. Hooker, *The Gospel according to Saint Mark* (London: A & C Black; Peabody: Hendrickson, 1991), 386. 하지만 그녀는 보다 단순한 설명은 마가가 왜 제자들이 실제로 갈릴리로 돌아갔는지를 설명하고자 했다고 암시한다.
62) 몇몇 성경 번역들이 9-20절로 포함한 내용이 마가가 원래 기록했던 내용을 반영한다는 타당성 없는 주장에 대해서는 앞의 130쪽을 보라. 몇몇 학자들은 이 복음서의 원래 결론부를 우리가 잃어버렸다고 단순히 주장하지만, 많은 학자들은 오늘날 마가가 8절로 결론을 맺으려고 했다는 점에 동의한다. 후대의 필사자들은 마가가 이렇게 종결짓는 이유를 이해하지 못하고 그들이 믿기에 적절한 결론으로 보이는 내용을 제공하려고 시도했다.
63) William L. Lane, *The Gospel according to Mark* (Grand Rapids: Eerdmans, 1974; London: Marshall, Morgan & Scott, 1975), 591, 592.
64) A. T. Lincoln, "The Promise and the Failure: Mark 16:7, 8," JBL 108 (1989): 292. 마가복음의 종결부의 긍정적인 역할에 대해서 보다 일반적으로 J. Lee Magness, *Sense and Absence: Structure and Suspension in the Ending of Mark's Gospel* (Atlanta: Scholars, 1986)을 보라.

제17장 · 고난과 십자가와 부활

에게 부활을 알리며(8절), 심지어 길을 가다가 예수를 만난다(9-10절). 11-15절은 유대인들의 변증을 보다 자세하게 다루는데, 부활을 무마시키려는 유대인들의 첫 시도에 대해 맞서고 있다. 16-20절은 마태복음의 부활 이야기, 그리고 실제로 복음서의 내용 전체를 유명한 지상명령과 함께 절정에 가져간다. 여기에서는 마태복음의 몇 가지 핵심 주제들이 요약되어 등장한다. 교회의 우주적인 사명, 제자도의 중요성, 예수의 제자들이 품었던 믿음과 의심의 복합적인 감정, 성도들을 향한 하나님의 뜻의 중심으로 주신 그분의 명령, 스승으로서 언제나 함께 하시는 예수의 권세.[65]

"가서 제자를 삼으라"는 말씀(19절)은 수많은 해석의 주제가 되어 왔다. 헬라어에서 유일한 명령형 동사는 오직 "제자를 삼으라"는 것뿐임을 깨닫는 것이 중요하다. 그럼에도 불구하고, 주동사에 연결되어 있는 "가서"라는 분사 역시 일종의 명령형처럼 기능한다. 중심적인 명령은 가는 곳마다 그리스도의 제자들을 만들라는 것이지만, 온 세상으로 가는 것을 부수적으로 강조한다. "모든 족속"은 또한 "모든 이방인들"로 번역될 수도 있으며, 어떤 이들은 여기에서 유대 선교의 목적을 보기도 한다. 하지만 여기의 헬라 단어(ethne)는 유대인들을 포함한 "민족적(종족적)인 무리들"이라는 포괄적인 의미로 사용되었다. 이것은 바로 전에 이 용어가 사용된 경우들과 마찬가지로 이해되어야 할 것이다(24:9, 14; 25:32).[66] 제자를 삼는 것은 "그들에게 세례를 주고" 그리스도께서 명하신 "모든 것들 가르쳐 지키게 하는 것"으로 정의된다. 여기에서 분명하게 알 수 있는 것은 예수가 주신 사명은 단순한 전도가 아니라, 사람들을 믿음으로 인도하고 그들을 하나님의 뜻으로 양육하는 평생의 과정을 말한다는 사실이다. 예수에 의하면, 세례야말로 이런 순종을 보여주는 중요하고 근본적인 일부이다. 여기에 사용된 삼위일체론자는 복음서에서 이런 형태로 유일하게 등장하며("아버지와 아들과 성령") 아직은 전문적인 용어로 발전하지는 않았을 것이다(행 2:38에서는 "예수 그리스도의 이름으로" 세례를 받는다고 기록). 중요한 것은 마태가 이 세 가지 이름들을 묶는데 정관사를 하나만 사용하였다는 사실이다. 적어도

---

65) 심도 깊은 연구를 위해서는 Benjamin J. Hubbard, *The Matthean Redaction of a Primitive Apostolic Commissioning: An Exegesis of Matthew 28:16-20* (Missoula: Scholars, 1974)를 보라.
66) 특별히 John P. Meier, "Nations or Gentiles in Matthew 28:19?" *CBQ* 39 (1977): 94-102를 보라.

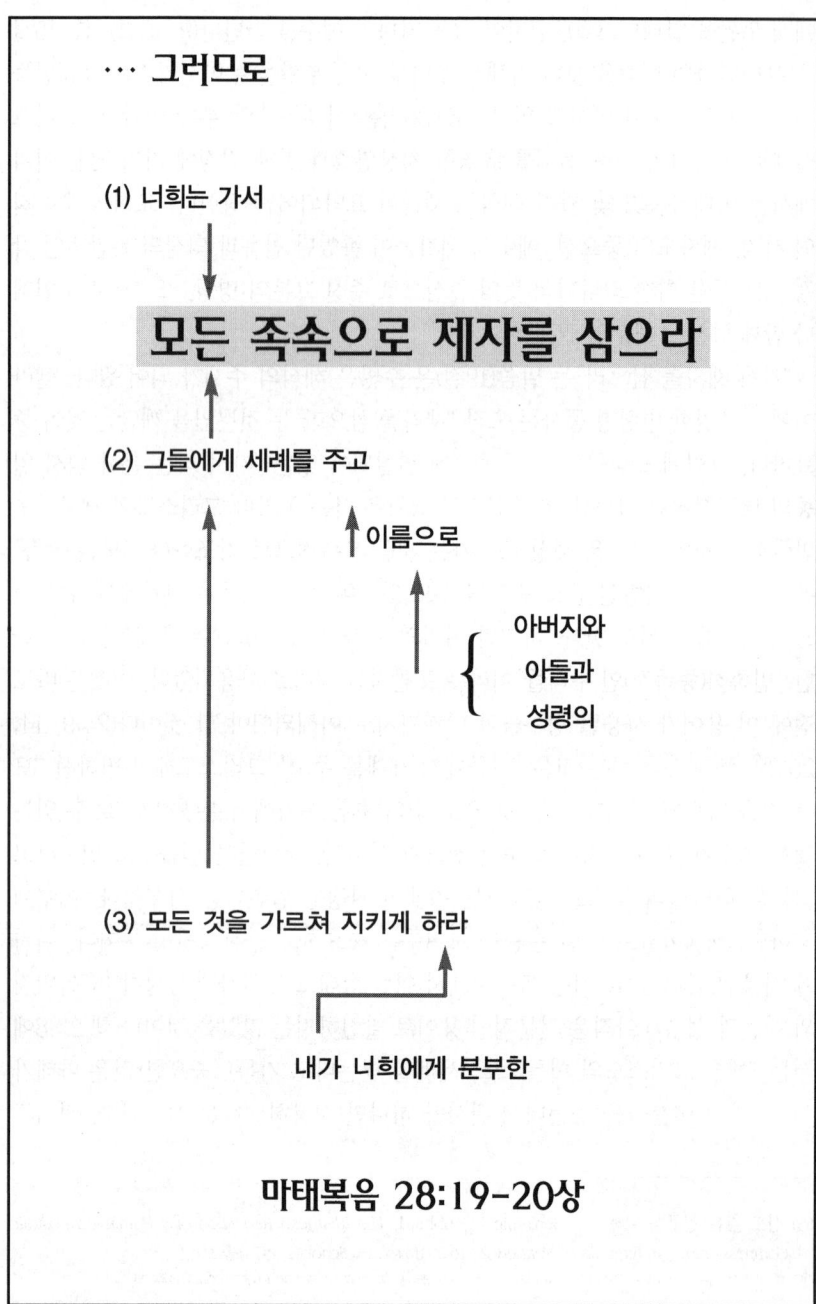

이 당시에 삼위로 존재하시는 한 분 하나님의 개념이 이미 기독교인들의 생각에 뿌리를 내렸다.[67]

누가복음의 기록은 가장 길다. 최소 여섯 가지의 독특한 주제들이 등장한다. 첫째, 예수는 모든 히브리 성경의 성취이시다(눅 24:26-27, 44-48). 사실, 회개하는 자들에게 복음서가 제공하는 구원과 용서에 대한 예언의 성취를 누가복음이 강조한 것 역시 여기에 나타난다(47절). 둘째, 식탁에서 교제할 때 제자들이 예수를 알아보았다(30-35절). 떡을 떼는 것을 언급한 이 구절은 성만찬을 암시하는 것으로 보인다. 셋째, 그리스도의 인성과 몸의 부활의 실체성이 강조되었는데, 아마도 누가 당시의 초기 단계의 가현설에 대항한 것이었다(36-43절). 넷째, 성령님에 대한 누가의 관심은 오순절 때에 제자들에게 능력을 제공할 성령님의 역할이 예언되면서 지속된다(48-49절). 다섯째, 누가복음에서는 부활 이후의 현현이 모두 예루살렘에서 나타나며, 제자들은 성전으로 되돌아오는데, 이것은 자기 백성을 위한 하나님의 계획 속에서 이 도시가 가진 중심적인 역할을 강조한다(47, 52-53; 행 1:8). 여섯째, 오직 누가만이 예수의 승천에 대해서 기록한다(50-51절). 사도행전에는 이 승천이 부활 이후 40일 뒤에 발생한 것으로 더 자세히 설명한다(행 1:9-11). 우리는 누가가 저술한 두 권의 책에서 부활과 승천의 중요한 역할을 중심으로 한 누가복음-사도행전의 교차대조적인 구조에 대해서 이미 살펴보았다(pp. 232-235를 보라).[68]

요한복음은 사복음서 중에서 가장 긴 부활 이야기를 전하는데 두 장에 걸쳐서 기록하고 있다. 이 장들은 베드로와 사랑받는 제자를 비교, 대조함으로써 요한의 기록의 시작과 끝을 장식한다. 그들은 함께 무덤으로 달려갔고 그 무덤이 비어 있는 것을 발견했지만(20:3-7), 오직 요한(사랑받는 제자가 세베대의 아들 요한이라고 가정했을 때)에 대해서만 "들어가서 보고 믿었다"고 기록한다(8절). 복음서 끝부분에서 베드로에 대한 창피스러운 예언이 주어진 후에, 요한에

---

[67] Granville Sharp의 헬라어 문법: 독자적인 정관사의 지배를 받는 같은 격의 두 단수 인칭 명사들은 동일한 사람을 언급하는 것이다. D. A. Hagner (*Matthew 14-28* [Dallas and London: Word, 1995], 883)는 부활하신 예수님이 지상에서의 제한들을 이제 극복하셨기 때문에 예수께서 이러한 고양된 표현을 하셨을 것이라고 상상하는 것은 쉽다고 말한다.

[68] 엠마오 이야기에서 발견되는 누가의 주제들에 관해서는 B. P. Robinson, "The Place of the Emmaus Story in Luke-Acts," *NTS* 30 (1984): 481-97을 보라; 복음서의 결론부 문장에 관해서는 특별히 Mikeal C. Parsons, *The Departure of Jesus in Luke-Acts* (Sheffield: JSOT, 1987)을 보라.

대해서는 가볍게 다루어진 것을 우리가 볼 수 있다(21:20-23). 그 중간에는 세 가지 장면에 보다 초점을 두고 있다. 예수께서 동산에서 마리아와 만나시는 장면(20:10-18), 문이 잠긴 방에서 한 번은 도마가 없을 때, 그 다음에는 도마가 있을 때 예수께서 제자들과 만나시는 장면(20:19-29), 그리고 예수께서 갈릴리 해변에서 베드로를 회복하시는 장면(21:1-19).

마리아에게 자신을 보이시는 예수의 핵심적인 말씀은 20:17에 등장하는데, "나를 만지지 말라"는 "나에게 매달리지 말라"로 번역할 수 있다. 예수는 아직 승천하지 않으셨다. 부활 이후 나타나신 기간은 아직 영원한 재결합의 시간이 아니다.[69] 그때까지 마리아는 주님을 위한 증인이 되어야 한다(18절). 도마가 불참한 다락방에서 예수는 제자들에게 성령을 불어넣어 주시면서 마태복음 16:19을 연상케 하는 말씀으로 그들에게 사명을 주셨다. 하지만 도마도 없었고, 그 직후에 제자들의 어떤 놀라운 새 사역이 뒤따르지 않기 때문에 이것은 오순절과 같은 사건이라고 보기는 어렵다. 하지만 이것은 단순히 나중에 있을 사건에 대한 하나의 전조 그 이상처럼 보인다. 그것은 보혜사에 관한 요한의 이전 약속들의 성취를 보여준다. 우리는 두 단계의 사건을 상상해야 하는데(요 20장과 행 2장을 함께 묶어서), 이것은 성령 세례 다음에 성령 충만이 뒤따르는 것과 어느 정도 유사하다.[70] 하지만 이것은 옛 언약에서 새 언약으로 바뀌는 때에 주어진 과도기적이고 반복되지 않는 경험이기 때문에, 성령께서 오늘날 성도들에게 어떻게 능력을 베푸시는지에 대해서 사도들의 경험으로부터 유추할 수 있는 것은 아무것도 없다.

일주일 후에 도마가 다른 열 제자들과 함께 있을 때, 예수께서 그의 부활의 실재를 입증하셨다. 도마는 "나의 주, 나의 하나님!"이라고 고백하였다(요 20:28). 이것은 예수의 신성을 지지하는 또 다른 주요 구절이다. 하지만 예수의 응답은 또한 표적의 역할에 대한 요한의 이중적인 강조를 떠올리게 한다. 표적들은 믿음을 촉진시키지만, 믿음을 위해 반드시 필요한 것은 아니다. "너는 나를 본 고로 믿느냐? 보지 못하고 믿는 자들은 복되도다"(29절). 요한복음 20:30-31은 복음

---

69) Michaels, *John*, 339 참조.
70) Bruce, *John*, 397, n. 18; Thomas R. Hatina, "John 20, 22 in Its Eschatological Context: Promise or Fulfillment?" *Biblica* 74 (1993): 196-219 참조.

서가 종결부에 이른 것을 보여주며 요한의 기록목적을 분명하게 밝힌다. 하지만 "너희로 믿게 하려 함이요"라는 동사의 시제에 대해서 헬라어 사본들은 현재형과 부정과거(aorist) 가정법으로 양분된다. 전자는 지속적인 믿음을 의미하며 독자들이 성도들임을 보여준다. 후자의 경우는 처음으로 믿게 된 사람들을 위한 여지를 남겨주며 이 복음서의 복음 전도적인 목적을 시사한다. 아마도 요한은 이 두 가지 기능을 모두 염두에 두었을 것이다(p. 274를 보라).

21장에서 베드로가 회복된 사건은 비록 21장이 문학적인 장르로 볼 때 "부록"처럼 보이기는 하지만, 그렇다고 반드시 후대의 편집자의 삽입으로 볼 필요가 없게 만든다. 21장은 베드로의 첫 부르심(1:41-42) 뿐만 아니라 예수를 세 번 부인한 것(18:15-18, 25-27)과 함께 하나의 수미쌍관을 형성한다.[71] 여기에 수반되는 기적(21:4-14)은 베드로의 첫 부르심에 수반되었던 놀라운 물고기 수확(눅 5:1-11)을 생각나게 한다. 우리는 이 두 번째 사건을 그의 "재소명"(recall)으로 이름 붙일 수 있을 것이다. 예수는 베드로의 사랑을 세 차례에 걸쳐 확인하심으로써(21:15-19), 그가 세 차례 부인한 것과 대칭을 이루셨다. 예수께서 "사랑"을 위해 사용하신 단어(agapaō)와 베드로의 단어(phileō)를 구분하는 수많은 대중 설교에도 불구하고, 이것은 단순한 문체상의 차이에 불과할 것이다. 요한은 또한 이 문장에서 "양"과 "먹이라"에 해당하는 두 개의 헬라어를 각각 사용하였는데, 의미상의 어떠한 차별도 두지 않았다. 어떤 문맥에서 성경의 기록자들이 하나님의 사랑을 뜻하기 위해 agapao를 사용하고 형제간의 사랑을 위해서는 phileō를 사용했지만, 다른 곳에서는 이러한 구분이 지켜지지 않았다(예를 들면 삼하 13:4; 요 5:20; 딤후 4:10; 요일 2:15).[72] 문맥상 이러한 구분이 반드시 요구되는 것이 아니라면, 그러한 구분을 억지로 두는 것은 잘못이다.

요한복음은 이 책의 저자의 정직성에 대한 증언으로 끝을 맺는다(24-25절). 복음서 저작에 대한 이 구절들의 중요성에 관해서는 앞의 내용을 보라(pp. 279-281). 인칭의 변화("우리"에서 "나"로)는 복음서에 대해서 적어도 마지막 극소수의 편집이 있었음을 보여준다. 이것은 입증할 수는 없지만, 보다 더 광범

---

71) Paul S. Minear, "The Original Functions of John 21," *JBL* 102 (1983): 85-98.
72) D. A. Carson, *Exegetical Fallacies* (Grand Rapids: Baker, rev. 1996), 31-32, 51-53.

위한 편집 작업이 있었을 것이라는 이론들을 위한 여지를 남겨준다. 이런 편집 작업이 요한의 죽음(23절에서 알 수 있듯이) 직후에 있었다는 추측은 매력적인 가설이기는 하지만 입증할 수는 없다.

4. 심층연구를 위한 자료

1) 다락방과 겟세마네

(1) 최후의 만찬

Chilton, Bruce. *A Feast of Meanings: Eucharistic Theologies from Jesus through Johannine Circles*. Leiden: Brill, 1994.

Jeremias, Joachim. *The Eucharistic Words of Jesus*. Oxford: Blackwell; New York: Macmillan, 1955.

Léon-Dufour, Xavier. *Sharing the Eucharistic Bread*. New York: Paulist, 1987.

Marshall, I. Howard, *Last Supper and Lord's Supper*. Grand Rapids: Eerdmans; Exeter: Paternoster, 1980.

Perry, J. M. *Exploring the Evolution of the Lord's Supper in the New Testament*. Kansas City: Sheed and Ward, 1994.

Thomas, John C. *Footwashing in John 13 and the Johannine Community*. Sheffield: JSOT, 1991.

(2) 고별 강화

Carson, D. A. *The Farewell Discourse and Final Prayer of Jesus*. Grand Rapids: Baker, 1980 [=*Jesus and His Friends: His Farewell Message and Prayer in John 14 to 17*. Leicester: IVP, 1986].

Segovia, Fernando F. *The Farewell of the Word: The Johannine Call to Abide*. Minneapolis: Fortress, 1991.

White, R. E. O. *The Night He Was Betrayed*. Grand Rapids: Eerdmans, 1982.

2) 예수의 재판과 십자가 처형

(1) 초급

Kiel, Eric H. *The Passion of our Lord.* Grand Rapids: Baker, 1990.

Matera, Frank J. *Passion Narratives and Gospel Theologies.* New York: Paulist, 1986.

Morris, Leon. *The Cross of Jesus.* Grand Rapids: Eerdmans; Exeter: Peternoster, 1988.

Senior, Donald P. *The Passion of Jesus in the Gospel of John.* Collegeville, Minn.: Liturgical, 1991.

Senior, Donald P. *The Passion of Jesus in the Gospel of Luke.* Wilmington: Glazier, 1989.

Senior, Donald P. *The Passion of Jesus in the Gospel of Mark.* Wilmington: Glazier, 1984.

Senior, Donald P. *The Passion of Jesus in the Gospel of Matthew.* Wilmington: Glazier, 1985.

(2) 중급

Crossan, John Dominic. *Who Killed Jesus?* San Francisco and London: HarperCollins, 1995.

Henrdickx, Herman. *The Passion Narratives of the Synoptic Gospels.* London: Geoffrey Chapman, 1984.

Hengel, Martin. *Crucifixion.* London: SCM; Philadelphia: Fortress, 1977.

Rivkin, Elias. *What Crucified Jesus?* Nashville: Abingdon, 1984.

Sherwin-White, A. N. *Roman Society and Roman Law in the New Testament.* Oxford: OUP, 1963.

Sloyan, Gerard S. *The Crucifixion of Jesus: History, Myth, Faith.* Minneapolis: Fortress, 1995.

Stott, John R. W. *The Cross of Christ.* Leicester and Downers Grove: IVP, 1986.

(3) 고급

Bammel, Ernst, ed. *The Trial of Jesus*. London: SCM; Naperville: Allenson, 1976.

Blinzler, Josef. *The Trial of Jesus*. Cork: Mercier, 1959.

Brown, Raymond E. *The Death of the Messiah*. 2 vols. New York and London: Doubleday, 1994.

Carroll, John T., and Joel B. Green. *The Death of Jesus in Early Christianity*. Peabody: Hendrickson, 1995.

Catchpole, David R. *The Trial of Jesus*. Leiden: Brill, 1971.

Green, Joel B. *The Death of Jesus: Tradition and Interpretation in the Passion Narrative*. Tübingen: Mohr, 1988.

Winter, Paul. *On the Trail of Jesus*. Edited by T. A. Burkill and Geza Vermes. Berlin and New York: de Gruyter, rev. 1974.

(4) 참고문헌

Garland, David E. *One Hundred Years of Study on the Passion Narratives*. Macon: Mercer, 1989.

3) 부활

(1) 개관

Harris, Murray J. *From Grave to Glory*. Grand Rapids: Zondervan, 1990.

Ladd, George E. *I Believe in the Resurrection of Jesus*. Grand Rapids: Eerdmans; London: Hodder & Stoughton, 1975.

Lapide, Pinchas. *The Resurrection of Jesus: A Jewish Perspective*. Minneapolis: Augsburg, 1983.

O'Collions, Gerald. *Jesus Risen*. New York: Paulist, 1987.

Perkins, Pheme. *Resurrection*. Garden City: Doubleday, 1984; London: Geoffrey Chapman, 1985.

(2) 철학적-변증적

Carnley, Peter. *The Sturcture of Resurrection Belief.* Oxford: Clarendon, 1987.

Craig, William L. *Assessing the New Testament Evidence for the Historicity of the Resurrection of Jesus.* Lewiston: Mellen, 1989.

Davis, Stephen T. *Risen Indeed.* Grand Rapids: Eerdmans, 1993.

Habermas, Gary R. *The Resurrection of Jesus.* Grand Rapids: Baker, 1980.

Morison, Frank. *Who Moved the Stone?* London: Faber & Faber, 1930.

Wenham, John. *Easter Enigma.* Exeter: Paternoster; Grand Rapids: Zondervan, 1984.

(3) 신학적-주석적

Harris, Murray J. *Raised Immortal.* London: Marshall, Morgan & Scott, 1983; Grand Rapids: Eerdmans, 1985.

Hendrickx, Herman. *Resurrection Narratives.* London: Geoffrey Chapman, rev. 1984.

Jansen, John F. *The Resurrection of Jesus Christ in New Testament Theology.* Philadelphia: Westminster, 1980.

Moule, C. F. D., ed. *The Significance of the Message of the Resurrection for Faith in Jesus Christ.* London: SCM; Naperville: Allenson, 1968.

Osborne, Grant R. *The Resurrection Narratives: A Redactional Study.* Grand Rapids: Baker, 1984.

Perrin, Norman. *The Resurrection according to Mathew, Mark, and Luke.* Philadelphia: Fortress, 1977.

5. 복습을 위한 질문들

1) 최후의 만찬을 유월절을 배경으로 해석할 때 그 사건을 어떻게 조명해 주는가?
2) 요한이 요한복음 13-17장에서 강조하는 핵심 주제들은 무엇인가?

3) 예수께서 겟세마네 동산에서 보내신 시간의 신학적인 중요성은 무엇인가?
4) 예수의 재판과 처형을 둘러싸고 가장 민감한 신학적인 문제들은 무엇인가? 이런 문제들에 대한 가장 적절한 해결책은 무엇인가?
5) 수난 이야기에서 각 복음서 기자들의 주된 신학적인 특징들은 무엇인가?
6) 예수의 부활을 둘러싸고 가장 민감한 역사적인 문제들은 무엇인가? 이런 문제들에 대한 가장 적절한 해결책은 무엇인가?
7) 부활 이야기에서 각 복음서 기자들의 주된 신학적인 특징들은 무엇인가?

제5부

역사적, 신학적 종합

본 연구의 수많은 실들을 이제 함께 묶을 시간이다. 우리는 이미 복음서 전승의 역사성에 대해서는 여러 곳에서 일반적인 해설을 덧붙였고, 구체적인 본문과 주제들을 특별히 다루었다. 우리는 이러한 논의들을 간략하게 살펴본 후에 복음서의 신뢰성에 대한 외부적인 증거들을 추가로 다루어야 한다. 18장에서 바로 이러한 내용들에 초점을 둘 것이다. 하지만 신학적인 종합 역시 필요하다. 여기에서 개관한 복음서 자료의 주된 윤곽이 믿을 수 있는 것이라면, 그것은 예수의 주된 주제들과 의도에 관해서 무엇을 드러내 보여주는가? 그분의 메시지의 핵심은 무엇이었으며, 그분을 어떤 종류의 종교적인 스승으로 분류해야 하는가? 이런 질문들에 대한 대답이 19장의 본론을 형성하게 될 것이다.

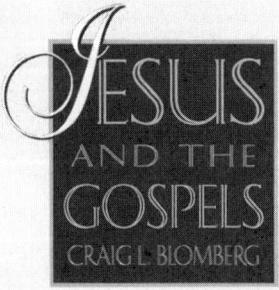

제18장

복음서의 역사적 신뢰성

고대 문서의 역사성에 대한 조사는 본문 비평(textual critisicm)을 통해서 시작해야 한다. 그 문서의 원래 저자가 기록한 원본에 대해서 믿을 만한 사본이 우리에게 있는가? 우리는 앞에서 복음서의 경우 이 점에서 증거가 충분하다는 점을 이미 간략하게나마 살펴보았다(pp. 128-130를 보라). 단편적인 파본으로부터 책 전체에 이르기까지 무려 5천 개 이상의 고대 사본들이, 잔존하는 고대의 다른 어느 사본들과 극명하게 대조된다.[1] 둘째, 우리는 저작권과 연대의 질문들을 고려해야 한다. 비평적인 견해조차 사복음서 모두를 1세기 작품으로 여기며 사도적인 전통에 연결된 정통적인 성도들에 의해서 저작되었음을 인정한다. 하지만 우리는 6장에서 9장까지 전통적인 주장처럼 마태와 마가와 누가와 요한을 복음서의 저자들로 여길 수 있다는 사실과, 공관복음서들이 예수의 생애와 죽으심 이후 30년이 약간 넘은 60년대까지는 모두 완성되었을 것이라는 점에 대해서 살펴보았다. 이러한 결론들은 복음서 저자들을 그들이 설명하는 사건들로부터 한 세대 이내의 목격자들과 함께 두는 것이 분명하다. 예수의 생애의 수많은 공적인 사건들을 목격한 대적자들의 존재는 만약 복음서들이 꾸며낸 것이라면 반박되지 않고 지금까지 잔존할 수 없었을 것임을 보여준다.

셋째, 우리는 의도(intention)와 장르(genre)에 관한 질문들을 던져야 한다.

---

1) 예를 들면, 시이저의 골 전쟁(*Gallic War*, 주전 50년경 집필)에 대해서는 오직 10개 정도의 사본들만 존재하며 주후 900년보다 이른 사본은 하나도 없다. 대략 같은 시기로부터 로마의 역사에 관한 Livy의 140권의 저술 중 오직 35개만이 잔존한다; 20개의 주요 사본들 중에서 오직 하나만이 4세기 경의 것이다. Tacitus의 14권의 역사서(*Histories*, 주후 2세기 초) 중에서 4 1/2만이 남아 있고; 16권에 달하는 그의 연대기(*Annals*) 중에서는 10권과 몇몇 파본들만 남아 있다. 이런 작품들의 가장 오래된 사본들(하나뿐인 사본들)은 9세기나 11세기의 것이다! F. F. Bruce, *The New Testament Documents: Are They Reliable?* (London and Downers Grove: IVP, rev. 1960), 16을 보라.

다시 말하지만, 우리는 초대교회가 왜 정확한 역사를 보존하려고 했는지, 왜 그렇게 할 수 있는 입장에 있었는지(구전문화에서 암기를 강조한 점을 고려할 때), 그리고 비록 신학적인 동기를 분명히 가졌으면서도 왜 그러한 역사적인 의도까지 표현하는 문학 장르를 사용했는지 그 이유를 설명하였다(pp. 141-145, 107-108을 보라). 그리스도의 생애를 개관하면서 우리는 다양한 주장들을 살펴보았는데, 이 주장들은 복음서 기자들이 예수 생애의 사건들을 후대 교회의 신학적인 신조들로부터 구분하려고 고심했으며 그들의 생각과 저술에서 이러한 두 시대들을 분리하는 데 대체적으로 성공하였다고 제안한다. 복음서의 병행구절들 가운데 소위 "모순들"이라고 부르는 것들마다 모두 적절한 조화나 해결책이 있으며, 그 중에서 가장 중요한 것들을 몇 가지 열거하였다.

넷째, 우리는 진정성의 기준(criteria of authenticity)을 예수의 사역의 주요 단계들에 적용함으로써, 얼마나 많은 주제들과 세부 내용들이 고대의 유대 사상이나 초대교회의 사상과 다른지, 다양하게 입증되는지, 1세기 초반의 팔레스타인 상황에 잘 맞는지 등등을 보여주었다.

하지만 구체적인 외부적 증거는 어떠한가? 어떤 고고학적인 증거가 복음서 전승의 역사성을 침해하는가? 또는, 사복음서 이외에 다른 고대 문서들은 이런 사건들에 대해서 무슨 말을 하는가? 우리는 이 나중 질문을 다음과 같이 세 부분으로 나눌 수 있다. 첫째, 고대의 비기독교 작가들로부터 예수의 생애에 대하여 어떤 증거를 발견할 수 있는가? 둘째, 우리의 연구가 초기의 비정경적(non-canonical) 기독교 작가들에 의해서 어떤 영향을 받는가? 셋째, 사복음서 이외에 신약성경의 나머지 책들로부터 어떤 증거를 얻을 수 있는가? 어떤 이들에게는 첫째 질문이 셋 중에서 가장 중요한다. 기독교 운동에 이미 헌신하지 않은 작가들만의 저술을 객관적으로 신뢰할 수 있다고 주장한다. 하지만 이 주장에는 심각한 오류가 있다. 어느 운동을 지지하는 것과 진리를 말하는 능력 사이에는 반드시 연관성이 있는 것이 아니다. 우리는 이미 2차 세계대전 시의 유대 역사가들의 예를 살펴본 적이 있으며 고대에는 모든 역사와 일대기가 이념적인 목적을 위해서 이야기되었음을 지적하였다. 절대적인 객관성이란 지극히 생소하며 무의미하게 여겨졌을 것이다. 우리는 초기의 수많은 성도들이 기독교를 지지하는 증거로 말미암아 확신한 바로 그 이유 때문에 유대나 그리스/로마 배경으로부터 이 풋내기 종교로 개종하였음을 기억해야 한다. 그래서 우리는 복음서 이외에 비-기독교적인 증거와 기독교적인 증거를 모두 살펴보아야 한다는 점을 강조한다.

1. 고고학

사진이나 녹음기가 없던 시대에 예수의 사역과 말씀의 대다수는 아무런 물리적인 흔적도 없이 사라졌다. 그러므로 복음서 자료의 대부분을 확증하거나 반박하기 위해서 고고학에 의존하는 것은 비합리적이다. 그럼에도 불구하고, 엄청난 양의 상황적인 세부사항들이 중동지역에 빈번한 발굴들을 통해서 다양한 형태의 지지를 받는다. 이러한 발굴들은 대부분 우리가 처음 세 장들에서 논의한 대로 예수 당시의 역사적, 종교적, 문화적, 사회적 배경을 이해하는 데 도움을 제공한다. 예를 들면, 헤롯의 건축사업, 성전의 설계와 기능, 전형적인 팔레스타인 가옥의 크기와 내용물, 로마 도로의 특색, 등등. 어떤 발굴품들은 예수께서 가르치실 때 사용하신 구체적인 이미지들에 대해서 통찰을 제공한다. 예를 들면, 연자 맷돌은 막대기에 의해서 (당나귀와 같은) 부리는 짐승에 연결된 크고 둥그런 바위인데, 그 짐승은 곡식이나 올리브 열매가 쏟아지는 조류 수욕대 모양의 석조물 주위를 거듭해서 원을 그리며 걷는다. 무거운 바퀴가 돌면 곡식이 쉽게 부서진다. 그렇기 때문에 이 연자 맷돌을 사람의 목에 매고 바다에 빠뜨리면 즉시로 익사할 것은 자명한 사실이다(마 18:6). 또는, 예루살렘의 성전 구역을 둘러싼 외벽 중 헤롯성전의 일부에 위치한 기초석들은 길이가 40피트(12미터), 높이가 3피트(90센티미터), 두께가 8피트(2.4미터)이며 각 돌의 무게는 무려 50톤이나 된다.[2] 만약 예수께서 자신을 모퉁이돌이라고 언급하셨다면(막 12:10), 그분이 묘사하시는 기초가 얼마나 견고했는지에 대해서는 의심의 여지가 없었을 것이다! 다른 발굴품들도 물에 잠그는(mikveh 웅덩이) 유대인들의 세례 풍습이나, 고라신 회당에 있는 "모세의 자리"(마 23:2), 사람이 뜯어낼 수 있는 엮은 지붕으로 만든 집(막 2:4), 그리고 고대 포도즙틀의 모양(눅

---

2) Jack Finegan, *The Archeology of the New Testament: The Life of Jesus and the Beginning of the Church* (Princeton: Princeton University Press, rev. 1992), 205.

6:38) 등을 보여준다.

하지만 어떤 경우에는 복음서에 묘사된 실제 장소들이 발굴된 것처럼 보인다－아마도 베드로의집이 있었던 가버나움의 회당, 예수께서 사마리아 여인을 만나셨던 수가성의 야곱의 우물, 예루살렘의 양문 근처의 다섯 기둥을 가진 베데스다 연못, 또한 예루살렘에 위치한 실로암 연못, 그리고 빌라도의 예루살렘 사령부(이것을 안토니아 요새라고 추측한다) 외각의 포장용 돌(가바다, 또는 *Lithostrotos*-요 19:13을 보라).[3] 이것은 도시들의 위치에도 마찬가지로 적용된다. "막달라"라고 새겨진 낚싯배 모양의 1세기 모자이크는 막달라 마리아의 고향을 발견하는데 도움을 주었고, 갈릴리 바다 동쪽에서 발견된 고대 비잔틴 교회의 유적은 귀신이 들어간 돼지들이 벼랑으로 치달은 커르사(Khers)의 위치를 보여준다. 다른 경관들의 자연적인 특징들이 여전히 땅 위에 남아 있다－감람산의 왼쪽 기슭에 있는 겟세마네 옛터의 감람나무 동산, 세례 요한과 같이 금욕적인 생활의 필요성을 쉽게 떠올리게 하는 험한 유대광야, 또는 작은 사마리아 당파의 여전한 본고장인 이스라엘 중앙부의 그리심산 등. 오늘날 관광객들은 문자 그대로 "지옥"－히브리어는 *Gehinnom*이고 헬라어는 *Gehenna*이다－에서 점심을 먹을 수 있는데, 이곳은 시온산 서쪽과 남쪽에 있는 골짜기로서 후대의 전승은 이곳을 항상 쓰레기가 불타고 있는 곳으로 묘사하였으며, 구약성경 시대에는 가나안인들이 이방신 몰렉에게 어린아이를 제물로 바친 곳이기도 했다.

어떤 발굴들은 매우 근래에 있었다. 빌라도가 티베리우스 치세 동안 유대의 총독이었음을 입증하는 비문이 1961년에 비로소 발굴되었다(시져리아 마리티마에서). 1968년에는 십자가에 달린 요하난이라는 사람의 납골당(뼈를 넣은 상자)이 발굴되었는데, 이것은 처형된 희생자의 발이나 발목에 못이 관통하여 박힐 수 있음을 처음으로 입증하였다. 가뭄으로 물이 줄어 해안선이 내려갔던 1986년에는 갈릴리 바다 밑 진흙 바닥에서 1세기경의 낚싯배가 발견되었다. 1990년에는 대제사장 가야바의 것으로 여겨지는 무덤이 처음으로 발견되었

---

[3] 이것들 중 마지막은 빌라도가 오늘날 Jaffa 부근의 도시의 서쪽에 있는 헤롯궁에 머물렀다는 주장을 고려했을 때 가장 논란이 많다. 그렇다면 이것은 *Via Dolorosa*와 그리스도의 "십자가의 길"(stations of the cross)을 전통적으로 알려진 곳으로부터 거의 정반대 위치에 두게 된다.

다.[4] 가장 최근의 고고학적인 활동의 중심지는 벳새다였다. 비록 지금까지는 아무런 놀랄만한 발굴이 없었지만, 고기잡이와 관련된 수많은 물건들을 포함하여 여러 작은 유물들이 발견되었다. 이런 곳이나 다른 장소에 묻혀서 아직도 발굴을 기다리는 것들이 얼마나 많이 있을까?

고고학은 종종 성경을 관심 있게 읽는 사람들에게 좋은 "실물교육"을 제공한다. 다시 말해서, 성경에 기록된 사건들의 실제 장소가 아닌 곳들이라도 실제 장소가 어떻게 생겼을 지를 근접하게나마 보여줄 수 있다. 그러므로 복음서에 관련해서, 오늘날 예루살렘의 성묘교회(Church of the Holy Sepulchre)가 차지하고 있는 장소가 "고돈의 갈보리"보다도 십자가 처형이 실제 있었던 장소라고 여겨지지만, 고돈의 갈보리는 지금의 예루살렘 시 버스정류소 바로 위에 두개골 모양의 돌출된 바위로서 원래의 골고다 장소와 너무나 유사한 지형을 보여준다. 또한 벳바게 부근에서 발견된 원형 모양의 무덤 입구─비스듬한 언덕길과 구르는 돌을 갖춘─ 역시 비록 아리마대 요셉이 사용했을 만한 장소로부터 몇 마일 떨어져 있기는 하지만 예수의 실제 묘지와 비슷했을 것이다. 관광객들은 갈릴리 호수의 북서해안으로부터 수백 피트 위쪽, 전통적으로 "팔복산"으로 알려진 곳 아래를 방문하는데, 이곳 비탈길에 서서 말을 하면 많은 사람들이 들을 수 있도록 자연적인 음향시설이 조성되어 있다. 어쩌면 예수는 이곳에서 그 유명한 설교를 하셨을 지도 모른다. 하지만 분명하게 알 수는 없다.

이런 종류의 발견들 중에는 베들레헴의 예수탄생 교회 밑과 주변에 있는 동굴들(이 가운데 한 곳에서 예수께서 태어나셨을까?)과 묘지를 도적질하는 자들에게 사형을 엄포하는 나사렛의 칙령(예루살렘 외각의 예수 무덤 위에 붙어 있는 봉인과 유사하다)이 포함된다. 또는 예수께서 갈릴리 호수 동편의 언덕에 위치한 히포스(Hippose) 시를 바라보시면서 "산 위에 있는 동네가 숨기우지 못할 것이라"고 말씀하시는 장면(마 5:14)을 상상해 볼 수 있는데, 히포스 시의 밤을 비추는 횃불은 전체 호수 주위에서도 볼 수 있기 때문이다. 어쩌면 예수는 위선

---

4) 이 결론은 매우 주의 깊고 존경 받는 학자인 William Horbury에 의해서 반박을 받았는데, 가야바라는 이름의 철자에 관한 질문 위에 기초하고 있다. 이 이름은 Qopha로 음역해야 하는데("The 'Caiaphas' Ossuaries and Joseph Caiaphas," PEQ 126 [1994]: 32-48), 지금까지 이런 반대는 널리 유포되지 못했다. 이 발견을 쉽게 무시하기에는 다른 놀라운 증거들이 너무나 많다-부의 상징, 제사장이나 성전과의 연관성, 다른 식구들의 이름, 전통적으로 알려진 무덤의 일반적인 위치 등등.

적인 서기관들과 바리새인들을 "회칠한 무덤"에 비교하실 때, 그 당시 기드론 골짜기에 새롭게 지어진 여러 아름답게 장식된 무덤들을 내려다 보셨는지도 모른다(마 23:27).

발굴된 유물들은 구체적인 말씀이나 관습들에 대해서 통찰력을 제공할 수 있다. 고르반(*corban*, "하나님께 바쳐진")이라는 단어는 도굴꾼들을 막기 위해 세워놓은 유대인들의 석관 위에서 발견되었다. 우리는 성전이 있는 예루살렘의 언덕 모양으로부터 성전에는 "뾰족한 첨탑"이 없었고, 단지 "주랑들"-평평하고 베란다 모양의 구조물-만 있었음을 알게 된다. 하지만 기드론 골짜기를 내려다 보는 남동쪽 주랑은 마태복음 4:5-6에 기록된 마귀의 유혹에서 알 수 있듯이 경외심을 자아내기에 충분한 장관이었을 것이다. 수많은 동전들이 시이저의 얼굴을 주조했던 풍습을 증명하며 또한 고고학자들로 하여금 그 모양들이 주조된 다른 물건들의 연대를 추정하는데 도움을 준다.

4-5세기로 소급되는 고대의 전승들은 때때로 어떤 장소들을 복음서의 사건들과 동일시하는데, 이것을 의심할 만한 이유들도 만만치 않다. 예를 들면, 다볼산은 아마도 예수의 변화산으로 보기에는 너무 가깝거나 높지 않았을 것이다. 현대의 가나(Cana)는 같은 이름의 고대 도시와는 엉뚱한 곳에 위치하고 있다. 그리고 전통적으로 가야바의 본부로 알려진 장소는 대제사장이 자기 집으로 만들었을 만한 장소가 아닌 고대 유대인들의 무덤 위에 지어졌다. 5천명을 먹인 사건은 관광 안내자들이 흔히 주장하는 갈릴리의 서쪽 기슭에서 발생하지는 않았을 것이다. 그 이유는 요한복음 6:17이 기적이 있었던 곳에서 역시 갈릴리 서쪽 기슭에 위치한 가버나움으로 가기 위해 "바다를 건넜다"고 기록하기 때문이다.[5] 다른 경우들은 특정한 전승들을 입증하거나 부인할 만큼 충분한 자료가 복음서 내외적으로 존재하지 않는다. 여기에 해당하는 것들로는 세례 요한의 출생지로 여겨지는 유대 산악지방의 아인 카림(Ain Karim), 베다니에 있는 것으로 주장되는 나사로의 무덤, 시온산에 있는 것으로 추정되는 "다락방", 예수께서 감람산 위에서 예루살렘을 보며 우신 장소에 세워진 *Dominus Flavit* 예배당, 또는 가브리엘이 마리아에게 나타난 장소인 나사렛의 수태고지 교회(Church of the

---

[5] 이런 "모순"을 피할 수 있는 한 가지 방법을 Bargil Pixner가 제안하였지만("The Miracle Church at Tabgha on the Sea of Galilee," BA 48 [Dec. 1985]: 196-206), 이 가설은 요한의 이야기를 공관복음에서 개별적으로 소개된 5천 명과 4천 명을 먹인 사건들을 합성한 것으로 보아야 하는데 이것은 별로 타당성이 없다.

Annunciation) 등이다. 실제로, 우리가 위에서 분명할 것이라고 언급한 여러 장소들을 둘러싸고 온갖 종류의 의구심들이 여전히 존재한다. 이것은 고고학의 연구들과 역사 지리학이 일반적으로 얼마나 불확실한지를 보여준다.

까다로운 역사 문제들을 해결하려고 할 때 고고학이 여러 가지 선택사항을 제공한다면 또 다른 종류의 불확실성이 나타난다. 엠마오에 대해서는 적어도 두세 가지 가능한 장소들이 추정된다. 14년마다 주기적으로 로마 제국 전체에 걸쳐서 인구조사를 실시했음을 암시하는 어렴풋한 증거들이 발견되기는 했지만 우리는 퀴리니우스의 인구조사 문제를 여전히 해결하지 못하고 있다(p. 301을 보라). 그 어렴풋한 증거들에는 주후 6년부터 시작되었다고 문서에 분명하게 기록된 퀴리니우스의 통치기간 이전에 누렸던 일종의 공동 집정기간, 그리고 이집트로부터 입증되었듯이, 자기 가문에 속한 재산에서 멀리 떨어져 거주하는 사람들은 인구조사를 위해 고향으로 돌아가야 한다는 증거 등이다. 그러므로 누가가 인구조사를 주전 6년 퀴리니우스의 치세 때라고 언급한 것에 대해서 비록 그것이 정확하다고 입증할 만한 자료가 우리에게 없지만, 그렇다고 여러 사람들이 그랬듯이 그것을 뚜렷한 잘못이라고 비난하는 것은 성급해 보인다.[6]

고고학은 또한 복음서에서 침묵하고 있는 부분들에 대해서 밝히 보여줄 수 있는 가능성이 많다. 최근의 발굴들은 대부분 세포리스(Sepphoris)를 중심으로 하고 있는데, 이곳은 헤롯이 주후 20년대에 티베리아스를 건설하기 이전 그의 갈릴리 수도였으며, 예수의 유년기와 청소년기에 많은 건물과 교역의 중심지였다. 이곳은 나사렛에서 5마일(8km) 이내에 위치하기 때문에, 우리는 헬라 문화의 중심지요 극장까지 갖춘 이곳을 예수께서 방문하지 않았다고 과연 상상할 수 있을까? 이 도시에서 목수 일을 하지 않으셨을까? 이곳에서 "외식하는 자들"("연극배우들"을 뜻하는 헬라어)에 대해서 배우지 않았을까? 주님은 나중에 여러 유대 지도자들에게 수사학적인 어감을 가지고 이 용어를 사용하셨다. 반대로 우리는 복음서가 세포리스에 대해 침묵하는 것에서, 예수께서 먼저 유대인들에게 가고자 하신 헌신 때문에 그의 성년 사역 동안에 이 유대적이지 않은 갈릴리 지역을 의도적으로 회피하셨다고 추측할 수 있지 않을까(p. 214-215의

---

6) Gary R. Habermas, *Ancient Evidence for the Life of Jesus* (Nashville: Thomas Nelson, 1984), 152-53 역시 마찬가지이다.

논의를 보라)? 이러한 가설들은 입증될 수는 없지만, 모두 개연성이 있으며 논의할 가치가 있다.[7]

하지만 고고학적인 증거는 오용될 수도 있다. 어려운 문제들을 억지로 조화시키는 일들이 너무나도 쉽게 제안되어왔다. 예를 들면, 2마일 이내에서 두 개의 서로 다른 도시들의 잔해가 발견되었는데 바로 구약성경의 여리고와 신약성경의 여리고이다. 마가복음에서는 예수가 여리고를 떠나시면서 소경 바디매오를 고치셨다고 기록하였는데(막 10:46), 누가복음에는 마치 예수께서 여리고로 가시는 길에서 이 사건이 발생한 것처럼 보인다(눅 18:35). 이러한 차이에 대해서 가장 일반적인 해결책은 예수께서 두 개의 여리고 사이에 계셨다고 추측하는 것이다. 하지만 신약성경에서 이 명시되지 않은 여리고 이야기를 읽는 독자가 그것을 지금은 폐허가 된 옛 도시라고 생각하였을 거라는 증거는 전혀 없기 때문에, 이 문제에 대해서는 다른 해결책들을 강구해야 할 것이다.[8] 선한 사마리아인의 비유는 말 그대로 비유이기 때문에 여리고 도상에서 발견된 여인숙의 잔해가 진짜인지에 대한 논쟁은 아무런 관련성도 없는데, 사람들은 이 점을 항상 기억하지 못하는 듯하다. 예수께서 이 이야기를 말씀하셨을 때는 어떤 실제적인 장소를 염두에 두신 것이 아니셨을 것이다!

이것과는 매우 성격이 다른 고대의 한 유물에 대해서는 간략하게나마 설명이 필요하다. 튜린의 수의(Shroud of Turin) 조각은 수세기 동안 이탈리아의 가톨릭교회가 조심스럽게 보호하고 전통적으로 예수의 시신을 덮었던 바로 그 수의라고 믿고 있는데, 1988년에 세 군데의 연구실에서 수많은 과학적인 조사를 받았다. 모든 조사 결과들은 독자적으로 이 조각이 11세기, 또는 12세기의 물건이라는 점에 동의하였는데, 그리스도께 속한 것으로 보기에는 너무 뒤늦은 시기였다. 이 조각에 새겨진 십자가 처형자의 뚜렷한 모습의 출처에 대해서는 아직도 납득할 만한 설명이 없으며, 그 진위성에 대한 논쟁에서 얻을 수 있는 것은 아무것도 없다.[9] 이런 종류의 "반전"에도 불구하고, 복음서가 설명하는 예수의

---

7) Richard A. Batey, *Jesus and the Forgotten City* (Grand Rapids: Baker, 1991)를 보라.
8) Craig Blomberg, *The Historical Reliability of the Gospels* (Leicester and Downers Groves: IVP, 1987), 128-30을 보라; 또한 Stanley E. Porter, "'In the Vicinity of Jericho': Luke 18:35 in the Light of Its Synoptic Parallels," *BBR* 2 (1992): 91-104 참조.
9) Graham N. Stanton, *Gospel Truth? New Light on Jesus and the Gospels* (London: HarperCollins; Valley Forge: TPI, 1995), 119-20을 보라.

생애를 반영해 주는 고대의 유물들은 검증될 수 있는 영역 안에서는 계속해서 그 실제적인 역사성을 증명해 준다. 우리는 그러한 확증이 계속해서 나타날 것이라는 확신과 함께 모든 조사와 연구를 기꺼이 환영해야 한다.

2. 다른 고대의 자료들

1) 비기독교 저술가들

때로는 예수께서 실제로 존재하셨는지조차 의심을 받는다.[10] 이런 주장은 기독교적인 증거에 의존하지 않고도 분명하게 반박될 수 있다. 고대의 비기독교적인 증언들은 그리스-로마의 자료와 유대의 자료로 나뉠 수 있다.

(1) 그리스-로마의 자료

우리가 알고 있는 네 명의 고대 로마 역사가들이 예수에 대해서 언급하였다.[11] 이 중에서 가장 짧고 가벼운 언급은 3세기 초의 역사가인 줄리우스 아프리카누스(Julius Africanus)에게서 나타나는데, 그는 1세기 때 헬라 세계의 연대기를 기록한 탈루스(Thallus)라는 사람을 인용한다. 그 문서에서, 탈루스는 십자가 처형시 발생했던 어둠에 대해서 언급하면서(Chronography, frag. 18), 그 원인을 일식이라고 설명했는데, 아프리카누스는 이 해석을 반박하였다. 2세기 초부터 로마의 장관이었던 플리니(Pliny the Younger)는 황제숭배를 거부하는 기독교인들을 어떻게 다루어야 할지 조언을 구하는 편지를 트라야누스(Trajan) 황제에게 보내었다. 플리니는 이 기독교인들이 정기적으로 만나서 "마치 신에게 하듯이 그리스도께" 찬송을 부른다고 기록한다(Letters 10:96.7). 이 표현은 예수가 역사 속의 인물임을 알고 있었고, 그렇기 때문에 그를 신으로

---

10) 과거에 이 견해를 변호한 유일한 학자는 G. A. Wells로서 그의 삼부작은 *The Jesus of the Early Christians* (London: Pemberton, 1971); *Did Jesus Exist?* (London: Pemberton; Buffalo: Prometheus, 1975); 그리고 *The Historical Evidence for Jesus* (Buffalo: Prometheus, 1982)이다.

11) Murray J. Harris, "References to Jesus in Early Classical Authors," in *Gospel Perspectives*, vol. 5, ed. David Wenham (Sheffield: JSOT, 1985), 343-68 참조.

부르기를 꺼렸음을 암시한다.

세 번째 로마 자료는 역시 2세기 초의 저술가였던 수에토니우스(Suetonius) 인데, 그는 "크레스투스(Chrestus)의 선동으로" 일어난 소동 때문에 클라우디우스 황제 때 유대인들이 로마로부터 추방된 것에 대해 묘사하였다(Claudius 25:4). 그런데 이 표현은 보통 그리스도와 그를 따르는 유대인들에 대한 다소 혼동된 언급이라고 해석된다(그리스도는 라틴어로 Christus). 이것은 그럼에도 불구하고 예수를 반체제 유대인들의 지도자, 또는 기독교의 창설자로 소개해 준다. 하지만 가장 분명하고 실질적인 로마의 증거는 수에토니우스의 동시대인이었던 타키투스(Tacitus)로부터 나타난다. 그가 저술한 Annals 15:44에서 그는 기독교인들은 "티베리우스 치하에서 지방총독 폰티우스 필라테에 의해 십자가에 처형된 그리스도"에게서 그 이름을 얻었다고 기록하였는데, 이것은 신약성경에서 발견되는 내용과 완벽하게 일치한다.

또 하나의 단편적인 증거는 2세기 중엽에 활동했던 그리스의 풍자 작가인 사모사타의 루시안(Lucian of Samosata)에게서 나타난다. 기독교 신앙을 고백하고 근래에 작고한 철학가 페레그리누스(Peregrinus)에 대해서 묘사하면서 루시안은 그를 "새로운 종파를 세상에 소개한 이유로 팔레스타인에서 십자가에 달려 죽은 그 사람, 그들이 여전히 섬기고 있는 그 사람"에 비유하였다. 나중에 예수는 그를 따르는 자들이 "십자가에 달리신 궤변가"의 형제들일 뿐만 아니라, "서로에게도 모두 형제"라고 가르친, 기독교인들의 첫 입법자라 불린다 (*Peregrinus*, 11, 13). 법과 지혜야말로 비기독교 헬라주의자가 예수를 묘사할 때 사용하는 항목들이다.

(2) 유대적인 자료

예루살렘의 멸망 이후에 시리아 언어로 기록된 한 편지에는 유대인들이 죽인 어느 "지혜로운 왕"에 대해서 언급하였다(Mara bar Serapion). 주후 70년에 유대인들이 쇠퇴하게 된 원인이 바로 이 행동 때문이었다는 것이다. 하지만 예수를 소크라테스나 피타고라스와 동등하게 여기면서 어떻게 이 세 사람의 죽음에도 불구하고 그들이 시작한 운동이 진압되지 않았는지 기록한 점으로 보아 유대 이름을 가진 이 저자는 기독교인이 아니었을 것이다. 예수께서 자신의 거부와 죽음을 예루살렘에 대한 로마의 다가오는 침략과 연결시키는 점 또한 흥미롭다(특별히 마 23-25장).

이보다 약간 도움이 되는 자료들은 풍부한 랍비 문헌 속에 퍼져 있는 구절들이다. 이러한 구절들이 어느 곳에서 독립적이거나 정확한 역사 정보를 보여주는지 파악하기는 어렵다. 랍비 문헌은 점점 예수와 기독교에 대한 언급을 점점 삭제하였고 이 경쟁 종교에 대해서 갈수록 논쟁적으로 변하였다. 이런 구절들은 미슈나나 초기 미드라쉼(1세기 후반부터 3세기 초반)에는 전혀 나타나지 않고 오직 후대의 유대 자료들에서만 등장한다. 그럼에도 불구하고, 그 내용은 매우 흥미롭다.[12] 팔레스타인 탈무드에는 3세기경의 랍비 아바후(Abbahu)가 이렇게 말한다. "만약 누가 당신에게 '나는 하나님이다'라고 말한다면, 그는 거짓말쟁이다. '나는 인자이다'라고 말하면 그는 그 말을 후회하게 될 것이다. '나는 천국에 가노라'고 말하면 그렇게 말은 했지만 수행하지 못할 것이다"(p. Ta' anith 65b). 이 문장이 얼마나 왜곡되었는지는 모르지만, 예수께서 자기를 누구라고 밝히셨는지에 대한 기독교의 주장을 보여준다. 흥미롭게도, 이런 주장들을 수행할 사람의 능력에 대해서만 부인하였고, 이 주장들 자체를 부정하려는 시도는 전혀 없다.

앞에서도 이미 언급한 것처럼(p. 382), 예수의 기적들과 귀신축출에 대한 랍비들의 해석에 대해서도 동일한 상황이 나타난다. 수많은 고대 저술가들은 초자연적인 능력에 대한 주장들을 어떻게 반박해야 할지 알고 있었지만, 유대인들의 한결 같은 증언은 예수께서 주장하신 능력의 출처에 대해서만 의문을 던진다. 그러므로 b. Sanhedrin 103a는 반항적인 제자를 "나사렛 예수처럼 공개적으로 자기 음식을 태우는 사람"에 비유하였는데, 이것은 유대의 가르침을 왜곡하는 것을 은유적으로 표현한 것이다. 같은 저술에서 우리는 "나사렛 예수는 마술을 행하면서 이스라엘을 그릇된 길로 인도하였다"는 문장을 발견한다(43a; 107b 참조).[13] 몇 가지 자료들은 예수를 로마의 군인 "판데라"(Pandera, 또는 Pantera나 Panthera)의 아들이라고 부르는데, 그의 출생을 둘러싼 놀라운 상황을 암시한다. 이미 복음서에도 암시되어 있듯이(요 8:41), 그리스도의

---

12) Graham H. Twelftree, "Jesus in Jewish Traditions," 같은 책 289-341 참조.
13) 이 후대 전승의 유포와 중요성에 관해서는 Graham N. Stanton, "Jesus of Nazareth: A Magician and a False Prophet Who Deceived God's People?" in *Jesus of Nazareth: Lord and Christ*, ed. Joel B. Green and Max Turner (Carlisle: Paternoster; Grand Rapids: Eerdmans, 1994), 164-80을 보라.

처녀 탄생에 대해서 유대인들은 그가 단순히 사생아였다고 반박한다. 판데라는 아마도 parthenos, 또는 "처녀"를 뜻하는 헬라어의 변형일 것이다.

하지만 또 하나의 랍비 전승은 예수에게 다섯 명의 제자들, 즉 마타이(Matthai), 나카이(Naqai), 네제르(Nezer), 부니(Buni), 그리고 토다(Todah)가 있었다고 말한다(b. Sanhedrin 43a). 마타이와 나카이와 토다는 마태, 니고데모, 다대오를 잘못 표기한 것이며, 네제르는 아마도 이름이 밝혀지지 않은 어느 "나사렛 사람"을 일컫는 이름일 것이다. 부니는 요한의 히브리 이름을 잘못 표기한 것일지 모른다. 하지만 이 모든 것들은 추측에 불과하다. 후기 유대의 자료에서 가장 분명한 증거는 예수께서 유월절 전날 십자가에 달리셨다는 바벨로니아 탈무드의 기록일 것이다. 하지만 이 기록에는 그가 돌에 맞으셨다는 기록도 있고, 십자가 처형이 있기 전에 이를 40일 동안 알린 전령에 대한 언급도 있다. 이 두 가지 기록이 역사적으로 근거가 없어 보이기 때문에 이 문헌이 정확한 전승 위에 기초하고 있는지의 여부는 알기 어렵다.

기타 다른 정보는 그 가치가 더욱 모호하다. 예수에 대한 또 다른 언급(문제의 인물은 발람처럼 단지 유명한 이단자였다고 언급되었다)은 그가 죽을 때 33세, 또는 34세였다고 전한다(b. Sanhedrin 106b). 또 다른 구절은 예수의 한 제자와 랍비 엘리에젤 사이의 대화를 묘사하는데, 여기에서는 예수께서 창녀의 급료로 변소를 구입할 수 있다고 가르치셨다고 인용된다(b. Abodah Zarah 16b-17a). 익명의 이단자들에 대해서 언급하는 구절들은 수없이 많은데, 그 중에서 어떤 것들은 예수에 대해서 말하는 것일 수도 있다. 8세기경으로 추정되는 Toledoth Jesu("예수의 세대들")는 중세에 널리 알려진 유대 문헌으로서, 사생아 예수가 자라서 스승들을 경멸하고, 기적을 수행하며, 제자들을 거느리고, 결국에는 처형되었다고 기록한다. 이야기는 계속해서 빈 무덤의 발견에 대해서, 그리고 예수의 시신의 복구 등에 대해서 묘사한다. 이 모든 것은 기독교의 고전적인 주장들을 폄하하려는 어느 후기 유대인들의 논쟁적이고 수정주의적인(revisionist) 시도에 불과하다.

그러므로 그리스도의 생애에 대한 가장 귀중하고 유일한 유대적인 증거는 랍비 문헌으로부터가 아니라, 1세기의 바리새인이요 자유투사로서는 실패하고 역사가가 된 요세푸스로부터 나타난다. 유대고대사(Antiquities) 20.9.1에서 요세푸스는 "그리스도라고 불리는 예수의 동생" 야고보의 순교에 대해서 기록한다. 이 짧은 구절만으로도 예수의 역사성을 입증하기에 충분하지만, 이 구절은 예수에 대해 보다 자세한 사전 지식을 전제로 하는 듯하다. 이런 정보는 실제로 18.3.3에서 제공된다. 본문의 내용은 아래와 같다.

> 이 무렵에 예수라는 사람이 살고 있었는데, 정말로 그를 사람이라고 불러야 한다면, 지혜로운 사람이다. 그는 놀라운 위업을 성취하였고 사람들로 하여금 진리를 기쁘게 받아들이도록 하는 스승이었다. 그는 많은 유대인들과 헬라인들의 마음을 사로잡았다. 그는 메시아였다. 우리 가운데 가장 높은 지위의 사람들이 그를 고소하는 것을 들은 빌라도는 그가 십자가에 못박히도록 처형하였지만, 그를 처음부터 사랑했던 자들은 그를 향한 애정을 포기하지 않았다. 3일째 되는 날 그는 소생하여 그들에게 나타났는데, 하나님의 선지자들은 그에 관한 다른 수많은 놀라운 일들을 예언하였다. 그리고 그의 이름을 본받은 그리스도인들은 오늘날도 여전히 사라지지 않고 있다.

그의 저작의 나머지 내용을 보면 요세푸스가 결코 기독교인이 되지 않았음을 뚜렷하게 보여주기 때문에, 그가 (1) 예수의 인성을 의심했거나, (2) 예수를 메시아라고 불렀거나, (3) 부활을 인정했다고 여기는 것은 불가능해 보인다. 그 결과, 어떤 학자들은 이 문장 전체가 후대 기독교인들이 요세푸스의 작품에 첨가한 "삽입"이 아닌지 의심하는데, 그의 저술이 주로 기독교인들 사이에서 보존되었기 때문이다. 하지만 만약 우리가 이 세 부분들을 삭제한다면, 요세푸스의 나머지 기록들은 자연스럽게 진행되고, 그의 문체와도 일치하며, 확실한 것으로 여겨질 것이다. 아마도 섹션 20에서처럼, 그는 "메시아라고 부르는 자"라고 기록했을 것이다. 요세푸스의 저술에 대한 후대의 아랍어 번역도 그의 원문의 축약된 내용과 매우 유사한데, 위에서 말한 삽입 중 뒤의 두 개가 문장 끝에 함께 묶여 있다. 이것은 요세푸스의 증언의 원래 형태에 관한 우리의 가설을 확증하는 것처럼 보인다.[14] 유대고대사의 다른 구절들은 세례 요한의 사역과 처형, 여러 헤롯들, 로마의 총독들, 그리고 빌라도와 가야바를 포함하여 유대의 대제

---

14) 특별히 John P. Meier, *A Marginal Jew: Rethinking the Historical Jesus*, vol. 1 (New York and London: Doubleday, 1991), 56-88 참조. 신약성경 연구에서 요세푸스의 보다 폭넓은 중요성에 대해서는 Steve Mason, *Josephus and the New Testament* (Peabody: Hendrickson, 1992)를 참조하라.

사장들의 삶과 시대상을 묘사한다.

어떤 사람들은 이 모든 것을 복음서 이야기들에 대한 비기독교적인 소중한 증거물들이라고 여길지 모른다. 하지만 우리는 고대에는 역사가 거의 대부분 정치가들, 전쟁영웅들, 높은 종교적 지위를 가진 자들의 행적을 모은 연대기였다는 사실을 기억해야 한다. 다른 인물들의 경우는 그들이 폭넓고 장기적이며 대중적인 추종자들을 일으켰을 때에만 언급되었다. 예수와 기독교는 이 초기 단계에는 이와 같은 분류에 전혀 해당되지 않는다. 그러므로 이처럼 많은 기록이 남아 있다는 사실은 놀랍고 의미심장하다! [15]

2) 신약성경 이후의 기독교 저술가들

(1) 비정통적인 자료

우리는 콥트어(이집트어)로 기록된 도마복음(Gospel of Thomas)이 비록 그 출처를 2세기 중엽보다 이르다고 입증할 수 없고 예수의 말씀으로 주장되는 많은 내용이 그 성격상 매우 영지주의적인 특징을 포함하고 있음에도 불구하고, 이 복음서가 예수의 말씀에 대한 신뢰할 만하고 독립적인 전승을 여전히 보존하고 있다는 점을 이미 논의한 적이 있다(pp. 67-68). 비록 도마복음이 지금까지 가장 보편적으로 인용되는 기독교의 이단적인 문서로서, 어떤 이들은 이 책이 복음서 전승을 잘 설명해 준다고 믿지만, 이 점에서는 다른 작품들도 종종 인용되기도 했다.[16] 주로 영지주의적인 문헌들의 모음집인 나그 함마디(Nag Hammadi)에서 야고보 외경(the Apocryphon of James)이 나타났는데, 여기에는 예수께서 말씀하신 것으로 주장되는 새롭고 다양한 비유들과 천국 이야기들이 담겨 있다. 수많은 "복음서들"이 주로 긴 대화들로 구성되어 있는데, 부활하신 예수께서 비밀스러운(즉 영지주의적인) 계시를 여러 제자들에게 전달하셨다는 것이다. 정경의 복음서와 매우 유사한 비유들을 가진 두 책은 빌립복음(Gospel of Philip)과 진리의 복음(Gospel of Truth)이다. 하지만 면밀히 연구해 보면 이런 작품들이 모두 정경의 복음서들을 의존하고 있고 보다 후대에 기록되었으며 역사적인 예수에 관

---

15) Paul Barnett, *Is the New Testament History?*(London: Hodder & Stoughton, 1986), 159-63 참조.
16) 특별히 John Dominic Crossan, *The Historical Jesus* (San Francisco: HarperSanFrancisco, 1991) 전체를 보라.

한 우리의 지식에 아무것도 더해 주는 것이 없음을 알게 된다.[17]

(2) 다른 외경들

몇몇 사람들이 원초적인 복음서 자료라고 여기는 매우 다른 형태의 문서는 베드로복음(Gospel of Peter)인데, 주로 그리스도의 고난과 부활을 다루는 이야기책이다. 이 작품은 그 성격상 분명히 "가현설적이다." 즉 그리스도께서 단지 사람처럼 보이셨을(헬라어 *dokeo*에서) 뿐이라는 것이다. 그러므로 4:10하는 십자가에 달리신 동안 예수는 "마치 아무런 고통도 없으신 것처럼 침묵하셨다"고 기록한다. 앞에서 언급하였듯이, 그리스도의 부활에 관한 기록에는 더욱 전설적인 요소들이 등장한다. 세 사람이 무덤에서 나타나는데, "두 사람이 한 명을 붙들고 있고, 십자가가 그들 뒤를 다르며, 두 사람의 머리는 하늘에 닿고 있지만, 그들의 손에 이끌린 다른 분의 머리는 하늘 위로 올라간다"(10:39-40). 이런 전설적인 특성에도 불구하고, 크로상(J. D. Crossan)은 베드로복음 배후에 있는 "십자가 복음"을 재구성하려고 시도했다. 그는 베드로복음이 정경의 수난 이야기를 위한 마가 이전의 유일한 자료라고 가정하였다.[18] 이보다 훨씬 짧고 단편적인 자료는 소위 "미지의 복음"인 *Papyrus Egerton* 2인데, 복음서의 이야기와 유사한 네 가지 단편들로 구성되어 있다. 요한복음 5장과 9-10장 내용과 유사한 예수와 유대 지도자들 간의 대화, 어느 나병환자가 고침 받은 이야기, 세금을 내는 것에 대해 예수께 물은 질문, 그리고 빠르게 자라나는 씨앗의 기적(이것은 정경의 병행구절에서는 발견되지 않는다) 등이다. 하지만 베드로복음과 미지의 복음을 정경의 이야기들과 자세하게 비교해 보면, 신약성경의 내용이 후대의 추가물들과 "개정판"을 가져오게 한 것이지, 그 반대의 순서가 아님을 알게 된다.[19]

이보다 훨씬 더 전설적인 것들은 그리스도의 "숨겨진 세월"(그의 유년기와 청

---

17) 특별히 C. M. Tuckett, *Nag Hammadi and the Gospel Tradition* (Edinburgh: T. & T. Clark, 1986)를 보라.
18) John Dominic Crossan, *The Cross That Spoke* (San Francisco: Harper & Row, 1988).
19) David F. Wright, "Apocryphal Gospels: The 'Unknown Gospel' (Pap. Egerton 2) and the Gospel of Peter," in *Gospel Perspectives*, vol. 5, 221-227. 베드로 복음서와 유사한 또 다른 문헌은 니고데모 복음서(Gospel of Nicodemus)인데, 그리스도의 고난과 지옥으로 내려가신 이야기를 포함한다. 이 작품의 첫 부분은 빌라도 행전(Acts of Pilate)이라고 불린다. 거의 대부분의 학자들은 이 문서가 역사적인 예수 연구를 위해서 전혀 쓸모가 없다는 점에 모두 동의한다.

년기)과 관련해서 복음서의 빈 공간을 채우려고 시도한 외경들이다. 야고보의 원복음(The Protoevangelism of James)은 마리아의 무죄성을 주장하는 로마 가톨릭 교리를 위한 자료로서 매우 중요한데, 다른 것들 중에서 예수께서 마리아의 처녀막을 깨뜨리지 않고 태어나셨다고 묘사한다(p. 333-334를 보라). 도마의 유년기 복음(The Infancy Gospel of Thomas)은 같은 이름의 콥틱 영지주의 문헌과 혼동해서는 안 되는데, 어린 예수를 기적 수행자와 천재 목수로 묘사한다(p. 330). 하지만 이 문서들 중 어느 것도 그리스도에 관한 독립적인 역사적 전승을 보존한다는 증거를 보여주지 않는다.

(3) 유대-기독교 복음서들

이런 문학적인 분류는 여러 교회 교부들의 작품에 보존된 인용문에 의해서만 우리에게 알려져 있다. 여기에는 적어도 세 가지 상이한 문서들이 존재하는데, 이 모두는 마태복음과 유사하다—에비오나이트 복음서(Ebionite Gospel), 나사렛 복음(Gospel of the Nazoreans), 그리고 히브리인들의 이집트 복음서(Egyption Gospel of the Hebrews). 마태가 자신의 이름이 붙은 헬라어 정경 복음이 나타나기 전에 히브리어로 무엇인가를 편집했다는 초대교회의 여러 증거들 때문에 이러한 전승들은 특별한 관심사를 불러 모은다. 지금까지 존속하는 이런 복음서들에 대한 언급들에는 어떤 일정한 패턴이 나타난다. 예수는 지혜와 율법의 관점에서 묘사되고, 금욕주의적인 경향성들이 있으며, 예수의 동생 야고보가 중요한 역할을 한다. 이 모든 것은 우리가 2세기 유대 기독교에 관해서 알고 있는 내용과 일치한다. 콥틱 도마복음의 경우와 마찬가지로, 이 문서들 속의 동떨어진 구절들 속에는 우리에게 알려지지 않은 예수의 진정한 말씀들이 보존되어 있을 가능성이 높다. 또한 본서에서 살펴본 다른 문서들처럼, 정경의 전승에 의존했다는 증거 역시 풍성하다.[20]

(4) 후기의 전설들

아무것도 모르는 현대의 독자들은 "뉴에이지", 또는 정경 이외의 문서들을 인용한 작품을 골라 읽을 수 있다. 종종 이런 작품들은 그것들이 다루는 문서들이

---

[20] 이런 문서들에 대한 심도 깊은 분석과 소개를 위해서는 A. F. J. Klijn, *Jewish-Christian Gospel Tradition* (Leiden: Brill, 1992)를 보라.

중세 시대나 그 이후에 편집되었다는 사실을 드러내지 않는다. 그러한 문서들에서 우리는 빌라도의 왕복서한이나, 예수를 에세네파로 묘사한 것이나, 예수께서 인도로 여행하셔서 그곳의 위대한 현자들(gurus)과 공부한 것에 대해서 읽게 된다. 무슬림들은 종종 바나바복음(Gospel of Barnabas)을 인용하는데, 이 복음서는 비록 이슬람이 생겨난 이후에 기록되었고 가장 오래된 사본이 18세기의 이탈리아 사본임에도 불구하고 마지막 순간에 십자가 위의 예수를 유다로 뒤바꾸고 그리스도의 신성을 부인하고 있다. 현대의 위서들은 심지어 예수를 외계에서 온 우주인으로 묘사한다! 이런 작품들은 이 자료를 재생산하는 서적들의 잘못된 주장과 무관하게 역사적인 예수 연구를 위해서는 모두 무가치하다.[21]

(5) 사도적 교부들

훨씬 더 실질적인 증거는 사도적 교부들로 알려진 2세기의 정통 기독교 저술가들에게서 나타난다.[22] 우리가 신약성경이라고 알고 있는 책들이 편집된지 100년도 되지 않아서, 이 책들의 많은 부분들에 대한 인용구와 언급들이 다른 기독교 작품들에 나타난다. 폴리캅(Polycarp), 이그나시우스(Ignatius), 클레멘트(Clement)의 예만 들어도 신약성경의 27권 중에서 25권에 대한 정보가 나타난다. 이그나시우스는 또한 세대의 종말이 다가왔음을 인식하였다. 예를 들어, 2세기 초엽에 트랄리안(Trallians)에게 보낸 편지에서 그는 이렇게 고백한다. "나는 이 일에 내 자신을 적합자라고 여겨… 마치 내가 사도인양 당신에게 지시할 수 있다고 생각하지 않습니다"(3:3). 복음서들, 특히 예수의 말씀들은 이러한 초대교회 교부들이 가장 즐겨 인용한 신약성경의 기록들이며, 마태복음이야말로 가장 인기 있는 복음서였다. (요한복음은 나중에 이단적이거나 영지주의적인 작품들의 특별한 관심 대상이 되었는데, 이것은 뜻을 왜곡하고 문맥에서 떼어내어 그들의 신학적인 체계를 지지할 수 있는 구절들 때문이었다.)

---

21) 이 문서의 대표적인 부분에 대한 간단한 견본은 Per Beskow, *Strange Tales about Jesus* (Philadelphia: Fortress, 1983)에 나타난다; 보다 간략하게는 Douglas Groothuis, *Jesus in and Age of Controversy* (Eugene, Ore.: Harvest House, 1996), 119-51 참조. 위에서 언급한 우주인 연구가는 James W. Deardorff (*Celestial Teachings: The Emergence of the True Testament of Jmmanuel [Jesus]* [Tigard, Ore.: Wild Flower Press, 1991])이다.
22) 그들의 작품을 모은 편집은 The Apostolic Fathers이며 J. B. Lightfoot와 J. R. Harmer가 번역하였고, Michael W. Holmes (Grand Rapids: Baker, 1992)에 의해서 편집, 개정되었다.

사도적 교부들의 중대한 공헌 중 하나는 복음서 전승의 중요한 부분들이 끼친 광범위한 영향력을 확증한 것이라는 점을 강조하는 것이 정말 중요하다. 적어도 2세기 초에 함께 회람되었던 정경의 사복음서는 모두 성장하는 교회에 심오한 영향을 끼친 것이 분명하다. 하지만 여러 비평가들이 나그 함마디나 다른 이단적인 문서들이 초기의 독립적인 전승 위에 기초한다는 그럴듯한 이유를 주장하지만, 사도적 교부들의 경우는 다르다. 콥틱 도마복음은 정경의 모든 복음서와 복음 전승 및 편집, 심지어 마가복음에만 등장하는 보기 드문 자료에 대해서도 병행한 내용을 보여준다. 하지만 사도적 교부들 중에서도 어떤 이들은 정경의 복음서 자료를 무분별하게 사용하였다. 90년대 초에 기록되었을 디다케(Didache, 또는 "열두 사도들의 가르침")에는 마태복음에서 발견되는 예수의 가르침들로 가득 차 있지만, 마가복음과 동일한 내용은 없다. 마태가 마가를 크게 의존하고 있는 점을 고려할 때, 만약 이 문서가 마태복음의 최종적인 형태를 의존하고 있다면 이것은 놀라운 일치이다. 하지만 이것은 디다케가 기본적인 복음서 자료인 Q자료와 같은 것을 알고 사용했다는 증거일 수도 있다. 이그나시우스 역시 마태복음으로부터 많은 내용을 인용하였지만, 그의 인용이나 언급의 3/4은 마태복음에 고유한 "M"자료에서 나타나며, "M" 자료 자체는 복음서 전체의 1/4을 넘지 않는다. 어떤 경우에는 이런 구절들에는 예전에 마태 자신의 편집으로 여겨진 자료가 포함된다(예를 들면, 이그나시우스의 서머나인들에게 보낸 편지 1.1에서 인용된 마 3:15). 그러므로 이것은 후대의 기독교 저술가들이 즐겨 인용한 기본적인 구전, 또는 기록된 자료들이 존재했다는 증거인지도 모른다. 클리멘트 1서와 폴리캅은 독자적으로 복음서 전승들의 모음집을 저술하였는데, 이 저술들이 서로 유사한 점으로 미루어 그들이 공통적이고 비정경적인 자료를 사용했음을 암시해 준다. 이 모든 것은 인용된 내용의 역사적인 신빙성을 입증하지 못하지만, 사복음서들이 편찬된 이후에도 이런 초기의 자료들이 계속적으로 기독교 저술가들에게 영향을 끼쳤음을 암시해 준다. 이런 자료들은 그 연대가 초기일수록 믿을 만한 전승과 연결된 것이라고 볼 수 있다.[23]

---

23) 이 문장의 정보에 대한 자세한 내용은 Craig Blomberg, *The Historical Reliability of the Gospels* (Leicester and Downers Grove: IVP, 1987), 204-8과 여기에 인용된 문헌들을 보라.

(6) 믿을 만한 아그라파(Agrapha, 성경에 없는 예수의 말씀들)

정경 이후의 기독교 저술가들의 모든 증거들을 모은다면, 예수에 관해서 마태, 마가, 누가, 요한으로부터 알 수 없는 믿을 만한 정보들을 발견하게 될까? 이 질문은 적절하다. 심지어 사도행전도 복음서에서는 발견되지 않는 예수의 말씀을 인용한다("주는 것이 받는 것보다 복이 있다"-행 20:35). 그리고 비록 과장이기는 하지만 요한은 예수께서 말씀하고 행하신 다른 많은 것들이 기록되지 않았다고 말한다(요 21:25). 비교적 보수적인 독일 학자인 요아킴 예레미야스(Joachim Jeremias)가 저술한 예수의 알려지지 않은 말씀들(Unknown Sayings of Jesus)이라는 연구에는 이러한 아그라파("기록되지 않은 것들"이라는 뜻의 헬라어에서 파생-즉 정경의 복음서에는 기록되지 않았지만 초대교회의 다른 작품들에서 발견된)를 18가지나 소개하였다.[24] 보다 최근의 연구들은 이렇게 많은 내용을 수용하는 것에 대해 비관적이었다.[25] 이 중에서 진정성의 기준을 통과할 만한 사례들과 그것이 발견된 출처는 다음과 같다.

같은 날 예수는 안식일에 걸어 다니는 사람을 보시고, 이렇게 말씀하셨다. "이보게, 자네가 무엇을 하고 있는지 안다면 당신은 복이 있도다. 하지만 모른다면 당신은 화를 입겠고 율법을 범한 자가 된다."(눅 6:5에 대한 추가; *Codex Bezae* [D])

유혹을 받지 않고 천국에 이를 자는 아무도 없다(터툴리안, 세례에 관하여, 20).

위대한 것들을 구하라, 그러면 작은 것들은 너희에게 더하여질 것이다(알렉산드리아의 클레멘트, *Stromateis* 1.24).

승인된 환전상이 되어라(오리겐, 요한복음 주석, 19.7; 다른 몇몇 자료들).

하지만 부자는 머리를 긁기 시작했고, 그는 만족하지 않았다. 주께서 그에게 말씀하셨다. "어떻게 네가 '나는 율법과 선지자들을 지켰다'고 말할 수 있는가? 율법에 기록하기를, '너는 네 이웃을 네 몸과 같이 사랑하라,' 보라, 너희의 여러 형제들, 아브라함의 자손들이 지저분한 옷을 입고, 굶어 죽어 가는데, 네 집에는 좋은 것

---

24) (London: SPCK, rev. 1964). 266개의 경외전들은 William D. Stroker, *Extracanonical Sayings of Jesus* (Atlanta: Scholars, 1989)에 나타난다. 이러한 내용의 대부분은 독립적이고 신뢰할만한 복음서 전승을 보여주지 못한다.
25) 특별히 Otfried Hofius, "'Unknown Sayings of Jesus'," in *The Gospel and the Gospels*, ed. Peter Stuhlmacher (Grand Rapids: Eerdmans, 1991), 336-60을 보라.

들로 가득 차 있고, 아무것도 그들에게 주어지지 않는다"(나사렛인들의 복음 16, 오리겐의 마태복음 주석 15.14에서 인용).

내게 가까이 있는 자는 불에 가까이 있는 자다. 내게서 멀리 있는 자는 하늘나라에서 멀리 있는 자다(도마복음 82).

형제를 사랑으로 바라볼 때 이외에는 절대로 기뻐하지 말라(히브리인들의 복음 5, 제롬의 에베소서 주석 3에서 인용).

보지 못하는 너희 소경들에게 화가 있으라! 너희는 쏟아 부은 물에 자신을 씻지만, 그 물에는 개와 돼지들이 밤낮으로 뒹굴고, 너희는 겉 피부를 씻고 문지르지만, 그 물에는 창녀와 피리 부는 여자들도 남자들을 유혹하려고 씻고 목욕하고 문지르며 치장한다. 하지만 그들 속에는 전갈과 온갖 악한 것들이 가득하다. 너희는 나와 내 제자들이 씻지 않았다고 말하지만, 우리는 하늘의 아버지로부터 흘러내리는 깨끗한 생수에 우리 몸을 씻었도다(pOxyrhynchus 840.2).

위의 구절들이 진짜이든지 아니든지, 신약성경 이후의 기독교 저술가들에 대한 이 연구 종결부의 분명한 결론은 우리가 정경의 복음서들로부터 얻는 예수에 대한 묘사에 보충하거나 수정할 만한 내용은 거의 아무것도 없다는 사실이다. 한편, 널리 확산된 인용문들은 적어도 초대교회가 마태, 마가, 누가, 요한복음의 상당부분에 대해 그 진실성과 타당성을 확신하고 있었음을 보여준다.

3) 신약성경의 남은 부분의 증거

사람들은 신약성경의 나머지 부분이 예수의 전승에 대해 별로 언급이 없기 때문에 기독교 첫 세대에는 이 전승이 잘 알려질 수 없었을 것이라고 주장한다. 극단적인 경우에는, 예수가 아니라 바울이 이 새로운 종교의 설립자로 여겨진다![26] 한편, 사도행전과 서신서들이 예수의 말씀을 자주 인용하지 않았으며 그분의 인생에 대한 이야기들이 거의 언급되지 않은 것도 사실이다. 하지만 여기에는 몇 가지 그럴 듯한 이유가 있다. 이 책들은 교회의 1차적인 전도활동을 보

---

26) 가장 유명한 사례 중 하나는 유명한 영국 작가이자 기독교 비평가인 Geroge Bernard Shaw가 쓴 수필이다. "The Monstrous Imposition upon Jesus," in *The Writings of St. Paul*, ed. Wayne A. Meeks (New York: Norton, 1972), 296-302 [orig. 1913].

여주지 않는다. 이 책들은 모두 그리스도의 인생을 처음부터 소개할 필요가 없이 다른 특별한 이유들(주로 "교회 내부의" 관심사들) 때문에 이미 기초가 튼튼한 성도 공동체를 위해 기록되었다. 물론 누가는 사도행전을 기록할 때 이미 누가복음을 기록한 상태였다. 바울과 다른 서신서 저자들 역시 교회의 핵심적인 케리그마(kerygma, 선포)가 이미 잘 알려져 있었기 때문에 더 나아가 그 위에 기초할 수 있다고 생각하였을 것이다. 또한, 기독교 신학은 예수의 생애에 관해서 가장 중요한 것들은 그분의 죽으심과 부활임을 신속히 강조하였다. 그분의 가르침과 다른 행동들 역시 중요하지만 세상의 죄를 위한 하나님의 대속의 계획을 실행하지는 않기 때문에 그리스도의 중요성에 대한 뚜렷한 신학적 소개에서는 두 번째의 위치를 차지한다.

한편, 예수전승이 사도행전과 서신서에 끼친 영향력을 과소평가하기가 쉽다. 예수의 생애로부터 다양한 말씀들이나 사건들을 직접 인용하거나 언급한 구절들이 실제로 많이 나타나며, 어떤 특정 구절들이 예수의 가르침을 암시하는 것인지 아니면 보다 일반적으로 고대의 종교적인 사상에 나타난 평범한 예화자료들을 언급하는 것인지 종종 분간하기가 어려운 그런 수많은 암시들도 나타난다. 우리는 여기에서 보다 확실하고 의미 있는 인용문들을 간략하게 살펴볼 것이다.

(1) 사도행전

사도행전 13:24-25에 바울이 비시디아 안디옥에서 전한 설교에는 세례 요한에 대한 구절이 포함되는데, 그가 자기 뒤에 오시는 분의 신발끈을 풀기에도 합당치 못한 모습에 대한 특별한 가르침을 담고 있다. 20:35에는 위에서 언급한 대로, 다른 곳에서는 발견할 수 없는 예수의 말씀이 기록되어 있다. 하지만 사도행전에서 복음서 전승을 언급하는 가장 중요한 내용은 10:36-41에서 베드로가 고넬료에게 한 말 중에 예수의 생애를 요약한 것이다.

> 만유의 주 되신 예수 그리스도로 말미암아 화평의 복음을 전하사 이스라엘 자손들에게 보내신 말씀 곧 요한이 그 세례를 반포한 후에 갈릴리에서 시작되어 온 유대에 두루 전파된 그것을 너희도 알거니와 하나님이 나사렛 예수께서 성령과 능력을 기름붓듯 하셨으매 저가 두루 다니시며 착한 일을 행하시고 마귀에게 눌린 모든 자를 고치셨으니 이는 하나님이 함께 하셨음이라. 우리는 유대인의 땅과 예루살렘에서

그의 행하신 모든 일에 증인이라. 그를 저희가 나무에 달아 죽였으나 하나님이 사흘 만에 다시 살리사 나타내시되 모든 백성에게 하신 것이 아니요 오직 미리 택하신 증인 곧 죽은 자 가운데서 일어나신 후 모시고 음식을 먹은 우리에게 하신 것이라.

위와 같은 요약 때문에 도드(C. H. Dodd)는 복음서 자체가 초대교회 설교의 뼈대를 구성한다고 제안하였다(p. 192를 보라).

(2) 바울[27]

바울 서신들의 거의 대부분이 첫 번째 복음서가 나타나기 전에 기록되었기 때문에, 바울의 증언은 훨씬 중요하며 기독교 역사의 첫 20여 년 동안 그리스도의 생애에 대한 정보가 유포되고 있었음을 보여준다. 자세히 관찰해 보면, 바울의 기록들로부터 예수의 생애에 대한 꽤 상세한 요약을 짜 맞출 수 있다. 즉, 예수께서 아브라함과 다윗의 후손이며(갈 3:16; 롬 1:3), 유대의 율법을 배우며 자라셨고(갈 4:4), 게바(베드로)와 요한을 포함한 제자들을 한데 모으셨고, 야고보라는 이름의 동생이 있으셨고(갈 1:19; 2:9), 흠잡을 수 없는 성품과 모범적인 삶을 사셨으며(빌 2:6-8; 고후 8:9; 롬 15:3, 8), 최후의 만찬과 배반(고전 11:23-25), 그리고 그분의 죽으심과 부활을 둘러싼 수많은 내용들(갈 3:1; 살전 2:15; 고전 15:4-8).

이보다 더욱 특기할 만한 것은 예수의 가르침에 대한 인용문이나 언급들이다. 로마서 12:17-19에는 산상수훈을 연상시키는 내용과 원수 사랑의 원칙들이 풍부하게 담겨 있다(특별히 마 5:38; 눅 6:27, 33). 로마서 13:7은 세금을 바치는 것에 관한 예수의 유명한 가르침과 유사한 듯하다(막 12:17). 로마서 14:20은 예수께서 음식 규정을 파기하신 것에 기초한 것이 분명하다(막 7:19).[28] 고린도전서는 세 가지 직접적인 언급들을 포함한다. 7:20은 결혼과 이혼에 대해서(마 19:1-12), 9:14(또한 딤전 5:18)는 일꾼이 품삯을 받는 것에 관하여(눅 10:7 참조), 그리고 11:23-25는 유월절 떡과 포도주에 관한 예수의 가르침을 매우 상세하게 보여준다(특별히 눅 22:19-20 참조). 다른 가능성 있는 구절들로서

---

27) 바울의 예수-전승 사용에 대한 가장 중요한 연구와 인용구들의 모음집은 David Wenham, *Paul: Follower of Jesus or Founder of Christianity?* (Grand Rapids and Cambridge: Eerdmans, 1995)이다.
28) 로마서에서 사용된 예수-전승에 관해서는 특별히 Michael B. Thompson, *Clothed with Christ: The Example and Teaching of Jesus in Romans 12.1-15.13* (Sheffield: JSOT, 1991)을 보라.

9:18(바울이 복음을 값없이 전파하는 것에 관한)은 마태복음 10:8을, 그리고 13:2(산을 움직이는 믿음에 관한)는 마가복음 11:23과 그 병행구절을 암시한다. 고린도후서 1:17은 "너희 말을 옳다 옳다, 아니라 아니라 하라"는 마태복음 5:37을 소급한다. 데살로니가전서 역시 예수의 가르침을 연상시키는 세 가지 뚜렷한 구절들을 포함한다. 2:14-16은 마태복음 23:29-38과 유사한데, 유대 지도자들에 대한 비난을 그 내용으로 한다. 4:15-17은 재림에 관한 주님의 말씀을 언급하고 감람산 강화(막 13장)를 연상케 하는 내용들을 포함한다. 그리고 5:2-4는 구체적으로 도적과 같이 임하는 주의 날에 대해서 언급하고 있는데, 마태복음 24:43-44와 누가복음 12:39-40에 기초한다. 보다 일반적으로, 데살로니가후서 2:3-4는 "멸망의 가증한 것"에 관한 예수의 가르침(막 13:14)을 생각나게 하는 적그리스도에 대한 내용을 보여준다.

다른 구절들은 다소 덜 명확하지만 그럼에도 불구하고 여전히 예수전승에 대한 이해를 반영한다. 바울이 예루살렘의 사도들을 교회의 "기둥들"이라고 언급한 것(갈 2:9)은 예수께서 마태복음 16:17-19와 18:19-20에서 베드로와 그의 동료들에게 하신 약속의 말씀을 떠오르게 한다. 씨뿌리는 자의 비유에 대한 암시는 골로새서 1:6, 데살로니가전서 1:6, 또는 2:13에서 발견할 수 있다. 만약 바울이 예수께서 "아바"라는 용어를 독특하게 사용하셨다는 사실을 알지 못했다면, 그가 하나님 아버지를 갈라디아서 4:6과 로마서 8:15에서 "아바"(거의 "아빠"라는 의미)라고 묘사하는 것이 이상했을 것이다(특별히 막 14:36을 보라). 그리스도의 구속적인 죽음에 대한 바울의 이해(예를 들면, 롬 3:24)는 부분적으로는 마가복음 10:45와 그 병행구절에 기록된 예수의 대속물 이야기에 기초했을 것이 분명하다. 바울의 신학 속에 담긴 핵심적인 주제들 또한 비록 겉으로 볼 때에는 예수의 사상과 다른 것처럼 보이지만, 강한 연속성을 암시한다. "하나님 나라"에 대한 몇몇 구절들(비록 복음서에서보다는 그 빈도가 크게 줄어들었다), 복음을 들고 먼저는 유대인들에게, 그 후에 이방인들에게 나아가는 순서, 예수께서 율법의 완성이라는 사상은 율법을 노예같이 맹목적으로 복종하는 것으로부터의 자유와 함께 그 영속적이고 도덕적인 요구에 충실해야 할 필요성을 암시한다. 구약성경을 사랑의 명령으로 요약하는 것, 마가복음 14:38과 마찬가지로 육과 영의 비교, 그리고 누가복음 18:10-14에서처럼 믿음을 통하여 은혜로 말미암는 칭의 등이다.

(3) 일반 서신서들

야고보서와 베드로전서 역시 기록된 첫 복음서 이전에 회람되었을 어떤 형태의 예수전승에 의존하는 듯하다. 야고보서에 나타난 증거는 이 서신이 만약 여러 학자들의 생각처럼 주후 40년대 후에 기록된 신약성경의 최초의 문서였다면 특별히 중요한 의미를 가진다. 그렇다면 야고보가 의존한 구전은 복음서의 사건들로부터 겨우 15년 정도의 시간적인 차이를 보일 뿐이다. 야고보는 오직 한 군데에서 예수의 말씀을 직접적으로 인용하지만("너희의 그렇다 하는 것은 그렇다 하고 아니라 하는 것은 아니라 하여"-약 5:12; 마 5:37), 수많은 암시들, 특별히 산상수훈에 대한 암시들을 포함한다. 예를 들면, 1:2를 마태복음 5:11-12와 비교하고, 1:4를 마태복음 5:48과 비교하고, 1:5를 마태복음 7:7과 비교하고, 1:6을 마가복음 11:23과 비교하라.[29] 한편 베드로전서는 주후 64년 초로 그 연대를 추정한다고 할지라도(베드로가 아직 살아 있고 네로의 박해가 방금 시작된 때), 최종적인 형태의 마태복음, 마가복음, 또는 누가복음에 대해서 알고 있었을 것이다. 하지만 흥미롭게도, 복음 전승에 대한 베드로의 뚜렷한 암시들 중 몇 가지는 요한 특유의 자료와 유사한데, 이 자료는 아마도 90년대에 와서야 기록되었을 것이다. 그러므로 1:3은 새롭게 태어나는 것에 관해서 말하며(요 3:3 참조), 1:8은 예수를 보지 못하고도 그분을 사랑하는 것에 관해서(요 20:29 참조), 그리고 2:9는 흑암에서 빛으로 부르심을 받는 것에 대해서(요 8:12 참조) 말한다. 그러므로 이것은 정경의 복음서들로 기록된 연대보다 일찍이 구전되어 내려온 자료가 있었다는 증거를 보여준다.[30]

(4) 초대교회의 신조들

마지막으로 살펴볼 증거는 예수에 관한 구전의 존재를 매우 이른 시기로 추정하게 한다. 서간서들에는 그 구조나 형태가 시나 찬송으로 종종 분류되는 다양한 구절들이 있는데, 여기에는 후대의 기독교 신조들을 연상시켜 주는 기독

---

29) 야고보서의 연대와 예수-전승에 대한 암시 목록 및 논의를 위해서는 특별히 Peter H. Davids, *The Epistle of James* (Exeter: Paternoster; Grand Rapids: Eerdmans, 1982), 2-22, 47-51을 보라.
30) Robert H. Gundry, "'Verba Christi' in 1 Peter: Their Implications Concerning the Authorship of 1 Peter and the Authenticity of the Gospel Tradition," *NTS* 13 (1966-67): 336-50; 같은 저자, "Further Verba on *Verba Christi* in First Peter," *Biblica* 55 (1974): 211-32 참조.

론적인 가르침들로 가득 차 있다.[31] 이런 구절들이 그것을 사용한 신약성경의 저자들보다 시대적으로 선행한다는 증거가 종종 발견된다. 그 이유는 이 저자들 나름의 신학을 반영해 주는 주요 단어나 문구들 때문인데, 이것들은 "신조"의 구조나 대칭을 깨뜨린다. 만약 이것이 사실이라면, 우리는 성도들이 매우 이른 시기에 예수에 대해서 어떻게 고백했는지를 이 구절들로부터 알 수 있다. 놀랍게도 이 구절들은 몇몇 "최고의 기독론"-그리스도의 성품과 사역에 관한 가장 높고 숭고한 진술들-을 포함하는데, 신약성경 곳곳에서 발견된다(예를 들면, 빌 2:5-11; 골 1:15-20; 롬 1:3-4; 그리고 딤전 3:16). 베드로는 예수의 무범적인 삶과 구속적인 죽음에 대해서 위와 유사한 고백적인 구절들에 언급하였다(벧전 1:20-21; 2:21-25; 3:18-22). 모든 신조들 중에서 아마도 가장 중요한 신조에서 바울은 예수의 부활을 직접 목격한 자들로부터 그에게 전수되어 온 전승을 인용하였다(고전 15:3-7). 이 구절의 문체는 성스러운 전승을 전달하기 위한 유대인들의 기술적인 용어들로 구성되어 있다. 예수의 죽으심과 부활의 실체와 중요성이야말로 다른 성도들이 초심자 바울에게 가장 먼저 가르친 내용이었을 것이라는 점을 고려할 때, 이런 정보의 연대를 바울이 회심하였던 주후 32년 초기로 추정하는 것이 가능하다. 그렇다면, 이런 모든 증거들에 기초해서, 예수께서 돌아가신 지 적어도 2년 이내에 유대인 성도들이 그의 몸의 부활을 담대하게 선포하였을 것이 틀림없다.[32] 이것은 기독교의 기원을 재구성하려는 수정주의자들이 이 모든 것을 예수 이야기의 후대 헬라적인 변형으로 본 것과 비교할 때 얼마나 다른가!

3. 결론

본서의 여러 곳에서 우리는 다음과 같은 증거를 보아왔다. (1) 초기의 그리스도인들이 예수에 관한 정확한 정보를 조심스럽게 보존하였고, (2) 복음서로부

---

31) 개론적인 논의를 위해서는 Ralph P. Martin, *New Testament Foundations*, vol. 2 (Grand Rapids: Eerdmans; Exeter, Paternoster, 1978), 248-75를 보라. 신약성경의 서신서에 가득한 전통적인 자료들을 인식하기 위한 좋은 기준들에 대해서는 Markus Barth, *Ephesians* 1-3 (Garden City: Doubleday, 1974), 6-10을 보라.

32) Peter J. Kearney, "He Appeared to 500 Brothers (1 Cor. XV 6)," *NovT* 22 (1980): 264-84 참조.

터 선택한 본문들이 역사적으로 확실하다. 우리는 본장에서 주로 (3) 복음서 이외의 다른 자료들-고고학의 유물들과 역사 지리와 다른 기독교, 또는 비기독교 저술가들의 자료들-의 증거에 초점을 맞추었다. 이 모든 것들을 모두 합하여도 복음서 전승의 완벽한 진위를 위한 증거가 되지는 못한다. 또한 성경 내용의 영감이나 무오를 보여주지도 않는다. 믿음의 신학적인 강조들을 믿는 자들은 하나님의 성품과 그분의 계시에 대한 다른 신념들로부터 그것을 연역해서 유추한다. 그러한 확신들은 나름대로 적절한 때와 장소가 있지만, 그러한 특정 전제들을 공유하지 않는 자들과 논의할 때에는 별로 도움이 될 수 없다. 본서는 복음서 문헌의 특성에 대한 보다 귀납적인 관찰들에 주로 초점을 두었는데, 이 관찰들은 고대의 다른 역사적, 신학적, 문학적 자료에 기초해서 해석되었다. 믿음으로 믿든지, 믿지 않든지, 순전히 역사적인 근거에만 기초한다고 해도 복음서 전승의 일반적인 신뢰성을 믿을 만한 분명한 이유가 있다. 더 나아가 "믿음의 도약"을 통해서 그 자료의 전체적인 신뢰성을 수용하는 자들은 수많은 증거들을 무시함으로써 그렇게 하는 것이 아니라, 그 증거들이 이미 가리키는 방향으로 나아감으로써 그렇게 한다.

4. 심층연구를 위한 자료

1) 고고학

(1) 초급

Blaiklock, E. M. *The Archaeology of the New Testament*. Nashville: Thomas Nelson, rev. 1984.

Blaiklock, E. M., and R. K. Harrison, eds. *The New International Dictionary of Biblical Archaeology*. Grand Rapids: Zondervan, 1983.

Riesner, Rainer. "Archaeology and Geography", in *DJG*, 33-46.

(2) 중급

Arav, Rami, and John J. Rousseau. *Jesus and His World: An Archaeological*

and Cultural Dictionary. Minneapolis: Fortress, 1955.
Free, Joseph P. *Archaeology and Bible History*. Rev. & expd. By Howard F. Vos. Grand Rapids: Zondervan, 1992.
McRay, John. *Archaeology and the New Testament*. Grand Rapids: Baker, 1991.
Shanks, Hershel, and Dan P. Cole, eds. *Archaeology and the Bible: The Best of* Biblical Archaeology Review. 2 vols. Washington, D. C.: Biblical Archaeological Society, 1990.

(3) 고급

Finegan, Jack. *The Archaeology of the New Testament*. Princeton: Princeton University Press, rev. 1992.

2) 다른 고대의 자료들

(1) 초급

Barnett, Paul. *Is the New Testament History?* London: Hodder & Stoughton, 1986.
Dunn, James D. G. *The Evidence for Jesus*. London: SCM; Philadelphia: Westminster, 1985.
Evans, Craig A. "Jesus in Non-Christian Sources", in *DJG*, 364-68.
France, R. T. *The Evidence for Jesus*. London: Hodder & Stoughton: Downers Grove: IVP, 1986.
Habermas, Gary R. *Ancient Evidence for the Life of Jesus*. Nashville: Thomas Nelson, rev. 1984.

(2) 중급

Jeremias, Joachim. *Unknown Sayings of Jesus*. London: SPCK, rev. 1964.
Mason, Steve. *Josephus and the New Testament*. Peabody: Hentrickson, 1992.
Stroker, William D. *Extracanonical Sayings of Jesus*. Atlanta: Scholars, 1989.
Wenham, David, ed. *Gospel Perspectives*. Vol. 5, *The Jesus Tradition outside*

the Gospels. Sheffield: JSOT, 1985.

Wenham, Daivd. *Paul: Follower of Jesus or Founder of Christianity?* Grand Rapids and Cambridge: Eerdmans, 1995.

(3) 고급

Charlesworth, James H., and Craig A. Evans. "Jesus in the Agrapha and Apocryphal Gospels." In *Studying the Historical Jesus*. Ed. Bruce Chilton and Craig A. Evans. Leiden: Brill, 1994.

Evans, Craig A. "Jesus in Non-Christian Sources." In *Studying the Historical Jesus*. Ed. Bruce Chilton and Craig A. Evans. Leiden: Brill, 1994.

Klijn, A. F. J. *Jewish-Christian Gospel Tradition*. Leiden: Brill, 1992.

Meier, John P. *A Marginal Jew: Rethinking the Historical Jesus*. Vol. 1. New York and London: Doubleday, 1991.

Tuckett, C. M. *Nag Hammadi and the Gospel Tradition*. Edinburgh: T. & T. Clark, 1986.

(4) 색인

Evans, Craig A., Robert L. Webb, and Richard A. Wiebe. *Nag Hammadi Texts and the Bible: A Synopsis and Index*. Leiden: Brill, 1993.

(5) 참고문헌

Evans, Craig A. *Jesus*. IBR Bibliographies #5. Grand Rapids: Baker, 1992.

5. 복습을 위한 질문들

1) 복음서의 일반적인 역사적 신뢰성을 입증하기 위한 주요 단계들을 항목별로 열거하라.
2) 위의 단계들 중에서 어느 것이 가장 당신에게 설득력이 있는가? 가장 설득력이 없는 것은? 그 이유는? (각 평가에 대한 이유들을 제시하라.)

제19장

예수의 신학

우리에게는 복음서 전승의 모든 부분에 대한 신뢰성을 입증할 만한 공간도, 적합한 비교자료도 없다. 하지만 복음서, 특별히 공관복음서의 주된 내용들의 일반적인 신뢰성 위에 기초해서, 그리고 신뢰성을 위한 좋은 논의가 모아질 수 있는 예수의 구체적인 말씀과 행동과 사역의 주제들에 기초해서, 우리는 예수의 뜻과 의도에 관해서 어떤 결론을 유추할 수 있을까? 이 질문에 대한 대답들은 몇 가지 큰 제목들로 나누어진다. 예수는 하나님 나라의 도래를 선포하셨고, 그의 제자가 될 사람들에게 특별히 사회적인 관심사의 영역에서 높은 윤리기준을 촉구하셨으며, 율법에 대한 당시의 지배적인 여러 해석들을 복음("좋은 소식")으로 도전하셨는데, 이 복음은 이스라엘의 기록된 경전보다 근본적으로 하나님의 뜻에 대한 그의 직접적인 이해 위에 기초한 것이었다(pp. 616-622을 보라). 당시의 다른 유대인들과 여러 면에서 유사했지만, 예수가 강조하신 견해들과 주장들의 특별한 혼합은 1세기의 그 어느 종파나 당파와도 일치하지 않았다. 예수의 독특한 내용 중에서 중심적인 것은 그가 세상의 죄를 위해 죽으셔야 하고, 그 후의 부활과 영광 중 재림에 의해서 높임을 받으셔야 한다는 확신이었다. 예수의 자기이해는 은연중의 주장이나 행동—하나님의 뜻을 인류에게 중재하시는 하나님의 특별한 대리자로서 자신을 여기셨다는 견해를 제시한다—과 여러 기독론적인 칭호들—가장 유명한 칭호들은 인자, 하나님의 아들, 주, 그리고 메시아이다—에 대한 그분의 사용과 응답에 의해서 드러난다. 그분이 이러한 명칭들을 조심스럽게 받아들이셨다는 사실은 그분의 강한 자기상을 약화시키지 않고, 자신의 사명에 대한 예수의 이해와는 별개로 이러한 명칭들에 붙여진 고정관념들을 반영할 뿐이다. 나사렛 출신의 이 1세기 유대인을 연구하는 성실한 학생이라면 그가 역사가이든지, 아니면 성도이든지 관계없이, 어떠한 틀에 박힌 종교적 범주에 들지 않는 사람을 만나게 된다. 그렇기 때문에 그 이후 몇 세기 동안 복음서 저자들(요한이 그 중에서 가장 유명하다)과 성도들이 왜 예수가 온 인류에게 구원을 베푸신 유일한 신인(神人)이시지만, 모든 사람들에게서 응답을 요구하시며, 이에 기초해서 영원한 운명이 결정될 것이라고 확신하게 되었는지 곧 명확해진다.

1. 하나님 나라

예수의 확실한 메시지의 핵심이 하나님 나라를 중심으로 한다는 점은 많은 사람들이 동의한다. 이 단어는 구약성경에는 등장하지 않지만, 왕으로 다스리시는 하나님의 개념은 구약 전체에, 특별히 다윗에게 주어진 약속들과 다니엘서에 깊게 스며있다. 신구약 중간기에는 이 단어가 하나님의 왕다운 권세를 의미할 때 자주 사용되었는데, 다윗 계열의 문자적인 왕권이 이스라엘에 회복되기를 바라는 상황을 종종 수반하였다. 예수는 이 왕국의 개념을 하나님께서 구원의 목적을 이루시기 위해서 인류 가운데 침입하시는 것으로 발전시키셨지만, 자신의 현재 사역을 정치적으로 자유로운 이스라엘의 기득권자들로부터 분리하셨다. 하나님 나라는 예수께 영역보다는 통치였고, 장소보다는 능력이었다. 하지만 예수께서 제자 공동체를 구성하셨기 때문에 우리는 하나님 나라가 특별히 교회의 핵심을 이루는 제자들 가운데 나타난다고 말할 수 있다. 아마도 "지배"라는 영어 단어는 주권적인 권세와 주권자에게 충성을 다짐하는 백성의 내포된 의미를 가장 잘 보여준다.[1]

하나님 나라에 관한 예수의 가르침은 다양하게 분류될 수 있다. 샌더스(E. P. Sanders)는 여섯 가지로 분류하면서 하나님 나라를 (a) 사람이 맺는 언약 (b) 완전히 성취되어야 할 미래의 실체 (c) 의인들을 악인들로부터 구별하게 될 예상치 못할 미래의 사건 (d) 인식할 수 있는 사회 질서의 성취 (e) 예수의 말씀과 행동에 대한 현재적인 경험 그리고 (f) 하나님의 성품과 왕으로서의 통치로 묘

---

1) 예를 들면, Ben Witherington III, *The Christology of Jesus* (Minneapolis: Fortress, 1990), 197-98 참조.

사하였다.[2] 대부분의 학자들은 하나님의 통치의 현재적/미래적 차원만을 단순히 비교함으로써 이 주제에 대한 논의를 지나치게 단순화한다. 이러한 견해는 과거의 몇몇 학문적인 시기가 지난 이후에 나타났다. 하나님 나라에 대한 19세기의 다양한 사회/정치적 해석은 20세기가 시작되면서 앨버트 슈바이처의 "일관된 종말론"-완전히 미래적인 하나님 나라-에 양보하고 말았다. 1930년대에 C. H. 도드는 완전히 "실현된 종말론"-전적으로 현재적인 하나님 나라-을 주장하면서 반대편 극단으로 여론을 몰아갔다. 하지만 오늘날에는 대부분이 요아킴 예레미아스의 "실현되는 과정 속의 종말론"을 따르며, 하나님 나라의 현재적이면서도 미래적인 차원을 모두 인정한다.[3] "이미 하지만 아직"이라는 표현은 이러한 견해를 잘 보여주는 유익한 슬로건이다.

예수에게 하나님 나라의 미래적인 차원은 과거 유대인들의 기대와 가장 밀접하게 일치한다. 최후의 만찬은 이사야서 25:6-9에 묘사된 메시아 잔치를 예시하는데, 이 잔치는 또한 예수의 잔치 비유에서도 묘사된다(마 22:1-14; 눅 14:15-24). 예수는 다가오는 하나님 나라를 위해서 기도하라고 제자들에게 가르치셨다(마 6:10). 그분은 자기의 "적은 무리"에게 하나님의 나라를 주시겠다고 약속하셨는데, 그들은 이스라엘의 열두 지파를 다스리게 될 것이다(눅 12:32; 22:28-30). 주님은 하나님 나라가 당장 임할 것이라는 군중의 생각에 대하여 경고하셨다(눅 19:11). 그리고 두 가지 미래의 운명으로서 천국에 들어가는 것과 지옥에 던져지는 것을 비교하셨다(막 9:47). 하나님의 통치를 즐기는 것은 유산에 비교되거나(마 5:20), 사람이 장차 들어가게 될 미래의 나라에 비교된다(마 25:31-46). 이것은 심판의 날에 발생하게 될 사건의 일부이다(마 7:21-23; 25:1-13; 눅 21:31).

---

2) E. P. Sanders, *Jesus and Judaism* (London: SCM; Philadelphia: Fortress, 1985), 141-50.
3) 이런 다양한 발전들에 관한 자세한 연구를 위해서는 Wendell Willis, ed., *The Kingdom of God in 20th Century Interpretation* (Peabody: Hendrickson, 1987)을 보라. 위 233쪽 n. 2에서 언급한 것처럼, 천국에 대해서 비종말론적인 견해를 선호하는 보다 전위적인 학파가 있다. 그들 중 몇몇 학자들은 그들이 이제 합의에 도달했다고 주장하는 자들도 있지만(예를 들면, Marcus Borg, Jesus in Contemporary Scholarship [Valley Forge. TPI, 1994], 특별히 47-90), 사실상 그들은 여전히 소수에 지나지 않는다. Borg은 아직도 예수님의 가르침에 대해서 Schweitzer의 해석, 즉 천국의 완전한 설립이 예수에게 너무나 임박한 것이었기에 결국 잘못되었다는 해석을 믿고 있다고 주장한다. 하지만 Schweitzer를 거부한다고 해서 모든 학자들이 예수의 메시지, 특별히 천국 가르침에 핵심적인 묵시적, 또는 종말론적인 모든 형태의 메시지를 거부하는 것을 의미하지는 않는다.

제5부_ 역사적, 신학적 종합

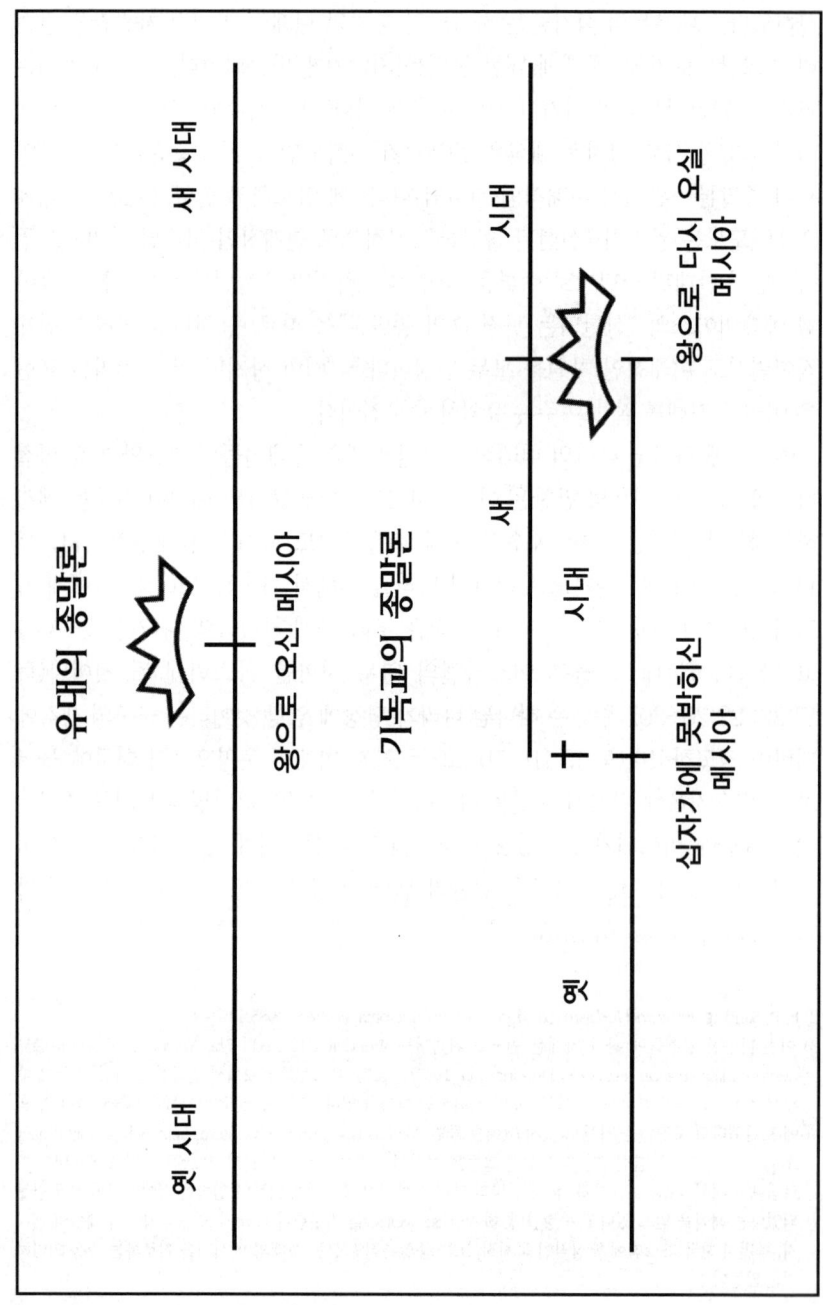

하지만 더욱 놀라운 것은 천국에 대한 예수의 가르침이 가진 현재적인 차원들인데, 이것은 그의 유대적인 배경에 비추어볼 때 매우 두드러진다. 그분의 사역 전체의 "제목"은 하나님 나라가 가까웠으니 회개하라는 부르심이다(막 1:15; 마 4:23; 눅 4:43). 이것은 귀신을 내어 쫓으시는 예수의 사역과 함께 묶여 있는데(눅 9:1; 10:18-19), 예수의 말씀을 듣는 자들 위에 천국이 임하였음을 보여준다(마 12:28). 예수의 인격 안에서 하나님의 통치는 심지어 그의 원수들 가운데서도 나타난다(눅 17:20-21). 우리는 자신을 어린아이처럼 낮춤으로써(막 10:15) 적어도 부분적으로 이미 현재적인 그 나라에 들어갈 수 있다(눅 16:16).[4] 실제로 천국의 시대는 세례 요한의 사역 이후부터 줄곧 존재하여 왔다(마 11:11-12). 보다 일반적인 문장들 역시 새 시대의 도래를 보여주는 예수의 사역 속에서 예언이 성취되었음을 언급한다(눅 4:21; 마 11:4-6). 하지만 어떤 바리새인들과 서기관들은 많은 사람들이 이 시대 속으로 들어가지 못하게 막을 것이다(마 23:13). 요약한다면, 예수께서 오심과 더불어 하나님께서 온 우주 위에 권세를 발휘하실 새로운 시대가 왔다. 하나님의 백성, 즉 예수의 제자들은 그러므로 과거의 이스라엘이 받았던 것보다 훨씬 위대하고 영원한 능력을 받았다. 하지만 우리와 우주를 향하신 하나님의 온전한 목적들은 아직도 미래의 성취를 기다리고 있다.

천국의 현재적이면서 미래적인 요소들을 우리가 이해할 때 성도의 삶과 의무에 관한 일종의 현실주의와 소망이 우리에게 주어진다. 한편으로, 우리가 하나님의 성령께 순종할 때 하나님을 위해 우리가 얼마만큼 성취할 수 있다는 것을 과소평가하지 말아야 한다. 주님은 지금 이 시대에 개인적으로, 그리고 공동체적으로 천국-장차 임할 세상-의 전초기지나 식민지를 우리의 삶 속에 창조하시기를 원하신다. 그렇게 함으로써 우리는 이 세상에서 소금과 빛이 된다(마 5:14-16). 다른 한편으로, 우리는 박해의 세력에 대해서도 과소평가하지 말아야 한다. 우리는 이생에서 결코 한꺼번에 온 세상을 기독교화하거나 하나님의 의를 확립할 수 없을 것이다. 그것은 예수께서 친히 재림하신 후에 하실

---

4) "천국에 들어가는" 반복적인 주제에 관해서는 특별히 Joel Marcus, "Entering into the Kingly Power of God," *JBL* 107 (1988): 663-74를 보라. 그는 이 표현이 얼마나 자주 이미 세상에 존재하는 하나님의 활동에 사람이 참여하는 것을 의미하는지 보여준다.

일들이다.[5]

　이와 관계된 하나의 주제에는 예수께서 마가복음 4:11-12와 병행구절들에서 사용하신 천국의 "비밀"이라는 표현이 포함된다. 아직도 대중들에게 큰 영향력을 끼치고 있는 보수적인 세대주의자들은 예수께서 이스라엘에게 하나의 문자적이고, 현세적이며, 사회/정치적인 천국을 주시려고 오셨다고 생각한다. 이스라엘 민족이 그 제안을 거절하자, 하나님이 "두 번째 계획"-"천국의 비밀스런 형태"-으로 후퇴하셨는데, 바로 다민족적인 교회라는 것이다. 이 시점부터 예수는 무리들에게 비유를 통해서만 말씀하심으로써 그들이 이해하지 못하도록 하셨다(마 13장). 하지만 예수께서 재림하시면 언젠가 그분의 통치 아래 이스라엘을 문자적으로 한 나라로서 세우실 것이다.

　하지만 현대의 거의 대부분의 세대주의 학자들이 인정하듯이, 이 견해는 복음서의 내용에 비추어볼 때 적절하지 않다.[6] 예수는 무엇보다도 우선 인류를 위해 대속적으로 죽기 위해 오셨다. 이스라엘을 위해 이 땅에 왕국을 세우는 것은 이러한 필수조건을 방해하고 말 것이다. 문맥상, 천국의 비밀은 변변치 못한 시작으로부터 나타나는 놀라운 결과를 묘사한 마가복음 4장과 마태복음 13장의 비유들(소위 성장의 비유들)에 의해서 분명하게 드러난다. 예수는 여기에서 처음으로 비유를 말씀하신 것이 아니며(마 7:24-27 참조), 돌아가시기 마지막 주간에도 그의 대적자들은 그분의 비유적인 주장들을 적어도 지식적인 차원에서나마 잘 이해하고 있었다(막 12:12). 예수께서 열두 제자들을 부르신 것은 처음부터 그를 따르는 제자 공동체 중에서 "새로운 이스라엘"을 구성하려고 의도하셨음을 암시한다. 그러므로 천국의 비밀은, 하나님 나라가 그리스도의 사역 속에 현존하지만 결코 불가항력적인 힘을 가진 것은 아니라는 것 그 이상도, 그 이하도 아니라고 이해하는 것이 최선이다.[7]

---

5) 이런 주제들을 본서의 많은 독자들이 참여하게 될 한 영역에 상세하게 적용하는 것에 대해서는 Craig L. Blomberg, "The Kingdom of God and Evangelical Theological Education," *Didaskalia* 6.2 (1995): 14-35를 보라.
6) 특별히 Robert L. Saucy, *The Case for Progressive Dispensationalism* (Grand Rapids: Zondervan, 1993); Craig A. Blaising and Darrell L. Bock, *Progressive Dispensationalism* (Wheaton: Victor, 1993)을 보라.
7) George E. Ladd, *The Gospel of the Kingdom* (Grand Rapids: Eerdmans; Exeter: Paternoster, 1959), 56. '지연된 천국' 이론에 대해 보다 일반적인 반박은 같은 저자의 *Crucial Questions about the Kingdom of God* (Grand Rapids: Eerdmans, 1952), 101-17을 보라.

천국이 유대의 미래적인 영역을 우선적으로 뜻하는 것이 아님을 보여주는 마지막 근거는 바울이 주로 이방인 성도들에게 쓴 편지에서 확인되는데, 그는 성도들의 삶 속에서 현재적으로 누릴 수 있는 축복들을 언급할 때 이 용어를 사용하였다. 의, 평화, 성령 안의 기쁨(롬 14:17), 영적인 능력(고전 4:20), 흑암의 세계로부터 벗어남(골 1:13), 그리고 사도들의 상호 협동적인 사역(골 4:11).

"하나님 나라"와 "하늘 나라" 사이의 오래된 구별 역시 주의 깊은 주석적인 연구에 의하면 타당성이 없다. "하늘"은 "하나님"을 의미하는 유대인들의 유명한 완곡어구였다(예를 들면, 눅 15:21). 이 두 용어들은 마태복음 19:23과 24(16, 25절 참조)에서 서로 호환적으로("영생"을 유업으로 얻는 것과 "구원받는" 것도 마찬가지) 사용된다. 그리고 마태복음의 여러 구절들(유일하게 "천국"이라는 용어를 사용한 복음서)은 마가복음이나 누가복음의 병행구절과 동일한데, "하나님 나라"라는 표현 이외에는 큰 차이를 보이지 않는다(예를 들면, 마 4:17과 막 1:14-15; 마 5:3과 눅 6:20; 마 8:11과 눅 13:29; 마 13:11과 막 4:11; 마 13:31과 막 4:30; 마 19:14와 막 10:14; 그리고 막 19:23과 막 10:23).

그러므로 하나님 나라(또는 천국)는 교회와 동일하지 않다―천국은 능력이고 교회는 사람들이다. 이것은 예수께서 곡식과 가라지의 비유에서 어떻게 밭을 "세상"과 "천국"으로 교대로 묘사할 수 있었는지를 설명한다(마 13:38, 41). 하나님의 전능하신 능력은 온 우주 위에 확대된다. 비록 이 세상의 모든 사람들과 권세들이 그 사실을 아직 인정하지 않는다 해도 말이다. 하지만 교회가 하나님의 통치에 개별적으로 순종하는 사람들의 모임이기 때문에 이 두 실체 사이에는 중복된 부분도 상당히 많다. 래드(Ladd)는 이 관계를 다섯 가지 제목으로 적절하게 요약하였다. 즉, 교회는 천국이 아니다. 천국은 교회를 창조한다. 교회는 천국을 증거한다. 교회는 천국의 수단이다. 그리고 교회는 천국의 관리자이다. 그는 또한 이 천국의 하나님의 결과적인 모습에 대해서 이렇게 기록한다. 하나님은 찾으시고, 초청하시고, 심판하시는 아버지이시다.[8]

---

8) 같은 저자, *A Theology of the New Testament*, rev. Donald A. Hagner (Grand Rapids: Eerdmans, 1993), 109-17, 80-88.

2. 윤리

1) 일반적인 원리들

주기도문에서 "나라이 임하옵시며, 뜻이 이루어지이다"의 기도문들을 함께 묶으면 천국과 윤리의 주제들이 서로 얼마나 긴밀하게 연관되는지를 보여준다. 하나님의 왕 같은 통치는 그분의 의로우신 기준들이 실행되는 바로 그때 이 땅에 온전하게 이루어진다. 그러므로 천국의 윤리는 하나님의 뜻이 인생의 모든 영역에서 성취되는 것을 말한다. 성도의 의무는 먼저 하나님의 나라와 그분의 의를 추구하는 것이다. 그러면 그들의 모든 필요들은 충족되어질 것이다(마 6:33).

그렇다면 이것이 행함으로 말미암는 의로 인도하는가? 제자들의 행동에 관한 예수의 가르침에는 두 가지 경쟁적으로 보이는 사상들이 있다. 한편으로는 여러 구절들이 우리에게 선을 행하라고 명령한다-의를 추구하라, 제자의 삶을 살아라, 예수를 본받으라 등등. 산상수훈은 "우리에게 요구되는 의"로 요약되어지는데, 이 의는 유대 지도자들이 보여주는 것보다 더 위대한 의이다(마 5:20). 이러한 제자훈련의 삶이 엄격하기 때문에 우리는 좁은 문으로 들어가도록 명령을 받는다(마 7:13). 우리를 향하신 하나님의 용서는 어떤 의미에서 남들에 대한 우리의 용서를 조건으로 한다(마 6:12, 14-15). 그리고 우리는 복음에 대한 절대적인 헌신 속에서(눅 14:25-33) 모든 것을 희생할 준비가 되어 있어야 한다(마 13:44-46).

다른 한편으로, 예수는 제자된 삶은 믿음의 삶이라고 마찬가지로 강조하셨다. 예수께서 전파하시는 복음에 대한 믿음으로 인도하는 출발점은 바로 회개이다(막 1:15). 우리는 이 믿음을 공개적으로 고백하고(눅 12:3) 하나님의 나라를 하나의 선물로 받는다(32절). 예수는 그분을 믿고 나아오는 자들의 믿음을 칭찬하셨다-가장 유명한 사람은 병든 종을 위해 간구했던 백부장이지만(마 8:10), 예수가 그들이나 그들의 사랑하는 자들을 고치실 수 있다고 믿었던 사람들도 몇몇 있었다(마 9:22, 29; 15:28). 사실상, "네 믿음이 너를 온전케 하였다"는 문구는 복음서의 네 가지 서로 다른 문맥들 속에 등장하는데, 육체적이면서 또한 영적인 치유를 의미한다(막 5:34; 막 10:52; 눅 7:50; 17:19).⁹⁾ 무익한 종의 짧은 비유는 은혜의 신학을 아름답게 요약해 주는 한편(눅 17:7-10), 바리새인과 세리의 이야기는 믿음으로 말미암는 칭의에 관한 바울의 문체를 떠올리게 한다(18:9-14). 포도원 일꾼들의 비유는 성도들이 삯을 위해서 일하지 않으며 하늘의 상급은 위대한 평형장치이지만, 완벽한 동등성임을 분명히 보여준다!¹⁰⁾ 마지막으로, 십자가 위의 강도는 구원을 얻기 위해 선행을 행할 시간이 없었던 사람의 가장 대표적인 예를 보여준다.

예수에 대한 이런 두 가지 문헌 사이의 불일치를 우리가 어떻게 해결할 것인가? 바로 예수께서 그런 요구들을 하시는 상황을 이해함으로써 해결할 수 있다. 산상수훈과 마찬가지로 거의 대부분의 경우, 그분의 요구들은 이미 제자가 되어 그분을 따르는 자들에게 일차적으로 주어진다. 성품이 행동에 선행하는 것이다(마 7:16-20). 하나님께서 주시는 용서를 깨달을 때 우리도 타인을 용서할 수 있다(눅 6:36; 마 18:23-35). 그리스도께서 요구하시는 더 큰 의는 천국에 들어가기 위한 자격조건이 아니라, 그리스도 안에서 주님께 나아온 자들로 하여금 점점 닮게 하는 독특한 생활양식이다.¹¹⁾ 그러므로 예수는 역설적으로 자신의 요구사항들을 쉬운 멍에와 가벼운 짐이라고 말씀하실 수 있으시다(마 11:30). 그래서 예수께 순종하는 근본적인 동기는 그분이 우리를 위해서 행하신 것, 우리가 절대로 우리 힘으로 할 수 없고 받을 자격도 없는 그것에 대한 심오한 감사가 된다. 이것은 철저한 헌신으로, 우리 자신의 권한들을 포기하는 것으로 이어지는데(마 8:34-38), 그때에는 유일한 상급이 그것을 바라지 않는 자들에게 주어진다(눅 14:7-14).

예수의 윤리의 핵심은 사랑이다. 즉 하나님과 이웃을 사랑하라는 이중의 명령(막 12:29-31)과 이웃에는 우리의 원수들까지도 포함된다는 사실(눅 10:25-37; 눅 6:35 참조). 복음은 우리로 하여금 온갖 종류의 부족주의, 민족주의, 또

---

9) 자세한 설명은 Craig L. Blomberg, "'Your Faith Has Made You Whole': The Evangelical Liberation Theology of Jesus," in *Jesus of Nazareth: Lord and Christ*, ed. Joel B. Green and Max Turner (Carlisle: Paternoster; Grand Rapids: Eerdmands, 1994), 75-93 참조.
10) 이 부분에 관해서는 같은 저자의 "Degrees of Reward in the Kingdom of Heaven?" *JETS* 35 (1992): 159-72 참조.
11) Robert A. Guelich, "The Matthean Beatitudes: 'Entrance-Requirements' or Eschatological Blessings?" *JBL* 95 (1976): 415-34 참조.

는 민족중심주의에 맞서도록 도전하는데, 이것들은 모든 사람들, 특별히 모든 동료 성도들을 위한 초문화적인 사랑(agapē)보다 인간 집단에 충성하는 것을 더 중요시한다. 수많은 부정적인 금지사항들과는 달리, 사랑하라는 긍정적인 명령은 결코 완벽하게 지켰다고 말할 수 없다. 하나님의 사랑을 우리의 사랑의 모델로 삼을 때 온갖 종류의 비판주의를 거부하고(마 7:1) 우리가 대접 받기를 원하는 대로 다른 사람들을 대접하게 한다(12절). 원수-사랑이 성숙한 형태의 평화주의로 발전하든지의 여부와 관계없이, 이것은 우리에게 마땅히 도전을 주어 "의로운 평화 만들기", 즉 소외된 사람들을 하나님과 서로에게 화목 시키기 위해 할 수 있는 최선을 다하게 해야 한다.[12] 요약한다면, 우리는 타인을 오래오래 섬기는 삶을 살기 위해서 고난까지 감당하되, 필요하다면 죽음까지도 감수할 수 있어야 한다(요 15:12-13).

예수의 윤리적인 가르침 중에서 여러 주제들이 집중적인 관심을 받는다. 그 중 하나는 "가정적인 가치관들"을 포함한다.[13] 한편으로 우리에게 배우자와 자녀가 있다면 그들에 대한 일평생 변함없는 충성과 신실함을 다하도록 명령을 받는다. 예수는 그 당시 문화에서는 유례를 찾을 수 없을 정도로 아내들과 자녀들에게 존엄성을 부여하셨다(막 10:1-16). 다른 한편으로, 우리의 가정을 향한 사랑은 하나님께 대한 우리의 사랑과 비교할 때 마치 증오처럼 보이며(눅 14:26; 막 3:31-35), 독신 역시 하나님께로부터 오는 은사일 수 있다(마 19:10-12). 많은 관심을 받는 다른 주제들에는 개인적인 인격(마 5:33-37; 7:1-6; 23:1-39), 담대하고, 집요하며, 믿음으로 가득한 기도(눅 11:1-13; 18:1-14; 막 11:22-25), 그리스-로마 사회에서는 덕이 아니라 결함으로 여겨졌던 겸손(마 18:1-5; 막 9:33-37; 10:13-16; 눅 17:7-10),[14] 세금을 내는 것(비록 유대나 로마의 주장들이 절대적으로 여겨지지 않지만, 마 17:24-27; 막 12:13-17), 그리고 민족적인 정체성을 드러내는 유대적인 예식들에 대한 거부(pp. 619를 보라) 등이 포함된다.

---

12) 특별히 Glen H. Stassen, *Just Peacemaking* (Louisville: Westminster/John Knox, 1992)를 보라.
13) 특별히 Stephen C. Barton, *Discipleship and Family Ties in Mark and Matthew* (Cambridge: CUP, 1994) 참조.
14) 이 부분에 관해서는 특별히 Craig A. Evans, "Jesus' Ethic of Humility," *Trinity Journal* n.s. 13 (1992): 127-38을 보라.

2) 사회적인 관심

예수는 세속적인 권세를 휘두르고 빼앗거나, 어느 특정 정치집단이나 사회/경제적인 정책을 지지하는 등의 정치적인 성향을 전혀 보이지 않으셨다. 그의 제자들이 억지로 그를 왕으로 삼고자 했을 때 주님은 그 자리를 피하셨다(요 6:15). 위험을 대비하라고 주님께서 겟세마네 동산에서 가르치신 내용을 제자들이 오해했을 때, 주님은 베드로가 칼을 휘둘러 상처를 입힌 사람을 고치셨다(눅 22:51). 주님께서 비록 성전을 청결케 하셨지만, 이것은 영속적인 결과를 가져오지 않는 하나의 작은 항거에 불과했으며, 어떤 체계적인 변화를 가져오려는 의도보다는 다가올 성전의 멸망을 예고하려는 의도였다. 그러므로 예수는 사회 혁명가도 아니셨고, 현대적인 의미의 개혁가도 아니셨다. 이것은 부분적으로는 예수께서 자기 사명의 핵심적인 초점이 세상의 죄를 위하여 죽는 것임을 아셨기 때문이다. 하지만 또 부분적으로는 단순한 구조적인 개혁으로 만족하기에는 그분이 너무나 급진적인 분이셨기 때문이다. 주님은 마음이 거듭나는 것이 자원의 영속적인 사회적, 또는 경제적인 재분배를 위해 전제조건임을 아셨다. 그럼에도 불구하고, 예수는 독자들에게 율법의 보다 과중한 문제들을 준수하도록 요구하셨는데, 주님은 율법을 미가서 6:8에 근거해서 정의와 긍휼과 신실함-사회적 관심의 요약-이라고 정의내리셨다(마 23:23). 만약 우리가 보복하지 않는 예수의 비폭력적인 윤리를 수동적인 것으로 규정해 버린다면, 우리는 그것을 잘못 전달하는 것이다. 예수는 오히려 구약성경의 선지자들에 더 잘 비유되는데, 그들이 본 사회의 불의에 대한 강한 고발은 다른 사람들로 하여금 하나님의 의로운 기준을 실천하도록 도전하였다.[15]

제도적인 권세를 거절하시면서 예수는 제자들에게 그들 주변의 로마 세계의 권위주의적인 모습이 아니라 종의 모습으로 인도하라고 말씀하셨다(눅 22:25-27). 주님은 당시 사회의 길 잃은 자들과 소외자들을 구원하시며 제자들에게도 동일하게 행하도록 부르시면서 "위아래가 뒤집어진 천국"을 장려하셨다.[16] 그럼에도 불구하고, 예수는 맹목적으로 정부를 승인하시지도 않았다

---

15) 예를 들면, Walter Wink, "Neither Passivity nor Violence: Jesus' Third Way (Matt. 5:38-42/Luke 6:29-30)," Forum 7 (1991): 5-28을 보라.
16) 이것은 Donald B. Kraybill (Scottdale: Herald, 1978)이 저술한 작지만 훌륭한 책의 제목이다.

(방금 언급한 유대와 로마의 세법에 대한 주님의 두 가지 주요 명령을 참조하라). 하지만 주님은 이 세상이 나아질 수 있는 가능성을 정부나 개개인을 통해서가 아니라, 교회라고 알려지게 될 그의 제자 공동체를 통해서 보았다. 하우어워즈(Hauerwas)와 윌리몬(Willimon)은 이것을 간략하게 표현하였다. "교회가 하나의 사회적인 전략을 가진 것이 아니라, 교회 그 자체가 하나의 사회적인 전략이다."[17] 개신교의 역사 속에서 우리는 기독교 정부를 만들려는 노력(특별히 칼빈주의를 통해서)과 개개인의 회개와 성도의 삶에 대한 강조(특별히 루터를 통해서)를 살펴보았지만, 예수의 가르침의 문맥과 의도에 가장 근접한 것은 하나님 나라의 윤리를 성취하는 모델로서 교회 공동체를 바라본 재세례파들의 사상이다.

예수의 세계에서 그분의 견해는 에세네파의 은둔성과 열심당원들의 혁명적인 열성 사이의 중도였다. 목적에 있어서는 아마도 바리새인들과 가장 가까우셨지만-하나님의 백성이 그분의 뜻에 따라 일생을 살기 원하는- 예수의 방법은 크게 달랐다. 비록 이러한 구분은 바울의 것이지만, 예수의 생애에도 적용된다. 율법에 의한 능력이 아니라, 성령에 의한 능력이다. 어떤 공동체가 이런 방식으로 살 수 있는 가능성을 깨닫는다면, 기존의 정치 지도자들과 종교 지도자들은 이와 유사한 발전을 가져오지 못하는 그들의 무능력이 대조되기 때문에 종종 위협을 느끼곤 한다.

긍휼과 정의는 그리스도의 생애 전체에 주된 관심사였다. 요한의 사역과 예수의 사역은 바로 이러한 덕목들에 따라서 이스라엘을 재건하는 것이 될 것이라고 예언되었고(눅 1:17, 50, 72), 이런 주제들에 대한 요한 자신의 가르침 때문에 그는 결국 목숨을 잃고 말았다(눅 3:10-14, 19). 예수께서 나사렛에서 하신 취임설교는 그의 선언의 기조를 이룬다. 가난한 자들에게는 기쁜 소식을, 포로된 자들에게는 자유를, 눈 먼 자들에게는 보게 함을, 억눌린 자들에게는 해방을, 그리고 희년을 선포하셨다(눅 4:16-21). 영혼과 육체를 치유하는 그분의 전인적인 사역은 특별히 사회의 낙오자들, 거지들, 사마리아인들, 이방인들, 여인들, 어린아이들, 그리고 병자들(특히 "접촉할 수 없는" 문둥병자들)에게 초점을

---

17) Stanley Hauerwas와 William H. Willimon, *Resident Aliens* (Nashville: Abingdon, 1989), 43.

맞추었다. 예수의 비유는 하나님의 은혜와 긍휼 뿐만 아니라(눅 15:1-32), 또한 모든 문화적인 차이를 초월하는(눅 10:25-37; 요 4:1-42) 사회 정의를 향한 하나님의 소망을 강조하였다(눅 18:1-8).

그러나 예수께서 가장 많이 가르치신 영역은 우리의 물질적인 소유에 대한 청지기적 사명이다.[18] 우리는 하나님과 돈을 동시에 섬길 수 없다(마 6:19-34). 물질적으로 가난해서 그 가난 때문에 철저하게 하나님을 의지하는 자들이 복이 있다(눅 6:20; 마 5:3). 재물에 대한 욕심과 불필요한 축적을 경계하고(눅 12:13-21), 세상의 가난한 자들은 구걸하고 다니는데 사치스럽게 사는 것에 대해서도 경계해야 한다(눅 16:19-31). 영원한 목적을 위해 세상의 재물을 사용하라(눅 16:1-13). 일정액을 드리는 것이 제도화되지는 않았지만(세 가지 본문을 기억하라: 눅 18:18-30; 19:1-10, 11-27), 어떠한 경우이든지 우리의 모든 소유는 궁극적으로 주님의 것이다. 의심할 나위 없이, 가장 중요한 질문은 마가복음 8:36에 기록되어 있다. "사람이 만일 온 천하를 얻고도 제 목숨을 잃으면 무엇이 유익하리요?"

예수의 천국 윤리, 특히 사회적 관심에 대한 윤리를 1세기 로마 사회와는 다른 오늘날의 민주주의 사회에 실천하기 위해서는 많은 신중함과 고려가 요구된다. 우리가 "공공의 유익"을 가져오리라고 믿는 것을 추구할 권한과 의무가 우리에게 분명하게 있지만, 오직 하나님의 백성들이 교회로서 기능하면서 할 수 있는 것들을 법률의 제정이나 정치인들을 통해서 수행할 수 있다고 기대해서는 절대로 안 된다. 우리는 태아의 살 권리를 추구하고 낙태를 반대하며 성적인 죄를 부추기거나 비뚤어진 가정생활을 미화하지 말아야 하며 동시에 이미 태어난 사람들을 위한 최선의 삶의 질을 위해 노력해야 한다. 여기에는 가난한 자들을 위한 적절한 돌봄, 부랑자들을 위한 숙식, 무직자들을 위한 직장제공, 죄악된 생활에 미혹된 자들을 위한 긍정적인 대안들이 포함된다.[19] 우리는 마찬가지로 하나님의 창조인 자연의 파괴 행위에 대해서도 진정한 관심을 보여야 한다. 우리의 사회를 포함해서, 인종차별, 성적인 차별, 계층차별, 민족중심주의 등이 여전히 수

---

18) 이 부분에 관해서는 Craig L. Blomberg, *Give Me Neither Poverty Nor Riches: A New Testament Theology of Material Possessions* (Leicester: IVP; Grand Rapids: EErdmans, forthcoming)을 보라.

19) Ronald J. Sider, *Completely Pro-Life* (Downers Grove: IVP, 1987) 참조.

백만 명의 사람들을 서로 소외시키고 인간의 기본적인 권리를 위한 동등한 기회를 모든 사람에게 제공하지 않는 사회에서, 우리는 불의에 대항하고 억눌린 자들의 해방을 위해 힘써야 한다. 하지만 우리는 결코 이런 일들이 그 자체로서 목적인 것처럼 생각한 나머지, 사람들이 예수 그리스도의 제자가 되어 영원을 준비함이 없이 이 세상의 자유를 얻게 하는 일에만 급급하지 말아야 한다.[20]

3. 율법과 복음

본서 전체에 나타난 우리의 논의에서 분명히 알 수 있는 것은 예수의 모든 윤리적인 가르침들은 그 역사적인 문맥 속에서 이해되어야 한다는 사실이다. 모든 가르침이 시간을 초월한 원칙들을 포함하지만, 그렇다고 모든 가르침들이 신약 시대와 똑 같은 방식대로 오늘날 우리 시대에 적용되는 것은 아니다. 하지만 예수의 가르침과 구약성경 사이의 관계는 어떠한가? 여기에도 역시 큰 변화가 발생하였다. 예수는 불변하는 도덕적인 절대 가치들을 분명히 강조하셨지만, 우리에게 새로운 율법을 주시지는 않았다. 토라의 여러 원칙들은 신약 시대에까지 지속되었지만, 우리는 모세의 계명이 그리스도 안에서 어떻게 성취되었는지를 이해하기 전에는 그것이 성도들에게도 적용된다고 추정할 수 없다. 예수께서 히브리 성경에 기초해서 자신의 권위를 주장하신 적이 거의 없다는 사실은 놀랍다. 실제로, 예수는 대부분의 경우 단순히 자신의 가르침을 위한 배경이나 대조로서 구약성경을 인용하셨다! 이런 모든 관찰들에 대해서 지금부터 살펴보겠다.

예수의 가르침과 구약성경의 율법 사이의 관계는 다양하게 설명되어 왔다.

---

[20] 해방신학은 최고 전성기 때에 이러한 균형을 유지했다; 이제는 복음주의적인 해방신학을 논하는 사람도 있다. 예를 들면, Thomas D. Hanks, *God So Loved the Third World* (Maryknoll: Orbis, 1983) 참조. 하지만 복음에 대한 지나친 영해를 반대하면서 지금은 오히려 지나친 정치색을 띠는 반대 방향으로 바뀌어버렸다. 하지만 우리가 만약 미국의 빈민가나 오늘날 제3세계의 궁핍한 상황에 처한 사람들이라고 가정한다면 우리도 같은 방식으로 대응하지 않으리라고 어떻게 말할 수 있겠는가? 해방신학의 예수님에 관한 대표적인 견해들에 대해서는 Claus Bussmann, *Who Do You Say? Jesus Christ in Latin American Theology* (Maryknoll: Orbis, 1984)를 보라. 전 세계의 시각들에 대한 연구는 Priscilla Pope-Levison과 John R. Levison, *Jesus in Global Context* (Louisville: Westminster/John Knox, 1992) 참조.

어떤 이들은 예수께서 새로운 율법을 만드셨다고 실제로 주장한다. 다른 사람들은 그분이 옛 율법을 폐지하셨다고 말한다. 중간적인 입장은 예수가 율법을 초월하시거나, 설명하시거나, 순종하시거나, 급진적으로 바꾸시거나, 더 강화시키시거나, 아니면 내면화하셨다고 제안한다. 이런 모든 접근들은 나름대로 지지하는 구절들을 발견하지만, 마태복음 5:17에 기록된 예수 자신의 말씀에 위배된다. 그분은 율법을 성취하러 오셨다—"율법이 기대했던 하나님의 종말론적인 뜻을 가르치심으로써."[21] 성도들이 구약성경의 어떤 구절을 오늘날 적용하려면 예수의 가르침과 사역이 하나님께서 그의 백성들에게 원하신 요구를 어떻게 바꾸었는지, 또는 바꾸지 않았는지에 비추어서 살펴보아야 한다.[22]

예수가 구약성경을 인용한 것은 체계적이지도 않고, 그 내용의 전반을 보여주는 것도 아니었다. 우리가 위에서 살펴본 대로, 예수는 산상수훈의 여섯 가지 대조를 통해서(마 5:21-48) 살인과 간음과 원수사랑에 관한 계명들을 내면화하고 강화시키셨지만, 이혼과 맹세와 복수에 관한 일부 규례들은 폐지시키신 것처럼 보인다(p. 396). 하지만 어떤 경우이건, 예수는 율법에 대해 주권적이고 권위적인 해석자로 자신을 드러내셨다(7:28-29). 예수께서 모세오경의 어느 기록된 율법을 실제로 깨뜨리셨거나, 다른 사람들에게 깨뜨리도록 가르치신 증거는 아무데도 없지만, 우리가 느끼는 인상은 여전히 율법과 복음서 사이의 연속성 보다는 비연속성이다. 분명히 주님은 바리새인들에게 너무나도 소중한 "장로의 유전"을 도전하셨다. 그분이 구전된 율법의 여러 부분들을 준수하신 것처럼 보이는 영역들—회당 예배와 절기 순례, 술이 달린 옷을 입는 것, 다양한 기도와 식사 때 몸의 자세 등에 대한 구체적인 사항들—은 바리새인들의 구체적인 관행에 대한 순종이라기보다는 유대의 기본적인 풍습을 포함하는 것처럼 보인다.[23] 하지만 유대의 민족주의를 상징하는 예식들은 심한 공격을 받는데, 특

---

21) 양쪽의 목록과 결론에 대해서는 Douglas J. Moo, "Jesus and the Authority of the Mosaic Law," *JSNT* 20 (1984): 3-49를 보라.
22) William W. Klein, Craig L. Blomberg, and Robert L. Hubbard, Jr., *Introduction to Biblical Interpretation* (Dallas and London: Word, 1993), 278-83; David A. Dorsey, "The Law of Moses and the Christian: A Compromise," *JETS* 34 (1991): 321-34 참조.
23) Robert Banks, *Jesus and the Law in the Synoptic Tradition* (Cambridge: CUP, 1975), 237 참조: 예수께서 전통적인 관습을 지키거나 지키지 않으신 것은 그 전통들 자체에 대한 존경이나 존경심의 결여에서 나타난 것이 아니다. 그것은 그분의 사역이 가진 목적과 양립되는가 그렇지 못한가의 여부로부터 파생한다.

제5부_ 역사적, 신학적 종합

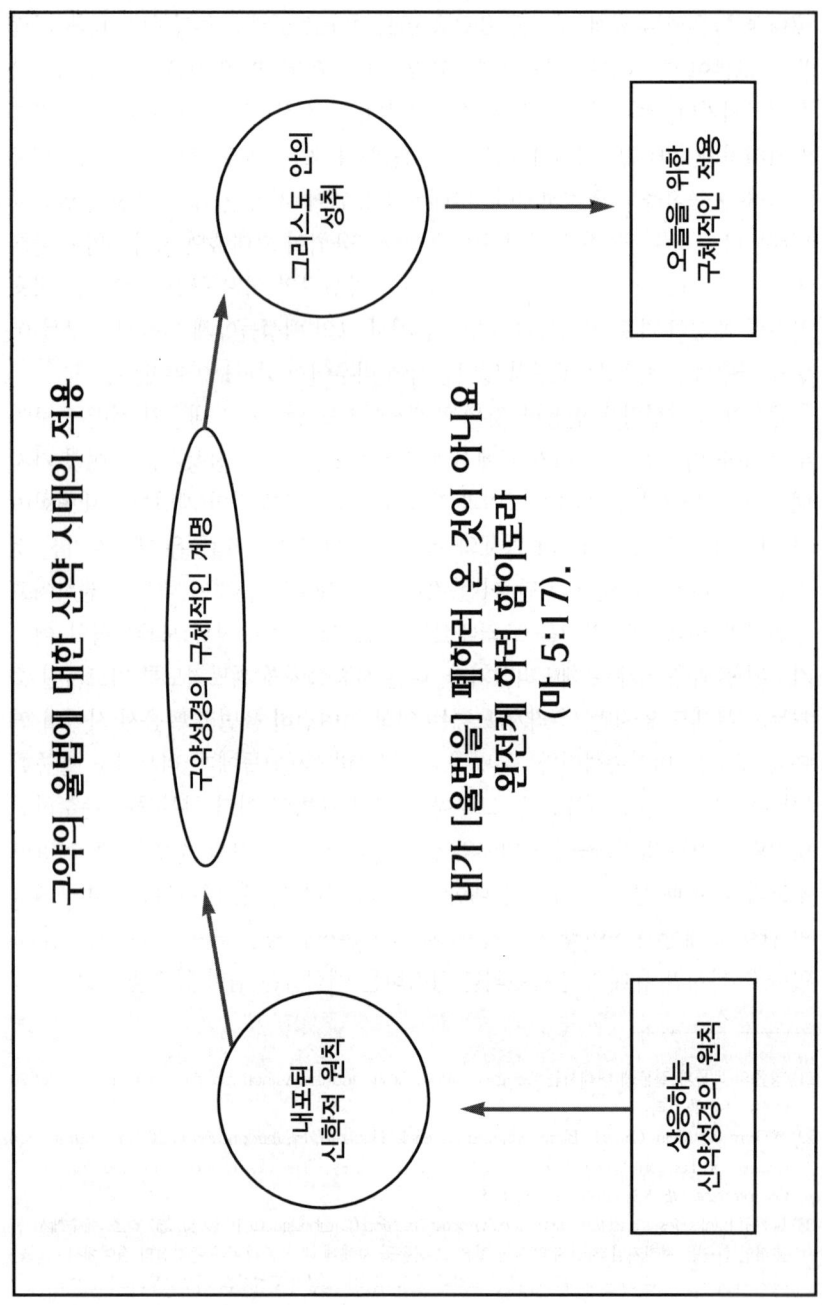

별히 사람들을 배척하고 2등 국민으로 전락시키는 안식일 규례와 음식 규례가 공격의 대상이 되었다.

안식일과 관련한 예수의 가르침은 이 계명이 다른 모든 계명들의 기초가 되는 "십계명" 중 하나이기 때문에 특별히 중요하다. 단순히 안식일의 정신을 위배하는 것을 예수께서 바리새인들의 율법을 따지면서 불평하셨다고 말하는 것만으로는 충분하지 않는데, 그 이유는 예수께서 비평 가운데 보다 근본적인 원칙들을 강조하셨기 때문이다. "안식일은 사람을 위하여 있는 것이요 사람이 안식일을 위하여 있는 것이 아니니"(막 2:27), "인자는 안식일의 주인이니라"(28절), 그리고 "안식일에 선을 행하는 것이 옳으니라"(마 12:12). 예수 시대 이후의 성도들은 일을 멈추어야 하는 일주일의 한 날에 대한 필요성을 예수께서 폐지하셨다고 해석하게 되었다. 그들이 성도의 삶을 살면서 "그리스도 안에서" 쉴 때, 안식일이 성취되었다(골 2:16-17; 히 4:1-11). 마태복음 11:28-30은 이런 견해에 대한 전례를 보여주는 구절임에 틀림없다.[24]

이런 유사한 종류의 폭넓은 적용은 손을 씻는 것, 음식, 고르반의 규례에 대한 예수의 해석에서 파생된다(막 7:1-23). 적어도 마가는 모든 음식이(그러므로 모든 사람들이) 이제는 깨끗하다는 후대 기독교인들의 확신이 유대 지도자들과의 이러한 논쟁 가운데 그분의 해석으로부터(그 당시 이 해석의 의미를 얼마나 이해했는지는 모르지만) 나타난다(19하). 예수는 더 나아가 생명이 위태롭지도 않은 사람들을 고의적으로 안식일에 고치시거나(막 3:1-6; 눅 13:10-17; 14:1-6; 요 5:1-18; 9:1-41), 규례상 깨끗하지 못한 사람들과 함께 교제하고 식사하심으로써 서기관들과 바리새인들을 분개하게 하시고(막 2:13-17; 눅 7:36-50; 19:1-10), 말씀 한 마디면 족한 상황에서 문둥병자를 손으로 만지셔서 고치시는 등(막 1:40-45), 일부러 그러한 논쟁을 자초하시는 것처럼 보인다. 예수께서 이처럼 "대범하게" 행동하신 이유는 매우 높아진 자기-이미지 때문인 것이 분명하다. "성전보다 큰 이가 여기 있느니라"(마 12:6).

복음서 저자들 역시 예수의 생애 속의 사건들, 특별히 그분의 탄생과 죽으심을 둘러싼 자세한 내용 속에서 종종 성경의 성취를 보았다. 가끔은 직설적인 예언들에 대한 다소 직접적인 성취들인 경우도 있지만(베들레헴에서 나신 것, 또

---

24) 특별히 D. A. Carson, ed., *From Sabbath to Lord's Day* (Grand Rapids: Zondervan, 1982) 참조.

제5부 _ 역사적, 신학적 종합

는 승리의 입성), 대개의 경우는 예표론을 사용한다(pp. 199-200을 보라). 예수는 요나, 솔로몬, 다윗, 제사장 직분, 엘리야와 엘리사, 그리고 이스라엘 전체보다도 뛰어나신 분으로 비교된다(특별히 그분의 시험, 고난, 삼일 만의 부활 등에서). 마태복음 5:5에서 시편 37:11이 사용된 것처럼, 제자들 역시 예표론적으로 여겨진다. 이것은 예수의 대적자들의 경우에도 마찬가지이다(막 4:12와 사 6:9-10). 예수의 메시아적인 이미지도 성경에서 유래하는데, 여기에는 선한 목자, 인자, 고난 받는 종 등이 해당한다.[25]

복음서 저자들이 성경을 사용한 영감의 일부는 적어도 바로 예수로부터 나타난다. 예수-전승의 보다 뚜렷이 신뢰할 수 있는 부분 중에는 악한 소작인의 비유(사 5:1-7의 포도원 비유는 막 12:1-12에 다시 등장한다), 다윗의 후손이 어떻게 그의 주님으로 불릴 수 있는지에 대한 예수의 질문(막 12:35-37은 시 110:1에 근거한다), 그리고 율법의 핵심을 두 가지 사랑의 명령으로 요약하신 것(막 12:28-34는 신 6:4-5와 레 19:18을 인용한 것) 등이 있다. 하지만 예수의 구약 인용은 창조적이고 논쟁적이어서, 모세오경 속에서 부활을 찾으시거나(막 12:26-27은 출 3:6을 인용), 성전을 강도의 소굴이라고 부르시거나(막 11:17은 렘 7:11을 인용), 다니엘의 "멸망의 가증한 것"을 바로 그것의 멸망에 재적용하셨다(막 13장).

예수의 가르침은 그 내용은 눈에 띠게 다양하지만, 그 형태는 종종 유대의 기본적인 관습과 매우 밀접하다. 그러므로 그리스도는 유대적인 해석기술을 많이 사용하셨고, 비유와 은유들을 선호하셨으며, 성경해석에서 유대적인 선례가 있는 구절들은 비록 소수의 해석이라 할지라도 메시아적으로 해석하셨다. 하지만 그분의 메시지의 핵심은 성경 주석이 아니라 하나님의 통치와 그의 메시아의 도래를 선포하는 것이었다. 그분의 윤리적인 가르침들의 본질은 자명하고 결의론적인 법칙과 규례들로 특징지어지는 율법과는 현격하게 다르다.[26] 놀랍게도 예수의 명령들은 그 개방적이고 광범위하며 중요한 본질 때문에 그것들을 순종하였다고 (또는 알고 있노라고) 주장하기가 거의 불가능한데, 예를 들면, 네 원수를

---

25) 구약성경의 직접적이고 예표론적인 사용들에 대한 포괄적인 목록은 R. T. France, Jesus and the Old Testament (London: Tyndale; Downers Grove: IVP, 1971)을 보라.
26) 자명한 법칙들은 "너는 ~하라," 또는 "너는 ~하지 말라" 이다. 결의론적인 법칙들은 구체적인 경우들을 말한다("만약 ~한 경우라면 ~을 행하라").

사랑하라, 안식일에 선을 행하라, 천국을 위해 네 돈을 사용하라 등의 명령이다. 예수께서 "마음에 새긴" 새 언약을 가져오셨기 때문에 이전의 외적인 규례들은 내면화되었다. 예수께서 새로운 능력-성령님-을 가져오셨기 때문에 율법은 개별화되었다. 그래서 더글라스 무(Douglas Moo)는 "그리스도의 법"(갈 6:2)을 "법률적인 규정이나 조례"가 아니라, "예수와 사도들의 가르침과 모범, 사랑의 표현, 그리고 내재하시는 성령님의 이끄시는 영향력"으로 정의내렸다.[27]

비록 예수의 가르침이 복음서에서 결코 nomos(율법)라고 불린 적이 없을지라도, 그분의 윤리적인 지침은 특별히 요한복음에서는 *entolai*(계명)라고 언급되었다. 예수는 여전히 도덕적인 절대가치를 믿고 계셨다. 스티븐 웨스터홈(Stephen Westerholm)은 이렇게 설명한다. "(예수는) 율법 속에서가 아니라, 하나님의 목적과 일치한 마음속에서 그분의 뜻을 발견하셨다… (그럼에도 불구하고) 어떤 활동들은 너무나 하나님의 뜻에 전적으로 반대되기 때문에 그 뜻에 민감한 마음을 가진 사람은 그런 일에 가담하는 것이 불가능하다."[28]

하지만 이러한 활동들은 오늘날 성도들의 여러 목록에 있는 외형적인 규칙들이 아니라, 배우자가 죽을 때까지 서로를 사랑하거나, 물질을 일관되게 관리하거나, 과거에 멀어졌던 사람들을 화해시키고, 특히 성도들의 교제를 회복시키는 것과 같은 기본적인 원칙들을 말한다.

마지막으로, 율법에 대한 예수의 태도는 그분이 도덕법은 지키시고 제사나 시민법(civil law)은 폐지하셨다고 주장하는 일반적인 분류로 단순히 요약될 수 없는 것이 분명하다. 예수는 삶의 모든 영역에 대해 지속적인 관심을 보이신다-그분 역시 예식이나 의례를 장려하셨고(세례와 성만찬), 정부의 적절한 역할을 인정하셨다(세금을 징수하는 일). 예수는 안식일의 문자적인 실행을 뒤엎으시면서 이스라엘의 도덕법의 핵심을 도전하셨지만, 복음은 근본적으로 그 자체가 도덕적이다. 다른 한편으로, 우리는 예수처럼 우선권이 주어져야 하는 율법의 보다 진지한 문제들-정의와 긍휼과 신실함(마 23:23)-에 대해서 논의할

---

27) Douglas J. Moo, "The Law of Christ as the Fulfillment of the Law of Moses: A Modified Lutheran View," in The Law, the Gospel, and the Modern Christian: Five Views, ed. Wayne G. Strickland (Grand Rapids: Zondervan, 1993), 343. 이 책은 복음과 율법 사이의 관계에 대한 다섯 가지 주요 기독교적 접근들을 비교하는 훌륭한 도구이다.

28) Stephen Westerholm, Jesus and Scribal Authority (Lund: Gleerup, 1978), 91, 124.

수 있다. 그러므로 어거스틴과 루터와 다른 수많은 사람들이 한 유명한 말 속에는 심오한 진리가 담겨 있는데, 그것은 복음의 모든 요구가 "하나님을 사랑하고 그 후에 네 원하는 대로 행하라"는 말로 요약된다는 것이다. 거듭난 후 성령의 능력에 자신을 헌신한 사람이 하나님을 진정으로 사랑할 때, 그는 주님을 기쁘시게 하는 일을 행할 것이다.

4. 예수와 유대교

이전 단락은 예수와 그 당시의 다른 유대인들 사이의 몇 가지 유사성과 차이점을 이미 지적하였다. 하지만 이 주제는 좀더 자세히 살펴볼 필요가 있다. 지난 세대에는 "유대인 예수"라는 주제에 대해서 기독교 학자들과 유대 학자들의 관심이 크게 되살아났다.[29] 고대의 유대 문헌에 대한 새로운 연구는 쏟아지는 고고학적인 발굴과 함께 예수 시대에 유대교의 다양성을 더욱 보여준다. 한편으로는, 예수와 그의 제자들이 얼마나 유대적이었는지 명확해졌다. 히브리어나 아람어의 관용어법이 예수의 가르침 중 상당 부분의 배후에서 재구성될 수 있다. 그리스도는 여러 동일한 교수법을 사용하셨고 그가 속한 문화의 동일한 관습을 따르셨다. 예수의 수많은 가르침들에 병행하는 내용은 다른 유대 문헌에서도 발견할 수 있으며, 위에서 언급한 대로(p. 182), 그의 순회 치유사역은 그 당시의 다른 여러 "카리스마적인" 유대인 기적수행자들의 사역과 유사했다.[30] 바리새인들과 다른 유대 지도자들에 대한 과거 기독교인들의 묘사가 종종 서투른 모방이나 지나친 일반화에 의존하고 있다는 우리의 평가(pp. 47-48) 또한 예수와 그 당시의 다른 유대 교사들 사이의 간격을 좁히는데 도움을 준다.

하지만 예수에 대한 엄청난 분량의 연구는 복음서의 상당한 부분을 진짜가

---

29) 복음주의적인 관점의 훌륭한 연구는 Donald A. Hagner, The Jewish Reclamation of Jesus (Grand Rapids: Zondervan, 1984)를 보라. 교회 연합운동의 시각에서 본 연구는 James H. Charlesworth, ed., Jesus' Jewishness (New York: Crossroad, 1991) 참조.
30) Irving Zeitlin (Jesus and the Judaism of His Time [Oxford: Blackwell, 1988], 61)은 "카리스마적인 종교적 거장"이란 용어를 사용하였다. Geza Vermes, Jesus the Jew (London: Collins, 1973; Philadelphia: Fortress, 1974) 참조.

아니라고 내버림으로써 이러한 간격을 더욱 좁혔다. 복음서 전승의 일반적인 신뢰성을 받아들인다면 우리는 예수와 그의 동시대인 사이의 뚜렷한 차이점들 또한 인정해야 한다. 예수는 직간접적으로 메시아적인 주장을 하셨을 뿐만 아니라(그 주장들 자체가 항상 독특하지는 않았지만), 당시 대부분의 종교 지도자들이 용납할 수 없을 정도로 하나님을 자신의 아버지로 밀접하게 연관지었다 (pp. 629-639를 보라). 하지만 그 당시 유대인들의 일신론은 이론적으로는 이것까지도 허용할 만큼 융통성이 있었기 때문에 예수가 어떻게 유대인 제자들을 얻을 수 있었는지 잘 설명해 준다(p. 76을 기억하라).

이 분야에서 학문적으로 발전할 수 있는 길은 복음서가 묘사하는 예수의 모습을 있는 그대로 용납하면서도, 비록 주님이 보여주신 유대교의 형태가 종종 인습에 얽매이지 않은 놀라운 것이기는 했지만, 예수를 완전히 유대적이신 분으로 여기는 것이다. 예수께서 어떤 새로운 종교를 창립하시려고 했다는 증거는 어디에도 없다. 그러나 그분은 그 당시의 민족중심주의의 장벽을 깨뜨리심으로써 이방 선교를 위한 발판을 마련하시고자 하셨는데, 이것은 이스라엘이 열방을 비추는 빛이라는 구약성경의 주제와도 일치하며(사 42:6), 아브라함의 씨를 통해서 모든 열국이 복을 받게 될 것이라는 약속으로부터 이미 시작되었다(창 12:1-3).[31] 실제로, 유대교와 초대교회 사이에 "갈림길"이 생기게 된 결정적인 동기는 성전의 몰락 이후에 찾아왔다-랍비 유대교는 70년 이전의 폭넓고 다양한 유대교 가운데서 유일하게 중요한 생존자로서 바리새파로부터 새롭게 출현하였고, 70년 이전의 여러 유대인들(유대인 성도들을 포함해서)과는 달리 예수-운동을 유대교의 정통적인 분파로 인정하기를 꺼려했다.[32]

예수는 여러 유대의 종파들과 어떻게 비교되었는가? 이들 종파 간에도 유사성과 차이점들이 있지만, 예수를 어떤 종파와 동일시하려고 시도했던 학자들 간에도 유사성과 차이점들이 있다. 에세네파와 연결시키려는 이유 가운데는 예수의 성경해석법, 묵시적인 초점, 타락한 유대교에 대한 거부, 성전으로부터의

---

31) 이 주제는 Roger E. Hedlund, *The Mission of the Church in the World: A Biblical Theology* (Grand Rapids: Baker, 1991)에 잘 설명되어 있다.

32) 이 분야는 최근 큰 관심의 대상이 되었다. 특별히 J. D. G. Dunn, ed., *Jesus and Christians: The Parting of the Ways* (**Tübingen**: Mohr, 1992); 같은 저자, *The Parting of the Ways between Christianity and Judaism and Their Significance for the Character of Christianity* (London: SCM; Philadelphia: TPI, 1991)를 보라.

제5부_역사적, 신학적 종합

격리, 하나님의 뜻을 실천할 참된 이스라엘로서 새로운 공동체의 형성 등이다. 하지만 예수의 강조들은 에세네파의 금욕생활과 수도원 제도와 율법에 대한 열심에 대해 직접적으로 대립한다.

예수는 열심당원이셨는가?[33] 예수께서 광야에서 제자들을 모으셨고, 그 가운데에는 한 명의 열심당원(시몬)이 있었으며, 예루살렘을 향한 승리의 입성을 준비하셨고, 제자들에게 검을 취하여 핍박을 예상하라고 말씀하신 것이 사실이긴 하지만, 예수를 열심당과 동일시하기에는 너무나도 많은 차이점들이 존재한다. 그분의 윤리는 비폭력의 윤리였다. 주님은 겟세마네에서 베드로가 다치게 한 말고의 상처를 치유하셨고, 노골적인 정치적 전략이나 안건들을 취하신 적이 없으시며(p. 613-614를 보라), 한결같이 고난과 자기부인에 대해서 가르치셨고, 맞서 싸우기보다는 오히려 자신의 생명을 내어주셨다.

그렇다면 사두개인이셨는가? 예수는 사두개인들과 마찬가지로 구전된 토라를 거부하셨고 기록된 성경의 변함없는 권위를 믿으셨다. 아마도 이런 이유 때문에, 기도와 회개와 선행으로 죄를 대체하려고 했던 바리새파와 초기 랍비적 유대교와는 달리 후대의 성도들(특히 히브리서의 저자)은 죄를 위한 참된 희생의 필요성을 보았을 것이다. 하지만 그리스도께서도 다가올 성전의 몰락(사두개인들은 이것을 결코 환영할 수 없었다)을 알고 계셨고, 민족주의(요 4장)와 종교적인 인종우월주의를 폐지하고자 하셨다.

역설적으로, 예수께서 가장 자주 충돌을 빚으신 종파인 바리새파는 예수와 가장 유사한 종파이기도 했다.[34] 예수와 바리새인들은 모두 하나님의 뜻을 삶의 모든 영역에 적용하고자 철저히 헌신하였다. 예수의 가르침은 바리새인들이 강조하는 동일한 주제들에 초점을 맞추고 있다. 예수는 때때로 더 보수적인 샤마이를 닮기도 하셨고(이혼의 질문에 대해서); 다른 때에는 더 자유주의적인 힐렐의 가르침을 모방하기도 하셨다(두 가지 사랑의 명령과 "황금률"에 대해서). 바리새파와 마찬가지로, 그리고 사두개파와는 달리 예수는 부활과 천사를 믿으셨다. 하지만 예수의 윤리는 율법 중심적이지 않았다. 그리고 모든 주요 유대 종

---

33) 이 부분에 대한 가장 유명한 시도는 S. G. F. Brandon, *Jesus and the Zealots* (Manchester: Manchester University Press, 1967)이다.
34) 약간 과장되기는 했지만 여전히 훌륭한 설명은 Harvey Falk의 *Jesus the Pharisee* (New York: Paulist, 1985)이다.

파들과는 달리 예수는 제사보다는 도덕성을 강조하셨고, 천국의 도래를 선포하셨으며, 모든 사람들, 심지어 원수까지도 사랑하라고 강조하셨고, 자신이 하나님과 하나이신 메시아라고 주장하셨다.[35]

유대인 대학살을 이미 경험한 오늘날, 기독교인들과 유대인들은 반유대주의의 경향을 보이는 것이라면 무엇이든 민감하다(또 그래야 한다). 예수(또는 복음서 저자들)는 반유대적이셨을까? 특별히 제4복음서에는 여러 유대인들에 대한 격한 욕설이나 "유대 민족"에 대한 집단적인 공격이 분명히 존재한다. 우리는 앞에서 구체적인 구절들과 주제들과 관련해서 이 문제를 이미 다룬 적이 있다(예를 들면 p. 495). 하지만 개관과 종합을 위해서 다음의 내용을 강조할 필요가 있다. (1) 복음서의 내용은 히브리 성경, 특별히 선지서 속에 정경화된 비난의 글들보다 더 혹독하지 않은데, 이 글들은 여러 유대 대언가들이 자신의 동족에게 한 비난이었다. (2) 예수와 복음서 저자들은 내부적인 비평가들이다. 이것은 어느 형태의 종교가 스스로를 유대적이라고 말할 수 있으며 하나님의 참된 백성을 구성하는지에 대한 유대인들 사이의(intra-Jewish) 논쟁이다.[36] (3) 예수를 구약성경의 약속들의 유일하고 참된 성취라고 주장하는 것은 반유대주의가 아니다. 오히려, 이것은 배타주의(exclusivist)이다. 예수와 복음서들은 예수의 유일성을 분명하게 강조하지만 이것은 이스라엘 민족 전체에 대해 적대감을 표현하는 것과는 매우 다르다. (4) 심지어 여러 경멸적인 문맥에서 포괄적으로 "유대인들"을 언급하는 구절들도 예수 당시 인종적으로 유대인인 모든 개인들을 포함하는 것은 결코 아니다. 예수와 그의 첫 제자들도 모두 유대인이었기 때문이다. 오히려, 앞에서 언급하였듯이(p. 270), 문맥에 따라서, 그들은 예수를 거부한 모든 유대인들이나, 군중 가운데 가장 대표적인 반대자들이나, 어떤 유대 지도자들이나, 유대지방 사람들이나, 특정의 예루살렘 주민들을 언급하는 것일 수도 있다.[37]

---

35) 이런 다양한 "변화들"의 의미에 대해서는 John Riches, *Jesus and the Transformation of Judaism* (London: Darton, Longman & Todd, 1980)을 보라.
36) 이 점은 다음과 같은 "형성기의" 유대교에 대한 좋은 연구들 가운데 접치적으로 인식되고 있다. J. Andrew Overman, *Matthew's Gospel and Formative Judaism* (Minneapolis: Fortress, 1990); 그리고 Anthony J. Saldarini, *Matthew's Christian-Jewish Community* (Chicago and London: University of Chicago Press, 1994).
37) 신약성경 내의 반유대주의에 대한 두 개의 뛰어난 연구는 수필 모음집으로서 (복음주의적 관점에서는)

참된 성도들이라면 종종 그리스도의 이름으로 유대인들에게 자행되었던 과거의 잔학 행위들을 분명히 비난해야 하며, 그러한 참사가 다시 반복되지 않도록 최선을 다해야 한다. 교회 연합운동 차원의 대화는 대부분의 보수적인 기독교 설교가 "유대인들"에 대해서 여전히 드러내는 잘못된 고정관념이나 포괄적인 통념을 피하는 데 도움을 줄 수 있다. 누군가가 예수에 대해서, 또 그에 대한 1세기의 반대자들에 대해서 말할 때마다 "어떤 유대인들"이나 "여러 유대 지도자들" 등의 표현들을 사용하는 것과 같은 단순한 일들이 바로 이런 목적을 위해 (그리고 역사적인 정확성을 확증하는 일에) 도움이 될 것이다. 한 성도가 배타성의 문제를 전혀 제기하지 않고도 성경적인 자료나 역사에 과연 신실하게 남아 있을 수 있는지는 여전히 의심스럽다. 예수께서 자신이 아버지께로 갈 수 있는 유일한 길이라고 주장하셨다면(요 14:6), 우리는 믿지 않는 유대인들이 다른 불신자들보다 구원론적으로 더 유리한 입장에 있다고 주장해서는 안 될 것이다.[38] 우리는 평화적인 대화를 지속할 수 있지만, 우리를 격리시키는 가장 근본적인 문제들을 회피함으로써 성취할 수 있는 것은 별로 없다.[39] 하지만 예수께서 마태복음 23:39과 누가복음 21:24 같은 구절에서 제시하신 것처럼, 이방인의 때가 다 지난 후에 이스라엘을 위한 미래의 소망 또한 간과해서는 안 된다 (특별히 로마서 11:25-26에 비추어 볼 때). 마지막으로, 우리는 예수의 엄한 말씀을 오늘날 우리 시대에-기독교를 율법주의적인 방향으로 타락시키고 왜곡시키는 자들에게-"내부적인" 방법으로 적용하도록 기억해야 한다.

5. 구속과 신원

우리는 지금까지 주로 예수의 가르침-하나님의 통치에 대한 선포, 그의 제자

Craig A. Evans와 Donald A. Hagner, eds., *Anti-Semitism and Early Christianity* (Minneapolis: Fortress, 1993); 그리고 (교회연합운동의 관점에서는) Peter Richardson, David Granskou, 그리고 Stephen G. Wilson, eds., *Anti-Judaism in Early Christianity*, 2 vols. (Waterloo, Ontario: Wilfrid Laurier, 1986)이다.

38) 예를 들면, 예수님은 이방 세계를 위한 구세주이지만, 유대인들은 여전히 모세의 언약에 대한 충성을 통해서 구원 받을 것이라고 주장하는 "두-언약" 이론.

39) 근본적인 문제들을 다루는 평화로운 대화의 유익한 사례는 Pinchas Lapide와 Ulrich Luz, *Jesus in Two Perspectives: A Jewish-Christian Dialogue* (Minneapolis: Augsburg, 1985)의 유대-기독교의 교류이다.

들을 위한 윤리, 율법과 복음 사이의 비교, 그리고 예수의 유대교 사이의 결과적인 유사성과 차이점들-에 초점을 맞추었다. 하지만 초대교회 성도들은 예수의 생애에서 가장 중요한 요소는 그분의 죽으심과 부활이라고 깊게 확신하였다. 복음서 전승의 일반적인 신뢰성을 우리가 확신한다면, 이런 중요한 사건들에 대한 예수 자신의 이해로부터 우리는 무엇을 배울 수 있는가?

우선, 그 사건들은 오래 전부터 예상되었다. 예수의 사역 초기부터, 마귀는 예수가 십자가의 길을 피하시도록 유혹하였지만, 그리스도는 끝까지 확고부동하셨다. 초기의 선포 이야기들에는 예수께서 "신랑"이 빼앗길 날이 다가오고 있음을 인정하셨다(막 2:20). 예수께서 천국의 도래를 둘러싼 폭력(마 11:12), 하나님과 사탄 사이의 싸움(막 3:27), 그리고 가정을 분리시킬 "칼"(마 10:34)에 대해서 말씀하실 때는 불길한 예감이 나타난다. 하지만 예수 사역의 핵심적인 전환점은 가이사랴 빌립보로 가는 길에서 베드로가 한 고백 이후에 나타난다. 그 후에 예수는 세 차례에 걸친 수난 예고를 통해서 자신의 임박한 죽음과 부활에 대해서 그 거룩한 필요성을 밝히시면서 분명하게 말씀하셨다(막 8:31; 9:31; 10:33-34). 그리고는 예루살렘에서 어떠한 운명이 그를 기다리는지 명확히 아시면서(눅 13:32-33) 그곳을 향하여 올라가기로 "굳게 결심하셨다"(9:51).

운명의 시간이 다가오면서 주님은 "잔"을 마시는 것에 대해서 말씀하셨는데, 이것은 심판과 하나님의 진노를 의미하는 구약성경의 일반적인 비유였다(막 10:38; 눅 12:50). 잔의 이미지는 예수께서 겟세마네에서 하나님의 뜻을 간절히 구하셨을 때 다시 등장한다. 마가복음 10:45와 병행구절에는 자신의 죽음에 대한 예수의 이해를 보여주는 여러 개념들이 보다 자세하게 나타난다. 그의 죽음은 "대속물"-노예를 풀어주기 위해 지불하는 금액-이 될 것이며, 여러 사람을 위하는(anti, "대신하여") 대속적인 희생이 될 것인데, 이것은 이사야의 고난 받는 종에 대한 예언을 생각나게 한다(사 53:12).[40] 요한복음 10:11-18은 이와 유사한 희생적인 죽음에 대해서 언급한다-예수는 자기의 양떼를 위하여 자기 목숨을 버리는 선한 목자이시다. 예수는 성전의 몰락을 예언하셨고 부활하게 될 자신의 몸이 새로운 성전처럼 기능할 것이라고 암시하심으로써(요 2:19), 그의

---

40) 이러한 암시는 논쟁의 여지가 있지만 특별히 France, *Jesus and the Old Testament*, 110-35를 보라. 고난 받는 종의 유사한 암시들이 소개된 모든 구절들의 종합적인 영향은 이 주제를 보다 명확하게 만든다.

죽음이 하나의 "속죄의 희생"이라는 사실을 더욱 뒷받침하였다.

성만찬은 이러한 개념들을 많이 반복한다. 유월절 음식이었던 성만찬은 예수를 유월절 어린 양으로 예표한다. 부서진 떡과 포도주는 생명을 가져오는 죽음과 하나님의 진노가 달래지는 것에 대한 암시를 반복한다. "피"는 또한 생명을 위한 생명을 상징하며, 예수는 "많은 사람을 위하여 흘리는"피라고 선포하셨는데(막 14:24), 이것 역시 이사야 53:12를 암시하는 듯하다. 그분의 죽으심은 죄 용서를 위한 새로운 언약을 세워주며(눅 22:20은 렘 31:31-34의 예언을 인용한다), 성만찬을 통해서 이 죽음을 기념하는 것은 장차 온전하게 임할 천국의 도래를 기대한다(막 14:25).[41] 수난 이야기는 예수의 이타적이고 희생적인 사랑을 예리하게 잘 보여주는데, 주님은 그를 핍박하는 자들을 용서하시고, 그의 가족과 제자들을 돌보시며, 하나님으로부터 버림을 당하시며, 하지만 마지막 죽으시는 순간에 성부 하나님께 자신을 위탁하셨다. 고린도후서 5:21은 이러한 상황으로부터 나타나는 자연스런 해석이다. "하나님이 죄를 알지도 못하신 자로 우리를 대신하여 죄를 삼으신 것은 우리로 하여금 저의 안에서 하나님의 의가 되게 하려 하심이니라."

하지만 그 결과는 어떠했는가? 수난 예언을 하실 때마다 예수는 부활을 약속하셨다. 그리고 부활은 "제 삼일에" 일어날 것이라고 항상 말씀하셨는데, 이것은 호세아 6:2(그리고 요나의 경험)을 암시하며, 나중에 바울은 이 사건들이 "성경대로" 이루어진 것이라고 강조할 수 있었다(고전 15:4). 예수는 종말에 있을 "성도들"의 일반적인 부활과(막 12:18-27; 눅 14:14), 성도들이 죽은 직후에 주님과 함께 할 것(눅 23:43)을 분명히 믿으셨다. 하지만 심판의 날에 있을 일반적인 부활에 앞서서 개개인의 부활에 대한 믿음은 지금까지 들어본 적이 없는 것이었다. 그렇다면 예수는 자신의 부활이 적어도 마지막 때를 개시함으로써, 비록 역사를 향한 하나님의 모든 계획들이 아직 완전히 성취되지 않았지만, 새 시대를 옛 시대와 중복시키는 것으로 여기신 것이 거의 분명하다. 주님은 또한 그가 인류의 죄를 위해 속죄의 희생을 제공하신 메시아시라는 주장을 그의 부활이 확증하기 때문에(pp. 630-647을 보라), 그의 부활은 곧 그 자신의 삶과

---

41) 이런 다양한 요소들의 신뢰성과 중요성에 관해서는 특별히 I. Howard Marshall, *Last Supper and Lord's Supper* (Exeter: Paternoster; Grand Rapids: 1980), 30-56, 76-106을 보라.

죽음에 대한 신원(vindication)이라고 여기셨다.[42] 부활하신 이후에 예수께서 40일 동안 제자들에게 나타나신 것은 그분 안에서 성경이 어떻게 성취되었는지, 그리고 하나님 나라의 본질에 대해서 더 많이 가르치실 수 있는 기회를 제공하였다(눅 24:45-49; 행 1:3). 이 기간 중에 모든 제자들이 용서를 받고, 회복되고(요 21:15-23), 새롭게 부르심을 받게 되었다(마 28:16-20). 하지만 예수의 신원은 그분이 승천하시고, 높임을 받으시고, 하나님 아버지의 오른편으로 돌아가셔야 완전히 성취되었다(행 1:9-11). 그리고 제자들이 사역을 위해 능력부여를 받는 결정적인 순간은 오순절이 되어서야 주어졌다(행 2장).

하지만 그 후에는 어떻게 되었는가? 예수는 그의 부활과 재림 사이에 길게 지연된 간격을 정말로 예상하셨나? 세 가지 구절들 때문에 여러 학자들은 예수께서 자신의 재림이 제자들의 생전에 있을 것이라고 믿으셨지만 그것이 착각이었다고 확신한다(마 10:23; 막 9:1; 13:30). 하지만 앞에서 살펴본 대로 이 구절들은 그 사실을 가르치지 않는다. 오히려 이 구절들은 각각 유대인들을 향한 불완전하고 지속적인 사명, 재림을 미리 맛보게 한 변화산 사건, 그리고 그리스도의 재림에 앞서 주후 70년까지 발생할 사건들을 가리킨다(p. 453, 441, 514를 보라). 므나의 비유(특별히 눅 19:11을 보라)나 열 처녀의 비유(마 25:1-13)는 실제로 지연될 가능성을 예상하고 있으며, "요지"는 예수도 성육신으로 인한 제한 때문에 알지 못하셨으므로, 우리 역시 그리스도께서 언제 오실지 알 수 없다는 사실이다(막 13:32).[43]

그리스도의 초림과 재림 사이의 간격에 대해서 우리가 알 수 있는 것은 이 명시되지 않은 기간 동안 교회가 열방을 복음화하는 사명을 수행해야 하며(막 13:10), 그 끝이 다가올수록 환난이 더욱 격렬해져서 안티오쿠스 에피파네스의 신성모독을 연상케 하는 사건(pp. 511-512를 보라), 즉 예수께서 "멸망의 가증한 것"이라고 부르신 사건으로 절정에 이르게 될 것이다(14절). 이 기간 이후에

---

42) 이것이 전형적인 유대교로부터 얼마나 다른지는 독일 랍비인 Pinchas Lapide의 저작에 의해서 잘 설명되었다. Lapide는 예수님이 죽은 자들 가운데서 진정 육체적으로 부활하셨다고 주장함으로써 1980년대 초에 학자들을 놀라게 했다. 하지만 그는 구약 성경의 모든 예언들이 부활 이후에 성취되지 않았기 때문에 아직도 예수님을 유대인들의 메시아로 받아들이지 않았다. 그의 The Resurrection of Jesus (Minneapolis: Augsburg, 1983)을 보라.

43) Arthur L. Moore, The Parousia in the New Testament (Leiden: Brill, 1966), 190 참조. 그는 예수님에게 종말은 "어떤 의미에서는 가깝지만 그분이 제한된 소망을 붙들고 있었다는 증거는 부족하다"고 결론지었다.

수많은 유대인들이 믿게 될 것이다. 그 후에는 그리스도께서 우주적이고, 가시적이고, 영광스러운 모습으로 재림하셔서(24-27절; 14:62 참조), 그의 택하신 자들을 모으시고 마지막 심판을 위해 온 인류를 소집하실 것이다(마 25:31-46). 사람들은 두 가지 운명에 처하게 될 것이다-하나님과 함께 영원한 복락을 누리게 되거나, 그분에게서 영원토록 멀어져 고통을 당하게 될 것이다(또한 마 19:28; 요 5:24-30을 보라). 성도들이 그리스도 안에서 하나님과, 그리고 다른 성도들과 누리는 완전한 교제와 친밀함은 성경에서 종종 기쁨의 잔치로 묘사되는 반면(마 8:11; 22:1-14; 눅 14:16-24), "지옥"은 언제나 "슬피 울며 이를 갊이 있는" 장소로 묘사된다(마 8:12; 13:42, 50).[44] 휴거나 천년왕국에 관한 질문들은 복음서의 어느 구절에서도 분명하게 다루지 않는다. 성경의 다른 부분들을 분석함으로써 대답해야 할 것이다. 그리스도는 우리가 종말의 시기와 자세한 내용에 관해서 추측하기보다는 종말이 언제 오든지 늘 깨어서 순종하도록 권면하신다(마 24:37-25:46).

6. 기독론

예수의 자기이해는 무엇이었나? 그것은 점차로 발전하였나? 복음서 저자들의 후기 기독론과 일치하였나? 이와 같은 질문들과 함께 우리가 그분의 정체성에 관한 질문에 대답하려고 할 때 예수의 신학 중 가장 중요한 문제에 봉착하게 된다.

1) 예수의 사명의 단계

예수께서 자신을 메시아, 또는 신으로 알고 계셨는지, 만약 알고 계셨다면 그러한 인식을 항상 가지고 계셨는지, 아니면 시간이 지나면서 발전한 것인지에 관한 질문에 대해 수많은 논의가 있었다. 이런 질문에 분명하게 대답하도록 도

---

44) 복음서에서 지옥을 의미하는 다른 두 가지 주요 상징들?꺼지지 않는 불과 바깥의 흑암?은 문자적으로 볼 때는 서로 모순된다. George E. Ladd, A Theology of the New Testament, rev. Donald A. Hagner (Grand Rapids: Eerdmans, 1993), 196 참조. 하지만 예수님이 영원한 형벌에 대해서 문자적인 묘사보다 상징들을 사용하셨다는 사실에도 불구하고 우리는 그처럼 묘사된 실체의 끔찍함을 결코 간과해서는 안 된다.

와줄 만한 자료가 복음서에는 별로 없다. 한편으로는 누가복음 2:49("어찌하여 나를 찾으셨나이까? 내가 내 아버지 집에 있어야 될 줄을 알지 못하셨나이까?") 이 소년 예수가 하나님과의 특별한 관계를 인식하고 있었음을 암시한다. 하지만 다른 한편으로는, 예수의 유년기와 청소년기에 대한 복음서의 침묵은 이 기간에 특기할 만한 일이 없었음을 암시한다. 예수께서 요한에게서 세례를 받으신 것은 예수께서 하나님의 사명을 받으시고 사역을 시작하신 극적인 단계를 분명히 보여준다(막 1:9-11). 하늘에서 들린 음성은 구약성경의 구절들을 연상케 하며 예수를 왕과 같은 메시아와 고난 받는 종의 이미지와 연결해 준다(p. 353을 보라). 우리는 이미 예수의 사역을 무명시절, 인기, 거부 등의 단계들로 폭넓게 개관한 적이 있지만, 그 외에 구체적인 발전경로를 파악하기는 어렵다.

어느 시점부터, 예수는 자신이 십자가의 길을 따라야 할 필요성에 대해서 분명하게 드러내어 말씀하시기 시작하셨다. 세례 요한의 죽음은 예수의 사역에 닥칠지 모르는 위험에 대해서 경고신호를 준 것이 분명하다. 마태복음 11-12장은 예수께 대한 적대감의 "작은 절정"을 묘사하며, 13장은 예수께서 일반 유대인 청중이나 그 지도자들보다 이방인들과 제자들에게 초점을 맞추기 시작하신 전환점을 설명한다. 공관복음에 기록된 가이사랴 빌립보 도상의 베드로의 고백은 기독론적인 이해에 있어서 새로운 차원을 가져왔지만, 여전히 대폭적인 수정을 요하는 것이었다(막 8:27-30). 이때로부터 예수는 자신의 임박한 고난에 대해서 더욱 분명하고 일관되게 가르치셨다. 누가복음 9:51은 십자가의 그늘이 감도는 가운데 예수의 긴 순회사역 기간을 소개한다.

"승리의" 입성은 예수의 사명의 마지막 단계를 시작하는데, 군중의 기대와 예수께 대한 그들의 오해를 그 절정으로 한다. 환호성은 곧 적대심과 십자가 처형으로 전락하였다. 예수께서 공개적으로 자기를 드러내신 것은 산헤드린 앞에서였고(막 14:62), 개별적으로 보다 자세하게 자신을 드러내신 것은 다락방에서였다(요 13-17장). 위의 두 사건은 모두 예수께서 돌아가시기 전날 밤에 있었고, 두 경우 모두 듣는 자들이 이해하지 못하였다. 그리스도의 정체에 대한 참된 이해는 "내부인"이든지 "외부인"이든지 부활 이후에 가서야 가능했다(막 9:9; 요 2:22).[45]

---

45) Ben F. Meyer, " 'Phases' in Jesus' Mission," *Gregorianum* 73 (1992): 5-17 참조.

2) 간접적인 증거

그분의 정체성은 무엇이었나? 우리는 아래에서 예수나 다른 자들이 그분에 대해서 사용한 구체적인 명칭들을 살펴볼 것이다. 하지만 소위 "명칭이 없는" 또는 "내포된" 기독론이라고 불리는 것을 소홀히 하지 말아야 한다. 이러한 내용은 예수가 누구이신지에 대한 질문에 분명한 답을 주지 않는 문맥들로부터 나타나기 때문에 역사적인 예수의 자기이해에 대한 연구에 있어서 매우 귀중한 자료임이 틀림없다. 우리는 여기에서 그러한 열두 가지의 항목들을 살펴볼 것이다.

(1) 예수의 대인관계[46]

예수께서 다른 사람들과 맺은 관계와 그들에 대해서 말씀하신 것을 통해서 우리는 그분이 항상 "주도"하시는 인상을 받는다. 겸손하게 말씀하시면서도 놀라운 확신을 드러내는 진술을 하셨다. 예수는 세례 요한이 모든 사람 중에 가장 위대하다고 선포하셨지만, 그분이 이끄시는 천국의 백성들은 세례 요한보다 더 위대하게 될 것이다(마 11:11-12). 주님은 요한을 장차 오기로 한 엘리야라고 부르셨는데(마 17:11-13), 이것은 곧 메시아의 "직무 요건"이 그의 후계자인 예수께 달려있음을 의미했다. 마찬가지로 예수는 기록된 율법까지도 초월하는 놀라운 권세를 가지고 유대 지도자들을 도전하셨으며, 제자들에게 하나의 새롭고, 영적으로 해방된 이스라엘의 핵심을 구성하도록 명령하셨는데, 이것은 전통적으로 하나님, 또는 적어도 그분이 위탁하신 대언자들에게 주어진 사명이었다.

(2) 예배와 기도와 믿음을 받으심

사람들은 계속해서 예수께 그들의 요구사항들을 가지고 나와 부복하였다. 영어 번역은 종종 *proskuneō*를 "경배"라는 단어로 번역하지만, *proskuneō*는 또한 어느 개인 앞에 자신의 몸을 "엎드리는" 것을 의미하며 이것은 고대에 권세 있는 자에게 간청할 때 흔히 관습적으로 취하는 자세였다. 하지만 여기에는 간혹 그 이상의 뜻이 암시되어 있다. 예수께서 물위를 걸으셔서 제자들의 배에 오르시자, 제자들은 "진실로 하나님의 아들이로소이다" 하며 그분을 "경배"하였다(마

---

46) 특별히 Witherington, *Christology*, 33-143 참조.

14:33). 예수는 제자들에게 "그분의 이름으로"-즉 그분의 능력이나 권세로-하나님께 기도하라고 명령하셨는데(요 16:23-24; 14:13-14), 사람들에게 계속해서 육체적인 치유와 영적인 치유를 가져오는 것은 바로 그분께 대한 믿음이었다(막 5:34; 10:52; 눅 7:50; 17:19). 나중에 제자들(그리고 심지어 천사들조차!)은 같은 방식으로 그들을 대하려는 사람들을 꾸짖었지만(예를 들면, 행 14:14-15; 계 22:8-9), 예수는 실제로 그러한 행동을 격려하셨다(요 14:1 참조).

(3) 하나님의 마지막 종말론적인 대행자

마가복음 8:38과 병행구절들에서, 예수는 그분께 대한 응답이 그 사람의 영원한 운명을 결정한다고 선포하신다. 누가복음 12:8-9은 이를 보다 확고하게 전달한다. "내가 또한 너희에게 말하노니 누구든지 사람 앞에서 나를 시인하면 인자도 하나님의 사자들 앞에서 저를 시인할 것이요, 사람 앞에서 나를 부인하는 자는 하나님의 사자들 앞에서 부인함을 받으리라." 예수는 심판의 날에 자신이 하나님의 조력자가 될 것이라고 생각하신 것이 분명하다(또한 마 7:21-23; 25:31-46)! 심지어 지금도, 그분께 대한 행동은 곧 하나님께 대한 행동과 동등하다(마 10:40; 막 9:37).

(4) 죄를 용서하는 권세

마가복음 2:10과 병행구절들은 예수께서 중풍병자의 죄를 용서하는 권세를 주장하셨을 때 청중들이 놀랐다고 기록한다. 비록 예수는 제사장 혈통이 아니셨지만, 수많은 종교들의 사제들도 용서를 중재할 수 있다고 주장한다. 하지만 예수의 대답은 그 이상의 신적인 기원을 암시한다. "그러나 인자가 땅에서 죄를 사하는 권세가 있는 줄을 너희로 알게 하려 하노라." 그리고 예수의 기적적인 치유는 자신의 주장을 지지할 수 있는 능력을 보여준다(눅 23:43에서 예수는 십자가 한편의 "강도"에게 즉각적인 죄 용서와 천국을 약속하신다).

(5) 구약성경의 야훼에게 적용된 은유들

여러 구절들, 특히 공관복음의 비유에서 예수는 주로 하나님께 사용되는 구약성경의 은유들을 자신에게 적용하셨다. 이 은유들은 그 자체로서는 아무런 결론을 제시하지 않지만, 이것들을 한데 모으면 놀라운 결과를 보여준다. 예수는 자신을 종종 간접적으로 신랑, 바위, 추수의 주인, 씨뿌리는 자, 목자, 아버지, 용서를 베푸는 자, 포도원 주인, 그리고 왕으로 언급하셨다. 이런 이미지들을 종합한 결과는 예수를 하나님과 동등하신 분으로 보여주는데, 이것은 복음서 중에서 요한복음만이 분명하게 소개하는 주제이기도 한다.[47] 예수께서 야훼의 역할과 자신을 연결시키신 다른 방법 중에는 어린아이들의 찬미를 받으시거나(마 21:16; 시 8:2), 잃은 자들을 찾으시거나(눅 19:10; 겔 34장), 걸림돌이 되어버린 모퉁잇돌로 버림을 당하시는 경험(눅 20:17-18; 사 8:14-15) 등이 포함된다.

(6) 기적과 천국

우리는 예수의 기적들이 임의적이거나 변덕스러운 것이 아니라, 하나님 나라의 도래에 대한 선포와 밀접하게 연결되어 있고, 메시아의 시대가 도래하면 무슨 일이 일어날지에 대한 구약성경과 신구약 중간기 유대인들의 기대를 성취하였음을 위에서 살펴보았다(pp. 421-423). 하지만 만약 천국이나 메시아의 시대가 도래하였다면, 왕이나 메시아 또한 존재해야 한다.

(7) 아바

예수께서 하나님에 대하여 품으신 부자관계의 의식은 비록 과장될 수 있지만, 그렇다고 간과해서는 안 된다(pp. 639-641을 보라). *Abba*라는 친밀한 아람어(거의 "아빠"와 유사하다)는 한때 주장된 것처럼 유대 문헌에 그에 상응하는 전례가 전혀 없지는 않지만, 여전히 매우 도발적이다. 마가복음 14:36의 음역에서 발견되는 이 단어는 아마도 헬라어 *patēr*("아버지")의 다른 용법 배후에 있으며 바울은 로마서 8:15와 갈라디아서 4:6에서 모든 성도들이 그리스도를 통하여 하나님과 누릴 수 있는 새로운 친밀함을 표현할 때 이 단어를 사용하였다.[48]

(8) 아멘

헬라어 음역에 보존된 두 번째 셈족 언어는 종종 영어에서 "진실로", 또는 "진정으로"로 번역되는 아멘(*Amēn*)이다. 예수는 여러 엄숙한 선포를 시작하

---

47) Philip B. Payne, "Jesus' Implicit Claim to Deity in His Parables," *Trinity Journal* n. s. 2 (1981): 3-23; Daniel Doriani, "The Deity of Christ in the Synoptic Gospels," *JETS* 37 (1994): 333-50 참조.
48) Witherington, *Christology*, 216-21 참조.

실 때 이 힘찬 단어를 사용하시면서(요한복음에서는 종종 이중적으로 사용된다ㅡ"진실로, 진실로"), 이어서 "내가 너희에게 이르노니"라고 말씀하신다(예를 들면, 마 5:18, 26; 6:2, 5, 16; 8:10; 막 3:28; 8:12; 9:1, 41; 눅 4:24; 11:51; 13:35; 요 1:51; 3:3, 5; 5:19, 24, 25 등). 선지자들과는 달리, 예수는 여호와 하나님께서 말씀하신 것을 선포하시지 않고, 자신이 말씀하시는 것을 선포했는데, 똑같은 권위있는 주장의 문맥에서 그렇게 하셨다.

(9) 마지막 주간의 메시아의 자기 표명

"승리의" 입성은 메시아의 예언을 의식적으로 재연하였다(슥 9:9). 저주를 받은 무과화나무와 "청결해진 성전"은 "구약성경 시대"의 종결을 예고하였다. 그리고 생애 마지막 주간에 성전에 관한 예수의 가르침은 이스라엘 당국이 회개할 수 있는 마지막 기회가 곧 지나갈 것이라는 확신을 더욱 강조하였다. 하지만 전형적인 선지자보다 위대한 분이 아니라면 그 누가 그러한 묵시론적인 격변이 이미 시작되었음을 더 이상의 도움도 없이 선포할 수 있겠는가?

(10) "더 위대한 분"이 여기 계시다.

같은 종류의 논리가 예수의 몇몇 진술 배후에 나타나는데, 그 진술들은 예수를 다윗이나 성전이나 솔로몬이나 요나보다 더 위대하신 분으로 묘사한다(마 12:3-6, 41-42). 이러한 명칭들은 결코 "메시아"보다 못하는 중간 단계의 분류를 보여주지 않는다. 이것은 세례 요한이 예수를 "오실 분"(막 1:7), 또는 "지혜"라고 언급한(막 11:19) 복음서의 다른 "유사ㅡ명칭들"의 경우에도 마찬가지이다.[49]

(11) 샬리아크(Shaliach)

공관복음서에서 예수는 종종 "내가 온 것은…"이라는 표현을 사용하셨다(예를 들면, 마 5:17; 9:13; 10:34-35; 눅 19:10). 요한복음에서는 "나를 보내신 이"를 자주 언급하였다(요 4:34; 5:23-24, 36-37; 6:38-40; 7:16 등). 위의 표현들은 모두 그분이 하나님으로부터 특별한 사명을 받고 오신 분임을 암시한다. 여기의 문제는 그분의 출처가 초자연적이라는 점을 (비록 반드시 그런 것은

---

49) 이 부분에 관해서는 특별히 Ben Witherington III, *Jesus as Sage* (Minneapolis: Fortress, 1994)를 보라.

아닐지라도) 시사해 준다. 그것은 또한 유대의 메시아사상과 종종 관련을 맺고 있는 하나의 개념-샬리아크(헬라어로 *apostolos*, 또는 사도-요 13:16)-에도 일치하는데, 바로 자신을 계시하고 그의 백성을 구원하기 위해 야훼로부터 사명을 받고 보내심을 받은 분이라는 개념이다.[50]

(12) 초자연적으로 보이는 예수의 통찰력

예수는 몇몇 경우에 사람들의 마음을 읽거나 그들의 진정한 필요를 파악하실 수 있는 분처럼 등장한다(예를 들면, 막 10:21; 12:24). 그분은 미래를 예언하실 수 있으시다(그분의 고난, 부활, 예루살렘의 임박한 멸망 등). 그리고 그분은 발생할 사건들에 대해서 우연처럼 보이는 세부사항들을 미리 아심으로써 그분이 어쩌면 초자연적인 지식을 가지셨을 지도 모른다거나, 신비스럽고 비밀스런 일들을 연출하는 것인지도 모른다는 의구심을 남겨놓으셨다(예를 들면, 마지막 유월절 식사를 준비할 사람을 만나기 위해 제자들에게 가서 물동이를 지고 가는 사람을 찾으라는 지시-막 14:13-15; 또한 막 11:2-3에서 "종려주일"을 위해 나귀를 풀어오는 사건).[51]

3) 인자

우리는 내포된 기독론에서부터 우리의 관심을 이제 예수에 대해 사용된 뚜렷한 명칭들로 돌리겠다. 예수께서 자신에게 가장 빈번하게 사용하신 명칭은 "인자"였다. 이 용어는 사복음서 전체에 걸쳐서 82번 사용되었다. 이것은 예수께서 사용하신 후에 이에 대한 응답으로 군중이 이 단어를 사용했던 요한복음 12:34을 제외하고는 항상 예수께서 사용하셨다. 하지만 복음서 밖에서는 이 단어가 오직 사도행전 7:56에만 등장하는데, 죽어가는 스데반이 예수에 대해 사용하였다(또한 정관사 없이 계 1:13과 14:14에서 사용되었다). 이에 대한 유대

---

50) A. E. Harvey, "Christ as Agent," in *The Glory of Christ in the New Testament*, ed. L. D. Hurst and N. T. Wright (Oxford: Clarendon, 1987), 239-50 참조.
51) 위에서 기독론을 은연중에 보여주는 것들에 대한 간략한 목록과 논의를 위해서는 R. T. France, "The Worship of Jesus: A Neglected Factor in Christological Debate?," in *Christ the Lord*, ed. H. H. Rowdon (Leicester: IVP, 1982), 28을 보라.

적인 배경은 큰 논쟁의 대상인데, 그 이유는 예수께서 이 용어를 사용하신 것에 대해 똑 같은 병행구절이 없기 때문이다. 그러므로 이 표현은 진위성을 가늠하는 비유사성의 기준을 훌륭히 통과한다.

하지만 예수는 "인자"라는 말로 무엇을 의미하셨을까? 불트만과 그의 제자들에 종종 연관되는 오래된 견해는 예수께서 적어도 가끔은 자기 자신 이외의 누군가-오실 인자나 메시아-에 대해서 말씀하신 것이 아닌지 추측한다. 하지만 이 견해는 오늘날 거의 받아들여지지 않는다. 최근에는 많은 언어학적인 연구 때문에 "인자"를 "죽게 될 인간"과 동의적으로 사용한 구약성경의 빈번한 구절들에서 이 표현이 나왔다는 가설이 생겨났다(예를 들면, 시 82와 에스겔서 전체). Bar(e)nash(a)에 대한 후대의 아람어의 다양한 용법에 기초해서 볼 때, 이 단어는 일반적으로 "사람"이나, "나"를 뜻하는 하나의 완곡한 표현으로서, 또는 "나 같은 사람", 또는 "내 위치에 있는 사람"을 언급하는 것으로서 여겨졌다.[52] 이러한 해석들은 마태복음 8:20("인자는 머리 둘 곳이 없다")이나 12:32("누구든지 인자를 거역하면 사하심을 얻되")과 같은 구절들에는 잘 적용되지만, 예수를 보다 더 높임 받으신 분으로 묘사하는 구절들에서는 그렇지 못하다. 그러므로 이 견해를 따르는 자들은 주로 정통적인 "인자" 구절들의 핵심이 비정통적인 추가 구절들과 함께 잘 다듬어졌다고 주장한다. 그들은 이 표현이 복음서의 헬라어 구절들에서 어떻게 명칭이 되었는지(적어도 관사화 되었는지) 설명하는데 애를 먹는다. 즉, *ho huios tou anthropou*("인자"). 하지만 어떤 본문에서는 십자가 복음서 저자들조차도 인자와 "나"의 상호교환성을 인정했다는 사실에 의심의 여지가 없다(예를 들면 눅 6:22과 마 5:11; 막 8:27과 마 16:13; 또는 눅 12:8 안에서).

하지만 이 해석은 이 단어의 모든 용법들을 설명해 주지 못한다. 다니엘서 7:13은 아마도 보다 직접적으로 관련된 배경을 제공해 준다. 다니엘은 환상 속에서 "인자 같은 이", 즉 사람인 것이 분명한 그 누군가를 보았다. 하지만 이 사람은 "하늘 구름을 타고 오고" 있었다. 그분은 옛적부터 항상 계신 자에게 나아와 그분 앞으로 인도되었다. "그에게 권세와 영광과 나라를 주고 모든 백성과 나라들과 각 방언하는 자로 그를 섬기게 하였으니 그 권세는 영원한 권세라. 옮

---

52) 각각 Maurice Casey, *Son of Man* (London: SPCK, 1979); Geza Vermes, *Jesus the Jew* (London: Collins, 1973; Philadelphia: Fortress, 1974), 160-91; Barnabas Lindars, *Jesus Son of Man* (London: SPCK; Grand Rapids: Eerdmans, 1983)을 각각 보라. 보다 최근에 Casey는 Lindar의 입장에 크게 동의하였다.

기지 아니할 것이요 그 나라는 해하지 아니할 것이니라"(13-14절).

18절을 기초로 하여("지극히 높으신 자의 성도들이 나라를 얻으리니 그 누림이 영원하고 영원하고 영원하리라") 여러 유대인들이 이 환상을 이스라엘의 집단적인 미래와 영광에 대한 예언으로 해석하였다. 하지만 13-14절은 그 이상을 암시하는 듯한데, 이스라엘이 온 우주의 경배를 받으시기에 합당하신 신적인 인물로 묘사된 어떤 대표자에 의해서 인도될 것이다(이것은 일신론적인 유대인들이 자신들 전체에 적용시킬만한 특징은 아니다!). 1세기 말엽 이전에 기록된 유대 묵시적인 위경들인 에녹1서와 에스라4서에는 인자가 분명히 한 명의 개인으로서 그리고 메시아적인 인물로서 등장한다. 기독교 이전의 것이 분명한 작품들 역시 적어도 이 사실에 동의하는 유대교 내부의 소수의 의견을 보여준다(특별히 비극 작가 에스겔[Ezekiel the Tragedian]과 쿰란의 11Q 멜기세덱).[53] 헬라어의 정관사는 하나의 지시사처럼 작용할 수도 있다. "이 '인자'", 즉 "다니엘서에 묘사된 자."[54]

대부분의 학자들은 예수의 "인자" 구절들은 세 가지로 분류하였다. 그분의 지상 사역을 언급하는 말씀들, 그분의 다가올 고난을 예시하는 구절들, 그리고 그분이 장차 높아지실 모습을 암시하는 구절들이 그것이다. 이 명칭을 위해서 다니엘서의 배경을 살펴보는 것은 이 세 가지 분류 모두가 참되다는 사실을 수용하게 한다. 하늘의 사람에 대한 환상은 높아지신 모습을 묘사하는 구절에 분명히 적용된다(예를 들면 마 10:23; 19:28; 막 8:38; 9:1). 다니엘서 7:21, 25에서 성도들을 향한 전쟁과 억압을 언급하는 것은 고난과의 관련성을 암시할 수 있다(막 8:31; 14:21; 또는 눅 12:40에서처럼). 다니엘서의 배경과 가장 무관해 보이는 구절들에서도 고난이나 높아지심을 암시하는 요소들이 존재하는 듯하다. 예를 들면, 인자가 그의 머리 둘 곳조차 없다고 말씀하셨을 때, 예수의 순회 사역의 고달픔이 강조된다. 예수께서 이 땅위에서 죄를 용서하는 권세를 보여주시거나(막 2:10), 자신이 안식일의 주인이심을 보여주었을 때(2:28), 어떤 초월적인 모습이 드러나는 듯하다. 에스겔의 "인자"(단순한 인간)가 어떻게 복음서의 높여진 명칭들을 초래할 수 있었는지를 이해하기 어렵다면, 다니엘서의 고

---

53) 이것들과 또 여기에 관련된 내용을 위해서는 William Horbury, "The Messianic Associations of 'The Son of Man'," *JTS* 36 (1985): 34-55를 보라.
54) Seyoon Kim, *The Son of Man as the Son of God* (Grand Rapids: Eerdmans, 1985).

난 받는 메시아적인 인자가 뚜렷하게 명칭이 드러나지 않은 복음서의 구절들 배후에 숨어 있는 것을 보는 것은 어렵지 않다.[55]

이 모든 것들의 결론은 현대 기독교의 일반적인 오해와는 대조적으로, "인자"가 예수께 붙여진 가장 높여진 명칭이라는 사실이다. 그것은 우선적으로 그분의 참된 인성에 초점을 두지 않으며 그분의 하늘보좌에 초점을 둔다(단 7:9의 복수적인 "보좌들" 참조). 그것은 "하나님의 아들"에 대해 반의어가 아니라 오히려 동의어이다. 하지만 이 용어는 그 해석상 애매하기 때문에 예수는 여기에 그분 나름의 의미와 설명을 덧붙일 수 있으셨다.[56] 하지만 "인자"는 "메시아"라는 용어 자체를 둘러싼 정치적인 오해는 받지 않았다(이후 pp. 643-646을 보라). "인자"를 고난과 연관지을 가능성은 기독교 이전의 유대인들에게는 별로 없었다. 그리고 다니엘의 인자는 구름을 타고 하나님의 보좌로 올라갔지만, 예수는 하늘로부터 영광 가운데 이 땅으로 내려오실 그분의 재림을 묘사하기 위해 이 이미지를 사용하신다(막 14:62).

4) 하나님의 아들

"하나님의 아들"이라는 명칭은 복음서에서 "인자"보다는 훨씬 적게 등장한다. 이것은 주로 다른 사람들이 예수께 대해 사용하였다. 천사들은 예수께서 지극히 높으신 이의 아들, 하나님의 아들이라고 일컫게 될 것이라고 예언하였다(눅 1:32, 35). 하늘에서 들린 음성은 예수를 그분의 아들로 선포하는데, 그리스도의 세례와 변화산 사건 때 모두 시편 2:7을 암시한다(막 1:11; 9:7). 마귀와 그의 귀신들은 자주 영적인 전쟁의 일부로서 예수를 하나님의 아들로 인정하였다(예를 들면, 마 4:3, 6; 막 3:11; 5:7). 십자가 앞에서 백부장은 예수를 하나님의 아들이라고 인정하였지만(막 15:39), 이것은 그리스-로마의 전형적인 개념인 "거룩한 사람"-죽은 후에 신격화 된 사람- 그 이상을 의미하는 것은 아니었다(백부장이 예수를 단순히 결백하다고 선언한 눅 23:47의 병행구를 참조하라). 사실상, 유대적인 배경에서도 "하나님의 아들"이라는 용어는 강력하고 영향력

---

55) 여기에 소개된 견해를 지지하면서 Casey-Vermes-Lindars의 전통에 대해 간략하지만 예리한 비평을 위해서는 Delbert Burkett, "The Nontitular Son of Man: A History and Critique," NTS 40 (1994): 504-21을 보라.
56) 예를 들면, F. F. Bruce, "The Background to the Son of Man Sayings," in Christ the Lord, 50-70 참조.

있는 사람, 지도력이 뛰어난 선생이나 랍비, 천사나 마귀 같은 존재들, 또는 메시아를 의미할 수 있다(특별히 최근에 번역된 사해 사본들인 4Q246을 보라. 그리고 삼하 7:11-14에 대해서는 1QSa 11-12와 4QFlor 10-14).[57]

하지만 몇몇 전략적인 구절에서는 그 가능성이 높아 보인다. 가브리엘은 마리아에게 장차 잉태하게 될 아기가 "하나님의 아들"이라고 일컫게 될 것이라고 말했다(눅 1:35). 예수께서 물 위를 걸으신 후에 제자들은, 적어도 마태의 기록에 의하면, 그분께 경배하고 그분을 하나님의 아들로 선언하였다(마 14:33). 하지만 이러한 이해는 나중에 베드로가 예수를 "살아 계신 하나님의 아들"이라고 고백한 것에 비하면 아직 충분한 것이 아니다. 예수는 이 고백의 원인을 초자연적인 영향으로 돌리셨다(마 16:16). 여기에서도 직접적인 문맥은 베드로가 예수의 죽으심과 부활 이전에는 하나님의 아들이 고난을 받으셔야 할 필요성에 대해서 이해하지 못했음을 분명히 지적한다. 위의 구절들에 병행하는 마가복음(가장 초기의 기록)에서는 "하나님의 아들"이라는 명칭을 사용하지 않기 때문에, 예수가 산헤드린 앞에서 심문을 당하실 때에 가서야 이 명칭에 대한 예수 자신의 설명을 분명하게 읽을 수 있게 된다. 예수는 "찬송 받을 자(하나님을 뜻하는 유대인들 완곡 표현)의 아들 그리스도"의 정체성에 관한 질문에 대해서, 얼마나 적절한지는 모르지만, 긍정적으로 대답하셨다. 하지만 곧 그분의 역할을 하늘의 인자의 시각에서 재정의하셨다(막 14:61-62).

이보다 더 도움이 되는 구절들은 아마도 예수께서 아무런 수식어도 없이 "아들"에 대해서 말씀하신 구절들이다. 마태복음 11:27에서 예수는 요한복음의 "아들"이나 "하나님의 아들"을 언급한 수많은 구절들과 매우 유사한 언어를 사용하셨다. 그분은 "내 아버지께서 모든 것을 내게 주셨으니 아버지 외에는 아들을 아는 자가 없고 아들과 또 아들의 소원대로 계시를 받는 자 외에는 아버지를 아는 자가 없느니라"고 선포하신다. 여기에는 하나님을 자신의 아버지로 인식하는 매우 친밀하고 계시적인 관계에 대한 예수의 분명한 표현이 담겨 있다. 이것은 예수께서 하나님을 부르실 때 아바를 사용하신 논리적인 귀결이다(p. 400을 보라). 악한 소작인의 비유에서 지주의 "아들"은 그리스도와 같은 인물로 등장하며 예수의 십자가 처형을 예상하게 한다(막 12:6; 혼인잔치 비유에서는 왕

---

57) 이러한 용법들에 대한 좋은 목록을 위해서는 Jarl Fossum, "Son of God," in *ABD*, vol. 6, 128-37을 보라.

의 아들의 이미지-마 22:2). 그리고 감람산 강화에서 예수는 "아들"조차 그의 재림에 대해서 알지 못하는 내용과 관련해서 자신이 가진 지식의 한계를 묘사하신다(막 13:32). 부활 이후에 가서야 이 용어가 대략 후대의 삼위일체 형태처럼 사용되었는데, 예수는 하나님의 존재론적인 동등성과 삼위의 일원이라는 점에서 하나님의 아들이 되신다(마 28:19). 예수의 아들 되심이 보다 더 강조된 듯한 요한복음에서도 "아버지는 나보다 크심이니라"는 예수의 놀라운 말씀(요 14:28)처럼 기능상의 서열을 보여주는 구절들이 있다.

그러므로 아이러니컬하게도 "하나님의 아들"은 특별히 공관복음서에서 "인자"보다는 예수께 다소 덜 높여진 명칭으로 종종 나타난다. 하비(A. E. Harvey)의 결론은 성자 예수의 이러한 "기능적인" 측면을 잘 요약해 준다.

> 예수는 실제로 하나님께 대한 절대적인 순종을 보여주셨고, 친밀한 권위를 가지고 하나님께 말씀하셨으며, 하나님을 이 땅에서 대언하는 대표에게 속한 유일한 권위를 가지고 행동하셨는데, 이것은 진정으로 "하나님의 아들"이신 분의 특징일 것이다(주로 고대의 "아들"개념에 적용된 의미). 그리고 그분에 대한 세상의 심판의 역전은 그의 제자들이 "부활"이라고 부르는 사건으로 암시되었는데, 이 때문에 제자들은 예수를 "아들"로서 절대적인 확신 가운데 묘사할 수 있었다. "아들"은 그분의 생애에 분명히 올바른 명칭이었을 것이며, 아마도 초자연적인 존재들에 의해서 인식되었을 것이며, 예수를 믿게 된 그의 제자들조차 공개적으로 인정하기 힘들만큼 너무나 중요했다.[58]

분명하게도 이 기능상의 아들 됨조차 인상적이었고 독특했다.

5) 주

그리스-로마 세계에서 "주"(헬라어, *kurios*)는 신들, 황제들, 다른 주인들, 그리고 존경스럽게 대하고 싶은 모든 사람에게 적용되었던 명칭이었다. 유대 사회에서 이것은 야훼 하나님을 위한 명칭들 중 하나였으나(히브리어, *adonai*), 다

---

58) A. E. Harvey, *Jesus and the Constraints of History* (London: Duckworth; Philadelphia: Westminster, 1982), 167-68.

양한 주인들과 권위적인 인물들에게 마찬가지로 적용될 수 있었다. 그러므로 복음서에서 누군가가 예수를 "주"라고 부른 대부분의 경우, 우리는 예수의 카리스마나 권위를 인정하는 존경의 명칭 그 이상은 추론하지 말아야 한다. 마가복음 11:3은 약간은 암시적인데, 여기에서 예수는 제자들에게 말씀하시기를 "종려주일"을 위해 나귀를 취할 때 그들에게 질문하는 사람에게는 "주께서 쓰시겠다 하라"고 대답하도록 지시하셨다. 일반적으로 유대인들은 제자들이 하나님에 관해서 말하고 있는 것으로 추측했지만, 예수께서 과연 이 명칭을 사용하심으로써 자신을 은연중에 하나님과 동일시하신 것일까? 마가복음 2:28과 병행구절에서는 인자가 심지어 안식일의 "주인"이라고 기록한다. 하지만 하나님 외에 누가 과연 안식일법을 초월하는 권세를 가질 수 있겠는가? 가장 중요한 구절은 12:35-37과 그 병행구절들로서, 예수께서 성전에서 유대 지도자들에게 어떻게 다윗의 후손(메시아)이 또한 그의 "주"가 되실 수 있는지 질문하신다. 예수는 시편 110:1을 인용하시는데, 여기에서 다윗은 "주(여호와)께서 내 주(*adonai*)에게 이르시되"라고 선포한다. 하지만 이스라엘의 왕보다 더 높으신 이 두 번째 "주"는 단순한 사람 이상인 메시아가 아니라면 과연 누구이겠는가?

하지만 오직 부활 사건 이후에 가서야 가장 강한 의미의 "주"가 예수께 적용될 수 있다. 그러므로 사도행전 2:36은 부활과 승천에 근거해서 예수가 "주와 그리스도"가 되셨다는 결론 위에 베드로의 오순절 설교의 절정을 두고 있다. 복음서 저자들 중에서 이러한 이해를 자신의 복음서 기록에 반영한 사람은 오직 누가뿐이었는데, 사람들이 예수께 나아오는 배경에만 반영한 것이 아니라, 보다 큰 이야기 단락에 반영하였다. 엘리사벳은 아기를 낳기 전에 마리아를 "내 주의 모친"이라고 불렀다(눅 1:43). 천사들은 목자들에게 나타나 "구주가 나셨으니 곧 그리스도 주시니라"고 선포하였다(눅 2:11). 그리고 누가는 종종 예수를 단순히 "주"라고 불렀다(눅 7:13, 19; 10:39, 41; 11:39; 12:42 등).

그럼에도 불구하고, 우리는 "주"가 예수를 위한 하나의 명칭으로 사용되었다는 점을 과소평가하지 말아야 한다. 그것이 단지 "주인"(master)을 뜻하는 경우에도 우리는 예수를 주님(하나님)으로 예배하면서 동시에 그분을 우리의 주인으로 모셔야 한다는 점을 기억해야 한다.[59] 마태복음 7:21은 이 점을 예리하게 보

---

59) "주재권 구원"(lordship salvation) 논쟁과 관련해서 특별히 유익하고 균형 잡힌 연구는 Darrell L. Bock,

여준다. "나더러 주여, 주여 하는 자마다 천국에 다 들어갈 것이 아니요, 다만 하늘에 계신 내 아버지의 뜻대로 행하는 자라야 들어가리라." 다른 한편으로, 예수를 하나님으로 칭하는 "주"의 용법은 이미 주후 50년 중엽에 바울이 그리스도의 재림을 염원하는 종결 기도문에 아무런 설명도 없이 아람어 마라나타(Maranatha)를 기록하고 있기 때문에(고전 16:22) 일찍부터 성도들 사이에서 발전되어 온 것이 분명하다. 이 복합문을 어떻게 구분하느냐에 따라서 이것은 "오소서, 오 주여!" 또는 "우리 주께서 오셨도다"를 의미할 수 있다(전자가 보다 정확한 것처럼 여겨진다). 하지만 mar는 구약성경의 문헌과 석의에서 히브리어 야훼 대신에 종종 사용되는 아람어였다. 하나님께 사용된 단어가 유대 기독교 초기부터 예수께 적용될 수 있었다는 사실은 이것이 특히 마가복음 12:35-37의 맥락에서 볼 때, 예수 자신의 사용과 자기 이해에 뿌리를 두고 있음을 암시한다.

6) 메시아

우리는 예수께 사용된 모든 명칭들 중에서 가장 잘 알려진 것을 마지막을 위해 남겨두었다. "그리스도"(헬라어, christos)는 심지어 후대의 신약성경 저자들에게도 거의 예수의 두 번째 이름이 되었고, "메시아"(히브리어, Meshiach), 또는 기름부음을 받은 자라는 번역에서처럼 그 명칭으로서의 의미를 상실하고 말았다.[60] 영어 단어 "메시아"는 구약성경에서는 오직 다니엘서 9:25-26의 번역에 등장한다. 하지만, 선지자들과 제사장들과 왕들은 모두 구약성경 전체의 여러 경우에 기름부음을 받았다. 메시아 개념은 다윗의 보좌를 영원히 차지하게 될 것이라고 나단 선지자가 약속했던 왕의 혈통과 특별히 관련을 맺게 되었다(삼하 7:14). 그리고 구약의 왕들은 현재와 미래에 "주의 기름부음을 받은 자들"로 불리고 있다. 이러한 왕권을 묘사하는 다른 중요한 구절에는 사무엘상 2:10; 이사야 7:1-9:7; 11:1-9; 미가 5:1-5; 9:9-12; 그리고 시편 2; 45; 110편 등이 포함된다. 심지어 페르시아의 이방 통치자들도 하나님의 백성을 귀환시키

"Jesus as Lord in Acts and in the Gospel Message," BSac 143 (1986): 146-54; 그리고 같은 저자의 "A Review of The Gospel according to Jesus," BSac 146 (1989): 21-40이다.
60) 사실상 우리는 이 용어를 본서에서 그런 방식으로 자주 사용하였는데, 이것은 후대의 기독교 전통과 일치하지만, 주로 "예수"라는 이름을 너무 많이 반복하는 것을 피하기 위함이었다.

시려는 하나님의 뜻을 성취할 때에는 하나님의 meshiach라고 불릴 수 있었다(사 45:1의 고레스).

신구약 중간기의 유대교에서는 메시아적인 기대의 여섯 가지 상이한 요소들을 구분하기도 했다. (1) 마카비의 반란은 처음에 사람들의 마음에서 문자적인 메시아에 대한 필요성을 없애주었다. 하스모니아 왕조가 그 원래의 이상에서 점점 멀어지면서, 사람들은 하나님이 더 이상 과거에 기대했던 것만큼 그의 백성을 축복하지 않으실 것이라고 확신하게 되었다. 우리는 이러한 사조를 메시아적인 기대의 성취, 또는 상실이라고 말할 수 있다. (2) 쿰란을 거점으로 하는 유대교 당파에서는 제사장적이고 왕과 같은 메시아를 기대하였다. 이러한 소망은 제사장직과 왕권을 독차지한 부패한 하스모니아 정권에 대한 불만과 제사장(레위 지파)과 왕(유다 지파)은 보통 동일한 사람이 맡을 수 없다는 인식을 보여준다. (3) 주류를 형성하는 유대교에서는 유대인들을 도와서 로마의 사슬을 풀어줄 투사 같은 왕을 대망하였다(p. 36에서 솔로몬의 시편에 대한 논의를 보라). 그러므로 우리는 열심당 운동 초기의 어설픈 시기를 특징지었던 여러 선지자들과 강도들과 자칭 메시아들에 관해서 읽게 된다(pp. 91-92).

(4) 에녹1서의 비유들은 묵시론적인 다윗 계통의 왕으로 묘사된 메시아를 "거룩한 이"나 "선택받은 자"나 "인자" 등의 명칭들과 동일시하였다. 이것은 기독교 이후의 에스라4서의 경우에도 마찬가지이다. 이러한 문서들의 집필 연대와 관련한 질문들 때문에 많은 학자들은 그러한 기대가 그리스도 당시에도 존재했었는지 의문을 품었지만, 쿰란이나 잘 알려지지 않은 다른 위경 문헌에 대한 점증하는 분석은 이러한 추측을 가능하게 하고 있다.[61] (5) 사마리아인들은 신명기 18:18에 기록된 새로운 모세에 대한 예언을 성취할 타헤브(*Taheb*, "회복자")를 대망하였다. 그는 정치적인 해방자의 특징들을 가지고 있으면서도 다른 전승들에서보다도 한 명의 선생으로 여겨졌다. (6) 이러한 선생이나 현자의 개념은 기독교 이후의 랍비 문학에서 눈에 띄게 두드러졌다. 그 씨앗은 적어도 1세기에 싹트기 시작했을 것이다.

그러므로 우리는 예수 당시의 모든, 또는 대부분의 유대인들이 무엇을 기대

---

61) 특별히 John J. Collins, *The Scepter and the Star: The Messiahs of the Dead Sea Scrolls and Other Ancient Literature* (New York and London: Doubleday, 1995)를 보라.

하고 있는지에 대하여 경박하게 일반화하는 것을 경계해야 한다. 메시아에 대한 기대들은 다양했고 어떤 사람들에게는 아예 존재하지도 않았다.[62] 존재하는 경우라고 해도 정치적인 색채를 띠기가 일쑤였다. 이것은 예수께서 이 용어를 조건 없이 받아들이기를 꺼리셨고(막 8:29; 14:62), 친히 이 용어를 사용하신 경우가 상대적으로 적었으며, 다른 사람들이 이 용어를 사용할 때 그들을 잠잠케 하신 이유를 설명해 준다("메시아 비밀"에 대해서는 p. 195를 보라). 우리는 또한 몇몇 유대 당파에서 믿은 것처럼 메시아가 자신의 사역을 성취하기 전에는 자신을 그처럼 드러내어서는 안 된다는 신념을 고려해야 한다.

그럼에도 불구하고, 복음서에는 "그리스도"라는 명칭을 예수께 붙임으로써 그가 메시아의 직분을 감당할 준비가 되어 있으셨음을 간접적으로 보여주는 구절들이 있다(이런 구절들이 복음서 저자들의 편집을 통해서 어떻게 채색되었는지에 무관하게). 마가복음 9:41에서 예수는 "누구든지 너희를 그리스도에게 속한 자라 하여" 물 한 잔을 주는 자에게 상급을 약속하신다. 마가복음 12:35에서는 그리스도가 어떻게 단순히 다윗의 후손일 수 있는지 질문하신다. 마태복음 23:10에서는 그리스도가 오직 한 분이라고 바리새인들에게 말씀하시며, 24:5, 23에서는 예수를 모방하는 거짓 그리스도들의 출현을 예언하신다. 요한복음 4:25에서 예수는 사마리아 여인에게 자신을 메시아로 보다 직접적으로 드러내셨다. 이 모든 구절들은 "그리스도가 이런 고난을 받고 자기의 영광에 들어가야 할 것이 아니냐?"는 부활 이후의 질문을 위한 배경을 제공한다. 누가는 곧바로 이렇게 첨가한다. "이에 모세와 및 모든 선지자의 글로 시작하여 모든 성경에 쓴바 자기에 관한 것을 자세히 설명하시니라"(눅 24:26-27). 그러므로 이 명칭이 후대의 기독교 사상에서 가장 포괄적인 명칭이 된 것은 놀랄만한 일이 아니다. 하지만 이것은 아마도 예수로부터 시작되었을 것이다. 드종(de Jonge)은 이렇게 설명한다.

다윗이 정치적인 인물인 왕으로서 뿐만 아니라, 선지자로서, 시편을 노래하는 자

---

62) 이런 다양한 기대는 약간 과장되기는 했지만 James H. Charlesworth, ed., *The Messiah: Developments in Earliest Judaism and Christianity* (Minneapolis: Fortress, 1992)에 깊게 스며 있는 중심 주제이다. 균형을 위해서 I. Howard Marshall, "The Messiah in the First Century: A Review Article," *Criswell Theological Review* 7 (1993): 67-83을 보라.

로서, 그리고 귀신을 쫓아내는 자로서 묘사되었다는 사실에 비추어볼 때, 예수께서 자신을 주의 기름부음을 받은 자로 적절하게 불릴 수 있는 다윗의 참된 후손으로 여기셨을 가능성이 높다. 이것은 하나님의 통치가 능력 가운데 드러나게 될 미래적인 측면 뿐만 아니라, 하나님 나라가 그분의 말씀과 행동을 통해서 이미 드러난 현재적인 측면을 고려할 때도 마찬가지이다.[63]

7) 다른 명칭들

메시아와 밀접하게 연결되어 있으면서도 정치적인 오해를 더 초래하기 쉬운 명칭이 바로 왕이다. 예수는 헤롯과 달리 "유대인의 왕"으로 태어나신 분이다(마 2:2). 그분은 승리의 입성 때 겸손한 메시아 왕으로 오셨고(마 21:5), 역사의 종말에는 왕 같은 심판주로 오실 것이다(25:34, 40). 예수는 "유대인의 왕"으로서 십자가에 달리셨는데(막 15:9, 12, 18, 26, 32), 이 죄명은 정확하기는 하지만 오해된 것이었다. 그리스도의 왕국은 이 세상에 속한 것이 아니지만(요 18:36), 그렇다고 정치/사회적인 의미가 전혀 없음을 의미하지는 않는다(p. 544를 보라).

예수는 또한 주의 종이시다(막 10:45; 마 12:18-21). 예수는 이사야의 고난 받는 종의 예언을 자신의 대리적이고 대속적인 죽음으로 해석하시고 적용하셨다(p. 493을 기억하라).[64] 그분은 선지자, 특별히 모세와 같이 뛰어난 종말론적인 선지자이시다(신 18:18). 사람들도 그분을 그렇게 환호하였지만(막 6:15; 8:28; 눅 7:16, 39; 24:19), 제자들은 이것이 예수가 누구신지를 완전하게 묘사하기에는 부적절하다고 느꼈다. 예수는 선생(히브리어, *rabbi*)이라고 불리셨지만, 특별히 마태복음과 요한복음에서는 이 명칭이 예수의 의도를 충분히 이해하지 못한 사람들에 의해서 주로 사용되었다. 이 명칭에 대한 예수 자신의 입장은 마태복음 23:10에 나타난다. "또한 '선생'이라 칭함을 받지 말라. 너희 선생은 하나이니 곧 그리스도니라"(한글 성경은 '선생'을 '지도자'라고 번역했다-

---

63) Marinus de Jonge, *Christology in Context* (Philadelphia: Westminster, 1988), 211.
64) 특별히 R. T. France, "The Servant of the Lord in the Teaching of Jesus," TynB 19 (1968): 26-52 참조. 메시아와 고난 받는 종 사이의 기독교 이전 시대의 유대인의 연결성에 대해서는 Joachim Jeremias, "παῖς θεοῦ in Later Judaism in the Period after the LXX," in *TDNT*, vol. 5, 677-700을 보라. 하지만 그의 주장들은 대부분 설득력이 없다.

역주). 다른 명칭들은 복음서마다 그 특징이 다르게 나타난다―마태복음의 "다윗의 후손", 누가복음의 "구세주", 요한복음의 "하나님의 어린 양", "말씀", 그리고 신적인 자기계시("I Am") 등은 이미 앞에서 다루었다.

7. 결론

복음서 전승의 어떤 차원을 살펴보든지 관계없이―복음서 저자들의 편집, 발전되어 내려온 구전 전승, 또는 역사적인 예수의 모습으로 분명하게 인정할 수 있는 핵심적인 내용이든지―한 가지 동일한 인상을 품게 된다. 예수는 초기의 제자들과 마찬가지로 그에게 어떻게 응답하느냐가 그 사람의 일생에서 내릴 수 있는 가장 중요한 결정이라는 점을 확신하셨다. 사람의 영원한 운명이 이 응답에 달려있는 것이다. 우리는 그리스도의 제자가 되도록, 천국의 시민이 되도록, 그리고 주께서 요구하시는 "더 큰 의"를 실천하도록 부르심을 받았는데, 그분께 충성을 다짐하는 자들에게는 그 의를 이루어주실 것이다. 우리는 세상의 소외된 자들과 억눌린 자들을 향한 예수의 긍휼을 본받아야 한다. 우리는 그분의 가르침을 하나의 새로운 율법이나 율법주의로 전락시키지 말아야 하되, 필요에 따라서는 거절과 적대심과 심지어 순교까지도 각오하고 우리 자신의 십자가를 질 수 있도록 준비되어야 한다. 하지만 단순히 예수를 흠모하고 모방하는 것만으로는 부족하다. 그분이 유일하신 신인(God-man)이라는 믿음을 품어야 하고 그분이 제공하시는 용서를 받아들여야 한다. 만일 본서를 통해서 살펴본 여러 가지 놀랍고 논쟁적인 내용들이 독자들로 하여금 이러한 목적을 향해 전진하도록 도와주었다면 저자와 독자 모두에게 가치 있는 일임이 입증되는 셈이다.

8. 심층연구를 위한 자료

1) 하나님 나라

Beasley-Murray, George R. *Jesus and the Kingdom of God*. Grand

Rapids: Eerdmans; Exeter: Paternoster, 1986.

Caragounis, Chrys C. "Kingdom of God/Kingdom of Heaven", in *DJG*.

Chilton, Bruce D., ed. *The Kingdom of God in the Teaching of Jesus*. London: SPCK; Philadelphia: Fortress, 1984.

Chilton, Bruce. "The Kingdom of God in Recent Discussion." In *Studying the Historical Jesus*. Ed. Bruce Chilton and Craig A. Evans. Leiden: Brill, 1994.

Kirk, Andrew. *A New World Coming*. London: Marshall, Morgan & Scott [=*The Good News of the Kingdom Coming*. Downers Grove: IVP], 1983.

Ladd, George E. *The Presence of the Future*. Grand Rapids: Eerdmans, 1974; London: SPCK, 1980.

Marcus, Joel. *The Mystery of the Kingdom of God*. Atlanta: Scholars, 1986.

Marshall, I. Howard. "The Hope of a New Age: The Kingdom of God in the New Testament." *Themelios*, 11(1985): 5-15.

Perrin, Norman. *Jesus and the Language of the Kingdom*. Philadelphia: Fortress; London: SCM, 1976.

Song, C. S. *Jesus and the Reign of God*. Minneapolis: Fortress, 1993.

Willis, Wendell, ed. *The Kingdom of God in 20th Century Interpretation*. Peabody: Hendrickson, 1987.

2) 윤리

(1) 예수의 윤리(일반)

Chilton, Bruce, and J. I. H. McDonald. *Jesus and the Ethics of the Kingdom*. London: SPCK, 1987; Grand Rapids: Eerdmans, 1988.

Harvey, A. E. *Strenuous Commands: The Ethics of Jesus*. London: SCM; Philadelphia: TPI, 1990.

Hurst, L. D. "Ethics of Jesus", in *DJG*.

Lohse, Eduard. *Theological Ethics of the New Testament*. Minneapolis: Fortress, 1991.

Meeks, Wayne A. *The Moral World of the First Christians*. Philadelphia:

Westminster, 1986.
Piper, John. *"Love Your Enemies": Jesus' Love Command in the Synoptic Gospels and in Early Christian Paraenesis.* Cambridge: CUP, 1979.
Schnackenburg, Rudolf. *The Moral Teaching of the New Testament.* New York: Herder & Herder, 1971.
Schrage, Wolfgang. *The Ethics of the New Testament.* Edinburgh: T. & T. Clark; Philadelphia: Fortress, 1988.
Wiebe, Ben. *Messianic Ethics: Jesus' Proclamation of the Kingdom of God and the Church in Response.* Scottdale and Kitchener: Herald, 1992.
White, R. E. O. *Biblical Ethics.* Exeter: Paternoster; Atlanta: John Knox, 1979.

(2) 사회적 관심

Bammel, Ernst, and C. F. D. Moule, eds. *Jesus and the Pollitics of His Day.* Cambridge: CUP, 1984.
Cassidy, Richard J. *Jesus, Politics and Society.* Maryknoll: Orbis, 1978.
Hengel, Martin. *Was Jesus a Revolutionist?* Philadelphia: Fortress, 1971.
Ringe, Sharon H. *Jesus, Liberation and the Biblical Jubilee.* Philadelphia: Fortress, 1985.
Segundo, Juan L. *The Historical Jesus of the Synoptics.* Maryknoll: Orbis, 1985.
Sider, Ronald J. *Rich Christians in an Age of Hunger.* Dallas: Word, rev. 1990.
Sobrino, Jon. *Jesus the Liberator.* Maryknoll: Orbis, 1993.
Verhey, Allen. *The Great Reversal: Ethics and the New Testament.* Grand Rapids: Eerdmans, 1984.
Witherington, Ben, III. *Women in the Ministry of Jesus.* Cambridge: CUP, 1984.
Yoder, John H. *The Politics of Jesus.* Grand Rapids: Eerdmans; Carlisle: Paternoster, rev. 1994.

3) 율법과 복음

Banks, Robert. *Jesus and the Law in the Synoptic Tradition*. Cambridge: CUP, 1975.
Dodd, C. H. *Gospel and Law*. Cambridge: CUP, 1951.
France, R. T. *Jesus and the Old Testament*. London: Tyndale; Downers Grove: IVP, 1971.
Meier, John P. *Law and History in Matthew's Gospel*. Rome: BIP, 1976.
Moo, Douglas J. "Law", in *DJG*.
Sloyan, Gerald S. *Is Christ the End of the Law?* Philadelphia: Westminster, 1978.
Westerholm, Stephen. *Jesus and Scribal Authority*. Lund: Gleerup, 1978.

4) 예수와 유대교

Charlesworth, James H., ed. *Jesus' Jewishness*. New York: Crossroad, 1991.
Evans, Craig A., and Donald A. Hagner, eds. *Anti-Semitism and Early Christianity*. Minneapolis: Fortress, 1993.
Flusser, David. *Jesus*. New York: Herder & Herder, 1969.
Hagner, Donald A. *The Jewish Reclamation of Jesus*. Grand Rapids: Zondervan, 1984.
Richardson, Peter, and David Granskou, eds. *Anti-Judaism in Early Christianity*. Vol. 1. Waterloo, Ontario: Wilfrid Laurier, 1986.
Riches, John. *Jesus and the Transformation of Judaism*. London: Darton, Longman & Todd, 1980.
Sanders, E. P. *Jesus and Judaism*. London: SCM; Philadelphia: Fortress, 1985.
Sandmel, Samuel. *Judaism and Christian Beginnings*. Oxford: OUP, 1978.
Vermes, Geza. *The Religion of Jesus the Jew*. London: SCM; Minneapolis: Fortress, 1993.
Young, Brad H. *Jesus the Jewish Theologian*. Peabody: Hendrickson, 1995.
Zeitlin, Irving. *Jesus and the Judaism of His Time*. Oxford: Blackwell, 1988.

5) 구속과 신원

(1) 구속

Antwi, Daniel J. "Did Jesus Consider His Death to Be an Atoning Sacrifice?" *Interpretation*, 45(1991): 17-28.

Hengel, Martin. *The Atonement*. London: SCM; Philadelphia: Fortress, 1981.

Hooker, Morna D. *Not Ashamed of the Gospel: New Testament Interpretations of the Death of Christ*. Carlisle: Paternoster; Grand Rapids: Eerdmans, 1994.

Hultgren, Arland J. *Christ and His Benefits: Christology and Redemption in the New Testament*. Philadelphia: Fortress, 1987.

McDonald, H. D. *New Testament Concept of Atonement*. Cambridge: Lutterworth; Grand Rapids: Baker, 1994.

Stott, John R. W. *The Cross of Christ*. Leicester and Downers Grove: IVP, 1986.

Weber, Hans-Ruedi. *The Cross: Tradition and Interpretation*. London: SPCK, 1978; Grand Rapids: Eerdmans, 1979.

(2) 신원

Allison, Dale C., Jr. *The End of the Ages Has Come: An Early Interpretation of the Passion and Resurrection of Jesus*. Philadelphia: Fortress, 1985.

Beasley-Murray, George R. *Jesus and the Last Days*. Peabody: Hendrickson, 1993.

Conyers, A. J. *The End: What Jesus Really Said about the Last Things*. Downers Grove: IVP, 1995.

Cranfield, C. E. B. "Thoughts on New Testament Eschatology." *Scottish Journal of Theology*, 35(1982): 497-512.

Meyer, Ben F. "Jesus' Scenario of the Future." *Downside Review*, 109(1991): 1-15.

Moore, Arthur L. *The Parousia in the New Testament*. Leiden: Brill, 1966.
Witherington, Ben, III. *Jesus, Paul, and the End of the World*. Downers Grove: IVP, 1992.

6) 기독론

(1) 일반

Brown, Raymond E. *An Introduction to New Testament Christology*. New York: Paulist, 1994.
Caird, G. B. *New Testament Theology*, compl. & ed. L. D. Hurst. Oxford: Clarendon, 1994.
de Jonge, Marinus. *Christology in Context*. Philadelphia: Westminster, 1988.
Dunn, James D. G. *Christology in the Making*. London: SCM; Philadelphia: Westminster, 1980.
Farmer, William R., ed. *Crisis in Christology: Essays in Quest of Resolution*. Livonia, Mich.: Dove Booksellers, 1995.
Leivestad, Ragnar. *Jesus in His Own Perspective*. Minneapolis: Augsburg, 1987.
Marshall, I. Howard. *The Origins of New Testament Christology*. Leicester and Downers Grove: IVP, rev. 1990.
Moule, C. F. D. *The Origin of Christology*. Cambridge: CUP, 1977.
Pokorny, Petr. *The Genesis of Christology*. Edinburgh: T. & T. Clark, 1987.
Reymond, Robert L. *Jesus: Divine Messiah*. Phillipsburg, N.J.: Presbyterian & Reformed, 1990.
Witherington, Ben, III. *The Christology of Jesus*. Minneapolis: Fortress, 1990.

(2) 인자

Burkett, Delbert. *The Son of Man in the Gospel of John*. Sheffield: JSOT, 1991.
Caragounis, Chrys C. *The Son of Man*. Tübingen: Mohr, 1986.
Casey, Maurice. *Son of Man*. London: SPCK, 1979.

Collins, John J. "The Son of Man in First-Century Judaism." *NTS* 38(1992): 448-66.
Hare, D. R. A. *The Son of Man Tradition*. Minneapolis: Fortress, 1990.
Higgins, A. J. B. *The Son of Man in the Teaching of Jesus*. Cambridge: CUP, 1980.
Horbury, William. "The Messianic Associations of 'The Son of Man'." *JTS* 36(1985): 34-55.
Kim, Seyoon. *The Son of Man as the Son of God*. Grand Rapids: Eerdmans, 1985.
Lindars, Barnabas. *Jesus Son of Man*. London: SPCK; Grand Rapids: Eerdmans, 1983.
Marshall, I. Howard. "The Synoptic 'Son of Man' Sayings in the Light of Linguistic Study." In *To Tell the Mystery: Essays on New Testament Eschatology in Honor of Robert H. Gundry*. Ed. Thomas E. Schmidt and Moisés Silva. Sheffield: JSOT, 1994.
Slater, Thomas B. "One Like a Son of Man in First-Century CE Judaism." *NTS* 41(1995): 183-98.

(3) 하나님의 아들

Bauckham, Richard. "The Sonship of the Historical Jesus in Christology." *SJT* 31(1978): 245-60.
Bauer, David L. "Son of God", in *DJG*.
Hengel, Martin. *The Son of God*. London: SCM; Philadelphia: Fortress, 1976.

(4) 주

Fitzmyer, Joseph A. "New Testament Kyrios and Maranatha and Their Aramaic Background." In *To Advance the Gospel*, pp. 218-35. New York: Crossroad, 1981.
Hurtado, Larry W. *One God, One Lord: Early Christian Devotion and Ancient Jewish Monotheism*. Philadelphia: Fortress, 1988.

Witheringon, Ben, III. "Lord", in *DJG*.

(5) 메시아

Charlesworth, James H., ed. *The Messiah: Developments in Earliest Judaism and Christianity*. Minneapolis: Fortress, 1992.

Collins, John J. *The Scepter and the Star: The Messiahs of the Dead Sea Scrolls and Other Ancient Literature*. New York and London: Doubleday, 1995.

Dahl, Nils A. *Jesus the Christ: The Historical Origins of Christological Doctrine*. Ed. Donald Juel. Minneapolis: Fortress, 1990.

de Jonge, Marinus. *Jesus, the Servant-Messiah*. New Haven and London: Yale, 1991.

Hurtado, Larry W. "Christ", in *DJG*.

Neusner, Jacob, William S. Green and Ernest S. Frerichs, eds. *Judaisms and Their Messiahs at the Turn of the Christian Era*. Cambridge: CUP, 1987.

O'Neill, J. C. *Who Did Jesus Think He Was?* Leiden: Brill, 1995.

9. 복습을 위한 질문들

1) 예수께서 가르치신 주요 주제들은 무엇인가? 당신은 각 주제에 대한 그분의 주된 강조들을 어떻게 요약하겠는가?
2) 우리가 예수의 기독론을 구성하기 위해서 사용할 수 있는 자료들은 무엇인가?
3) 복음서의 대표적인 기독론적인 명칭들은 그 원래의 일차적인 문맥에서 각각 무엇을 의미하는가?
4) 본장(그리고 본서)의 결론으로서, 당신은 나사렛 예수의 사명과 신분을 어떻게 요약하겠는가? 이러한 결론들은 오늘 우리의 세상에, 그리고 당신에게 개인적으로 어떠한 관련성을 가지는가?

주제색인

[ㄱ]

가난한 자 · 90, 235, 297, 389
가브리엘 · 324, 577, 636
가족(family) · 110-111
   가정의 가치관 · 382
각성 · 495
거짓 증인 · 536
거하다 · 265, 334
게마라(Gemara) · 73
게마트리아(gematria) · 315
겟세마네 · 174, 278, 353, 494, 532
견유주의(Cynicism) · 61
결박 · 378, 535
겸손과 용서 · 209, 451
고고학 · 573, 596
고기잡이 · 575
고난 받는 종 · 193, 343, 349
고난, 수난 · 490
고넬료 · 375, 433, 591
고레스 · 25, 640
고별강화 · 524
공관복음 문제 · 131-132, 217
공통의 언어 · 30
과부의 헌금 · 504-505
과학과 의술 · 112
교회 · 21, 80, 96,
구세주 · 235-236, 643
구속과 신원 · 622-626

구속사 · 239
구전 전승 · 643
구전법 · 72
구조주의 · 171-172
궁핍 · 108, 114, 212, 242
귀신론 · 76
   귀신축출 · 78, 290, 368-369, 381, 430, 581
그리스도
   그리스도의 사역 기간 · 302
   그리스도의 사역 시작 · 300
   그리스도의 인성 · 271, 561
   그리스도의 재림 · 625
금식 · 372-373
급진적인 제자도 · 463
기독교 진영 · 453
기독론 · 626-643
기름부음을 받으심 · 491
기쁨 · 241
기적 · 418-431

[ㄴ]

나다나엘 · 344-345, 376, 473
나사렛 사람 · 319, 323, 582
나사로 · 472-474
나의 하나님, 나의 하나님, 어찌하여 나를 버리셨나이까? · 546
낭만주의자 · 131, 285

내러티브 비평 · 180
내포된 기독론 · 632
냉소적인 현자 · 293
네로 · 47, 49
노예 · 63, 93, 98, 106-111, 193, 377, 490, 543, 593, 623,
노예시장 · 490
논쟁 · 365, 373, 481
농부들과 어부들 · 105
누가 · 246-247
   누가복음 서론 · 320-321
능력부여 · 625
니고데모 · 357-358, 468

[ㄷ]

다가오는 파멸 · 236
다윗의 후손 · 210, 502, 504-505, 596, 616, 638, 641, 643
대행자, 대리자 · 121, 292, 375, 390, 599, 629
도마 · 68, 223, 262, 264, 274, 525, 555, 557, 562
도미티안 · 70, 270
도시 시설 · 101-102
독설 · 503
독자 반응 비평 · 173-175
디다케 · 588
디베랴 · 45, 98

디아도키(Diadochi) · 32
땅 · 84-85

[ㄹ]
랍비 문헌 · 72-73, 75, 77, 581-582
랍비적 유대교 · 51, 74, 620
레위 · 376
로고스 · 59, 76, 256, 260-262, 332
로마 시대 · 29, 31, 40-52
로마에 내는 세금 · 107
로마의 길(도로) · 100
로마의 평화, 팍스 로마나 · 47
로마화 · 28, 43, 45, 88

[ㅁ]
마가 · 200-202
　마가복음 우선성 · 145-150
마리아와 마르다 · 251, 454, 457, 477
마소라 본문 · 31-32
마술 · 64-65
마태 · 218-223
마태/레위 · 223, 367, 372
막달라 마리아 · 416, 556-557, 574
말씀이 하나님이시라 · 332
메시아 · 24, 38-39, 51, 75, 80, 89-90, 92, 169, 192, 194, 210
메시아 비밀 · 192, 194, 370, 383, 641
멜기세덱 · 90, 634
모세의 율법 · 26, 238, 390
무오 · 86, 156, 596

묵시문학 · 327, 510, 514
문학
　문학적 기교 · 177
　문학 비평 · 125-126, 133, 137, 163-183
문화 인류학 · 112, 123
물러나심 · 432-436
미드라시 · 74-75, 176, 254, 329
미슈나(Mishnah) · 73
믿을 만한 아그라파 · 589-590

[ㅂ]
바돌로매 · 376
바르 코흐바 · 51
바리새파 · 85-87
바울 · 592-593
바울 서신 · 592
바울의 신학 · 593
배반자 · 381,
베드로 · 46, 60, 102, 131, 188, 190, 192, 197-201, 210
베드로의 부인(denial) · 145, 523-524, 534, 537-538
베스도 · 44, 46, 48
벨릭스 · 44, 46, 48
변모 · 251, 439
본디오 빌라도 · 45, 290,
본문 비평 · 125-128, 571
부유한 서구인들 · 458
부자 · 102, 109, 114, 124, 146, 172, 235-238, 325, 400, 458, 486, 504
부정 · 62, 90, 115-116, 120, 146, 168, 197, 201, 213-214, 272, 296,-297, 318

부활 · 21, 58, 66-67, 86-89, 118, 133, 141-142, 168, 170, 172, 190
비유 · 45, 73-75, 114, 133
빈 무덤 · 548, 553, 554, 557, 582
빌립 · 43, 274, 344, 526

[ㅅ]
사도적 교부 · 587-589
사도행전 · 591-592
사두개파 · 87-88
사랑받는 제자 · 274, 277-278, 376, 561
사마리아 · 42-43, 46, 229-230, 340
사마리아 여인 · 39, 124, 258, 361-363, 574, 641
사마리아인들 · 39, 46, 115, 167, 212, 233-234, 360
사명, 선교 · 141, 179, 188, 193, 205, 207, 232
사모사타의 루시안 · 580
사복음서 · 16-17, 129, 156, 166
사해사본 · 332, 339, 385, 493
사회의
　사회적 신분 · 107
　사회적 관심 · 609, 611
산상수훈 · 115, 149, 151, 159, 208, 308, 310, 383-400
산상수훈의 구조 · 391
산헤드린 · 51, 81-82, 86, 145
삼위일체 하나님 · 531-532
삼위일체론자 · 559
삼위일체의 신 · 527
상황화 · 255, 271, 279, 297

샴마이 · 81
서기관 · 81, 115, 124, 378
서기관들의 비방 · 378
선교 강론 · 449-451
선생, 스승 · 209-210
선한 목자 · 252, 259, 262, 470-471, 491
섬김 · 190, 193, 397, 440, 487, 490, 521
성령 · 190, 197, 240-241, 252-254, 260, 264, 266
성례 521, 534
성례주의 · 267
성만찬 · 267, 357, 427, 430, 521, 523, 534, 561, 617, 624
성부 · 258-259, 262, 264-265, 289, 333, 381, 394, 396, 427
성육신 · 121, 260, 292, 331-332, 625
성전 · 19, 25-26, 34-42
성전의 멸망 · 198, 507-509, 514, 609
세금 · 33-34, 41, 107-108, 234, 441-442, 486, 499-501, 585
세례 요한 · 91, 109, 114, 189, 258, 322, 333-334, 339-348
세례, 침례 · 348-350
세상의 증오 · 525, 528-529
세족식 · 520-521, 534
세포리스 · 45, 98, 106, 577
셀롯인 시몬 · 376
셀류시드 · 32-36, 85
소외자들 · 291, 293, 382,
455, 457, 609
수난 예고 · 440, 480, 492, 623
수로보니게 여인 · 212, 433-434, 442
수에토니우스 · 49, 580
스가랴 · 237, 468, 493, 504, 539
스스로 있는 자, 자아선언 · 428, 469, 475
스토아주의 · 59-60, 332
승천 · 230-231, 266, 529, 561-562, 625, 638
시몬 · 37, 39, 88, 91, 104, 415-416, 493, 544, 620
시므온 · 51, 234, 327
신 피타고라스주의 · 62
신비 종교들 · 62-64
신성모독, 훼방
 그리스도께 대한 · 262, 370, 471, 549
신약성경 이후의 기독교 저술가들 · 68, 584-590
신조 · 61, 64, 210, 264, 549, 572, 594-595
신학 · 599-650
신화론자들 · 285
실존주의 · 287
십계명 · 45, 486, 554, 615
19세기 자유주의자들 · 286

[ㅇ]
아그립바 · 46, 376
아들, 후손
 다윗의 후손 · 210, 502, 504-505, 592, 616, 638
 하나님의 아들 · 192-193,
210-211, 635-637
 인자 · 142, 632-635
 세베대의 아들 · 274, 376, 561
아리마대 요셉 · 86, 548, 555
아바 · 147, 400, 532, 593, 630, 636
아우구스투스 · 57, 70, 300
악한 소작인들 · 179-180,
안나 · 234, 327
안나스 앞의 재판 · 535
안드레 · 223, 274, 344, 367, 376
안티오쿠스 에피파네스 · 507, 625
안티파스 · 303, 345-348, 481, 541
알렉산더 대왕 · 26
암기 · 139-140, 572
암-하-아레츠, 그 땅의 백성 · 71, 84-85, 372
야고보 · 376
얌니야 · 51
양식 비평 · 179
어린 마리아 · 324
에세네파 · 88-91
 에세네파의 금욕생활 · 620
엘리사벳 · 324, 638
L자료 · 152-154, 227
M자료 · 220, 453, 588
여리고로 가시는 길 · 578
여인들 · 73, 105-106, 120, 194-195, 233-234, 292, 315, 318-319, 376
역사 · 295
 비평 · 125, 129

주제색인

역사성 · 252-256, 329-331, 347-348, 353, 361-362
역사적 예수 탐구 · 285-298
역사적
　예수 · 131, 285
　내러티브, 이야기 · 24, 134
　전승 · 443, 586
열두 제자들을 부르심 · 251, 374-375
열심당 · 50, 71, 91-92, 376, 620, 640
영감 · 135, 596
영지주의 · 65-69, 160
　신화 · 68, 553
예루살렘
　멸망 · 509, 540, 580
　몰락 · 242
　예수 · 231
예수
　계보 · 315, 328
　예수에 대한 사도행전의 증언 · 590-592
　유년기 · 315-329
　죽음 · 521-523
　　떠나심과 재림 · 525-526, 560
　　신성과 인성 · 192
　　가정 · 378, 380
　　유대 반대자들 · 272, 498, 616
　　사역 · 339
　　예수를 유혹 · 351-353
예수 세미나 · 293-294
예수께서 제자들에게 성령을 불어넣으시다 · 562
예정 · 86, 89, 521
예표론 · 316-318, 544, 616

왕 · 210, 642
외경(apocrypha) · 24, 72, 139, 196, 223, 330, 430, 585-586
외부인 · 193-194, 207, 236, 358, 412, 528, 627
요세푸스 · 23, 583
요셉 · 316-320, 325-328
요한 마가 · 200-202
요한의 서론 · 332-336
운송수단 · 100-101
원누가복음 · 227
원수사랑 · 442, 613
위경(pseudepigrapha) · 24, 72
유다 마카비 · 35-40
유다의
　배반 · 265, 520, 534
　죽음 · 550
유대
　유대의 율법 · 42, 238, 592
　유대의 지도자들 · 179, 268
　유대의 자료 · 579, 582
　유대 당국과의 갈등 · 214-215
유대인의 왕 · 210, 642
유월절
　유월절 식사 · 519-524, 534, 632
유흥과 여가 · 111-112
율리우스 카이사르 · 69
은행가들 · 105, 109
음모 · 532-533
음식규례 · 441
음식법 · 82
의복과 스타일 · 104-105
의사소통 · 47, 173, 175, 260
이사야의 예언 · 317

인구 · 97-100
일, 사역
　일의 종류 · 108-110

[ㅈ]
자료 비평 · 179
작은 야고보 · 376
장래의 적대감 · 450
장르 비평 · 166
장막 · 98, 336
재물과 염려 · 388, 397
정결예식 · 359, 432
정경 비평 · 180
제3세계 · 120
제자도 · 194, 214, 440-441, 455
제자들의 세대 · 450
주기도문 · 127, 398, 606
죽은 자를 살림 · 424
증인 · 559-560
지리 · 96-97, 453
지상명령 · 209, 213, 559
진정성의 기준 · 295, 313, 589
집단 환각 · 553

[ㅊ]
참된 제자 · 265, 378, 427
채무 · 367, 415, 418
천국 신학 · 400
천사론 · 76
철학 · 58-62
청지기 직분 · 461, 489
출생
　예수의 · 316-320, 322-324
　요한의 · 322, 324

654

치유 · 57, 116, 188-189, 206, 208, 210, 232, 250, 257, 290
70인역 · 31-32, 212, 317, 336, 434
침수세례 · 341

[ㅋ]
칼리굴라 · 46, 70
코이네 · 30, 277, 321
콥트 도마복음 · 293
쾌락주의 · 60-61
쿰란 · 75, 80, 88-91, 142, 339-341, 634
Q 자료 · 220, 227, 463, 588
Q-가설 · 150-152
Q-본문 · 220
클라우디우스 · 580

[ㅌ]
탈굼 · 75, 77, 80, 260, 332, 342, 349
탈루스 · 550, 579
탈무드 · 72, 87, 378, 549, 581-582
토세프타 · 73, 77
토지 소유 귀족 · 105
튜린의 수의(Shroud of Turin) · 578
티베리우스 · 46, 70, 300, 574, 580
티아나의 아폴로니우스 · 425

[ㅍ]
파라클레테 · 267, 526, 529
파라클레토스 · 267
파피아스 · 151, 200
페미니즘, 여권신장운동 · 120
편집 비평 · 179
편집자 · 125, 132, 219, 277, 563
편집적인 강조점 · 283
평지설교 · 384, 399
포스트구조주의 · 165-166, 172-175, 181
풍요 제의 · 553-554
톨레미 · 32
플라톤주의 · 58
플리니 · 579
필로 · 29, 76, 332,

[ㅎ]
하나님과의 동등성 · 466
하나님을 경외하는 사람 · 247
하나님의 통치 · 365, 382, 411, 413, 431, 456, 542, 601, 603, 605, 616, 622, 642
하누카(Hanukkah) · 257, 305, 307, 471-472,
하스모니아 · 35-40, 85, 87, 640
하시딤 · 34, 40, 85, 88,
학가다(haggadah) · 73-74, 519, 522
할라카(halakah) · 73
할례 · 35, 51, 84, 142, 322, 467
합리주의자 · 285
합법적 종교 · 41, 48-49, 70, 243,
해방신학 · 119-120, 238, 612
해체주의 · 172-173
헤롯 대왕 · 37, 39, 47
헤롯 아그립바 · 46, 376
헤롯 아켈라우스 · 43-46
헤롯 안티파스 · 98, 303, 345-348, 480-481, 541
헤롯 필립 · 43, 436
헬라인 · 38, 69, 92-93, 110-111, 213, 244, 419, 433, 495, 583
헬라화 · 30, 34, 40, 43, 45, 87-88, 111, 201
헬레니즘 · 27-29, 34, 62, 64, 269, 332
형식주의 · 165-166, 170-171, 180,
형식주의적 구조주의 · 166
환난 · 50-51, 287, 509-512, 531, 534, 625
환전 · 87, 109, 497, 589
황금률 · 389, 398, 400, 620
황제숭배 · 69-71, 579
회개 · 26, 289-290, 322, 340-343, 347
회당 · 26, 49, 51, 75, 80-81, 84, 111, 214-216, 271, 369, 426, 486, 529, 574
회의주의(Skepticism) · 61-62, 88
후견인-피후견인 관계 · 108
히브리인 · 215, 586, 590
힐렐 · 81, 398, 481, 502, 620

예수와 복음서
Jesus And the Gospels

2008년 06월 10일 초판 발행
2024년 09월 30일 초판 3쇄 발행

지 은 이 | 크레이그 L. 블롬버그
옮 긴 이 | 김경식

펴 낸 곳 | (사)기독교문서선교회
등　 록 | 제16-25호(1980.1.18.)
주　 소 | 서울특별시 동대문구 천호대로71길 39
전　 화 | 02-586-8761~3(본사) 031-942-8761(영업부)
팩　 스 | 02-523-0131(본사) 031-942-8763(영업부)
이 메 일 | clckor@gmail.com
홈페이지 | www.clcbook.com
송금계좌 | 기업은행 073-000308-04-020 (사)기독교문서선교회

ISBN 978-89-341-1960-0 (93230)

* 낙장 파본은 교환해 드립니다.